本书上篇系2010年度教育部人文社会科学研究青年基金项目"近代中国教科书审定制度研究（1902—1949年）"（10YJC880129）最终研究成果

臣民还是公民
—— 教科书审定制度和思想道德教科书（1902—1949）

吴科达 / 著

中国社会科学出版社

图书在版编目（CIP）数据

臣民还是公民？——教科书审定制度和思想道德教科书：（1902—1949）/吴科达著.—北京：中国社会科学出版社，2013.4

ISBN 978-7-5161-1914-3

Ⅰ.①臣… Ⅱ.①吴… Ⅲ.①中小学—教材建设—研究—中国—1902—1949 ②思想品德课—教材建设—研究—中国—1902—1949 Ⅳ.①G632.3 ②G633.202

中国版本图书馆CIP数据核字(2012)第308115号

出 版 人	赵剑英
责任编辑	武　云　杨晓芳
责任校对	胡旭伟
责任印制	王　超
出版发行	中国社会科学出版社
社　　址	北京鼓楼西大街甲158号（邮编100720）
网　　址	http://www.csspw.cn
	中文域名：中国社科网　010-64070619
发 行 部	010-84083685
门 市 部	010-84029450
经　　销	新华书店及其他书店
印　　刷	北京君升印刷有限公司
装　　订	廊坊市广阳区广增装订厂
版　　次	2013年4月第1版
印　　次	2013年4月第1次印刷
开　　本	710×1000　1/16
印　　张	36.75
插　　页	2
字　　数	580千字
定　　价	89.00元

凡购买中国社会科学出版社图书，如有质量问题请与本社联系调换
电话：010-64009791
版权所有　侵权必究

目录

导　言　鲁迅的愿望 1
　　一　教科书和教科书制度 1
　　二　古代学校的教材及其管理 3
　　三　本书内容素描 8

上　篇　教科书审定制度

第一章　清末的教科书审定制度 12
　　一　教科书审定制度的建立 12
　　二　审定教科书的机构、范围和具体程序 22
　　三　教科书的审定标准 24
　　四　教科书审定实际情况分析 30

第二章　北京政府时期的教科书审定制度 37
　　一　教科书审定制度的演变 37
　　二　审定教科书的机构、范围和具体程序 54
　　三　教科书的审定标准 62
　　四　教科书审定实际情况分析 74

第三章　南京政府时期的教科书审定制度 78
　　一　教科书审定制度的重建 78
　　二　审定教科书的机构、范围和具体程序 93
　　三　教科书的审定标准 101
　　四　教科书审定实际情况分析 113

第四章 教科书审定制度：个性的束缚 ········ 122
一 教科书审定与学生个性发展 ········ 122
二 市场竞争与教科书质量 ········ 124
三 教科书制度与民主社会 ········ 128

下 篇 思想道德教科书

第五章 修身教科书 ········ 136
一 修身课程的设立和变迁 ········ 136
二 清末的修身教科书 ········ 137
三 民国时期的修身教科书 ········ 151
四 蔡元培《中学修身教科书》的修订：从清末到民国 ········ 183

第六章 公民教科书 ········ 189
一 公民科的设置及演变 ········ 189
二 北京政府时期的公民教科书 ········ 192
三 南京政府时期的公民教科书 ········ 210

第七章 党义教科书 ········ 243
一 党化政策和党义（三民主义）科的设置 ········ 243
二 党义（三民主义）教科书 ········ 244
三 党义（三民主义）教科书的影响 ········ 270

结 语 什么是教育？ ········ 274
一 受教育是公民对于国家的义务？ ········ 274
二 作为权利的教育 ········ 277
三 基于理性的教育 ········ 280

附　录 ··· 286
　　表1　清末学部教科书审定禀批与提要简录 ····························· 286
　　表2　清末学部审定小学、中学及初级师范学堂暂用书目 ············ 336
　　表3　北京政府教育部教科书审定批语 ································· 344
　　表4　北京政府教育部审定的教科书目录 ······························ 434
　　表5　南京政府时期的教科书审定情况 ································· 495
　　表6　袁世凯时期小学、中学与师范学校修身教授要目 ·············· 542
　　表7　袁世凯时期小学修身教科书编纂纲要 ··························· 546
　　表8　壬戌学制小学和初中公民课程纲要 ······························ 548
　　表9　南京政府时期（1933年2月）小学公民训练标准 ·············· 551
　　表10　南京政府时期中学公民课程标准 ································ 563
　　表11　南京国民政府时期小学社会科课程标准中有关公民
　　　　　知识的内容规定 ··· 577

主要参考文献 ·· 581

导 言
鲁迅的愿望

倘有人作一部历史，将中国历来教育儿童的方法，用书，作一个明确的记录，给人明白我们的古人以至我们，是怎样的被熏陶下来的，则其功德，当不在禹（虽然他也许不过是一条虫）下。

——鲁迅：《我们怎样教育儿童的？》

1933年，鲁迅在《我们怎样教育儿童的？》的短文里提出了上述愿望。此外，他还尖锐批评了中国现代教育30年来的变化无方："就是所谓'教科书'，在近30年中，真不知变化了多少。忽而这么说，忽而那么说，今天是这样的宗旨，明天又是那样的主张，不加'教育'则已，一加'教育'，就从学校里造成了许多矛盾冲突的人。"①本书将要研究的恰恰就是鲁迅那个年代的中国现代学校教育的教科书制度和思想道德教材，这或许算是对鲁迅当年愿望的部分回应吧。不过作为开场前的序幕，首先还是对一些基本概念、中国古代学校的教材与管理以及本书的主要内容等，做个简要的界定和勾勒。

一 教科书和教科书制度

"教材"、"教科书"和"课本"这几个词，在现行的几种汉语词典里的解释都有出入，而且许多都不是很准确。"教材"在《辞海》里的解释

---

① 鲁迅：《我们怎样教育儿童的？》，《鲁迅全集》修订编辑委员会编注：《鲁迅全集》，北京：人民文学出版社2005年版，第5卷，第271页。在篇首引用的那段话中，"禹（虽然他也许不过是一条虫）"是鲁迅取笑讽刺当时历史学家顾颉刚的。顾颉刚1923年根据《说文》关于"禹"字的解释，推测禹最初大概是传说中的一种动物，意在证明禹可能不一个真实的历史人物；文字学家钱玄同不同意顾颉刚根据《说文》而对禹的推测。1926年顾颉刚接受了钱玄同的意见，承认对禹的推测是错误的，但仍然认为禹最初不是真实的历史人物（参见顾颉刚《与钱玄同先生论古史书》、《答柳翼谋先生》，钱玄同：《答顾颉刚先生》，顾颉刚编著《古史辨》第1册，上海：上海古籍出版社1982年版，第63、227、67、69页）。在1935年的小说《理水》中，鲁迅依旧在挖苦顾颉刚的这个推测（参见《理水》，《鲁迅全集》第2卷，第385—407页）。

是:"根据教学大纲编选的供教学用和要求学生掌握的基本材料。"在《汉语大词典》里的解释是:"根据教学大纲和实际需要,为师生教学用而编选的材料。"① 这两个解释都强调了教材是根据教学大纲而编写的,即先有教学大纲后有教材。而实际上,教学大纲与教材之间并没有那种鱼水相连的紧密关系,教学大纲并非一定早于教材而出现。我国晚清时期的学校教育中,就一直没有所谓的教学大纲。因此,本书认为只有《现代汉语规范词典》里"教材"的定义最为准确,并且采用这个定义,即教材就是供教学用的材料,包括教科书、讲义、参考资料、录像、图片,等等。②

"教科书"和"课本"两个词,在多数词典里都被当做同义词。"教科书"在《辞海》里的解释是:"按照教学大纲编写的教学和学生用书。"③在《汉语大词典》里的解释是:"根据教学大纲的要求,专门为学生上课和复习而编写的书。"④在《现代汉语规范词典》里的解释是:"根据教学大纲编写的供教师讲授和学生学习的正式课本。"⑤在《现代汉语词典》里的解释是:"专门编写的为学生上课和复习用的书。"⑥这些解释首先存在上文同样的一个问题,即预设编写教科书之前一定要有所谓的教学大纲。其次,为教师讲授需要而编写的、详细解释每一课内容及其教学安排的教学参考书,是否也属于教科书呢?这些词典里的解释既不一致,也显得模糊。为了弥补这些解释的不足,本书给出的定义是:教科书是在教学过程中,供师生分别教授或学习的基本用书,既包括师生用的课本,也包括仅供教师用的教学参考书。它是教师进行教学活动的主要依据,也是学生获取基本知识的重要来源。

很显然,在这里笔者将"教科书"与"课本"做了细微的区分,把"课本"仅仅限定为除教师用的教学参考书之外的教科书。此外就这两个词的起源来看,"教科书"可能是在鸦片战争之后,随着西学的传入和新式学堂的

---

① 辞海编辑委员会:《辞海》(缩印本),上海:上海辞书出版社1999年版,第819页;汉语大词典编辑委员会、汉语大词典编纂处:《汉语大词典》第5卷,上海:汉语大词典出版社1990年版,第446页。

② 李行健主编:《现代汉语规范词典》,北京:外语教学与研究出版社、语文出版社2004年版,第661页。

③ 《辞海》(缩印本)第819页。

④ 《汉语大词典》第5册,第448页。

⑤ 《现代汉语规范词典》第661页。

⑥ 《现代汉语词典》,北京:商务印书馆1983年版,第571页。

创办而出现的一个新词。"课本"一词的出现时间应该早于"教科书",它除了"教科书"这个意思之外,还有"国家规定的正税"和"试卷"两个含义。①用"课本"一词来指称"教科书",估计与"教科书"这个词出现的时间大致相同。与"课本"相近的还有另外一个词"课册",指"书本"、"课本"。例如,南宋人陈善在《扪虱新话•文章夺胎换骨》中有言:"其后东坡跋姜君弼课册亦云:'云兴天际,欻若车盖。'"②

教科书制度是指教科书编纂、发行、审定以及选用的相关规章和运行机制,是一个国家为保证国民接受一定程度的基本教育而实行的一项公共教育制度。根据教科书编纂、鉴定和选用主体的差异,大致可以分为自由制、国定制和审定制。教科书自由制就是教科书由政府之外的民间机构自由编纂、出版,各个学校自主选用的一种制度。教科书国定制则是与之相对的另一种制度安排,它要求各个学校统一使用由政府部门直接编纂、发行的教科书。教科书审定制介于前两者之间,它要求民间编纂的教科书必须经过政府部门或政府认可的权威机构鉴定合格之后,才能发行和选用。③中国现代的中小学教科书都是由政府部门直接审定的,与之相应的教科书审定制度也是随着现代学校教育的发展而建立起来。1901年,晚清政府仿照外国的教育制度,将全国各地书院分别改为高等、中等和初等学堂,开始了我国现代学校教育的发展。1902年的《钦定学堂章程》随即规定自行编纂的课本须由京师大学堂审定,相应建立了这种由政府部门鉴定的教科书审定制度。此后,国家的政治制度和中央政权虽屡屡变更,但是教科书审定制度却一直沿袭到了1949年。如同没有"教科书"这个词一样,中国古代也同样没有明确、专门的教科书制度。

二 古代学校的教材及其管理

根据儒家的记述,中国古代的学校由小学和大学组成,不同于由初等、中等和高等学校组成的现代教育体系。儿童大约在虚龄八岁进入小学,完成

---

① 《汉语大词典》第11卷,上海:汉语大词典出版社1993年版,第278页。
② 同上。
③ 有学者还根据鉴定教科书主体的差异,将这个制度作了细分:中央或地方政府部门对教科书的鉴定才称为"审定";民间权威性机构的鉴定则称为"认定"。参见沈晓敏《世界各国教科书制度对我国的启示》注释①,《全球教育展望》2001年第9期,第66页。

小学课程之后，大约在虚龄十五岁进入大学。①这种入学年龄规定虽然在各个朝代有所不同，但是基本相仿。古代学校的教材大概有三大类：一类是传统的儒家经典及其注疏。在孔子诞生之前，后来作为儒家经典的《诗》、《书》、《礼》、《乐》、《易》、《春秋》等文献典籍，就已经文本化并且普遍用于教育，算得上最早的传统教科书。孔子随后系统地整理和编订了这些文献资料，使之成为儒家的经典和课本。自汉武帝将儒家学说树为唯一的正统思想后，儒家经典及其注疏就一直是中国古代学校的基本教科书。

当然，儒家经典的注疏随着时事的变化在各个朝代有所不同。汉代儒生在解释和传授儒家经典的过程中形成了不同的师法和家法，这些按不同师法家法传授的儒家经典就相当于不同版本的教科书。②汉章帝在公元79年还召集经学名师聚会白虎观，讨论不同流派对儒家五经的解说，编写出了《白虎通义》，作为钦定的正统注解。这在某种意义上是朝廷对于当时不同版本教材的一次审查和统一，对官办学校的教育有很大影响。东汉后期，马融、郑玄等儒学大师的注疏更有影响，后来虽然社会动荡、南北经学不同，但是直到唐代，他们的注疏都是学校里的主要教科书。为了更好地消除各地在解释儒家经典上的分歧，唐太宗曾于638年下令孔颖达、颜师古等人编撰一部正统的儒经注解，653年唐高宗颁行了这部《五经正义》。此后一直到宋朝前期，这部书都是官办学校的统一教科书。1227年，一直在私学中不断发展的理学被南宋朝廷选定为正统思想后，理学家朱熹的《论语集注》、《孟子集注》、《大学章句》、《中庸章句》、《仪礼经传通解》、《通鉴纲目》，周敦颐的《太极图说》，张载的《西铭》，程颐的《易传序》、《春秋传序》等著作，③陆续全面地进入官办学校，成了当时的法定教材。元明清三代

---

① 《大戴礼记·保傅》。

② 当时传授《尚书》的有欧阳氏、大夏侯氏、小夏侯氏等多家，传授《诗》的有申氏、辕氏、韩氏等，传授《礼》的有后氏、大戴氏、小戴氏、庆氏等，传授《易》的有杨氏、施氏、孟氏、梁丘氏、京氏等，传授《春秋公羊传》的有公羊氏、严氏、颜氏等，传授《春秋谷梁传》的有尹氏、胡氏、申章氏、房氏等。传授《毛诗》、《古文尚书》、《逸礼》、《左氏春秋》等古文经的有刘歆、贾逵等人。参见班固《汉书》卷八八《儒林传》；范晔：《后汉书》志第二五《百官志二·太常》，卷三六《贾逵传》。

③ 《西铭》是张载汲取《易经》思想而阐发忠孝思想的理学著作。《大学》和《中庸》本来是《礼记》中的两篇，宋朝初年开始从《礼记》中抽出来作为独立的儒家经典。随后，宋代的儒生纷纷为其注疏。直到朱熹将其与《论语》、《孟子》并列注解以阐发理学思想，终于形成了以四书为核心的新儒学体系。参见束景南、王晓华《四书升格运动与宋代四书学的兴起——汉学向宋学转型的经典诠释历程》，《历史研究》2007年第5期。

官办学校的教材基本沿用了程朱理学的著作。

识字、习文等童蒙教材是中国古代学校教材中的第二类。先秦到两汉的童蒙教材以识字为主要功能。我国最早的儿童识字课本，是春秋战国之际东周王室编写的《史籀篇》。[①]这个时期最有影响的童蒙教材是汉代史游的《急就篇》，其将2000多个常用字编为三言、四言或七言韵句，介绍姓名、物品、官爵等日常生活知识。朗朗上口，便于记忆，流传甚广，直到唐代都是主要的识字课本。[②]魏晋到隋唐五代是童蒙教材发展的第二个阶段，具有承上启下的过渡性特征：一方面童蒙教材的识字功能开始减退；另一方面知书而达礼的教化功能不断增强，宣扬伦理道德和传授历史知识开始成为主要内容。《千字文》是魏晋时期最有影响的课本，用一千汉字以四言韵语的形式，叙述了天地自然、社会历史、日常人伦等内容。既明快流畅，又富于教诲，在内容和形式上都成为了蒙书的典范，此后逐渐取代了《急就篇》而广为流传。唐代李翰的《蒙求》（《李氏蒙求》）和胡曾的《咏史诗》是两本侧重传授历史知识的重要教材，到明代还用作小学课本。宋代以后，童蒙教材的发展进入了第三个阶段。这个阶段的童蒙教材在内容上开始浸润理学思想，在形式上门类齐全、功能细化、数量繁多。宋代的《百家姓》、《三字经》以及清代学者王筠的《文字蒙求》等，都是重要的识字课本；宋代王殷范的《续蒙求》、黄日新的《通鉴韵语》、王令的《十七史蒙求》，明代李延机的《五言鉴》[③]、程登吉的《幼学须知》[④]，等等，都是文史知识教材；元朝的《对类》[⑤]、《千家诗》[⑥]，明朝司守谦的《训蒙骈句》、兰茂的

[①] 潘玉坤：《〈史籀篇〉年代考》，《杭州师范学院学报》2002年第2期。

[②] 史游：《急就篇》，长沙：岳麓书社1989年版。

[③] 《五言鉴》，明朝李延机编撰，明朝张瑞图和清朝邹圣脉曾予以增订，后又名《鉴略妥注》。全书以五言韵语，概述了自上古至明代的历史发展。

[④] 《幼学须知》又名《成语考》、《故事寻源》、《幼学求源》等，明朝程登吉编撰。清代邹圣脉注释增补后改名《幼学故事琼林》，简称《幼学琼林》。

[⑤] 该书已失传。现存最早的属对课本是明朝吴学勉的《对类考注》和屠隆的《缥缃对类大全》，两书都介绍了一些做对子的基本原则和音韵知识。

[⑥] 《千家诗》在清代蒙学中广为流传的版本，是由题名刘克庄或谢得枋选编的五言诗和题名王相选编的七言诗合订而成。最早有千家诗之名的是《分门纂类唐宋时贤千家诗选》，该书旧题"后村先生编集"，又称"后村千家诗"，即将该书归为南宋著名诗人刘克庄门下。但据今人考证，《分门纂类唐宋时贤千家诗选》是由民间普通文人编纂而成，大概成书于元代。因此，清代蒙学中广为流传的《千家诗》应是民间文人编纂修订而成的作品。参见《分门纂类唐宋时贤千家诗选校正》，北京：人民文学出版社2002年版。

《声律发蒙》，清朝李渔的《笠翁对韵》、车万育的《声律启蒙》、沈德潜选编的《古诗源》、孙洙选编的《唐诗三百首》，等等，都是音韵属对和诗赋教材。清朝吴楚材、吴调侯选编的《古文观止》、姚鼐选编的《古文词类纂》等书，都是教授儿童阅读作文的教材；宋朝吕本中的《蒙童训》、邵笥的《孝悌蒙求》、吕祖谦的《少仪外传》、刘清之的《小学之书》、陈淳的《启蒙初诵》、程端蒙的《性理字训》，[①]元朝的《二十四孝》，明朝的《小儿语》、《昔时贤文》，[②]清朝李毓秀的《弟子规》，等等，都是有代表性的伦理政治教材。

在这些童蒙教材中，《三字经》、《百家姓》、《千字文》和《千家诗》通常合称为"三、百、千、千"，一直到清末都是最受欢迎的小学识字课本。清人刘鹗的小说《老残游记》第七回里描写的一个书店掌柜，都夸耀说："所有方圆二三百里，学堂里用的'三、百、千、千'，都是在小号里贩得去的，一年要销上万本呢！"1994年，新加坡出版的《三字经》英译本还被联合国教科文组织列入儿童道德丛书予以推广。《二十四孝》和《弟子规》是最有影响的儿童伦理道德教科书。《二十四孝》是我国古代24个孝贤人物的故事集，这些故事在宋元时期就很流行，元朝人郭居敬将其辑录在一起，赋以诗文，训教童蒙。[③]到明代还配上了图画，流传十分广泛。《弟子规》以《论语》中"弟子入则孝，出则弟，谨而信，泛爱众而亲仁，行有余力则以学文"一句话为提纲，具体地解释和阐发了儿童在家、出外、待人、接物和学习上应当遵守的道德规范。这两本教科书直到20世纪上半叶都是通俗的儿童伦理读物，当时新式学堂里修身教科书的一些课文都取材于此，对于普及儒家道德思想起到了不容低估的作用。

中国古代学校的第三类教材是专业技术教材。东汉末年，爱好文学的灵帝刘宏为了自己的兴趣，在京城鸿都门旁开办了鸿都门学，招收擅长尺牍、辞赋和鸟篆的士人。这是我国第一所文艺专业学校。从此以后，一些专业技

---

① 刘清之、陈淳和程端蒙三人都是朱熹的学生。《小学之书》由刘清之和其老师朱熹共同编纂；《性理字训》首先由程端蒙编纂，南宋末年理学教育家程若庸予以了增补。

② 《小儿语》，明朝吕得胜编撰。顾名思义，全文以近于儿童口语的浅显文字编写，在体裁上富有新意。《昔时贤文》又名《古今贤文》，书名最早见于明万历年间的戏曲《牡丹亭》，据此推断其成书最迟在万历年间。后经过明清两代文人的增编，又称为《增广昔时贤文》或《增广贤文》。

③ 李清馥：《闽中理学渊源考》卷三六《处士郭先生居敬》，《景印文渊阁四库全书》第460册《史部》218《传记类》，台北：台湾商务印书馆，第464页。

术著作逐渐成为了这类学校的教科书。各个朝代开设的专业学科差别很大，采用的教科书也各不相同。例如医学，唐代的教科书为《新修本草》、《黄帝内经》、《甲乙经》、《脉经》等；宋代则是《素问》、《难经》、《脉经》、《巢氏病源》、《龙树论》、《千金翼方》、《三部针灸经》等书。

　　古代朝廷对于学校教材和教学内容的管理和控制通常有四条途径：一是选用某种儒家经学注疏直接作为官办学校课本。例如在宋代，宋神宗为统一思想、推行变法，就选用了王安石的经学注疏。王安石主持编写或注疏的《三经新义》（解释《周礼》、《诗》和《书》三经）、《易义》、《礼记要义》、《论语解》、《字说》先后都成为官办学校的经学教科书，"诸生一切以王氏经为师"①。到了嘉定年间，特别是在宋理宗表明自己仰慕朱熹、信奉理学之后，朱熹、周敦颐、张载、程颐等理学家的著作陆续被选定为官学教材。

　　二是朝廷直接编写官办学校教材。东汉太学的学生为一争名第高下，常常在考试中互相攻击他人的答卷不合某家经学的章句，有的甚至行贿篡改收藏于兰台的漆书经文以符合自己的答卷。为此汉灵帝诏令蔡邕等人校订经书，并于熹平四年（175年）开始将《周易》、《尚书》、《鲁诗》、《仪礼》、《春秋》等今文经学五经以及《公羊传》和《论语》，刻于石碑立于太学，史称"熹平石经"。"熹平石经"既是统一的考试标准，又是统一的官修教科书。与之类似，此前汉章帝时的《白虎通义》、后来唐代的《五经正义》和"开成石经"等，都是政府组织编写官学教材的典型案例。除了这些宏大的经学教材之外，皇帝有时甚至还参与蒙书的编纂。著名的《千字文》，传说就是梁武帝为教诸王识文习字而编写的。殷铁石受命在王羲之的遗书里选拓了1000个不重复的汉字，交由周兴嗣编排成韵。周兴嗣连夜编就了这本《千字文》，第二天呈进给梁武帝时鬓发都变白了。②

　　第一条途径比较类似于现代的教科书审定制，第二途径类似于教科书国定制。第三条途径则是任命合乎朝廷口味的儒生为官学教师。在造纸术发明之前，书籍的撰写和流通十分困难，一些知识技艺和思想观点的传播常常依靠学者们的口传心记，因此，任命谁为学校的教师，实际上就等于选择某个学派的观点做了学校的教科书。汉武帝为尊崇儒术，即位后就罢免了诸子传

---

① 李焘：《续资治通鉴长编》，卷337，熙宁五年八月戊戌注；卷276，熙宁九年六月己酉。

② 李绰：《尚书故实》，北京：中华书局1985年版。

记的几十个博士，专门设置了《诗》、《书》、《礼》、《易》、《春秋》等五经博士。①当时对于官学教师的授课内容似乎也特别严格。兼通数家之说的张玄，因策试第一而被任命为太学"颜氏春秋"的博士，但几个月后，学生告发他还讲授"严氏春秋"、"冥氏春秋"，不宜担任"颜氏春秋"博士，光武帝随即撤销了他的博士职务。②

四是制定严格的管理制度控制学生。例如战国时期稷下学宫的学生守则《弟子职》、1382年朱元璋颁布的《学校禁例十二条》、1652年顺治帝颁布的《训士卧碑文》，等等。以现在的观点来看，这些规章制度在赋予或是剥夺学生应有权利方面，虽然各有轻重多少的不同，但是都共同强调尊敬老师、听从老师的教诲。而老师特别是官办学校的老师，又是由朝廷选任的，这就从制度上保证了学校的课程内容的灌输。

上述的几条控制途径虽然主要针对官办学校，但是官办学校的课程内容通常也是整个社会仕选或考试的标准，因此，私立学校的课程内容同样受到约束，与官办学校并没有太大差别。总之，通过这些措施以及教育之外的选官制度、考试制度、文字狱等政策，古代朝廷还是有效地实现了对于整个学校教材的审查和控制。

三　本书内容素描

上文简略而又显多余地回顾了古代学校的教材及其管理，无非希望给阅读本书的读者呈现一幅粗略的背景图。那些拥有这些背景知识或者不想做通盘了解的读者，当然可以跳过这些内容而进入正题了。首先看本书的正标题"臣民还是公民？"。"臣民"，按照通常的解释，是指君主国家的臣子和百姓。以往君主专制国家的臣子和百姓可以称作"臣民"，现代君主立宪国家的官员和百姓依然可以称作"臣民"。区别的就是，现代君主立宪国家的"臣民"，根据国家法律享有公民权利并承担公民义务。也就是说，现代君主立宪国家的"臣民"也是"公民"。因此，臣民还是公民？自然有四种答案：臣民而非公民，公民而非臣民，既是臣民又是公民，既非臣民又非公民。1840年以后的中国社会，逐渐形成了某种现代化的趋势和心态。但是仅

---

① 班固：《汉书》卷六《武帝纪》。
② 范晔：《后汉书》卷七九下《儒林列传》。

就道德价值和思想观念方面而言，作为传统意识形态（ideology）①的儒家思想倒确实应该转向或者让位于以个人权利为核心的现代自由主义思想，作为古代帝王"建国君民"②手段的教育也应该转变而服务于拥有天赋权利的个人，帮助人们明白甚至实现自己的权利与发展。即让个人成为公民而非臣民，或者既是臣民又是公民，都是现代教育两个合适的选项。然而，晚清建立起来的我国现代教育，直到1949年之前似乎都没有排除另外两个选项，总是在那徘徊不前、飘忽不定。

本书的副标题"教科书审定制度和思想道德教科书（1902—1949年）"，点出了主要的研究内容。上篇教科书审定制度，详细地梳理和分析了晚清、北京政府和南京政府时期，教科书审定制度的演变和教科书审定的具体情况；下篇思想道德教科书，探讨了在教科书审定制度的约束下，整个晚清和民国时期中小学修身、公民与党义三门课程的教科书。教科书审定制度能提高教科书的质量吗？修身教科书是否就是传统儒家经典的翻版？党义课又学些什么呢？……在您耐心地阅读之后，有些问题或许依然没有答案，但肯定会引起您的思考。"思想道德教科书"中的"思想"一词，是"意识形态的、观念的"意思。笔者想从这些教科书的变化，窥探当时社会整个思想观念和意识形态的变迁。或许您也有同样的好奇，但是提醒您不要失望的是，这些不断变化的教科书所表达出来的灵魂，有时候是如此的相似。最后的结语，是在综合前面研究的基础上，关于教育的宏观思考。心急的读者可以从这里开始。

本书的研究，并不指望达到鲁迅的期望，建立"不在禹下"的功德。但是，大禹果真如鲁迅一直嘲讽顾颉刚的那样——是一条虫的话，那么笔者的功德"当不在禹下"，因为笔者至少是条会思考的"虫子"。

---

① 所谓"意识形态"，是指那些能够为政治制度、社会秩序的合法性及其运行提供依据和方法的观念体系。Cf. Martin Seliger, *Ideology and Politics*, London: Allen and Unwin Ltd., 1976, pp. 119-20.

② 《礼记·学记》。

上 篇
教科书审定制度

第一章
清末的教科书审定制度

各项课本，须遵照京师大学堂编译奏定之本，不得歧异。其有自编课本者，须咨送京师大学堂审定，然后准其通用。

——张百熙：《钦定学堂章程》

一　教科书审定制度的建立

中国的现代学校系统是从国外输入和引进的。最早的输入者是西方的传教士，他们为了适应五口通商后传教的需要，由沿海而内地纷纷开办学校。这些学校有的按照班级授课，并且开始自行编纂教科书。随着这些教会学校的发展，[①]传教士们日益感到教科书的迫切需要，1877年5月在华新教传教士在上海举行了第一次大会，专门成立了中文名为"益智书会"的学校教科书委员会（School and Textbook Series Committee），决定编写初级与高级两套中文教材，包括数学、物理、天文、测量、地质、化学、动植物、历史、地理、语文、音乐、宗教、哲学等许多科目。到1890年，傅兰雅在第二次传教士大会上报告历年来的成就时，益智书会总计出版书籍50种，74册，图表40幅，另外审定合乎学校使用的书籍48种，115册。[②]这就是说，益智书会不仅承担了教会学校教科书的编纂工作，还履行了教科书审定的职责。这是我国教科书审定的开始。晚清政府除了对教会学校及其学生分别不予立案和奖励

---

① 据统计，到光绪三年（1877年）初，教会学校已有347所，收容学生达5917人。参见王树槐《基督教教会及其出版事业》，《近代史研究所集刊》1971年第2期；Cf. *Record of the General Conference of Protestant Missionaries of China: Held at Shanghai*, May 10-24,1877,Shanghai: Presdyterian Misson Press,pp.480-486.

② *Record of the General Conference of Protestant Missionaries in China: Held at Shanghai*, May 7-20, 1890, Shanghai: American Presbyterian Mission Press, 1890, pp. 716-717.

之外，基本采取了放任的态度和政策。[①]因此，教会学校成为当时中国独立于政府教育体系之外的独立教育系统。这些自成体系的教会学校，可以不受晚清政府约束，按照自己的需要和西方先进的现代教育理念与制度来发展和运作，并且对于当时晚清政府的新式学堂起到了良好的示范效用。

鉴于鸦片战争以来屡次战争的惨败和外交的挫衄，清政府逐渐认识到急需培养翻译、制造船械和海陆军方面的人才，于是开始仿照西方设立新式学堂。从同治元年（1862年）京师同文馆的设立到中日甲午战争，政府建立的学校大致包括三类：以同文馆、广方言馆和湖北自强学堂等为代表的语言翻译学校，以天津水师学堂、天津武备学堂、广东水陆师学堂和江南水师学堂等为代表的军事技术学校，以福建船政学堂、上海机器学堂、北洋医学堂和山海关铁路学堂等为代表的工程技术学校。此外，这个时期有些地方也开始在旧式书院里增设西学课程，酝酿对旧式书院的变通和改革，或者干脆创办新式书院。

所有这些学堂、书院各显神通，或自己编纂教材和讲义，或购买当时出版的相关书籍作为教科之用。朝廷对于这些教科用书也还没有建立专门的教科书审定制度，这主要是因为：第一，这个时期的新式学堂在全国还是寥若晨星，彼此也互不统属，远不能构成一个相互一致与上下衔接的完整现代学校系统。这些新式学堂的教科用书主要是满足各学堂自己的需要。自然没有必要由某个特定的机构按某种全国通行的学制来审定划一。第二，对于还只是作为传统学校补充的新式学堂，中央政府仍然是按照传统学校的方法来管理，一些灵活变通之处，则交由各学堂的创办者、学堂内的管理者和教师以及学堂所在的地方官员，根据以往的办法斟酌裁量。倘若这些人员严格认真，他们就很容易对这些为数不多的新式教科书进行监督和控制，因而也没有必要建立专门的教科书管理制度。当然另一方面，倘若这些人员敷衍了事或怀有异见，那么这些新式教科书的编纂和选用就存在一定的自由度。当时

---

① 《学部咨各省外人在内地设学无庸立案学生概不给奖文（光绪三十二年八月）》："普通司并办专门、实业两司案呈，照得教育富强之基，一国有一国之国民，即一国有一国之教育。匪惟民情国俗各有不同，即教育宗旨亦实有不能强合之处。现今振兴学务，各省地方筹建学堂，责无旁贷，亟应及时增设，俾士民得有向学之所。至外国人在内地设立学堂，奏定章程并无允许之文。除已设各学堂暂听设立、无庸立案外，嗣后如有外国人呈请在内地开设学堂者，亦均无庸立案，所有学生概不给予奖励。除分咨外，相应咨行贵督查照行知提学使司办理可也。"（《大清宣统新法令》第五册《补遗》，上海：商务印书馆宣统二年十月四版，第17页。）这份咨文是晚清政府管理外国人在华开设的学校的主要法律文件和政策依据。

有些地方也确实出现过这种情况。曾任同文馆教员和总教习的丁韪良（W. A. P. Martin）就曾得意地说过："在我最初任教的教室里面，原先有份布告，订有规则数条，禁止教授《圣经》。及我就任校长以后，馆中提调便把它去了，教否一任我的自由。以同文馆的性质而论，正式讲授宗教是不许的。但是我却常常和学生谈到宗教问题，并且要求别的教授，如教本中遇到有关宗教的课文时，尽可不必删去。"①这种情况是导致后来建立教科书审定制度的重要原因。第三，这个时期新式教科书的内容主要集中于译介西方的语言和自然科学技术等所谓的"术艺"方面，那些潜在的足以撼动清朝专制统治的自由平等、天赋人权等现代思想和理论虽然也有零星的引介，但是基本没有进入教科书。因此，新式教科书对于清朝政府的统治来说还是安全的，似乎也无须予以审定。

《清史稿》说："学校新制之沿革，略分二期。同治初迄光绪辛丑以前，为无系统教育时期；辛丑以后迄宣统末，为有系统教育时期。"②但是这种新式教育系统化的过程，却是开始于戊戌变法时期建立现代学校体系的努力和尝试。教科书审定制度的形成同样伴随着这一过程。甲午战争失败后，人们更深刻地认识到兴学校、育人才的重要性。以康有为、梁启超等为代表的维新人士在年轻的光绪皇帝和一些思想开明的官员的支持下，发动了针对学校、科举的教育改革。改革的内容主要集中于两个方面：一是构建比较完整的现代学校系统，一是建立与之相适应的现代教育行政管理制度。1898年6月11日，光绪发布上谕，命令迅速开办京师大学堂。7月3日京师大学堂建立，官书局和译书局③都并入大学堂，孙家鼐为管学大臣，负责管理京师大学堂事务，并且"节制各省所设之学堂"④。这样，京师大学堂既是全国新式学堂表率的最高学府，又是管理全国学堂的最高教育行政机关，基本沿袭了以

---

① 朱有瓛：《中国近代学制史料》第一辑，上册，上海：华东师范大学出版社1983年版，第188页。

② 赵尔巽等：《清史稿》卷一〇七《选举志二》。

③ 1895年11月，康有为、梁启超等人在北京成立强学会，又称强学书局。1896年强学会被查封，书局改由官办，称作官书局，隶属总理衙门，并谕令孙家鼐为管学大臣负责管理。孙家鼐在《官书局奏定章程疏》中，曾提出在官书局中设学堂一所的构想。1898年6月，在筹办京师大学堂的过程中，他又奏请在大学堂内附设译书局。7月3日大学堂成立时，光绪又派梁启超协同办理译书局事务，8月16日译书局成立，而原来的官书局则完全并入了京师大学堂。

④ 军机大臣、总理衙门：《遵筹开办京师大学堂折（附章程清单）》，陈学恂：《中国近代教育史教学参考资料》上册，北京：人民教育出版社1986年版，第435页。

往国子监那种集学校与教育行政管理混为一体的教育制度。①7月10日，光绪帝又谕令将各省省会的书院改为"高等学"，府治的书院改为"中等学"，州县书院改为"小学"，试图建立起一个全国性的现代学校体系。

伴随着这个即将出现的全国性现代学校体系，各级学校的教科用书成为了当时急需解决的迫切问题。1898年7月初，军机处和总理衙门在筹议的《京师大学堂章程》②中就提出要编纂统一的教科书：

> 西国学堂，皆有一定功课书，由浅入深，条理秩然，有小学堂课本，有中学堂课本，按日程功，收效自易。今中国既无此等书，故言中学则四库七略，浩如烟海，穷年莫殚，望洋而叹；言西学则凌乱无章，顾此失彼，皮毛徒袭，成效终虚。加以师范学堂未立，教习不得其人，一切教法皆不讲求。前者学堂不能成就人才，皆由于此。今宜在上海等处开一编译局，取各种普通学尽人所当习者，悉编为功课书，分小学、中学、大学三级，量中人之才所能肄习者，每日定为一课。局中集中西通才，专司纂译。其言中学者，荟萃经子史之精要，及与时务相关者编成之，取其精华，弃其糟粕。其言西学者，译西人学堂所用之书，加以润色，既勒为定本，除学堂学生每人一份外，仍请旨颁行各省学堂，悉遵教授，庶可以一趋向而广民智。③

孙家鼐就任大学堂管学大臣后，对这个章程做了修改，认为中国的圣贤经典出于尊崇之义，"断不可编辑"，史学书籍也多有前人编辑的善本，因此，以经史为主的中学类教科书可以直接选用已经钦定或公认的版本；西学类教科书则应设立译书局编译，并请旨颁行。④当时的译书局显然为此而设。

---

① 在变法开始，康有为就在《应诏统筹全局折》中提出改革官制，设立学校局。但这势将动摇当时的整个政治制度，触动许多官员的切身利益。在几经妥协之后，就形成了这种最高学府与最高教育行政机构混为一体的制度。因此，京师大学堂这种混为一体的制度，是在谋求建立完整现代教育行政管理制度受挫之后的无奈之举。

② 据说这个章程是应军机处和总理衙门的托请，康有为授以大意，梁启超拟而成（康有为：《康南海自编年谱（外二种）》，北京：中华书局1992年版，第47页；梁启超：《戊戌政变记》，北京：中华书局1954年版，第27页）。

③ 军机大臣、总理衙门：《遵筹开办京师大学堂折（附章程清单）》，陈学恂：《中国近代教育史教学参考资料》上册，第436页。

④ 孙家鼐：《奏陈筹办大学堂大概情形疏》，陈学恂：《中国近代教育史教学参考资料》上册，第447页。

这种解决教科书的办法实质就是由政府编纂、颁行统一的教科书,即实行某种意义上的"教科书国定制度"。

戊戌变法失败后,虽然京师大学堂还被保留了下来,但是变法时期关于新式学堂教科书的制度,与试图建立整个现代学校系统的上谕一样,根本都没有实行。大学堂的学生多数转而把精力用于学习八股,"大都手执制艺一篇,占哔咿唔,求获科第而已"[1]。1900年,八国联军侵入北京,京师大学堂停办。庚子惨败迫使朝廷承认革新的必要性。1901年9月,朝廷命令重新整顿京师大学堂,并按戊戌变法时的规定将书院改为高等、中等和初等学堂。[2]上谕颁发后,各地的书院迅速组建为新式学堂。[3]全国性现代学校系统的建设从此开始,这是中国现代教育取代传统教育的转折点。[4]

1902年1月,张百熙被任命为管学大臣。各级学校的教科书再次成了摆在管学大臣面前的急迫问题。2月,张百熙上奏重申设局翻译课本。他认为按照课本教学是通行于西方现代学堂的惯例,我国既然设立新式学堂考究西方政艺,就应该翻译这类课本。"译局非徒翻译一切书籍,又须翻译一切课本。泰西各国学校,无论蒙学、普通学、专门学,皆有国家编定之本,按时卒业,皆有定章。今学堂既须考究西政西艺,自应翻译此项课本,以为肄习西学之需"。其次,中国的经史子集浩繁庞杂,也适宜按照现代学堂的要求编成课本,循序渐进地传授给学生。"至中国四书五经,为人人必读之书,自应分年计月,垂为定课。此外百家之书,浩如烟海,亦宜编为简要课本,按时计日,分授诸生。盖编年纪传诸子百家之籍,固当以兼收并蓄,使学子随意研求。然欲令教者稍有依据,学者稍傍津涯,则必有此循序渐进、由浅入深之等级"。第三,国家编定统一的课本,既能满足目前各地新式学堂的迫切需求,又能收到统一思想的效果,一举两得。"现在各处学堂,皆亟待国家编定,方有教法。上海南洋公学,江鄂新设学堂,即自编课本以教生徒,亦不得已之举也。臣惟国家所以变法求才,端在一道德而同风俗,诚恐人自

---

[1] 刘锦藻:《清朝续文献通考》卷一〇六《学校考一三》。

[2] 陈宝琛等:《德宗景皇帝实录》卷四八五,光绪二十七年七月己卯,八月乙未。

[3] 教育部:《第一次中国教育年鉴》,上海:开明书店中华民国二十三年(1934年版),"丙编",第11页。

[4] Yuan Zheng, "The Status of Confucianism in Modern Chinese Education: A Curricular Study", Glen Peterson et al eds., *Education, Culture and Identity in Twentieth Century China*, Ann Arbor: University of Michigan Press, 2001, pp.193-216.

为学，家自为教，不特无以收风气开通之效，且转以生学术凌杂之虞。"因此，宜"慎选学问淹通、心术纯正之才，从事编辑，假以岁月，俾得成书。书成之后，请颁发各省府州县学堂应用。使学者因途径而可登堂奥，于详备而先得条流，事半功倍，莫切于此"。①10月，在大学堂之下附设了译书局和编书处②，分别负责译编适合于新式学堂需要的教科书籍。③

1902年8月，清政府颁布了由张百熙主持拟定的《钦定学堂章程》，对各级学校的教科用书作了制度性的规定：（1）在京师大学堂中：大学院为探究学问的最高榜样，"主研究不主讲授，不立课程"；大学分科"俟预备科学生卒业之后，酌量情形再行妥定"；仕学馆和师范馆各科（算学、博物、物理、外国文、舆地、史学、掌故、理财、交涉、法律、政治学为师范馆科目，伦理、经学、教育学、习字、作文、算学、中外史学、中外舆地、博物、化学、外国文、图画、体操为师范馆科目）"均用译出课本书"。但是，目前"各项课本尚待编辑，姑就旧本择要节取教课，俟编译两局课本编成，即改用局本教授。其外省学堂，一律照京师大学堂奏定课本办理，不得自为风气。如将来外省所编课本，实有精审适用过于京师编译局颁发原书者，经大学堂审定后，由管学大臣随时奏定改用"。④（2）高等学堂"各项课本，须遵照京师大学堂编译奏定之本，不得歧异。其有自编课本者，须咨送京师大学堂审定，然后准其通用。京师编译局未经出书之前，准由教习按照此次课程所列门目，择程度相当之书籍暂时应用，出书之后即行停止"⑤。中学堂、小学堂各项课本均照此办理。⑥（3）至于蒙养院与家庭教育用书，"应令各省学堂将《孝经》、《四书》、《列女传》、《女诫》、《女训》及《教女遗规》等书，择其最切要而极明显者，分别次序浅深，明白解说，并附以图，至多不过两卷。……并选取外国家庭教育之书，择其平正简易、

---

① 张百熙：《筹办京师大学堂情形》，沈同生：《光绪政要》卷二十八。
② 此时的译书局实质是原来戊戌时译书局的复办，而编书处则是完全新设的一个附属机构。1904年8月23日（光绪三十年七月十三日），译书局和编书处停办。（见丁致聘《中国七十年来教育记事》，国立编译馆1935年版，第13页。）
③ 朱有瓛：《中国近代学制史料》第二辑，上册，第860—861页。
④ 《钦定京师大学堂章程》，舒新城：《中国近代教育史资料》中册，北京：人民教育出版社1981年版，第545、546、550、552、554页。
⑤ 《钦定高等学堂章程》，舒新城：《中国近代教育史资料》中册，北京：人民教育出版社1981年版，第534页。
⑥ 《钦定中学堂章程》、《钦定小学堂章程》，同上书，第493、401页。

与中国妇道妇职不相悖者（若日本下田歌子所著《家政学》之类），广为刊布。……此外，初等小学字课本及小学前二年之各种教科书，语甚浅显，地方官宜广为刊布"①。

这些枯燥的规定可以归纳为这么几点：第一，各级学堂的教科书原则上都要用京师大学堂编译两局编纂的课本，但时间仓促，难以办到。第二，在编译两局编纂的课本出版之前，各学堂可以根据此次钦定章程中课程所列门目，编纂或选择程度相当的书籍暂敷应用，待两局课本出来后即行停止。第三，自行编纂的教科书须送京师大学堂审定，审定合格后准其通用。显然，《钦定学堂章程》实际上已经确立了教科书审定制度。②但是这种制度既不稳定，也不完善：第一，这只是一种应急权宜之举，最终的目标是要编纂、颁行全国统一的教科书，实行教科书国定制度。第二，虽然要求自行编纂的教科书须送京师大学堂审定，但是对于审定的具体程序等，都没有做出更加详细的规定。第三，对于教科书自行编纂者也没有规定与送审相应的督促、鼓励或惩罚措施。这些缺陷一方面应归结于将这个制度置于一种应急性措施的定位，另一方面应归结于当时的教育行政管理制度。恢复后的京师大学堂依然承袭戊戌旧制，集最高学府与教育行政机构于一身，一个全国性的现代教育行政管理制度依旧没有脱离学校系统而独立地建立起来。因此，京师大学堂对于包括教科书审定在内的所有政策，都缺乏有效的具体措施和执行手段，对于全国学堂的管理也只是拟具表格，分发、填注、汇总，然后"编订成书，恭呈御览"而已。③

尽管如此，京师大学堂在1903年还是刊行了《暂定各学堂应用书目》一册。内分16个门目，列举了教科书目录。④根据《第一次中国教育年鉴》

---

① 《奏定蒙养院章程及家庭教育法章程》，舒新城：《中国近代教育史资料》中册，第383页。
② 王建军先生认为，1904年的《奏定学堂章程》才正式确立了教科书审定制度（王建军：《中国近代教科书发展研究》，广州：广东教育出版社1996年版，第159页）。对此笔者以为有待商榷，因为《钦定学堂章程》已经在制度上规定教科书需要审定，并且是由京师大学堂审定；在实践中也刊行了一个经过审定的各学堂暂定书目，而《奏定学堂章程》只是在此基础上，把教科书审定制度规定得更加明确和具体了。
③ 《钦定京师大学堂章程》，舒新城：《中国近代教育史资料》中册，第544页。
④ 《教科书之发刊概况》，教育部：《第一次中国教育年鉴》"戊编"，第118页；郑鹤声：《三十年来中央对于编审教科图书之检讨》，《教育杂志》第25卷第7号，第21—22页。这两篇文章引列的教科书目录有所出入，前者列举了修身伦理、字课作文、经学、辞章、中外史学、中外舆地、算学、名学、理财学、博物学、物理化学（应算两门）、地质矿产13门，以及大学堂译书局所译教科书，共90种，并且给出了每种教科书的编译者和相关版本信息。后者列出了上述13门及法学、图画、教育学总共16门教科书，共113种，但没有列举译书局所译教科书，对每种教科书也没有标明编译者和版本信息。

引列的这册书目的90种教科书，其中京师大学堂直接编译的只15种，传统蒙学书籍和儒家经典如《古文辞类纂》、《古诗选》、《传经表》、《四书集注》、《朱子小学》、《弟子职》、《史鉴节要便读》等约17种，其余约58种都是民间的书局、学会、学社（如广智书局、开明书局、商务印书局、教育改良会、舆地学会、作新社、东文学社、金粟斋、美华书馆等）以及个人编译出版的，占了总数的64%以上。这说明教科书审定制度虽然只是作为一种权宜之举，并且相应措施也极不完善，但是在实践中还是在一定程度内执行了，尽管这种刊行暂定书目的形式与随后严格的教科书审定程序还有些不同。

　　管学大臣张百熙思想开明，"一意更新"①，戊戌政变时就因保举康有为而被革职留任。②他执掌京师大学堂后进行了大刀阔斧的改革，网罗了许多学识渊博、崇尚维新的人士。例如："旧学淹贯而不鄙夷新知"③、时有"海内文宗"之誉的桐城派后期古文大师吴汝纶，被聘请为总教习；倾心新学、不畏京华士人耻笑而自修英语和算学的张鹤龄（字筱圃、小圃），被聘请为副总教习；西学泰斗和启蒙思想家、曾任庚子中国议会④副会长的严复，被聘请为译书局总办；同为中国议会干事的赵从蕃、沈兆祉（字小沂），分别受聘为大学堂副总办和文案处总办；⑤另一中国议会干事汪立元也被奏准担任杂务提调，⑥被荣禄指为"康党"的李希圣（字亦园）⑦被聘请为编书处总纂；康有为的门生罗普和梁启超的门生范源廉都获聘于大学堂。⑧许多人间接影响或直

---

①　赵尔巽等：《清史稿》卷四三九《列传二百二十六》。
②　同上书，卷四四三《列传二百三十》。
③　严璩：《侯官严先生年谱》，王栻：《严复集》（五），北京：中华书局1986年版，第1550页。
④　中国议会是1900年在上海由当时趋新各派共同成立的一个松散组织，又称国会，史称庚子中国议会。中国议会内部派系复杂，思想观点也不尽相同，其公开的宗旨是：一、促保全中国疆土和一切自主之权；二、力图更新日进文明；三、保全中外交涉和平之局；四、入会者专以联邦交、靖匪乱为责任，不承认通匪矫诏之伪政府。在此宗旨下，实行三点举措：尊光绪帝；不认端王、刚毅等；讲明新政法而谋实施之，但不排除满人。而其中的激进派则秘密主张联络各省会党土匪，废除旧政府，建立民主自治的新政府。会长是容闳，副会长是严复，干事有唐才常、汪康年、沈士孙（本名兆祉，字小沂）、赵从蕃（字仲宣）、汪立元（字建斋或剑斋）等人。参见桑兵《论庚子中国议会》，《近代史研究》1997年第2期；廖梅《汪康年和庚子中国议会》，《复旦学报（社会科学版）》2001年第5期。
⑤　《京师大学堂管学总办襄办提调衔名全录》，《大公报》，1902年12月24日。
⑥　顾廷龙：《汪康年师友书札》（二），上海：上海古籍出版社1987年版，第3111页。
⑦　郭立志：《桐城吴先生年谱》卷二，光绪二十八年正月十一日《谕儿书》。
⑧　《致贵埠列位同志兄书》，方志钦：《康梁与保皇会》，天津：天津古籍出版社1997年版，第107页。

接参与了1902年《钦定学堂章程》的拟定，其中以"沈小沂、李亦园、张小圃三君参议为多"①。由于这些思想维新人士的参与，《钦定学堂章程》在儒家思想教育上相对比较宽松。根据《钦定学堂章程》，蒙学堂至中学堂总共14年中：蒙学堂前两年，修身和读经两门课程每天2小时，后两年平均每天约为1.67小时；寻常小学堂3年，修身、读经每天2小时；高等小学堂3年，修身、读经平均每天1.33小时；中学堂4年，修身、读经平均每天0.714小时。②张百熙这种雷厉风行、去旧图新的改革也引起了各方的妒恨和朝廷的猜疑。"庚子后，一大新政，只有学务，乃以属百熙，有用人之权，复掌财权；既杂用外吏，又薪俸厚，羡妒者多；诸人争以新学自帜，尤为旧人所恨，蜚语浸盛。荣禄、鹿传霖、瞿鸿在枢府，皆不善百熙所为，阻力纷起。"③1903年2月，朝廷派满族官员荣庆出任管学大臣，会同张百熙管理大学堂事宜。管学大臣由一而二，彼此相互牵制。

1903年春，俄国没有按照《中俄交收东三省条约》的规定分期撤走在东北的驻军，交还1900年趁参加八国联军之机强占的中国东三省，反而是继续增兵，并且要求清政府保证东北不向其他国家开放，企图把东三省变为其独占区。消息一出，全国哗然。4月27日，上海各界人士1000多人在张园召开"拒俄大会"④。29日，日本的中国留学生500多人集会东京，决定组织"拒俄义勇队"。30日，京师大学堂仕学馆和师范馆的学生首先"鸣钟上楼"，集会声讨。大学堂助教范源廉⑤首先演讲，控诉和揭露沙俄在东北的暴行和妄图霸占的阴谋。会场上下群情激愤，台上演说者"痛哭流涕"，台下师生"齐声应诺，震撼天地"。会后还起草了上管学大臣代奏拒俄书和致全国学堂的

---

① 《时事要闻》，《大公报》，1902年版7月9日。
② 《钦定蒙学堂章程》、《钦定小学堂章程》和《钦定中学堂章程》，舒新城：《中国近代教育史资料》中册，第394、400、492页。
③ 罗惇曧：《京师大学堂成立记》，陈学恂：《中国近代教育史教学参考资料》上册，第456页。
④ 《江苏》1903年第2期。
⑤ 范源廉（1876—1927），字静生，湖南湘阴人。1898年入梁启超任总教习的长沙时务学堂，旋因戊戌政变而停办。1899年梁启超在日本东京设立大同高等学校，范源廉与蔡锷等被邀入学，后升入东京高等师范学校。1902年，受聘为京师大学堂任翻译。民国成立后，历任教育部次长、中华书局编辑部长、共和党干事、教育部总长、北京师范大学校长、中华教育文化基金董事会会长、国立京师图书馆委员会委员等职务。

公开信。①面对高涨的学生风潮,张百熙的处境更加困难,清政府则感到惶恐不安。"诼谣繁生,党争日甚"。②于是,朝廷添派张之洞一道参与整顿京师大学堂,重新厘定学堂章程。张之洞是"中体西用"的倡导者,当时最有名的保守主义改革家,老成持重,善于调剂中西、融合新旧,在重新厘定学堂章程的过程中起了主导作用。

毫无疑问,重新制定的《奏定学堂章程》相较于1902年的《钦定学堂章程》而言,明显加强了儒家思想的灌输,更加符合"中学为体,西学为用"的精神。从初等小学堂到中学堂总共14年的初中等教育中,初等小学堂5年,高等小学堂4年,修身、读经讲经两门课程都是每周14小时,平均每天2小时;中学堂5年,修身、读经讲经每周10小时,平均每天1.43小时。③这都明显多于《钦定学堂章程》所规定的课时数量。同样,作为影响和控制学生思想有效手段的教科书审定制度,在《奏定学堂章程》里得到了进一步的完善,规定得更加明确和具体:第一,官编教科书未经出版以前,各学堂只有自编讲义,或选用私家和外国编纂的教科书,等编有定本之后再行改正。这就是说,教科书审定制度仍然只是作为一时应急之策。第二,所有的讲义和教科书,都必须送学务大臣审定,教员和高等以上学生所用的参考书也"须经监督及管斋务之员检查不悖教法者,方准带入"。第三,除另派总监督管理京师大学堂外,设立了专门统辖全国学务的总理学务大臣,在总理学务大臣之下,又附设了专门处、普通处、实业处、审订处、游学处和会计处六处属官。其中审定处,"审定各学堂教科书和各种图书仪器,检察私家撰述,刊布有关学务之书籍报章",成为第一个专门负责教科书审定的政府机构。④

1904年的《奏定学堂章程》将全国性教育行政管理系统从学校系统中分离了出来,开始了独立发展的道路。⑤但是,囿于戊戌变法以来对于改革官职势将危及整个集权制度的恐惧和防范,这个包括总理学务大臣及下属六处的教育行政机构"总理学务处",在政策的执行和实施过程中,并没有付诸太大的管理权力和操作空间。对于教科书审定也没有取得多少新进展,以至大

---

① 《苏报》,1903年5月7日、15日、20日。
② 赵尔巽等:《清史稿》卷一〇七《选举志二》。
③ 《奏定初等小学堂章程》、《奏定高等小学堂章程》和《奏定中学堂章程》,分别载于舒新城《中国近代教育史资料》中册,第411、427、500页。
④ 《学务纲要》,陈学恂:《中国近代教育史教学参考资料》上册,第544—546、550页。
⑤ 关晓红:《晚清学部研究》,广州:广东教育出版社2000年版,第57—59页。

臣们在拟请设立学部的奏章中，多有不满。①

1905年12月6日，学部成立。为了加强教科书的编纂和审定，学部不仅在总务司之下设立了专门审查教科图书的审定科，而且在各省学务公所之下分设了图书科，负责审查本省各学堂教科图书。②1906年7月设立了编译图书局，专门研究、编纂各种教科书。其编译图书章程规定，本局编纂的教科书同样须经学部审定科审定。③与此同时，学部还公布了《学部第一次审定初等小学暂用教科书凡例》、《通行第一次审定初等小学暂用书目文》和《第一次审定初等小学教科书改正示》，对教科书审定的具体措施作了比较详细的规定。④此后，教科书审定步入正轨，按部就班而行。

二　审定教科书的机构、范围和具体程序

清末教科书的审定机构随着当时教育行政管理制度的调整而变化。《钦定学堂章程》只是笼统地规定教科书的审定机构是京师大学堂。《奏定学堂章程》把教育行政系统与学校系统分离开来，要求各学堂的讲义以及私家编纂的教科书都由学务大臣审定。学务大臣之下设有属官六处：专门处、普通处、实业处、审订处、游学处和会计处，统称"总理学务处"或"（京师）学务处"，其中审订处负责审定教科书。

学部成立后，整个教育行政管理更加系统。学部之下直接设有总务司、专门司、普通司、实业司和会计司，总务司设有机要科、案牍科和审定科。其中审定科"掌审查教科图书，凡编译局之已经编辑者详加审核颁行，并收管本部应用参考图书，编录各种学艺报章等事"，是法定的全国教科书专门

---

① 山西学政宝熙就此上奏，呼吁大力加强教科书审定以应急需："课本未定，学生将无业可执，以致毕业之说迄无期限，此今日最当研究者也。查直隶学校司近编之各种科学书，及湖北官立学堂所出各门讲义，颇足资采用；下至上海、商务等书局，发行新辑中小学各教科书亦多，有宗旨不诡、繁简便宜之本，合先荟萃此等讲义、课本，由编译处统加审定，择其善者，分别部居，暂作为各学堂应用之书。俟学部立后，人才敷用，再行详悉编纂，随时改良。若此时专待官编课本一律完备，恐非三五年后所能竣事，此不得不略为变通，以免旷日持久之虞。"（参见《山西学政宝熙请设学部折》，《学部官报》第1期，汇录京外奏稿，第12页）
② 《奏定学部官制暨归并国子监改定额缺事宜折》、《奏定各省学务官制办事权限并劝学所章程折》，分别载《学部奏咨辑要》（乙巳至戊申年），第18、26页。
③ 《第一次学部编译图书局备览》，《学部官报》第68期，附录，第2、7页。
④ 《学部官报》第3、4期，"审定书目"，第1—5页。

审定机关。①1906年底，朝廷曾酝酿宪政改革，变动中央官制。当时的官制草案拟在学部之下设专门、普通、实业和图书四司，原来的总务司和会计司合并为承政厅，审定科从总务司分离出来与编译图书局共同组成新的图书司，其目的是因审定科"事理繁重"，借此以加强对教科书审定、编纂的管理，但这个草案始终都没有实行。②

在地方，各省学务公所分设总务、专门、普通、实业、图书和会计六科，③图书科"掌理编译教科书、参考书，审查本省各学堂教科图籍，翻译本署往来公文书牍，集录讲义，经理印刷，并管图书馆、博物馆等事务"，是各省的教科书审定机关。④从当时教科书审定的实际情况看，各省学务公所的图书科只是协助学部审定科做好教科书的审定工作而已，自身并没有完全独立的教科书审定权限。它在这方面的职责其一是汇集本省各学堂的讲义及私人编纂的教科书籍，送往学部审定⑤；其二是在发现本省教科书中的错误时，呈明学部，并相应督促出版编纂者改正。⑥

审定教科书的范围很广，不仅包括各级各类学堂的所有教科用书，还涉及通过宣讲所向民众实行通俗教育的书籍。1906年，学部为各地宣讲所开列了一个书目表，选取了包括《圣谕广训》、《奏定学堂章程》以及教育宗旨等在内的各种上谕、奏折、书籍共40种。⑦浙江巡抚也曾把高等学堂的讲义呈送审定。⑧但从当时审定的实际情况看，审定的教科书主要是中小学的教科书，而"高等专门之学，应由各教员自编讲义"⑨，很少予以审定。

学部对于教科书审定的具体操作程序也有比较详细的规定：（1）"凡不合用者，即抉摘大要发还"；（2）"其可以审定作教科书者，即按其程度，

---

① 《奏定学部官制暨归并国子监改定额缺事宜折》，《学部奏咨辑要》（乙巳至戊申年），第18页。

② 《学部官制草案》，《东方杂志》临时增刊，光绪三十二年十二月，第31—35页。

③ 1908年9月14日，学务公所"六课"遵令改称"六科"。（《通行各省应照宪政编查馆奏准改学务公所六课为六科文（光绪三十四年八月十九日）》，《学部奏咨辑要》（乙巳至戊申年），第190页）

④ 《奏定各省学务官制办事权限并劝学所章程折》，《学部奏咨辑要》（乙巳至戊申年），第26页。

⑤ 《各省复汇送学堂课本电》，《学部官报》第2期，京外学务报告，第6—8页。

⑥ 《江督饬司审定教科书》，《申报》1908年12月21日。

⑦ 《通行各省宣讲所应讲各书文（光绪三十二年七月二十九日）》，《学部官报》第4期，"审定书目"，第5—7页。

⑧ 《咨复浙抚所送高等学堂讲义改正后再呈审定，定海教科书无庸审定文》，《学部官报》第31期，"审定书目"，第41—42页。

⑨ 《江苏举人徐敬仪呈医理教科书请喧禀批》，《学部官报》第13期，"审定书目"，第16页。

定作某等学堂某门学科作为教科之本或作为参考之本,并撰提要一篇,随书列目以便各学堂遵用";(3)"其书大致完好,可以审定而略有疵病应改订者,则为之粘签列表,将原书发下,令其改正后再请审定";(4)"直省呈送之法,或由提学司与地方大吏咨呈,或由本人具禀呈送,或由他人代呈,俟交到后,由书记官将其书编列字号,收入书目总册,细勘,再拟批语,呈堂阅定,然后发出"[①];(5)送审的图书"须有著者姓名、出版年月、价值、印刷所、发行所,方加审定";(6)审定合格的图书若在其有效期内重新修改,修改后须再加审定;(7)呈请审定的图书须缴纳一定的审定费,审定合格的图书允许在书中标明"学部审定"字样;[②];(8)若送审的教科书系翻译之作,须附上原书一道审查。[③]

三 教科书的审定标准

1906年《学部第一次审定初等小学暂用教科书凡例》开宗明义就说,审定教科书是为了一学制、正宗旨,并且所有的科目都以《奏定学堂章程》为依据。[④]后来的《学部第一次审定高等小学暂用书目凡例》和《学部第一次审定中学堂初级师范学堂暂用书目凡例》,也都如是规定。概括这些规定,清末教科书的审定标准可以划分为以下两类:

(一)合乎教育宗旨

晚清政府建立全国性现代学校体系的目的,仍然是期望吸收外国新的做法和技术,挽救摇摇欲坠的专制统治。因此,在这个现代教育体系中,仍然维护儒家纲常伦理的正统地位,抵制西方的自由民主思想。《钦定京师大学堂章程》写道:"欧美日本所以立国,国有不同,中国政教风俗亦自有所以立国之本。所有学堂人等,自教习、总办、提调、学生诸人,有明倡异说,干犯国宪,及与名教纲常显相违背者,查有实据,轻则斥退,重则究办。"[⑤] 1906年3月,学部在此基础上则进一步明晰为"忠君"、"尊孔"、"尚

---

① 《学部审定教科书办法》,《申报》1907年12月9日。
② 《学部第一次审定初等小学暂用教科书凡例》,《学部官报》第3期,"审定书目",第1—2页。
③ 《上海科学会举人张仁普呈送编纂教科书四种请审定禀批》,《学部官报》第5期,"审定书目",第9页。
④ 《学部官报》第3期,"审定书目",第1页。
⑤ 《钦定京师大学堂章程》,舒新城:《中国近代教育史资料》中册,北京:人民教育出版社1981年版,第544页。

公"、"尚武"、"尚实"的教育宗旨,并且要求具体详细地贯彻于教科书的编纂和审定之中。①

"忠君",实质上就是要求维护以皇权为核心的集权制度。皇权的核心地位巩固了,所有臣民就有可能被组织在一个等级分明的专制制度之中,成为君主手中指挥自如的工具,从而形成某种稳定的秩序,甚至实现王朝的繁荣与强盛。那么如何达到"忠君"呢?就教育而言,就是要通过各门课程歌颂清朝自开国以来列宗圣主的丰功伟绩、高风亮节、忧劳图治等,潜移默化地使学生体会皇恩浩荡,培养对君主的忠诚:"宜取开国以来列祖列宗缔造之艰难,创垂之宏远,以及近年之事变,圣主之忧劳,外患之所由乘,内政之所当亟,捐除忌讳,择要编辑,列入教科书。务使全国学生每饭不忘忠义,仰先烈而思天地高厚之恩,睹时局而深风雨飘摇之惧,则一切犯名干义之邪说,皆无自而萌。"②

"尊孔"就是要维护儒家思想的正统地位。众所周知,儒家从家庭推及国家,为整个社会设计和创造了一套以三纲五常为基本架构的秩序体系和伦理规范。这个思想虽然推理不严密,但诉诸人们一些最朴素的情感,模糊了家庭与国家之间的区别,客观上为君主专制制度提供了理论依据。自汉武帝"罢黜百家,独尊儒术"之后,儒家思想就被历代统治者作为维护其专制统治的权术而受到尊奉,孔子也被尊为"圣人"。因此,清末新式教育在"忠君"的同时,自然要"尊孔"。"无论大小学堂,宜以经学为必修之课目,作赞扬孔子之歌,以化末俗浇漓之习"。儒家经典不仅要根据学生的不同程度编辑成教科书,而且所有学堂都得以之为圭臬。③

"忠君"和"尊孔",根据当时清朝的说法,是"中国政教之所固有,而亟宜发明以拒异说者",是"中体",是图强之本。但只此还不够,"中国之大病,曰私、曰弱、曰虚。必因其病之所在,而拔其根株,作其新机,则非尚公、尚武、尚实不可也"④。这三者多少都涉及学习西方与挽救民族危亡的时代内容,特别是后两者,显然属于"西用"的内容。

"尚公"就是要通过教育,培养人们的公德,消除群情隔阂、各自为

---

① 《奏陈教育宗旨折》,学部总务司案牍科编:《学部奏章辑要》(乙巳至戊申年),第3—7页。
② 同上书,第4页。
③ 同上。
④ 同上书,第4—5页。

私、支离涣散的现状。"今欲举支离涣散者而凝结之,尽自私自利者而涤除之,则必于各种教科书之中,于公德之旨、团体之效,条分缕析,辑为成书,总以尚公为一定不移之标准,务使人人皆能视人犹己,爱国如家。"①但是,这里的"公德"并不是现代建立于群己权界之上的道德责任,而仍然是儒家的忠义亲爱,强调的多是个人处于专制制度不同等级中的道德义务,忽视了独立个人应有的权利。

"尚武"就是要在中小学堂各课程及教科书中,寓于军国民主义,锻炼学生的健康身体,培养学生的严守纪律、百折不挠、视死如归的精神。"尚实"则要求中小学堂的教科书,"取浅近之理与切实可行之事,以训谕生徒",培养学生的职业技能,从而促进整个国家的实业发展。②这两者就改善个人的生存状况和挽救民族危亡而言,或许有迫在眉睫的意义,但就个人的身心发展来看,忽略了人的独立个性和自由思想,带有明显的工具主义色彩。

(二)教育的学术性与技术性标准

除了教育宗旨这类带有很强意识形态色彩的思想性标准之外,其余的审定标准大多属于教育的纯学术性与技术性标准,即要求教科书要符合现代教育的基本规范。这类标准大致可以分为以下几个方面。

第一,内容选择方面,要求教科书选取的材料要准确,没有错误,切合本国实际和相应的课程要求;内容要充实全面,不能顾此失彼、陈旧落后,更不能与教科书宗旨毫无关涉。下面几则学部对教科书的批示或提要就属于这种情况:

谢洪赉编纂、商务印书馆印行的《最新高等小学地理教科书》的审订提要认为,该书有不少疏漏疵累:第一册第七课说"黄河源出青海之星宿海",并不正确,因为黄河源自"巴颜哈喇山东北之噶苏达苏齐老峰下",东流三百里才到星宿海;第二册第十六课的"仙湖"应为"抚仙湖",第二十六课"学务处学政"也应根据现今官制酌加修改;第三册第四课说寒带有冬夏无春秋、冬季六月常夜、夏季六月常昼,也是不准确的,因为寒带有南北半球之分,课文所言仅指北寒带,而南寒带则相反;该册第七课说地球上先有植物、后有动物,同样不准确,因为根据当时最新的学说,地球上的

---

① 《奏陈教育宗旨折》,《学部奏章辑要》(乙巳至戊申年),第5页。
② 同上书,第5—6页。

动植物并无先后之分。①因此，学部认为此书选材不准确，内容有错误。

邹寿祺编校的《国文教科书》审订批语是："该员所呈古文举例，条理清晰，论文要言一册亦多先哲名言。惟中小学国文一科包罗甚富，非文法一端所能尽。"②学部认为此书内容不全面。

白纳著、黄英译、商务印书馆印行的《最新中学教科书动物学》审订批语为："叙述动物大纲至为明晰，译笔亦条畅，定名尤审慎。惟所取动物间有为吾国所罕见者，宜由教员选择同类之品以易之耳。"③学部认为此书选材不合国情。

钱文选辑的《中英文公牍辑要》审订批语为："是书采摘近日中西公牍编辑而成，去取之间颇费斟酌。查向来英文教科书大抵沿用英人课本，自一名一物由渐而入，每嫌于本国事情不甚吻合。近人鉴于其弊，于新编课本多以英国语文叙述本国事物，浅近易解，稍便学者。但所列者究属儿童习惯之语，而非中西有用之文也。是书独采近日通行华英公牍，编为一册，不独使已习英文者由此得作文规模，亦且使深于中文者因之识英文途径。"④学部认为此书选材独特，切合实用。

第二，在组织层次方面，要求教科书的编纂必须详略得当，条理清晰，程度深浅适宜，并且符合学生的心理发育状况。以初等小学的"中国文字"课为例，学堂章程由浅及深地规定了其五年的课程内容，见表1—1。⑤

---

① 该书审订提要原文为："一二册中国地理，三四册外国地理，取材谨严，行文雅洁，洵小学地理教科书之善本。惟疏漏疵累仍未能免，如一册之第七课'黄河源出青海之星宿海'句，尚未确。因河源出巴颜哈喇山东北之噶苏达苏齐老峰下，东流三百里，始至星宿海也。二册之第十六课仙湖当改为抚仙湖，第二十六课学务处学政当依今制改。三册之第四课寒带之中有冬夏而无春秋，冬令六月常夜，夏令六月常昼。夫寒带有南北之分，而冬常夜夏常昼，乃专指北寒带言。若南寒带则夏令六月常夜，冬令六月常昼。而此编不言南北相反之理，失之疏矣。第七课地球始生植物，次生动物。据近时新说，则动植物之生无分先后，似亦宜改。"参见《学部官报》第23期，"审定书目"，第29页。

② 《学部官报》第5期，"审定书目"，第8页。

③ 《学部官报》第57期，"审定书目"，第15页。

④ 《学部官报》第137期，"审定书目"，第1页。

⑤ 《奏定初等小学堂章程》，舒新城：《中国近代教育史资料》中册，第417—419页。

表1—1　　　　　　　　初等小学"中国文学"课程内容

第一年	第二年	第三年	第四年	第五年
讲动字、静字、虚字、实字之区别，兼授以虚字与实字连缀之法。习字以所授之字告以写法。	讲积字成句之法，并随举寻常实事一件，令以俗话二三句，联贯一气，写于纸上。习字同前。	讲积句成章之法，或随指日用一事，或假设一事，令以俗话七八句联成一气，写于纸上。	同前学年。	教以俗话作日用书信。习字同前。

据此，学部认为沈宝霖呈送的《历史教科书》，虽自称供初等小学三四五年之用，但每课字数多在百字以外，已超出了初等小学"中国文字"课三四年的教学程度，儿童不能理解，因此未能审定通过。①

第三，在语言文字方面，要求教科书遣词用字准确雅驯，行文畅达明净，避免俚俗蹇劣、佶屈聱牙。1906年，学部就因"通体韵语"而批驳了王伟忠送审的《三字经》。②席裕福送审的《初等小学唱歌教范》也因"歌词鄙俗"被批驳。③

随着普及教育逐渐成为整个社会的共识，人们认识到我国长期以来"言文不合一"所带来的困难和障碍，开始尝试白话文，探索进行语言改革，以实现"言文一致"、"国语统一"。当时的教科书编纂也受此影响。最早创办白话报的裘廷梁就认为，"便幼学，一切学堂功课书，皆用白话编辑，逐日讲解，积三四年之力，必能通中外古今"④。陈子褒也主张小学课本宜用浅近白话编写⑤，并且身体力行。清朝政府对此采取了比较宽容和务实的态度。《钦定小学堂章程》规定教小学生以口语联句作文。⑥《奏定学堂章程》也主张小学生首先要认识日用常见之字，理解日用浅近之文，并能以俗语叙事和写作日用浅近文字。⑦但是，这都只是作为儿童学写文言文的起始步骤，

---

① 《学部官报》第25期，"审定书目"，第37页。
② 《学部官报》第5期，"审定书目"，第8页。
③ 《学部官报》第66期，"审定书目"，第2页。
④ 裘廷梁：《论白话为维新之本》，剪成文：《清末白话文运动资料》，《近代史资料》总31号，1963年12月，第122—123页。
⑤ 陈子褒：《论训蒙宜用浅白读本》，陈学恂：《中国近代教育史教学参考资料》上册，北京：人民教育出版社1986年版，第657页。
⑥ 《钦定小学堂章程》，舒新城：《中国近代教育史资料》中册，第401页。
⑦ 《奏定初等小学堂章程》、《奏定高等小学堂章程》，分别载于舒新城：《中国近代教育史资料》中册，第415、431页。

而并不是要以白话文代替文言文。《奏定初级师范学堂章程》就明白地体现了这个思路。它在为师范生规定教授儿童作文的次序法则时指出："凡教学童作文者，教字法句法入门之法有三：一、随举一二俗字，使以文字换此俗字（虚实皆可）；二、使以俗话翻成文话；三、使以文话翻成俗话。……引导用心之法有四：……四、题目相类者令用古人文调。……自然进功之法有二：一、熟读，二、拟古（文章乃虚灵之物，其佳否半由自悟，不能尽教；惟诵读极熟，兼常令拟古，则自能领悟进益。拟古谓古有此题此文而拟作之，或古有题无文而代补之，如《代秦报吕相书》之类）。"①

在教科书的审定中，学部在雅驯明畅的前提下对于白话教科书也采取了类似的态度。1906年，陈联桂等人呈送的《蚕桑白话》一书被审定为宣讲所用书。②但后来南洋官书局呈送的《笔算数学白话解》被认为"以白话讲演算术，看似浅易，实则反觉繁赘"，而未能通过审查。③1905年，上海彪蒙书室出版了戴克敦、钱宗翰合编的《绘图中国白话史》。全书分绪言、目录、正文、历代帝王总记、大事年表等内容，共4册127课，完全以白话文叙述了我国自上古至日俄战争的历史。其在《时报》上的出版广告也以此自称："中史浩繁，编纂非易，新辑历史课本类皆文义稍深，初学未能领会。是书将五千年大事纯用白话演说，略通文义者即可读，此洵小学之佳本也。"④出版之后，为全国许多小学堂所采用。1909年，《绘图中国白话史》与彪蒙书室所编的其余教科书一道被查禁，学部对此书的批驳是："书名已不可解。而书中所演如头子许都弃掉位子等语，又多掺入土话。第七课平王没本领，第八课戎狄常来中国吵闹，三十六课在西汉时候有贾谊、董仲舒、孔安国许多人专讲解经义的，在东汉的时候有马融、郑元、郑众许多人专讲解字义的，尤属似是而非。诸如此类，举不胜举，贻误后学不浅。应不审定。"⑤仅就此批示来看，当时教科书的编纂者或许是由于试图放弃文言文而尝试白话文，

---

① 《奏定初级师范学堂章程》，舒新城：《中国近代教育史资料》中册，第670页。
② 《四川民立蚕桑学堂学生陈联桂等呈送蚕业白话蚕桑专科讲义请审定禀批（光绪三十二年九月初五日）》，《学部官报》第5期，"审定书目"，第11页。
③ 《南洋官书局职董陈作霖呈书三十五种请审定禀批》，《学部官报》第31期，"审定书目"，第43页。
④ 《时报》，1905年4月20日。
⑤ 《咨各督抚严禁各学堂用彪蒙书室各教科书文（宣统元年四月十六日）》，《学部官报》第91期，"审定书目"，第1—2页。

在表达和叙事时显得不那么准确和雅洁，这为教科书通过审定带来了困难；另一方面教科书审定者更看重的是行文的驯雅，其所谓的浅近文字也是更多地就浅易的文言文而言的。清末的教科书绝大多数也都是文言的。

此外，专业名词术语的规范和统一又是在语言文字上教科书审定的另一重要标准。许多教科书就常常因此而被要求修改甚至被否定。为了改变这种状况，建立全国一致的科学规范的专业名词术语，1909年10月底学部专门开办了编订名词馆，严复被任命为总纂。①

第四，在体裁体例方面，要求教科书必须是教科书的体裁。由于当时人们对于新式学堂的教科书并不十分了解和熟悉，所呈送的书籍有礼札、日记、问答、韵语等等，五花八门，体裁芜杂。例如，1906年李长纶呈送的《日记语摘存》、《弟子规义证录》，上海美华书馆呈送的《天文问答》、《地理问答》，都因非教科书体裁而没有通过审定。②

四 教科书审定实际情况分析

根据《学部官报》及相关资料统计（详见附录的表1和表2）③，合计所有书目并扣除重复部分，学部自1905年12月成立后大约共审定教科用书679种，923册。④到1911年清朝灭亡，学部每年大约要审定教科书113种，至少150多册。仅就这个数量来说，学部教科书审定工作还是较有成效的。其中约有596种教科书刊录有学部审定禀批或内容提要，依据这些禀批和内容提要，并对照上文所说的教科书审定标准，可以将当时教科书审定的状况列成简表，见表1—2。

---

① 《奏本部开办编订名词馆并遴派总纂折》，《学部官报》第105期，"本部奏章"，第1页。
② 《屯居蓟州镶蓝旗汉军附生李长纶呈请审定书稿并发给教科书书目禀批（光绪三十二年七月二十四日）》，《学部官报》第5期，"审定书目"，第10页；《上海美华书馆呈书七种请审定禀批（光绪三十二年十月初六日）》，《学部官报》第11期，"审定书目"，第13页。
③ 这些资料主要是：《学部官报》第4、5、11、13、17、21、22、23、24、25、26、31、57、61、66、67、71、86、91、95、106、107、108、109、134、135、136、137、138、151、152、153、154期；《大清宣统新法令》第二十册，上海：商务印书馆宣统二年十版，第34—38页；《教育杂志》第二年（1910年9月）第9期，第25—30页。
④ 这679册书中不包括1906年9月学部为宣讲所采择的应用书目40种（《通行各省宣讲所应讲各书文（光绪三十二年七月二十九日）》，《学部官报》第4期，"审定书目"，第5—7页）；923册也是一种估算，有许多教科书每一种有多少册并不清楚，这些不清楚的暂且以每种一册来计算。

表1—2　　　　　　　　　　清末教科书审定情况分析

	审定标准						审定结果		
	教育宗旨	内容选择	组织层次	语言文字	体裁体例	审定程序*	通过	不通过	修改
教科书数量（种数）	32	422	216	138	58	29	278	244	74
占总数比例（…/596）	5.4%	70.8%	36.2%	23.2%	9.7%	4.9%	46.7%	40.9%	12.4%

*审定程序是指教科书在送审过程中不合相关程序，如译本未能与原著一道呈审。

在这596种教科书中，涉及教育宗旨问题的只有32种，约占5.4%，绝大多数教科书都是因教育学术性和技术性的标准而遭学部批示。在这涉及教育宗旨问题的32种教科书中，有16种被审定通过，有13种因与教育宗旨相背而没有通过，其余3种书要求修改。商务印书馆编印的《世界文明史》一书虽然是16种审定通过教科书当中的1种，但实际上违背了教育宗旨，书中有"中国儒教有箝束文化进步之势"、"以老聃白发喻中国之现象"等语杂嘲讥之言。①乐群书局编印的《修身教科书》、中国图书公司编印的《初等小学修身教授本》及《课本》是3种要求修改的教科书。《修身教科书》并不违背教育宗旨，只是因为全书未能编纂完成而不合审定程序，要求以后再行送审；《初等小学修身教授本》及《课本》两种则因不合教育宗旨，而要求修改。这就是说，13种没有通过审定的教科书，再加上《世界文明史》、《初等小学修身教授本》及《课本》等3种教科书，总共与教育宗旨相出入的教科书有16种，约占596种刊录有批语教科书的2.7%，分量不多。其中的原因主要归结于教科书审定制度约束下的市场竞争。当时民间的教科书编纂出版商贾大都"以生利为目的"②。对于他们而言，通过了学部的审定，就等于为其出版的教科书拿到了进入各个学堂的通行证，就可能获得丰厚的收益，否则就意味着血本无归。因此，教科书的编纂者对于带有意识形态色彩的教育宗旨持有非常谨慎的态度，既不敢也不愿轻易冒此风险，在送审之前早就进行了自我审查。如此微小的份额，恰恰充分地说明当时的教科书审定在防范新思想方面极其有效，是保护旧有思想秩序的一道有力的防火墙。

具体而言，当时的教科书审定首先维护了以"忠君"、"尊孔"为核心

---

① 《上海商务印书馆经理候选道夏瑞芳呈世界文明史各书请审定批（宣统元年九月二十三日）》，《学部官报》第107期，审定书目，第3页。

② 《学务刍言（续）》，《申报》1906年10月25日第2版。

的专制主义思想体系和价值观念，堵塞了传播和普及外来的自由民主各种新思想最为有效的途径。1908年9月15日，学部就曾查禁了杭州保姆学堂监督何琪编纂的《初等女子小学国文教科书》。在禁文中，学部认为该书"宗旨纰缪，颇染平权自由邪说。书中三册二十三课，四册二十八课、三十六课，五册四十二课，六册三十七课，七册四课、三十三课，八册四十九课、五十课、五十四课，或间涉其说，或畅发其意。七册十四课竟以妹喜、妲己为女豪杰，二十三课谓家规、家礼皆压制之法，四十九课谓古时之家名为和睦者，不过压于权威之下。偏谬至此，殊与风化有碍。应即严行查禁，以维学术而正人心"[1]。

第二天，学部又下文各省提学使查禁了《中等教育伦理学》。该书是日本元良勇次郎所著，麦鼎华翻译。蔡元培为之作序说：

> 我国伦理之说，萌芽于契之五教。自周以来，儒者尤尽力发挥之。顾大率详于个人与个人交涉之私德，而国家伦理阙焉。法家之言，则又偏重国家主义，而蔑视个人之权利。且其说均错见于著述语录之间，而杂厕以哲理政治之论，无条理，无统系，足以供专门家参考，而甚不适于教科之用。
>
> 西洋伦理学，则自培根以后，日月进步，及今已巍然独立而为一科学，学说竞优，各有流别，苛难锐讨，不见极不止。其大宗派有二：曰直觉说，求端于"良知良能"，而要归于"正谊不谋利，明道不计功"者也。曰经验说，求端于"见赜观通，见动象仪"，而要归于"以美利利天下"者也。在理论界，更胜迭负，尚无以别黑白而定于一。用之于教育，则直觉说便于提醒责备，而恐无以引名教乐地之兴味；经验说便于诱导指示，而恐无以障放利自营之趋势。两者皆不免有所短。迹之于实践，则甲之所善，乙亦大抵善之，乙之所恶，甲亦大抵恶之。两者又实有相禅相接之势。
>
> 夫专门之学，必求之原理；而普通之学，则注重实践。是故普通教科，莫善于善采两者而调和之。
>
> 日本元良勇次郎氏之《伦理讲话》，则深符此旨者也。是书隐以经

---

[1] 《咨浙抚查禁何编女子小学国文教科书文（光绪三十四年八月二十日）》，《学部官报》第66期，"审定书目"，第1页。

验派之功利主义为干,而时时以直觉派之言消息之。不惟此也,社会主义与个人主义,国家主义与世界主义,东洋思想与西洋思想,凡其说至易冲突者,皆务有以调和之;而又时时引我国儒家之言以相证;又以父子祖孙之关系,易宗教之前身来世,尤合于我国祖先教之旨。故是书之适用于我教育界,并时殆无可抗颜行者。顺德麦公立氏取而译述之,又举元良氏附录彼国之言,悉易之以国粹;惟国家伦理篇,以我国宪法未立,有无可凭藉者,则仍援彼国法律,以示取法之义。苦心孤诣,毫发无憾。吾愿我国言教育者,亟取而应用之,无徒以"四书"、"五经"种种参考书,扰我学子之思想也。①

在这篇序言中,蔡元培首先指出我国传统伦理学说的不足,其次概述了西方伦理学的发展大势,最后指出我们应该汲取西方的伦理价值,而不能仅仅以"四书"、"五经"为载体的儒家伦理为唯一的圭臬。这无疑与儒家的纲常伦理万古不变的信念相冲突,不利于维护专制统治。这一点在后来审定《初等小学修身教授本及课本》的批语中,学部阐明得十分清楚:"书中有云:际此时代新道德未成,旧道德已丧。不知道德古今唯一,并无所谓新旧。又云:从前迷妄之说不敢不摒。按古来言道德者,并无迷妄之说。至于愚民无知或多迷信,原所当禁。惟辨之不可不明。允近人破除迷信之见将至,敬天祀祖皆可以废,此变本加厉,不可不防者也。"②因此,学部批驳说,《中等伦理学》"意在调和中西学说,牵合杂糅,于我国教育宗旨不合。书中载有蔡序一篇,尤多谬妄。各学堂应即禁用"。③

其次,清末的教科书审定还试图遏制"排满"民族主义思想的传播。1909年6月3日,学部咨照各省督抚,查禁了除《绘图蒙学卫生实在易》之外彪蒙书室编纂的所有教科书,④造成了轰动当时的一桩禁书案。彪蒙书室是钱

---

① 蔡元培:《〈中等教育伦理学〉序》,元良勇次郎著、麦鼎华译:《中等教育伦理学》,上海:广智书局,光绪三十年(1904年)四月第三次付印,第1—2页;《〈中等伦理学〉序》,中国蔡元培研究会:《蔡元培全集》第1卷,杭州:浙江教育出版社1997年版,第409—410页。
② 《上海中国图书公司呈初等小学修身教授本及课本请审定批(宣统元年七月二十七日)》,《学部官报》第107期,"审定书目",第3—4页。
③ 《答饬各省提学使禁用麦译中等伦理学文(光绪三十四年八月二十一日)》,《学部官报》第66期,"审定书目",第1页。
④ 《咨各省督抚严禁各学堂用彪蒙书室各教科书文(宣统元年四月十六日)》,《学部官报》第91期,"审定书目",第1—3页。

塘人施崇恩（字锡轩）在上海开办的一家编印教科书的书店,①因为最早编辑出版白话文教科书而名噪当时的教育界。所出版的白话文教科书广受欢迎,其出版的《绘图四书新体速成读本》一套书,"经文和白话文对照,并有插图,销行二十余版,各地小学都采作课本"。郑逸梅认为："这种编法触犯了清政府,被认为利用白话译经书,是传播维新思想,对其统治不利,因此下令禁止流通。"②

但就学部的咨文及对各书的批斥来看,撇开内容有无错误、行文是否准确雅洁等教育技术性的因素外,其传播启蒙维新思想的倾向倒并不明显。咨文中虽然认为小学堂读经一科,以《绘图四书新体速成读本》教授,"实足误学童而滋谬种"。但该书的批语中说："书名已属费解。中说大学明德忽掺入德律风,天下平忽掺入水平,并各绘一图,更足疑误后学。诸如此类,不一而足,万无审定之理。"③此套书的不足可能是在内容上有些牵强附会,与传播启蒙维新思想并没有多少关涉。这套书恐怕也不是这次彪蒙书室教科书全遭查禁的首要原因。④然而,在学部对彪蒙书室其他教科书的批斥中,倒可以明显地看到,有些教科书受到了当时社会"排满"革命的民族主义思潮的影响。譬如,《最新初等小学地理教科书及教授法》一套书的批语说："体例尚合,错误太多。其尤谬者,如谓古时风俗,男女皆束发,入本朝以来,男子垂辫,女子喜缠足。又谓尊孔不过藉收汉族之心。倘以此教授儿童,流失败坏,不堪究矣。"⑤清初"薙法令"及其所引起的汉族抗清斗争,这时都是革命者鼓吹推翻清朝统治的宣传材料。这套书所流露的"排满"革命的民族主义思想,对于满清朝廷的统治是非常不利的。这恐怕才是彪蒙书室教科书遭禁的主要原因。

---

① 《第一次中国教育年鉴》错误地认为彪蒙书室是在杭州（《第一次中国教育年鉴》,上海：开明书店,中华民国二十三年,"戊编",第119页）。

② 郑逸梅：《最早编印白话教科书的彪蒙书室》,《书报话旧》,北京：中华书局2005年版,第86—87页。

③ 《咨各省督抚严禁各学堂用彪蒙书室各教科书文（宣统元年四月十六日）》,《学部官报》第91期,"审定书目",第1页。

④ 郑逸梅、林旦旦等后来许多人都把彪蒙书室教科书查禁案的原因归结为《绘图四书速成新体白话读本》这套书,认为其利用白话译经书,宣传维新启蒙思想。参见郑逸梅《最早编印白话教科书的彪蒙书室》,《书报话旧》,第86—87页；林旦旦：《彪蒙书室及其〈绘图中国白话史〉》,《华夏文化》2005年第4期。

⑤ 《咨各省督抚严禁各学堂用彪蒙书室各教科书文（宣统元年四月十六日）》,《学部官报》第91期,"审定书目",第2页。

毫无疑问，清末这种对教科书的思想性审定，对于当时社会产生了深远的影响。一方面，各种新的思想观念，维新启蒙也好，"排满"革命也罢，始终不能普及和根植于普通民众，只能停留于少数开明的知识分子。这些没有根基的新思想犹如浮云，随着国外思想风潮的变化而飘忽不定，更迭如常。以这些新思想为指导的或启蒙或革命等辉煌事业，似乎都难以达到人们的理想预期。

另一方面，以儒学为核心的传统思想文化的正统地位，依然通过现代教育连续、严密的制度得以维护和延续。萧功秦认为："由于科举制度是以儒家的政治标准和价值来选拔人才、凝聚人心和构成获取地位、名望和权力的基本途径的，科举制度的废止，从长远来看，就使国家丧失了维系儒家意识形态和儒家价值体系的正统地位的根本手段。这就导致中国历史上传统文化资源与新时代的价值之间的最重大的一次文化断裂。正是在这个意义上，由于科举制度在1905年的废止，从而使这一年成为新旧中国的分水岭。它标志着一个时代的结束与另一个时代的开始。其划时代的重要性甚至超过辛亥革命。"[1]就清末的教科书审定以及学堂章程对于读经存教的学校课程设置看，1905年科举制度的废止恐怕并没有像萧功秦想象的那么严重，导致了中国历史上最重大的一次文化断裂。至少在清末，这根本不是历史的事实。

撇开这些关涉具有意识形态色彩的少数教科书之外，清末教科书在审定中存在的主要问题，是其是否合乎学术性和技术性方面的教育标准。以刊录有批语的596种教科书计算，这方面的审定大约占除去教育宗旨5.4%之外的94.6%。其中涉及内容选择的422种，占70.8%；涉及组织层次的216种，占36.2%；涉及语言文字的138种，占23.2%；涉及体裁体例的58种，占9.7%；属于审定程序方面的29种，占4.9%（由于每一种教科书都涉及这五项审定标准中一项或几项内容，互相重叠，所以各项标准教科书所占比例的总和不可能等于94.6%）。这就是说，当时由于新式学堂在全国才刚刚普遍兴办，人们对适用于这些新式学堂的教科书十分陌生，所编纂出来的教科书常常不合乎基本的规范。当时录有学部审定禀批或内容提要的596种教科书中，278种合格通过，约占46.7%，还不及一半；若排除32种涉及教育宗旨的教科书，即在合格通过的278种教科书中扣除16种因符合教育宗旨而通过的教科书，并相应

---

[1] 萧功秦：《从科举制的废除看近代以来的文化断裂》，《战略与管理》1996年第4期，第15页。

在总数596种教科书中减去这32种教科书，那么564种教科书中只有262种合格通过，约占46.5%。这说明通过审定，淘汰了大量不合乎现代教育基本技术规范的教科书，在一定程度上保证了教科书的基本质量，有助于当时刚刚兴办的新式教育。清末的教科书审定有其一定的合理性。

尽管有90%以上的教科书在审定中，都是出于纯学术性和技术性方面的教育标准而遭学部批示，然而并不能就此过高地估量教科书审定的合理性。一方面这种合理性的存在有其前提条件：第一，学部能够集中那些熟悉现代教育技术规范的教育专家从事于教科书审定；第二，这些教育专家在一个没有竞争约束的教科书审定官僚机构中，不是敷衍塞责而是有效率地开展审定工作。就前一点来说，学部或许能够做到。而后一点，凭借人们的一时热情，在短时间内也有可能，但长期来说只能是空想。另一方面，只要实行教科书审定制度，受审查的教科书总是可能被发现存在这样那样的问题，而这些问题通过教科书自由编纂选用制度（又称教科书自由制）①下的市场竞争同样可能被发现和纠正。在没有教科书自由制度下市场竞争对于提高教科书质量相关统计数据对比的情况下，这种单一的统计数据没有反映其他教科书制度对于教科书质量提高的影响，可能会使人过高估计教科书审定制度的积极作用及合理性。也就是说，这些数据只有与其他教科书制度（特别是教科书自由制度）下类似的分析相比较，才能真正说明问题。因此，在估量清末教科书审定对于提高教科书质量乃至整个教育水平贡献的同时，倒十分值得关注其对于当时社会思想观念的变革更新所产生的负面作用。

---

① 教科书自由编纂选用制度是教科书从编纂到选用的各个环节完全由市场竞争来约束的一种良好制度。在这种制度下，政府教育部门规定教科书的大纲简目，民间依此自由编纂出版，报纸和学术期刊对出版的教科书评论其完缺高下，学校则自主选用。即使有书商牟利，潦草成书而误人，但是一经期刊报纸的点评报道，学校又不采用，其在市场上就无法立足。教科书因而在这严酷的市场竞争中改良进步。

第二章
北京政府时期的教科书审定制度

> 凡各种教科书，务合乎共和民国宗旨。清学部颁行之教科书，一律禁用。
>
> ——1912年南京临时政府教育部：《普通教育暂行办法》
>
> 务请转饬全省官立私立男女专门各学校，嗣后所用各科课本，当以本部审定者为正鹄。如有未经审定者，一律不准参用，庶足以维教育而正人心。
>
> ——《教育杂志·记事》第7卷第4号（1915年4月）

一 教科书审定制度的演变

清末教科书审定制度并没有因辛亥革命而遭废弃，相反在中华民国成立之后得以延续。1912年1月19日，刚刚上任中华民国南京临时政府教育总长的蔡元培，以教育部的名义通电各省，颁行了《普通教育暂行办法》十四条以及《普通教育暂行课程标准》十一条。《普通教育暂行办法》有两条明确规定：

> 一、凡各种教科书，务合乎共和民国宗旨。清学部颁行之教科书，一律禁用。
>
> 二、凡民间通行之教科书，其中如有尊崇满清朝廷，及旧时官制、军制等课，并避讳、抬头字样，应由各书局自行修改，呈送样本于本部，及本省民政司、教育总会存查。如学校教员遇有教科书中不合共和宗旨者，可随时删改，亦可指出，呈请民政司或教育会，通知该书局改正。①

---

① 《呈副总统咨各省都督普通教育暂行办法及课程标准》，《临时政府公报》第4号，"令示"，第2页。

这实质上就意味着，当时的教育部在"共和民国宗旨"这个意识形态问题上，首先要对清末以来的教科用书予以审查。当时草创中的教育部，变革更新，千头万绪。但是最初到部办公人员只有总长蔡元培、会计员黄承之以及受邀襄理的蒋维乔三人，次长景耀月，虽受任命，不常到部。随后又召集、聘用了东西洋留学生等30余人，各就所长，分别草拟大中小学学制。① 对于教科书审定，缺少人手，无暇顾及。因此，《普通教育暂行办法》虽然规定要审查、修订教科书，但是修订、审查的具体工作主要交给了各省的民政司和教育会等相关机构。

为了不影响新学期开学，1912年2月19日教育部对上海书业商会的批文中，进一步明确了教科书临时审查修正的办法：第一，清朝学部所编纂的教科书一律禁用，各学校只能采用民间编纂的教科书；第二，各学校对于选用的民间编纂教科书，应依据《普通教育暂行办法》，自行修改以应急需；第三，各书局已经修改的教科书如不能及时重印，应首先多刊行校勘记，随书附送，并备各处索取。②

1912年3月2日，教育部通电各省高等以上学校，在新学制未颁布以前，各学校应照旧章办理；惟前清用书，如《大清会典》、《大清律例》等，一律禁止采用。③这是对高等以上学校的教学用书做了相应的调整。所谓的"前清用书"，实际上与中小学的情况差不多，是指那些与"共和民国宗旨"相违背的各种教科书。

及南北统一，1912年4月，依据南京参议院议决官制，在北京重组教育部。蔡元培为教育总长，范源廉为教育次长。另有参事三人，草拟法令。下设承政厅及普通教育、专门教育、社会教育三司。承政厅有秘书长一人，专司机要及管理本厅事务；编纂员四人，审查员五人，又分别称为编纂处、审查处；分设文书、会计、统计、建筑四科，科员若干人。④这样，在中央教育

---

① 蒋维乔：《从南京教育部说到北京教育部》，《教育杂志》第27卷第4号（1937年4月），第1—2页。

② 《教育部批上海书业商会请将旧存教科图书修正应用呈》，《临时政府公报》第18号，"令示"，第3页；丁致聘：《中国近七十年来教育记事》，国立编译馆1935年版，第35页。

③ 丁致聘：《中国近七十年来教育记事》，第36页；蒋维乔：《从南京教育部说到北京教育部》，《教育杂志》第27卷第4号，第4页。

④ 《教育部编纂处月刊》第1卷第1册，"本部纪事"，第1页；《教育部行政纪要》甲编，第1、20页；蒋维乔：《从南京教育部说到北京教育部》，《教育杂志》第27卷第4号（1937年4月），第5页。

行政机构中有了审查教科书的专门人员。至于此时的编纂员四人，主要负责编辑法令、辑译书报，而不是编纂教科用书。5月9日，教育部通饬各书局，将出版的各种教科书送部审查。①5月25日，颁布了《审定教科图书暂行章程》十条：②

  第一条　审定教科图书，在本部各学校令未颁发时，得依据本部普通教育暂行办法通令编纂。

  本条所称教科用图书，关于师范学校、中学校、各种女学校者，指学生所用图书而言；关于小学校者，兼指教师所用及学生所用图书而言。

  前项称教师所用图书，指记载应当教授事项，与关于教授上注意及应用事项之图书；或附属于该图书，为便于教师指示学生之挂图等类。

  第二条　图书发行人应于图书出版前，将印本或稿本呈请教育部审定。

  如用印本呈请审定，由审查人将应修正者签示于该图书上，呈请人应即照改，抽出重印，其修改无多者，可暂用校勘表。如用稿本呈请审定时，除签示修改照前项办理外，须并将拟用印刷之纸张、行款、册幅及封面样式等，并呈察阅，审查人审为可用，发还印刷，印成呈验，核与前式无误，即作为已审定之图书。

  第三条　凡呈请审查之图书，须每种同时呈出三部。

  第四条　图书不载明定价者，不予审查。

  第五条　各学校聘用之外国教员，如有自编师范或中学教科书不背本规则第一条者，亦得呈请审查。

  第六条　已经审定之图书，由教育部以公报宣布，其书名、册数、定价及何项学校学科所用，并发行之年月日，与载明该图书上之著译人及发行人之姓名、商号。

  第七条　凡图书已经审定后，其内容修改出于第二条所签示外者，即失其审定效力。

---

  ①　《教育杂志》第4卷第4号，"记事"，第23页。

  ②　《教育部编纂处月刊》第1卷第1册，"本部纪事"，第3页。这个暂行章程共有11条，其最后一条是关于章程适用及修订的规定，而不涉及教科书审定的实质内容，因而当时人们通常称为暂行章程十条。

前项所谓修改者，包括该图书之改易名称、增减文字图画，或变更页数、行数、字体、图画，及纸质、印刷与所呈样本不符，或增减其注释、附录等事。

第八条 依第六条所已公布之事项有变更时，应由出版人呈请教育部登公报宣布，否则审定作为无效。

第九条 依第二条所修正及第七条所修改之图书，须于六个月内重呈审定，逾期作为无效。

第十条 凡已经审定认为合用之图书，每册书面准载明某年月日经教育部审定字样，于小学校教科用图书，更宜标明教师用、学生用字样。依第七第八第九条等作为无效者，不得滥用前项准载字样。

第十一条 本章程俟民国新学制颁行后，再行改订。①

这个暂行章程显然构架起了民国教科书审定的基本制度。其中有两点值得注意：第一，暂行章程虽然规定了图书发行人应将教科书呈请教育部审定，但是并没有明确划定教育部与地方相关机构关于教科书审定的权力界限，更没有明令禁止地方相关机构审查教科书，当时的地方相关机构依然还在审定教科书。8月10日出版的《教育杂志》上登载的《江苏暂行图书审查会规则》，仍然明确规定"本会专事审查各种教科用图书，公抉择定之"②，8月20日江苏图书审查会成立。③10月10日出版的《教育杂志》上也刊登了京外教育行政官厅如广东教育司长、湖南教育司、北京督学局、北京劝学所、皖军都督、署直隶提学司、江苏都督等，对商务印书馆呈请审定的各种教科书的批示。④第二，由于民国新学制还在草拟之中，教科书审定的依据自然是《普通教育暂行办法》和《普通教育暂行课程标准》，暂行章程相应地对于审定的教科书也没有规定明确的有效期限，是个名副其实的暂行章程。1912年6月21日，因中华书局任意删节教育部审定教科书的签示批语，于未曾修改刊印之前登广告以促销售，教育部为此特发通告，重申教科书审定暂行章程，并且要求各

---

① 《教育部审定教科图书暂行章程》，《教育杂志》第4卷第4号，"法令"，第1—2页。
② 《江苏暂行图书审查会规则》，《教育杂志》第4卷第5号，"附录"，第41页。
③ 《教育杂志》第4卷第6号，"记事"，第37页。
④ 《京外教育行政官厅批上海商务印书馆请审定各种教科书呈》，《教育杂志》第4卷第7号，"附录"，第49—53页。

书局在刊登广告时不得就原批语任意删节。①

1912年8月教育部官制修正,改承政厅为总务厅,下设秘书、编纂、审查三处,以及文书、会计、统计、庶务四科,原来的建筑科并入庶务科,其余各司也有所调整。②经过这次调整,原来专门负责教科书审定的五个审查员正式、明确地组成了审查处。此后,教育部官制虽经常变更,但整个北京政府时期都设有负责教科书审定的机构。

为适应政治制度的变革,完成君主时代之教育向共和时代教育的转变,1912年7月10日至8月9日,教育部在北京召开了全国临时教育会议。在历时整整一个月的时间里,教育部交议的提案47件,其中议决的23件(内有否决案5件),经过讨论有审查报告但未及再读通过的9件,另外15件未能来得及讨论;议员提出的议案44件,其中议决的3件,未议的41件。所有这些议决及未议决各案,会后都报告了教育部,由教育部斟酌采择施行。③"自民国元年以至十一年,各种教育设施,均由此会产生也。"④在所有的议案中,关于教科书审定方面的议案有三件:《教科书审定办法案》、《各省图书审查会规程案》和《中小学校教科书宜速审定颁布案》。前两件议案是教育部交议的,初读成立,但未得及再读通过;后一件议案是议员提出来的,未能来得及讨论。这些议案是此后教育部修订教科书审定规章的重要依据。

经过全国临时教育会议的讨论,教育部从1912年9月到次年8月公布了一系列法令、章程,构成了民国第一套完整的学校制度,即"壬子癸丑学制"。1912年9月13日,教育部颁行了正式的《审定教科用图书规程》十四条。相较于《审定教科图书暂行章程》,这个新规程首先明确规定,小学校、中学校、师范学校教科用图书,"任人自行编辑,惟须呈请教育部审定"。这意味着教育部不打算官方编纂教科书,而是实行彻底的教科书审定制度。其次,根据新的学制,教科书的审定依据是即将公布的小学教育令、中学校令、师范教育令。其三,在教育部与地方相关机构的审定权限上,规

---

① 《通告各书局登载本部审定教科书广告不得就原批意为删节文》,《(民国)教育部文牍政令汇编》第1册,北京:全国图书馆文献缩微复制中心2004年版,第55页。

② 《教育部行政纪要》甲编,第1—2页;《教育部编纂处月刊》第1卷第1册,"本部纪事",第6页;《参议院议决修正教育部官制》,《教育杂志》第4卷第6号,"法令",第3—4页。

③ 《教育部行政纪要》甲编,第4—6页;《临时教育会议日记》,邰爽秋等:《历届教育会议议决案汇编》,上海:教育编译馆1935年版,"乙",第21页。

④ 蒋维乔:《从南京教育部说到北京教育部》,《教育杂志》第27卷第4号(1937年4月),第6页。

程要求各省组织图书审查会，在教育部审定的教科图书内择定适合本地的教科书，或者发现需要修改之处，呈请教育部修正。另外，对于审定的教科图书有效期限问题，新规程依然没有明确。①显然，这个规程将教科书审定权力统一于教育部，结束了民国成立以来短短几个月中央与地方共享审定权力的混乱状态。9月18日，教育部相应颁布了《各省图书审查会规程》。根据这个规程，图书审查会审查择定的教科用图书以教育部审定的为限；超出此范围的图书，须呈请教育部核定后才能择定；审查会对于教育部审定的教科图书有意见时，也得呈请教育部酌核办理。②

1913年初，国民党在参、众两院的国会选举中获得多数席位，根据《中华民国临时约法》，国民党将以多数党的地位组建责任内阁，代理理事长宋教仁准备出任内阁总理。当时的民国总统袁世凯并不想真正实行民主共和制度，而希望延续其在清末新政的一贯改革思想，进行专制主义的现代化。选举获胜的国民党和宋教仁，无疑成为袁世凯前进道路上的眼前障碍。3月20日，宋教仁在上海被刺身亡。事后大量的证据又指向袁世凯，袁世凯一时成为民主共和的公敌。7月，孙中山、黄兴、李烈钧等人没有诉诸法律程序，径直发动了"二次革命"，讨伐袁世凯。9月，"二次革命"失败，袁世凯武力统一了全国。随后，袁世凯马不停蹄、肆无忌惮地开始复辟帝制。

1912—1913年，是民国废止清末旧学制而重建适合民主共和新学制的两年。然而从1914年开始，这套新制度就为迎合袁世凯的复辟需要而遭调整。1914年1月20日，教育部训令各省民政长，宣称孙中山、黄兴"二逆倡乱湖口，糜烂长江，残害生灵，实为民国之罪人"，要求各学校及书局将教科书中孙中山、黄兴二人肖像和"称扬之语"以及有关国民党的课文，即日全部删除，"以祛民国之瞽惑"。③28日，教育部在停止各省图书审查会的同时，公布了重新修正的教科用书审定规程。这个修正的审定规程④与此前的

---

① 《教育部令（元年九月十三日第九号）》，《教育部编纂处月刊》第1卷第6册，"法令"，第32—34页。

② 《教育部令（元年九月十八日第十号）》，同上书，"法令"，第34—36页。

③ 《训令各省民政长学校教科书关于称扬孙黄之语及其肖像应悉行删除文（三年训令第十号）》，《（民国）教育部文牍政令汇编》第1册，第251页。

④ 《修正审定教科用图书规程（部令第八号，三年一月二十八日）》，《教育公报》第1册（民国三年六月），"法令"，第7—9页。

规程相比（详见表2—1），有一些细微的变化：第一，删去了教科书"任人编辑"几个字，为官方编纂教科书埋下了伏笔。第二，教科书审定的依据是"合于部定学科之程度及教则之旨趣"，而非上次明确依据"小学教育令、中学校令、师范教育令"，措辞模糊笼统。这意味着刚刚公布的《小学校令》、《中学校令》、《师范教育令》以及相关的教则旨趣，都将重新调整和修订。①第三，各学校的教科书不再由各省教科图书审查会择定，而由各校长在各省行政长官的督促下自行选用，发现教科书需要修改之处也要经由省行政长官认可后，呈请教育部复核。这实际上加强了各省行政长官在教科书选用、修改方面的权力。第四，明确了审定合格教科书的有效期限为五年。②教科书审定规程的这些细微修正，除第四点外，所有都旨在加强对教科书的严格控制。是年4月，教育部还布告说，以前审定的教科书"失于宽滥，于教育前途大有妨害"，要求所有1913年（民国二年）以前编辑审定的教科书，须"按切时势，妥为修改"，并于三个月内送部复审。③

表2—1　　　1912年《审定教科用图书规程》及其1914年的修正

修正审定教科用图书规程 （1914年1月28日）	审定教科用图书规程 （1912年9月13日）
第一条　小学校、中学校、师范学校教科用图书，须经教育部审定。	第一条　小学校、高等小学校、中学校、师范学校教科用图书，任人编辑，唯须呈请教育部审定。

---

①　由于各省图书审查会在择定教科书方面的一些实际困难，1914年1月23日，教育部就对《小学校令》第十六条、《中学校令施行规则》第十八、《师范学校规则》第四十予以了修改，将各该校教科用图书下"由各省图书审查会选定"一句，均改为"由校长就教育部审定图书内择用之"。（《教育杂志》第5卷第12号，"记事"，第103—104页；《教育部关于教科书由校长就部定图书内选用令》，中国第二历史档案馆编：《中华民国史档案资料汇编》第三辑，"教育"，南京：江苏古籍出版1991年版，第877页。）

②　王建军先生在其著作中说，这次修正的教科书审定规程与之前的规程相比，审定之图书有效期由六年改为了五年（王建军：《中国近代教科书发展研究》，广州：广东教育出版社1996年版，第270页）。这一说法是错误的，此前所有审定规程都未明确审定教科书的有效期限。他可能混淆了这次修正的规程与1916年4月28日再次修正后的规程草案，后一次修正规程草案则将审定教科书的有效期限改为了六年。

③　《教育杂志》第6卷第2号，"记事"，第13—14页；丁致聘：《中国近七十年来教育记事》，第53页。

续表

第二条　审定图书系认为合于部定学科程度及教则之旨趣，堪供教科之用者。	第二条　编辑教科用图书，应依据小学教育令、中学校令、师范教育令。
第六条　教科图书为小学校用者，得以教员用、学生用二种呈请审定；为中学校、师范学校用者，专以学生用一种呈请审定。	第三条　教科用图书为小学校、高等小学校，编辑者得以教员用、学生用二种呈请审定；为中学校、师范学校，编辑者专以学生用一种呈请审定。前项教员用图书为记载教授事项之图书，或附属于该图书之挂图等类。
第三条　图书发行人于图书出版前，将样本呈请教育部审定。 第四条　凡呈请审定之图书，须同时呈出样本二部。 前项图书应将拟用印刷之纸张、款式及定价等，预先呈明。 第五条　凡呈请审定之图书，教育部认为应行修改者，签示于该图书上，发行人应遵照修改，印成后再行呈验核定，方作为审定图书。	第四条　图书发行人应于图书出版前，将印本或稿本呈请教育部审定。 如用印本呈请审定，由教育部将应修正者签示于该图书上，发行人应即照改，抽出重印，呈验核定，方作为审定图书。 如用稿本呈请审定，除签示修改照前项办理外，并须将拟用印刷之纸张、款式及定价，预先呈核准，发还付印，印成再行呈验核定，方作为审定图书。 第五条　凡呈请审查之图书，须每种同时呈出三部，但稿本不在此限。 第六条　图书不载明定价者，不予审查。
第七条　已经审定之图书，由教育部送登《政府公报》，宣布其书名、册数、定价及某种学校所用，并发行之年月日、编辑人、发行人之姓名等。	第七条　已经审定之图书，由教育部送登《政府公报》，宣布其书名、册数、定价及某种学校所用，并发行之年月日、编辑人、发行人之姓名等。
第八条　凡图书于前条宣布之事项，如有更改，发行人须于三月内呈请教育部复核，再登《政府公报》宣布，逾期即失审定效力。	第八条　凡图书于前条宣布之事项，如有更改，发行人须于三月内呈请教育部复核，再登《政府公报》宣布，逾期即失审定效力。
第九条　凡图书已经审定后，若变更其内容，发行人须于六个月内重呈审定，逾期即失审定效力。 前项变更内容，如增减页数、字句、图画、注释及换用纸张之类。	第九条　凡图书已经审定后，若变更其内容，发行人须于六个月内重呈审定，逾期即失审定效力。 前项变更内容，如增减页数、字句、图画、注释及换用纸张之类。
第十条　已经审定之图书，每册书面准载明某年月日经教育部审定字样，于小学校教科用图书，宜标明教员用、学生用字样。	第十条　凡经审定认为合用之图书，每册书面准载明某年月日经教育部审定字样，于小学校、高等小学校教科用图书，宜标明教员用、学生用字样。 依第八、第九条已失审定效力，及未经审定者，不得记载教育部审定字样。

续表

第十四条 依第八条、第九条、第十三条第一项已失审定效力，及未经审定者，不得记载教育部审定字样，违者科以法律上相当之处罚。	第十一条 违背前条第二项规定者，予以法律上相当之处罚。
第十一条 已经审定之图书，其有效限期为五年，自该图书审定后次学年始期起算。 第十二条 图书发行人得于该图书未满有效限期五个月前，呈请教育部重行审定。 第十三条 审定图书满五年者，由教育部于三个月前送登《政府公报》宣布，即失审定效力。 但教育部认为仍适教科之用者，得作为重行审定，依照本规程第七条送登《政府公报》公布之。	
第十五条 已经审定之图书，凡有二种以上相同之种类者，得由各校长自行择用，但须先期呈报省行政长官。 依第十三条第一项，已失审定效力之图书，各校长于最下学年学生不得择用，其择用在该图书未失审定效力以前者，得沿用至该班学生毕业为止。	第十二条 各省组织图书审查会，就教育部审定图书内择定适用之本，通告各校采用，其规定另定之。
第十六条 省行政长官对于某种审定图书认为未能适合者，得具述意见呈请教育部复审。 第十七条 教育部对于行政长官呈请复审之图书，认为确有未能适合者，得令发行人于再版时遵照修改。	第十三条 教育部已审定之图书，各省图书审查会认为确有尚须修正之处，得报由省行政长官呈请教育部复核后，令该发行人于再版时遵照修改。
第十八条 本规程自公布日施行。	第十四条 本规程自公布日施行。

随后，教育部对于教科书的编纂也加强了指导和管理。1914年5月25日，教育部颁布了《教科书编纂纲要审查会规程》和《教授要目编纂会规程》，准备成立两个临时专门性的"教科书编纂纲要审查会"和"教授要目编纂会"。教科书编纂纲要就是编纂教科书的大纲，由当时另设的教科书编纂处编订[①]；教授要目就是指导教师施教的大纲，由教授要目编纂会编订。教科书编纂纲要审查会负责"审查教科书编纂纲要之适法与否"，以"部定教则及教育总长提出某科应采之方针"为审查标准。[②]6月30日，陈清震被任命为教科书编纂纲要审查会会长，许寿裳、陈问咸被任命为教授要目编纂会正副主任，两会除会长、主任外，下面的审查和编纂人员为同一班人马。[③]7月10日，两会正式成立。[④]8月28日，提出了修身、国文、教育、乐歌等科教科书编纂纲要，应行采用的审查标准。[⑤]比较后来公布的各科教科书编纂纲要草案和教授要目草案，[⑥]编纂纲要与教授要目二者除各有侧重外，大同小异，都是"以资

[①] 当时另设的"教科书编纂处"，由于缺乏资料证据，其成立时间及具体情况并不清楚。根据《教科书之发刊概况》，熊宗煦、毛邦伟为正副主任，另有顾树森、黎锦熙等十人为编纂员。由政府拨款二万元为开办费，每月经费三千元，从事订定教科书编纂纲要。教育部：《第一次中国教育年鉴》，上海：开明书店中华民国二十三年（1934年版），"戊编"，第124页。另据《教育杂志》记载，其于1916年10月31日停办（《教育杂志》第8卷第12号，"记事"，第77页）。

[②] 《教科书编纂纲要审查会规程（部令第三十四号，三年五月二十五日）》，《教育公报》第1册（民国三年六月），"法规"，第3—4页。

[③] 《饬知选任教科书编纂纲要审查会会长、教授要目编纂会主任各员等，并定期开会文》，《（民国）教育部文牍政令汇编》第1册，第427—429页。

[④] 《申报》1914年7月16日第6版；《教育杂志》第6卷第5号，"记事"，第40页。丁致聘根据《教育杂志》那条史料，误认为两会成立于6月10日（丁致聘：《中国近七十年来教育记事》，第54页）。史料原文为："上月十日下午，教育部教科书编纂审查会开成立大会。……"《教育杂志》第6卷第5号出版于8月15日，所以，"上月十日"应该是7月10日。此外，这条史料的行文方式也容易引起误解，教科书编纂审查会是指教授要目编纂会和教科书编纂纲要审查会，而非一个另外机构。

[⑤] 《饬教科书编纂纲要审查会提出修身、国文、教育、乐歌等科应行采用方针文》，《（民国）教育部文牍政令汇编》第1册，第493—494页。

[⑥] 根据《教育部行政纪要》记载，到1915年秋，已编审完竣教科书编纂纲要8种；教授要目则一律编竣，共分17科56种（《教育部行政纪要》甲编，第22—24页）。如《教育公报》第2年第1期（民国四年六月）上，就刊录有《初等小学修身教授要目草案》、《高等小学修身科教授要目草案》、《中学师范修身教授要目草案》、《初等小学国文教授要目草案》、《高等小学国文教授要目草案》、《中学国文教授要目草案》、《师范学校国文教授要目草案》，以及《初等小学校修身教科书编纂纲要草案》、《高等小学修身教科书编纂纲要草案》、《初等小学校国文教科书编纂纲要草案》、《高等小学校国文教科书编纂纲要草案》。

编订教科书者之参考，并示各学校以施教之正鹄"①。至于教科书编纂处，其组成人员与教科书编纂纲要审查会、教授要目编纂会也多有重叠，教科书编纂处主任熊宗煦是两会地理历史科的审查编纂员，副主任毛邦伟是两会教育学科的审查编纂员；②其主要职责不仅是编订教科书编纂纲要，而且要在此基础上编纂国定教科书。1915年5月，教育总长汤化龙向大总统袁世凯的呈文就清楚地说明了这一点。他在呈文中说，因钦颂大总统提倡小学教育的盛意，所以在教育部内成立了教科书编纂处，委派本部的编审员熊宗煦、毛邦伟为正副主任，延聘了杨保恒、陈润霖、李步青等人为编纂员，已粗具规模，正准备编纂初等小学教科书。③

至于酝酿编纂颁行国定教科书，早在1914年8月，教育部在议复南京书业商民康汉臣等人的禀请时就说，为教育前途起见，近来正讨论编纂初等小学模范教科书。④同年底，《教育部整理教育方案草案》明确规定，"初等小学教科书，于一定期限内，国定制与审定制并行"，在编定教授要目和教科书编纂纲要后，即行着手。⑤1915年2月公布的《特定教育纲要》倾向于将教育部编纂教科书的范围，扩大到高等小学乃至中学，"中小学教科书于一定期限内编定颁发，国定制与审定制并行"。⑥当时的《教育杂志》也报道说："教育部对于各种教科书，均将编订，现已派湘人熊宗煦充编辑主任。将来部定教科书成后，颁行全国小学。其对于坊间所出之各教科书，业经审定者，亦准各校采用。一方面虽颁布国定之书，一方面对于审定之书，亦所不废，盖参酌于国定、审定两制中之折中制也。"⑦但是，随后公布的《国民学校令》、《高等小学校令》和《预备学校令》仍然把部编教科书的范围局限于

---

① 《教授要目编纂会规程（部令第三十五号，三年五月二十五日）》，《教育公报》第1册（民国三年六月），"法规"，第5页。

② 《教科书之发刊概况》，教育部：《第一次中国教育年鉴》，"戊编"，第124页；《饬知选任教科书编纂纲要审查会会长、教授要目编纂会主任各员等，并定期开会文》，《（民国）教育部文牍政令汇编》第1册，第427—428页。

③ 《呈具报编纂初等小学教科书开办情形请训示并批令》，《（民国）教育部文牍政令汇编》第2册，第647—648页；《教育公报》第2年第1期（民国四年六月），"公牍"，第2页。

④ 《教育杂志》第6卷第6号，"记事"，第50页。

⑤ 《教育部整理教育方案草案》，陈学恂：《中国近代教育史教学参考资料》中册，北京：人民教育出版社1987年版，第213页。

⑥ 袁世凯：《特种教育纲要》，舒新城：《中国近代教育史资料》上册，北京：人民教育出版社1981年版，第259页。

⑦ 《教育杂志》第7卷第3号，"记事"，第24页。

国民学校和预备学校,即整个初等小学和一部分为升学预备的高等小学。① 显然,与民国初年相比,这时的教科书审定制度打了一个折扣。

1916年元旦,袁世凯如愿当上了中华帝国的皇帝。教育部随即通告各书局,教科书中涉及国体及标明有"共和"之处,应即时修改。② 为与《教育部整理教育方案草案》和袁世凯的《特定教育纲要》相适宜,4月28日,③ 教育部接着公布了《修正审查教科书规程草案》,对教科书审定制度再度做了调整。草案全文如下:

第一条 国民学校、高等小学校、预备学校、中学校、师范学校教科用图书,须经教育部审定。

第二条 审定图书系认为合于部定学科程度及教则之旨趣,堪供教学之用者。

第三条 图书发行人应于图书出版前,呈出样本二部禀请教育部审查。

如用稿本赍送审查时,应将拟用印刷之纸张、款式及定价等预先禀明,经本部批准后,仍应赍送样本二部备核。

第四条 前条禀请审查时,应将图书每种十部之定价作为审定费,连同样本呈纳,但挂图类以每种两部之定价作为审定费。

审定后定价有加增时,应照前项之例补纳差额。

已经审定之图书,如有变更内容复请审查者,应纳第一项之审定费,但受第六第十条之饬示加以修正者,不在此限。

第五条 教科用图书为国民学校、高等小学校、预备学校用者,得以教员用、学生用二种禀请审查;为中学校、师范学校用者,专以学生用一种禀请审查。

第六条 凡禀请审查之图书,教育部认为应行修改者,签示要点于该

---

① 《国民学校令》、《高等小学校令》、《预备学校令》,陈学恂:《中国近代教育史教学参考资料》中册,第249、255、258页。1915年1月《特定教育纲要》要求将原来的初等小学校改为二种:一为国民学校,以符合义务教育之义;一为预备学校,专为升学之预备。随后教育部对小学系统做了相应调整:初等小学改称国民学校;单独设置的高等小学仍称作高等小学;在中学附设小学(包括原来的初等小学和高等小学两阶段),作为升学之预备,称作预备学校。

② 《教育部通告各书局修改教科书办法》,《教育杂志》第8卷第2号,"记事",第11页。

③ 《教育公报》第4年第1期(民国六年一月),"命令",第1页。

图书上，发行应遵照修正，印成后再行呈验核定，方作为审定图书。

第七条 已经审定之图书，由教育部送登《政府公报》，宣布其书名、册数、定价及某种学校所用，并发行之年月日、编辑人、发行人之姓名等。

第八条 已经审定之图书，每册书面准载明某年月日经教育部审定字样，于国民学校、高等小学校、预备学校教科用图书，得标明教员用、学生用字样。

第九条 凡图书于第七条宣布之事项，如有更改发行人，须于三个月内禀请教育部复核，再登《政府公报》宣布，逾期即失审定效力。

第十条 凡图书已经审定后，遇有事项变更，其内容有不适宜之处，教育部饬令修改者，应于三个月内改正，赍部备核，逾期即失审定效力。

第十一条 凡图书已经审定后，若变更其内容，发行人须于六个月内禀请审查，逾期即失审定效力。

前项变更内容，如增页数、字句、图画、注释及换用纸张之类。

第十二条 已经审定之图书，其有效期限为六年，自该图书审定后次学年始期起算。

第十三条 图书发行人须于该图书届满有效限期六个月前，禀请教育部重行审定。

前项图书未经禀请重行审定，教育部认为继续有效者，得展长其有效限期。

第十四条 审定图书满六年者，由教育部于三个月前送登《政府公报》，宣布届满日期，即失审定效力。

合于前条第二项之规定者，亦于三个月前送登《政府公报》宣布之。

第十五条 依第九至第十一条、第十四条第一项已失审定效力，及未经审定者，不得记载教育部审定字样，违者科以法律上相当之处罚。

第十六条 本规程自公布日施行。①

---

① 《修正审查教科书规程草案》，［日］多贺秋五郎：《近代中国教育史资料（民国编上）》，台北：文海出版社有限公司1976年（中华民国六十五年）版，第174页。

就这次修正的规程草案来看，教科书审定制度明确地贯彻了袁世凯对于民初学制的一些细微调整，将原来的初等小学校改为了国民学校和预备学校；其次，将审定教科书的有效期限由五年延长到了六年；另外，特别值得注意的是，草案规定已经审定的教科图书，若遇有事项变更，教育部认为其内容有不合时宜之处，可以随时饬令修改。这无疑增加了教科书审定的灵活性，便于教育部根据时事的需要，随时对教科书予以修改和控制。

袁世凯的倒行逆施激起了全国公愤。1915年12月25日，蔡锷等人首先在云南宣布独立，组织护国军进行讨袁战争。接着，贵州、广西响应。袁世凯的干将段祺瑞、冯国璋对帝制态度消极，冯国璋甚至暗中与护国军联络。1916年3月22日，袁世凯无奈地取消帝制，结束了83天的"皇帝梦"。6月6日，袁世凯在全国倒袁的唾骂声中病逝。随后，为复辟帝制需要的各种教育法规分别被废止或修改。①就教科书方面而言，修正后的《国民学校令》依然规定，其教科图书"须用教育部所编行或经教育部审定者"。②这就是说在国民学校阶段，依旧并行教科书国定制和审定制，整个的教科书制度并没有恢复到民国初年只实行单一教科书审定制的状态。10月31日，教育部停办了教科书编纂处。③这多少意味着官方暂时是不打算编纂教科书了。然而，此前（1915年）教科书编纂处开始编纂的初等小学教科书，到1917底已编就修身、国文和算术三科，教育部已将修身、国文两科教科书、教授书交各地讨论，征求意见，修改发行。④1916年12月21日，教育部还对4月28日的《修正审查教科书规程草案》作了修正。预备学校由于与民初学制稍有抵触而被取消，⑤《修正审查教科书规程》删去了"预备学校"四字，另外再将"审定费"改为了"审查费"，其余依旧。⑥

袁世凯为复辟帝制在思想文化领域推行的尊孔复古政策，激起了当时

---

① 《本部呈大总统陈明民国四年颁行各种教育法规应分别废止修改文并指令》，《教育公报》第3年第10期（民国五年九月），"公牍"，第1页。

② 《教育部公布国民学校令》，舒新城：《中国近代教育史资料》中册，北京：人民教育出版社1981年版，第460页。

③ 《教育杂志》第8卷第12号，"记事"，第77页。

④ 《咨各省省长送修身、国文教科书、教授书稿本文》，《（民国）教育部文牍政令汇编》第3册，第1345—1346页。

⑤ 《本部呈大总统陈明民国四年颁行各种教育法规应分别废止修改文并指令》，《教育公报》第3年第10期（民国五年九月），"公牍"，第1页。

⑥ 《教育公报》第4年第1期（民国六年一月），"命令"，第1页；"法规"，第1页。

中国受自由民主思想影响的知识分子的不满。他们激烈地批判袁世凯和他的追随者，掀起了一场声势浩大的新文化运动。在这场运动中，中国知识分子的思想越来越开放，视野越来越宽广。自晚清以来一直以日本为榜样的教育改革，转而直接面向西方。1919年春，美国实用主义哲学家和教育家杜威（John Dewey）来华，到1921年7月回国时，用了两年多的时间在中国十多个省份演讲，广泛宣传了实用主义哲学思想及其教育理念。1921年9月，杜威的同事、另一位教育家孟禄（Paul Monroe）又来华进行了四个月的教育调查和讲学。他们的思想直接地影响了当时中国的学制改革和课程设置。1922年11月，政府公布了经过几年酝酿、讨论而形成的新学制，史称"壬戌学制"。这是一个模仿美国的新学制。1923年5月，教育部公布了为新学制编订的一套新的课程安排。在这套新的课程安排里，小学和中学里原来带有浓厚儒家思想色彩的"修身"课程，基本被源于西方的"公民"课程所取代。[①]新文化运动的思想成果在教育中得到了体现和确认。

1925年8月7日，教育部再次修正颁行了《审定图书规程》，这也是北京政府对于教科书审定制度的最后一次修正。规程全文如下：

第一条　教育部审定各种图书分为左之二项：
一、教科用图书；二、参考用图书。
第二条　小学校、中学校、师范学校、职业学校，及其他同等学校教科用图书，须经教育部审定。

幼稚玩具、教科用教具、专门以上学校课本或讲义、平民教育书报或教具，以及一切关于学艺之著作或发明物等，均属于本条范围之内。
第四条　审定教科用图书，系认为合于现行学制及部定之课程标准堪供教科之用者。
第五条　审定参考用图书，系认为有益于教育及学术堪与以提倡者。
第六条　教科用图书发行人，应于出版前将样本三部，呈请教育部审查。

如用稿本呈送审查时，应将拟用之纸张、款式及定价等，预先呈明，经本部批准后，仍应呈送样本二部备核。
第七条　教科用图书为小学校者，应以教员用、学生用二种同时呈送

[①] 教育部：《第一次中国教育年鉴》，"丙编"，第190、422页。

审查。为中学校、师范学校、职业学校等用者，得专以学生用一种呈送审查。

第八条　参考用图书著作人或发行人如欲请教育部审查时，得随时将样本三部或稿本呈送审查。

第九条　凡教科用图书呈请审查时，应将图书每种三十部之定价作为审查费，连同样本三部呈纳。但每册审查费以二元为最少数。

凡参考用图书呈请审查时，应将图书每种十五部之定价作为审查费，连同样本三部呈纳。

挂图、教具等及高深专门著述，定价甚高，而用途不广者，得呈明理由，由教育部将审查费酌减。

定价后，定价如有增加时，应照前项之例补纳差纳（额）。

凡已经审定之图书，如依第十五条之规定，变更内容，复请审查者，仍应照纳审查费。

第十条　凡呈请审查之图书，教育部认为应行修改者，签示要点于该图书上。发行人应遵照修正，再行呈检核定，方准作为审定图书。

凡图书呈送复核时，应将该图书每种十部之定价，作为复审费，连同该图书呈纳。

第十一条　已经审定之图书，由教育部随时将其书名、册数、定价，及某种学校所用，并发行之年月日，编著人、发行人之姓名等，送登《政府公报》，及本部《教育公报》。

前项公布，于每季编为提要，并于每年终分类列为总表，再行宣布之。

第十二条　已经审定之图书，每册书面准载明某年月日经教育部审定字样。

第十三条　凡图书于第十一条公布之事项，如有更改，发行人须随时呈请教育部复核，再登《政府公报》宣布。

第十四条　凡图书已经审定后遇有事实变更，其内容有不适宜之处，教育部通知令其修改者，应于六个月内改正送部备核；逾期即失审定效力。

第十五条　凡图书已经审定时，若变更其内容，即失审定效力，但发行人得复请审查。

前项变更内容，如增减分量，改换材料及体例之类。

第十六条 教科用图书其审定之有效期限为六年，自该图书审定后之次学年始业期起算。

第十七条 教科用图书发行人，须于届满审定有效期限六个月前，呈请教育部重行审定。

前项图书未经呈请重行审定，教育部认为继续有效者，得展长其有效期限。

第十八条 教科用图书，教育部于届满审定有效期限三个月前，列表送登《政府公报》，宣布届满日期即失审定效力。

合于前条第二项之规定者，亦于三个前送登《政府公报》宣布之。

第十九条 依第十四条、第十五条、第十八条第一项已失审定效力及未经审定者，不得记载教育部审定字样。

第二十条 本规程自公布日施行。

附则

审定教科书规程，自本规程施行日起废止之。①

这个图书审定规程与此前的教科书审定规程相比，仍有一些变化：第一，图书审查费明显提高。原来每种图书只需其10部之定价作为审查费，现在教科书需要其30部之定价作为审查费，参考书需要其15部之定价作为审查费，复审也得缴纳相应的审查费。第二，审查图书的范围扩大。既包括小学、中学、师范学校、职业学校及其他同等学校教科用图书，又包括专门以上学校课本或讲义、平民教育书报或教具，以及一切关于学艺的著作或发明物等。其余依然如旧。这些变化意味着教科书审定相比于新文化运动之前反而更加严格了。这或许有三个方面的因素：其一，新文化运动以来，知识界广泛传播的各种新思想虽然各有不同，但是在批判以儒家为主的传统专制主义思想方面却是一致的，许多激进分子期望以某种强制的手段来对传统思想予以过滤和更新。其二，当时控制北京政府的各派军阀由于彼此混战而财政匮乏，政府部门的日常经费都很窘迫，教科书审定部门甚至教育部恐怕都指望教科

---

① 《审定图书规程（八月七日教育部令第一二八号）》，舒新城：《民国十四年中国教育指南》，上海：商务印书馆中华民国十五年十月1926年版，第301—304页。这个规程少了第三条，既可能是由排序错误引起的，也可能是编印者遗漏了第三条；另外第九条"补纳差纳"拟为"补纳差额"之误。

书的审查费用以缓解经济困难。其三,这也多少反映了当时教育界希望通过政府力量来迅速改变我国整个文化教育落后现状的急切心态。自1916年教育部停止编纂教科书之后,教育界屡屡有改编教科书的呼吁。1919年第五届全国教育会联合会大会曾议决通过《中小学校教科书应即改编案》和《编订公民教材案》①,1923年第九届全国教育会联合会大会又通过了《请慎重编审中小学教科书案》和《创设国立高等教育图书编译馆案》。后一个提案鉴于当时有关高等教育中文书籍寥寥无几的现状,建议设立国立高等教育图书编译馆,编译高等教育需用的图书,把政府编纂图书的范围进一步扩大。②1925年章士钊执掌教育部后,似乎适应了教育界的这种需要。5月6日,教育部编审处改为编译馆,直接隶属教育总长,负责编纂、译述各种学术书籍和审查教科图书。③9月1日,国立编译馆成立,专门掌管编纂、翻译各项图书事宜。④8月7日修正颁行的这个《审定图书规程》显然既体现了章士钊力图加强图书编译和审定工作的意图,又折射出了当时教育界的普遍心态。这种心态,也是民国成立后仍然难以实行单一的教科书审定制的最广泛的社会基础和最深刻的社会根源。

值得一提的是,1927年6月刘哲任教育总长,10月下令编审处"自行编定"中小学教科书。⑤然而此时的北京政府已岌岌可危,第二年6月南京政府北伐军进入北京,教育总长刘哲随奉军出关,北京教育部结束,编纂教科书的计划化作泡影。

尽管教科书审定制度自民国成立后经历了最为频繁的调整和修正,然而这些变动始终都没有在制度上完全放松对于教科书的审查、控制。只是因为当时军阀的割据混战以及中央政府的频繁变更,教科书在实际的审定中存在相对宽松的操作空间。

二 审定教科书的机构、范围和具体程序

民国成立以后,政治纷乱如常,行政机关变更频繁,教科书审定机构也

---

① 邰爽秋等:《历届教育会议议决案汇编》,"庚",第25—26页。
② 同上书,"子",第31、34—35页。
③ 《教育部编译馆规程》,舒新城:《民国十四年中国教育指南》,第305—306页。
④ 《国立编译馆条例》,同上书,第304—305页。
⑤ 《教育公报》第16年第2期,"命令"。转引郑鹤声《三十年来中央政府对于编审教科图书之检讨》,《教育杂志》第25卷第7号,第17页。

随之纷更不已。1912年南京临时政府教育部刚刚成立之时，总长蔡元培一切都从临时考虑，除聘用了一些人员应时办事外，所有具体设置都等待政府正式官制颁定之后着手，[①]所以当时教育部没有专门的教科书审定机构。4月南北统一，依据南京参议院议决官制，在北京重组教育部。教育部承政厅设有编纂员四人，负责编辑法令、辑译书报；审查员五人，负责审查教科图书及仪器标本，又分别称为编纂处和审查处。[②]8月教育部官制修正，改承政厅为总务厅，原来的编纂员和审查员分别组成了正式的编纂处和审查处。[③]12月颁行的《教育部分科规程》，对职掌事务作了明确划分：审查处负责审查教科书、教育用品及理科器械；编纂处则纂辑本国教育法令，编译外国教育法令，辑译各国学校章程及关于教育之书报。[④]

1913年8月20日，教育部公布了《审查处办事规则》，对审查处的办事程序做了详细规定：

  第一条　审查处依本部分科规程第一条第四项之规定，审查教科书、教育用品及理科器械。

  前项审查事宜须遵照审定教科用图书规程办理。

  第二条　审查处审查教科书，依各教科科目分设审查员若干人。

  第三条　审查处设主任员一人，由总次长于分科主任员中指定之；其分科主任员每科一人，由总次长于审定员中指定之。

  主任员、分科主任员仍兼任审查员。

  第四条　主任员司分配各科审查图书，经理文牍及其他各项事务。

  第五条　分科主任员司分配本科审查图书及科内各项事务。

  第六条　分科主任员及审查员，均得以一人兼任数科。

  第七条　每种图书应视字数多寡、教科难易，以定审查期限之长短。

  自开始审查之日起，至迟不得超过四周。

---

 ①　蒋维乔：《从南京教育部说到北京教育部》，《教育杂志》第27卷第4号（1937年4月），第1—4页。

 ②　《教育部编纂处月刊》第1卷第1册，"本部纪事"，第1页；《教育部行政纪要》甲编，第1、20页；蒋维乔：《从南京教育部说到北京教育部》，《教育杂志》第27卷第4号，第5页。

 ③　《教育部行政纪要》甲编，第1—2页；《教育部编纂处月刊》第1卷第1册，"本部纪事"，第6页；《参议院议决修正教育部官制》，《教育杂志》第4卷第6号，"法令"，第3—4页。

 ④　《教育部令（元年十二月二十八日第三十五号）》，《教育部编纂处月刊》第1卷第6册，"法令"，第19—20页。

第八条 初等小学修身、算术教科书，须与教授合阅，如仅送教科书者，应俟教授书送到后再行分配审查。

第九条 翻译图书须与原书核对，如仅送译本者，应俟原书送到后再行分配审查。

第十条 审查图书时，遇有与他科联络者，应与该科主任员或审查员互相商榷，以免歧异。

第十一条 教育用品及理科器械，均应视其性质分配各科审查，其审查期限由主任员酌定。

第十二条 审查员于其本身及与有密切关系者之图书、器械，不得参与审查。

第十三条 图书、器械等审查完竣后，应送总次长核定公布。

第十四条 审查处得调用主事或录事若干人，司收发、抄录等事。

第十五条 本规则自公布日施行。①

这个办事规则中，有两点值得注意：一是限定了教科书审查的期限最长不得超过四周；二是与呈审的教科书有密切关系者，不得参与该书的审查。这在一定程度上保证了教科书审定的效率和公正，但是随后因为编纂、审查两处合并，办事规则于1914年5月被废止。②

1913年11月，教育部分科规程修正，编纂、审查两处合并为编审处，其下分为编纂、审查两股办事，审查股依旧职掌教科书审查。③1914年5月21日，制定公布了《编审处规程》，对其人员组织和具体职掌做了明确规定。④1918年12月，再次修正了《教育部分科规程》，但未触及编审处。⑤1923年12月7日，教育部裁撤编审处，改设图书审定处，并公布《图书审定处规程》十

---

① 《教育部令（二年八月二十日，第三十八号）》，《教育部编纂处月刊》第1卷第8册，第7—8页。

② 《废止失效法令一览表》，教育部总务厅文书科：《教育法规汇编》，教育部，中华民国八年五月，第516页。

③ 《教育部令（二年十一月二十五日第五十三号）》，《教育部编纂处月刊》第1卷第10册，第2页；《教育部行政纪要》甲编，第2页。

④ 《编纂处规程》，教育部总务厅文书科：《教育法规汇编》，教育部，中华民国八年五月，第34—35页。1923年3月，这个规程的第四条被修正（《教育公报》第10年第3期，命令，第8页；"法规"，第1页）。

⑤ 《教育分科规程（七年十二月七日部令第八十号改订）》，同上书，第11—12页。

条。① 1925年2月，又改图书审定处为编审处，随派沈步洲、许寿裳、伍崇学、黎锦熙等26人为编审员。②4月14日，当时的教育总长王九龄请假，章士钊暂行兼署教育总长，7月28日正式出任教育总长，直至年底免职。章士钊在任期间，明显加强了图书的编译和审定工作。5月6日，改编审处为编译馆，掌管编纂译述各种学术书籍及审查教科图书事宜，直接隶属教育总长，行政级别大为提高。③8月14日，又呈请创设国立编译馆。9月1日，国立编译馆成立，专门掌管编纂、翻译各项图书事宜，并且把刚刚改设的教育部编译馆的一部分职能分立了出来。④10月22日，继而将原来的编译馆改为图书审定委员会，专门掌理审定教育图书事宜。⑤1927年秋，宁汉合流后的南京国民政府已经占有南方半壁江山，并挥师北伐，原来供职于北京政府教育部的一些官员早在南京政府谋求到了适当的职位。10月，北京政府教育部又改图书审定委员会为编审处。⑥这也是北京政府对于教科书审定机构的最后一次变动。

民国初年，教育部根本无暇顾及教科书审定，教科书审定的具体工作主要依赖于地方行政机构和教育会。1912年10月出版的《教育杂志》第4卷第7号上，就刊载有各地的行政机构审定商务印书馆各种教科书的批示。其中既有教育司、督学局、劝学所、提学司这样的教育机构，也有省都督这样的行政大员。⑦各地差别很大，较为纷杂。

为了划一教科书的审定和选用，1912年夏，江苏教育总会受江苏都督委托，在第八次常年大会上决定组织图书审查会，⑧并且制定了《江苏暂行图书审查会规则》：

---

① 《部令裁撤编审处并将教育公报归文书科办理》、《部令公布图书审定处规程》，《（民国）教育部文牍政令汇编》第5册，第2619—2621页。1924年11月，该规程第三条被修正（《教育公报》第11年第11期，"命令"，第6页；"法规"，第3页）。

② 《部令二九号》、《部令三〇号》，《教育公报》第12年第2期，"命令"，第4—5页。

③ 《教育部编译馆规程》，舒新城：《民国十四年中国教育指南》，第305—306页。

④ 丁致聘：《中国近七十年来教育记事》，第124—125页；《国立编译馆条例》，舒新城：《民国十四年中国教育指南》，第304—305页。

⑤ 《图书审定委员会规程》，舒新城：《民国十四年中国教育指南》，第305页。

⑥ 郑鹤声：《三十年来中央政府对于编审教科图书之检讨》，《教育杂志》第25卷第7号，第26页；《教科书之发刊概况》，教育部：《第一次中国教育年鉴》，"戊编"，第129页。

⑦ 《京外教育行政官厅批上海商务印书馆请审定各种教科书呈》，《教育杂志》第4卷第7号，"附录"，第49—53页。

⑧ 《教育杂志》第4卷第6号，"记事"，第36页。

第一章　旨趣

第一条　本会专事审查各种教科用书，公决采定之。

第二章　组织

第二条　本会以左列者组织之：

一、本省教育总会会长及各教育会会长；二、本省省视学及各县县视学；三、本省各师范学校校长；四、本省各师范学校教员；五、本省各中学校校长；六、本省各小学校校长及教员。

各教育会会长每县以一人为限，由该县各教育会会长互推定之；各师范学校教员每校以一人为限，由该校全体教员互推定之；各小学校校长教员每县以一个为限，由该县县教育会公举之。

第三章　职员

第三条　本会置职员如左：

一、会长以教育总会会长兼任之；二、审查长一员，于大会时由会员互举之；三、审查员每教科目三员，由会长、审查长会拟，由会员于大会时公认定之，但审查员不以本会会员为限；四、书记员由会长委任之。

第四条　各职员之职务如左：

会长总理会务，召集会员。审查长指挥、综核审查事宜，于审查期内，召集各科审查员开会审查，审查既毕，以审查之结果报告于会员。审查员分科审查，各以审查之结果，报告于审查长。书记员承会长之指挥，执行一切庶务。

第五条　审查员及书记员，得由本会支给公费。会员赴会之川资及旅费，省视学得由省行政机关支给之；省立各学校校长、教员，得由各该学校支给之；教育会会长、县视学、县市乡立各学校校长教员，得由县行政机关支给之。

第四章　审查

第六条　图书审查每年举行一次，分五期如左：

一、开幕期。由会长召集全体会员，互选审查长，推定审查员，限于暑假内行之。二、征集期。由会长征集各种教科用图书，交审查长。三、审查期。由审查长指挥各科审查员，分任审查。四、报告期。由审查员报告于审查长，由审查长报告于会员。五、采定期。由会长召集全体会员，就审查报告公决采定，送省行政机关核准公布之。至迟以翌年正月为限。

第七条 图书审查会当依教育之方针与本省之状况，选定教科用适宜之图书。

第八条 小学校教科用图书，得依学校之种类、男女之区别或学校所在地之状况，分别选定之。

第九条 小学校之体操、裁缝、手工，及初等小学校唱歌，不得采定儿童用书。

第十条 补习科之用图书，亦由审查会择定之，但审查时当谘询该地方行政或自治机关之意见。

第十一条 图书审查会审查员，得于审查时就其字句，以己意酌量修正之。

第十二条 会员值所审查之图书，为本身或其父子兄弟之著作、校阅、出版者，不得参与审查，公决时亦不得表决。

第十三条 凡已采定之图书，如有修正改版或定价增减时，均失其采定之效力，当重行审定之。

第五章 附则

第十四条 图书审查会施行细则，得由该会另订，经全体会员公决之。①

仅就此规则来看，其一，图书审查会多由从事当地实际教育工作的人员组成，既有实际的教育经验，又了解当地教育的独特情况，相对比较合理；其二，审查、择定图书的程序比较民主；其三，图书审查会审查教科图书，主要是为了择定适合本地需要的教科书，但是在民初教育部无暇顾及教科书审定的情势下，实际上部分承担了教科书审定的责任。8月20日，江苏图书审查会正式开会成立。②

江苏图书审查会为各省审查和选用教科图书树立了榜样。1912年9月18日，教育部以《江苏暂行图书审查会规则》为蓝本，订定公布了《各省图书审查会规程》，要求各省成立图书审查会。《各省图书审查会规程》

---

① 《江苏暂行图书审查会规则》，《教育杂志》第4卷第5号，"附录"，第41—42页。
② 《教育杂志》第4卷第6号，"记事"，第37页。

全文如下：

第一条 图书审查会直隶于省行政长官，审查适于各该省小学校、高等小学校、中学校、师范学校教科用图书。

第二条 图书审查会每省设立一处，以左列各员组织之：

甲、省视学；乙、师范学校校长及教员；丙、中学校校长及教员；丁、高等小学校校长；戊、小学校长。

前项甲款会员由省行政长官委任，乙款至戊款会员由各学校互选，其名额及互选规则由各省行政长官定之。

第三条 图书审查会设会长一人，由会员中互选。

会长、会员之任期各以二年为限。

第四条 图书审查会，每年开会一次，其日期及会所由各省行政长官定之。

第五条 图书审查会征集图书，由会长将应付审查者分配各会员审查，至开会时由公众议决，方作为择定。

第六条 图书审查会审查教科用图书，以经教育部审定者为限。

依前项规定外图书，审查会认为必要时亦得审查，但须报由省行政长官，呈请教育部核定后，方生择定之效力。

第七条 图书审查会经全体会员决议，得为风土特殊地方择定适用之图书。

择定前项图书，仍须遵照第六条第二项之规定。

第八条 图书审查会对于教育部审定之教科用图书有意见发表时，得报由省行政长官呈请教育部酌核办理。

第九条 图书审查会遇必要时，得由审查会延请专门学者加入审查。

第十条 图书审查会会长于闭会后，应将择定之图书，呈报省行政长官宣布之。

前项呈报之期，应在学年开始四个月之前，但有特别情事，经省行政长官许可，得酌量展期。

第十一条 省行政长官对于审查会择定图书有异议时，得声明理由，令其复加审查，但经图书审查会复查后仍主张择定者，省行政长官应即宣布。

第十二条 图书审查会会员于其本身及与有密切关系者之著作，不得参与审查。

第十三条 图书审查会会员如有受贿赂请托情事者，应予以行政上之处分。

第十四条 图书审查会会长、会员应予以相当之津贴，其津贴额由省行政长官定之。

第十五条 凡经择定之图书，如有修正改版或变更定价即失择定效力。

第十六条 图书审查会之施行细则，由各省行政长官定之。

第十七条 图书审查会审查细则由审查会定之，但须呈报省行政长官。

第十八条 本规程自公布日施行。①

显然，图书审查规程结束了此前江苏图书审查会部分拥有的教科书审定权力，明确将各省图书审查会的权力限于择定适合于本地的教科图书。随后，江西、浙江、四川等省都纷纷成立图书审查会。尽管图书审查会的组成和审定程序比较合理，然而在当时实际运作时却有诸多困难。"由筹备而选举，而召集，而聘员，而审查，而公决，而编订，而报告，而复核，其中经历许多困难，所获结果似不敌所费者多。"②1914年1月28日，教育部停止了各省的图书审查会，而改由各学校校长择定教科图书。③

审定教科书的范围主要是初等教育和中等教育各类学校的教科用书，包括大学和高等专门学校等在内的高等教育教科用书不在审定范围之列。1915年，任斌略曾上书教育部要求厘定专门教科书。教育部就此明确批复说，为尊重学术独立，当时颁布的审定教科用图书规程依照各国先例，"凡关于专门以上之著述均不列入审定范围"。④所谓"专门教科书"就是指当时教育部专门教育司所掌管学校的教科用书，即高等专门学校和大学的教科用书。

此外，面向普通民众进行社会教育的通俗演讲用书，也是由教育部审

---

① 《教育部令（元年九月十八日第十号）》，《教育部编纂处月刊》第1卷第6册，第34—36页。
② 《教育杂志》第5卷第11号，"记事"，第95页。
③ 《通令各省停止图书审查会文》，《（民国）教育部文牍政令汇编》第1册，第253页。
④ 《批任斌略所请厘定专门教科书一节应毋庸议》，《教育公报》第2年第3期，"公牍"，第116—117页。

定后向全国推行。但是，这种审定不同于教科书审定。民国成立之初，教育总长蔡元培十分重视对于社会大众的教育，在教育部内设有专门的社会教育司。1912年4月底，江苏省教育会在上海成了通俗教育研究会。该会以"注重卫生、谋生、公共道德、国家观念等四主义"为施行方针，探讨通俗教育，谋求社会改良。张謇、章太炎、于右任等人都是该会的发起人，教育部社会教育司的伍博纯（伍达）任理事。1915年教育部公布了通俗教育会章程，并且在教育部内也设立了一个通俗教育研究会。这个通俗教育研究会直接受教育总长监督，会长、各股主任均由教育总长指定。其下分为小说、戏曲和讲演三股，负责对小说、戏曲、讲演材料、画报、白话报、俚俗图画、影片幻灯以及留声片等进行选择、审查、编辑、撰译和改良。通俗教育演讲用书须经由通俗教育研究会审核后，再报请教育部复核公布。1916年11月，商务印书馆、中国图书公司、文明书局和中华书局就共有38种图书，通过这种审定程序而被采用为通俗教育讲演参考书。①

至于审定教科书的具体程序，已见于前面摘录的教科书审定规程之中，在此无须赘述。

三　教科书的审定标准

（一）合乎教育宗旨

同清末一样，教育宗旨依然是北京政府时期教科书审定的首要标准。1912年2月，刚刚就任南京临时政府教育总长的蔡元培，首先在《民立报》发表了《对于新教育之意见》一文②，全面阐述了其对于民国教育的基本理念和构想。5月13日，在参议院就教育行政等事务发表演讲时，他又明确地将教育方针一分为二："在普通教育，务顺应时势，养成共和国民健全之人格。在专门教育，务养成学问神圣之风习。"③随后经过全国临时教育会议的讨论，

---

① 《咨各省区请转饬所属讲演机关采用审定之讲演参考用书文》，《教育公报》第4年第1期，"公牍"，第90—92页。

② 蔡元培这篇文章先分别刊载于《民立报》1912年2月8、9、10日，《教育杂志》第3卷第10号（1912年2月10日出版）和《临时政府公报》第13号（1912年2月11日出版），后又以《对于教育方针之意见》发表于《东方杂志》第8卷第10号（1912年4月出版）。《中华民国史档案资料汇编》第三辑，"教育"，以《蔡元培关于教育方针之意见》的篇名，收录了其档案文本。

③ 蔡元培：《向参议院宣布政见之演说》，蔡元培研究会编：《蔡元培全集》第2卷，杭州：浙江教育出版社1997年版，第64页。

在蔡元培基本教育理念的基础上,教育部在9月颁布了新的教育宗旨:"注重道德教育,以实利教育、军国民教育辅之;更以美感教育完成其道德。"①

如果说中国现代教育自1901年开始大规模取代传统教育,经过清末新政到民国初年,已经粗具规模与形式,那么,蔡元培在民国元年(1912年)根据其教育理念对于教育宗旨的变革,则真正赋予了这种现代教育以现代性的灵魂。按照蔡元培的说法,教育特别是普通教育,是要养成国民健全的人格,即教育"应从受教育者本体上着想",而不是以受教育者迁就一个人主义或一部分人主义。②也就是说,个人本身就是目的,教育只是个人实现其独立人格和自由精神的一种超越于现实功利的手段。这是一种全新的教育观,是对中国自古以来仅仅将教育作为社会伦理教化手段观念的颠覆。

在此基础上,蔡元培提出要以"军国民教育、实利主义、公民道德、世界观、美育"五种教育来养成国民的健全人格。"军国民教育"和"实利主义"实质上就是要强兵富国,在某种意义上承袭了清末"尚武、尚实"的教育宗旨。而"公民道德"则彻底否定了清末"忠君、尊孔"的教育宗旨。蔡元培曾明确指出:"忠君与共和政体不合,尊孔与信教自由相违。"他所谓的"公民道德"就是法国大革命所标示的"自由、平等、亲爱"。③这就从根本上突破了清末学堂章程"中体西用"的理论窠臼。

对于蔡元培而言,军国民教育、实利主义和公民道德三者仍然还隶属于政治,还是"现象世界之事"。这种教育主要是着眼于社会的角度,来培养人的社会性或群性,还远远不能够使人超越于现实的生死利害关系,获得个性上的完全独立与彻底自由。因此,还需要有"超轶"于政治的世界观教育和美育。所谓的"世界观教育",蔡元培认为就是"提撕"实体观念的方法:"消极方面,使对于现象世界,无厌弃而亦无执著;积极方面,使对于实体世界,非常渴慕而渐进于领悟。循思想自由言论自由之公例,不以一流派之哲学一门宗之教义梏其心,而惟时时悬一无方体无始终之世界观以为鹄。"换句话说,就是超越于现实功利的束缚,以一种开放和不带任何关涉

---

① 《教育部公布教育宗旨》,中国第二历史档案馆编:《中华民国史档案资料汇编》第三辑,"教育",南京:江苏古籍出版社1991年版,第22页。

② 蔡元培:《全国临时教育会议开会词》,蔡元培研究会编:《蔡元培全集》第2卷,杭州:浙江教育出版社1997年版,第177页。

③ 蔡元培:《对于新教育之意见》,同上书,第9—16页。

现实成见的态度，理性地审视现象世界，并进而在与之相对的实体世界追求具有普遍意义的价值观念，从而实现人的真正独立和自由选择。这是蔡元培关于教育的理想境界，也是他认为应该渗透于教育的基本追求。倘若丧失了这一点，教育就沦为了某种现实利益目标的工具，人也只是现实利益的奴隶，不可能获得真正意义上的独立和自由。以他自己的话说，"非有出世之思想者，不能善处世间事"。至于美育，蔡元培认为是由现象世界通往实体世界的津梁。因为通过美育，受教育者就能够摒弃现象世界的喜怒哀乐、生死祸福等利害纠葛，而"到达于实体世界之观念"。①

以蔡元培上述思想为内容的教育部提案，②显然通过蔡元培而涂抹上了西方哲学特别是德国哲学思想的油彩。蔡元培的实体世界相当于柏拉图（Plato）的理念世界或康德（Immanuel Kant）的"物自体"③，不过他似乎并不满足于康德现象世界与"物自体"之间的悬隔，而是希望通过美育将他所谓现象世界的实利、武勇、道德与实体世界的世界观联结起来。蔡元培的"世界观"虽然有些类似于宋明理学里的"道"或"太极"，但是这种新的表述以及对"现象世界"、"实体世界"的划分，显然是我国文化"常识理性"④的思维方式一时所难以理解的；而另一方面，当时挽救民族危亡的迫切需求，同样没有留给个性发展和个人自由多少生存的空间。因此，在全国临时教育会议上，教育部提案并没有获得完全认同，蔡元培的"世界观教育"被挡在教育部随后颁布的教育宗旨之外。即便如此，这个新的教

---

① 蔡元培：《对于新教育之意见》，蔡元培研究会编：《蔡元培全集》第2卷，第9—16页。

② 教育部提交全国临时教育会议的教育宗旨原案是："注重道德教育，以实利及武勇两主义济之；又以世界观及美育养成高尚之风，以完成国民之道德。"参见《临时教育会议日记》，邰爽秋等编：《历届教育会议议决案汇编》，"乙"，第9页。

③ 柏拉图早就区分了现象和理念，认为理念是世界的本原，是万物存在的原因，万物是对理念的分有和摹仿，现象世界只是理念世界的影子。康德在某种意义上继承并转化了这种思想，他以人的认识能力划分世界为"现象"和"物自体"：凡是可能经验的谓之现象；可能经验之外的一切对象则是"物自体"，比如经验之外的客观存在物、绝对无条件存在的本源、抽掉任何属性的绝对主体、具有绝对完整性的宇宙和心灵，等等，有点类似于传统道家思想里的"道"。通过这样的划分，康德从而给理性认识划定了界限，即理性的应用范围不可以独断地延伸至一切可能经验的界限以外，同时也给信仰留出了空间。

④ 常识理性、常识合理精神或直觉理性，是金观涛、刘青峰等人提出的一个特定术语。它是指中国文化特有的一种思想方法：一、不去追问自然现象常识背后的原因；二、视感情方面的常识为天然合理，即把人人都具有的自然感情或人之常情当作合理性终极来源。参见金观涛、刘青峰《兴盛与危机——论中国社会超稳定结构》，香港：香港中文大学出版社1992年版，第244页；《中国现代思想的起源——超稳定结构与中国政治文化的演变》（第一卷），北京：法律出版社2011年版，第93页。

育宗旨对于"忠君"、"尊孔"的摒弃,对于"公民道德"的全新诠释,依然让人感到民国初年教育浓烈的现代气息。

民国初年颁布的一系列教育法令和规章渗透和体现了这个教育宗旨,也基本反映了蔡元培的教育理念。首先,在学校仪式上,取消了清末学堂祭拜孔子的制度,而代以各学校校长自定的纪念会仪式,并且这种仪式不得以拜跪及其他宗教仪式进行。①其次,在课程设置方面,民国成立之后,自初等小学至中等学校的整个普通教育都取消了清末学堂中的读经讲经课程②;高等教育也取消了清末单独设置的经学科,而将其归并入文科,儒家思想在中国哲学课程里也只是与诸子并列的一家之说,丧失了以往独尊的统治地位。③最后,课程内容也进行了调整。譬如,小学的"修身"课,教则规定:"初等小学校宜就孝悌、亲爱、信实、义勇、恭敬、勤俭、清洁诸德,择其切近易行者授之,渐及于对社会、对国家之责任,以激发进取之志气,养成爱群、爱国之精神。高等小学校宜就前项扩充之。"④在这里,"孝悌、亲爱"明显反映了传统的儒家伦理道德。倘若依照蔡元培,将"亲爱"理解为"博爱"⑤,那么,"亲爱"就转化为了现代社会的公民道德。激发进取精神则完全属于现代公民道德教育,与传统伦理对立。其他内容多是适合所有社会的普遍性道德原则。

显然,这个教育宗旨体现了《普通教育暂行办法十四条》要求各种教科书必须符合的那个"共和民国宗旨",是民国初年教科书审定的重要标准。

民国初年的教育宗旨如昙花一现,很快遭到了袁世凯的修改。1912年9

---

① 《临时教育会议日记》,邰爽秋等编:《历届教育会议议决案汇编》,"乙",第7、15页;《教育部公布学校仪式规程令》,中国第二历史档案馆编:《中华民国史档案资料汇编》第三辑,"教育",第62—63页。

② 《呈副总统咨各省都督普通教育暂行办法及课程标准》,《临时政府公报》第4、5号,"令示",第1—6、3—6页;《教育部公布中学校课程标准令》、《教育部公布师范学校规程令》、《教育部公布师范学校课程标准令》、《教育部公布实业学校规程令》、《教育部公布小学校教则及课程表》,中国第二历史档案馆编:《中华民国史档案资料汇编》第三辑,"教育",第284—287、300—315、316—323、373—384、447—456页。

③ 《教育部公布大学令》、《教育部公布大学规程令》、《教育部公布高等师范学校规程令》、《教育部公布高等师范学校课程标准令》,中国第二历史档案馆编:《中华民国史档案资料汇编》第三辑,"教育",第108—111、114—141、143—147、148—162页。

④ 《教育部公布小学校教则及课程表》,中国第二历史档案馆编:《中华民国史档案资料汇编》第三辑,"教育",第447—448页。

⑤ 蔡元培:《对于新教育之意见》,中国蔡元培研究会编:《蔡元培全集》第2卷,第10页。

月20日，袁世凯就发文宣称："中华立国，以孝悌忠信礼义廉耻为人道之大经，政体虽更，民彝无改。"①随后又接二连三地发布尊孔祭孔的命令，为其复辟帝制大造舆论。1914年6月，教育总长汤化龙也应时饬令各学校和书坊，明确规定中小学修身和国文教科书的内容必须包括儒家经训，并且以孔子的言论为标准，兼采他家之说也不能与此相背；以前审定发行的课本如果不合这些要求，应立即修订，重新审定。②12月，教育部还打算在研究生教育阶段的大学院添设经学院，"以发挥先哲之学说"，并且拟订了提倡忠孝节义的施行方法，袁世凯由此也要求将《孟子》、《论语》分别列入初等和高等小学科目。③

1915年初，袁世凯先后发布了《颁定教育要旨》和《特定教育纲要》，④提出并阐述了"爱国、尚武、崇实、法孔孟、重自治、戒贪争、戒躁进"的教育要旨。首先，袁世凯从中国固有文化与外国文化的不同来立论。他说："近日学子，厌弃旧学，丧失独立之精神，足为人心世道之忧。亟应极力提倡古学，发展固有文化，始足维持独立之精神，奠国基于不敝。"⑤因此，他认为中国只能走"中体西用"的老路。"矩矱本诸先民，智慧求诸世界。"他所谓的"法孔孟"，就是要取法传统的法令制度，发展固有文化。就此他还对孔孟的儒家思想做了新的解释。他说孔子"以不好犯上作乱为仁之

---

① 袁世凯：《整饬伦常令》，《民国经世文编》（交通、宗教、道德），沈云龙：《近代中国史料丛刊》第50辑第498册，台北：文海出版社，第5248页。

② 《饬各学校各书坊中小学修身及国文教科书采取经训务以孔子之言为旨归文》，《（民国）教育部文牍政令汇编》第1册，第421—424页；《饬京内外各学校中小学修身及国文教科书采取经训务以孔子之言为指归文》，《教育公报》第1册，"部饬"，第2—4页。

③ 《教育部整理教育方案草案》，陈学恂：《中国近代教育史教学参考资料》中册，第210页；《呈遵拟提倡忠孝节义施行方法候鉴核文并批令》，《（民国）教育文牍政令汇编》第2册，第581—585页。

④ 根据1915年1月6日《政府公报》第956号刊录的《大总统申令》以及中国第二历史档案馆根据当时档案资料整理的《袁世凯颁定教育宗旨令》（中国第二历史档案馆编：《中华民国史档案资料汇编》第三辑，"教育"，第25—35页），《颁定教育要旨》公布于1915年1月1日；根据《教育公报》第9册（民国四年二月）刊录的《国务卿公函请按照大总统特定教育纲要宗旨妥订细目呈明次第办理（第二十号，四年二月四日）》（《教育公报》第9册，专件，第1—14页），《特定教育纲要》公布于1915年2月4日。《第一次中国教育年鉴》（甲编，第4页）、陈学恂主编的《中国近代教育史教学参考资料》（中册，北京：人民教育出版社1987年版，第233、222页）和朱有瓛主编的《中国近代学制史料》（第三辑上册，上海：华东师范大学出版社1990年版，第97、43页），都错把《颁定教育要旨》和《特定教育纲要》的公布时间，分别断定为1915年的2月和1月22日。

⑤ 袁世凯：《特定教育纲要》，舒新城：《中国近代教育史资料》上册，第264页。

本"；由孔子所说的"君子思不出其位",①可以推知"心存利济，随在皆足以自施"。这些都是真共和国民的真精神。孟子"存心以仁，处事以义，而又必申之以守法"，是法治国民的真模范。②很明显，袁世凯推崇孔孟之道的目的，是要把学生培养成统治者顺从的臣民。

1915年7月底颁布实行的《国民学校令》和《高等小学校令》，直接把读经科目列入了小学科目。③1916年1月，教育部又同时公布了《修正师范学校规程》、《高等小学校令施行细则》和《国民学校令施行细则》，对各学校读经课程的内容和课时做了详细规定。根据规定，国民学校四年中后两年开设读经课，讲授《孟子》，每周课时三节，占每周课时总数31—32节的9.3%左右。高等小学三年都开设读经课，讲授《论语》，每周三节，占每周课时总数32—34节的9.1%左右。师范学校预科修业一年，每周有读经课两节，约占每周课时总数32节的6%；本科第一部修业四年，前三年每周有读经课两节，占每周课时总数34—35节的5.7%左右，女子师范只在第一、二年分别开有读经课两节、一节，分别占每周课时总数33节的6%和3%，相对较少；本科第二部修业一年，每周有读经课两节，约占每周课时总数36节的5.6%。④清末的经学教育制度至此基本上都被恢复了。

其次，袁世凯沿袭了我国历来强调国家或整体利益的思维传统，高举"爱国"的旗帜。他说："国藉人而成立，人藉国而保护，未有国能无人而强，人能离国而立者。""二次革命"等反对复辟、追求民主的活动，在他看来都是暴乱、破坏，都是不爱国的表现。因此，他谆谆告诫和要求学生以"真诚爱国为第一要义"，做四民表率，安分守己，戒贪争，不躁进，崇实尚武，养成"自营、自助"的能力。⑤在这里，袁世凯完全否定了个人的利益和价值，个人只是屈从于国家权力的附属品。这从根本上背离了蕴涵蔡元培教育理念的民初教育宗旨。

上述两点，即以"文化"和"国家"的名义，为专制统治进行理论辩

---

① 这句话是孔子的学生曾子的话，并不是孔子的话，参见《论语·宪问》。
② 袁世凯：《颁定教育要旨》，舒新城：《中国近代教育史资料》上册，第245—250页。
③ 《国民学校令》、《高等小学校令》，《教育公报》第2年第4期（民国四年八月），"法规"，第2、10页。
④ 《国民学校令施行细则》、《高等小学校令施行细则》、《修正师范学校规程》，《教育公报》第2年第12期（洪宪元年一月），"法规"，第40—41、47—48、9—16页。
⑤ 袁世凯：《颁定教育要旨》，舒新城：《中国近代教育史资料》上册，第244—253页。

护,是近代以来所有专制主义统治者惯用的伎俩。专制制度以"文化"的名义,博得了那些固守传统文化的知识分子的认同;以"国家"的名义,则迎合了普通民众朴素的爱国主义或民族主义情感。二者交相为用,屡试不爽。

就教科书而言,袁世凯政府十分注重贯彻这个教育要旨,不仅要求教科书的审定以此为标准,而且要求在一定范围内实行教科书国定制,直接由政府编纂相关教科书。①教育部也咨行各省说:"教化之能否转移,尤视各教科书之宗旨纯正与否。"而自清末改革以来,不经之徒,或倡邪说以立言,或炫新奇以为教。当此激流,正宜严为防范。以后学校所用各科课本,"当以本部审定者为正鹄。如有未经审定者,一律不准参用,庶足以维教育而正人心"。②

1916年6月,袁世凯病逝。9月,他的《特定教育纲要》被废除。10月,其他依此而制定的相关教育法规也被明令废止或修改。③袁世凯在教育中所有恢复儒学统治地位的课程及设置,都随之被取消了。但是,这并不意味着教育转到了以培养人的个性为重要目标的道路上。1917年2月,教育部还训令全国学校,要求教师、学生独立于政治之外,"君子思不出其位",并且禁止学生加入政党。④显然,教育部是在越俎代庖。就具有政治参与能力的学生而言,参与或组建政党是其作为公民的一项基本政治权利,也是其个性培养和发展的有益实践。教育部门除了在公民作为受教育者的职权范围内,没有任何理由限制公民的其他自由。

在新文化运动对传统儒家思想的全面批判中,中国的知识分子目睹了第一次世界大战的惨痛灾难。他们敏锐地意识到民国初年的教育宗旨,特别是其中的军国民教育,已经不合乎世界潮流了。1919年4月,蔡元培、蒋梦麟、沈恩孚等60人组成的教育调查会提出了教育宗旨研究案,主张以"养成健全人格,发展共和精神"为宗旨。⑤10月,全国教育会联合会在山西召开第五届

---

① 袁世凯:《特定教育纲要》,舒新城:《中国近代教育史资料》上册,第259—260页。
② 《教育杂志》第7卷第4号(1915年4月),"记事",第31页。
③ 《本部呈大总统陈明民国四年颁行各种教育法规应分别废止修改文并指令》,《教育公报》第3年第10期,"公牍",第1页;《部令第十七号》、《部令第十八号》、《部令第十九号》、《部令第二十号》,《教育公报》第3年第11期,"命令",第1页。
④ 《训令全国各学校禁止学生加入政党,教职员亦宜以身作则文》,《(民国)教育部文牍政令汇编》第3册,第1215—1217页。
⑤ 教育部:《第一次中国教育年鉴》,"甲编",第9页。

会议，杜威在会上做了《教育上的试验态度》演说。[①]参照杜威的观点，大会通过议决案，要求政府废止教育宗旨，宣布以"养成健全人格，发展共和精神"为教育本义。"施教育者，不应特定一种宗旨或主义以束缚被教育者。盖无论如何宗旨、如何主义，终难免为教育之铸型……故今后之教育，所谓宗旨，不必研究修正或改革，应毅然废止。"也就是说，应由教师根据学生的具体情况，自由地开展教育，使学生完全不受束缚地发展，即教育是"人应如何教"，而不是"应如何教人"。[②]这是中国历史上前所未有的事件，这也表明全国教育界经过多年探索基本理解了教育的真谛。然而，这个提案并没有被教育部采纳，政府依旧希望通过教育来灌输其意识形态和政治原则。

（二）教育的学术性与技术性标准

就符合现代教育的基本规范而言，教科书审定的学术性或技术性标准与清末区别不大，同样可以分为内容选择、组织层次、语言文字、体裁体例等几个方面，只是在有些方面规定得更加细致。以初等小学的国文科为例，民国初年教则规定：

> 国文要旨，在使儿童学习普通语言文字，养成发表思想之能力，兼以启发其智德。
>
> 初等小学校首宜正其发音，使知简单文字之读法、书法、作法，渐授以日用文章，并使练习语言。
>
> 读本文章，宜取平易切用可为模范者，其材料就修身、历史、地理、理科及其他生活必需事项，择其富有趣味者用之。
>
> 女子所用读本，宜加入家事要项。
>
> 国文作法，宜就读本及他科目已授事项，或儿童日常闻见与处世所必需者，令记述之，其行文务求简易明了。
>
> 书法所用字体，为楷书及行书。
>
> 教授国文务求意义明了，并使默写短句、短文或就成句改作，俾读法、书法、作法联络一致，以资熟习。
>
> 凡语言、文字在教授他科目时，亦宜注意练习。

[①]《第五次全国教育会联合会开会志要》，《教育杂志》第11卷第12号，"特别记事"，第18页。

[②]《第五届全国教育会联合会议决案》，《教育杂志》第11卷第11号，"专件"，第47页。

> 遇书写文字，务使端正，不宜潦草。①

这些规定显然比较笼统，给国文教科书的编写和审定留有很大的操作空间。

1914年，为适应袁世凯的复辟需要，教育部明显加强了对教科书编纂的引导和监督。7月教育部成立了教科书编纂纲要审查会和教授要目编纂会，随后两会公布了一系列的教科书编纂纲要草案和教授要目草案②，"以资编订教科书者之参考，并示各学校以施教之正鹄"③。同样以国文科为例，《初等小学校国文教科书编纂纲要草案》就对教科书的用字方面规定得十分详细，完全可以依此而进行实际操作：

> 八、各课字数多少宜以次渐进大略如左：
> 　　第一学年第一学期：自一二字渐进至十六字。
> 　　第二三学期：自十五六字渐进至二十五六字。
> 　　第二学年第一学期：自二十余字渐进至三四十字。
> 　　第二三学期：至多不得过六十字。
> 　　第三学年第一学期：至多不得过八十字。
> 　　第二三学期：至多不得过百字。
> 　　第四学年：至多不得过一百六十字。
> 九、全书生字至多不过三千字，至少不下二千五百字。就各字需用之缓急列为两表附后。
> 十、生字出现之次序以难易定之，其标准如左：

---

① 《教育部公布小学校教则及课程表》，中国第二历史档案馆编：《中华民国史档案资料汇编》第三辑，"教育"，第448页。

② 根据《教育部行政纪要》记载，到1915年秋，已编审完竣教科书编纂纲要8种；教授要目则一律编竣，共分17科56种（《教育部行政纪要》甲编，第22—24页）。

③ 《教授要目编纂会规程（部令第三十五号，三年五月二十五日）》，《教育公报》第1册（民国三年六月），"法规"，第5页。

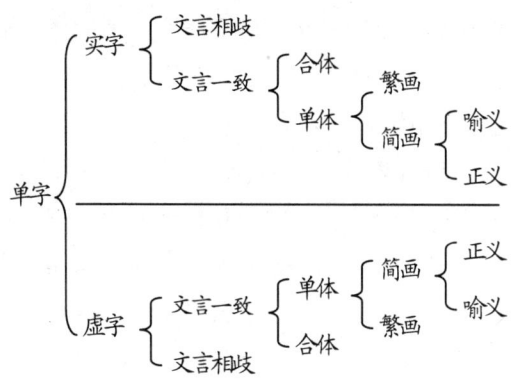

愈近中值者愈易，愈远愈难，选字时可依此酌定。

十一、各课生字之数以次渐加，大略如左：

第一学年：开始自一二生字以下，以次渐进，惟至多不过六生字。

第二学年：每课至多不过八字。

第三四学年：每课至多不过十二字。

十二、每课生字应提出标于上栏，以便教员摘授。①

这个草案之后，还附列有《初等小学国文教科书用字表》。它根据汉字的难易程度和常用频率，分两张表格共列出了4145个汉字，其中第一表中的2200个汉字，初等小学国文教科书须全部载入，第二表的汉字可以适当选用。②当然，这些草案从理论上说对于民间的教科书编纂者并没有强制性的约束，只是以资参考。但是，教育部教科书编纂纲要审查会、教授要目编纂会和教科书编审处所有组成人员，彼此交叉，实为一体，这些草案实质上就是当时相关科目教科书的审定标准。

在教科书审定的所有学术性或技术性标准中，语言文字方面在这个时期出现了重大的变化：国语在官话的基础上有了初步统一的标准，白话文逐渐替代了文言文。早在清末就屡有以官话来统一全国语言的倡议。1909年，学部在分年筹备宪政事宜的计划中，明确列有设立官话传习所、编订颁行官话

---

① 《初等小学国文教科书编纂纲要草案》，《教育公报》第2年第1期，"附录"，第51—52页。

② 《初等小学国文教科书用字表》，《教育公报》第2年第2期（民国四年六月），"附录"，第1页。

课本、中小学堂兼学官话等内容。①1910年，资政院议员江谦等人联名要求学部将"官话"改名为"国语"。1911年4月，各省教育总会联合会在江苏的上海召开，会议通过了《统一国语方法案》，提出了国语统一的具体措施。②因为清朝的灭亡，这些措施没有来得及实行。

1912年民国成立后，教育部开始构拟民族共同语的框架。8月临时教育会议通过了《采用切音字母案》，12月教育部公布了《读音统一会章程》。翌年2月，读音统一会正式成立，并且以投票的方式决定了6500多个汉字的标准国音。但是，随后几年一直没有公布这个注音字母和国音方案。1916年，蔡元培、吴敬恒、黎锦熙等人在北京发起成立国语研究会，"以研究本国语言，选定标准，以备教育界之采用为宗旨"③。1917年，国语研究会正式成立，并且与当时的新文化运动合流。

在新文化运动的推动下，语文变革进展很快。1918年，教育部正式公布了1913年通过的注音字母和国音方案。随后又出版了《国音字典》，确立了国音的法定地位。但是，由于所定的"国音"南北杂糅，人为拼凑，失去了现实语音基础而难于推行。1919年4月，教育部成立了国语统一筹备会，会员大都是国语研究会成员。在其成立大会上，通过了《国语统一进行方法的议案》。④10月召开的第五届全国教育会联合会通过了《推行国语以期言文一致案》，提出了推行国语的一系列措施，呈请教育部实行。⑤次年1月，教育部通令各省，自当年秋季起，国民学校一二年级先改国文为语体文。⑥4月接着宣布，国民学校所有文言文教科书分期作废，并且在1922年底以前全部改为白话文教科书。⑦这年，教育部还公布了注音字母的书法体式。1923年，第六届全国教育会联合会新学制课程标准化起草委员会刊布了《中小学各科课程纲要》，将小学及初高中"国文科"一律改为"国语科"。同年，国语统一筹备会决定放弃了南北杂糅的"国音"，转而彻底以北京语音为标准，重新修订《国音字典》。到1926年11月，《国音字典》修订完毕，"新国音"代替

---

① 《奏本部分年筹备事宜折（并单）》，《学部奏咨辑要》（戊申至庚戌年），第12—14页。
② 邰爽秋等：《历届教育会议决案汇编》，"甲"，第3—4页。
③ 《批国语研究会发起人蔡元培该会准予备案（第二百七十一号，六年三月十六日）》，《教育公报》第4年第7期，"公牍"，第78页。
④ 《记国语统一筹备会》，《教育公报》第6年第9期，"专件"，第1—29页。
⑤ 《第五届全国教育会联合会议决案》，《教育杂志》第11卷第11号，"专件"，第48—49页。
⑥ 《教育杂志》第12卷第2号，"记事"，第1页。
⑦ 《教育杂志》第12卷第4号，"记事"，第5—6页。

了"老国音",极大地便利了国语的统一和推广。①

教科书审定标准主动地适应了这个时期的语文变革,对白话文和注音字母采取了宽容乃至积极推动的态度。早在国文改为国语命令之前的1916年初,教育部对中华书局呈审的附有白话课文的《新式国文教科书》(国民学校春季始业)就批示说:

> 查该书最新颖处在每册后各附四课,其附课系用官话演成,间有与本册各课相对者。将来学校添设国语,此可为先导,开通风气,于教育前途殊有裨益。至各册所用文句,其次序大致均与口语相同,尤令教员易于讲授,儿童易于领悟。在最近教科书中洵推善本。②(着重号为原文所加——引者注)

中华书局或许是受到了激励,1917年出版的国民学校秋季始业《新式国文教科书》,进而在课文中直接并用白话文。教育部同样予以审定通过,并赞扬"较诸前编更见进步"③。1919年10月,山西国民教科书审编委员会完全用白话编纂的乡土教材《通俗国文教科书》(一至八册),也获教育部审定,准许作为山西国民学校试用之书。④

1922年中华书局呈审的《新教育教科书国语会话》第一册,一改过去版式,采用横行排列,并且在每个汉字上都加上注音。教育部十分满意,认为"就是不识汉字的人也可以用作读本,可算近来国语界最有价值的出版物",准予作为各学校练习国语用书。⑤

白话文教科书取代了文言文教科书,书面语和口语一致了,语音也走向了统一。人们从童年就开始学习这种现代汉语,文言文离人们日渐疏远而成了难以理解的旧语言,传统的儒家经典也成了旧时的古董。但是滋养着专制

---

① 《国音字典》修订后的简缩版《国音常用字汇》,直到1932年才由国民政府教育部公布。
② 《新式国民学校国文教科书批》,《中华教育界》第5卷第1期(1916年1月),封二广告。引文中的着重号估计为中华书局自己所加,以强调其广告效果。
③ 《批中华书局秋季始业新式国文教科书一至三册应予审定,再版时照签修正送部备案(第七百八十九号,六年十一月十七日)》,《教育公报》第5年第1期,"公牍",第45页。
④ 《咨山西省长通俗教科书一至八册暂作山西国民学校试用之书,签出之处再版时修正希查照文(第二千零四十四号,八年十月二十八日)》,《教育公报》第6年第12期,"公牍",第20—21页。
⑤ 《批上海中华书局新教育教科书国语会话第一册,改正送核后准予审定作为各学校练习用书(第一百三十九号,十一年三月二十一日)》,《教育公报》第9年第3期,"公牍",第42页。

主义的文化内核，即忽视逻辑和强调整体的传统思维模式并没有多少损伤，其不仅过滤、改变甚至左右着外来思想，而且通过某些外来思想而移花接木，使得专制主义愈演愈烈。

专业名词术语的规范和统一既是教科书审定的基本标准，也仍然是这个时期审定教科书所面临的现实问题。1919年1月，教育部为此咨文各省："本现时中学所用课本，胥多迻译西书而成，译音译义各不相谋。同一教科，甲之教本一名词，乙之教本又一名词；且有同一教本，而前后名词互相歧异者。教授上既感困难，自修上尤乏准绳。中学学生外语智识尚浅，非大学专门可比。名词紊乱，易致疑误。倘不早为划一，则妨害脑力，荒废时间，殊足为研究学术障碍。"因此，要求各地相关学会或私人组织，若编有各项名词又未经教育部核定公布，应尽快送部审核颁布，以期统一。①

值得高兴的是，这个时期几乎所有的科学社团都十分关注相关科学名词术语的规范和统一，而且于1918年11月联合组成了科学名词审查会。②经过各学术团体的共同努力，到1927年已经审查有医学、化学、数学、物理学、植物学和动物学等学科名词共41册，其中报教育部核定出版了11册。③这为教科书的编纂和审定确立了相应的规范和标准。

四 教科书审定实际情况分析

根据当时的《教育公报》、《教育杂志》以及相关档案资料统计（详见附录的表3和表4），经北京政府教育部审定发行的教科书大约有3190册，另外在刊录有教育部审定批示的教科书中大约有567册没有通过审定。也就是说，从1912年至1927年前后15年的时间里，北京政府教育部至少审查了3757册教科书，平均每年大约要审查250余册。在这个时期的《教育公报》上，大约刊载了2167册教科书的审定批示。将这些批示与当时的教科书审定标准相对照，大致情况如表2—2：

---

① 《教育部为统一科学名词通咨各省区文（八年一月二十九日）》，《教育杂志》第11卷第3号，法令，第10—11页；《咨各省区凡团体或私人编有未经本部审定名词者，请转饬送部核定，并请将本部颁布之各科名词通饬各校遵用（八年咨第二百二十二号）》，《（民国）教育部文牍政令汇编》第4册，第1753—1754页。

② 《批江苏省教育会科学名词审查会准备案并每年补助（第七百七十四号，七年十一月二十二日）》，《教育公报》第6年第1期，"公牍"，第21—22页。

③ 张大庆：《中国近代的科学名词审查活动：1915—1927》，《自然辩证法通讯》1996年第5期，第50页。

表2—2　　　　　　　北京政府时期的教科书审定情况分析

	审定标准						审定结果		
	教育宗旨	内容选择	组织层次	语言文字	体裁体例	审定程序*	通过	不过	修改
教科书数量（册数）	100	1950	859	421	217	121	1600	183	384
占总数比例（…/2167）	4.6%	90.0%	39.6%	19.4%	10.0%	5.6%	73.8%	8.5%	17.7%

*审定程序是指教科书在送审过程中不合相关程序，如译本未能与原著一道呈审。

从表2—2可以看出，在这2167册教科书中，有100册涉及具有意识形态色彩的教育宗旨，约占总数的4.6%。而在这100册教科书中，有74册被审定通过，其中商务印书馆呈送的《新法历史自习书》第四册虽然"有贬斥先儒太过之语，宜加修改"，但是仍然审定作为高等小学历史教科用书。[①]其余26册教科书没有通过审定，或者要求修改后重新呈审，其中商务印书馆呈送的《师范学校新教科书历史》第一二册尽管"宗旨持论极为正大"，但因其他方面的原因而没有通过审定。[②]因此，仅有25册教科书与当时的教育宗旨相出入，约占这2167册教科书的1.2%，远远低于清末的2.7%，微乎其微。其原因恐怕有两个方面：第一，随着不同军阀势力消长而频繁变更的北京政府，在实行教科书审定制度时很难连贯一致，从而在教科书的实际审查中存在相对灵活宽松的可能。第二，教科书的编纂出版商贾在审定制度的约束下，已经学会了规避市场风险，降低了呈审的教科书与教育宗旨相违异的可能性。1915年秋，袁世凯复辟帝制正如火如荼，商务印书馆刚刚发行完秋季教科书，正筹划来年春季教科书。鉴于国家政治制度即将可能的变更，商务印书馆编译所所长张元济尽管不赞成帝制[③]，但在几经权衡之后，还是决定停印原来的《共和国教科书》，将教科书中与帝制相冲突的字眼，如"平等"、

---

① 《批上海商务印书馆新法历史自习书第四册宜加修改准予审定（第二百三十九号，十一年五月五日）》，《教育公报》第9年第5期（民国十一年六月），"公牍"，第28页。

② 《批上海商务印书馆师范学校新教科书历史第一二册略为摭续再送审查，第三册亦应同修改，编内签识之处逐条酌定（第五十七号，十一年二月二十五日）》，《教育公报》第9年第2期（民国十一年三月），"公牍"，第45页。

③ 1916年3月，梁启超离开天津南下反袁途经上海时，张元济立即登门拜访，并答应代为照应梁氏家属；6月6日，张元济听说袁世凯病死，随即在日记中写道："闻袁世凯病毙"6字，充满厌恶之情。参见张元济《张元济日记》上册，北京：商务印书馆1981年版，第22、71页。

"自由"等内容删除，并呈报教育部改名为《普通教科书》。①1916年3月25日，袁世凯撤销帝制，张元济随即指示各分馆，"帝制取消，应推广共和书。并将普通速即销去，勿退回"。与商务印书馆相似，中华书局为适应帝制，也将一些教科书做了修改和更名。②

在审查教科书符合教育宗旨的同时，当时的中外关系也影响到了教科书思想性方面的审定。1916年，教育部审定通过了中华书局发行的《高等小学校用新式修身教科书》和《国民学校用新式国文教科书》。《新式修身教科书》共6册，由方浏生编纂。《新式国文教科书》共8册，由陆费逵、李步青、沈颐、戴克敦等人编纂。该套教科书每册书后各附了四课白话文，不同于当时普遍用文言文编纂的教科书，教育部因此批示赞赏说"在最近教科书中洵推善本"③。1917年，日本驻华公使致函中国外交部，指责这两种教科书有排日的记载。4月24日，教育部致函中华书局，指出这两种教科书所采用的历史材料虽然并非日本公使所称的"煽动对日恶感"，但是"措词稍欠含蓄，未免滋人口实"，要求斟酌修改。④

1922年，商务印书馆出版的《新法国语教科书》第六册，又因法国使馆指称有关于安南人（今越南人）的不实描述，有碍中法感情，而被教育要求修改。⑤

---

① 汪家熔：《商务印书馆史及其它——汪家熔出版史研究文集》，北京：中国书籍出版社1998年版，第45—46页；《张元济傅增湘论书尺牍》，北京：商务印书馆1983年版，第66页；《本部以前审定各教科图书现经修改并更名之第一次公布》、《本部以前审定各教科图书现经修改并准更名之第二次公布》、《本部第三次核准从前审定公布各教科图书现准更名》、《本部以前审定各教科图书现经修改并准更名之第四次公布》，《教育公报》第3年第1—4期，"公牍"，第58—61、47—53、71—73、85—87页。

② 《张元济日记》上册，第37页；《本部以前审定各教科图书现经修改并更名之第一次公布》、《本部以前审定各教科图书现经修改并准更名之第二次公布》、《本部第三次核准从前审定公布各教科图书现准更名》、《本部以前审定各教科图书现经修改并准更名之第四次公布》，《教育公报》第3年第1—4期，"公牍"，第60—61、50—53、71—73、86页。

③ 《新式国民学校国文教科书批》，《中华教育界》第5卷第1期（1916年1月），封二广告。

④ 《函中华书局请将小学教科书中日人所指为排日之处再加斟酌（第五十八号，六年四月二十四日）》，《教育公报》第4年第6期（民国六年四月），"公牍"，第40—41页；《新式教科书与日本》，《中华教育界》第8卷第1期（1919年7月），"特别记载"，第13—14页。

⑤ 《函复外交部高等小学新法国语教科书第六册尚未经本部审定，除令知该书坊妥慎修改外请查照办理（十一年二月六日）》，《教育公报》第9年第1期（民国十一年二月），"公牍"，第11页；《函商务印书馆所编新法国语教科书第六册，应即详加修改并将附件送阅希查照（第七十号，十一年二月十八日）》，《教育公报》第9年第2期（民国十一年三月），"公牍"，第48页。

就当时教科书审定的结果来看，未能审定通过和要求修改的教科书分别约为8.5%和17.7%；审定通过的教科书约占73.8%，远远高于清末教科书审定通过率46.7%。若扣除涉及教育宗旨方面的100册教科书，教科书审定通过率也基本上相同。这也就是说，在涉及纯学术性和技术性方面教育标准的95%以上的教科书中，仍然有73.8%的教科书审定合格，当时编纂的教科书大多数已经符合了现代教育的基本规范，教科书质量在自清末以来的长期市场竞争中获得了显著的提高。从另一个方面则意味着，教科书审定制度对于保证和提高教科书质量所起的作用越来越有限，而在钳制社会思想观念变革更新方面的消极作用更为突出。

民元教育总长蔡元培曾撰文说："教育有二大别：曰隶属于政治者，曰超轶乎政治者。专制时代（兼立宪而含专制性质者言之），教育家循政府之方针以标准教育，常为纯粹之隶属政治者。共和时代，教育家得立于人民之地位以定标准，乃得有超轶政治之教育。"[①]然而，北京政府时期教科书审定的实践又一次生动地表明，这个制度常常沦为政府特别是专制政府控制民众思想的工具，它紧紧地将教育绑缚在政治上，与蔡元培的愿望背道而驰。

[①] 蔡元培：《对于新教育之意见》，《蔡元培全集》第2卷，第9页。

第三章
南京政府时期的教科书审定制度

> 小学校及中等学校各类教科图书，非经国民政府教育行政委员会审定不得采用。
>
> ——1926年广州国民政府教育行政委员会：《教科书审查规程》

> 现在各小学所用教科书是否由部自编，抑由各书局编订后经教育部审定发行？以后凡小学教科书应一律限期由部自编，并禁各书局自由编订。
>
> ——蒋介石：1942年5月26日致教育部长陈立夫函

一　教科书审定制度的重建

南京政府时期的教科书审定制度并不是北京政府时期相应制度的简单沿袭，相反却是在某种意义上的一种重建。1914年7月，为了推翻袁世凯的统治，孙中山组建了个人独裁式的中华革命党，试图抛弃西方政党民主政治而转向一党独裁治国。①袁世凯死后，中国陷入了军阀割据的分裂状态，孙中山的革命也是屡屡受挫。受传统专制主义思想影响的孙中山，在十月革命后苏

---

① 孙中山规定：在加入中华革命党时，党员必须按指模、立誓约，绝对服从党的领袖；在军政和训政的革命时期内，没有加入中华革命党的非党员"不得有公民资格"；在革命时期的"一切军国庶政"，都由中华革命党负完全责任。这不仅使得中华革命党成了一个专制的政党，而且也完全排除了其他政党以及普通民众的民主政治权利，实质上是中国现代一党独裁治国制度的先导。参见《致南洋革命党人函（1914年4月18日）》、《致陈新政及南洋同志书（1914年6月15日）》、《中华革命党总章（1914年7月8日）》、《约束党员通告（1914年8月23日）》、《中华革命党成立通告（1914年9月1日）》，中国社会科学院近代史研究所中华民国史研究室等编：《孙中山全集》第3卷，北京：中华书局1984年版，第81—82、91—93、97—102、111—112、112—114页。

俄一党专政成功实践的示范下,明确提出"应效法俄人","以党治国"。①而所谓的"以党治国",按照孙中山的说法,就是要以国民党的三民主义治国,即以三民主义感化和发动民众,进行革命,从而"建设一个驾乎欧美之上的真民国"。②1924年1月第一次全国代表大会,国民党完成了集权化的改组,开始大张旗鼓地推行置党于国家之上的党化政策,以实现一党独裁治国。③在政府、军队以及其他社会机构或团体中,要求官员(军官)和职工或全部或部分加入国民党,从而党化相应机构或团体。在思想文化领域,则大肆宣传、灌输国民党的纲领政策和意识形态,实行党化教育。具体到学校里,一方面要求学校的教职员加入国民党,在组织上党化学校;另一方面要求学校开设宣传国民党纲领政策的必修课,在课程上党化学校。④

孙中山去世后,1925年7月,中国国民党按照孙中山的构想,在广州将陆海军大元帅大本营(大元帅府)改组为国民政府。次年2月20日,设立了国民政府教育行政委员会,掌管所辖区域内的教育行政事务,与北京政府教育部遥相对峙。⑤5月,国民政府在教育行政委员会里设立了专门负责审定教科书的"审查教科书委员会",并且规定小学、中学和师范学校的教材要经过审查,凡是教育行政委员会认为不合适的教科书都不得使用。⑥10月1日,教育行政委员会制定公布了首个《教科书审查规程》:

第一条 小学校及中等学校各类教科图书,非经国民政府教育行政委员会审定不得采用。但尚未有审定图书公布之前,暂时沿用者不在此例。

---

① 孙中山:《在广州国民党党务会议的讲话(1923年10月10日)》,中山大学历史系孙中山研究室等编:《孙中山全集》第8卷,北京:中华书局1986年版,第268页。
② 孙中山:《在广州中国国民党恳亲大会的演说(1923年10月15日)》,同上书,第281—284页。
③ 改组后的国民党采用了联共(布)的民主集权制组织原则,建起了一套权力集中于总理以及各级党组织的严密的集权化体系;在党国关系上,主张"把党放在国上",以国民党"掌握政权之中枢";在党与社会的关系上,要求在各种社会团体中建立国民党的党团组织,以加强对整个社会的控制。参见《关于组织国民政府案之说明(1924年1月20日)》、《中国国民党第一次全国代表大会宣言(1924年1月23日)》、《中国国民党总章(1924年1月28日)》,广东省社会科学院历史研究所等编:《孙中山全集》第9卷,北京:中华书局1986年版,第101—104、114—125、152—162页。
④ 袁征:《孔子·蔡元培·西南联大——中国教育的发展和转折》,北京:人民日报出版社2007年版,第213—228页。
⑤ 《中华民国国民政府令》,《中华民国国民政府公报》,中华民国十五年二月24号,"法规",第13页。
⑥ 《广州民国日报》,1926年5月12日。

第二条 各校现在所采用之教科图书，如经教育行政委员会审定认为不当时，不准各校采用，并得禁止发行。

第三条 各校现在所采用之教科图书，如教育行政委员会认为其中有不当之处，得酌定期限，饬令遵照修改，期满不修正呈核，即通饬各校不得再用，并得禁止发行。

第四条 审定图书以不背党义而适合教授目的、教育程度、教科体裁者，为合格。

第五条 教科图书分为教员用及学生用二种，当发行人呈请审查时，应分别声明。

第六条 凡呈请教育行政委员会审查之图书，无论印本或稿本皆须预备两份送呈。如用稿本，应预印数页作为纸张、印刷、款式等之样本，其未经完成或未定价目之图书，不收付审查。

第七条 已经审定或正在审查之教科图书，如发行人将内容变更，须呈请复审。

第八条 凡呈请审查之图书，如有应行修改者，由教育行政委员会饬发行人遵照修正呈核，修正期限以半年为度，逾期不予审查。

第九条 已经审定之图书，由教育行政委员会将左列各项公布之：

一、书名

二、册数及页数

三、定价

四、某种学校用

五、发行之年月日

六、编辑人及发行人之姓名

第十条 已经审定公布之图书，如前条所列举事项有变更时，发行人须即呈报教育行政委员会核准公布，违者该图书失其审定效力。

第十一条 已经审定之图书，如有增减字句、图画，变换纸张、印刷等事，非经教育行政委员会复审核定，该图书失其审定效力。

第十二条 图书已经审定后，如遇事实变更，其内容有不适宜之处，教育行政委员会得随时饬令修改，发行人应于三个月内遵照修正送呈备核，逾时即取消其审定效力。

第十三条 已经审定之图书，如经过相当时期，教育行政委员会认为不合时宜者，得取消其审定效力，但须在学年始期之三个月前行之。

第十四条 凡已失审定效力之图书，各校不得采用。

第十五条 已经审定之图书，应在书面上记明"国民政府教育行政委员会审定"字样，更须将教员用与学生用两种分明标明。

第十六条 在本规程公布日，凡未出版之教科图书，须先呈准教育行政委员会审定，方得出版。

第十七条 已经审定之图书，发行人应将十倍该图书定价之审查费缴纳，方予公布，惟挂图类之审查费则每种只收定价之二倍。

第十八条 本规程自公布日施行。①

这个《教科书审查规程》有两点值得注意：其一，教科书审查的首要标准是"不背党义"，即不违背国民党的纲领政策和意识形态；其二，教科图书未经教育行政委员会的审定不得出版。这是清末实行教科书审定制度以来最为严格的控制，以往没有经过审定的教科图书仍然可以出版发行，仍然可以作为参考读物供学生和教师购买阅读，只是不得选用作为学校的正式教科书罢了。此后，教科图书审定规章虽然屡经调整，民间的书业同业公会也呈请政府放宽这个处分②，但是非经审定就不得出版发行的规定始终没有改变。显然，这个规程的公布不仅重新建立了国民政府的教科书审定制度，而且使得这一制度成了国民党党化教育乃至整个党化政策的一部分。随着国民革命军北伐的胜利，这项教科书审查制度也跟随其服务的党化教育政策推向了全国，成了在学校推行党化教育的急先锋。

1927年7月，大学院成立。③其下的教育行政处设有书报编审组，书报编审组分为编译和审查两股，审查股就负责审查教科用图书及标本仪器的行政事务。④随后，大学院组织体系虽屡有变动，但一直都设有负责审查教科书行政

---

① 《教育行政委员会令》，《中华民国国民政府公报》，中华民国十五年十月第47号，"规程"，第75—77页；《教科书审查规程》，《教育杂志》第19卷第10号（1927年10月），"教育界消息"，第5页。

② 《上海书业同业公会主席陆伯鸿请放宽教科参考图书审查处分致国民政府呈（1931年4月）》，中国第二历史档案馆编：《中华民国史档案资料汇编》第五辑第一编，"教育（一）"，南京：江苏古籍出版社1994年版，第97页。

③ 《中华民国大学院组织法》，大学院公报编辑处：《大学院公报》第1年第1期（1928年1月），第49页。

④ 《大学院教育行政处组织条例》，《大学院公报》第1年第1期，第55页。

事务的部门。12月15日，大学院重新公布了《教科图书审查条例》：

第一条 小学校及中等学校，所采用之教科书图书，非经中华民国大学院审定者，不得发行或采用。

第二条 小学及中等学校，现在所采用之教科图书，如大学院认为不适当时，得通令各省区教育行政机关，转饬所属各学校，不得再用；并得禁止其发行。

小学校及中等学校，现在所采用之教科图书，如大学院认为其中有不适当之处，得签示要点，酌定期限，饬令发行人或编辑人，遵照修改；逾期不修正呈核时，得依前项办法处理之。

第三条 应行审查教科书图书之种类，依其性质，暂分为左列七项：

一 三民主义；

二 国文国语；

三 外国语；

四 社会科学；

五 自然科学；

六 职业各科；

七 音乐，图画，手工，体操。

第四条 审查图书，以不背本党的主义、党纲及精神，并适合教育目的、学科程度及教科体裁者，为合格。

第五条 图书发行人或编辑人，应于图书发行前，呈送本书五份，请大学院审查；如用稿本送请审查，应即预印数页，作为纸张、印刷、款式等之样本，此项样本并稿本，应各呈送二份，请大学院审查；其未完成之图书，不予审查。

第六条 教科图书分教员用及学生用两种；具呈人于呈请审查时，应分别声明。

第七条 呈请图书审查时，应将图书定价十倍之审查费，连同样本呈纳；但挂图类以每种定价之二倍为审查费。

审定后，定价如有增加，应照前项规定补缴审查费；其依第十二条呈请复审者，复审费依前项规定减半缴纳。

第八条 凡呈请审查之图书，如有应行修改者，由大学院签示要点于图书上，饬具呈人遵照修正，以半年为期，逾期不修正呈核时，不予审定。

第九条　凡定价过高之图书，大学院得令发行人酌减之。

第十条　已经审定之图书，由大学院将左列各项，在《大学院公报》上宣布之：

　　一　书名；

　　二　册数及页数；

　　三　定价；

　　四　某种学校用；

　　五　发行之年月；

　　六　编辑人及发行人之姓名；

　　七　大学院审定按语。

第十一条　已经审定之图书，应在书面上记明"某年某月经大学院审定"字样，更须就教员用与学生用两种，分别标明。

第十二条　已经审定之图书，如发行人或编辑人将内容或形式变更时，须于两个月内呈请复审，逾期即失审定效力。

正在审查中之图书，其内容如有变更，得随时呈请复审。

第十三条　图书经审定后，如遇事实变更，其内容有不适当之处，经大学院饬令修改者，发行人或编辑人，应于三个月内，遵照修正呈核，逾期即失审定效力。

第十四条　图书经审定后，如经过两年时期，经大学院认为不合时宜者，得取消其审定效力；但须在每学年开始期三个月前行之。

第十五条　凡未经审定或依前列各条已失审定效力之图书，书面上不得载有大学院审定字样。

违犯前项之规定，或对于禁止发行之命令故不遵守者，科以法律上相当之处罚。

第十六条　本条例自公布日施行。①

大学院公布的这个新条例与此前教育行政委员会公布的审查规程，一脉相

---

① 《公布〈教科图书审查条例〉布告》、《教科图书审查条例》，《大学院公报》第1年第1期，第47、22—26页。《布告》公布时间为12月15日，而《条例》标明的公布时间为12月16日，本文以布告时间为准。条例原文中的标点符号，以现在的标准看，有些不妥之处，本文在引用时并没有做修改。

承，只是做了些细微的修改：其一，将"不背党义"更加明确具体地规定为"不背本党的主义、党纲及精神"；其二，将应审查的教科书依照其性质分为了七类；其三，教科书的定价，大学院也有斟酌审查的权力。随后，大学院根据新条例，重新设置了教科书审查委员会，以负责教科书审查的具体工作，并且制订了教科书审查的具体办法。①大学院本来计划在1928年9月1日中小学校开学时，全面推行大学院审定的教科书，但基于各种原因未能审查完成所有的教科书，因此在是年6月30日，院长蔡元培颁布《变通审查教科图书办法》十条，将各学校全部采用审定教科书的日期推延了一年。②

1928年8月，国民党二届五中全会通过了撤销大学院改设教育部的提案。③10月23日，国民政府改大学院为教育部。④12月11日，《国民政府教育部组织法》公布，教育部下设编审处，具体负责编译教育图书及审查教科用书、仪器等相关事务。⑤1929年1月22日，教育部公布了新的《教科图书审查规程》：

> 第一条 学校所用之教科图书，未经国民政府行政院教育部审定，或已失审定效力者，不得发行或采用。
>
> 第二条 国民发行人或编辑人应于图书发行前，呈送本书三份请求审查。如用稿本送请审查，应即预印数页作为纸张、印刷、款式等之样本，此样本及稿本应各呈送二份。凡未完成及无定价之图书，不与[予]审查。
>
> 第三条 教科图书分教员用及学生用两种，具呈人于呈请审查时应分别声明。
>
> 第四条 呈请审查图书时，应将图书定价十倍之审查费连同样本呈纳，但挂图类以每种定价之二倍为审查费。审定后，定价如有增加，应照前项规定补缴审查费，但依第八条之规定呈请复审者，其复审费以前项规定之半额为准。

---

① 《大学院教科图书审查委员会组织条例》、《大学院暂行教科图书审查办法》，《大学院公报》第1年第4期，第27、73页。

② 《大学院对于图书发行采用变通办法》，《申报》1928年7月2日第5张；丁致聘：《中国七十年来教育记事》，国立编译馆1935年版，第167页。

③ 《郭春涛、刘守中等在国民党二届五中全会上提议撤消大学院改设教育部案》，中国第二历史档案馆：《中华民国史档案资料汇编》第五辑第一编，"教育（一）"，南京：江苏古籍出版社1994年版，第49页。

④ 《中华民国国民政府令》，《国民政府公报》，中华民国十七年十月第2号，第10页。

⑤ 《国民政府教育部组织法》，《教育部公报》第1卷第1期（1929年1月），"法规"，第66页。

第五条　凡呈请审查之图书，如有应行修改者，由教育部签示要点于图书上，饬具呈人遵照修正，以半年为期，逾期不修正呈核时，不与[予]审查。

第六条　已经审定之图书，由教育部将左列各项，在《教育部公报》上宣布之：

一　书名；

二　册数；

三　定价；

四　某种学校用；

五　发行之年月；

六　编辑人及发行人之姓名。

第七条　已经审定之图书，应在书面上记明"某年某月经国民政府行政院教育部审定字样"．，更须就教员用与学生用两种分别标明。

第八条　已经审定之图书，如发行人或编辑人将内容或形式变更，须于两个月内呈请复审，逾期即失审定效力；正在审查中之图书，其内容如有变更，得随时呈请审查。

第九条　图书经审定后，如遇事实变更，其内容有不适当之处，经教育部饬令修改者，发行人或编辑人应于三个月内遵照修正呈核，逾期即失审定效力。

第十条　图书审定之有效时期为三年，届期满三个月前，应再呈送审查。

第十一条　凡未经审定或依前列各条已失审定效力之图书，书面上不得载有"国民政府行政院教育部审定"字样。

违犯前项之规定，或对于禁止发行之命令故不遵守者，科以法律上相当之处罚。

第十二条　本规程自公布日施行。①

就内容上看，这个新规程与大学院公布的《教科图书审查条例》基本雷同，只取消了将应审查的教科书依其性质分为七类，以及对于教科书定价予以斟酌限定的相关条文。而这些关于教科书的审定标准以及具体分类审定的办法，则在随同规程公布的《审查教科图书共同标准》和《暂行教科图书审查办法》中做了详细规定。

---

①　《教科图书审查规程》，《教育部公报》第1卷第2期（1929年2月），"法规"，第92—94页。

1929年8月,教育部公布了《教科用标本仪器审查规程》。①1930年1月,国民政府公布了《水陆地图审查条例》,2月教育部转发了这个条例。该条例规定所有关于我国的地图都必须经参谋本部和海军部会同审定。②这就是说,凡涉及我国地图的教科用书除经教育部审定外,还得经过参谋本部和海军部的共同审查。1931年8月重新颁布的《修正水陆地图审查条例》则明确规定,有关地图的审查事务由教育部、参谋本部、内政部、外交部、海军部和蒙藏委员会组成的水陆地图审查委员会办理。③1932年2月,教育部还制定公布了《审查儿童文学课外读物标准》。④

1928年5月在南京召开的全国教育会议,是国民党在即将统一全国时系统规划整个教育发展的一次会议,实质上是一次全面总结和进一步推行党化教育的会议。为避免"党化教育"这个词在具有自由思想知识分子中的文化专制主义的消极印象,这次会议决定改"党化教育"为"三民主义教育"。⑤但是人们继续使用"党化教育"的说法。7月,国民党中央常务会议通过了《各级学校增加党义课程暂行条例》,对小学至大学党义课程的教学内容和教授时间等制定了统一标准。⑥随后,中小学统一增开了称作"三民主义"科目的党义课程。1929年4月,国民党中央常务会议决定将党化教育的不同名称统一改称为"党义教育"。⑦1929年9月—1930年11月,教育部公布了初等和中等教育各类学校的暂行课程标准,对所有学校的课程做了重新安排,"三民主义"科目相应改称作"党义"。⑧为加强对于党义教科书的审查,1929年6月3日国民党中央常务会议决定,党义教科书须先由教育部初审,再经国民党中

---

① 《教科用标本仪器审查规程》,《教育部公报》第1卷第9期(1929年9月),"法规",第82—83页。
② 《教育部公报》第2卷第7期(1930年2月),"公牍",第18页;"法规",第36页。
③ 《修正水陆地图审查条例》,《国民政府公报》,中华民国二十年八月第856号,"法规",第1页。
④ 《审查儿童文学课外读物标准》,《教育部公报》第4卷第8期(1932年2月),"附载",第8页。
⑤ 《废止党化教育名称代以三民主义教育案》,中华民国大学院:《全国教育会议报告》乙编,第29页。
⑥ 《南京国民政府公布各级学校增加党义课程暂行条例》,中国第二历史档案馆:《中华民国史档案资料汇编》第五辑第一编,"教育(二)",南京:江苏古籍出版社1994年版,第1073—1075页。
⑦ 《党化教育改称党义教育》,《申报》1929年4月7日第3张。
⑧ 教育部:《第一次中国教育年鉴》,上海:开明书店1934年版,"丙编",第142、191、422页。

央训练部复审。①1930年6月12日，国民党中央常务会议通过了《中央训练部审查党义教科用书暂行办法》，对于审查党义教科书的范围、标准、手续、方法和期限等都做了详细而具体的规定。②1932年10月至次年3月，教育部公布了正式的课程标准，中小学不再单独设立"党义"科目，而代之以"公民"或"公民训练"，党义教材被融入了"公民"或"公民训练"以及其他相关课程之中。③至此，中央训练部对于党义教科书的审查才告结束。

在审定教科书的同时，国民政府也一直计划自行编纂教科书。据戴季陶回忆说，早在国民政府成立之前的1918年，孙中山在上海倡办《建设》杂志的时候，就极为重视教科图书，并且命令戴季陶和胡汉民等人草拟编纂教科图书的计划。④1928年5月召开的全国教育会议上，各级学校的教科用书受到了普遍关注，多份提案呈请大学院直接组织编纂教科书。⑤大会综合这些提案而最终通过的《改善中小学教科书案》也规定，大学院认为某种教科书有特殊需要时，可以直接委托专家编辑。⑥随后，大学院拟定了《训政时期施政大纲》，就三年教育发展做了全面规划。其中对于教科图书则规定，第一年要取缔不良的教科图书，第二、三年分别编辑坊间缺乏的小学与中学教科图书。⑦大学院改为教育部后，其下设有编审处，既负责审查教科书，又掌管编译教育上必要之图书。1929年1月，编审处召开第一次编审会议，决定自行编纂中小学教科图书，派编审赵廷为、蒋息岑、郑鹤声等人草拟编辑各种教科图书的共同与分科标准。8月编审处通过了《教科图书编辑大纲》，后又拟定了《中等教育股编辑教科用书进行方法》和《初等教育股编辑计划大纲》

---

① 丁致聘：《中国近七十年来教育记事》，第192页。

② 《国民党中央秘书处检送审查党义教科书暂行办法函》，《中华民国史档案资料汇编》第五辑第一编，"教育（二）"，第1112页。

③ 教育部：《第一次中国教育年鉴》，"乙编"，第51页；"丙编"，第192、374—375、423页。《国民政府文官处与国民党中央秘书处等单位关于中小学党义课程归并各科改称"公民"课的往来文件》，《中华民国史档案资料汇编》第五辑第一编，"教育（二）"，第1090—1096页。

④ 郑鹤声：《三十年来中央政府对于编审教科图书之检讨》，《教育杂志》第25卷第7号，第17页。

⑤ 这类提案有陶行知的《审查编辑幼稚园课程及教材案》、范寿康的《请大学院设立国立编辑馆从事编辑初等及中等学校教科书以昭郑重而谋教材之完善案》、湖南教育厅的《请大学院从速编辑小学教科书案》等。参见《全国教育会议报告》乙编，第311、584—585页。

⑥ 《改善中小学教科书案》，《全国教育会议报告》乙编，第581页。

⑦ 《党治下新教育之计划——训政时期施政大纲》，《教育杂志》第20卷第8号，"教育界消息"，第2页。

等，开始依计划征集中外各级学校之教科图书参考材料，为教科书的编纂作准备。①由于当时试行的暂时课程标准尚待修订等原因，编审处并没有自行编纂出中小学的教科书，而只是编译成了《三民主义千字课》、《蒙文新学制国语教科书》等几种适用于民众教育或少数民族地区的教科用书。②

1932年6月，教育部为发展文化、促进学术，并加强对于中小学教科用书的编译和审查，在原来编审处基础上成立了国立编译馆。③国立编译馆分总务、编审两处，编审处又分人文、自然两组。时值中小学正式课程标准陆续公布，国立编译馆因而明显加强了教科书的编纂工作。6月28日人文组召开的第一次会议，就讨论了编译教科书及各种专著计划，9月14日的第四次会议，修正通过了编辑大学参考书及中小学教科书的初步计划。④曾任教育部长的朱家骅也竭力主张由政府编纂教科书。1933年4月，他提出从1933年至1935年分三期，由教育部普通教育司与国立编译馆共同编纂中小学教科书的计划，并经行政院会议通过。到1934年7月，已编就初级小学国语教科书8册、社会教科书4册、教学法4册、工作本4册、自然教科书4册、教科书工作本4册、算术教科书8册、教学法4册。⑤但是，当时坊间审定的教科书很多，存在销售竞争；而部编教科书没有印刷发行机构，推行困难。1936年，为便利中小学及民众教科用书的编印，教育部还特别成立了教科用书编辑委员会。⑥

另一方面，国立编译馆仍像以往的教育部编审处一样，继续履行中小学教科

---

① 郑鹤声：《三十年来中央政府对于编审教科图书之检讨》，《教育杂志》第25卷第7号，第17—19页；《教部第五次编审会议》、《教部第六次编审处会议》、《教科书编辑计划大纲》、《教部编教科用书办法》，《申报》，1929年7月15日第3张、1929年8月11日第5张、1929年10月9日第3张、1929年11月6日第3张；《本部工作之回顾及计划（三续）》，《教育部公报》第2卷第4期（1930年1月），"专载"，第28页。

② 《教部编辑两种教科书》，《申报》1930年1月17日第5张；郑鹤声：《三十年来中央政府对于编审教科图书之检讨》，《教育杂志》第25卷第7号，第19页；《教育部过去一年工作之回顾》，《教育部公报》第3卷第51、52期合刊（1931年12月），"专载"，第24、38页。

③ 《国立编译馆一览》，中华民国二十三年八月（1934年8月）编印，第1页；《国立编译馆组织规程》，《教育部公报》第4卷第19、20期合刊（1932年5月），"法规"，第22页。

④ 《本馆记事》，《国立编译馆一览》，"附录"，第70、72页。

⑤ 郑鹤声：《三十年来中央政府对于编审教科图书之检讨》，《教育杂志》第25卷第7号，第5—6、19—21页；《教部编辑中小学用书办法》、《教部讨论小学教科书各科编辑大纲》、《教部编辑小学教科书征集各国教科书参考》，《申报》，1933年5月1日第4张、1933年6月25日第5张、1934年1月9日第4张。

⑥ 《教育部教科用书编辑委员会规程》，《教育部公报》第8卷第29、30期合刊（1936年7月），"法规"，第31—32页。

书审查的职责。1935年11月15日，教育部为此又重新修订了教科图书审查规程：

第一条 学校用教科图书依法须经教育部审定。其未经审定发给执照或经审定已失时效者，不得发行，学校并不得采用。

第二条 教科图书发行人或著作人应于发行前呈送稿本及印刷样张各二份，请求审查。稿本须一律用正楷抄写，或用打字机打成（其自愿用排样者听）。其正副稿本所用纸张、页数、行数、字数，以及图表、格式、位置、横书直写等，须完全相同。连同稿本呈送之印刷样张，须将正文二页及封面、著作人姓名、定价等印出。

第三条 学校用教科书含有科学名词及外国人名、地名，及其他专名者，须编中外名词相互对照表（科学名词已经教育部公布者，应以公布者为标准）附于书后，以便查考。

第四条 呈请审查教科图书时，应随同稿本样张呈纳审查费：小学用教科图书，按全书定价之三十倍呈纳；中等学校教科图书，按全书定价之二十倍呈纳；各种挂图，按全图定价之十倍呈纳。

第五条 呈请审查教科图书时，须将稿本全部一次送齐。凡未完成及不按第二、第三、第四各条之规定者，不予审查。

第六条 教科图书定价过高者，教育部得酌量实在情形，令其减低。经审定后如定价必须增加者，应说明理由，呈请核示。

第七条 呈请审查之教科图书，除不予审定者外，其内容如有应行修改者，由教育部饬具呈人依照签注于六个月内修正或改编，再送审查。逾期呈送修正或改编本者，不予审查。

前项修正本或改编本应照第二条之规定，呈送正副本二份。

第八条 呈送修正本或改编本暨审定后之印本，应于修改处加签载明前次稿本中原签册数、页数、行数。

前项印本应呈送二份。

第九条 教科图书之稿本，经审定后，方准付印。印本呈送复核无误后，由教育部发给审定执照。

第十条 已经审定之教科图书，由教育部将左列各项在《教育部公报》上宣布之：

一 书名；

二　册数；

三　定价；

四　著作人姓名；

五　送审者；

六　某种学校用；

七　审定日期；

八　执照号数；

九　失效时期。

第十一条　已经审定之教科图书，应在每册书面上载明教育部审定字样，并须于底面中注明"某年某月经教育部审定"字样暨执照号数。

第十二条　教科图书经审定后，如遇事实变更，或其内容有不适当处须加修改，经教育部饬令修正者，发行人或著作人应即从事修正，于三个月内将修正本二份呈核。逾期即取消其审定效力。

第十三条　教科图书审定之有效时期，中等学校为三年，简易师范学校及小学各为四年。届期满四个月前，应再送审查。再送审查时，应按照第四条之规定，另呈纳审查费。

第十四条　发行人违反第一条之规定，或对于禁止发行之命令故不遵守者，予以行政处分或科以法律上相当之处罚。

第十五条　本规程自公布日施行。[①]

这次修订的规程对于教科图书的审定程式规定得更加详细、具体，其中有两点值得注意：第一，大幅度地提高了教科图书的审查费用，由原来图书定价的二倍、十倍提高到了现在的十倍、二十倍乃至三十倍；第二，改变了教科图书审定的有效期限，由原来一律三年改为现在中等学校三年、简易师范学校及小学四年。教科图书审查费用的提高，在一定程度上反映了国立编译馆成立后，基于编审机构规模扩大而引起的行政费用的急剧增加，所以，不得不以提高审查费用来弥补。

抗日战争爆发后，在救亡图存的民族主义情感的激励下，要求整顿教育以及由政府直接编纂教科书以适应抗战需要的呼声十分高涨。1938年4月，

[①]　《修正教科图书审查规程》，《教育部公报》第7卷第47、48期合刊（1935年12月），"法规"，第3—6页。

国民党临时全国代表大会通过的《战时各级教育实施方案纲要》规定："对于各级学校各科教材，应彻底加以整理，使之成为一贯之体系，而应抗战与建国之需要，尤宜尽先编辑中小学公民、国文、史地等教科书，及各地乡土教材，以坚定爱国爱乡之观念。"①教育部随后对中小学以及中等师范学校的课程标准进行了修订，并且于1940—1943年陆续公布了这些标准。②然而，以前编纂出版教科书的各大书局，除正中书局外，最初都没有随同各级学校西迁，后来又限于自身财力、物力，无法承担教科书编纂修订的任务，因此，各级学校的课程标准修订之后，各大书局并没有依照新标准大规模地改编教科书送审。③正中书局甚至将其编辑并经审定的教科书的全部版权贡献给了教育部，准由各省市仿印以应当时各地的教科书荒。④在此情况下，教育部将中小学教科用书编辑委员会归并于国立编译馆，改设为教科用书组，开始大规模编纂中小学教科书，并交由商务、中华、正中、世界、大东、开明、文通七家书局联合发行。自太平洋战争爆发后，各书局从香港、九龙运送部分教科书的路线也被封锁，抗战后方开始普遍地采用国立编译馆编纂的教科书。⑤抗日战争结束后，国立编译馆所编的中小学教科书国定本，主要科目都已完成，并且随着沦陷区的收复而推行于全国。⑥各书店、书局转而主要承担国定本教科书的印行工作，自己编纂的旧审定本教科书在有了相应的国定本教科书之后已被禁止销售。⑦教科书审定制度岌岌可危，以致教育部交给各级国民教育研究会研究的问题中，也出现了我国小学教科书应采用审定制、国定制或二者相并行的论题。⑧

---

① 《战时各级教育实施方案纲要》，《教育部公报》第10卷第4、5、6期合刊（1938年6月），"特载"，第2页。

② 教育部教育年鉴编纂委员会：《第二次中国教育年鉴》，上海：商务印书馆1948年版，第三编，第29页；第四编，第9、10页；第七编，第12页。

③ 陆殿扬：《中小学国定教科书编纂之经过及其现状》，《中华教育界》复刊第1卷第1期，第90、92页；《第二次中国教育年鉴》，上海：商务印书馆1948年版，第四编，第11页。

④ 《教育部训令（第一九一一一号）》，《教育部公报》第12卷第12期（1940年7月），第8页。

⑤ 陆殿扬：《中小学国定教科书编纂之经过及其现状》，《中华教育界》复刊第1卷第1期，第91、92页；《中小学教科用书编辑组工作计划》，中国第二历史档案馆藏档案，全宗号五，案卷号1306；《三年来中小学教科用书编辑组工作报告》，中国第二历史档案馆藏档案，全宗号五，案卷号1204；《第二次中国教育年鉴》，第四编，第11页。

⑥ 《教育工作报告》，《教育部公报》第18卷第7期（1946年7月），第23页；《一年来教育施政工作》，《教育部公报》第19卷第5期（1947年5月），"特载"，第1—2页。

⑦ 《国定课本已出科目，旧审定本不许混售》，《申报》1946年8月15日第2张。

⑧ 《教育部训令（国字第二二六五二号）》，《教育部公报》第18卷第10期（1946年10月），第23页。

尽管教科书审定制有转变为国定制的趋势，但这个制度在当时依然存在。1947年2月25日，教育部公布了《教科图书标本仪器审查规则》，对教科图书审查规程做了最后一次修改：

第一条 学校用教科图书及标本仪器经教育部审定，其未经审定发给执照或经审定已逾有效期间者，不得发售或采用。

第二条 呈请审查时，教科图书之发行人或著作人应呈送稿本及印刷样张二份；标本仪器之发售人或制作人应呈送样品二件，附具制作图样及说明书各二份，并均应注明制作人姓名及出品定价。

第三条 呈请审查时，所有科学名词、外国人名地名及其他专门名词，应编中外名词相互对照表（名词之经教育部公布者，应以公布者为准）附于书后或标本仪器。

第四条 呈请审查时，应呈缴审查费，其额数小学教科用书按全书售价之五十倍，中等学校教科用书按全书售价之四十倍，各种挂图按全图售价之卅倍，标本仪器按每件售价之二十倍。

第五条 教科图书、标本仪器定价过高者，教育部得令其减低之，经审定后定价必须增加者，应呈请核示。

第六条 呈请审查之教科图书、标本仪器应行修正者，由教育部饬具呈人依照签注修正或改制，（呈送之教科图书）修正本或改编本应于修改处加签载明前次稿本中原签册数、页数、行数、字数等，并依照第二条之规定再送审查。

第七条 教科图书、标本仪器审定后之印本或制品，应再呈送二份，经复核无误，发给审定执照。

第八条 经审定教科图书、标本仪器之左列事项，由教育部于《教育部公报》公布之：

一 名称；

二 册数或件数；

三 定价；

四 制作人姓名；

五 送审者姓名；

六 适用学校之种类；

七 审定日期；

八 执照号数；

九 有效日期。

第九条 经审定之教科图书应将审定执照影印于底封面，标本仪器应载明审定之年月暨执照号数。

第十条 教科图书、标本仪器经审定后应予修正者，应依第二条之规定送请审核；其经教育部饬令修正者，应于三个月内为之，逾期撤消其审定。

第十一条 教科图书审定之有效期间，中等学校为三年，简易师范学校及小学各为四年，期间届满前四个月应再送审查，并应执照第四条之规定另缴审查费。

第十二条 教育部认为应行审查之其他教育用品，得适用本规则。

第十三条 发售人违反第一条之规定或不遵守禁止发行之命令者，予以行政处分或科以法律上之处罚。

第十四条 本规则自公布日施行。①

这次修订，除把标本仪器的审查规则也一道做了规定之外，就是再次显著地提高了教科书的审查费用。

二 审定教科书的机构、范围和具体程序

1925年国民政府在广州成立之后，审定教科书的机构是教科书审查委员会。这个委员会依照教科书的性质分为：（甲）国文、国语；（乙）外国语；（丙）历史、地理及社会科学等；（丁）算学、自然科学及职业各科；（戊）音乐、图画、手工等五系。各系审查员由教育行政委员会选聘专门学者、学校教员以及教育行政机关职员组成，并由教育行政委员会指定总主任一人、系主任五人。审查委员会首先制定审查规则，然后依之审查各种教科书，最后将审定的教科书交教育行政委员会核定，并转饬各学校采用。②

1927年7月，大学院代替了教育行政委员会，但是教科书审查委员会依

---

① 《教科图书标本仪器审查规则》，《教育部公报》第19卷第3期（1947年3月），第1—2页。

② 《教科书审查委员会之章程》，《教育杂志》第19卷第9号（1927年9月），"教育界消息"，第25页。

然被保留下来。在大学院的教育行政处设有书报编审组，书报编审组的审查股是负责审查教科用图书及标本仪器的行政性事务机关。教科图书审查委员会则依旧负责审查教科图书的具体事务，并且根据新的审查条例进行了重组。教科图书审查委员会委员由大学院院长聘任，委员长由大学院院长兼任。委员会分为三民主义、国文国语、外国语、社会科学、自然科学、职业各科以及音乐图画手工体操等七组，各组设主席一人，由大学院于该组委员中指定。①

1928年10月，大学院改为教育部，随后又公布了《教育部组织法》，对中央教育行政机构做了全面调整和规划。大学院教科图书审查委员会被撤销，在教育部下设立编审处，统一负责编译教育图书及审查教科用书、仪器等相关事务。编审处由教育部政务次长管理，任命或聘请编审若干人，在编审中选任主任一人。②编审处依事务性质划分为三组，其中第二组负责审查教科图书及标本仪器，各组设组主任一人，每月召开编审会议一次。③

1932年6月成立的国立编译馆，取代了原来的编审处而成了当然的教科书审查机构。编译馆分编审、总务两处，编审处分人文、自然两组，负责教科图书的审查和编译，总务处下设事务组。编译馆主要以两组开展工作，编审、总务两处实质上只是个行政架构。④同时，教育各司分科规程做了相应调整，普通教育司第一、二科职掌分别加上了关于中学、小学用图书仪器及其他教育用品之审查核定事项的条款。⑤也就是说，教科图书在国立编译馆审查之后，得呈报教育部核定公布。

此外，对于各级学校的党义教科用书，教育部只负责初审，国民党中央训练部是其终审机关。涉及我国地图的教科用书，根据1930年国民政府公布的《水陆地图审查条例》，还须经过参谋本部和海军部的共同审查。次年

---

① 《大学院教科图书审查委员会组织条例》，《大学院公报》第1年第4期（1928年4月），第27—28页。

② 《国民政府教育部组织法》、《教育部编审处组织条例》，《教育部公报》第1卷第1期，"法规"，第66、67页。

③ 《教育部编审处分组规程》，《教育部公报》第1卷第2期（1929年2月），"法规"，第91—92页。

④ 《国立编译馆一览》，第1、26、70页；《国立编译馆组织规程》，《教育部公报》第4卷第19、20期合刊，"法规"，第22页。

⑤ 《修正教育部各司分科规程第四条及第五条条文》，《教育部公报》第4卷第31、32期合刊（1932年8月），"法规"，第21页。

《水陆地图审查条例》修订后，则由教育部、参谋本部、内政部、外交部、海军部和蒙藏委员会组成的水陆地图审查委员会审查。①

国民政府自一个地方割据政权到一个全国政权的整个时期，在所管辖的区域内教科书审定权力一直属于中央教育行政机构，地方教育行政机关没有审定教科书的权力。经过审定的教科书由各学校自由采用，地方教育行政机关也不得加以限制。②

审定教科书的范围主要是初等和中等教育的教科用书。但是，为加强三民主义思想的灌输和控制，各类学校包括大学和专门学校的党义教科用书都必须审定。③所谓"教科用书"或"教科图书"，根据当时教育部的解释，是指依照中小学各科课程标准所规定的内容分课或章节编辑，并依此进行教学的读本或课本。④显然，教育部在实际审定时的范围远远超出了单一的课本，还包括中小学用参考书和民众教育用书。1932年2月教育部制定公布了《审查儿童文学课外读物标准》，1947年10月还酝酿建立连环图画的审查制度。⑤为了以示区别，1930年2月，教育部编审处规定，这类儿童课外读物经过审查后，可以在书面上写明"教育部审查准予发行，作为某某用书"或"教育部审查准予发行"的字样，但不得像审定的课本那样写上"教育部审定"的字样。⑥

至于教科书审定的具体程序和办法，当时也有相应的规章。《大学院暂行教科图书审查办法》规定：

---

① 《修正水陆地图审查条例》，《国民政府公报》，中华民国二十年八月第856号，"法规"，第1页。

② 《令各省区教育行政长官暨各大学区校长为教科图书之审查概由本院办理以一事权由（大学院训令三七一号）》，《大学院公报》第1年第6期（1928年6月），第18—19页；《训令（第七五四号）》，《教育部公报》第1卷第6期（1929年6月），"公牍"，第52页；《教育部训令（第七九七六号）》，《教育部公报》第5卷第33、34期合刊（1933年8月），第9页。

③ 《中央训练部审查党义教科用书暂行办法》，《中华民国史档案资料汇编》第五辑第一编，"教育（二）"，第1112页。

④ 《教育部咨（第一一七二号）》，《教育部公报》第9卷第5、6期合刊（1937年2月），"公牍"，第33页。

⑤ 《审查儿童文学课外读物标准》，《教育部公报》第4卷第8期（1932年2月），"附载"，第8页；《教育部公函（社字六二三四二号）》，《教育部公报》第19卷第12期（1947年12月），第21页。

⑥ 《教育部训令（第一四六〇号）》，《教育部公报》第6卷第11、12期合刊（1934年3月），"命令"，第7—8页。

一　凡呈请审查之教科图书寄到大学院时，由编审组逐件编号，并分门别类发交审查委员会。如编审组认为与审查标准相去太远，毫无价值者，得商承院长之同意后，径予驳斥。

二　审查委员会之审查工作，分初审、复审二次；每次每书俱须经二人以上之审查，方为完成。

三　审查委员会各组主席，于接到图书后，应即召集会议，分配初审工作；初审以一月为期。初审完毕，由审查委员会各组主席，整理初审结果，于半月内分配复审工作；复审亦以一月为期。复审完毕，再由审查委员会各组主席，召集会议，讨论并整理审查结果，于半月内送达大学院。

审查委员会各组委员，在进行初审工作之前，应商定各种教科图书审查标准，俾审查时，有所适从。

四　图书经审查委员审查后，须经大学院之终审；此项审查由编审组或编审组专请之人员办理之，以一月为期。审查完毕，将最终报告陈请大学院副院长核施行。

五　凡呈请审查之教科图书，得视书之多寡，每年分若干期审查，每期之长短由大学院酌定之；但遇特别情形时，得临时酌改规定之日期。

六　大学院于发还呈请审定之图书时，得为下列各种之办法：

　　1.全书适宜者，准予审定；

　　2.书中欠妥之处，可照签定办法修正，不必再经审定者，发行人于修正后即得发行，同时将改订之书两部，送大学院备案；

　　3.书中欠妥之修正后，仍有再经审查之必要者，发行人应于修正后送请再审；从达大学院日起，一月内发还发行人；但有必要时，大学院得展期办理；

　　4.全书毫无价值者，径行驳斥，不予审定。

七　图书经审定后，于次期之《大学院公报》公布之。[①]

1929年1月22日，教育部在公布《教科图书审查规程》的同时，也根据新规程对大学院教科图书审查办法做了修改，公布了新的暂行办法：

[①] 《大学院暂行教科图书审查办法》，《大学院公报》第1年第4期（1928年4月），第73—74页。

第一条 审查教科图书之共同标准，由编审会议厘订之；其各股之个别标准，得由各股审查会分别厘订之。

第二条 应行审查教科图书之种类，依其性质，暂分为下列六股：

一 本国语文股。

二 外国语文股（包括拉丁文、英文、德文、法文、俄文、日文等）。

三 社会科学股（包含党义、政治、经济、法制、哲学、教育、历史、地理等）。

四 自然科学股（包含数学、博物、物理、化学、生理等）。

五 职业各科股（包含农业、工业、商业等）。

六 技艺各科股（包含音乐、图画、手工、体操等）。

第三条 凡呈请审查之教科图书，由编审处第二组编号分类，发交编审审查。

第四条 审查工作分初审、复审、终审三次，初审及复审每次每书俱须经一人以上之审查，终审以审查会决定之。

第五条 每书初审及复审至多各以一月为期，复审完毕由组主任整理审查结果，召集会议讨论，于半月内将终审报告陈请部长次长核办。

第六条 初审编审应将书中不妥之处签注书上，并酌示修正方法，初审完毕时并应将书后附粘之报告单逐条填写。

第七条 复审编审于审查原书外，并应将初审审查意见加以复核，签注书上，复审完毕时并应将书后附粘之报告单逐条填写。

第八条 编审应于审查意见签条上盖章，俾易辨别。

第九条 发还呈请审查之图书时，得为下列各种之决定：

一 全书适宜者准予审定；

二 书中不妥之处可照签定办法修正，不必再经审查者，发行人改正后即得发行，同时将改定之书三部送部备案；

三 书中不妥之处修正后，仍有再经审查之必要者，发行人应于修正后送请再审；

四 全书毫无价值者，径行驳斥，不予审定。[①]

[①]《教育部订定暂行教科图书审查办法》，《中华民国史档案资料汇编》第五辑第一编，"教育（一）"，第90—91页。

这个新的审查办法首先对教科图书的审查进行了分组，弥补了当时教科图书审查规程的笼统规定；其次，要求初审和复审时都得签注审查意见，填写审查报告，使得审查过程更为明细。

国立编译馆成立后，在其办事细则中对这些审定程序和办法又做了些许改动。其第十四、十五条规定：

第十四条 本馆审查各种图书及标本仪器等程序如左：

一、著作人或发行人，呈审图书及标本仪器等，呈经教育部核发到馆后，由各组主任按该图书及标本仪器等到馆之先后，依次分配审查。

二、审查程序分初审、复审、终审三次，初复审由各编译担任，终审由审查会议行之。

三、初复审意见，如有冲突时，由各该组主任为付特审后，再付终审。

四、审查每种图书及标本仪器期间，最多以一个月为限，如无特别情形，不得逾限。

五、初审图书或标本仪器等中如有不妥之处，随即签明应行修正之点，填具审查单粘贴图书内或标本仪器上，并加总评。

六、复审时应将初审意见郑重审核，并签明初审所未发现之意见，填具审查单，粘附图书内或标本仪器上，并加总评，其对于初审之总评同意时，则签同意等字样。

七、特审除审查原图书或标本仪器等外，应将初复审意见冲突之处加以决定，填具审查单，粘附图书内或标本仪器上，并加总评。

八、初复审及特审者，应各署名。

九、复审或特审后，交由各该组主任，提付审查会议终审。

十、凡经审查之图书及标本仪器等，由各该组主任指定编译一人或数人整理审查单，整理完竣后，将签注本呈复教育部核定。

十一、凡图书及标本仪器之内容关系人文自然两组者，应由两组会审。

第十五条 本馆发行终审之图书及标本等，按下列办法，呈复教育部核办：

一、凡图书标本仪器等全部审查合格者，前列第十一条一项

（一、关于中小学之教科图书。——引者注）之图书，准予审定，发给执照；二三四五六各项（二、关于中小学之课外读物及参考用书；三、关于民众教育用之图书；四、关于党义之图书；五、其他专著；六、中小学用标本仪器及其他教育用品。——引者注）之图书仪器标本准予发行。

二、凡图书标本仪器，其不合格部分较少或错误较轻者，令著作人或发行人依照审查单签注修正无误后，分别准予审定或发行。

三、凡图书标本仪器，其不合格部分较多或错误较重者，令著作人或发行人依照审查单签注修正后，再送审查。

四、凡图书标本仪器毫无价值者，不予审定，或禁止发行。[①]

对于终审的审查会议，国立编译馆也制定有会议规则：

第二条　国立编译馆审查会议（以下简称本会议），由人文自然两组主任分别召集各该组专任编译及编译行之，遇必要时得请馆长出席。

第三条　本会议须各该组规定出席人数至少有三分之二以上出席，方得开。

第四条　本会议以各该组主任为主席。

第五条　本会议开会时，由主席将各该组审查完竣之教科图书及标本仪器等，提出讨论，由审查人报告审查意见后，照国立编译馆办事细则第十五条规定，并经各该组规定出席人数过半数之同意决定之。

第六条　本会议议决方式以举手式行之。

第七条　本会议议决案件由馆长核定后，呈报教育部施行。

第八条　本会议每组每月各举行二次，遇必要时得召集临时会议。[②]

与此前相比，国立编译馆对于教科图书终审的审查会议做了特别细致的规定，进一步规范和完善了整个审查程序；其次，缩短了教科图书的审查时间。这一方面或许是教科书审定效率的提高，另一方面或许反映了国立编译馆成立后整个审查机构规模的扩大。

---

① 《国立编译馆办事细则》，《教育部公报》第5卷第41、42期合刊（1933年10月），"法规"，第41—42页。

② 《国立编译馆审查会议规则》，《国立编译馆一览》，第12—13页。该规则共九条，此引用了中间七条。

抗日战争时期，在教科书审定中除检查其思想是否合乎三民主义、知识是否合乎科学原理、材料有无价值、文字是否正确等方面外，更加注重教科书在宣传和激励抗战建国方面的内容。在教科书审定的程序和办法上，也有一些调整：

（三）审查手续
（1）将全部教材逐课加以检查，遇有消极条件之一者，即逐一另纸签注。
（2）审查时须逐课随时记明其系何类教材，以便全部审查完毕后制成一统计表，俾可明了某书中缺少何种材料，或何种材料过多，因而补充删改。
（3）每一书须由一人初审，另一人复审，更由主任予以总审核。
（4）每一书审查完毕后，须将全书各课签注各点及全书统计材料总意见，提出审查会议作最后之决定。
（5）审查会议由主任召集之，开会时应邀请主管司司长出席，并得邀请其他主管人员列席。
（四）审查时期
审查时期至多以一个半月至两个月为限。①

这些调整最突出的是，在召开审查会议时，得请主管司长及相关主管人员出席。这明显加强了主管行政机关对于教科书审查的影响和控制。

国民党中央训练部审查党义教科书的程序、办法，大致与教育部相似。其审查办法规定：

叁、审查手续
各级学校党义教科用书，自国民政府教育部初审后，送本部终审。
肆、审查方法
一、审定
甲、党义方面"合格"，其他各项为合用者，准予发行。

---

① 《审查教科书工作要点》，中国第二历史档案馆藏档案，全宗号五，案卷号1306。

乙、党义方面"应修正"之处不多，其他各项略有错误者，应将"应修正"及错误之处逐项说明指示，令其遵照修改后准予发行。

丙、党义方面"应修正"之处较多，其他各项之错误亦多者，应将所有错误之处逐项说明指示，令其修正呈阅，俟核准后始准发行。

丁、党义方面"不合格"，其他各项不论有无错误，皆认为不及格，不准发行。

二、执行

甲、凡准予发行之党义教科用书，应函知国民政府教育部转令发行。

乙、凡修正后准予发行之党义教科用书，应函知国民政府教育部，转饬其遵照修正后发行。

丙、凡修正后再行呈核之党义教科用书，应函知国民政府教育部转令并修正呈核。

丁、凡不准发行之党义教科用书，函知国民政府教育部转令禁止发行，并令各学校一律不准采用。①

三 教科书的审定标准

教科书的审定标准大致有两类。一类是各门课程的课程标准。这些课程标准对每门课程的教学目标、教学时间以及教材内容等都做了比较详细的规定，是教科书编纂和审定的基本依据。以《初级中学公民课程标准》为例，其对教材大纲的规定就相当具体（表3—1）：②

---

① 《中央训练部审查党义教科用书暂行办法》，《中华民国史档案资料汇编》第五辑第一编，"教育（二）"，第1113—1114页。

② 《初级中学公民课程标准》，《教育部公报》第6卷第37、38期合刊（1934年9月），"附载"，第22—30页。

表3—1　　　　《初级中学公民课程标准》中规定的教材大纲

		教材内容
第一学年	公民生活与公民道德	（一）学校生活： 1. 课业活动与善良品性之培养；2. 体育活动与善良品性之培养；3. 劳作活动与善良品性之培养；4. 课外活动与善良品性之培养；5. 休闲时间之运用；6. 童子军训练之德目；7. 新生活运动与善良习惯之养成；8. 学生自治团体之组织；9. 民权初步与集会之演习。 （二）家庭生活： 1. 亲子及兄弟姊妹夫妻之关系；2. 孝与友爱之意义；3. 依赖家庭之弊与个人自立；4. 家族与国家。 （三）社会生活： 1. 群己之关系；2. 共同生活与道德；3. 中国民族固有之弱点与优点；4. 发扬民族精神。
	公民与政治生活	（一）国家： 1. 民族与国家；2. 国家之独立与自由；3. 侵害我国独立自由之不平等条约；4. 国家组织与国际组织。 （二）公民与政府——中山先生之民权主义： 1. 公民之政权：（甲）选举，（乙）罢免，（丙）创制，（丁）复决。2. 政府之治权：（甲）行政，（乙）立法，（丙）司法，（丁）监察，（戊）考试。 （三）革命建设之程序： 1. 军政时期；2. 训政时期；3. 宪政时期。
第二学年	地方自治	（一）地方自治与训政及宪政关系 （二）地方自治之组织： 1. 县自治组织；2. 市自治组织。 （三）地方自治之实施： 1. 清查户口；2. 设立机关；3. 规定地价；4. 修筑道路；5. 垦殖荒地；6. 普及教育；7. 公共卫生；8. 保甲与警卫；9. 兴办各种合作事业；10. 举办各种救济事业。
	法律大意	（一）法律与公共生活 （二）权利主体与客体： 1. 权利之意义；2. 权利之种类；3. 自然人与法人。 （三）财产与财产继承： 1. 财产之意义；2. 中国民法上之财产继承制。 （四）契约与损害赔偿： 1. 法律行为与侵权行为、合法行为与不法行为；2. 法律行为与契约；3. 侵权行为与损害赔偿。 （五）犯罪与刑事制裁： 1. 犯罪之意义；2. 刑事制裁之类别。 （六）法院： 1. 司法权及其独立；2. 法院组织之在要。

第三学年	公民经济生活	（一）经济生活之意义 （二）消费： 1. 欲望之发生；2. 财货之效用；3. 食衣住行人需要；4. 使用与储蓄。 （三）生产： 1. 生产之意义；2. 生产要素与组织；3. 机器与分工；4. 生产合作；5. 民生主义与生产。 （四）交换： 1. 交换之意义；2. 价值与价格；3. 钱币与信用制度；4. 交通机关；5. 商业与消费合作；6. 国际贸易。 （五）分配： 1. 分配之意义；2. 工资；3. 利息与利润；4. 节制资本与平均地权。 （六）财政： 1. 岁入；2. 岁出。 （七）中国经济之现状与将来： 1. 列强经济侵略与中国经济现况；2. 中山先生实业计划大意。

另一类是在审定教科用书过程中随时拟订的各种正式或非正式的审定标准。这一类标准很多，有的规定得特别详细和具体，是审定机构在实际审查中的主要操作依据。根据《教育杂志》的记载，国民政府教育行政委员会曾拟定了两个审查小学教科书的暂行标准。①一个称作《教科书审查标准》，其内容如下：

内容方面

（甲）教材的实质：

（一）革命化的：一、积极前进而非消极退缩的。二、解放而非束缚的。三、从平民的观点出发，不是特殊阶级的。四、包含党的主义及策略，或不违背党义的。

（二）社会化的：五、生活所必需的。六、合于现实生活而非虚妄怪诞的（高年级）。七、全国可通行而非偏僻带地方性的。八、乐于社会生活而非孤僻隐遁及悲观的。九、含有改进社会现状而非随同旧社会恶习的。十、民众的而不是个人主义的。十一、提倡合作互助而非自私

---

① 这两个标准分别是《教科书审查标准》和《小学教科书审查暂行标准》，刊载于1927年10月出版的《教育杂志》第19卷第10号上。随同刊载的还有国民政府教育行政委员会制定的《教科书审查规程》。根据《中华民国国民政府公报》（中华民国十五年十月第47号）的记载，该规程公布于1926年10月1日。由此推断，这两个审查标准制定和公布的时间，大概与该规程公布的时间1926年10月1日相同，或在此之后。

自利的。

（三）心理化的：十二、合乎儿童身心发育程度而非根据成人主观的。十三、由儿童固有经验中出发而非不易了解的。十四、含教训意味而非直接命令的。十五、具体的而非抽象的。十六、浅显明了而非繁复拉杂的。十七、适合时令的。

（四）艺术化的：十八、适合儿童欣赏而非枯燥无味的。十九、韵文可以讽咏而非诘屈聱牙的。二十、叙述动作等文字可以表演的。

（附）事理正确而非谬误的。

（乙）教材的组织：

（五）各课的：（字句方面）二十一、语 在低年级儿童口吻的。二十二、句的长短合儿童程度的。二十三、是国语而非方言或死语的。二十四、造句自然而不拖沓勉强的。

（篇章方面）二十五、标题醒目，足以引起儿童注意的。二十六、提纲扼要，足以概括全篇大意的。二十七、所附问题足以引起儿童兴趣及研究的。二十八、上下一贯，无断续扦格处。二十九、层次井然，无颠倒错乱处。三十、结构多用归纳法，而无散漫敷衍之弊。三十一、行文生动无呆滞处。三十二、平正通达，不过于做作雕琢的。三十三、低年级多自然反复而不繁杂的。

（六）全书的：（用字方面）三十四、是日常应用而非生僻不适用的。三十五、在一课中所用生字不易于混淆的。三十六、生字出现先后合乎儿童程度而非难易倒置的。三十七、各课生字排列适当而无偏多偏少之弊。三十八、生字的复现合于复习原则的。

（文体方面）三十九、欣赏文多于应用文（低年级尤应注意）。四十、韵文少于散文，但低年级韵文可较多。四十一、各种文体错综排列。四十二、先易后难，无颠倒之弊。

（其他）四十三、各册分量适合儿童某一时期之用。

形式方面

四十四、字体：低年级用二号字，中年级用三号字，高年级用四号字。四十五、字形：低年级用楷体，中高年级用宋体。四十六、字间：至少限度须一耗。四十七、行间：二至三号字排成的行间距离，以等于字体阔度之半为准；四号字排成的距离，以至少等于字体阔度二分之一为准。四十八、标点：低年级不用标点而每句隔离，中年级参用标点，高年级全用标点。四十九、插图要注意下列数点：（一）意义明显，（二）形象正确，（三）位置适当，（四）笔致生动，（五）彩色图画色彩鲜明（低年级宜多），（六）特点易见等诸要项。五十、颜色：除彩色图外，余均以白纸黑印为当。五十一、封面：要有与本书有关的彩色画以引起注意，并于适当处印总理遗像及遗嘱。五十二、书形：长方形大小以新闻纸为标准。五十三、纸料要坚韧无光。如双方（面）印刷，要不透过。五十四、装订：用厚纸面平装。五十五、册页：每册页数以每学期用完一册为准。五十六、书名：要简明响亮，易于记忆及讲说。五十七、定价：以低廉为准。五十八、发行：要表出确实年月。五十九、版数：要表出复印几次，是否修正。六十、作者：要表出真实作者姓名。六十一、附品：与本书无关的图画文字，不应夹入书中或底面。①

另一个叫做《小学教科书审查暂行标准》，主要针对小学历史、地理、公民、常识、社会等各种教科书，具体内容如下：

（子）共同标准

甲、教材之性质：一、所取教材须不违背党义。二、须能养成积极进取的革命精神。三、须从民众的观点出发。四、须合于生活及社会之需要。五、须可以通行于全国。六、须合于时代思潮。七、须持乐观的及现实的态度。八、须能提倡自然及美术之赏鉴。

乙、教材之活用：一、实施教材时，须合于儿童身心发达的程序。二、须注重启发式的教学。三、须由浅入深，由已知及未知。四、须含有具体之事例及说明。五、须可以引起儿童之兴味。六、须稍为教员留有伸缩的余地。

丙、教材之组织：一、各科编制须有联络一致的精神。二、系统须明了，求无错落紊乱。三、标题须醒目，求能引起儿童注意。四、叙事须扼要，最忌拖沓冗杂。五、行文须晓畅，最忌艰涩枯燥。六、分配须匀均，不可过多过少。七、插图须简明适当。八、所附问题，须可以供

---

① 《教科书审查标准》，《教育杂志》第19卷第10号（1927年10月），教育界消息，第5—6页。

儿童自动学习。

丁、其他：字样、印刷、装订、纸张等，与他组标准同。

（丑）个别标准

甲、"历史"：一、全书内容须能说明民生状况、社会情形。二、须符合时代进化的原则。三、须有研究及讨论之余地。四、须能探求时代背景。五、须说明中外接触之关系及现状。六、须能发扬固有文化，唤起民族精神。七、须注重因果之关系。八、须说明自然的及社会的环境所予人心之影响。九、须注重近代史之研究。

乙、"地理"：一、全书内容须以科学态度说明自然地理之现象，及与人生之关系。二、须指示全国版图及丧失土地，略述列强侵略之情形，以唤起主权观念。三、须说明各地出产、交通及其与全国工商的影响。四、须对于国内各族有平等的亲善的态度。五、须能养成统一的观念。六、须采用正确的新得的教材。七、须说明本国的位置与世界的关系。

丙、"公民"：一、须说明民权大意。二、须解释中央及地方政府之组织。三、须能培养公民道德。四、须灌输法制经济常识。五、须研究社会之状况及组织。六、须指示自治真义，及乡村改良之途径。七、须明了公共卫生之要义。八、须说明国际关系。九、须注重实践，不尚空谈。

丁、"常识"：一、须根据衣食住行研究生活之演化。二、须略说国际形势。三、须解释社会状况。四、须以科学观念解释普通自然以及自然现象。五、须明了国民健康之方法。六、须正确地略说各地之地理概况及生活情形。七、须略说历史上重要事实。八、须说明异地人生活的情形。

戊、"社会"：一、全书的内容须说明社会之起源、现状，及其史地根据。二、须指示个人与社会之关系。三、须解释共同生活之意义，及改良家庭之方法。四、须指示改良新社会之途径。五、须研究异地人生活之状况。①

---

① 《小学教科书审查暂行标准》，《教育杂志》第19卷第10号，"教育界消息"，第6页。原文错将"戊、'社会'"科的审查标准放到了"丙、'公民'"科的审查标准之前，本文引用时根据其标号做了调整。

就这两份审查标准来看，二者都一致地强调通过教科书来灌输国民党的纲领政策和意识形态，而对于学生个性的发展与培养只字未提。特别是后一份审查标准，则将国民党的主义、政策具体地融入了各门课程之中。此外，前一份标准在教科书的一些具体形式方面规定得更加细致明确。

大学院在审查教科图书的过程中，也暂拟了一份简明的审查共同标准。[①] 1929年1月，教育部以此为基础，制定公布了《审查教科图书共同标准》，对教科书审查标准做了统一规定：

（甲）关于教材之精神者
　　一、适合党义
　　二、适合国情
　　三、适合时代
（乙）关于教材之实质者
　　四、内容充实
　　五、事理正确
　　六、切合实用
（丙）关于教材之组织者
　　七、全书分量适宜
　　八、程度深浅有序
　　九、各部轻重适度
　　十、条理分明
　　十一、标题醒目确切
　　十二、有相当之问题研究或举例说明
　　十三、有相当之注释、插图、索引等
　　十四、适合学习心理
　　十五、能顾及程度之衔接
　　十六、能顾及各科之连络
（丁）关于文字者
　　十七、适合程度

---

① 《大学院进行审查教科图书》，《申报》1928年4月6日第3张。

十八、流畅通达

十九、方言俚语摒弃不用

（戊）关于形式者

二十、字体大小适宜

二十一、纸质无碍目力

二十二、校对准确

二十三、印刷鲜明

二十四、装订坚固美观[①]

至于党义教科书的审查标准，1930年6月，国民党中央训练部在《审查党义教科用书暂行办法》中做了规定：

贰、审查标准
以党义为主，其他各项次之，标准如下：
一、党义方面
　　甲、以总理全部遗教为最高原则，以本党历次全国代表大会宣言、决议案及第三届历次中央全体会议宣言及决议案为依归。
　　乙、对于党义能合于甲项所规定者为"合格"。
　　丙、对于党义，如与甲项之规定有误解、遗漏或稍有错误者，认为"应修正"。
　　丁、对于党义，如与甲项之规定有所违反或曲解者，认为"不合格"。
二、体裁、分量、文字及形式方面
　　甲、体裁
　　　1. 全书体裁是否合于教科用书。
　　　2. 章节之分配及次序是否合宜。
　　　3. 插图及说明等之排列次序是否醒目。
　　乙、分量
　　　1. 分量之多寡，是否适合于读者程度。

[①] 《审查教科图书共同标准》，《教育公报》第1卷第2期（1929年2月），"法规"，第94—96页；《教育杂志》第21卷第2号，"教育界消息"，第133页。

2. 分量之分配，于教学上有无困难。

丙、文字

1. 语句是否明白确当。

2. 文章是否流畅通顺。

丁、形式

1. 字体之大小是否适宜。

2. 文字、插图之印刷是否清楚。

3. 纸质（以用国货为原则）有无妨害目力。[①]

此外，1932年2月教育部编审处还制定公布了《审查儿童文学课外读物标准》：

儿童文学课外读物之审查，遇有犯左列各项之一或一以上者，应予修正或禁止发行：

一 教训与党义显相违背者；

二 怡趣与国情不相适合者；

三 思想含有封建意味与宗教色彩者；

四 性质与进化的时代相背驰者；

五 意义近于诲盗诲淫者；

六 事实与儿童生活悬殊隔绝者；

七 现象过于违背自然法则者；

八 精神近于委靡、颓废、悲观、厌世者；

九 情事近于侥幸、谲诈、谑浪、怨恨、刻薄者；

十 传说过于神秘、虚妄、怪诞不经者；

十一 描摹过于凶恶、卤莽、残忍不仁者；

十二 文理过于高深，儿童未能领略者；

十三 文字过于鄙俚，或杂乱无章者；

十四 内容过于简陋，了无意味者；

[①] 《中央训练部审查党义教科用书暂行办法》，《中华民国史档案资料汇编》第五辑第一编，"教育（二）"，第1113页。

十五　翻译过于拘呆，辞不达意者。①

　　这个儿童文学课外读物审查标准比较笼统。但是，随后抗日战争时期拟订的《儿童读物审查标准》就十分详细、具体。其全文如下：

　　审查儿童读物应以二十五年七月教育部修正颁行之小学课程标准中所规定各科教材编选要点为标准，并须注意下列各点：
甲、内容方面
　　一、是否遵照小学课程标准编辑，而不与教科书教材重复？
　　二、是否扩大作业要项范围，而能与教科书教材联络？
　　三、是否根据三民主义原则，而能切合儿童心理？
　　四、是否适合抗战建国精神，而能提高民族意识？
　　五、是否适合生活需要，而富有劳动生产的价值？
　　六、是否适合儿童经验，而富有深切隽永的趣味？
　　七、是否普遍适用，而非偏于一地方一阶级的？
　　八、是否具体真实，而非抽象、幻想或消极、卑劣的？
　　九、是否可供思考，可资练习，而非一看即了？
乙、形式方面
　　一、文字
　　1. 所用单字是否大致与教科书联络，且有复习的机会？
　　2. 是否不用非常用的生僻字？遇有人名、地名及较难的词类，是否加有注释？
　　3. 字体的大小是否适当，而不伤儿童目力？
　　4. 全书的总字数是否适当，而恰合儿童阅读程度？
　　5. 押韵的诗歌，用的是否国音韵？
　　二、语句
　　1. 是否纯粹的国语，而非文言土语？
　　2. 是否流利的国语，而不生硬牵强？
　　3. 是否合于语言的自然组织，并且接近儿童的口吻？

---

①　《审查儿童文学课外读物标准》，《教育部公报》第4卷第8期（1932年2月），"附载"，第9—10页。

4. 是否合于儿童的学习程度，而能使儿童自力阅读？

三、结构

1. 描写是否真切具体，而能生动活泼？
2. 叙述是否曲折警策，而能引人入胜？
3. 组织是否层次井然，而又能一气呵成？
4. 书的开卷处是否有提要或"阅读指引"？
5. 书的末了是否有问题可供儿童笔答，有"工作指引"可令儿童练习？
6. 编排是否清楚完整，便于儿童阅读，而不割裂分离，致使阅读不便？

四、插图

1. 分量是否适当？
2. 大小是否相称？
3. 地位是否适宜？
4. 主体是否显明？
5. 有无彩色图？单色图是否有浓淡深浅的分别，而尚能引起美感？
6. 绘画技术是否优良（包括画法工拙及生动与否）？

五、其他

1. 纸张是否坚韧而不易破碎，并不伤目力？
2. 印刷是否清晰而不模糊，且无脱落错误？
3. 装订是否坚固？
4. 定价是否低廉？①

在这些明确正式的审定标准之外，教科书审定机关还随时制定有一些工作要点或暂行标准。这些临时性的工作要点或标准，实际上也是教科书审定的重要依据。譬如，1928年4月9日，大学院审查国文国语组开会，就拟订有审查初中国文国语教科书暂行标准三十余条。②在抗日战争时期，国立编译馆的《审查教科书工作要点》则要求从消极和积极两个方面来审查教科书所选用的材料：

---

① 《儿童读物审查标准》，中国第二历史档案馆藏档案，全宗号五，案卷号1306。
② 《大学院审查国文国语组会议》，《申报》1928年4月10日第2张。

（三）审查要点

（甲）消极方面应注意删去下列各项之教材：

（1）文字不正确、不条理或有语病者；

（2）思想不合三民主义原则者；

（3）知识不合科学原理者；

（4）材料不正确、不重要，无甚代表价值者；

（5）不合抗战时期需要者；

（6）有关民族意识之教材，意义不甚明显，不易使人了解者。

（乙）积极方面应注意是否缺少下列各项之教材：

（1）有关抗战时期需要之教材；

（2）关于民族英雄等历史故事之教材；

（3）有关抗战时期各地人民罹难情况之教材；

（4）有关各地军民抗战情况之教材；

（5）鼓励民众应服兵役之教材；

（6）各地人民应尊敬伤兵、优待伤兵之教材；

（7）优待出征军人家属之教材；

（8）有关抗战建国纲领之教材。[①]

综合上述所有审查标准或工作要点，我们依然可以将其划分为具有意识形态色彩的思想性标准和属于教育的纯学术性与技术性标准。教育的学术性与技术性标准，也就是教科书的编纂要符合现代教育的基本规范，这方面的标准与以往教科书的审定标准并没有太大的区别，只是规定得更加详细具体而已。而具有意识形态色彩的思想性标准，在这个时期可以明确地概括为"不背党义"，即教科书在思想政治上要以孙中山的三民主义为最高原则，以国民党的纲领政策为依归。早在民国初年，蔡元培就曾说教育"应从受教育者本体上着想"，而不是以受教育者迁就一个人主义或一部分人主义。[②] 1919年10月，全国教育会联合会第五届会议也通过议决案说："施教育者，

[①] 《审查教科书工作要点》，中国第二历史档案馆藏档案，全宗号五，卷宗号1306。

[②] 蔡元培：《全国临时教育会议开会词》，中国蔡元培研究会：《蔡元培全集》第2卷，杭州：浙江教育出版社，第177页。

不应特定一种宗旨或主义以束缚被教育者。盖无论如何宗旨、如何主义，终难免为教育之铸型……故今后之教育，所谓宗旨，不必研究修正或改革，应毅然废止。"①教育的真谛逐渐被人们所认识，清末开始建立的我国现代教育正朝着自由化的方向踯躅前行。然而，随着国民党党化教育的推行，随着对于教科书进行"不背党义"的审查，我国现代教育自由化的发展方向被彻底改变了。1928年5月，全国教育会议通过了以"三民主义的教育"为教育宗旨的议案。②1929年4月，国民政府通令公布了3月国民党第三次全国代表大会议决确定的中华民国教育宗旨："中华民国之教育，根据三民主义，以充实人民生活、扶植社会生存、发展国民生计、延续民族生命为目的；务期民族独立，民权普及，民生发展，以促进世界大同。"③一党之主义成了禁锢受教育者思想和个性发展的镣铐，本应是公器的教育成了一党一派控制整个社会的工具。

三民主义取代儒家思想成为国家的意识形态和教育宗旨，不只是清末以来我国现代教育发展的重大转折，更是自古以来我国政治文化生态的一次重大转变。在古代，儒家思想的阐释权力掌握在儒家知识分子手中，以皇帝为首的政治精英通过手中的政治权力选定合其需要的儒学阐释作为意识形态。换句话说，我国古代社会的"道统"和"政统"是分离的，文化权力和政治权力之间还存有某种程度的制衡。而现在，政治精英的思想和阐释直接成了国家的意识形态，"政统"就是"道统"了，文化精英的文化权力完全屈从了政治权力，古代社会那种文化权力和政治权力之间的脆弱制衡彻底消灭了，整个社会思想从此开始走向了前所未有的独裁专制。

四　教科书审定实际情况分析

由于资料方面的原因，从广州国民政府设立教育行政委员会到大学院成立之前这一段时期的教科书审定情况，我们除了知道相关的规章制度外，对于实际审定教科书的具体情况却无从了解。但是，大学院成立之后的整个教科书的审定情况，根据《教育部公报》以及其他相关资料统计分析（详见附录的表5），大致如表3—2：

---

① 《第五届全国教育会联合会议决案》，《教育杂志》第11卷第11号，"专件"，第47页。
② 《中华民国教育宗旨说明书》，《全国教育会议报告》，"乙编"，第2页。
③ 《国民政府令（十八年四月二十六日）》，《教育部公报》第1卷第5期（1929年5月），"政府命令"，第2页；教育部：《第一次中国教育年鉴》，"甲编"，第8页。

表3—2　　　　　　　　大学院成立后教科书的审定情况

	审定合格的教科书					未能审定通过的教科书			
	小学	中学	师范学校	职业学校	总计	不合党义	不合其他标准	未录批语	总计*
教科书数量（册数）	976	550	88	45	1659	18	181	70	263
占总数比例（…/1922）	50.8%	28.6%	4.6%	2.3%	86.3%	0.9%	9.4%	3.6%	13.7%

*由于有的教科书既不合党义，同时又不合其他标准，所以这两栏数字加起来超过总计的数目。

从表3—2可以看出，南京国民政府审定合格的教科书有1659册，审定不合格的教科书有263册，总共大约有1922册。考虑到资料缺失以及审定不合格的教科书很少刊录公布等情况，南京国民政府实际审定的教科书应该远远超过1922册。以现有的统计数据计算，当时教科书审定通过率约为86.3%，明显高于北京政府时期的73.8%。尽管审定不合格的教科书很少刊录公布的情况可能抬高了教科书审定的通过率，但是如此之高的通过率依然反映了自清末以来教科书质量在市场竞争中的不断进步和提高。从另一个侧面也意味着，教科书审定制度在保证教科书质量方面的积极作用进一步削弱。

在统计到的1922册教科书中，仅在263册没有通过审定的不合格教科书中，发现有193册教科书录刊有可供分析的批语。根据这些批语分析，有18册教科书因为不符合党义而没有审定通过，大约占刊录有批语的193册不合格教科书的9.3%。若同样估算清末和北京政府时期的情况，清末不合教育宗旨的教科书约占刊录有批语的318种未能通过审定的教科书的5.0%，北京政府时期不合教育宗旨的教科书约占刊录有批语的567册未能通过审定的教科书的4.4%。[①]南京国民政府时期的9.3%明显高于清末的5.0%和北京政府时期的4.4%。这说明，南京国民政府成立后明显强化了对于整个社会思想舆论的控制，教科书审定制度作为其整个控制措施的一部分，同样在钳制思想和推行国民党的意识形态方面发挥了重要的作用。

首先，教科书的审定保证了三民主义的神圣性，维护了国民党及其政府虚假的美好形象。在教科书的审查过程中，凡是涉及孙中山的思想语言不允

---

① 根据前两章的统计，清末与教育宗旨相出入的教科书有16种，没有通过审定的教科书318种，其中不通过的244种，要求修改的74种；北京政府时期与当时教育宗旨相龃龉的教科书有25册，未能通过审定的教科书有567册，其中不通过的183册，要求修改的384册。

许有任何出入，否则就得勒令修改。例如，国民党中央训练部在审查陈毅夫编写的《三民主义考试问答》一书中，提出了许多这样的意见，要求教育部饬令各书局停止发行：①

四、85问"中国民族特质如何"——答语列举忠信仁勤俭和义勇等项，与总理在民族主义讲演内所云多出入，此种地方最易发生误解，绝不能与总理所说稍有出入。

五、188问"试说联省自治之错误"——答语内有"因为直接民权必须小于县之土地才行得通"。似乎自治以县为单位尚嫌过大，语欠清通，一也；未能将直接民权一语意义认清，二也。

……

十二、3问"三民主义从何产生"内谓根据世界上二万万五千万强民族压迫十五万万弱民族而产生，意与总理说世界上共有十五万万人，弱小民族占十二万万五千万人之数目不符。

……

三二、222问"马克思主义的阶级斗争对不对"，答语谓"其实资本家所得的权利都是工人创造出来"，与总理在民生主义上所说者相违背。②

世界书局出版的《小学国语读本》第五册因为书中有对于政府的某些负面言论，1929年9月被江苏县知事陈时泌指控说，该书"第五册内有兽国革命、兽国委员会制二节，侮辱党国，任情丑诋，不独污蔑国府委员狗彘不如，亦且不以人类视我先总理。此虽滑稽之论调，究属捣乱之野心"。11月教育部查禁了此书。③

其次，教科书审定限制了人们的理性思考，禁锢了思想。费正清说，所谓三民主义不过是一套目标，算不上一种意识形态。④为了弥补这种理论

---

① 《教育部训令（第一六三五号，二十年十月一日）》，《教育部公报》第3卷第38期（1931年10月），"命令"，第14—15页。

② 《审查〈三民主义考试问答〉意见书》，《教育部公报》第3卷第38期，"命令"，第16—19页。

③ 《陈时泌请取缔世界书局刊行小学国语读本呈及教育部复函》，中国第二历史档案馆编：《中华民国史档案资料汇编》第五辑第一编，"教育（一）"，南京：江苏古籍出版社1994年版，第93—94页。

④ John King Fairbank, *China: A New History*, Cambridge, Mass.: Harvard University Press, 1992, p.285.

缺陷，国民党在孙中山逝世后发掘了其思想中的传统因素，鼓吹"总理的思想，即是继承尧舜禹汤文武周公孔子以来的仁义道德思想，将之发扬光大，三民主义就是从仁义道德中发生出来的"①，将传统的儒家思想透彻地融进了三民主义。在实践中，孔子的地位被不断提高，传统文化日益受到推崇。1928年2月，大学院还通令各省市说，"孔子生于周代，布衣讲学，其人格学问，自为后世所推崇。惟因尊王忠君一点，历代专制帝王，资为师表，祀以太牢，用以牢笼士子，实与现代思想自由原则及本党主义，大相悖谬"，要求废止春秋祀孔旧典。②11月，教育部就在各方的反对中规定，孔子诞日全国学校各停课两小时，讲演孔子事迹以纪念。1929年6月，教育部根据国民党中央执行委员会的决定，重新规定孔子诞生纪念日各学校放假一天，并且举行纪念式及演讲。③1934年7月，国民党中央执行委员会常务会议通过《先师孔子诞辰纪念办法》，进而详细拟定了全国放假一天、悬旗志庆、召开纪念大会等纪念仪式，以及相应的宣传要点和纪念程序。④1934年10月，广东省教育厅还制定公布了《广东省中小学经训实施办法》，要求广东省高级小学及中等学校各年级自1934年开始讲经读经，以"端士习而固国本"。该办法规定，高级小学每周增加90分钟为经训时间，以《孝经（唐元宗注）》和新设的经书编审委员会编辑的《小学经训读本》为课本；中学校各年级每周经训时间为两小时，直接以朱熹所注的四书为课本。⑤

随着以儒家为代表的传统专制主义文化的回潮，新文化运动时期的那

---

① 蒋介石：《中国教育的思想问题》，《总统蒋公思想言论总集》第10卷，台北：中国国民党"中央"委员会党史委员会1984年版，第452页。

② 《令各省教育厅及各特别市教育局为废止春秋祀孔旧典由（大学院训令第一六九号，十七年二月十八日）》，《大学院公报》第1年第3期（民国十七年三月），"中央教育法令"，第22页。

③ 《蓝文彬、饶国华等要求国民政府通电全国取消大学院废止祀孔令的快邮代电（1928年5月7日）》、《四川省东川道儒教育分会要求读经崇圣反对废止春秋祀孔电（1928年3月24日）》、《中华总商会反对废止祀孔电（1928年4月13日）》，中国第二历史档案馆编：《中华民国史档案资料汇编》第五辑第一编，"文化（一）"，南京：江苏古籍出版社，第516—521页；《训令（第八三九号，十八年六月二十二日）》、《学校学年学期及休假日期规程》，《教育部公报》第1卷第7期（1929年7月），"本部公牍"，第41—42页、"法规"，第85—87页。《蓝文彬、饶国华等要求国民政府通电全国取消大学院废止祀孔令的快邮代电》在《中华民国史档案资料汇编》中标明的时间为1927年5月7日，而此时大学院尚未成立，也不可能签发通令，似为1928年5月7日之误。

④ 《先师孔子诞辰纪念办法》，《教育部公报》第6卷第31、32期合刊（1934年8月），"法规"，第25—26页。

⑤ 《广东省政府教育厅训令（第一二二八号）》，广东省档案局藏，民国广东省教育厅档，全宗号—目录号—案卷号：5—2—14。

种要求逻辑严密、理性至上的科学主义启蒙精神逐渐遭到摒弃和扼杀，渗透了这种理性精神的教科书也被禁止。1922年底，北京大学毕业的顾颉刚到商务印书馆与王伯祥一道编写中国历史教科书。因为深受当时新文化运动的影响，他在编写教科书之余，就以科学理性精神对模糊不清的中国古代历史进行研究和整理。1923年4月，他把自己的研究心得以书信的形式在《读书杂志》上发表了。在这封书信和按语里，顾颉刚明确提出了"层累地造成的中国古史"的理论，并且依据文字学的方法进行论证，表明儒家推崇的圣明君主禹不是一个真实的历史人物。①顾颉刚的观点发表后，学界不禁哗然，并且引发了一场关于古代历史的大辩论。胡适高度评价顾颉刚的理论是"今日史学界的一大贡献"，认为由此引起的大辩论具有与丁文江发起的科学和人生观的大辩论同样重要的意义。②

顾颉刚把这些研究古史的心得渗进了他和王伯祥编纂的《现代初中教科书本国史》中。在书里，他们不提"盘古"，对"三皇五帝"只略作叙述，并冠以"所谓"两字，表示不真实。③这本商务印书馆呈审的历史教科书，在1928年6月14日通过了大学院的审定，并获得"院四八号"执照。1929年初，山东曹州重华学院学董丛连珠、院长陈亚之呈文国民政府，严厉斥责这本教科书：

> 其词直指尧舜揖让、大禹治水，其人其事，为子虚无（乌）有；六经为伪造；州吁等弑父兄者是阶级制度之反动；文姜淫乱是婚姻制度之反动；魏晋放浪形骸者是礼教之反动；甚至谓商以前无文字，三代齐鲁是异族，州吁文姜是革命分子，放荡于礼法之外者是思想家。先总理之民族主义最注意者，在养成我国民族信力。此书反将我先民之嘉言懿行一笔抹煞，而以州吁、文姜、王莽、曹操及放荡于礼法之外者，为于思想文化有助。初中学生正在知识方开、血气未定时期，令读此种国史，当发如何影响？大学院审定此本，未知本何主义？欲提倡中国一班青年男女尽效州吁文姜之革命乎？或效魏晋放荡自恣之流，在中国思想史上放一点光明乎？亦效新莽曹操之政治家耶？况修史须本史材，史材须辨

---

① 顾颉刚：《我是怎样编写〈古史辨〉的？》、《与钱玄同先生论古史书》，顾颉刚编著：《古史辨》第1册，上海：上海古籍出版社1982年版，第16—17、60—65页。
② 胡适：《古史讨论的读后感》，《古史辨》第1册，第189页。
③ 顾潮：《历劫终教志不灰——我的父亲顾颉刚》，上海：华东师范大学出版社1997年版，第79页。

真伪，根据真切社会演进之程序，始得明了。鉴古证今，取为法戒，此读史注意之所在。乃武断妄测，穿凿附会，何足据为信史，何以鉴古，何以法今，何以服古人，何以教来者？作者固不明史学真义，审定亦未免见解乖谬。诬蔑国史事小，贻误男女青年、破坏民族信力事大……①

显然这本教科书根据新文化运动中科学和民主的精神，对我国古代历史做了重新整理和阐释。据说戴季陶见到呈文后也认为："中国所以能团结为一体，全由于人民自信大家是出于一个祖先"；"学者的讨论是可以的，但不能在教科书上这样写，否则会动摇民族的自信力，必于国家不利"。②2月19日，教育部撤销了该书的执照，查禁了这本历史教科书。理性精神让位给了需要传统文化支撑的国民党的政治需求。

再次，教科书审定限制了其他政党的活动，排斥了异己。国共合作分裂之后，宣传共产主义思想的教科书自然遭到了查禁。1930年，上海现代书局出版的《现代文学读本》一书，因所载文字关系"宣传共产主义，鼓吹阶级斗争"，就被国民党中央宣传部密令禁止各学校采用作为课本。③

1923年12月，曾琦、李璜等人在巴黎组建了以国家主义（Nationalism）为宗旨的中国青年党。1924年10月，他们回国后在上海创办《醒狮》周报，作为青年党的机关报，以宣传国家主义；他们因此被称作"醒狮派"或"国家主义派"，他们的活动被称为"醒狮运动"。经过他们的努力，醒狮派在当时的政治影响以及在知识界的势力，堪与国共两党鼎足而立。醒狮派把国家人格化，强调国家至上，否认个人的自由和权利："一国家对于各种社会组织，有最高的权力，即一切社会组织受支配于国家，而国家成了社会的中心组织，能够调节社会的冲突，安定社会的秩序，发展社会的事业，促进社会的进化。"④醒狮派从这个理论出发，强烈反对阶级斗争和无产阶级专政，以及以此为手段进行的"国民革命"，主张"阶级协调"和"全民革命"，与中国共产党根本对立。曾琦说："国家主义者与共产主义者在理论上与方

---

① 《训令（第三六一号，十八年二月十九日）》，《教育部公报》第1卷第3期（1929年3月），"本部公牍"，第46页。

② 顾潮：《历劫终教志不灰——我的父亲顾颉刚》，第79页。

③ 《广东教育厅训令（第二四五八号）》，广东省档案局藏，民国广东省教育厅档，5—2—44。

④ 陈启天：《社会学概论》，上海：中华书局1930年版，第134页。

法上无往而不冲突。故吾人对于共产党,实无调和的可能。"①

就理论上看,醒狮派与中国国民党毫无冲突,甚至有助于国民党强化其统治,但是在一些具体措施上双方存在分歧。对此曾琦坦言:"中山之'三民主义',与吾人之'国家主义',实无根本不同之处,吾人所以不敢与中山合作者,固缘尚有不慊于其'政策'、'方略'、'态度'、'纪律'之处,而最大原因,则实共产党为之梗耳。"②1926年,醒狮派公开批评国民党北伐,说国民党是受了苏俄的指挥,并且预言北伐不会成功。③在共产党的影响下,10月国民党中央执行委员会发布命令,斥责醒狮派"对于本党主义及国民政府之设施,日事诬蔑破坏",要求各地禁止《醒狮》报销售,"俾免秽乱人民视听"。④国共合作破裂后,醒狮派与国民党的关系一度缓和。随着南京国民政府建立后一党独裁治国体制的形成,国民党已无法容忍党外政党的存在了。1929年,国民党通令拿办国家主义派。⑤醒狮运动被迫转入地下,并且逐渐重视国家主义与科学、自由、民主的同一性,开始从文化保守主义转向文化激进主义。⑥

几乎在醒狮派陷入生存困境的同时,1929年11月,中华书局出版的高中教科书《高级国语读本》⑦中,因为选辑有陈启天撰写的一篇介绍国家主义派历史的文章《醒狮运动发端》,被教育部命令各学校禁止采用。⑧从国民党与醒狮派的关系来看,尽管醒狮派的国家主义理论更有助于加强国民党的独裁统治,但是醒狮派及其理论的存在实际上就是对国民党独裁统治的挑战。显然,此时的教科书审定制度已经沦为国民党排斥异己、维护自己独裁统治的手段了。

此外,这个时期的中外关系特别是中日关系,以及由此引发的民族主

---

① 曾琦:《国家主义者与国民党》,《醒狮》第66号第1版,1926年1月9日。
② 曾琦:《悼孙中山先生并勖海内外革命同志》,《醒狮》第24号第4版,1925年3月21日。
③ 曾琦:《论蒋介石北伐不能成功之六大原因》,《醒狮》第98号第1—2版,1926年8月29日;易君:《国民党之现在与将来》,《醒狮》第106号,1926年10月16日,第4页。
④ 《中国国民党中央执行委员会反对国家主义派命令》,李义彬编:《中国青年党》,北京:中国社会科学出版社1982年版,第53页。
⑤ 司马仙岛:《北伐之后各派思潮》,同上书,第217—218页。
⑥ 敖光旭:《1920—1930年代国家主义派之内在文化理路》,《近代史研究》2006年第2期,第90—109页。
⑦ 《高级国语读本》共三册,合江、穆济波编辑,1925年9月中华书局首次印行。第一册选辑有当时人,如李石岑、沈雁冰、萧楚女、左舜生、戴季陶、恽代英、马寅初、陈独秀、郭沫若等人的文章29篇,其中第20篇就是陈天启的《醒狮运动发端》一文。
⑧ 《暂停用高级国语读本》,《申报》1929年11月9日第5张。

义情绪,对当时教科书的审查产生了很大影响,当然这种影响是以国民政府的整个政策为前提的。抗日战争爆发之前,南京国民政府采取了"攘外必先安内"的方针,对日本侵略一再妥协退让。在教科书审定上,教育部十分谨慎、精密,不给人以排外之口实。1935年3月,教育部曾密令国立编译馆,"以后审查中小学教科书时,对于国耻教材应注意正确事实之叙述,与健全的民族意识之培养,勿使有不翔实之记载,谩骂之字句,或单纯的鼓煽仇恨之言辞"。①

抗日战争爆发后,在教科书的审定中明显加强了民族主义思想的灌输和激励。世界书局曾出版了一套吴研因编写的初级小学教科书《国语新读本》,一共8册。该书第8册第19课《松太郎唱歌讲故事》,分上下两篇介绍了日本的儿童教育:上篇有一段松太郎与春子歌唱日本的歌词,意在指出日本的儿童教育养成了儿童夸大狂妄的性格;下篇引用了日本寻常小学国语读本中"桃太郎征服鬼国"的故事,表明日本处心积虑,要吞并中国,养成了儿童的侵略野心。课文末尾还附有三个问题以资启发提示:(1)是不是日本的花最美,日本的人最强?(2)鬼国到底是指哪一国?(3)松太郎的思想是被谁养成的?同册第6课《悲壮的呼声》以一段日本军官的演说词,暗示敌人挑拨离间的口吻,从而激发儿童抗敌的决心。由于该书编辑于抗战前的1933年,限于当时政府的"敦睦邦交"政策,内容组织曲隐含蓄。但是到了1938年4月,国民党福建上杭县党部就呈文指称,该书第8册第19课歌词"全系赞美敌国",直接采用日本课本中故事"似属荒谬",第6课军官的演说词"亦不甚妥当",所有内容都嫌晦涩,对于幼稚儿童易引起"恶劣印象",要求修改。国立编译馆随即回复,该书正在修改,会重新审查。②

同样对于投降日本的汉奸著作,国民党中央执行委员会也拟定了查禁办法。该办法说:"查汉奸汪精卫、周佛海、陶希圣等及其他附逆分子之著作流行于坊间者,虽属不鲜,虽均系过去作品,尚少反动言论,但任汉奸著述流行域内,难免不引起国人之错觉,兹拟处置办法:(一)该逆等文字与他人著作合刊者,应涂去其姓名,并于再版时删除之;(二)该逆等著作之

---

① 《教育部关于我国中小学教科书图书编审情形节略》,中国第二历史档案馆编:《中华民国史档案资料汇编》第五辑第一编,"教育(一)",第95页。
② 《中央宣传部函(教育部)》、《国立编译馆呈(教育部)》,中国第二历史档案馆藏档案,全宗号五,案卷号1245;吴研因:《国语新读本》第8册,上海:世界书局1933年版,第71—77、16—24页。

单行本，无论何种，一经发觉概予没收、焚毁；（三）请教育部通饬各级教育机关及学校，所有各种教材课本选有该逆等文字，不论何种，均应照上列一二两项办理。"①随后，国立编译馆编写的《高小实验国语课本》第3册第33课《故乡的野菜》、第4册第27课《周作人与友人论国民文学书》，正中书局出版的《初中国语课本》第3册中的课文《乌篷船》、第5册中的课文《怀爱罗先珂君》，商务印书馆出版的《高级复兴国语》第3册第40课《两个扫雪人》等，都因是周作人的作品而被全部删除了。正中书局出版的《初中国语课本》第3册中，汪精卫写的《执信的人格》和《和平奋斗救中国》两文也都删除了②，尽管这两篇文章分别是歌颂朱执信和孙中山的。

---

① 《教育部训令（第六〇九号，二十九年一月六日）》，《教育部公报》第12卷第1期（1940年2月），第5—6页。

② 《宁夏省政府教育厅呈教育部》，中国第二历史档案馆藏档案，全宗号五，案卷号1229。

第四章
教科书审定制度：个性的束缚

孟德斯鸠还说过，专制国家的教育，"从某方面来说，是等于零的。它不能不先剥夺人们的一切，然后再给人们一点点的东西；不能不先由培养坏臣民开始，以便培养好奴隶"。1949年以前的教科书审定制度，其首要目标就是对教科书进行符合政府意识形态的审查，因此，它基本上就是历届专制政府手里那"剥夺人们的一切"的某种工具。

近年来随着经济体制改革，我国的中小学教科书已经突破了原来国定制的限制，正走向多元化和市场化，教科书制度正在调整和改革。然而，在面对这种改革的时候，有学者提出了一些让人惊讶的观点："教科书制度无好坏之分，只存在是否适合国情的问题。"[①]本章联系历史和现实，试图对相关的各种教科书制度做个比较系统的分析，进而给清末以来教科书审定制度以适当的评价。

一　教科书审定与学生个性发展

密尔（J. S. Mill）曾深刻地指出，人的个性自由发展是关系社会福祉的首要因素，"这不止是和所称文明、教化、教育、文化等一切东西并列的一个因素，而且自身又是所有那些东西的一个必要部分和必要条件"。而要发展人的能力和个性，就需要"自由和境地的多样化"。[②]其所谓的"自由"，当然是包括思想自由在内的各种自由；所谓的"个性"，就是人们依照自己的思想和意见而行动，就是将不同的思想和意见付诸实践的生活试验，只要

[①] 李志涛等：《教科书制度的比较研究与改革对策》，《教育科学研究》2002年第5期，第20页。

[②] 约翰·密尔：《论自由》，程崇华译，北京：商务印书馆1982年版，第60—61页。

这种试验不直接伤害他人。

中小学是青少年儿童个性发展的关键阶段，作为教育一个重要组成部分的教科书无疑对于学生的成长有着深远的影响。多样化的教科书显然能够体现多元化的思想，而多元化的思想被学生付诸生活试验就有可能形成其独特的个性。然而，教科书审定制度通过审查教科书十分成功地控制了学生的思想自由。在清末以来呈送审查的教科书中，不符合教育宗旨或"党义"等意识形态性标准的教科书大约不超过3%①，分量极少。具体而言，这种思想控制主要有两方面：第一，保证了官方意识形态的灌输及其效果。1932年，国民政府教育部调查了该年度中小学学生的毕业会考情况。调查结果显示，高中会考成绩最优科目为国文和党义，初中成绩最优科目是党义。②党义成绩最优从一个侧面反映了教科书审定制度在国民党推行党化教育中的有效作用。第二，隔离了与当政者意识形态不合的各种新思想，限制了理性思考。清末对于"排满"革命思想教科书的查禁，袁世凯时期商务印书馆删除"平等"、"自由"等字眼并改名教科书的举动，南京国民政府对于顾颉刚编写的历史教科书的禁止，都是这方面的典型事例。一个连自由地思想、幻想甚至做梦都不被允许或受到限制的学生，又如何能形成自己的思想、爱好、兴趣与个性？！

一个没有自己独立的思想、兴趣和个性的人，显然容易接受别人的思想、服从别人的指挥。正如孟德斯鸠（Charles de Secondat, Baron de Montesquieu）所言，"绝对的服从，就意味着服从者是愚蠢的，甚至连发命令的人也是愚蠢的，因为他无须思想、怀疑或推理，他只要表示一下自己的意愿就够了"③。一个没有自己独立的思想、兴趣和个性的人，自然不会看重自己的思想、兴趣和个性，从而也认识不到自己作为个人所具有的独特价值。为了填补没有思想、兴趣和个性所留下来的价值空虚，他就要到现实生活里去追逐权力、利益和欲望，并且错误地把这些当作其生活的终极意义

---

① 清末与教育宗旨相出入的教科书有16种，约占统计到的所有679种审查教科书的2.4%；北京政府时期与教育宗旨相龃龉的教科书有25册，约占统计到的所有3757册审查教科书的0.7%；南京政府时期不合党义的教科书有18册，约占统计到的所有1922册审查教科书的0.9%。尽管由于资料的缺失而导致的不同统计数据出入较大，但是所反映的基本态势是一致的。

② 《教育部训令（第二五九三号，二十三年三月二十三日）》，《教育部公报》第6卷第15、16期合刊（1934年4月），"命令"，第6页。

③ 孟德斯鸠：《论法的精神》上册，北京：商务印书馆1961年版，第33页。

和价值。而在专制制度下，权力、利益和欲望通常又是按等级有差别地分配和满足的，这个没有自己独立的思想、兴趣和个性的人，自然就巴望着像朝为田舍郎暮登天子堂那样，迅速地实现从奴隶到暴君的梦想。因此，一个没有自己独立的思想、兴趣和个性的人，常常是专制统治忠实的服从者和坚定的支持者，奴隶与暴君同在。这也就是说，包括教科书审定在内的所有思想控制手段，本质上都是通过控制个人的思想，从而限制甚至摧毁了个人的个性，而得以实现专制统治的。

孟德斯鸠还说过，专制国家的教育，"从某方面来说，是等于零的。它不能不先剥夺人们的一切，然后再给人们一点点的东西；不能不先由培养坏臣民开始，以便培养好奴隶"[①]。1949年以前的教科书审定制度，其首要目标就是对教科书进行符合政府意识形态的审查，因此，它基本上就是历届专制政府手里那"剥夺人们的一切"的某种工具。在教育之外的政治斗争中，教科书审定制度还可以起到排斥异己的作用。南京国民政府对于有介绍国家主义派教科书的禁止，已经超出了是否符合其意识形态的单纯的教科书审查，而沦为了一种打击其他政党的手段。

如果教科书审定制度只是通过消极的思想性审查而剥夺了人们的一些东西的话，那么教科书国定制度在这样做的同时，却又再给了"人们一点点的东西"，因此是一种更加不好的制度。在这种制度下，政府部门统一编纂、发行教科书，政府的意志及其认可的思想能够轻而易举地渗透于教科书之中，稍有不慎，教科书就有可能成为政府灌输其意志和思想的宣传品，而学校又别无选择，这样一来，国定制教科书不仅不能为学生的个性发展提供多元化的思想熏陶和训练，甚至还有可能使学生受役于某种思想而成为政府手中的工具。要避免这两种教科书制度的不足，一个开明的政府应该只对教科书进行教育技术性的审查，或者实行彻底的教科书自由制度。只有这样，才能够真正保证学生在不同教科书的选用中体会到多元化的思想，培养和锻炼学生独立思考和明辨优劣的能力，发展其独特的个性，从而为现代社会奠定一个多元化的坚实基础。

二　市场竞争与教科书质量

如果说提供各种观点和思想的教科书需要有相应的各种观点和思想的自

[①] 孟德斯鸠：《论法的精神》上册，北京：商务印书馆1961年版，第33页。

由市场，那么教科书学术性和技术性方面质量的提高同样依赖于相应市场的激烈竞争。这里所说的教科书学术性和技术性方面的质量，包括教科书的内容、资料、结构等是否合乎学术的基本要求，是否能跟随学术的发展而不断改良和完善；教科书的印刷品质、价格水平是否合理；等等。清末以来，我国教科书质量的稳步提高也印证了这一点。根据上文的统计，清末教科书审定通过率大约为46.7%，北京政府时期为73.8%，南京国民政府时期则高达86.3%。这也就是说，在清末，教科书的审定可能还淘汰了许多不合格的教科书，一定程度上起到了提高教科书质量的作用，但是此后淘汰的教科书越来越少，教科书审定所起的作用极其有限，教科书质量的提高主要依赖于当时的市场竞争。

那么，市场竞争是如何影响教科书质量的呢？第一，有关教科书的知识、信息乃至教科书本身都有赖于市场竞争。一个社会，特别是现代社会，所有的知识和信息都是分散性的，单个人或群体所拥有的知识和信息只能是其中的一部分，个人或群体倘若不以自己拥有的知识和信息生产出某种产品来参与市场竞争，则我们可能根本无法知道这些知识、信息和产品，也根本无法判断这些东西的有效性或价值，因此，市场竞争实质上是一个发现和探索的过程。教科书的发展同样如此，只有依赖于市场竞争，我们才有可能发现、丰富和获得有关教科书的知识、信息以及有别于以往的新式教科书，舍此别无他途。即使是教科书国定制，我们关于教科书的知识、信息等也都是汲取了他人或者自己以前在市场摸索中所积累的知识和经验。

第二，市场竞争推动了教科书质量的提高和完善。稍有经济学常识的人都很清楚，尽管民间的教科书编纂出版机构以实现自身利润最大化为其核心目标，但是达至这个目标的前提是要编纂、出版适合学校需要的教科书。在众多对手的竞争压力下，教科书的编纂出版机构一方面会以接近于其成本的市场均衡价格销售教科书，另一方面会不断地提高自己的教科书品质，以抢占竞争对手的市场份额来获取自己的最大收益。这样，教科书就在市场机制的推动下改良和完善，价廉而物美。这对于教科书审定制和自由制来说都适用，它们都不同程度地依靠了市场。如果承认这一点，我们显然就难以过高地估量教科书审定对于提高教科书质量的积极作用。

清末以来教科书的发展显然就是如此。当时的教科书编纂出版者在激烈的市场竞争中你追我赶，相互学习和仿效。清末学部编译图书局编纂的教科书，在编辑大意上大多仿效文明书局和商务印书馆的教科书体例。①民国时期的英语教科书更是在仿效中推陈出新。周越然编写的《英语模范读本》1918年在商务印书馆出版后，风行一时，商务印书馆获利丰厚，周越然一跃而成富翁。这激励了其他的效仿者。1928年，曾是北京大学教授的林语堂就仿此为开明书店编写《开明英文读本》。在编纂课本之前，林语堂每周在上海《字林西报》上发表文章，批评现行各家的英语课本，为自己的教科书做广告；另外，他还请画家丰子恺为课本配上插图。该书出版后大受欢迎，见此，世界书局在1930年也请刚大学毕业的林汉达编了一本《标准英语读本》。林语堂见了，认为《标准英语读本》有抄袭《开明英文读本》之处，双方争执不下、纠缠不清，林汉达登门拜访开明书店经理章锡琛的介绍信以及留给林语堂的便条等，都被作为抄袭证据在报纸上刊登。世界书局继而起诉开明书店。尽管教育部审查员认为林汉达的《标准英语读本》有独到之处，胜过《开明英文读本》，但当时教育部部长蒋梦麟与林语堂相识，认定《标准英语读本》有抄袭冒效之处，不予审定。法院则判决开明书店刊登的广告有侮辱林汉达之处，罚金以赔偿。蒋梦麟去职后，《标准英语读本》以狙公赋芧之法，改名《英语标准读本》，重新审定通过。②

为适应这种激烈的市场竞争，编纂出版机构积极改善教科书的品质。1931年1月，中华书局在报纸上主动征集教科书材料及改良意见。③1936年，吴研因总结了清末以来小学教科书发展十个方面的变化：第一，白话文崛起；第二，儿童文学抬头；第三，教育目的逐渐正确；第四，教材分量逐渐增加；第五，写作渐多艺术兴趣；第六，编制逐可手脑并用；第七，国语读本从单字起进而为从整段的故事起；第八，国语教材的编排由无组织进而为

---

① 《教科书之发刊概况》，教育部：《第一次中国教育年鉴》"戊编"，第119页。

② 《世界书局承认标准英语读本抄袭开明英文读本之铁证》、《陆绍宗、施霖律师代表世界书局警告开明书店启事》、《开明书店再告各界》、《教育部批（第458号）》、《林汉达启事》、《开明书店为英文读本讼案答、垂询诸君，并谢各界》、《英语标准读本》，《申报》，1930年8月26日第3版、1930年8月29日第4版、1930年8月30日第3版、1930年9月13日第2张、1930年9月15日第3版、1930年9月26日第3版、1931年6月6日第2张、《不予审定之教科图书表》，《教育部公报》第2卷第40期（1930年10月），"附载"，第30页；周越然：《六十回忆》，上海：太平书局1944年版，第62—71页；郑逸梅：《"红屋"——世界书局》、《章锡琛公办"开明"的经过》，《书报话旧》，北京：中华书局2005年版，第61、72页；宋云彬：《开明旧事——我所知道的开明书店》，中国人民政治协商会议全国委员会文史资料研究委员会编：《文史资料选辑》合订本第10册，北京：中国文史出版社1999年版，第31辑，第11—15页。

③ 《中华书局为教科书征文启事》，《申报》1931年1月16日第4版。

有组织；第九，插图从单色进而为复色或彩色，数量增加，形式也生动了；第十，课文之外的粗边线、书名、页目等一切足以妨碍儿童视线或有损书的美观的东西都逐渐取消了。①显然，这些变化许多都反映了教科书品质在市场竞争中的持续改善和提高。

至于教科书国定制，因为排除了市场竞争，所以就很难获得竞争所产生的良好作用；相反倒可能存在政府官僚主义所带来的种种弊端，比如敷衍塞责、粗制滥造、呆板单一、更新缓慢，等等。晚清学部编纂的教科书就是例证，其"恶劣之声不绝于教育社会"。②

第三，在市场竞争的约束下，利益各方有可能形成一个彼此相互监督和制衡的体系，防止可能的腐败，从而保证教科书的质量。在教科书国定制度下，教科书的编纂费用由政府承担，若没有相应监督，有可能造成公共资金的浪费；教科书由政府控制，还有可能成为其手中的谋利工具。同样，教科书审定制也有可能使得教科书的编纂出版机构与审定部门沆瀣一气，滋生腐败。相形之下，教科书自由制可能好一些。首先，政府只能制定教育政策法规，不能直接插手教科书，不能以此谋利或索贿，教科书编纂出版机构也不必打通关节以通过审定。其次，各种报纸、专业期刊以及相关学术机构可以独立地评价各种教科书的好坏优劣，众多的学校可以参照这些评论自由地选用教科书，教科书各个环节上的这些利益主体形成了一个彼此相互监督和制衡的体系，一定程度上可以有效地防止腐败。即使有教科书编纂出版者想行贿，但受贿者众多，高额的贿赂成本可能也让其得不偿失。

当然，这种市场竞争约束下形成的监督体系包括许多层面，其中之一就是教科书的编纂出版者之间的相互监督，这种监督在近代教科书的编纂出版中表现突出且富有成效。清末学部编译图书局局长袁嘉谷在面对众多坊间教科书的竞争时，坦言自己对于编译图书局编纂的教科书"不敢自信"③。1930年世界书局出版的教科书《初中本国史》，因与1923年中华书局出版的《新中学教科书初级本国历史》，在内容文字和插图方面相类似，随即引起了中

---

① 吴研因：《清末以来我国小学教科书概观》，《申报》，1936年1月30日第4张、1月31日第4张、2月1日第5张。

② 江梦梅：《前清学部编书之状况》，陈学恂：《中国近代教育史教学参考资料》上册，北京：人民教育出版社1986年版，第654页。

③ 袁嘉谷：《学部编译图书局〈初选小学国文教科书〉序》，《袁嘉谷文集》（一），昆明：云南人民出版社2001年版，第313—314页。

华书局的注意。1930年8月14日和16日，中华书局分别在上海《申报》和《民国日报》上刊登整版广告，悬赏2000元给能证明其有抄袭行为的读者，以示其清白。世界书局也不甘示弱，8月17日在《申报》上刊登广告，大肆介绍《初中本国史》教科书的十大特色；31日在《申报》刊登《宣言》，宣称其进行的教科书革命受到了种种破坏，请求社会公评。9月14日，中华书局又在《申报》上为悬赏征求证明事件敬谢读者。[①]

至于这种监督体系的其他方面，特别是教科书的编纂出版机构与政府之间的相互监督，自清末以来一直都没有形成。在当时的教科书审定制度下，教科书必须经过政府审定才能出版发行，民间的教科书编纂出版机构基于自身经济利益的考量，只能俯首听命，根本无力对抗和监督政府。教科书的意识形态性思想审查方面亦是如此，在政府提高教科书审定费用的问题上，教科书的编纂出版机构依然无可奈何。

三 教科书制度与民主社会

清末以来实行的教科书审定制度，由于容纳了非政府力量的参与，从而在一定程度上相应地推动了民间社团的发展。表4—1所统计的当时教科书市场份额的变化，就大体上反映了这种发展：在清末学部审定发行的小学、中学和初级师范学堂暂用的173种教科书中，商务印书馆、文明书局、直隶学务处和群益书社出版的教科书处于前四位，分别占总数的31.79%、20.23%、6.94%和3.47%。除去官方的编译机构直隶学务处，其余三家民间编纂出版机构共占55.49%。到了民国时期，民间的编纂出版机构进一步壮大，教科书市场几乎是它们一统天下。在北京政府审定通过的教科书目录中，商务印书馆、中华书局、中国图书公司和文明书局出版的教科书占有前四位，大约共占教科书总数的97.68%。在南京政府的教科书目录中，商务印书馆、中华书局、世界书局和开明书店分列前四位，共占教科书总数的78.88%。另外，教科书市场结构日趋合理，民间编纂出版机构间的竞争约束机制业已形成。清末除了商务印书馆和文明书局两家之外，其余的民间机构力量单薄，而且带有临时性质。到了南京政府时期，各种书局、学社众多，竞争激烈，所占市

---

① 《中华书局悬赏二千元》，《申报》1930年8月14日、《民国日报》1930年8月16日第1张；《世界书局初中本国史十大特色》，《申报》1930年8月17日第1张；《世界书局宣言》，《申报》1930年8月31日第4张；《中华书局为悬赏征求证明事件敬谢赐教诸君》，《申报》1930年9月14日第3版。

场份额也相对均衡合理，排名前四位的商务印书馆、中华书局、世界书局和开明书店的市场份额分别是32.78%、20.76%、19.72%和5.62%。

表4—1　　　　　　　　　　教科书市场份额的变化

编译、出版机构	清朝末期 种数	清朝末期 百分比(…/173)	北京政府时期 刊录批语的教科书 册数	北京政府时期 刊录批语的教科书 百分比(…/2167)	北京政府时期 通过审定的教科书 册数	北京政府时期 通过审定的教科书 百分比(…/3190)	南京政府时期 册数	南京政府时期 百分比(…/1922)
学部编译局	1	0.58%						
京师学务局			8	0.37%				
陆军部			2	0.09%				
直隶学务处	12	6.94%						
山西教育厅							1	0.05%
湖南省教育厅							2	0.10%
湖北官书局	2	1.16%						
南洋官书局	1	0.58%						
湖南官书报局			6	0.28%				
山西国民教科书编辑委员会			8	0.37%				
湖南图书编译局					8	0.25%		
直隶书局					1	0.03%		
商务印书馆	55	31.79%	1151	53.11%	1944	60.94%	630	32.78%
文明书局	35	20.23%	47	2.17%	119	3.73%		
普及书局	3	1.73%			4	0.13%		
中国图书公司	3	1.73%	20	0.92%	155	4.86%		
中华书局			555	25.61%	898	28.15%	399	20.76%
开明书局	1	0.58%						
开明书店							108	5.62%
世界书局			1	0.05%			379	19.72%
正中书局							86	4.47%
中新书局	2	1.16%						
时中书局	1	0.58%						
一新书局	1	0.58%						

续表

昌明公司	3	1.73%					
文宝局	1	0.58%					
民国图书局			12	0.55%			
志新书局			2	0.09%			
群益书社	6	3.47%				1	0.05%
新华书社（局）					2	0.06%	
泰东图书局			1	0.05%	1	0.03%	
平民书局					1	0.03%	
民智书局						8	0.42%
大东书局						76	3.95%
青光书局						31	1.61%
大众书局						28	1.46%
儿童书局						21	1.09%
新亚书局						3	0.16%
神州书局						5	0.26%
北新书局						25	1.30%
中学生书局						8	0.42%
钟山书局						11	0.57%
国民书局						8	0.42%
大华书局						1	0.05%
华通书局						1	0.05%
括苍启明石印局					1	0.03%	
新学会社			16	0.74%			
作新社	2	1.16%			1	0.03%	
塈受书社					2	0.06%	
新教育社			21	0.97%	12	0.38%	
河北译书社	2	1.16%					
山西省城晋新书社					1	0.03%	
多文社	1	0.58%					
多粟斋	1	0.58%					
金粟斋	1	0.58%					

续表

教科书译辑社	1	0.58%					
东方编译社						1	0.05%
启文社	1	0.58%					
湖南编译社	1	0.58%					
吉林吉东印刷社					2	0.06%	
同文社	1	0.58%					
中国商业簿记研究社					1	0.03%	
（北平）算学丛刻社						6	0.31%
中华科学教育改进社						2	0.10%
北平文化学社						4	0.21%
理科丛刊社						3	0.16%
舆地学会	5	2.89%					
世界舆地学社						1	0.05%
东方舆地学社						2	0.10%
上海科学会	3	1.73%	12	0.55%			
科学会编译部（馆）					5	0.16%	
丹徒市教育会			8	0.37%			
东华基督教教育会						1	0.05%
云南同乡会事务所	1	0.58%					
清国留学生会馆	1	0.58%					
注音字母传习所			4	0.18%			
科学仪器馆	4	2.31%					
中国科学图书仪器公司						1	0.05%
武昌图书馆	2	1.16%					
山西大学堂	1	0.58%					
南洋公学	2	1.16%					
武昌高等师范学校			1	0.05%			
北京师范大学校			4	0.18%			
固化小学	1	0.58%					

续表

中国体操学校					1	0.03%		
北京女子师范学校					1	0.03%		
万国函授学堂					5	0.16%		
沂水树德堂					1	0.03%		
上海商业中学					1	0.03%		
（山东）乙种商业学校教科书编纂会					3	0.09%		
成都附属中学校					2	0.06%		
个人	3	1.73%	288	13.29%	18	0.56%	69	3.59%
其他	12	6.94%						
合计	173	100.00%	2167	100.00%	3190	100.00%	1922	100.00%

注：本表根据附录表2、表3、表4和表5分析制作而成。清朝末期的教科书是经学部审定后的书目种数，并扣除了重复部分。北京政府时期的教科书分为两类：一类是刊录批语的教科书目，反映了呈送审查时的状况；一类是通过审定的教科书目，反映了审定后的状况。南京政府时期的教科书目既包括审定通过的教科书，又包括少数呈送审查的教科书。整个民国时期的教科书目数量都以册数计算。

  民间编译出版机构的发展及其相互竞争监督机制的形成，显然保证了清末以来教科书质量的不断进步，在某种意义上也促进了多元权力中心并存且相互制衡的公民社会（civil society）的成长。当然，后一点的作用是极其有限的，因为这些民间社团所享有的权利几乎是政府所施舍和圈定的，很难从根本上限制政府的巨大权力。而且非常有意思的是，在教科书的编纂出版行业竞争激烈、市场结构也相对均衡合理的南京国民政府时期，政府权力倒能更好地利用这种行业内的竞争均衡以加强自身的权力，从而走向更加深度的集权。由此而言，教科书审定制度实质上为民间社会的发展和转型设定了一个界限，约束了真正根植于公民社会的整个民主化进程。至于教科书国定制度，则从根本上排除了民间力量的参与，政府垄断和包办了一切，其对于整个社会民主化进程的消极作用不言而喻。

  由于中国历史上缺乏民主、自由的传统，要实现民主化的转型，就必须创建民主制度能够生存的文化环境，就必须广泛传播西方的自由民主思想，清除传统的专制主义文化，即胡适所言的"再造文明"[①]。而"再造文明"的必要条件就是思想言论自由。然而在完成这样的思想文化改造之前，

[①] 胡适：《胡适文存·新思潮的意义》，欧阳哲生编：《胡适文集》第2册，北京：北京大学出版社1988年版，第558页。

无论以何种形式建立的政权，总会延续以往的专制主义传统，对思想言论自由予以限制或剥夺，从而使得"再造文明"难以实现。那么，如何走出这种困境呢？或许我们只有在全球化的过程，在国际竞争的压力下，在自由、民主、法治等思想观念和制度关系到各种社会团体或个人自身经济利益考量的时候，整个社会才有可能突破原来的控制或束缚，最终完成民主化的转型。这也就是说，作为政府控制当时社会手段之一的教科书国定制或审定制，转为自由制，不只是教科书的编纂出版、评价、选用这三个环节需要对社会开放，以形成一个彼此独立、相互监督的市场竞争体系，而且需要整个社会民主化的转型。在此之前，在教科书审定制约束下的中国现代教育，恐怕既少提出变革性的理论以更新人们的知识观念，也难以承担培育人们自由、民主、法治等思想意识的任务。当然，相较于教科书国定制度来说，人们在教科书审定制度的限定下还是能够编写和出版教科书的，这本身就表明人们享有了一定程度的言论自由。教科书审定制度的建立和延续本身就是现代中国整个社会民主化转型的一部分，微小而又极其重要的一部分。

下篇
思想道德教科书

第五章
修身教科书

吾国圣人，以孝为百行之本，小之一人之私德，大之国民之公义，无不由是而推演之者。是以有五伦之教：所谓父子有亲，君臣有义，夫妇有别，长幼有序，朋友有信是也。又分别言之，以为十义之教：所谓父慈、子孝、兄良、弟弟、夫义、妇听、长惠、幼顺、君仁、臣忠是也。是道德之纲领也。

——蔡振（蔡元培）：《中学修身教科书》

1911年10月10日的中国革命，不过是宗法式的统一国家及奴才制的满清宫廷瓦解之表征。至于一切教会式的儒士阶级的思想，经院派的诵咒书符教育，几乎丝毫没有受伤。

——陈独秀：《〈新青年〉之新宣言》

一　修身课程的设立和变迁

早在1897—1898年，清末个别新式学堂如无锡的三等公学堂、广州的时敏学堂等，在实行分科教学时，就开设了修身科。1902年，管学大臣张百熙拟定的《钦定学堂章程》吸取了这些新式学堂的做法，规定蒙学堂、小学堂和中学堂都开设修身科。至此，晚清政府正式在当时兴起的新式学堂里设立了修身课程。随后经张之洞修订的《奏定学堂章程》更是突出地强调了修身科。

晚清设立的修身课程名义上是实行道德教育，促进学生的道德发展，实质上则是希望用中国传统儒家伦理来抵制外国的自由民主思想，以维护摇摇欲坠的专制统治。1905年学部的奏章明确指出："自泰西学说流播中国，学者往往误认谓西人主进化而不主保守，至事事欲舍其旧而新是图……狂谬之徒误会宗旨,乃敢轻视圣者,夷弃伦纪。"①也正是基于这个原因,清末教育改革选取了实质上是专制统治的日本作为学习的榜样。管学大臣张之洞在看了赴日教育考察团的考察报告后认为,同样都是学习西方教科书的日俄两国,日本在仿效时因保留有修身和伦理而得大利,俄国却因采取"法兰西民主国之教科书,而学生屡次滋事",造成大害。②

民国成立后,新政府的第一任教育总长蔡元培认为"尊孔与信教自由相违",宣布取消了小学、中学和师范学校的读经讲经课程,但是修身课程却被保留了下来。这或许意味着当时人们既想摒弃忠君尊孔的专制主义思想,又希望通过修身课程来迅速培养国民共和精神的急切心情。尽管修身课程的实际内容随着以后政治形势的变化而有所不同,但就"修身"的名字而言,无疑是个带有浓重儒家色彩的概念,隐含着专注自身修养、"思不出位"的意味。直到1923年5月,北京政府教育部根据1922年壬戌学制编订并公布了一套新的课程安排,中小学的修身课程才被源于西方的"公民"课程所取代。③

有意思的是,在抗日战争时期的东北和华北等沦陷区,日本侵略者打着"恢复东方固有文化道德"的旗号,也在大力推崇主张服从专制统治的儒家思想,并且在各级中小学校里重新恢复了修身课程。④

二 清末的修身教科书

清末的修身教科书大致可以分为三类:一是学部编译图书局编纂和印行的国定本教科书;二是民间的书局、图书公司编纂和发行,并经学部审定的教科书;三是各学堂自己编纂但未正式出版的教科书。根据郑航的粗略估计,除开相应的教授书,现存的清末修身教科书大约有25种⑤,数量并不是很多。

(一)修身教科书的内容分析

《礼记·大学》说:"古之欲明明德于天下者,先治其国。欲治其国者,

---

① 朱寿朋:《光绪朝东华录》第5册,北京:中华书局1958年版,第5493页,光绪三十二年三月丙辰。
② 苏云峰:《张之洞与湖北教育改革》,台北:"中央"研究院近代史研究所1983年版,第174页。
③ 教育部:《第一次中国教育年鉴》,上海:开明书店中华民国二十三年(1934年)版,"丙编",第190、422页。
④ 延安时事问题研究会:《日本帝国主义在中国沦陷区》,上海:上海人民出版社1958年重印本,第226页;时事问题研究会:《抗战中的中国文化教育》,北京:中国现代史资料编辑委员会1957年重印本,第9、37页。
⑤ 郑航:《中国近代德育课程史》,北京:人民教育出版社2004年版,第58页。

先齐其家。欲齐其家者,先修其身。欲修其身者,先正其心。欲正其心者,先诚其意。欲诚其意者,先致其知。致知在格物。物格而后知至,知至而后意诚,意诚而后心正,心正而后身修,身修而后家齐,家齐而后国治,国治而后天下平。"这段耳熟能详的话既树立了中国传统知识分子的人生目标和抱负,也设定了个人道德修养和实践的范围和顺序。清末的修身教科书基本上就是依据儒家这套修齐治平的思想理路,概括编写了对于个人、对于家庭、对于社会、对于他人、对于庶物等几个方面的道德内容。正如孟森在《中等修身教科书》的序文中所总结的:"修身之次,以对于己身为始。是编有对国、对家、对人、对社会、对庶物之目,而前之以总纲,后之以结论,若甚完备者然。"①

在回答子路"怎样才是君子?"的问题时,孔子说:"修己以敬","修己以安人","修己以安百姓"。②即孔子认为,修己或修身毫无疑问是道德修养的基础和重点。清末的修身教科书在内容分量的安排上同样体现了孔子这套儒家的思想逻辑,强调和突出了修己部分的内容。按照己身、家庭、他人和社会、国家、世界和庶物、道德理论等六个方面,笔者分别对清末中小学的几种修身教科书③的具体内容做了归类统计(如表5—1):在小学阶段,己身部分(即修己或修身)的内容平均大概占到了55%,处于绝对的优势;家庭部分(即齐家)的内容占8.1%;国家、他人和社会、世界和庶物等部分,即治国平天下的内容总共占31.8%;剩下的5.1%则是道德理论方面的内容。到了中学阶段,修己部分的内容有所下降,大约占29.4%;齐家部分的内容明显增多,达到了35.3%;修己和齐家两部分的内容总共占64.7%,与小学阶段的63.1%基本相当。④

---

① 孟森:《序文》,杨志洵:《中等修身教科书》,上海:文明书局光绪三十二年(1906年)四月初版,第1页。

② 《论语•宪问》。

③ 这几种教科书分别是:李嘉谷:《蒙学修身教科书》,上海:文明书局光绪三十二年(1906年)九月12版;商务印书馆编译所(高凤谦、蔡元培、张元济):《最新修身教科书》第6、7册,上海:商务印书馆光绪三十二年(1906年)4版;蒋智由:《(学部审定)小学修身书》卷二、三,(日本)东京:同文印刷舍宣统二年(1910年)二月5版;陆费逵:《修身讲义》(初级师范学堂适用),上海:商务印书馆宣统二年(1910年)二月初版。

④ 这里小学阶段的数据,是将表5—1中《蒙学修身教科书》、《最新修身教科书》、《(学部审定)小学修身书》等三种教科书汇总平均得到的。中学阶段的数据,就直接以表5—1中《修身讲义》的数据为样本。

表5—1　　　　　　　　清末修身教科书的内容结构分析

教科书名称	总课数（节）	己身	家庭	他人和社会	国家	世界和庶物	道德理论
蒙学修身教科书〔初等小学堂适用〕	120	72	8	21	19		
		60.0%	6.7%	17.5%	15.8%		
最新修身教科书（第六、七册）〔初等小学堂适用〕	40	22	4	10	4		
		55.0%	10.0%	25.0%	10.0%		
（学部审定）小学修身书（卷二、三）〔小学堂适用〕	38	15	4	6	2	1	10
		39.5%	10.5%	15.8%	5.3%	2.6%	26.3%
修身讲义〔初级师范学堂适用〕	17	5	6	4	1		1
		29.4%	35.3%	23.5%	5.9%		5.9%

注：1.《最新修身教科书》前五册缺失，所以只能根据第六、七册的内容来统计。从《民国时期总书目·中小学教材》的收录情况看，《（学部审定）小学修身书》卷一可能没有正式出版。中学阶段的修身教科书只选用并分析了陆费逵编纂的《修身讲义》，因为现存其他的修身教科书也常常是残缺不全。

2. 郑航对《蒙学修身教科书》和《最新修身教科书》（第六、七册）做过同样的分析，本表关于这两种教科书的数据直接引用了他的分析数据。参见郑航《中国近代德育课程史》，北京：人民教育出版社2004年版，第60页。

具体到清末修身教科书当中的道德条目，诸如诚实、反省、改过、迁善、勇气、制欲、度量、谦恭、廉洁、智虑、立志、专心、勤勉、忍耐、进取、自立、职业、治产、仪容、礼仪、慎重、快乐、秩序、健康、清洁、运动、休息、锻炼等等，都是有关己身方面的内容；孝悌、敬祖、恤族、戚谊等道德条目不外乎家庭伦理；报恩、救助、信实、宽仁、礼让、交接、合群、公益等条目则是对于他人和社会方面的道德；尊君、守法、爱国、责任、义务等条目多属于国家方面的道德内容；平等、博爱等通常是有关世界庶物方面的道德条目。虽然每一套教科书所归纳概括出的道德条目各不相同，但是基本上都是以儒家的纲常伦理为圭臬。就此蔡元培在《中学修身教科书》里阐述得十分清楚："吾国圣人，以孝为百行之本，小之一人之私德，大之国民之公义，无不由是而推演之者。是以有五伦之教：所谓父子有亲，君臣有义，夫妇有别，长幼有序，朋友有信是也。又分别言之，以为十义之教：所谓父慈、子孝、兄良、弟弟、夫义、妇听、长惠、幼顺、君仁、臣忠是也。是道德之纲领也。"①

对于修身教科书中这些具体的道德条目，笔者采用频度分析方法进行了分析。即以每一课或节为单位，概括出这一课或一节所体现的道德条目，并分别记为其出现1次，然后总计所有道德条目各自出现的次数，进而根据各道德条目的出现频次，对该教科书的道德价值取向作出总体分析。例如《蒙学修身教科书》中第36课：

第三十六课

国不如人为大耻，学不如人亦为大耻。知耻则必有胜人之日。苟不知耻，则学既无可进步，国亦永不如人矣。②

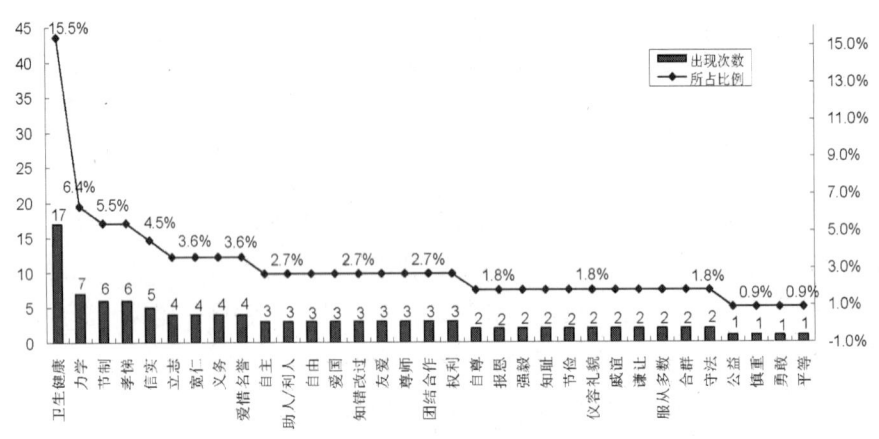

图5—1　《蒙学修身教科书》道德价值取向分析

这篇课文所表达和体现出的道德价值，笔者将其归结为知耻、爱国、力学等三个条目，并分别记为出现1次。按照这种方法，对于《蒙学修身教科书》和

---

① 蔡振（即蔡元培——引者注）：《（中学堂用）修身教科书》第1册，上海：商务印书馆光绪三十三年十二月（1908年1月）初版、宣统二年（1910年）二月4版，第1—2页。

② 李嘉谷：《蒙学修身教科书》，上海：文明书局光绪二十九年（1903年）九月初版、三十二年（1906年）九月12版，第12页。

《（学部审定）小学修身书》卷二①的分析分别如图5—1、图5—2。

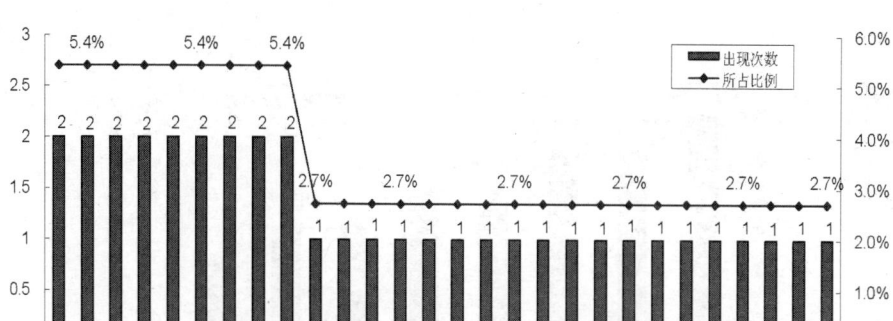

图5—2 《（学部审定）小学修身书 卷二》道德价值取向分析

  《蒙学修身教科书》里的所有道德条目总共出现110次，孝悌、宽仁、中庸、礼让等传统德目合计出现74次，大约占67.3%；《（学部审定）小学修身书》（卷二）中的所有道德条目总共出现37次，传统德目合计出现30次，大约占81.1%；若将两种教科书平均计算的话，传统德目的出现频次大概占70.7%，所占比重最大。这说明儒家道德伦理是清末修身教科书中最为重要的内容和价值观念，整个教科书体现了一种强烈维护传统的价值取向。这一点在当时女子修身教科书里表现得更加明显。《初等女子修身教科书》讲授的全部是个人修养和家庭伦理，而关于社会、国家等公共道德则基本没有涉及。②在其所有道德条目中（详细如图5—3），孝悌（孝行7课、悌友5课）共有12课，分量最多，占30%；勤俭4课，占10%；清洁卫生共7课，占17.5%；谋生6课，占15%；做工5课，占12.5%；才学6课，占15%。整个道德价值取向完全面向传统，即便是所占分量有点出人意料的"才学"，也无悖于"女

---

  ① 蒋智由：《（学部审定）小学修身书》卷二，光绪三十二年（1906年）五月初一日初版、光绪三十三年（1907年）四月十五日订正再版、宣统二年（1910年）二月二十八日5版。从《民国时期总书目·中小学教材》的收录情况看，该书第1卷可能没有正式出版；该书第3卷主要是道德理论方面的内容。因此，这儿的分析以第2卷为对象。

  ② 依据的资料分别是：何琪：《（初等女学堂用书）初等女子修身教科书》上册，上海：会文学社光绪三十二年（1906年）二月初版、十月3版；何琪：《初等小学女子修身教科书教授法》，上海：会文学社光绪三十二年（1906年）三月初版。

子无才便是德"的传统观念。

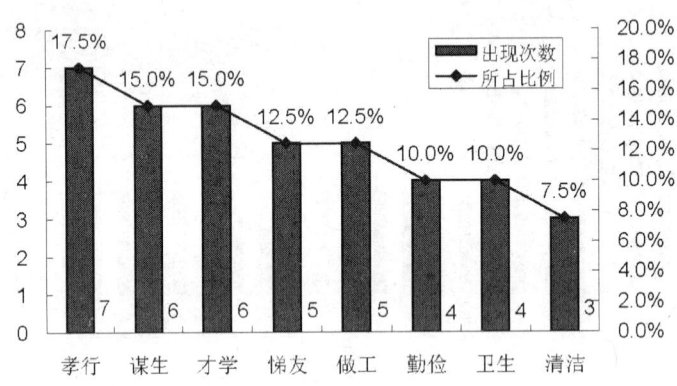

图5—3 《初等女子修身教科书》道德价值取向分析

家庭伦理是传统道德重要的组成部分。在《最新修身教科书》的第六、七册共40篇课文里①，亲爱孝悌、敬祖等德目分别出现3次和1次，各占全部道德条目出现总次数（40次）的7.5%和2.5%。孝悌、戚谊等德目在《蒙学修身教科书》中合计占7.3%（图5—1），孝悌、敬祖、和睦宗戚等德目在《小学修身书》（卷二）中合计占10.8%（图5—2）。依照这三种教科书的平均值推算，清末修身教科书中的家庭伦理在8.6%左右。值得注意的是，清末修身教科书里几乎都有"戚谊"、"和睦宗戚"等关于宗族和姻戚方面的内容。宗族和姻戚虽然是处于核心家庭的外围，却是我国传统家族制度的有机组成部分。然而到了民国之后，教科书中类似的内容开始减少，作为家庭伦理的儒家思想似乎首先从这里开始淡薄了。

儒家所主张和倡导的孝悌、忠恕、中庸、礼让等传统道德，如果主要是作为一种家庭或私人领域里的伦理规范，或许是合适的。但是若上升为一个需要民主转型的国家的意识形态或政治伦理，显然是不恰当的。第一，就学理上而言，基于家庭血缘关系而提出的儒家伦理，无法合乎逻辑地推广到非血缘关系的国家层面，进而实现家庭伦理向国家政治道德的转变。第二，在董仲舒提出天人感应、君权神授的理论并将之融入儒家思想之后，儒家思

---

① 商务印书馆编译所编纂，高凤谦、蔡元培、张元济校订：《最新修身教科书》第6、7册，上海：商务印书馆光绪三十二年（1906年）岁次丙午孟夏月4版。

想就从法理上论证了君主专制统治的合法性，在某种程度上沦为了维护专制统治的工具。以"忠君"和"尊孔"为开端的清末教育宗旨清楚地揭示了这种内在关系和根本意图，即"尊孔"是为了"忠君"。晚清修身教科书中大量的儒家思想和道德条目，无疑是对"尊孔"教育宗旨的贯彻和落实。不仅于此，另一项教育宗旨"忠君"，在《中等修身教科书》中就直接转化成了"尊君"的道德条目。[①]

在《蒙学修身教科书》中，义务、自主、自由、权利、守法、服从多数、平等、公益等德目共出现19次，约占17.3%；在《小学修身书》（卷二）中，完美、进步、义务、公益、博爱等条目共出现7次，约占18.9%。由此估算，在传统道德条目之外，带有现代价值色彩的道德条目在清末的修身教科书中占到了17.7%左右。如此之分量，或许大略地反映了清末新政在教育和思想文化领域里推进和开放的程度。但这些字面上看起来很有现代意味的道德条目，如果仔细地推敲和辨认的话，有时候离传统并非如想象的那样遥远。譬如，清末修身教科书中的"博爱"条目，从词源上看，历史上早就有人使用，并非新词。西汉董仲舒曾总结圣人的教化是"先之以博爱，教之以仁也"[②]。唐朝的韩愈也有"博爱之谓仁"的说法。[③]从词义上看，其意义几乎等同于儒家的"仁爱"。《中等修身教科书》如此阐释"博爱"："孟子儒者之道，爱有差等，施由亲始。墨者之道，磨顶放踵，利天下为之。以吾观之，其为博爱则一也，所异者，其推爱之方法与感应之缓急耳。孔子曰：'泛爱众'。泛者，广也，博也。不然，儒教中岂无杀身成仁者乎？"[④]

渗透在清末修身教科书中的一些现代的道德价值和理论思想，概括起来大致有三个方面：其一，以权利理论为基础的道德观念，如权利、义务、平等、自由等。例如《修身讲义》里说："人与人平等，各有其天赋之权利。"[⑤]简略地介绍了西方的天赋人权观念。而对于"平等"，当时的修身教科书几乎都没有将其单独地列作一个道德条目，而是融合在相关的论述中。杨志洵在教科书中对夫妇纲常批判道：

---

① 杨志洵：《中等修身教科书》，上海：文明书局光绪三十二年（1906年）四月初版，第4页。
② 董仲舒：《春秋繁露·为人者天》。
③ 韩愈：《原道》。
④ 杨志洵：《中等修身教科书》，第37页。
⑤ 陆费逵：《修身讲义》，上海：商务印书馆宣统二年（1910年）二月初版，第44页。

> 夫者，以道率人者也。妇者，执箕帚者也。此天尊地卑，自然教之流弊也。
>
> ……
>
> 穆勒又曰："今夫居室之事，旧俗夫之于妻，有无穷之专制，不待论矣。彼持此无理不公之旧义者，不必以行己之自由为词，且悯然以纲常饰其强权之说。是故人道改良，莫亟于此。必取旧义扫灭无遗，使为妇者应享权利，同于其夫，其性命财产，同受法律之保护，与男子无殊。于天理人心，庶几合耳。"①

他所主张的夫妇之道明显超越了"夫义妇顺"的传统伦理，而是一种建立在夫妇享有同等权利之上的平等关系。这样的"平等"，自然属于一种新的道德观念。至于"自由"，《蒙学修身教科书》中也有既粗浅又不太准确的解释：

> 人不自由，与死无异。人非法律自由，则与野蛮人又无异。人欲自由，慎无误解此自由之义。
>
> 能自由者，必能自治。自治无他，即修身之谓也。是以最能自治之人，即最自由之人。②

其二，现代的宪政法治思想和国家观念。蒋智由在《小学修身书》（卷二）中说："夫既为一国之民，皆可得望国家之保护，是国民应有之权利也。既有国民应得之权利，即不能无国民应尽之义务。"③将国家职责与权利从理论上联系起来，隐约地道出了保护个人权利是国家合法性的前提，表达了一种有别于王朝观念"国家"的新概念。在这基础上，有的修身教科书还根据主权归属的不同，探讨了不同的国家政治制度及其优劣，表达了对于民主制度的向往：

---

① 杨志洵：《中等修身教科书》，第16—20页。
② 李嘉谷：《蒙学修身教科书》，上海：文明书局光绪三十二年（1906年）九月12版，第17页。
③ 蒋智由：《（学部审定）小学修身书》卷二，[日本]东京：同文印刷舍宣统二年（1910年）二月二十八日5版，第14页。

主权之所在，各国不一：主权在人民之全体，公举总统以统治国家者，曰民主国体；主权在特定之一人，而其人之位世世传授者，曰君主国体。故国体即以主权之所在而分。

主权者运用主权，为统治之作用者，各国亦不一：立法、行政、司法三权，由一机关行之者，曰专制政体。三权各有独立之机关（即议院立法、审判院司法、行政官行法）者，曰立宪政体。故政体即以主权运用之形式而异。民主国悉为立宪政体，无待言矣。君主之国，则立宪、专制皆有之。立宪之国，有宪法而君民共守之，有议院以监督政府，司法独立，不容行政者之任意枉法。人民权利，保障稳固。斯国家基础，不致动摇。虽非民主，而民得预闻政事。人民爱国之心，与民主无异也。专制之国，则反是。法律仅以保障君主之权利，生杀予夺之权，皆君主握之。人民不惟不能监督政府，并无术自保其生命财产。故专制国之人民，谨愿者束身自好，视国事与己若不相涉；狡黠者则乘乱起事，希争得主权而代之。故专制国之人民，无爱国之心，而大乱频仍也。①

有的教科书进而引导学生，若要实行民主自治，不妨学习欧洲自治的经验，在民选议员、政党内阁、地方自治和政治团体等四个方面尽责任。②

其三，社会进化论思想及其道德观。社会进化论思想在庄俞的《初级蒙学修身教科书》中，得到了生动形象而富有启发性的说明：

第三课

牛耕于田，不勤，牧童鞭之。牛曰："吾苦甚。"牧童曰："智不若人，即为人役。岂徒牛然，人亦如是。"

问：牛何以为人役？世界以何等人为最苦？

第十三课

秋间蟋蟀甚多，捕其雄者，置于陶器，胜者瞿然而鸣，似得意状。噫！优胜劣败，蟋蟀不免，况人乎！

---

① 陆费逵：《修身讲义》，第53—54页。
② 杨志洵：《中等修身教科书》，第10—11页。

> 问：蟋蟀何以得意而鸣？人之优胜劣败又如何？①

《小学修身书》更是明确指出，"天地万物，皆循一进化之公例而行。人者，万物中之一物，故亦当循进化之例者也"②；直接将"完美"、"进步"等带有浓厚进化论色彩的德目写进了教科书。

上述这些新思想归纳出来虽然令人遐想，但只是零星地散落在修身教科书里，宛若乱石中的璞玉，几乎毫不显眼，所起的作用也极其有限。如果分别比较各种修身教科书，就所搜集的资料而言，蔡元培（署名蔡振）编写的《中学修身教科书》在介绍和阐述新思想方面最为准确，做得最好。后文就此将专门予以分析。

我国传统儒家的道德伦理与西方现代的自由民主、宪政法治等价值观念本来就不同，晚清政府学习西方又是为了巩固和延续其专制统治，西方那些现代价值观念只有通过学部的审定才有可能进入清末的修身教科书。如此一来，清末修身教科书在调和传统道德与现代价值上往往采用两种方式：一，选用合乎需要的西方定义，故意模糊某些概念。定义"国家"，则指出"其要素有三：一曰定土、二曰众民、三曰主权"③；"国家者，人民集合之团体，而有一定之土地，依一定之主权统治者也"④。从来没有一本修身教科书清楚地区别"国家"和"政府"，讲授的"爱国"多为"爱政府"。这样的模模糊糊当然有助于维护当时的专制政府。二，以断章取义的现代理论和思想，重新诠释某些专制主义的道德观念。《中等修身教科书》这样论证"尊君"：

> 国君者，行政之元首，主权之所寄。无君则无主权，故知爱国者必知尊君。且君之所以尊者，以其有厚赐于吾人也。按其所赐，厥有数端：
> 一、统一。自卢梭、孟的斯鸠以来，各国皆用三权分立制度。然是三权实未分立也，不过形式似乎分立耳。德国政治学者曰："国权者不可分，可分者乃国权应用之方法耳。"即以行政一端而论，内务、外

---

① 庄俞：《初级蒙学修身教科书》，上海：文明书局光绪二十九年（1903年）版。转引郑航《中国近代德育课程史》，第50页。
② 蒋智由：《（学部审定）小学修身书》卷二，第78页。
③ 杨志洵：《中等修身教科书》，第3页。
④ 陆费逵：《修身讲义》，第53页。

务、财务、司法、军务五大部者,各图其特殊之利益,势不至冲突不止,非有元首,曷能避其冲突而使之运行圆转乎?

二、威严。人民恒不爱道德之支配,而受感情之支配,乃社会中下流人民多于上流之故也。君主袭神圣之威,民故畏而敬之。曰是非常人之子孙所得而几希也,而民志定矣。

三、行政不失机宜。合议制度,长于审慎,而短于乘时。一头制度,易于乘时,而弊在专制。

四、拭除阶级。政治之贼,莫甚于贵族。欧洲中世之君主,恒藉伸张民权之策,以收破弃封建之效。而人民亦藉是破坏阶级制度,以与君主直接。故民权扩张,至有今日者,未始非君主之力也。

……

霍路脱曰:"无论何国之民,为道理所支配者少,为感情所支配者多。国之进步与否,不过社会之层有厚薄之差而已。盖政府者须有多数人民之想像力,此实行政所必要者。故实动部之外,不可无威严部。威严部者,相传以为神圣之子孙者是也。"

日本宪法曰:"天皇神圣不可侵犯。"

德国宪法曰:"德国皇帝,其臣民万世不得而废之。"[1]

根据现代的民主宪政理论:人们生来就拥有各种权利,为了更好地保护每个人的权利,人们将一部分权利,譬如施行暴力的权利,让渡出来由政府来执行,从而形成了国家的主权,即国家公共权力;为了防止国家公共权力侵犯个人权利,政府以三权分立和民主选举的方式组建;若政府侵犯了个人权利,人们有权推翻并重新组建政府。这段"尊君"论证中的"主权",显然不是"人民主权"的含义,属于洛克(John Locke)之前的概念,其意义比较接近于主张君主专制的霍布斯(Thomas Hobbes)的绝对主权理论。此乃其一。其二,论证还以霍布斯、卢梭等人主张的主权不可分割的观点,否定和曲解了三权分立的思想。其三,论证中援引的日本、德国宪法等国际事例,不但有悖于洛克之后的人民主权思想和民主宪政理论,而且也违背了霍布斯绝对主权理论的前提,即绝对的国家权力和法律权威建立在所有个人的安全都受到保障的基础上。

---

[1] 杨志洵:《中等修身教科书》,第4—5页。

清末修身教科书这两种调和新旧道德价值的方式，一方面削弱了新思想的冲击力，强化了某些专制主义的道德价值；另一方面也使得教科书本身在思想内容上往往前后抵牾，失去了内在逻辑的一致性。

最后，从图5—1和5—3还可以看出，清末修身教科书里常常列有卫生健康、清洁等内容和条目，而且占有相当的分量，在15.5%左右。在我们今天看来，这些行为习惯的培养对儿童而言虽然具有重要的意义，但是似乎与道德价值无关。然而从儒家的观点看，这些日常生活中的行为习惯无不关乎道德，都具有形而上的意义。朱熹曾说："夫童蒙之学，始于衣服冠履，次及语言步趋，次及洒扫涓洁，次及读书写文字，及有杂细事宜，皆所当知。"[①]另一方面，清末教育宗旨有一项为"尚武"，即主张军国民主义，锻炼、培养学生的健康身体和严守纪律的精神。这些卫生健康的内容显然也是对这项教育宗旨的落实。

（二）修身教科书的编写特点

清末是我国在建立起现代学校体系后大力编写教科书的尝试性阶段。与其内容相比，清末修身教科书在编写上对后来的教科书更具有持久的影响。就编纂而言，当时的修身教科书具有如下特点。

第一，按照儒家"修身—齐家—治国—平天下"的思想理路来安排修身教科书的内容结构，这是当时大多数修身教科书编纂的共同特点。以陆费逵编写的《修身讲义》为例，该书总共五章，分别是第一章对己、第二章对家、第三章对社会、第四章对国家、第五章教育家之天职。蔡元培编写的《中学修身教科书》也是如此：第一册讲述个人道德，即修己；第二册讲述家族伦理，即齐家；第三、四册分别讲述社会伦理、国家伦理，是为治国与平天下；第五册阐述一些基本的伦理学理论。这种结构安排从另一个方面看，也暗合了学生由近及远、由浅入深、由感觉到理性的身心发育过程和认识特点，在某种意义上是当时"中体西用"思想付诸实践的成功典范。此后，整个民国时期中小学修身教科书的编写基本沿袭了这个框架。

需要指出的是，修身教科书的这套内容结构并不是自己的独创，而是借鉴日本教科书所形成的。1899年，梁启超在《东籍月旦》一文中列出了日本文部省训令规定的中学四、五年级所教伦理道德要领：

对于自己之伦理：健康、生命、知情意、职业、财产。

[①] 朱熹：《童蒙须知》。

对于家族之伦理：父母、兄弟、姊妹、子女、夫妇、亲族、祖先、婢仆。

　　对于社会之伦理：他人之人格、他人之身体、财产、名誉、秘密、约束等，恩谊、朋友、长幼贵贱、主仆等，女性、协同、社会之秩序、社会之进步。

　　对于国家之伦理。

　　对于人类之伦理：国宪、国法、爱国、兵役、租税、教育、公务、公权、国际。

　　对于万有之伦理：动物、天然物、真、善、美。①

清末修身教科书的内容结构与此基本雷同。

　　第二，在内容材料的选择上，清末的修身教科书大多选用了我国古代典籍中的一些道德语录和历史故事。以《最新修身教科书》第六、七册为例，全书40课，全都是中国传统的道德语录、训辞和历史故事，没有征引一个外国人物及其故事。若按照频度分析方法，即将每课所出现的历史人物分别记为1次来统计的话（如图5—4），孔子共出现3次，宗世林、傅昭、范仲淹、萧励、魏咸熙、张千载、刘赓、李垂、荣毗、吕公著、孟子、朱元璋、黄润玉、吕希哲、狐卷子、张载等39位有名人物分别出现1次，宋女、郑人、孟子之妻、罗夫人、京师人等5位无名人物各出现1次。除郑人一人以反面形象出现1次外，所有人物都是以正面形象出现。这意味着当时的修身教科书主要以正面的道德教育为主。

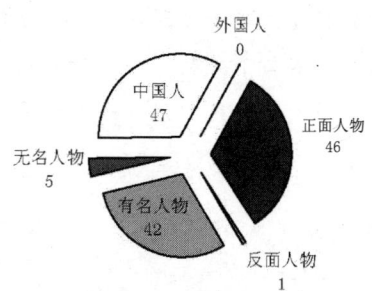

图5—4　《最新修身教科书》第六、七册中的人物出现频次

---

　　① 梁启超：《东籍月旦》，《饮冰室合集》文集四，北京：中华书局1989年版，第84页。

之所以如此选材的原因可能有二：（1）教科书编纂者对于西方的材料既不熟悉，也难于查找。（2）教科书编纂者或是一时还不能接受西方的伦理思想，或是在西方道德观念的冲击中能够转化和传承传统美德。前者如蔡元培，他在比较了快乐说、克己说、实践说等不同的伦理学说后，更倾向于传统的良心论。① 后者如何琪，他在《初等小学女子修身教科书教授法》中说得十分明白："我国女学初发萌芽，吸取欧美之风，输入东瀛之化，而祖国道德深恐放佚，故是书皆证以本国事实。"②

第三，在课本内容的语言表述方面，清末的修身教科书呈现出了新旧杂糅的特色。根据郑航的研究，其表述大概有四种组合方式：（1）传统德目，传统语言表述；（2）传统德目，现代语言表述；（3）现代德目，传统语言表述；（4）现代德目，现代语言表述。③

对于一个刚刚从封闭走向开放、一个刚刚开始接受新的道德内容并逐渐形成新的语言表达的民族来说，上述四种表达方式的出现都是很自然的事情。除第（1）种外，其余三种都可能因语言的表达方式而扭曲或误解所要阐释的道德内容；第（2）种是新瓶装旧酒，传统的道德内容可能借助新的语言表达而转化为现代的新道德；第（3）种是旧瓶装新酒，新的道德内容可能因为这种削足适履方式而损失核心的思想因素；第（4）种虽是新瓶新酒，但同样可能因为新的现代语言表达方式正在形成而不完善，损害新道德的准确内容。对于这些因辞害意的情况，不妨看修身教科书里的一篇课文：

第十七课　责任

晋文公使李离为理。过听杀人，自拘当死。晋文公曰："臣有贵贱，罚有轻重。下吏有过，非子之罪也。"李离曰："臣居官为长，不与吏让位。受禄为多，不与下分利。今过听杀人，傅其罪于下吏，非所闻也。理有法，失刑则刑，失死则死。今过听杀人，罪当死。"遂不受令，伏剑而死。④

---

① 蔡振（即蔡元培——引者注）：《（中学堂用）修身教科书》第5册，上海：商务印书馆光绪三十四年（1908年）三月初版。

② 何琪：《初等小学女子修身教科书教授法》，上海：会文学社光绪三十二年（1906年）三月初版，"编辑大意"，第1页。

③ 郑航：《中国近代德育课程史》，第61—62页。

④ 商务印书馆编译所：《最新修身教科书》第7册，第19页。

课文借用了战国时期的一个历史故事来说明新的德目"责任"。李离听信了下属官吏意见，错误地将罪犯处死，确实负有责任。这种错误在古代称为"失入"。李离的下属并无断案权，只是提出处刑建议，因此"失入"的责任应当由李离来承担。但按照现代的司法原则，司法官错判什么刑罚，自己就要接受什么刑罚，"失刑则刑，失死则死"，这显然不合理。课文把这样的古代故事用于现代，以此解释"责任"概念，不是很恰当。

这种移花接木、新旧杂糅的语言表达方式，一方面有利于当时新道德的传播和普及，另一方面又会大大降低这些新道德的影响力度。前文引用的有关"自由"的阐释："人不自由，与死无异。人非法律自由，则与野蛮人又无异。人欲自由，慎无误解此自由之义。"①这种阐释对于一个民主自由国家的公民来说，倒是正确的，因为这些国家的法律是以保护公民自由为目标的。而对于一个拥有恶法的专制国家的臣民来说，遵守这样的法律无疑等于放弃个人自由。该书作者显然没有这般仔细地辨识自由，自然削弱了自由思想对于当时专制制度所应有的批判力度。

第四，在体裁、体例方面，清末修身教科书或是采用章节体，或是按照道德条目和内容分课编写。小学修身教科书中这两种体裁都有所采用，中学修身教科书基本上都是章节体。至于修身教科书中具体课文的体裁，小学阶段或者是采用前贤故事、寓言等例话形式，或者是采用名人名言、训话等训辞体裁；中学阶段基本都是论说文体。清末的修身教科书相比传统教育初学用的《大学》、《中庸》等经典要浅显易懂，如会文学社印行的《初等女子修身教科书》、商务印书馆印行的《最新修身教科书》每课都配有插图，图文并茂，清晰明白；但是与民国之后的修身教科书相比，这个时期的修身教科书仍然显得高深，例如蒋智由编纂的《小学修身书》全部采用了让小学生感觉深奥的论说文体裁。

三 民国时期的修身教科书

1912年1月，中华民国临时政府教育总长蔡元培通电宣布：各种教科书务必符合共和民国宗旨，前清学部颁行的教科书一律禁用。②随着国家政治制度

---

① 李嘉谷：《蒙学修身教科书》，第17页。
② 《呈副总统咨各省都督普通教育暂行办法及课程标准》，《临时政府公报》第4号，"令示"，第2页。

的改变，肇端于清末的新式教科书面临首次变革。"我中国改建共和政体，开四千年以来东亚未有之创局。政体变更以后，事事物物，均当乘机革新，教科书尤其先务也"①。各家民间出版机构审时度势，纷纷修订或新编教科书。在这次变革中，具有浓厚意识形态色彩的修身教科书自然首当其冲。

（一）修身教科书编纂纲要和教授要目

晚清政府尽管对教科书实行严格的审查，但是却没有制订详细而具体的编纂纲要或课程标准，以指导教科书的编写，《钦定学堂章程》和《奏定学堂章程》都只有关于各科课程的纲领性指引。就修身科而言，《钦定学堂章程》规定蒙学、小学和中学，以《曲礼》、《小学》、《论语》、《孝经》等书里平近切实的言论或旨趣，教授学生孝悌、忠信、礼义廉耻、敬长尊师、忠君爱国等伦常大义和性理通论；《奏定学堂章程》强调的修身要义或是通过讲解《四书》、《五种遗规》等书，或是通过平和规矩的约束，养成学生合众亲仁、恕己及物的情感，坚定学生敦尚伦常的决心，鼓舞学生奋发有为的勇气，并使之知晓自身与家族朋类国家世界的关系，躬行实践，言行一致。②

民国初年，教育部依旧没有制订具体指导教科书编写的课程标准或纲要，所颁布的教则仍然模糊笼统。1912年11月公布的小学教则规定：修身要旨在于涵盖儿童德性，导以实践；初等小学宜就孝悌、亲爱、信实、义勇、恭敬、勤俭、清洁诸德，选择切近易行的教授，渐至于社会、国家的责任，以激发进取志气，养成爱群爱国的精神；高等小学则在此基础上扩充；对于女生，更须注意贞淑之德和自立之道。③12月公布的《中学校令实行规则》基本相似，同样要求修身科传授学生道德要领、伦理学大要、本国道德特色，以及对于国家、社会、家族的责任，以培养学生道德上的思想情操，躬行实践，最终具备国民的品格。④

随着袁世凯的上台和适应其复辟帝制的需要，教育部不但调整了一些刚

---

① 商务印书馆：《编辑共和国小学教科书缘起》，《教育杂志》第4卷第1号（1912年4月），"附录"，第1页；《（初等小学校用）共和国教科书新修身》第1册，上海：商务印书馆，中华民国元年九月（1912年9月）8版。

② 舒新城：《中国近代教育史资料》中册，北京：人民教育出版社1981年版，第395、401、403、493、414、429、502页。

③ 《小学校教则及课程表》，《（民国）教育部文牍政令汇编》第1册，北京：全国图书馆文献缩微复制中心2004年版，第90页。

④ 《中学校令施行规则》，教育部总务厅文书科：《教育法规汇编》，北京：中华民国教育部，中华民国八年（1919年）版，第183页。

刚实行的教育制度和政策，而且加强了对教科书编纂的指导和管理。1914年7月，教育部成立了教科书编纂纲要审查会和教授要目编纂会。教科书编纂纲要是指导教科书编写的大纲，由教育部设立的教科书编纂处编订，教科书编纂纲要审查会负责审查教科书编纂纲要合适与否。教授要目则是指导教师施教的大纲，由教授要目编纂会编制。教科书编纂纲要和教授要目合起来就相当于后来出现的课程标准。到1915年秋，8种教科书编纂纲要已编审完成，17科56种教科书教授要目一律编竣。[①]教科书编纂纲要和教授要目的制订，改变了以往在具体课程及其教材编写方面的模糊笼统状况，第一次为教科书的编纂提供了一个具有操作性的指南，标准着我国现代教育制度的进一步完善。当然，另一方面，这也有利于袁世凯对教育文化方面的控制。

1915年第1期《教育公报》附录有《初等小学修身教授要目草案》、《高等小学修身科教授要目草案》、《中学师范修身教授要目草案》、《初等小学校修身教科书编纂纲要草案》和《高等小学修身教科书编纂纲要草案》等5个有关修身课程的草案[②]，其详细内容参见本书附录中的表6和表7。根据这些草案，初等小学修身课程的内容包括身心、家庭、学校、社会、国家等5个方面；高等小学增加了"法制大意"的内容，达到了6个方面。中学和师范学校的修身课程虽然没有严格遵照小学修身的内容安排，但是同样可以归结为身心、家庭、学校、社会、国家、人类万物、伦理学大要和本国道德特色等8个方面的内容。在此基础上，教授要目草案还就每一个方面列举了一些具体的道德条目。以小学修身教授要目为例，初等小学阶段大约列举了101个道德条目，由于同一个道德条目在不同学年可能重复出现，初小这101个德目总共大约出现了124次；同样，高等小学阶段大约有76个德目，总计出现了91次左右。以每个方面德目出现次数占该阶段所有德目出现总次数的比例估算，有关身心方面的道德内容在整个小学阶段都占据了首位（如图5—5和图5—6）。这仍然延续了儒家一贯的思想理路。

---

① 《教育部行政纪要》甲编，第22—24页。
② 《教育公报》第2年第1期（民国四年六月），"附录"，第1—18、44—50页。

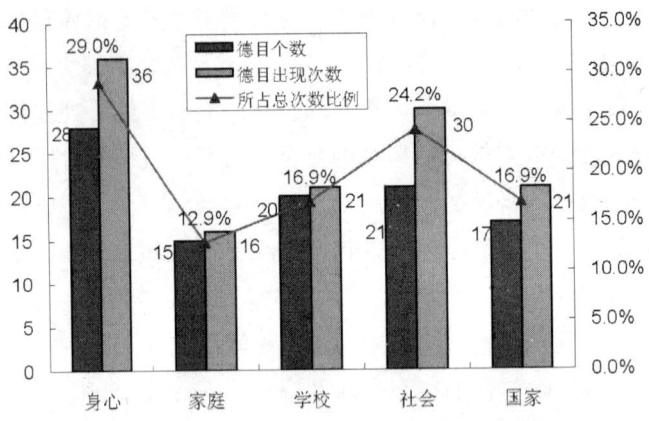

图5—5 袁世凯时期初等小学修身教授德目

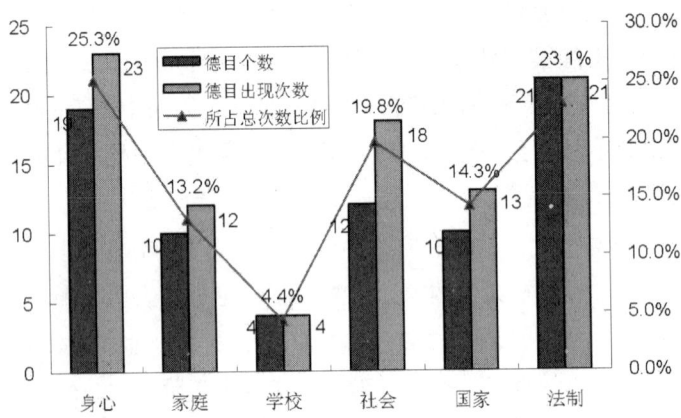

图5—6 袁世凯时期高等小学修身教授德目

小学、中学和师范学校修身教授要目明确规定，所有内容都要突出"本国道德之特色"，要体现"法孔孟"的教育要旨。因此，那些带有现代价值观念和思想色彩的德目，如宽容、博爱、权利、义务等，在罗列的道德条目中并不是很多，它们所出现的次数大概占所有德目出现总次数的6%（即图5—7所列现代德目所占比例之和，因四舍五入，数字稍有出入），绝大部分条目依旧是传统德目。这或许表明袁世凯政府并不认同刚刚建立的民主共和制度，仍然如晚清政府一样，期待儒家思想为其复辟帝制或专制统治服务。

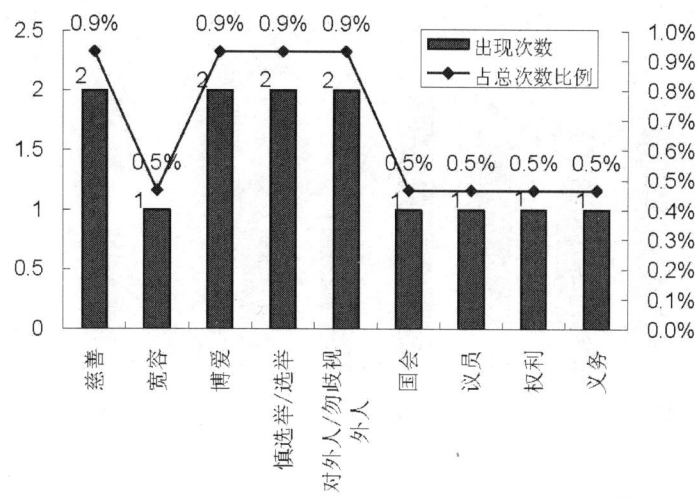

图5—7 袁世凯时小学修身教授要目中的现代德目

除开"法孔孟",《颁定教育要旨》中申明的"爱国"、"尚武"、"崇实"、"重自治"、"戒贪争"、"戒躁进"等教育要旨,以及《特定教育纲要》规定的"尽责任"、"重阅历"等内容,在修身教授要目草案里都有相应的道德条目,并且占有不少的分量,在13.5%左右(如图5—8)。清末建立起来的教科书审定制度,只能消极地清除那些不合政府意图和意识形态的教科书,而袁世凯政府这时所编订的课程教授要目及其教科书编纂纲要,却能够积极地将政府意图和意识形态直接贯彻进教科书里。正在完善的现代教育制度反倒沦为政府控制思想文化的工具,或许反过来说更准确,政府控制思想文化的需要在一定程度上促进了现代教育制度的进一步完善。

此外,教授要目和编纂纲要对于教科书的编写也做了一些规定。例如,在编写方法上,初等小学修身教科书要求以圆周法为主,参用阶段法;高等小学则以阶段法为主,参用圆周法。在选材上,要求多采用本国材料,避免偏激之事、奇异之行、诡激之谈,莫空谈高深,不牵强附会。

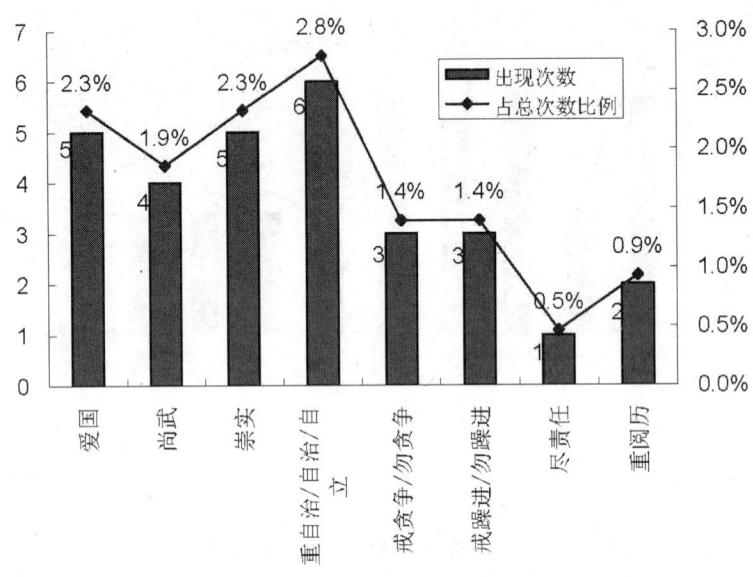

图5—8 袁世凯时小学修身教授德目中的教育要旨

(二) 修身教科书的内容分析

民国时期的修身教科书几乎完全沿袭了清末修身教科书的内容结构，由己身、学校、家庭、社会、国家、世界万物等几个方面的道德内容组成。其中关于学校方面的道德内容，表面上看起来是比清末修身教科书多出的一部分，但实质上其内容可以归并到有关个人和社会的道德内容里。《共和国教科书新修身》（初等小学阶段由沈颐、戴克敏编纂，高等小学阶段由包公毅、沈颐编纂）和《新制中华修身教科书》分别是商务印书馆和中华书局在1912—1913年间出版的两套小学修身教科书。《共和国教科书新修身》共14册，初等小学用8册，高等小学用6册。《新制中华修身教科书》（戴克敏、沈颐、陆费逵编纂）共21册，初等小学用12册，高等小学用9册。① 《新式修

---

① 民国初年学制规定各学校秋季始业，即秋季为一个学年的开始。但是当时许多学校不能骤然改变以适应新的学制安排，因此有的教科书编纂出版机构通常把同一套教科书稍作调整，分为秋季始业、春季始业、春秋两季始业通用等三种形式出版，来满足现实的需要。商务印书馆出版的《共和国教科书新修身》现存不全，这里依据的各册分别是：《新修身（初小用）》第1册，民国元年六月（1912年6月）初版、九月8版；《新修身教授法（初小用）》第2册（秦同培编），民国元年四月初版；《新修身（初小用）》第3册，民国元年六月初版、九月7版；《新修身教授法（初小用、秋季始业）》第4册（秦同培

身教科书》（国民学校阶段由方钧编纂，高等小学阶段由方浏生编纂）是中华书局1916年初版的另一套小学修身教科书，国民学校用8册，高等小学用6册，共14册，春秋两季始业通用。①这套修身教科书是在《颁定教育要旨》和《特定教育纲要》公布后编辑出版的，全书将"诚"字定为所有道德条目的纲领，突出了袁世凯当政时期的意识形态和思想观念。②从这三套小学修身教科书来看（详细如表5—2），己身（修己）部分的内容平均大概占47.9%，低于清末的55%；学校部分的内容占4.8%；家庭（齐家）方面的内容占10.6%，

编)，民国元年十二月初版、民国二年五月（1913年5月）12版；《新修身（初小用、春季始业）》第5册，民国元年六月初版、民国二年九月141版；《新修身教授法（初小用、春季始业）》第6册（秦同培编)，民国元年六月初版、民国二年六月32版；《新修身（初小用、春季始业）》第7册，民国元年六月初版、民国三年十二月168版；《新修身教授法（初小用、秋季始业）》第8册（秦同培编)，民国元年十二月初版、民国二年三月15版；《新修身（高小用、秋季始业）》第1册，民国二年一月初版、六月29版；《新修身教授法（高小用、秋季始业）》第2册（庄庆祥编)，民国二年四月初版、八月10版；《新修身（高小用、秋季始业）》第3册，民国二年一月初版、民国五年十月31版；《新修身教授法（高小用、秋季始业）》第4册（庄庆祥编)，民国二年四月初版、四月5版；《新修身（乙种）（高小用、秋季始业)》第5册，民国二年版；《新修身（高小用、秋季始业）》第6册，民国二年一月初版、六月19版。中华书局出版的《新制中华修身教科书》现存完整，所援引各册的版本分别是：初等小学校用第1册，民国元年十一月初版、民国二年四月20版；初小用第2册，民国元年十二月初版、民国二年三月14版；初小用第3册，民国三年二月初版、民国三年十一月27版；初小用第4册，民国二年一月初版、民国二年五月17版；初小用第5册，民国元年十二月初版、民国二年三月13版；初小用第6册，民国二年一月初版、民国四年三月31版；初小用第7册，民国二年二月初版、民国二年三月4版；初小用第8册，民国二年一月初版、民国二年三月10版；初小用第9册，民国二年二月初版、民国四年六月23版；初小用第10册，民国元年十二月初版、民国二年六月17版；初小用第11册，民国二年正月初版、民国二年六月18版；初小用第12册，民国二年三月初版、三月5版；高等小学校用第1册，民国二年一月初版、民国四年三月14版；高小用第2册，民国二年一月初版、七月11版；高小用第3册，民国二年一月初版、七月10版；高小用第4册，民国二年一月初版、五月9版；高小用第5册，民国二年一月初版、五月8版；高小用第6册，民国二年一月初版、六月9版；高小用第7册，民国二年一月初版、六月6版；高小用第8册，民国二年一月初版、五月4版；高小用第9册，民国二年一月初版、五月5版。

① 《新式修身教科书》现存不全，这里援引的各册分别是：国民学校用第1册，民国五年一月（1916年1月）发行、民国十二年五月（1923年5月）71版；国民学校用第2册，民国五年一月发行、民国十二年五月84版；国民学校用第3册，民国五年一月发行、民国十二年五月90版；国民学校用第4册，民国五年一月发行、民国九年七月（1920年7月）42版；国民学校用第5册，民国五年一月发行、民国十二年五月70版；国民学校用第6册，民国五年一月发行、民国十二年五月77版；国民学校用第7册，民国五年二月发行、民国八年八月（1919年8月）24版；国民学校用第8册，民国五年五月发行、民国十二年五月48版；高小用第1册，民国五年二月发行、民国六年八月（1917年8月）7版；高小用第4册，民国五年二月发行、民国八年八月22版；高小用第5册，民国五年二月发行、民国十年三月（1921年3月）28版；高小用第6册，民国五年二月发行、民国九年七月29版。

② 方钧：《编辑大意》，《（国民学校用）新式修身教科书》第1册，上海：中华书局民国五年一月（1916年1月）发行、民国十二年五月（1923年5月）71版。

高于清末的8.1%；对于他人和社会（爱群）的内容占21.9%，高于清末的18.7%；对于国家（治国）的内容占11.2%，稍低于清末的12.6%；关于世界万物（平天下）部分的内容占3.6%，明显高于清末的0.5%。清末小学修身教科书里占有5.1%的道德理论内容，在这个时期的小学修身教科书里是没有的，这说明民国小学修身教科书在内容深度上比清末浅显和容易。学校部分的内容是民国修身教科书新增的部分，在清末教科书里并没有单独列出来，这意味着清末开始的新式学校教育至此已经成为人们日常生活中重要的一部分了。如果将学校这部分全部算作己身部分的内容，那么这个时期有关己身、家庭部分的道德内容总计达63.3%，与清末的63.1%基本相当；如果不将学校部分的道德伦理全部算作己身部分的内容，而是分别计入有关己身和社会部分的内容里，那么这个时期有关己身和家庭部分的道德内容少于清末。这或许表明，自清末到民国，人们的道德关注正在由个人、家庭等私人领域向社会、国家等公共领域转移，这种变化的速度当然十分缓慢，而且缓慢得让人难以觉察。即使在袁世凯当权时期，这个趋势也没有变化。袁世凯时期初版的《新式修身教科书》中己身和家庭方面内容的比例，明显低于之前出版的《共和国教科书新修身》和《新制中华修身教科书》，如果将学校部分的道德伦理并到己身部分计算，同样如此。

表5—2　　　　　民国时期修身教科书的内容结构分析

教科书名称	总课数	己身	学校	家庭	他人和社会	国家	世界与万物
共和国教科书新修身 （初小1—8册、高小1—6册）	288	147	6	27	70	28	10
		51.0%	2.1%	9.4%	24.3%	9.7%	3.5%
新制中华修身教科书 （初小1—12册、高小1—9册）	280	140	16	33	54	27	10
		50.0%	5.7%	11.8%	19.3%	9.6%	3.6%
新式修身教科书 （国民学校1—8册、高小1、4—6册）	205	83	15	22	45	32	8
		40.5%	7.3%	10.7%	22.0%	15.6%	3.9%

注：民国初年学制规定各学校秋季始业，即秋季为一个学年的开始。但是许多学校不能骤然改变以适应新的学制安排，因此当时同一套教科书常常稍作调整，分为秋季始业、春季始业、春秋两季始业通用等三种出版。由于现存的教科书残缺不全，在不能选用同一套里的同一种教科书的情况下，如果秋季（春季）始业的教科书不全，则以相应的教授书或春季（秋季）始业的教科书代替。

中学修身教科书的内容结构与小学相似,在己身、学校、家庭、社会、国家、世界万物等几个方面的道德内容之外,只是多了一个道德理论方面的内容。以中华书局1912年7月出版的《中华中学修身教科书》(缪文功编辑)为例,该套教科书分4册,包括绪论共有15章。这15章中,有的章分了节,有的章没有分节。若分了节的章以其节数为分析单位,例如该书第四章《校之规则》分了8节,则计为8个分析单位;没有分节的章只计作1个分析单位。那么,这套修身教科书大概总共可以计作85个分析单位,或85节。其中己身方面的道德内容有13节,占15.3%;学校方面有27节,占31.8%;家庭方面有7节,占8.2%;社会方面有5节,占5.9%;国家方面有12节,占14.1%;世界万物方面有1节,占1.2%;道德理论方面的内容有一般性的概论3节、我国固有之伦理学说12节和新输入的伦理学说5节,各占3.5%、14.1%和5.9%。这就是说,即使将学校与己身、家庭等一样都算作私人领域的道德内容,其分量也只有55.3%,明显低于清末的64.7%。这与小学阶段一致,民国时期中学修身教科书对于私人领域的道德关注和强调同样在下降和减弱。

　　与清末的修身教科书相比,民国时期的修身教科书同样大概是按照道德条目来编写每课内容,而且这些道德条目比清末划分得更加明晰和具体。因此,笔者还以频度分析方法,即通过计算各种道德条目的出现频次,来分析这个时期修身教科书的道德价值取向。列文森(Joseph R. Levenson)曾经说:"帝制为儒家官僚政治提供了适宜的环境,而帝制,在19世纪受到打击,在1912年被推翻,已经成为了一种残留的意念。民国制度下的儒教也成了遗迹。帝制和儒教,一对在许多世纪和朝代扭结着友谊和猜忌的伙伴,相互拉扯着衰落了。当儒教失去它的制度环境时,其思想的延续陷入了严重的危机。这个正在沉沦的伟大传统,已经准备向人间告别了。"[①]列文森的判断,对于文化保守主义者来说似乎过于悲观,对于文化激进主义者来说可能太过乐观,而从民国时期的修身教科书来看他的判断并不准确。《共和国教科书新修身》所有道德条目总共出现308次,除开清洁、卫生、习惯以及具有现代性的道德条目26次和51次之外,传统道德条目总共出现231次,占总次数的75%(详细如图5—9、图5—12、图5—15、图5—18);《新制中华修身

---

① Joseph R. Levenson, *Cnofucian China and Its Modern Fate: A Trilogy*, Berkeley and Los Angeles: University of California Press, 1968, Vol. 3, p. 3.

教科书》所有道德条目总共出现301次,清洁、卫生、养生和具有现代性的道德条目分别出现27次和54次,剩下的传统德目总共出现220次,占总次数的73.1%(详细如图5—10、图5—13、图5—16、图5—19);同样,《新式修身教科书》所有道德条目总共出现214次,起居、卫生、健康、清洁和具有现代性的道德条目分别出现16次和33次,余下的传统德目总共出现165次,占总次数的77.1%(详细如图5—11、图5—14、图5—17、图5—20)。由此平均估算的话,民国时期修身教科书中传统德目的频次大约占74.8%,甚至高于清末的70.7%。①以儒家的思想观念和价值伦理为代表的伟大传统,显然并非如列文森断言的那样开始作别人间了。当时人们的道德关注尽管正在由个人、家庭等私人领域向社会、国家等公共领域缓慢转移,但是这种变化并不意味着整个道德价值的取向发生了变化。相反倒可能是因为一下子失去了被专制君主利用的危险,传统的道德价值在某种程度上转而被人们放心地认同和重视,甚至被隐约地当作获得某种民族自信的资本。王仁夔在其编纂的修身教科书里就曾类似地强调:"中华立国,以孝悌忠信礼义廉耻为人道之大经。故言乎国民道德,当先服膺此八者而不可或忘"②。

这里的计算之所以特意将清洁、卫生、健康、养生等条目都排除在外,仅仅是为了便于和清末修身教科书进行比较。其实这部分的条目内容和清末一样,依然是民国修身教科书中出现频次最高的条目,只不过在分量上比清末有所下降。

---

① 这里的计算不是十分精确。因为在这三套教科书中,对于国家道德伦理方面的有些德目也带有现代的价值色彩,其分量大约在2.3%,参见后文的分析。如果将这部分也排除在外,那么民国时期修身教科书中传统德目的出现频次大约降为72.5%,仍然高于清末。

② 王仁夔:《师范讲习科用修身教科书》,上海:中国图书公司中华民国二年五月(1913年5月)初版,卷上,第1—2页。

下篇 思想道德教科书 ·161·

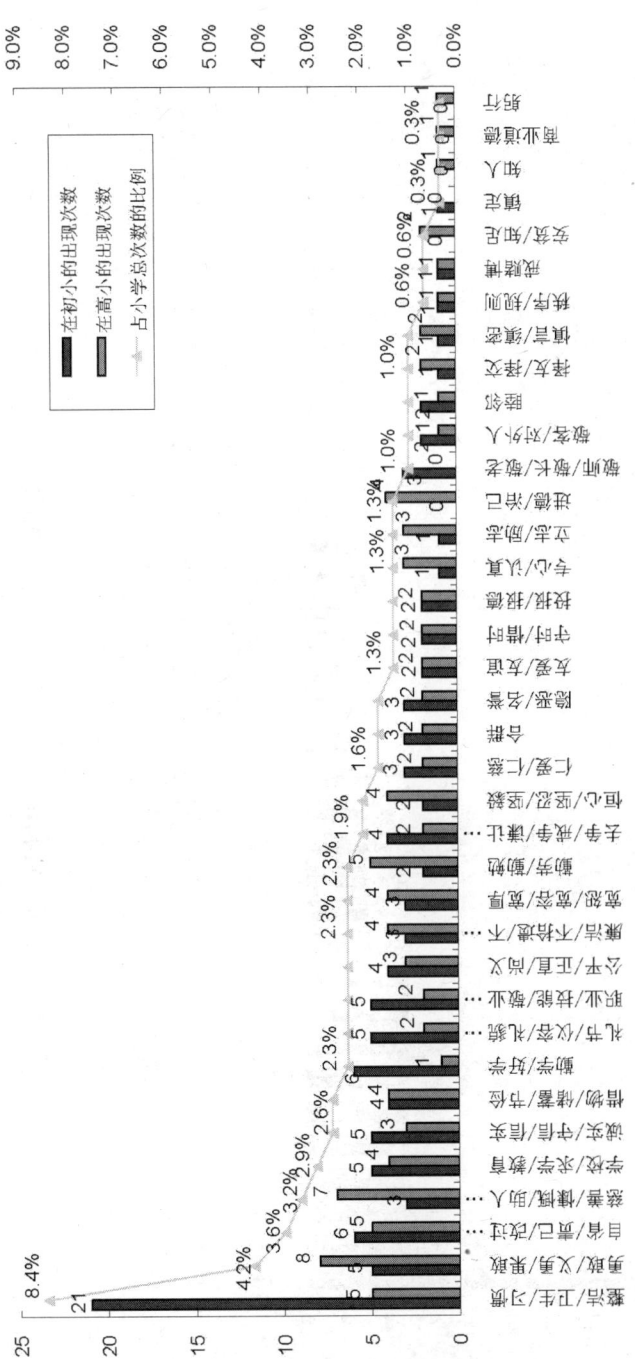

图5—9 《共和国教科书新修身》部分传统道德条目分析

· 162 ·　臣民还是公民？

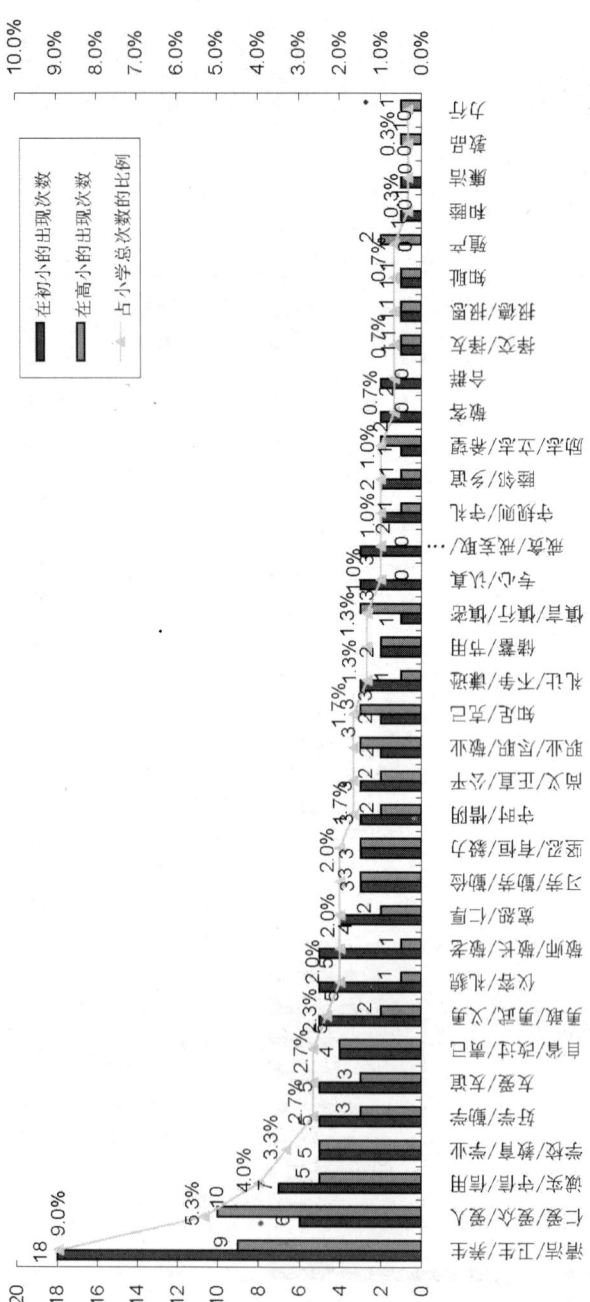

图5—10　《新制中华修身教科书》部分传统道德条目分析

下篇 思想道德教科书

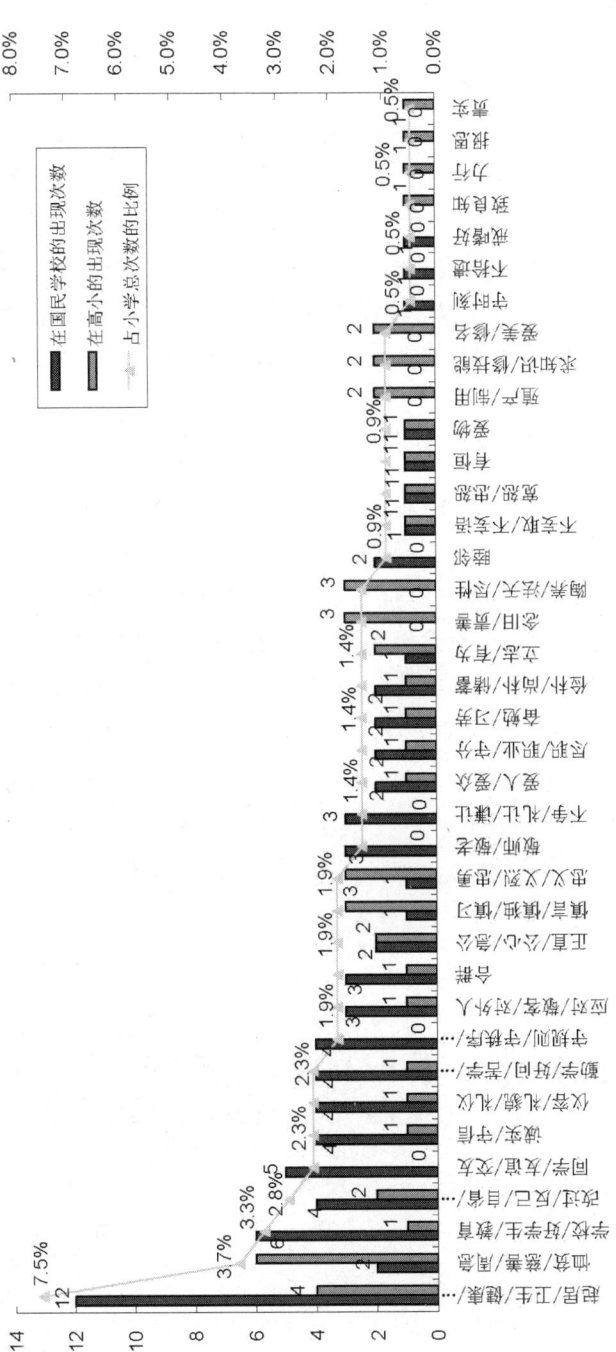

图5—11 《新式中华修身教科书》部分传统道德条目分析

在有关个人的道德条目中，这个时期的修身教科书清楚地列有职业伦理、商业道德方面的德目和内容。职业、技能、尽职、敬业、治（殖）产、制用、商业道德等条目在图5—9、图5—10和图5—11分析的三套教科书里都在2.3%以上，而清末修身教科书里却少有相应的德目与分量。《共和国教科书新修身》和《新制中华修身教科书》在各自的课文《职业》里，几乎雷同地以"猫捕鼠，犬守门，各司其事"为比喻，向初等小学阶段的学生说明了职业的重要性。① 《新制中华修身教科书》（高等小学校用）第8册《钱财》和第9册《信用》两课，分别从个人、国家以及工商业者等多个角度，论述了钱财、信用的价值和作用，以养成学生正确的金钱观念和商业道德。②

自清末至民初，"尚实"、"实利教育"和"崇实"一直都是当时教育宗旨中的重要内容。尽管蔡元培认为实利教育是"以普通学术寓于树艺、烹饪、缝纫及金、木、土工之中"③的主张，多少有些让袁世凯看来"不切实用"④的形而上学的意味，但是在强调和重视社会经济发展上却是基本一致的。民国修身教科书注重和提倡商业伦理，显然贯彻和体现了这项教育宗旨，另一方面或许也反映当时社会因实业发展而出现的商业化倾向。

家庭伦理是传统道德里最稳定的一个部分。《共和国教科书新修身》所有家庭道德条目总共出现27次，约占该书全部道德条目出现总次数的8.8%（如图5—12，因四舍五入，图中数字稍有出入）；《新制中华修身教科书》所有家庭道德条目总共出现31次，大概占该书全部道德条目出现总次数的10.3%（如图5—13）；《新式修身教科书》所有家庭道德条目总共出现22次，同样占其书全部道德条目出现总次数的10.3%（如图5—14，因四舍五入，图中数字稍有出入）。平均推算，民国时期修身教科书中家庭德目的出现频次大约占总频次的9.7%，同样高于清末修身教科书中的8.6%。但是，"恤族"、"家庭、家族"和"戚族、姻戚"、"恤宗族、睦族"等条目的

---

① 秦同培：《（初等小学秋季始业）共和国教科书新修身教授法》第4册，上海：商务印书馆民国元年十二月（1912年12月）初版、民国二年五月（1913年5月）12版，第1页；戴克敦、沈颐、陆费逵：《（初等小学校用）新制中华修身教科书》第6册，上海：中华书局民国二年一月（1913年1月）初版、民国四年三月（1915年3月）31版，第2页。

② 戴克敦、沈颐、陆费逵：《（高等小学校用）新制中华修身教科书》第8册，民国二年一月（1913年1月）初版、五月4版，第8页；第9册，民国二年一月初版、五月5版，第1—2页。

③ 蔡元培：《对于新教育之意见》，高平叔：《蔡元培全集》第2卷，北京：中华书局1984年版，第131页。

④ 袁世凯：《特定教育纲要》，舒新城：《中国近代教育史资料》上册，第255页。

出现频次，在三种教科书德目出现总频次中分别占1%、1.3%和1.4%，都低于清末《蒙学修身教科书》"戚谊"的1.8%和《小学修身书》"和睦宗族"的2.7%。人们的家庭道德观念正在极其缓慢地向核心家庭集中了。

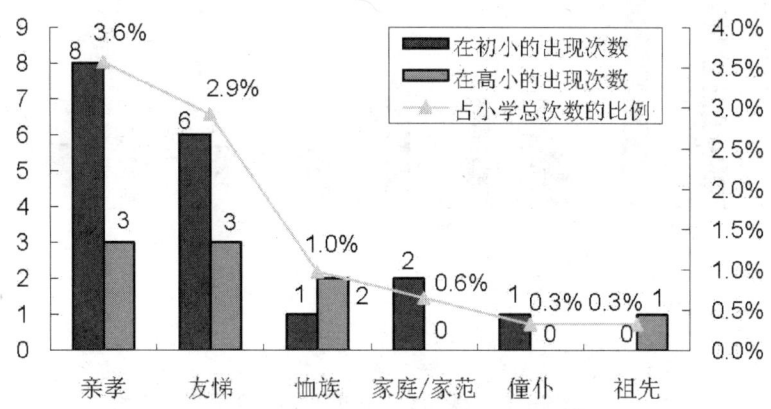

图5—12 《共和国教科书新修身》家庭道德价值分析

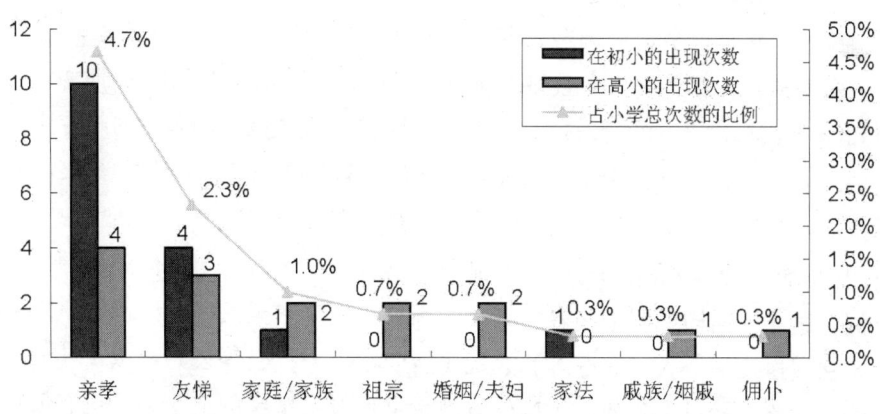

图5—13 《新制中华修身教科书》家庭道德价值分析

· 166 · 臣民还是公民？

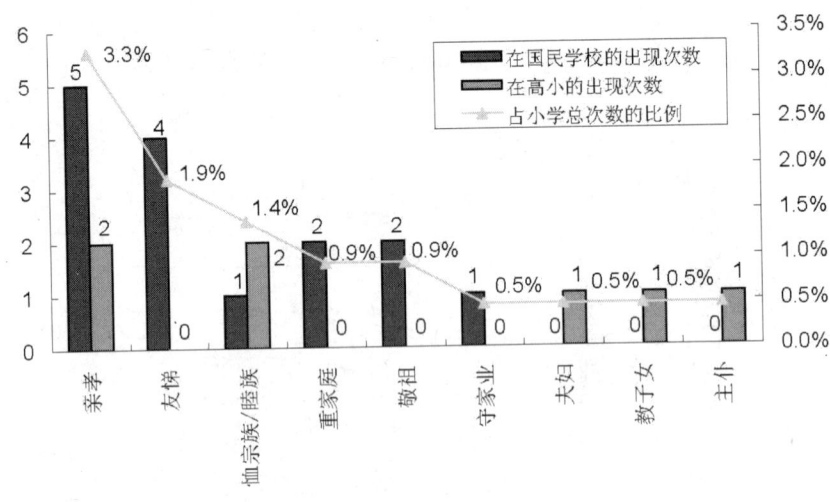

图5—14 《新式修身教科书》家庭道德分析

其一，在对国家道德伦理的价值取向上，民国时期的修身教科书基本上也停留在传统的价值观念里。如图5—15、图5—16和图5—17所示，国民、国旗、中华、议员、遵国会、务实业、地方自治等几个稍许带有些现代价值色彩的条目，在各套修身教科书所有德目出现总频次中的比例分别为0.6%、3.0%和3.8%，平均约为2.3%；而其余属于传统价值范围的条目的相应比例分别是5.9%、6.0%和9.3%，平均约为6.8%，至少是前者的两倍。其次，倘若将前两者相加，即得到了这三套修身教科书有关国家道德条目的出现频次比例为6.5%、9.0%和13.1%，其明显高于清末修身教科书中类似条目的频次比例。这或许同样说明了笔者在上文的判断：从清末至民国，人们的道德关注正在缓慢地从个人、家庭等私人领域转向国家、社会等公共领域。其三，与清末的修身教科书相比，民国修身教科书里有关国家的道德条目也有值得注意的地方。国民、议员、遵国会、地方自治等条目明白地表达了民国政治制度的新变化，中华、国旗等条目则多少反映了当时社会的现代民族主义思想和观念。

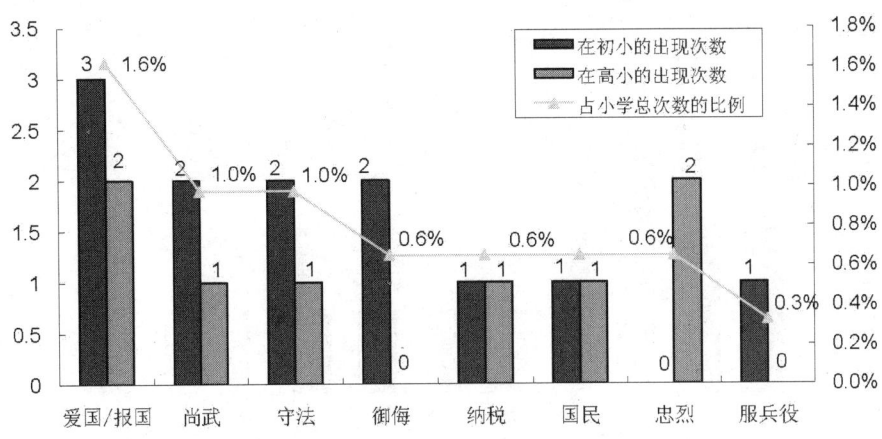

图5—15 《共和国教科书新修身》对于国家的道德价值分析

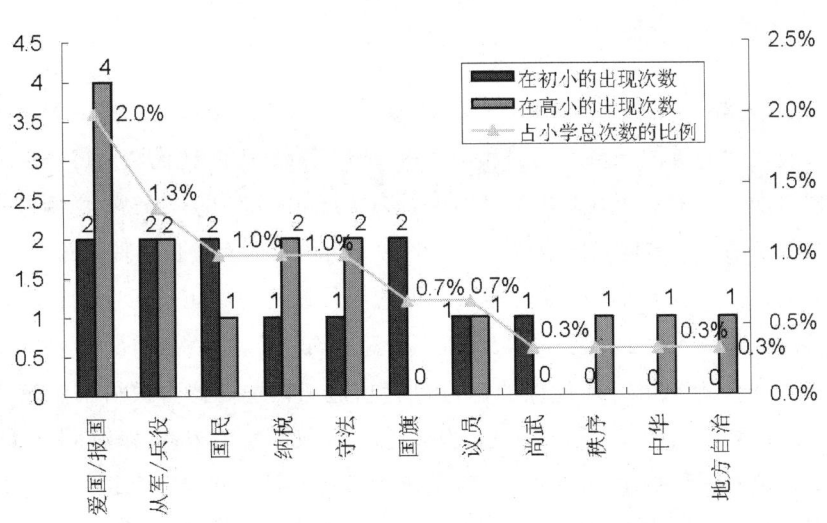

图5—16 《新制中华修身教科书》对于国家的道德价值分析

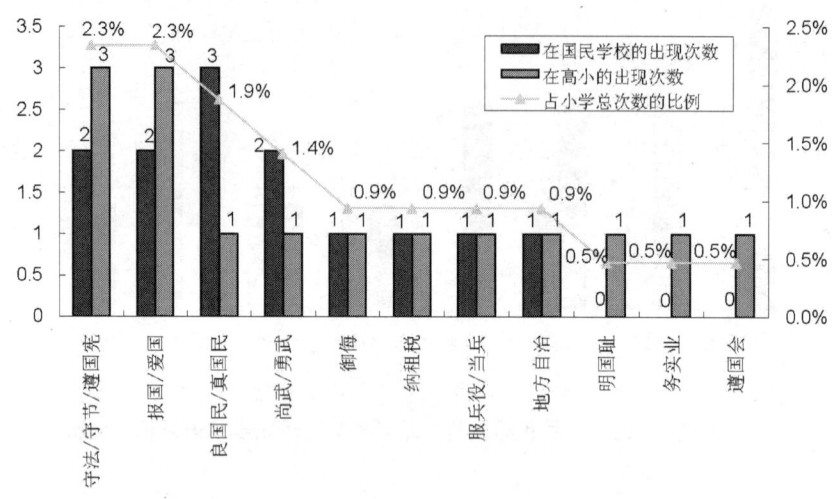

图5—17 《新式修身教科书》对于国家的道德价值分析

图5—18、图5—19和图5—20分别统计分析了民国这三套修身教科书里带有现代性的道德条目。《共和国教科书新修身》中的现代性道德条目大概出现51次，占该书所有道德条目出现总频次（308次）的16.6%；《新制中华修身教科书》中的现代性德目共出现54次，占该书所有德目出现总频次（301次）的17.9%；《新式修身教科书》里的现代性德目共出现33次，占其所有德目出现总频次（214次）的15.4%。三者平均计算，大约为16.8%。如果把对于国家伦理中带有现代性的德目也囊括进来，民国修身教科书里带有现代价值色彩的道德条目大概不超过19.1%，仅仅高出清末修身教科书1.4%。其次，三套教科书里"权利"德目的出现频次都低于"义务"德目，修身教科书并没有高扬个人权利，强调的仍然是个人应尽的义务，延续了清末的趋势。但是就德目所涵盖的范围而言，民国修身教科书远远超过了清末，诸如"人道"、"人权"、"科学"等都是这个时期首次出现的新条目。

下篇　思想道德教科书

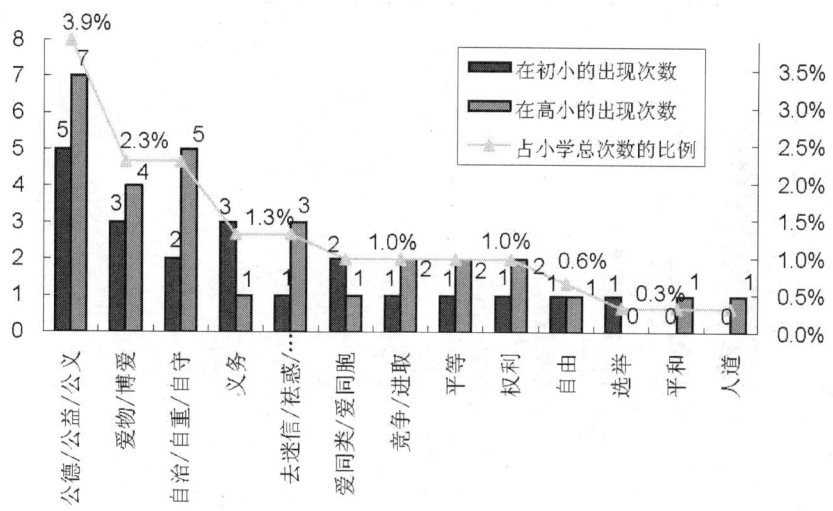

图5—18　《共和国教科书新修身》现代道德价值分析

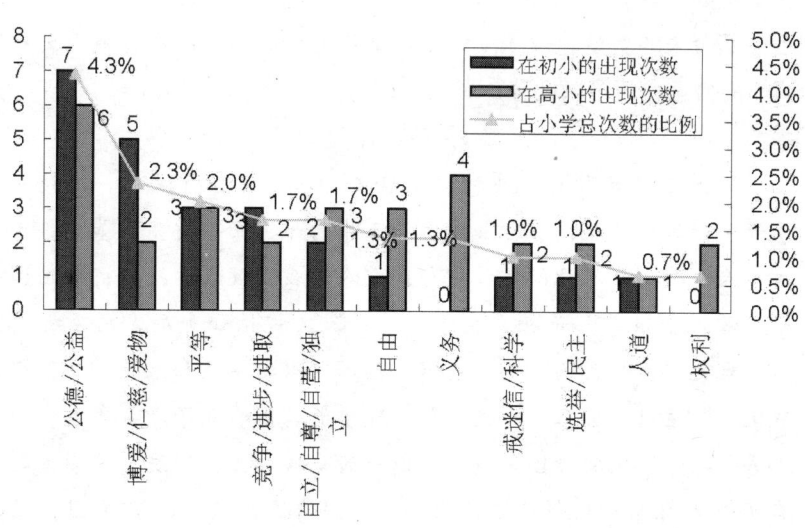

图5—19　《新制中华修身教科书》现代道德价值分析

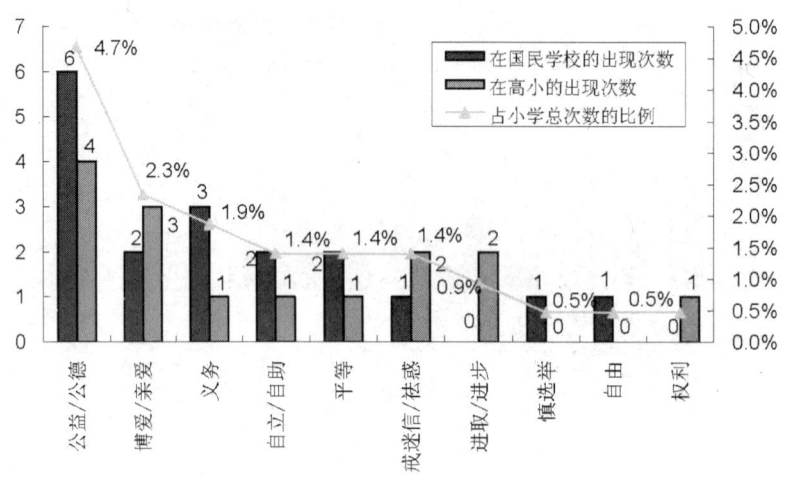

图5—20 《新式修身教科书》现代道德价值分析

从这些道德条目的主要内容来看，民国时期的修身教科书首先摒弃了清末教科书里的"尊君"观念，否定了以往的专制制度，颂扬和强调了民主共和制度及其带来的新变化。《（中学校适用）新制修身教本》就"忠君"和"爱国"的概念专门予以区分：

爱国与忠君不同。共和国无君主，似不致有所误会。然我国旧习于专制，历史所载，往往混国事与王事为一，而本旨究不如是。忠君者对于人之关系，豫让所谓"中行氏众人遇我，故众人报之；智伯国士遇我，故国士报之"是也。孟子曰："君之视臣如手足，则臣视君如腹心。君之视臣如犬马，则臣视君如国人。君之视臣如土芥，则臣视君如寇仇。"至对于国家，勿论如何不能自背其国。孔子之去鲁也，曰"迟迟吾行也"，去父母国之道也。以当时诸侯胙土，同统属于周室之下。其所谓他国者，与今日之外国异文异种者迥然不同。孔子因去父母之邦，犹不胜其依恋之意。则吾人之效力于本国，即不能自行其志，宁如屈原之怀沙自沉，而不可如巫臣之教吴叛楚也。①

豫让是春秋战国时期晋国的一名刺客，在侍奉范氏和中行氏两家时都默默无闻，直到做了智伯家的门客，才受到了尊宠。智伯在进攻赵襄子时，反被赵襄子联合韩、魏两家灭掉了，领地也被瓜分。豫让逃遁到了山中，嗟乎长叹"士为知己者死，女为悦己者容"，誓死为智伯报仇。为了报仇，他改名易姓，甚至在身上涂漆而烂得像癞疮，吞下火炭而声音嘶哑。在两次刺杀未成被擒后，赵襄子责问他：智伯消灭了你曾经侍奉的范氏和中行氏两家，你为什么不替他们报仇，而单单只为智伯报仇呢？豫让说："范氏、中行氏都把我当一般人看待，所以我像一般人那样报答他们；智伯把我当国士看待，所以我就像国士那样报答他。"豫让之于智伯，教科书认为就是一种君臣关系，豫让的"忠君"不过是一种基于人身依附关系的道德观念，并不是"爱国"。而所谓的"爱国"则是孔子离开父母之邦时的依依不舍，是屈原不能自行其志时的"怀沙自沉"。"爱国"本源于人们对于自己生养环境的某种依恋，是一种朴素的情感，有其存在的合理性。但是，这儿的"爱国"显然是一种民族主义的思想观念，而且超出了合理性的范围，具有某种偏激、极端的倾向。因为它主张国家至上，主张国家即使不能给人以自由，不能让人"自行其志"，也应该如屈原那样"怀沙自沉"，却不应像伍子胥那样自由地寻找自己的用武之地。课文虽然否定了"忠君"，但是对于"爱国"的极端强调却存在着走向某种现代专制国家的潜在危险。

《（高等小学校用）共和国教科书新修身》第2册《义勇》一课还热情洋溢地歌颂了武昌革命军的义勇精神：

吾国武汉革命军起，尝有壮士率敢死之士数十人，手持短兵，冲入敌阵，名曰敢死队，所向披靡。此辈类皆不显姓名，殆无名之英雄也。间有受伤者，武汉百姓感泣抚慰。壮士辄曰："无伤，此血为国民求自由而流。但愿我辈流少量之血，而国民多得幸福耳。"②

---

① 李步青：《（中学校适用）新制修身教本》第2册，上海：中华书局民国三年六月（1914年6月）初版，第19页。

② 庄庆祥：《（高等小学校春季始业）共和国教科书新修身教授法》第2册，上海：商务印书馆中华民国二年四月（1912年4月）初版、八月10版，第26页。

《新制中华修身教科书》（高等小学校用）第3册第12课《人民之权利义务》，更是饱含深情地历数了民主共和制度建立后的人权进步：

> 吾国苦专制虐政久矣！建设民国，尊重人权，综其大纲，厥有十端：人民一律平等，一也；言论、出版、集会、结社一切自由，二也；通信自由，不得侵其秘密，三也；自由信教，四也；自由居住、迁徙，五也；自由营业，并保有财产，六也；自由保有身家，非依法律不得逮捕、搜索，七也；有诉讼法庭及陈请议会之权，八也；得任官吏，九也；得投票选举及被选举，十也。凡此权利，皆革命战争之赐，吾人以流血易之，愿可不重视乎？①

其次，在理解和阐释"自由"、"平等"、"博爱"等体现共和精神的价值观念上，民国时期至少有一些修身教科书表达得比清末更加明白和准确。例如《新制中华修身教科书》（初等小学校用）第12册第2课《自由》：

> 法国大革命宣布之词曰："不侵犯他人权利，而为己所欲为者，是为自由。"天然者，自由之根本也。正义者，自由之标准也。法律者，自由之保障也。己所不欲，勿施于人者，自由之界限也。
> 卢梭曰："无自由，则国不能存。无德行，则自由不能存。"②

同书第3课《平等》：

> 共和国中，无君主，无贵族，人皆平等。惟因其能力之异，或为农，或为工，或为商贾，或为官吏。职业虽殊，无贵贱可言也。大总统统治人民，似可谓尊荣矣。然其职权，由人民授与。国有常法，彼不能独逞己意。且及其退职，即与平民无异。盖人人守法，人人有自由权，即平等之真义也。③

---

① 戴克敦、沈颐、陆费逵：《（高等小学校用）新制中华修身教科书》第3册，上海：中华书局民国二年一月（1912年1月）初版、七月10版，第8—9页。

② 戴克敦、沈颐、陆费逵：《（初等小学校用）新制中华修身教科书》第12册，上海：中华书局民国二年三月（1913年3月）初版、三月5版，第1—2页。

③ 戴克敦、沈颐、陆费逵：《（初等小学校用）新制中华修身教科书》第12册，第2页。

同书第9课《人道》：

我人也，人亦人也，既具官体而为人，即与吾同类。无论何族，皆当相爱。有饥寒者，必周恤之；有疾病者，必保护之；有患难者，必拯救之。不惟同国之人同种之人也。即白人黑种，气质各殊，然其为人类一也，故宜尽同类之谊。不幸两国交战，不能无杀伤之事，然与国同仇，非与个人为敌，故战时俘虏，亦不可虐待，有伤人道也。①

《（高等小学校用）共和国教科书新修身》第6册第24课《人权》：

人权者，人人所自有而非他人所能侵损者也。析而言之，有对于公众之权、有属于个人之权。

组织社会、参预政治、选举议员、举吾学识之所及，皆得发布于外，以求有益于人类，此人权之对公众者。

信教自由、营业自由、生命自由、财产自由，意志所在，即权力所在，非他人所得干涉，此人权之属于个人者。

具此伟大之人权，但能各保其权而不相侵犯，任所欲为，无施不可也。

格言：人有同等之权利。②

需要指出的是，这些现代性的道德条目和内容在当时多数修身教科书里依然阐述得不清楚，甚至被曲解。《（中学校适用）新制修身教本》这样论述"平等"：

一国之中，无特殊之阶级，人人受治于同一法律之下，此之谓平等。

人民所受于国家平等之权：如纳税与当兵，为国民同尽之义务；

---

① 戴克敦、沈颐、陆费逵：《（初等小学校用）新制中华修身教科书》第12册，第6页。
② 包公毅、沈颐：《（高等小学校秋季始业）共和国教科书新修身》第6册，上海：商务印书馆中华民国二年一月（1913年1月）初版、六月19版，第15页。

财产多者纳税亦多；选举为国民同有之权；犯法者不同罪异罚。凡此各项，国家皆不能偏重偏轻也。桃应问曰："舜为天子，皋陶为士，瞽瞍杀人，则如之何？"孟子曰："执之而已矣。"故曰平等者，人人受治于同一法律之下也。（着重号为原文所加——引者注）

平等所以重人格也，非无尊卑上下之分也。若尊卑无别，上下无序，推其所极，必至子不事亲，幼不敬长，人民不服从政府，而国家与社会之秩序，将倾覆而无遗，岂不谬妄之甚哉！①

课文援引了《孟子·尽心上》里的一个故事：桃应请教老师孟子说："舜是天子，皋陶是法官，如果舜的父亲瞽瞍杀了人，应该怎么办呢？"孟子说："逮捕他就是了。"桃应说："那么舜不会阻止吗？"孟子说："舜怎么能阻止呢？皋陶是有法律依据的。"桃应说："那么，舜又怎么办呢？"孟子说："舜把丢弃天下看得象丢弃破鞋一样。他会偷偷地背着父亲逃走，沿着海边住下来，一辈子开开心心，快乐得忘记了天下。"这个故事里，孟子把血缘亲情置于法律的公平正义之上，体现了儒家一贯的道德精神，但这明显有悖于现代社会的法治理念。课文只引用了前面两句来论证法律面前人人平等，说明教科书的作者也不认同孟子接着所表达的道德主张。这在当时不能不说是一种进步，因为直到今天，还有一些学者不讲道理地为孟子狡辩。②除此之外，课文阐释的"平等"却有明显的不足：（1）将"平等"仅仅归结为法律上的平等，而不是个人权利上的平等。如果法律本身就尊卑有别、亲疏不同，那还叫平等吗？（2）将"平等"和"秩序"对立了起来。现代社会是个因禀赋、能力、机遇等不同而存有差别的社会，现代社会的所有职位和权力对于所有人都是开放的，现代社会的这种秩序是建立在平等的基础上。囿于根深蒂固的传统儒家思想观念，教科书以为秩序就只能是尊卑有别、长幼有序、人民服从政府，否则就是没有秩序。这实质上是通过拒绝现代社会的这种新秩序，而否定了"平等"的价值观念。

最后，民国修身教科书里对有关"自由"、"平等"、"博爱"等现代道德价值的介绍和普及，常常随着当时波谲云诡的政治形势而跌宕起伏。袁

---

① 李步青：《（中学校适用）新制修身教本》第2册，第11—12页。
② 郭齐勇：《也谈"子为父隐"与孟子论舜》，《哲学研究》2002年第10期；扬泽波：《〈孟子〉的误读》，《江海学刊》2003年第2期。

世凯上台后，就一度提倡尊孔读经，大肆宣扬"固有文化"。尽管当时商务印书馆和中华书局等民间出版机构，曾商议抵制袁世凯政府的这种做法①，但是在教科书审定制度的约束下，修身教科书仍然受到了这股复古专制主义思潮的影响。中华书局1912年1月初版的《新制中华修身教科书》强调培养学生"共和国民之品格"②，而该书局1916年1月发行的《新式修身教科书》却"确定诚字为德目纲领"③，要求学生修炼身心。好一个"诚"字，传统儒家思想的道德精髓尽显其中。《新式修身教科书》还专门列有《守分》一课，以体现袁世凯《颁定教育要旨》所谓"君子思不出其位"④的旨意：

　　分者何？吾所处之地位也。人类本无阶级，而地位恒有异同。惟各守其分，斯彼此相安。若厌弃故常，侥幸非分，则将僭越放纵，社会之秩序乱矣。

　　欲为守分之人，其道有二：一曰安义命。孔子曰："不义而富且贵，于我如浮云。"孟子曰："求之有道，得之有命。"此安义命之旨也。二曰知廉耻。管子曰："礼义廉耻，国之四维，四维不张，国乃灭亡。"顾亭林曰："不廉则无所不取，不耻则无所不为。人之不廉而至于悖礼犯义，其原皆生于无耻。"此知廉耻之说也。

　　人苟知此二者，立身处世，悉守其分所当为，人群相处，有不各得其所者乎！⑤

---

① 在商务印书馆编辑教科书的蒋维乔，在《蒋维乔日记》中记载：民国三年"三月二十四日，阴雨，晨九时半到[编译]所。是日校阅涵芬楼图书目录。十二时，沈君朵山（颐）有电话来，邀余往中华书局。余往，晤及[陆费]伯鸿、[戴]懋哉诸君，同往德兴饭店西餐。伯鸿言及，阅及教育部有不正式之通知，令各书局将教科书改易，加入颂扬总统语。中华商务两家应协商抵拒方法，各派人入京与部磋商，其条件可遵者遵，不可遵者勿遵，二家一致进行。余允归与菊公（张元济）商量而罢。回编译所，适菊公来，因告之。菊公亦赞成。"参见汪家熔《民族魂——教科书变迁》，北京：商务印书馆2008年3月，第145—146页。

② 戴克敦、沈颐、陆费逵：《编辑大意》，《（初等小学校用）新制中华修身教科书》第1册，上海：中华书局民国元年十一月（1912年11月）初版、民国二年四月（1913年4月）20版，第1页。

③ 方钧：《编辑大意》，《（国民学校用）新式修身教科书》第1册，上海：中华书局民国五年一月（1916年1月）发行、民国十二年五月（1923年5月）71版，第1页。

④ 袁世凯：《颁定教育要旨》，舒新城：《中国近代教育史资料》上册，北京：人民教育出版社1981年版，第249页。"君子思不出其位"本是曾子所言，袁世凯却错将其当作孔子的话。参见《论语·宪问》。

⑤ 方浏生：《（高等小学校用）新式修身教科书》第6册，上海：中华书局民国五年二月（1916年2月）发行、民国九年七月（1920年7月）29版，第1页。

课文引用了孔孟等先贤的道德论述，明确要求学生要安分守己，完全都是传统的一套。

不止如此，安分守己的传统道德要求也渗透进了"自由"、"平等"、"博爱"的新道德之中。《（国民学校用）新式修身教科书》第8册连续三课阐释了这三者的"真义"：

第九课　自由之真义

人民依法律之保障其身体、家宅、财产、营业、言论、著作、刊行、集会、结社、书信、迁徙、信教，皆得自由。但既依法律之保障而得之，则法律范围以外，决无自由之余地。若假自由之名，以破坏法律，则国家必禁止之，或惩罚之，是欲求自由而转失自由矣。故一国中自由之民，必皆守法之民也。

第十课　平等之真义

平等者何？谓人民在人格上、法律上皆为平等，无种族、阶级、宗教之区别也。至人之能力经验，各有不同，因之所处之地位，亦不能无异。然分途并趋，而各获相当之报酬，实含平等之义。若以此为不平，乃欲毁正道，而出于争攘，是大乱之道也。

第十一课　亲爱之真义

共和政体，立国基于全体国民之上。必其国民相互团结，然后其国能日臻安固。昔之人，知人民之利害关系，不出一乡，尚以出入相友，守望相助，疾病相扶持，教民亲睦。矧今日一国之利害，即全国人公共之利害，必赖全国人群以谋之，可不以互助亲爱为急务乎！[①]

依照上面的表述，自由就是法律内的自由，平等就是认同法律秩序下的差异，而不论法律是某些强制的不得不遵从的普遍性原则的，还只是当权者手中的罗网；亲爱替代了博爱，强调的是忽略个人权利的团结和互助。如此阐述，几乎全失原义。

女子修身教科书是修身教科书的重要部分，其在某种意义上规定了妇女

---

① 方钧：《（国民学校用）新式修身教科书》第8册，上海：中华书局民国五年五月（1916年5月）发行、民国十二年五月（1923年5月）48版，第5—7页。

解放的宽容程度，从而在一个侧面反映了整个社会的文明和开放。《订正女子修身教科书》是民国时期商务印书馆出版的一套女子教科书，共4册，由沈颐编纂。①从图5—21的分析来看，修身教科书的道德条目虽然远比清末详细、繁多，但是绝大多数仍然是传统的道德伦理；道德条目不像清末那样只限于个人修养和家庭伦理的范围，已经扩大到了社会和国家，公益、公德、爱国、国民等德目合计占有6.3%的比例；博爱、尊重人类、戒迷信等带有现代价值取向的德目大约也有6.3%的分量，现代的道德价值观念已经隐隐约约地渗透进了女子修身教科书；修身教科书里没有男女"平等"方面的德目，强调的依旧是"内助"、"妇职"、"妇功"等"夫主妇辅"、"男主外，女主内"的传统观念。由此综合而论，我国妇女的解放并不是从反对男权开始的，而是发端于对"公益"、"爱国"等社会和国家公共事务的参与。换句话说，近代以来日益严重的民族危机，在促进中国社会思想文化、政治制度等各方面变革的同时，也开启了妇女解放的道路。在李泽厚所谓的"救亡压倒启蒙"②之前，救亡首先是促进了启蒙。

---

① 这套教科书最早出版于清末的1909年（己酉年），1912年（民国元年）做了修订，因而名为《订正女子修身教科书（高等小学用）》。这里引用的版本分别是：第1册，民国二年五月（1913年5月）订正6版；第2册，己酉年（1909年）十一月初版、民国九年十一月（1920年11月）15版；第3册，民国元年六月（1912年6月）订正版、民国二年一月（1913年1月）订正4版；第4册，民国元年五月订正初版。

② 李泽厚：《救亡与启蒙的双重变奏》，《中国现代思想史论》，北京：东方出版社1987年版，第1—49页。

·178· 臣民还是公民？

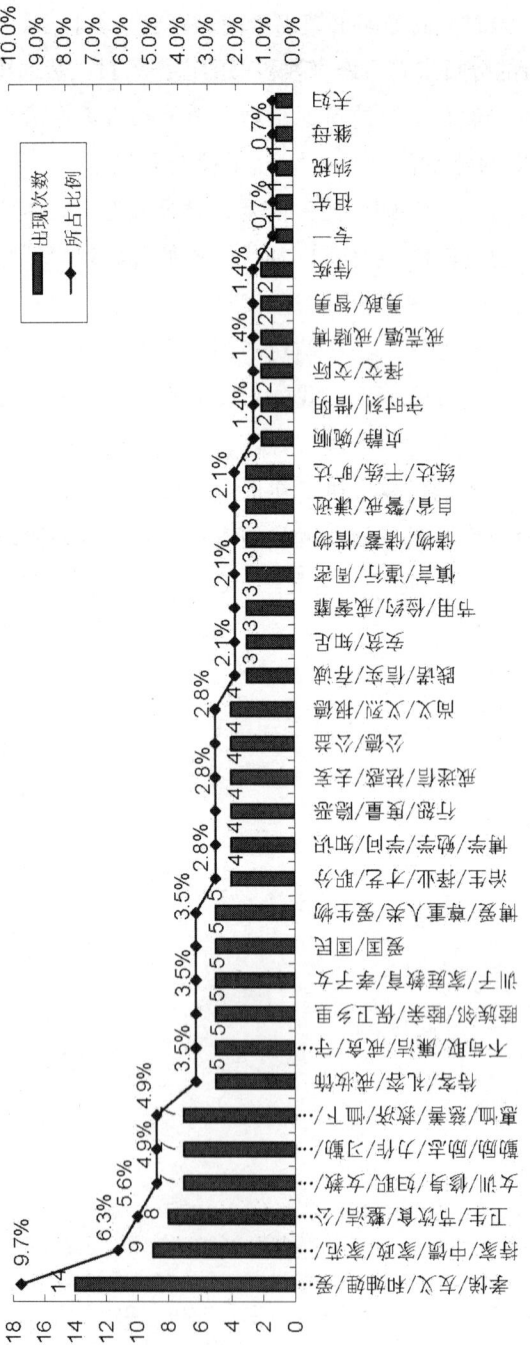

图5—21 《订正女子修身教科书》道德价值取向分析

（三）修身教科书的编写特点

第一，民国时期的修身教科书在继承了清末"修身—齐家—治国—平天下"的整体结构的前提下，大多采用"圆周法"编写。所谓的"圆周法"，就是相似或相同的内容一年或几年来个循环，在这种循环反复中，同样的内容在每一次循环后进一步得以巩固和深化。以中华书局出版的《新制中华修身教科书》为例，该套教科书高等小学阶段共9册，每学年3册。整套教科书以圆周法编写，第一二年为一周，第三年为一周，每周的道德条目都是由自己、家庭，推及社会、国家。商务印书馆出版的《共和国教科书新修身》也是如此。该套教科书初等小学阶段共8册，每学年2册，每2册一个循环，初等小学4年循环4次。

这种圆周法的编写方法，有助于学生在每一轮的循环反复中形成和强化道德观念；但是若后一轮的课文在阐述相同的道德条目时，没有深化和区别，就难免让人觉得老调重弹，枯燥乏味。因此，民国时期的修身教科书在用圆周法编写的同时，往往辅之以"阶段法"，即将每一个循环也作为前后相连的一个阶段，从而使得同样的道德内容不断深化。以商务印书馆的《共和国教科书新修身》为例，在初等小学四年级第八册教科书中首次出现了自由、平等，以及纳税和服兵役等国民义务方面的内容，随后在高等小学第二、四、六册的修身教科书中又深入地讲解了同样的道德条目。

第二，在内容材料的征引上，民国时期的修身教科书不仅选用了我国先贤故事和道德语录，而且采用了许多外国故事和道德格言。图5—22和图5—23采用频度分析法，分别对中华书局出版的《新制中华修身教科书》和《新式修身教科书》中所援引的人物做了统计。由于两套教科书在初等小学或国民学校阶段前两学年的课文多是图画，因此图中的统计不包括这两年的几册教科书。《新制中华修身教科书》中的人物大约有83位，在课文中总共出现122次。其中外国人物有林肯、富兰克林、来廷革儿、哥伦布、惠灵吞、黎痕、华盛顿、福泽谕吉、卢梭、巴津西、占士比耳、德留、广濑武夫等13人，在课文中共出现30次，约占总次数的24.6%。林肯出现高达7次，超过孔孟而名列第一。整个修身教科书在内容材料的选择上表现出了前所未有的开放态度。

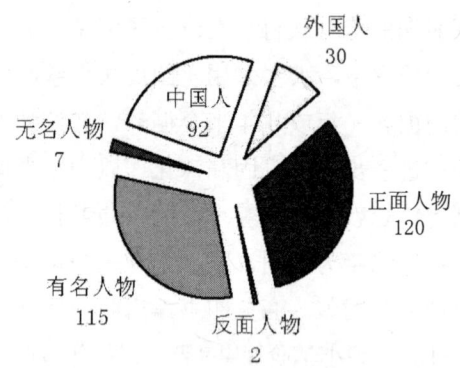

图5—22 《新制中华修身教科书》（初小7—12册、高小1—9册）中的人物出现频次

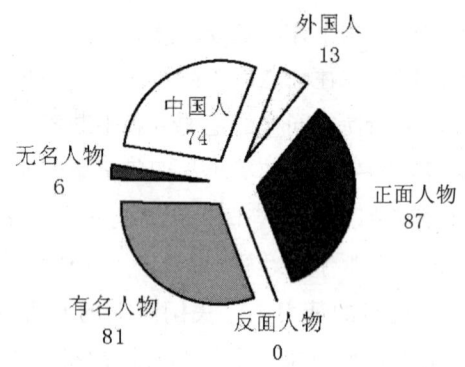

图5—23 《新式修身教科书》（国民学校5—8册、高小14—6册）中的人物出现频次

《新式修身教科书》中的人物大约有39位，在课文中总共出现87次。其中外国人物有林肯、来廷革儿、华盛顿、富兰克林、惠灵吞、鲁滨逊等6人，在课文中共出现13次，约占总次数14.9%。林肯出现4次，虽然在外国人中排名第一，但是落后于范仲淹、王守仁、孟子、岳飞、司马光、孔子而在总名次中位居第七。显然无论从哪方面看，这套教科书在选材上的开放程度都不如《新制中华修身教科书》。这意味着当时袁世凯倡导的专制主义复古思潮，影响了修身教科书的编纂。

第三，在语言表述、体裁体例等方面，民国时期的修身教科书也有一些变化。在课文内容的语言表述方面，1919年之前的修身教科书依然如清末一样，可能划分为传统/现代道德条目、传统/现代语言表述等四种组合方式。只是在这四种组合中，传统道德条目、现代语言表述，现代道德条目、现代语言表述等两种方式有所增加。所用的语言如清末一样，依旧是浅近的文言文。

1919年之后的修身教科书基本都采用了白话文和新式标点符号，无论是传统旧德目还是现代新德目，也全都采用了新的现代语言表述方式。商务印书馆1920年初版的《新法修身教科书》和中华书局1921年发行的《新教育教科书修身》都是如此。以《新教育教科书修身》第二册第十一课《实事求是的韦白司德》为例，其全文如下：

> 韦白司德是美国的议员。当国会将要闭会的时候，有人请他对于某议案演说。韦氏说："这个，我做不到。因为这几天我职务极忙，没工夫研究这个问题，预备发言。"那人说："先生何必太谦！先生发言论事，总很妥善，从来没有见你失败过。"韦氏说："正惟如此，所以我答应不下。我对于一切问题，如果没有研究精确，断不敢贸然发言。现在我既然没工夫研究这个问题，当然没有意见可以发表。"照此看来，韦白司德的发言论事，不致失败，就是他脚踏实地，事事能先切实研究的缘故。
>
> 真实是万事的根本。无论什么事，总要用最有实效的方法去做；切勿专讲究表面的铺张。行为总要出于本心；不可口是心非，带着"假面具"欺人。虚荣心更不可有；就是没有荣誉的事，只要实在的效果，也应该努力去做。①（原文为竖排，横式的引号""原文为竖式的引号『』。——引者注）

在体裁体例方面，民国时期的修身教科书完全适应了现代教育的学术性规范，摆脱了清末教科书体裁杂乱的现象，已经定型和成熟。就所搜集到的教科书来看，当时小学阶段的修身教科书都是分课编写，没有像清末按章节体编写的，已经取得了一致和统一。小学一年的修身教科书全都用图画、没有文字，直观形象，易于引起学生的兴趣。小学二至四年级的修身教科书

---

① 朱文叔、刘传厚等：《（高等小学校用）新教育教科书修身》第2册，上海：中华书局民国十年一月（1921年1月）发行、四月4版，第12—13页。

兼用文字、插图，图文并茂。小学五至七年级，即高等小学整个三年的修身教科书再也不配插图，单一采用文字。中学阶段的修身教科书全用章节体编写，前三年通常是讲述学校、家庭、社会、国家及世界万物等方面的道德伦理，最后一年则是介绍中西伦理学方面的理论与学说。

修身教科书在编写规范上的一致，一方面标志自清末开始的现代新式教育在形式上的进步和成熟。另一方面，特别是在中小学废止读经讲经课程之后，修身教科书实际上取代了原来经学的地位，继续扮演着向学生灌输意识形态的角色。但是依据现代新式教育而编写的修身教科书，既没有完整地介绍传统的儒家经典，也没有系统地引进西方道德伦理。与之相适应的后果是，学生在传统儒家经典方面的素养降低了，传统儒学走向了衰落；断章取义的西方道德伦理也难以给学生一个全新的道德观念，传统道德思想通过修身课程等各种途径依旧得以延续。

清末的修身教科书开始按照道德条目来编写课文，安排教学，贯彻和体现了某种"德目主义"的教育观念。所谓"德目主义"，主张将人类的美德凝练成具体的道德条目灌输给学生，以培养其良好的品德，是19世纪后半期盛行于西方的一种道德教育思潮。这种道德教育思潮到了民国时期，似乎更加普遍，当时的修身教科书几乎无一例外地按照道德条目编写。"德目主义"一定程度上假定了教育者知识的真理性，强调了对于受教育者的权威，不利于受教育者自主、独立和平等意识的培养。倘若像袁世凯政府那样，制订具体的道德教授要目以指导教科书的编纂，那么政府的主张和意识形态就轻而易举地灌输给了受教育者，从而有利于维护政府的统治和权威。在教科书的编纂上，"德目主义"、教科书审定制度以及不完善的知识产权保护之间相结合，使得民国时期的修身教科书往往大同小异，甚至雷同。下面是几套修身教科书中有关"职业、尽职"和"让功"两个条目的课文：

第一课　职业

猫捕鼠，犬守门，各司其事。人无职业，不如猫犬。

第一课　职业

猫捕鼠，犬守门，各司其事。人非猫犬可比，故尤贵有职业。

第二课　尽职

猫捕鼠，犬守家，各尽其职。人贵于猫犬，故尤宜尽职。

第十八课 让功

冯异偕诸将出征，每战必身先士卒。及还，论功行赏，诸将争功不已，异退立树下，默无一言。时人称为大树将军。

第十二课 让功

冯异偕诸将出征，每战必身先士卒，奋力平贼。及还，论功行赏，诸将争论不已，异退立大树下，默不一言。时人称为大树将军。①

抗日战争时期，华北等地伪政府在日本殖民者的支持下又纷纷恢复了修身课程，重新编纂发行了修身教科书。这个时期的修身教科书有三个特点：第一，宣扬所谓的"中日满"亲善和东亚和平。②第二，鼓吹发扬中国和日本为代表的所谓东方固有文化。③第三，这个时期的教科书都以通俗的白话文编写。

四　蔡元培《中学修身教科书》的修订：从清末到民国

《中学修身教科书》是蔡元培于清末编写的一套教科书，共5册。前3册1908年1月由商务印书馆出版，因为蔡元培曾为麦鼎华翻译的《中等伦理学》作序并建议"我国言教育者，亟取而应用之，无徒以四书、五经种种参考书，扰我学子之思想"，被张之洞指为"谬妄"，商务印书馆为避免麻烦，这3册教科书未列蔡元培的姓名，而署为"商务印书馆编译所"编纂。④后两册教科书紧接着于1908年春出版，其中第四册依然署作"商务印书馆编译所"，第五册署名"蔡振"。⑤蔡元培夫人黄仲玉，又名黄世振，蔡元培早期有些著作如《伦理学原理》、《中国伦理学史》在清末初版时，常借用其夫人之名，或署用笔名"蔡振"。⑥在初版后的多次重版时，蔡元培的《中学修身教科书》多署为"蔡振"编纂。

---

① 戴克敦、沈颐、陆费逵：《（初等小学校用）新制中华修身教科书》第8册，上海：中华书局民国二年一月（1913年1月）初版、三月10版，第8页。

② 教育总署编审会：《高等小学修身教科书》，北京：新民印书馆股份有限公司1939年版，第3册第24—28页。

③ 教育总署编审会：《高等小学修身教科书》，第3册第29—32页、第4册第28—34页。

④ 高平叔：《蔡元培年谱长编》上册，北京：人民教育出版社1996年版，第335—336页。

⑤ 高平叔在《蔡元培年谱长编》里引用汪家熔《蔡元培和商务印书馆》一文，说《中等修身教科书》第4册署名"蔡振"编纂（参见《蔡元培年谱长编》上册，第341页）。核之教科书的版权页，该说法是错误的。

⑥ 高平叔：《蔡元培年谱》，北京：中华书局1980年版，第24页。

与清末其他修身教科书相比,蔡元培这套《中学修身教科书》自有其特色:第一,在强调"修己之道,体育、知育、德育三者,不可以偏废"的同时,着重突出了"体育"在修身中的基础性地位,"凡道德以修己为本,而修己之道,又以体育为本"[①]。虽然其他教科书往往也用了很大的篇幅来讲述整洁、卫生和健康方面的内容,但是少有修身教科书将其概括为"体育",并提升到与智育和德育并重的高度。

第二,专门列有三章介绍职业、雇佣关系,以及官吏、医生、教员、商贾等相应行业的道德规范,注重学生择业观念和职业伦理的培养。这在清末其他修身教科书里也是少见的。

第三,与其他修身教科书相比,这套教科书在比较准确地理解了权利、义务等现代性的道德价值和思想理论的基础上,结合中国文化传统,进行了某些独特的思考和论述。《中学修身教科书》在《国家总论》中说:

> 凡有权利,则必有与之相当之义务;而有义务,则亦必有与之相当之权利。二者相因,不可偏废。我有行一事保一物之权利,则彼即有不得妨我一事夺我一物之义务。此国家与私人之所同也。是故国家既有保护人之义务,则必有可以行其义务之权利。而人民既有享受国家保护之权利,则其对于国家,必有当尽之义务,盖可知也。
>
> 人之权利,本无差等。以其大纲言之,如生活之权利、职业之权利、财产之权利、思想之权利,非人人所同有乎?我有此权利,而人或侵之,则我得而抵抗之。若不得已,则藉国家权力以防遏之。是谓人人所有之权利,而国家所宜引为义务者也。国家对于此事之权利,谓之公权,即国家所以成立之本。请详言之。
>
> 人之权利,为他人所侵,则得而抵抗之,是谓自卫权。人人所当有也。然使此自卫权漫无制限,则流弊甚大。如二人意见不合,不必相妨也,而或且以权利被侵为口实。由此例推,则使人人得滥用其自卫权,而不受公权之限制,则无谓之争阅,将日增一日矣。
>
> 于是乎有国家之公权,以代各人之自卫权,而人人不必自危,亦不得自肆,公平正直,各得其所焉。夫国家既有为人防卫之权利,则即有

---

① 蔡振:《(中学堂用)修身教科书》第1册,上海:商务印书馆光绪三十三年十二月(1908年1月)初版、宣统二年(1910年)二月4版,第4—5页。

>防卫众人之义务，义务愈大，则权力亦愈大。故曰国家之所以成立者，权力也。①

这里的论述首先简明地阐述了权利和义务、国家权力和个人权利之间的相互关系；其次肯定了平等是基于权利的平等，"人之权利，本无差等"，说清了"平等"的真正含义；最后以权利理论为基础，隐约地论述了国家的实质和责任，即国家是替代个人自卫权的公共权力，国家负有保护人民的责任，表达了一种有别于我国素来王朝观念的"国家"思想。

需要指出的是，整套《中学修身教科书》注重和强调的仍然是义务或责任，而不是权利。这实际上反映的是蔡元培对于权利理论某种自以为是的修改，在随后1912年的全国临时教育会上，他清楚地说明了这一点：

>社会逃不出世界，个人逃不出社会。……至于人之恒言，辄曰权利、义务。而鄙人所言责任，似偏于义务一方面，则以鄙人对于权利、义务之观念，并非相对的。盖人类上有究竟之义务，所以克尽义务者，是谓权利；或受外界之阻力，而使不克尽其义务，是谓权利之丧失。是权利由义务而生，并非对待关系。②

因为每个人生来就是社会的一部分，所以生来就有对于家庭、国家、世界等的责任，这种责任就是义务。而要履行这些义务，就得有"克尽义务"的权利。因此按照蔡元培的论证，个人并不是生来就有各种权利，"天赋之说，最为茫漠而不可信"③，而是生来就有各种义务，权利是为义务服务的。蔡元培以我国文化中集体主义的思想观念和思维模式为起点，并辅之以无神论，颠倒了权利和义务的关系，曲解了天赋人权理论。他的论证虽然否定了君主个人的权威，但是却将皇冠戴上了国家的头顶。这或许预兆了民国后来走向某种现代专制的宿命。

"自由"和"平等"在《中学修身教科书》里没有明晰的德目，但是

---

① 商务印书馆编译所：《（中学堂用）修身教科书》第4册，上海：商务印书馆光绪三十四年（1908年）季春月初版，第2—5页。

② 蔡元培：《全国临时教育会议开会词》，高平叔：《蔡元培全集》第2卷，第263页。

③ 蔡振：《（中学堂用）修身教科书》第5册，上海：商务印书馆光绪三十四年（1908年）三月初版，第18页。

却隐含在课文内容里。书中的"公义"就相当于"自由":"公义者,不侵他人权利之谓也。我与人同居社会之中,人我之权利,非有径庭,我既不欲有侵我之权利者,则我亦决勿侵人之权利。人与人互不相侵,而公义立矣。"上文的"人之权利,本无差等"与这里的"人我权利,非有径庭",都是"平等"之意。"自由"和"平等",修身教科书认为都是"消极之道德"。国民若仅有消极道德,则"未足以尽对于社会之本务",因此还需要"积极之道德"。"博爱"就是这种积极道德,教科书为此专门列有德目,并且认为"博爱者,人生最贵之道德也,人之所以能为人者以此"。本着博爱之心,"图公益","开世务","既不侵他人之权利,又能见他人之穷困而救之,举社会之公益而行之,则人生对于社会之本务,始可谓之完成矣"。教科书还以孔子之言为例证说,"己所不欲,勿施于人"是"消极之道德",是"公义";"己欲立而立人,己欲达而达人"是"积极之道德",是"公德"。二者并重,不可偏废。①

尽管《中学修身教科书》对于那些现代性道德条目的阐述并不十分明晰,有的甚至违反了其本来的含义,但是它努力从传统儒家思想里开掘出带有现代价值的道德内容,在修身教科书融合传统伦理和现代价值方面是首屈一指的,在某种意义上承接了自康有为到后来熊十力等人所谓现代新儒家的思想理路。

民国建立后,《中学修身教科书》随即做了修改,并于1912年5月初版,清末原书分为5册,现合订为1册,编纂者仍旧署名"蔡振"②。自1912年5月到1921年9月共发行了16版③,就笔者收集到的1912年5月9版和1919年8月12版的情况看,各版教科书除后面的版本署名为"蔡元培"外,课文内容完全一样,没有变化。

---

① 蔡振:《(订正中学校用)修身教科书》,上海:商务印书馆中华民国元年五月(1912年5月)9版,上篇第63—66页。这个段落的引文应出自清末版《(中学堂用)修身教科书》第3册,由于该册教科书缺失,所以引文转而引自民国元年版《(订正中学校用)修身教科书》。

② 《蔡元培年谱长编》根据1912年6月22日商务印书馆在《民立报》上的广告,断定《中学修身教科书》修订本于该月出版(参见高平叔《蔡元培年谱长编》上册,第460页)。而该修身教科书1919年8月12版的版权页写有"壬子年五月初版",因此该教科书应初版于1912年5月,《年谱长编》的说法是不准确的。修身教科书1912年5月9版仍然署名"绍兴蔡振",因此该书修改后初版时应依旧署名"蔡振"。

③ 高平叔附加在《中学修身教科书》上的题注,高平叔:《蔡元培全集》第2卷,第169页。

表5—3　　　　　　　《中学修身教科书》修订比照

	《（中学堂用）修身教科书》（1—5册）清末版原文	《（订正中学校用）修身教科书》（全1册）民国版修改
篇章结构的变化	全书分5册：第1册 修己；第2册 家族；第3册 社会；第4册 国家、职业；第5册 伦理学理论。	全书分上、下篇，上篇相当于清末版第1—4册内容，合为5章：第1章 修己；第2章 家族；第3章 社会；第4章 国家；第5章 职业。下篇与清末版第5册完全一样。
	第1—4册都由"章"组成，"章"下不分"节"，各册首章一般为总论，其余各章为具体的道德条目内容；第5册分"章"和"节"。	全书各章都分"节"。
	第1册目录为：第一章 修己总论；第二章 体育；第三章 朋友 习惯 勤勉；第四章 自制；……第七章 修德。第2册目录为：第一章 家族总论；第二章 子女；……第六章 族戚及主仆；第七章 交友；第八章 从师。	上篇第一章目录为：第一章 修己；第一节 总论；第二节 体育；第三节 习惯；第四节 勤勉；第五节 自制；……第八节 修德；第九节 交友；第十节 从师。清末版第1册第三章"朋友"条目的内容在民国版中删除了，第2册"第七章交友、第八章从师"调为了民国版中第一章的第九节、第十节。
课文内容的修改	[吾国圣人，以孝为百行之本，小之一人之私德，大之国民之公义，无不由是而推演之者。]是以有五伦之教：所谓父子有亲，君臣有义，夫妇有别，长幼有序，朋友有信是也。又分别言之，以为十义之教：所谓父慈、子孝，兄良、弟弟，夫义、妇听，长惠、幼顺，君仁、臣忠是也。是道德之纲领也。（第1册，第2页。）	[吾国圣人，以孝为百行之本，小之一人之私德，大之国民之公义，无不由是而推演之者。]故曰："惟孝友于兄弟，施于有政。"（上篇：第1页。）清末版中的那句"五伦""十义"，在民国版中代之这句"故曰"了。
	臣民（第1册：第3、5页。） 臣民（第2册：第11页。） 忠臣（第2册：第25页。） 忠良之臣（第2册：第53页。）	国民（上篇：第2、3页。） 人民（上篇：第41页。） 良民（上篇：第47页。） 忠良之国民（上篇：第60页。）
	是故臣子之本务曰忠孝，夫妇之本务曰和睦。（第2册：第1页。）	是故弟子之本务曰孝弟，夫妇之本务曰和睦。（上篇：第36页。）
	家族者……其主人如国之有君主，……（第2册：第6页。） 家有父母，如国有君主。君主统治一国，而臣民不能从顺……（第2册：第11页。）	家族者……其主人如国之有元首……（上篇：第39页。） 家有父母，如国有元首。元首统治一国，而人民不能从顺，……（上篇：第41页。）
	盖人道莫大于孝……以之事君则忠，……（第2册：第12页。） 事君不忠，莅官不敬……（第2册：第25页。）	盖人道莫大于孝……以之事长则顺，……（上篇：第41页。） 谋国不忠，莅官不敬……（上篇：第47页。）
	一家之有主仆，亦如一国之有君臣然。（第2册：第53页。）	删除了清末版中的那句，参见上篇，第60页。
	前数卷（第5册：第1页。）	上篇（下篇：第1页。）

《中学修身教科书》在民国元年的修改（如表5—3），除在篇章结构上更加简洁一致之外，在课文内容上体现了蔡元培的政治理念——"忠君与共和政体不合，尊孔与信教自由相违"[1]，即颠覆了传统儒家思想长期占据的国家意识形态地位。如果说辛亥革命赶跑了一个皇帝，那么"是以有五伦之教：所谓父子有亲，君臣有义，夫妇有别，长幼有序，朋友有信是也。又分别言之，以为十义之教：所谓父慈、子孝、兄良、弟弟、夫义、妇听、长惠、幼顺、君仁、臣忠是也。是道德之纲领也"这段纲领性的话语，在《中学修身教科书》里被删除，既深刻地浓缩了自清末到民国的这一政治变迁，也大致地反映了所有修身教科书自清末到民国的变化。

---

[1] 蔡元培：《对于新教育之意见》，高平叔：《蔡元培全集》第2卷，第136页。

第六章
公民教科书

旧道德是保守的、束缚的、消极的；新道德是进取的、自由的、积极的。我们本着这个意思，不但要养成公民善良的习惯，还要发展公民优美的性能。尼采说："现今时代，是一个重新估定一切价值的时代。"现在道德问题，也要重新估定一切价值才好。把完美的，保存起来，不完美的，改造或废除起来，使全社会上的人，渐渐完成高尚的人格，走到正当的轨道，大家凭着良心，依着真理去行，社会的进步，自然一日千里了。

——顾树森、潘文安：《新著公民须知（道德编）》

教科书不是"传之万世"的著作，其内容应以时代精神为转移。……公民教科书的内容，更应以时代精神为转移。三民主义的新时代精神降临了，三民主义公民学已为普遍的需要。所以本书的修正，是以三民主义的新时代精神为中心的。

——冯顺伯：《新中学公民课本·重编者言》

一 公民科的设置及演变

在新文化运动的推动下，中国知识分子的思想越来越开放，视野越来越开阔。清末以日本为榜样而建立起来的现代新式教育，首先引起了一些知识分子的反思和不满。蒋梦麟在论及教育时直截了当地指出："若把自日本抄来之德国式的法令，认作金科玉律，把学生一个一个地束缚起来，使个人变成机械，则便成不良的教育了。"[1]此后人们直接把眼光转向了美国。1919年和1921年，美国教育家杜威和孟禄分别来华，广泛地介绍和宣传实用主义哲学思想及其教育理念。这是新文化运动中的一个重要事件，并且直接影响了

---

[1] 蒋梦麟：《教育究竟做什么》，《新教育》第1卷第1期（1919年2月），第8页。

当时中国的学制改革和课程设置。直到20世纪30年代，人们回顾这段变革时依然评论说："清末和民初，我国小学教育，受了日本的影响而事事仿效日本；民国七八年以后，则美国新教育的波浪传到我国，我国实地教育者，在厌弃日本、力求革新之余而又仿效美国。……仿效日本，近乎盲目；仿效美国，则是一种自然的进步——自卢梭以来，教育逐渐革新，美国以杜威氏等的努力，差不多成了新教育的正宗。其教育方法，除因政治上的关系带有资本主义色彩外，'实验'之说、'儿童本位'之说、'教育即生活'之说……都是未可厚非的。所以，同一仿效，后者自比前者为有意义。"[1]在清末新式现代教育建立之初，人们对于现代教育理论并没有什么了解，而更多地着眼于政治或意识形态等教育自身之外的因素，以此来学习和仿效日本的教育模式，并非如论者所言的"近乎盲目"。但若就现代教育自身的理论逻辑来分析，上述评论应该算是恰当和公允的。

　　清末以来学校道德教育的内容和方式同样遭到了一些知识分子的批评。顾树森和潘文安在编纂中学教科书《新著公民须知（道德编）》时，以社会进化论为理论依据，从时代和社会的需要出发，将道德区分为新旧："旧道德是保守的、束缚的、消极的；新道德是进取的、自由的、积极的"；要求按照尼采"重新估定一切价值"的口号来重新估定一切价值；并且认为只有这样，才能"把完美的保存起来，不完美的改造或废除起来，使社会上的人，渐渐完成高尚的人格，走到正当的轨道"。[2]对于以往侧重于道德灌输的教学方式，元尚仁更是本着"教育即生活"的理念指出："德育是什么？简单地说就是教育儿童'实行'那完全生活底法则，改良那做人底道理；并不是做些鬼鬼祟祟的工夫像'毋不敬，俨若思'一般。要知道处处有德育底机会，事事有德底意思；正不必到特定的地方去寻求的。"[3]

　　在这样的一种社会氛围下，当时的修身课程几乎成了众矢之的。"现今学校中所通行的'修身教科书'非但是蛇足，而且是大背德育原理的。更有什么记功记过一类的把戏，那竟不是教儿童知道道德，简直是教他们放弃道德了！"[4]更有如孔德学校这样的学校直接废除了修身课程。1920年，《少

---

[1] 吴研因、翁之达：《中国之小学教育》，上海：商务印书馆1934年版，第25页
[2] 顾树森、潘文安：《新著公民须知（道德编）》（中等学校用），上海：商务印书馆中华民国十二年三月（1923年3月）初版，第1—2页。
[3] 元尚仁：《译者小言》，杜威：《德育原理》，元尚仁译，上海：中华书局1921年版，第2页。
[4] 元尚仁：《译者小言》，同上书，第2页。

年杂志》曾就此分析说:"这个学校所以废除修身科,并不是要毁弃道德教育;是把道德的材料附在他种教科去教授。因为修身科的内容,大概不外两种:一种是为的涵养性情,导之躬行实践;一种是授以儿童立身处世的知识,使之不致躬蹈悔尤。前者可以注重平时的训练,后者可以附在国语科教授;其他如乐歌图画一类的学科,都能涵养美德,何必特设干燥无味的修身科,反致流于形式呢?"① 显然,修身课程的变革已势所必然。

民国成立之后,首任教育总长蔡元培就主张公民道德教育②,袁世凯政府也曾明文规定在修身科中加入"公民须知"的内容③,但是当时修身课程大多还是教授传统的儒家道德观念,培养学生共和精神或国民道德的教育实践一直令人失望,各种批评之声纷至沓来。1916年4月,朱元善在《教育杂志》上撰文认为,"今日之国家明明已由君主易为共和,由专制而进于立宪。既为共和立宪之国,则教育之方针自当以新国家之本质为主眼,而置重于共和立宪国民之养成",因此,今后的教育方针,"非实施公民教育不可"。④几年之后,顾树森在探讨学制改革时依旧尖锐地指出,"现行学制中缺乏培养共和国民之精神",而"各国在普通学校中必设公民科,对于公民应有之常识、国家之组织、法律之大要,以及公民之责任义务皆当使之明悉无遗,且非特授以知识,又与相当练习之机会。……我国各普通学校公民一科既未规定加入,而全国教育大家亦不注意此点"⑤。经过那些思想开放的知识分子的持续努力,1922年11月,北京政府终于公布了经过几年讨论而形成的一套模仿美国的新学制。次年5月,适应新学制的一套新的课程安排也编订公布了。在这套新的课程安排里,中小学的修身科基本被新设的公民科所取代了。

就课程的具体内容来看,原来的修身课程与新设的公民课程并非完全一致。根据"壬戌学制",在小学,一至四年级为初级小学,开设社会科,包括历史、地理、卫生、人生以及公民等方面的内容,授课时间共占总课时的20%;五至六年级为高级小学,将初级小学开设的社会科分开了,分别设有地理、历史、卫生和公民四科,其中公民科授课时间占总课时的4%。这也就是说,原来修身课程的内容现在基本由新设的社会和公民两门课程所分摊。

① 《〈少年杂志〉记孔德学校》,《中华教育界》第10卷第3期(1921年3月)。
② 蔡元培:《对于新教育之意见》,高平叔:《蔡元培全集》第2卷,第131页。
③ 《国民学校令施行细则》,《教育公报》第2年第12期(洪宪元年一月),"法规",第40—41页。
④ 朱元善:《今后之教育方针》,《教育杂志》第8卷第4号(1916年4月),第5—6页。
⑤ 顾树森:《对于改革现行学制之意见》,《教育杂志》第12卷第9号(1920年9月),第3页。

在中学，初中阶段开设公民科，记6学分；高中阶段开设人生哲学和社会问题，分别记4学分和6学分。①总体而言，"公民科的范围比修身科广得多。修身专注重个人修养；公民侧重在研究社会环境的状况，把个人修养纳做是人生适应社会的条件"②。

1927年南京国民政府建立后，为了推行党化教育，1928年在中小学校开设了三民主义课程。1929年中小学课程暂行标准则将三民主义课程改称党义，并且取消了公民科。1932年中小学课程标准同时取消了中小学的党义科，在中学又重新开设了公民科，在小学则设有公民训练科。此后，除1942年小学课程修订标准将公民训练改称团体训练、1948年小学课程二次修订标准又恢复为公民训练的名称外，中小学的公民课程设置直到1949年都没有变化。③

二　北京政府时期的公民教科书

1922年新学制颁布后所开设的公民科在1929年中小学课程暂行标准中被党义课程所替代，这前后七八年的时间是公民教科书发展的第一个阶段。与以往的学制改革不同，壬戌学制相应还制定了一个具体的课程标准，以丁晓先等人的话说，"这件东西，差不多可以说是我国从来没有，而为这一回学制改造后新增加的。旧时教育部只公布了一个简单笼统的课程表和几条教则细则。实施上却都守着坊间的教科书，算为唯一的课程标准"④。这段评论其实并不准确，早在袁世凯政府时期就制定过各门课程的教授要目草案和教科书编纂纲要草案，那些实际上就相当于这时的课程标准。不过，新学制课程标准纲要的颁布显然有利于教科书的编纂和修订，也大大加快了新学制的推行。

（一）公民课程纲要

《小学公民课程纲要》和《初级中学公民学课程纲要》（详见附录表8）分别由杨贤江、周鲠生起草，经袁希涛、金曾澄、胡适、黄炎培和经亨颐五

---

① 全国教育联合会新学制课程标准起草委员会：《新学制课程标准纲要》，上海：商务印书馆1925年版，第5—7页、第77—78页。
② 《新学制小学学制纲要草案》，《教育杂志》第15卷第4号（1923年4月），"附载"，第3页。
③ 教育部教育年鉴编纂委员会：《第二次中国教育年鉴》，上海：商务印书馆1948年版，第三编第28—29页、第四编第7页；教育部教育年鉴编纂委员会：《第四次中国教育年鉴》，台北：正中书局1976年版，第三编第11页。
④ 新学制实施讨论会：《新学制小学实施教学法》，上海：商务印书馆1923年版，第14—15页。

人组成的新学制课程标准起草委员会审核复订后,于1923年6月刊布实行。相比于袁世凯时期的修身教授要目草案和教科书编纂纲要草案,公民课程纲要显得简洁和概括,只是粗略地设定了内容大概和基本意旨,并没有列出具体的道德条目,放弃了以往修身课程中德目主义的道德灌输方式,给教科书的编纂和课程教学都留有十分自由和宽松的空间。

依照公民课程纲要,整个公民课程内容大致可以划分为初级小学、高级小学和初级中学三个阶段。每一个阶段几乎都涉及家庭、学校、社团、地方、国家和国际等方面的常识道理和道德责任,是一个由近及远、由浅入深、相对独立和完整的循环。三个阶段三次循环,前后相继,螺旋上升。后一个阶段相对于前一个阶段,更加突出社会、国家等公共方面的内容。在教学方法上,小学阶段更加强调公民习惯的训练和实践,初中阶段开始侧重相关知识的理解和思考。

这套公民课程纲要还体现了新文化运动后当时整个社会比较自由、开放和宽容的风气。例如,初中公民课程标准明确将"尊重他人自由"列为维持社会组织的原则,把"社会主义的分配方法"也包括在分配制度的范围之内。①

(二)公民教科书的内容分析

在公民教科书的内容结构上,小学教科书基本上都遵照课程标准纲要的规定,安排有家庭、学校、社团、地方、国家和国际等几个部分的内容,各种教科书之间相差不是太大。商务印书馆的《新学制公民教科书》在编辑大意中清晰说明其内容包括家庭生活、学校生活、城省生活、国家生活、国际生活和社会生活等几个方面。②中华书局出版的《新小学教科书公民课本》③也基本类似,该书4册共56课,有关个人、家庭、学校、社会、国家和国际等方面内容分别为19课、3课、3课、13课、16课和2课,各占总课数的33.9%、

---

① 《初级中学公民学课程纲要》,《新学制课程标准纲要》,第42、43页。

② 李泽彰:《新学制高级小学公民教科书编辑大意》,《新学制公民教科书(小学校高级用)》第1册,上海:商务印书馆民国十三年一月(1924年1月)初版、民国十四年十一月(1925年11月)60版,"扉页"。

③ 朱文叔:《(新学制适用)新小学教科书公民课本》,上海:中华书局,高级第1册:民国十二年二月(1923年2月)发行、民国十四年五月(1925年5月)24版;高级第2册:民国十二年二月(1923年2月)发行、民国十四年十一月(1925年11月)22版;高级第3册:民国十二年七月(1923年7月)发行、民国十四年十一月(1925年11月)18版;高级第4册:民国十二年七月(1923年7月)发行、民国十五年一月(1926年1月)15版。

5.35%、5.35%、23.20%、28.60%和3.60%。社会、国家和国际等有关公共生活方面的内容大约占55.4%,不仅明显高出以往修身教科书中类似内容的比例,而且在整个内容中也占有绝对分量,颠覆了修身教科书侧重于个人和家庭等私人领域的状况。

中学的公民教科书在内容结构上更加灵活。中华书局1923—1924年初版的《(新中学教科书)初级公民课本》①共3册,分为团体生活、政治组织、经济生活、社会问题、国家关系和道德问题6个部分,与公民课程纲要规定的社会生活及其组织、宪政治原则、中华民国的组织、经济问题、社会问题和国际关系6大段落基本一致,教科书6个部分篇幅一样,各为4章,每章各分4节。商务印书馆出版的《新撰初级中学教科书公民》②分为道德、法制和经济3篇,每篇1册。作为中华教育改进社丛书之一的《初中公民学教本》③更是别具一格,全书分做公民训育、公民知识、公民活动3编,各编有十二三章。

苏格拉底(Socrates)认为美德是知识④,孔子却认为道德和知识二元对立,"巧言乱德"⑤。袁征曾由此探讨了苏格拉底和孔子教育方法的巨大差别:前者进行充分理性的探讨,后者只是不做论证的训诫;前者为寻求真知而批判任何权威,后者为维护某种理想而讳言真实;前者与学生朋友相称,后者把学生当作小子。⑥苏格拉底和孔子的差别自然反映了希腊古代民主制度和中国宗法专制社会的不同。自清末至民国前期学校道德教育的发展,似乎有些类似于从孔子到苏格拉底。修身教科书中几乎都是道德性的内容,知识性的内容并不是很多。公民教科书明显不同,道德性的内容大大减少,知识

---

① 舒新城:《(新中学教科书)初级公民课本》,上海:中华书局,第1册:民国十二年八月(1923年8月)发行、民国十四年十一月(1925年11月)9版;第2册:民国十二年八月发行、民国十五年五月(1926年5月)8版;第3册:民国十三年一月(1924年1月)发行、民国十八年六月(1929年6月)11版。

② 高阳、陶汇曾、刘秉麟:《新撰初级中学教科书公民》,上海:商务印书馆,第1册:中华民国十四年一月(1925年1月)初版、十八年七月(1929年7月)53版;第2册:民国十四年一月初版、十五年三月(1926年3月)订正14版;第3册:民国十四年一月初版、十五年六月20版。

③ 冯顺伯、金崇如、王仲和:《初中公民学教本》,南京:江苏省立第一中学校,中华民国十三年九月(1924年9月)初版。

④ [古希腊]柏拉图:《美诺篇》,《柏拉图全集》,王晓朝译,北京:人民出版社2002年版,第1卷,第491—536页。

⑤ 《论语·卫灵公》。

⑥ 袁征:《美德是不是知识?——苏格拉底和孔子教学法的比较研究》,《广东社会科学》1999年第6期。

性的内容已占到了绝对分量，特别是在中学阶段，大约在2／3以上。以往修身教科书中道德与知识分离的状况也有所改变，许多道德价值更多地通过知识的陈述而体现出来，道德与知识呈现出了某种程度的融合趋势。伴随着这种趋势，公民教科书也表现出了某些苏格拉底式的道德教育方式。

尽管当时的公民教科书放弃了德目主义的编写方式，但是笔者仍然沿用频度分析方法，对教科书课文所阐述和体现的道德价值取向进行分析，以便与前面的修身教科书相比较。图6—1和图6—2分别是对《新小学教科书公民课本》（高级1—4册）和《新撰初级中学教科书公民》（第1册）的分析统计：《新小学教科书公民课本》大约涵盖40个道德条目，所有条目总共出现99次，其中整洁/卫生出现3次，占3.0%；民主、自由、平等、权利、义务、公民、公益、参政、地方自治、国会/政府/法院等带有现代性的德目总共出现34次左右，占34.4%；仁爱、勤俭、勤学、守法、勇敢、诚实、家庭、悔改等其余传统德目大约共出现62次，占62.6%。《新撰初级中学教科书公民》大约有45个道德条目，所有德目总共出现71次，其中健康出现1次，占1.4%；自由、平等、博爱、自治、民主、权利、义务、公益、公德、公民、慎选、尊重舆论等带有现代性的德目总共出现23次，占32.4%；其余传统德目共出现47次，占66.2%。倘若根据这两种教科书德目的平均出现频次估算，传统德目在公民教科书中大约占64.1%，低于清末和民初修身教科书的70.7%和74.8%；现代性的德目大约占33.5%，将近清末和民初修身教科书17.7%和16.8%的总和。

· 196 · 臣民还是公民？

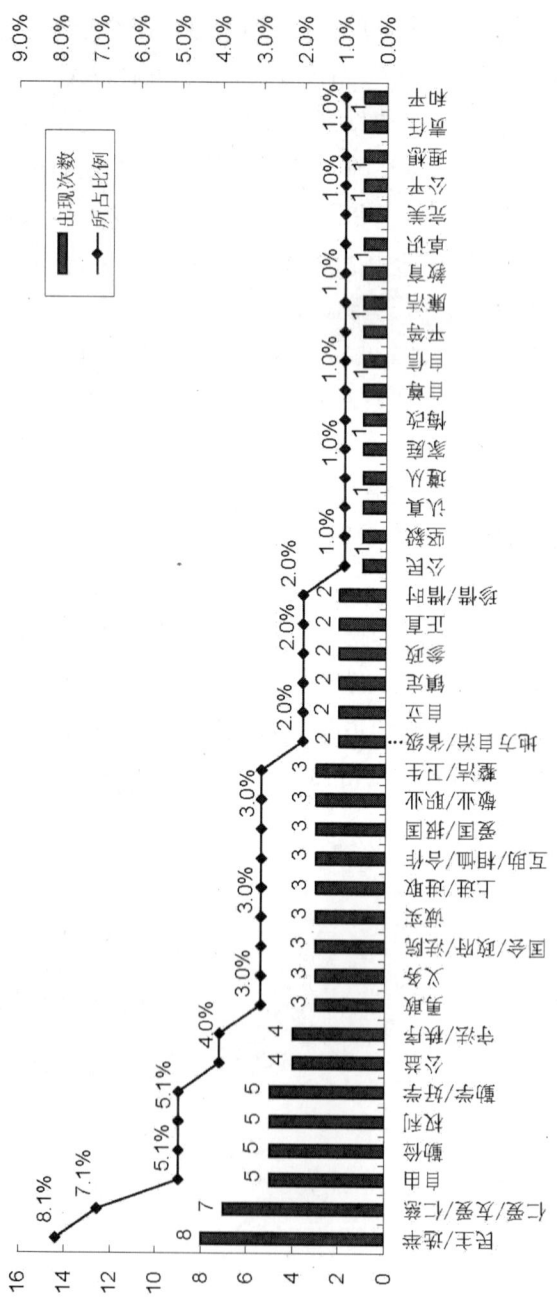

图6—1 《新小学教科书公民课本》（高级1—4册）道德价值取向分析

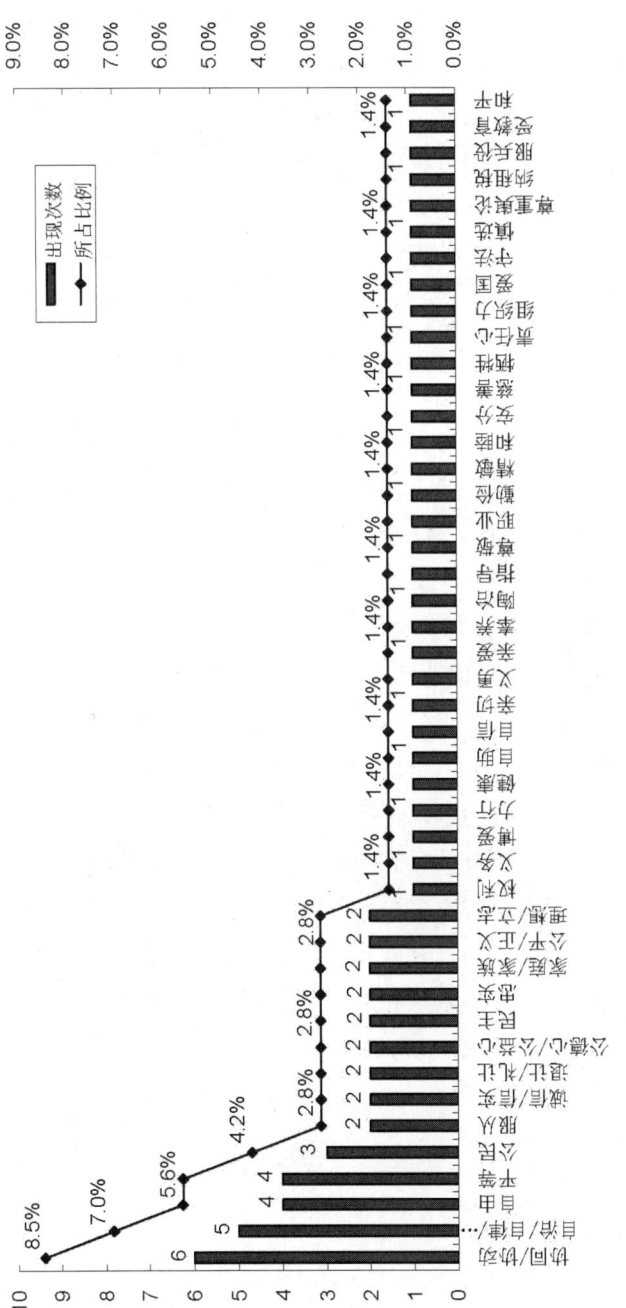

图6—2 《新撰初级中学教科书公民》(第一册)道德价值取向分析

与修身教科书相比,公民教科书里个人、家庭等私人领域的道德条目发生了很大变化。诚实、勤劳、节俭等具有普世性的传统德目占有大多数,孝悌、忠节等带有典型儒家色彩的条目明显减少了,一些不合理的家庭观念受到了质疑和批评。其一,反对父母包办婚姻,主张恋爱自由、婚姻自主。《新撰初级中学教科书公民》分析指出,我国传统婚姻常为父母之命、媒妁之言,不是男女"独立不可侵之人格之结合","不出自由之意思",丧失了"婚姻之本旨","不可不从事改革";并在此基础上提出了婚姻应该遵守的道德:"(甲)婚姻应本于恋爱";"(乙)夫妇应互相尊重"。①

其二,否定男尊女卑,主张男女平等。在贞操问题上,当时公民教科书认为,"贞操者,以自律的意思,保持一己之纯洁与尊严者也。故其为德,实男女同重,尤于婚姻生活,有保持恋爱纯洁之必要焉";倘若要求女子成为贞女烈妇而男子却能自由放荡,只能表明"女子始终不过家庭之所有物而已"。在离婚和再婚问题上,教科书同样指出我国传统离婚中的所谓"七出"、妇女再婚所谓"失节",都没有尊重"妇女之人格",不符合"人道之要求",有悖于男女平等的现代道德。②

其三,指责大家庭,提倡小家庭。③《(新中学教科书)初级公民课本》和《新著公民须知(道德编)》都完全否定了"聚族而居"、"五代同堂"、"九世同居"的大家庭,指出大家庭制度弊病很多:"第一,养成依赖的性质;第二,养成意气的争执;第三,养成保守的习惯"。而"小家庭是一夫一妻为本位,家中所有的只有未成年的子女和衰老的父母,叔伯妯娌都不聚在一处,平常不知要省去多少的唇舌";总之它的好处可以总结为六种:"一、有独立生活的能力,二、有各自发展生活的艺能,三、有不绝进取的精神,四、家庭可以常得康乐和平的气象,五、绝早婚的风俗,六、养成耐劳和储蓄的习惯。"《新撰初级中学教科书公民》的态度显然平和一些,一方面认为我国的家族制(大家庭)可以涵养服从心、公共心、牺牲

---

① 高阳、陶汇曾:《新撰初级中学教科书公民》第1册,上海:商务印书馆中华民国十四年一月(1925年1月)初版、十八年七月(1929年7月)53版,第52—54页。

② 同上书,第54—56页。

③ 舒新城:《(新中学教科书)初级公民课本》第1册,上海:中华书局民国十二年八月(1923年8月)发行、民国十四年十一月(1925年11月)9版,第15—16页;顾树森、潘文安:《新著公民须知(道德编)》(中等学校用),上海:商务印书馆中华民国十二年三月(1923年3月)初版,第40—42页。

心、同情心和协同心五种道德，另一方面又存在助长依赖心、养成保守性、束缚自由和轻视人格四种弊端；而小家庭则有助于尊重独立、自由和人格等道德的培养。因此，从现代道德和民族竞争来看，我国的家族制（大家庭）不可不趋于夫妇制（小家庭），传统的家庭伦理"亦不能不有所变迁"①。

《初中公民学教本》进而还提出了现代社会理想家庭的六大原则："（1）平民化的，（2）社会化的，（3）进步的，（4）愉快的，（5）经济的，（6）卫生的。"依照教科书的解释，"平民化"就是：第一，家庭为各家庭成员的家庭，人人一律平等，没有"主人"、"奴隶"和"婢妾"的差别；第二，除了老幼和无生活能力者外，所有人对家庭事务有共同经营的义务；第三，夫妇亦不能彼此依赖，须有真正独立的精神；第四、子女教育、老人养护都应由夫妇共同负担。"社会化"就是：第一，一切家庭事务和趋向应当随社会变化而更改，应由社会支配家庭而合乎现代生活；第二，家庭应服务社会，例如兴办公益事业、用房屋图书设平民读书处，做一个"社会的"家庭；第三，家庭应有改善社会的责任，如改良风俗、铲除迷信等；第四，家庭应有参与社会运动的责任，如平民教育运动、改良选举运动等。"进步的"就是：第一，家庭应该随着社会而进步，不能墨守成规、一成不变；第二，一切家庭事务应随时谋求改良、进步，试用科学的管理、适宜的方法；第三，家庭应谋求对外发展，增高声誉和社会地位。"愉快的"就是家庭成员真诚相爱；各成员都有一种欢乐的精神、和蔼的容貌；遇到不幸之事，镇静、理性、相互宽慰。"经济的"就是简朴实用、收支相符、不浪费。"卫生的"就是既要注重个人卫生，也要注意公共卫生。②

陈独秀1919年回应社会责难说，《新青年》所提倡的"无非是破坏孔教，破坏礼法，破坏国粹，破坏贞节，破坏旧伦理（忠孝节），破坏旧艺术（中国戏），破坏旧宗教（鬼神），破坏旧文学，破坏旧政治（特权人治）"③。公民教科书里上述有关家庭伦理的新观念既是新文化运动的反映，也是新文化运动成果的总结和普及。

在社会、国家等公共道德领域，公民教科书同样有别于以往的修身教科

---

① 高阳、陶汇曾：《新撰初级中学教科书公民》第1册，第39—45页。
② 冯顺伯、金崇如、王仲和：《初中公民学教本》，南京：江苏省立第一中学中华民国十三年九月（1924年9月）初版，第299—301页。
③ 陈独秀：《〈新青年〉罪案之答辩书》，任建树等：《陈独秀著作选》第1卷，上海：上海人民出版社1993年版，第442页。

书，而具有这个时代的特色。首先，"尚武"、"尚实"这类条目和内容，没有出现在公民教科书里。自晚清以来，"尚武"或"军国民教育"，"尚实"、"实利教育"或"崇实"一直都是教育宗旨的基本内容。1919年10月第五届全国教育会联合会议决要求政府废除教育宗旨，"不应特定一种宗旨或主义以束缚被教育者"，使教育回归本义。①当时政府虽然没有采纳这个提案，但是随后推行的壬戌学制实际上肯定了全国教育会联合会的相关内容，"尚武"、"尚实"这类条目和内容的阙如显然体现了这一点。另一方面需要指出的是，公民教科书里这类条目和内容的阙如并不意味着人们放弃了对于国家富强的追求，而是认为国家富强应以独立自主的现代公民为基础。

其次，公民教科书专门探讨了一些当时普遍关注的社会、经济和政治问题，体现了一种理性批判和探求的精神。以《初中公民学教本》为例，书中讨论了政党问题、女权问题、收回教育权问题、整理和监督财政问题、平民经济问题、都市和乡村的改造问题、贫乏问题、犯罪问题、劳动问题、妇女问题、迷信问题、公共卫生和娱乐问题，等等。如此广泛、公开地暴露和讨论各问题，无非是希望学生直面其生活的社会现实，并以一种批判的眼光看待社会，从而培养学生独立自主的理性精神，以及改良社会的责任和勇气。教科书对于某些具体问题的讨论也常常以一种探究的态度，不做最终的解答。在两大政党对峙还是众多小党分立上，《初中公民学教本》一面给出了小党分立的三大理由："一、社会进化，国政日繁，须从多方面的视察，集多方面的政见，才能有完备的政策；二、大党人多分子不齐，意见虽期一致，精神不易团结；三、一国只有二党，有被收买吞并的危险，结果弱肉强食，造成一个资本的、'御用的'或军人的政局。"一面又列举了两党对峙的益处："一、俾责任内阁之基础巩固，政党得以根本进行；二、小党多，意见也多，议论纷纷，莫衷一是，互为水火，互相捣乱，结果必弄成一个混乱不堪的政局；三、小党分立，忽离忽合，内阁动摇无定，国政日以停滞；四、二大政党对峙时，选举竞争的结果，胜者获政权，直接受政权于国民，无许多小党作居间阶级，而酿成种种黑幕；五、二党势均力敌，可以互相监督。"至于中国是延续现状依旧小党分立还是实行两党对峙，教科书却将问题留给了学生去探讨；政党之间是合作重组还是毫无妥协，教科书同样存以

---

① 《第五届全国教育会联合会议决案》，《教育杂志》第11卷第11号，"专件"，第47页。

疑问。①

公民教科书这种存疑、理性和探究的态度，在以往的修身教科书里是从来没有过的，也完全无法想象。因为修身教科书信奉德目主义，多少有副真理在手、权威自居的架势。

最后，公民教科书里各种思想观念交织杂陈，表现了一种前所未有的宽容和开放的心态。《初中公民学教本》有一课阐述了收回教育权的必要：

> 教育目的在养成本国国民，外国人设学乃养成外国国民。既成一个国家，自然应该对内有一切的统治权。教育是国家的命脉，如果一国的教育政策，采放任主义，将一部分教育权，归入外国人掌握之中，即不啻丧失这个国家的统治权。一国的统治权丧失了，还成个什么国家？这是主张收回教育权的第一种理由。外人在中国设立学校，不外具有两种目的：一是传教的，一是侵略的。在内地的教会学校，大半是为传教而设立的。东三省、旅顺、大连及其他边疆诸地，外国人所办的学校，大抵具有侵略的野心。借学校而强迫或诱惑人民信教，也是侵略的一种，与明显的办学校侵略国家，是同样的危险。这是主张收回教育权的第二种理由。中国教育，自有一个教育系统；而外国人在中国办学，又立一个宗教教育系统。或另立甲国或乙国式的教育系统，将来所得的结果，一定要丧失许多本国的青年，变为日本的或英国美国的青年，这于我国的政治前途，有莫大的影响，所以应该设法取缔。教会在中国势力，设校七千三百八十余所，男生十四万三千七百九十九人，女生六万二千九百七十人，共有二十余万之多。这二十余万人，如果为人利用，为人作牺牲品。岂不是一件极可耻、极危险的事么？这是主张收回教育权的第三种理由。外国人不习中国国语，不谙中国国情，任教育的，又多系缺乏教育知识和经验的传教士；所用的教材，常支离谬误；教法又多不适于儿童心理，思想上谬种流传，本能上不克自由发展，贻害真不堪设想！这是主张收回教育权的第四种理由。②

受教育权是个人的一项基本权利，根据袁征运用霍菲尔德（W. N. Hohfeld）

---

① 冯顺伯、金崇如、王仲和：《初中公民学教本》，第196—199页。
② 同上书，第206—207页。

权利理论的分析,这项权利起码包括:必须受到尊重的入学不受阻碍的要求(claim)、选择公立或私立学校的自由(liberty)、与学校签订合同的权力(power),以及不被剥夺上述资格的豁免(immunity)。[1]与此相对应,父母和政府则有提供和帮助儿童或青年行使这种权利的义务。父母和政府要履行这种义务,也就有了做这种事的权利。这是由义务导致的权利,称为"派生权利",而受教育权则是"原初权利"。在权利义务的链条上,原初权利和派生权利是不同层次上的权利,原初权利决定派生权利,派生权利是为履行义务、实现原初权利服务的,绝对不能与原初权利冲突。[2]课文中所谓"教育权",如果理解为政府管理教育的权利,那么它显然是一种派生权利。举办学校也是公民的权利,属于结社自由的范围。信教公民或教会在自己举办的学校里有权开设宗教课程、宣讲宗教思想,只要其不侵犯学生接受宗教之外的其他文化课程教育的权利,不强迫学生和教师信仰宗教,这都是正当的,都属于信仰自由和言论自由的范围。当时中国的教会学校为提高学生的逻辑思维能力,以便理解西方神学理论,努力发展自然科学特别是数学课程,为引进科学教育作出了重要贡献。[3]在私立学校不能保障或实现公民受教育权的情况下,政府应当举办公立学校,以履行其应尽的义务。当然,公立学校作为一个整体不应支持任何一家之说,否则就侵犯了公民的思想自由和信仰自由,因为公立学校是公民委托政府开办的,公民的观点和价值是多种多样的;但是,公立学校的教师和学生作为个人都有信仰自由和言论自由,可以信奉宗教或表达自己的观点。在一个联系日益紧密和开放的世界里,结社自由、信仰自由、言论自由等权利往往不只限于本国公民,还包括在本国的外国人。例如外国人可以来中国开办公司,我们也可以去外国举办孔子学院。外国人来中国设立学校,既有助于我国公民受教育权利的落实和行使,也促进了中外文化的交流。如果不分青红皂白地将所有外国人在中国开办学校的行为都指认为侵略而予以取缔,或者禁止其正当的宗教教育,既可能侵犯外国人应有的结社自由、信仰自由和言论自由,也可能侵犯本国公民的受教育权和信仰自由。至于

---

[1] 袁征:《受教育权》,《中国教育问题的哲学思考》,深圳:海天出版社2009年版,第64页。

[2] 袁征:《受教育是不是义务》,同上书,第81—86页。根据不同层次的相对关系,袁征将"权利"区分为"原初权利"、"派生权利",提出了一种"权利层链理论"。这个新理论既是对权利理论的新贡献,也为解决许多涉及"权利"的复杂问题提供了新思路。

[3] 杰西•格•卢茨:《中国教会大学史(1850—1950)》,曾钜生译,杭州:浙江教育出版社1987年版,第57页。

说教会学校教育质量差，那么收回教育权后交由中国人控制，一定会比外国人管理得好吗？公民教科书罗列的收回教育权的理由，显然缺乏这样深入的剖析，仍然是和过去的专制君主一样，将教育视作控制个人的手段，而否认它是个人天经地义的权利，既保留了传统专制主义的观念，也充斥着五四运动后那种激烈而盲目的现代民族主义或国家主义的思想。

与之相比，《新著公民须知（道德编）》就平和与理性多了，它这样论述世界主义和国家主义：

> 吾们须知世界大同，为期尚早，国家一时断不能消灭；而且各国战后所耗元气，都要取偿于外，环顾宇内，就剩中国一块大肥肉，自然远客近邻，都在那里打我们的主意。若是自己站不起来，单想靠国际联盟当保镖，可是做梦哩！虽然如此，我们却不能将国际联盟这件事看得毫无价值，还要看自己的力量，促他的进步。这回国际联盟总算世界主义和国家主义调和的发轫，把国家互助的观念，深入人心，知道国家意志，并不是绝对无限，还须受外部多大节制。质而言之：国家与国家相互之间，从此加一层密度了。我们是要在这现状之下，建设一种世界主义的国家。怎么叫做世界主义的国家？国是要爱的，不能拿顽固偏狭的旧思想，当是爱国；因为今世国家，不是这样能够发达出来。我们的爱国，一面不能知有国家不知有个人，一面不能知有国家不知有世界，我们是要托庇在这国家底下，将国内各个人的天赋能力，尽量发挥，向世界人类全体文明大大的有所贡献，将来各国的趋势，都是如此，我们提倡这主义的作用，也是为此。①

"国家意志并不是绝对无限"，个人是国家的基础，国家的作用是促使个人天赋能力的"尽量发挥"，从而有所贡献于世界人类的全体文明。这也就是说，国家之间实质上是存在一致的道德价值基础的。因此，偏狭的国家主义是不对的，国家主义应与世界主义统一起来，建设一种世界主义的国家。在当时民族主义思想日渐高涨的背景下，教科书的这节论述显得格外冷静、理性和开放。

---

① 顾树森、潘文安：《新著公民须知（道德编）》（中等学校用），上海：商务印书馆中华民国十二年三月（1923年3月）初版，第58—59页。

各种思想观念的交织杂陈是以融合和吸收各种新的思想理论为前提的，公民教科书对于各种新的思想理论自然同样抱有宽容和开放的态度。《新撰初级中学教科书公民》以赞赏的口吻介绍说，社会主义包括"理想上之社会主义"和"进化史上之社会主义"两种，"其学说实有根本之理由"，"在经济学说上，就社会主义之所贡献者言之，亦有不可磨灭者"。①作为一本初中的教科书，能如此迅速地吸纳这些新思想，足见当时知识界的尚新、宽容和开放。或许正是这种态度，教科书对于一些问题和思想的理解也比较合理和准确，《现代初中教科书公民》有关政党的论述就是个例子。教科书认为：政党是对于国家政治有相同意见的人，相互团结，以期实行其意见而结成的政治团体；政党的意见和主义政策并非就是一般国民的公共意见；一个不好的政党不仅破坏摧残敌党的势力，而且还钳制公众舆论；因此，公民应当批评各政党的纲领和主义，监督政党。②对照随后南京国民政府时期的党国制度，这或许是先见的警告和担忧。

综合上文就私人领域和公共领域两个范围内道德价值的分析，还有几点须说明：第一，以往的修身教科书常列有"自由"、"平等"、"博爱"或"自由之真义"、"平等之真义"、"亲爱之真义"等一类的德目或课文，这时的公民教科书反倒少有那样专门的论述，而更多的是在具体内容或问题的探讨分析中融合了这些现代性的价值观念。在笔者搜集到的中小学公民教科书中，只有《新著公民须知（法制编）》专门列有三节予以阐释，其题目分别为"自由的真义"、"平等的真义"和"博爱的真义"。③这或许表明，自由、民主等现代道德价值，对于以往的修身教科书而言，还只是涂抹在面颊上的油彩，而对于这时的公民教科书来说，则已是渗透进肌肤的膏汤了。

第二，在个人、家庭等私人领域的道德伦理上，当时的公民教科书没有多少分歧，所表达的思想观点基本一致；在国家、社会等公共领域的道德价值上，则存在着明显的分歧，上文提到的小党分立与两党对峙、政党间是否合作、国家主义与世界主义、社会主义与非社会主义等，都是典型的例证。

---

① 刘秉麟：《新撰初级中学教科书公民》第3册，上海：商务印书馆中华民国十四年一月（1925年1月）初版、十五年六月（1926年6月）20版，第100—102页。

② 陶汇曾：《现代初中教科书公民》第1册，上海：商务印书馆中华民国十四年十月（1925年10月）初版，第82—84页。

③ 顾树森、潘文安：《新著公民须知（法制编）》（中等学校用），上海：商务印书馆中华民国十二年三月（1923年3月）初版，第11—19页。

就此而言，当时新文化运动在私人领域里的道德革新是取得了比较稳固的成就，特别是儒家那些不合理的家庭伦理遭到了批判和否定，传统的大家庭已经不受欢迎了，新式的小家庭则备受宠爱，个人逐渐摆脱了家庭的束缚而走进了社会、国家等公共领域。但这个人们参与日趋热络的公共领域的现状却令参与者十分失望：辛亥革命后十多年民主实践的乱象、文明国家第一次世界大战的浩劫、巴黎和会上中国外交的失败，以及给人些许安慰和希望的俄国社会主义革命。在这些现实面前，除了那些依旧坚守的自由主义者外，一部分人甚至怀疑民主、自由等这些来自西方的价值，转而求助于传统思想；另一部分人在鼓吹国家主义或民族主义；还有一部分同样心急的人青睐自称合乎自由、民主和科学的社会主义。公民教科书在公共领域的道德价值分歧，显然是这种现实的反映。

另一方面，摆脱了家庭束缚的个人能否获得最终的解放，取决于国家能否真正建立起自由民主的政治制度。因为个人在摆脱了家庭束缚的同时，也失去了以往大家庭所谓"族权"的某种庇护和依靠，在与国家权力可能的对抗中将更加没有力量和势力。一旦如此，个人将不可避免地沦为专制国家权力的奴隶，其境遇可能比过去更加悲惨。随着割据军阀势力均衡的被打破，随着某种旗号的军阀某种程度全国性垄断权力的取得，这段现代史上最开放的时期将如昙花一现，那些最活泼的个体将凋零枯萎，公民教科书在公共领域的道德价值分歧也将被专制权力的声音统一。

第三，公民教科书过分地推崇科学，体现了新文化运动中那种科学主义的专断。本章开头引自《新著公民须知（道德编）》中的那段话，就是那个时代最典型的语言表达，它要求人们重新估定一切道德价值，"凭着良心，依着真理去行"[①]。那么如何发现真理呢？陈独秀认为"科学就是发明真理的指南针"[②]，蔡元培甚至反复强调"科学万能"[③]。新文化运动鼓吹科学和民主，学习西方文化的科学精神，批判我国传统思想中的非理性因素，大大地推动了整个社会的文明和进步，实质是中国的启蒙运动。然而，新文化运动中唯科学是尚的倾向，在一定程度上排斥非科学的言行，

[①] 顾树森、潘文安：《新著公民须知（道德编）》，第2页。

[②] 陈独秀：《今日中国之政治问题》，《独秀文存》卷一，上海：亚东图书馆1933年版，第224页。

[③] 蔡元培：《中国科学社征集基金启》，中国蔡元培研究会编：《蔡元培全集》，杭州：浙江教育出版社1997年版，第3卷，第497页；《新浙江之第一步》，第6卷，第22页。

存在着走向专制主义的潜在风险。上文引述的收回教育权的理由，就充斥着对于非科学的宗教的歧视。在探讨迷信问题时，《初中公民学教本》更是清楚地反映了这种科学主义的专断。教科书说，"中国社会是充满迷信的社会。在二十世纪科学盛行的时代，全中国社会的思想、信仰、制度中仍然充满了反科学的迷信。这不独是可耻的，也是可哀的现象"；各种迷信活动产生了诸如"经济的耗费"、"文化的滞进"和"社会的守旧"等一些社会恶果；因此，每个公民，特别是作为知识阶级的学生，有责任破除迷信，宣传"科学真理"。①

科学理论不一定就是真理。按照波普尔（Karl Popper）的说法，一切理论都是假说，"甚至极为成功地经过检验的理论，例如牛顿的理论也应当认为不过是假说"②；"我们完全有理由预期甚至希望，即使我们最好的理论也将被更好的理论所取代"③。依据某种可能错误的科学理论或观点，来消灭别的某种思想或观点，显然不合道理，况且接受或信仰某种思想或观念，属于公民的思想自由和信仰自由，只要他的行为不直接损害别人，即便是真理的拥有者也无权干涉。如果但凡不合科学的思想、观念和信仰就应该被扫除干净，那么任何人的思想、观念和信仰都有可能被压制。因为即使是科学家们也有不同意见，其不被奉作权威的意见同样会被压制，另一方面，凡是合乎科学的思想、观念和信仰就应该被尊奉，这就为某些自称为科学的思想理论打开了免于理性批判的方便之门，实质上为后来中国社会的非民主化架起了思想逻辑的津桥。蔡元培因为相信三民主义是科学真理，从而走上了党化教育之路；④陈独秀因为相信马列主义是科学真理，从而开始了无产阶级革命。

胡适在给中学生选编的课外读物《胡适文选》中说："我这里千言万语，也只是要教人一个不受人惑的方法。被孔丘、朱熹牵着鼻子走，固然不

---

① 冯顺伯、金崇如、王仲如：《初中公民学教本》，第393—396页。
② 卡尔·波普尔：《无穷的探索——思想自传》，邱仁宗等译，福州：福建人民出版社1984年版，第84页。
③ 波普尔：《真理、合理性和科学知识的增长》，卡尔·波普尔：《猜想与反驳》，傅季重等译，上海：上海译文出版社1986年版，第349页。
④ 袁征：《蔡元培教育思想的重要变化》，袁征：《孔子·蔡元培·西南联大——中国教育的发展和转折》，北京：人民日报出版社，第283—304页。

算高明；被马克思、列宁、斯大林牵着鼻子走，也算不得好汉。"[①]照此而言，这段中国现代史上最自由开放时期的公民教科书，仍然显得多么的不足。

（三）公民教科书的编纂特点

首先，就教科书的整体结构而言，这个时期的小学公民教科书仍旧在某种程度上继承了以往修身教科书"修身—齐家—治国—平天下"的结构形式。当时的《小学公民课程纲要》规定，学生应该了解自己和家庭、学校、社团、地方、国家、国际等社会各方面的关系[②]，而规定的这些内容与以往修身教科书的结构形式并不矛盾，因此，当时的小学公民教科书多对以往修身教科书进行一番调整后，仍旧沿袭了修身教科书的基本结构。例如，商务印书馆的《新学制公民教科书》在结构上就包括家庭生活、学校生活、城省生活、国家生活、国际生活和社会生活等几个部分。

不仅如此，有些公民教科书与民初的修身教科书在课文内容上也基本相同。下面两篇课文分别选自中华书局的《新制中华修身教科书》（高等小学校用）第2册和《新小学教科书公民课本》（高级）第1册：

第四课　诚实

　　宋刘世安，常从司马光问尽心行己之要，可以终身行之者。光曰："其诚乎。"世安问行之何先？光曰："自不妄语始。"世安初甚易之，及退而自隐括日之所行，与凡所言，自相掣肘矛盾者多矣。力行七年而后成。自此言行一致，表里相应，遇事坦然，常有余裕。光常言："吾无过人者，但平生所为，未尝有不可对人言者耳。"[③]

八　可以一生遵守的是什么

　　刘世安问司马光道："做人之道，可以一生遵守的是什么？"司马光答道："诚。"他又问道："诚的范围很广，应该从哪里做起？"司马光道："先从不说谎做起。"世安听了，以为这是很容易的，断没

---

① 胡适：《介绍我自己的思想》，欧阳哲生编：《胡适文集》第5卷，北京：北京大学出版社1998年版，第519页。

② 全国教育联合会新学制课程标准起草委员会：《新学制课程标准纲要》，第12页。

③ 戴克敦、沈颐、陆费逵：《新制中华修身教科书（高等小学校用）》第2册，上海：中华书局民国二年一月（1913年1月）初版、七月11版，第2—3页。

有做不到的道理。等到回家之后，就把自己这一日的言行，细细省察，才知道自己的言和行不尽符合。从此用心修养，过了七年，才能言行相符，表里如一，无论在什么地方，遇到什么事情，都是坦白自在，没有不诚之处。——司马光自己也曾说道："我并没有什么过人的地方，只是生平行事，没有一件不可对他人说的。"①

公民课本没有以具体的德目"诚实"做标题，正文转而将修身教科书浅易的文言文翻译成白话文，整个内容完全一样。

中学公民教科书的篇章结构基本颠覆了修身教科书"修身—齐家—治国—平天下"的结构形式。中华书局的《初级公民课本》分为团体生活、政治组织、经济生活、社会问题、国家关系和道德问题六个部分，与初中公民课程纲要基本一致。商务印书馆的《新撰初级中学教科书公民》、《新著公民须知》和《现代初中教科书公民》三套教科书，都分作道德、法制和经济三编。《初中公民学教本》则根据公民教育的实际教学需要安排结构，分为公民训育、公民知识和公民活动三编。

在具体的编写方法上，公民教科书一是抛弃了修身教科书的"德目主义"和圆周法，转而按照小学、初中两个不同的阶段编纂；二是尝试了一些新的编纂方法，例如中华书局的《初级公民课本》，以公民课教师王先生与其学生张维城等人的谈话、讨论为线索，来安排编写所有课文内容，这既有些类似于《论语》等谈话录的编写方法，也与苏格拉底问答式谈话教学法有几分相似，在一定程度上反映了当时那种平等、理性、亲和的心态。

其次，在内容材料的征引上，公民教科书也不同于修身教科书。公民教科书的内容大致可以划分为两个部分：一个部分是关于道德伦理方面的内容，另一个部分是有关社会政治、经济、法制等方面的基本知识。前一部分的选材与修身教科书相似，通常选用中外历史上或生活中的一些道德故事或语录。后一部分的内容在以往的修身教科书中并不是很多，而在公民教科书中则占有极其重要的分量。以《新小学教科书公民课本》②为例，该书4册共56课，道德伦理部分的内容37课，大约占66.1%；有关社会各方面的基本知识19

---

① 朱文叔：《新小学教科书公民课本（高级）》第1册，上海：中华书局民国十二年二月（1923年2月）发行、十四年五月（1925年5月）24版，第14页。

② 朱文叔：《新小学教科书公民课本（高级）》（1—4册），上海：中华书局民国十二年二月（1923年2月）发行。

课，约占33.9%。到了中学阶段，关于政治、经济、法制等各方面社会知识和相关问题的介绍和探讨越来越多，大约占有公民教科书2/3的篇幅。

从课文道德故事所涉及人物的出现频次（图6—3）来看，公民教科书比修身教科书表现得更加开放。《新小学教科书公民课本》4册共涉及29个人物，总共出现30次，除林肯一人出现2次外，其余每人出现1次。所涉及的外国人有林肯、富兰克林、约翰•安斯坦、滨吉、维多利亚、杜琉、蒲丰、席克森（美国总统安德鲁•杰克逊）、马黎翁、宣谟（英国哲学家休谟）、占士比耳11人，共出现12次，占总次数的40%，远远高出了修身教科书的相应比例。

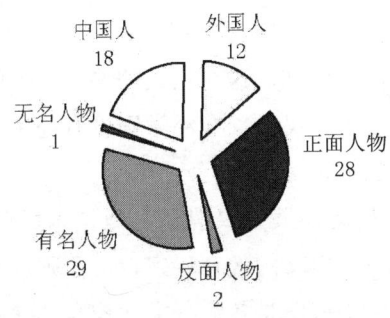

图6—3 《新小学教科书公民课本》（高级小学1—4册）中的
人物出现频次

与修身教科书相比，公民教科书更加关注社会现实和社会问题，因此，所征引的材料也更加新鲜，更富有时代气息。《初中公民学教本》论述女子贞操问题，就直接引用了时人胡适《贞操问题》中的一段话作为材料：

寡妇再嫁问题，这全是一个个人问题。妇人若是对他已死的丈夫真有割不断的情义，他自己不忍再嫁；或是已有了孩子，不肯再嫁；或年纪已大，不能再嫁；或是家道殷实，不愁衣食，不必再嫁——妇人处于这种境地，自然守节不嫁。还有一些妇人，对他丈夫或有怨心，或无恩意，年纪又轻，不肯抛弃人生正当的家庭快乐；或是没有儿女，家又贫苦不能度日——妇人处于这种境遇没有守节的理由，为个人计，为社会计，为人道计，都该劝他改嫁。贞操乃是夫妇相待的一种态度，夫妇之间爱情深了，恩谊厚了，无论谁生谁死，无论生时死后，都不忍把这爱情移于别人；这便是贞操。……若不问做丈夫的配不配受他妻子的贞操，只晓得主张做妻子的总该替他丈夫守节，这是一偏的贞操，这是不合人情公理的伦理。①

其三，在体裁体例和语言表述方面，小学公民教科书多采用叙述文和说明文的体裁，中学多采用论说文和说明文的体裁。在语言表达上，这个时期的公民教科书大多采用了白话文，偶尔有点文言文，也都近于白话。

三　南京政府时期的公民教科书

1932年，南京国民政府在1929年中小学课程暂行标准的基础上，修改颁布了正式的中小学课程标准。这个正式的课程标准同时取消了中小学的党义科，在中学重新开设了公民科，在小学则设有公民训练科。至此，公民教科书的发展进入了第二个阶段。

在这个阶段，党义科虽然取消了，但是国民党的党化教育政策依然存在，依此确立的"三民主义的教育"宗旨、原则及其他措施都依然存在。根据这些规定，三民主义依旧是各级各类学校全部课程和教材的编制中心和唯一标准。②直到抗日战争结束之后，著名教育家陶行知还在撰文"反对党化教育，反对党有党办党享的教育"③。因此，这个时期的公民教科书深受此前党义教科书的影响④，呈现了一些与北京政府时期的公民教科书不同的特点。

(一) 公民课程标准

1933年2月和1934年8月，国民政府教育部首次公布了《小学公民训练标准》和中学公民课程标准⑤，此后直到1949年，中学公民课程标准又经过了多

---

① 冯顺伯、金崇如、王仲和：《初中公民学教本》，第391—392页。
② 《三民主义教育实施原则》，中国第二历史档案馆：《中华民国史档案资料汇编》第五辑第一编，教育（二），南京：江苏古籍出版社1994年版，第1032—1047页。
③ 陶行知：《民主教育》，《陶行知全集》第4卷，成都：四川人民出版社1991年版，第590页。
④ 党义教科书对于其后公民教科书的影响，参见本书第七章的论述。
⑤ 《教育部训令（第1303号 二十二年二月十六日）》，教育部秘书处：《教育部公报》第5卷，第7、8期合刊（1933年2月），"命令"，第6—7页；《教育部令（第9722号 廿三年八月十日）》，《教育部公报》第6卷，第35、36期合刊（1934年9月），"命令"，第5页。课程教材研究所编的《20世纪中国中小学课程标准•教学大纲汇编：思想政治卷》（北京：人民教育出版社1999年版）将《小学公民训练标准》、《初级中学公民课程标准》和《高级中学公民课程标准》的公布时间都断定为1932年，即当时公民科之外的其他科目课程标准的公布时间，这是错误的。因为1932年公布中小学课程标准时，并没有同时公布公民科课程标准，而是延后才予以公布的。

次修订（详见附录表9、表10）。《小学公民训练标准》实施方案要点第10条虽然规定"公民训练，专重实践，不用教科书"，但是其第3条又说："各校在每学期开始时，应将训练条目，分别阶段，印成小册或活页……分发儿童，使儿童明了本学期内应该注意的事项，并得反省的机会。"①许多出版机构和学校于是根据第3条规定，首先编纂了教师公民训练用的教本或指导书，随后又配有学生用的课本。此外，1932年以及随后多次修订的小学社会课程标准里，也都有在小学五六年级教授和培养学生公民知识、道德和习惯的相关规定（详见附录表11）。依据这些规定，有些出版机构同样编纂了适用于小学五六年级社会科使用的公民教科书。这也就是说，小学的公民教科书包括两个部分：一是根据小学公民训练标准编纂的适用于公民科的教科书，一是根据小学社会课程标准编纂的适用于小学五六年级社会科的公民教科书。

与此前的公民课程标准相比，修身科里强调道德灌输的"德目主义"在此时的公民训练和教育中又死灰复燃、卷土重来了。《小学公民训练标准》将公民训练的内容纲要分为4类32个要目：（1）关于体格的：强健、清洁、快乐、活泼；（2）关于德性的：自制、勤勉、敏捷、精细、诚实、公正、谦和、亲爱、仁慈、互助、礼貌、服从、负责、坚忍、知耻、勇敢、义侠、进取、守规律、重公益；（3）关于经济的：节俭、劳动、生产、合作；（4）关于政治的：奉公、守法、爱国爱群、拥护公理。每个要目都被认为是中国公民应当遵守的"规律"，不容违背。32个要目又被细化为267个条目，并分配于各个学年依次训练。例如要目"活泼"之下有5个条目："（1）我遇见了生人，也不畏缩，也不羞涩；（2）我在没有事的时候，要活泼泼地去游戏；（3）我在大庭广众间，不失平时活泼的态度；（4）我做事的时候，要有充满活动的精神；（5）我要留意练习，使各种官能活泼而不呆钝。"小学第一二学年开始训练第（1）个条目，第三四学年开始训练第（2）个条目，第五六学年开始训练第（3）、（4）、（5）个条目。②绝大部分条目都是有关个人的生活常识、卫生习惯、行为礼貌以及在公共场所应守的规则，基本上是一个文明人应有的最低限度的行为水准。

---

① 《小学公民训练标准》，《教育部公报》第5卷，第11、12期合刊（1933年3月），第61、60页。

② 《小学公民训练标准》，《教育部公报》第5卷，第7、8期合刊（1933年2月），"附载"，第30—34页；第9、10期合刊（1933年3月），"附载"，第19—24页；第11、12期合刊，第47—62页。

图6—4根据条目个数分别统计分析了《小学公民训练标准》中的32个要目：关于体格的4个要目总共有62个条目，占267个总条目的23.2%；关于德性的20个要目总共有163个条目，占总条目的61.0%；关于经济的4个要目总共有21个条目，占7.9%；关于政治的4个要目也有21个条目，同样占7.9%。有关德性的条目超过六成，占有绝对优势，但是其中却并不包括自由、民主、平等、理性等这些重要的现代价值。与1923年公民课程标准将"尊重他人自由"作为"维持社会组织的原则"相比①，这明显是某种程度的倒退。

倘若将这些训练要目区分为公、私两个道德领域的话，那么属于个人、家庭等私人领域的要目大约有强健、清洁、快乐、活泼、自制、勤勉、敏捷、精细、诚实、仁慈、坚忍、勇敢、进取、节俭、劳动15个，所涉及的条目有140个，约占条目总数的52.4%；其余属于公共道德领域的17个要目共有127个条目，约占47.6%。有关个人家庭的内容分量明显多于社会国家方面的分量。

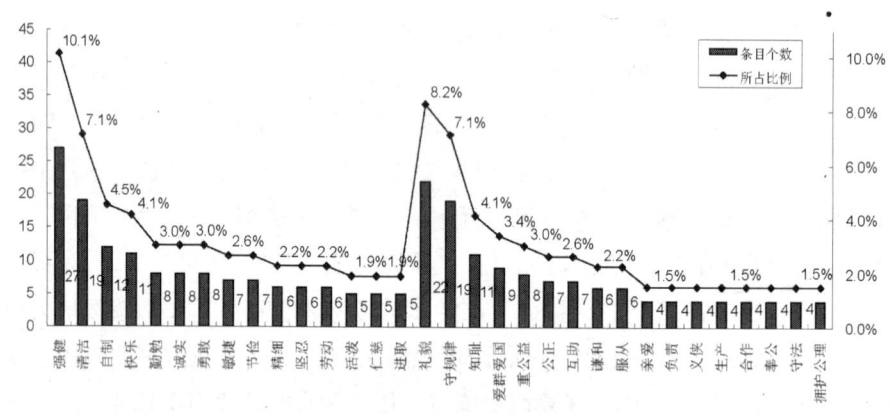

图6—4 《小学公民训练标准》纲要条目分析

1948年修订的中学公民课程标准，同样规定了忠勇、孝顺、仁爱、信义、和平、礼节、服从、勤俭、整洁、助人、学问、有恒12个道德项目，每个项目同样制定了相应的训育规条，以训练学生爱国、齐家、接物、立业、处世、治事、负责、服务、强身、快乐、济世、成功12个方面的品性

---

① 《初级中学公民学课程纲要》，《新学制课程标准纲要》，第42页。

和能力。①

就内容的详略而言，这个时期的公民训练标准或课程标准，比以往的公民课程标准和修身教授要目或修身教科书编纂纲要都更加详细和具体，留给教科书编纂和教师教学的自由空间都相对较小。这在一定程度上反映了当时政府对于学生个人思想和整个文化教育的控制日渐严密的趋向。

这个时期的公民训练标准或课程标准在道德伦理上，承继了清末和袁世凯时期修身科的思想理路，强调"发扬中国民族固有的道德，以忠孝仁爱信义和平为中心"②；在现实问题上，则延续了党义科的思想主张，认为"中国国民党之主义政纲政策，为建国及解决社会问题唯一之途径"③。由于国民党的政策常常随着时势而变化，因此公民课程标准的内容也有相应的调整。新生活运动时期，课程标准里有新生活运动的内容；抗日战争时期，课程标准里则又增加了国民精神总动员、抗战建国方面的规定。但是，孙中山的三民主义及其后继者的阐述始终都是当时公民教育的圭臬。仔细地比较这段时期公民课程标准的修订变化就会发现，1940年7月公布的修正中学公民课程标准和次年9月公布的六年制中学公民课程标准，都将国民党总裁蒋介石的训示与三民主义、总理孙中山的遗教并列，明确作为公民课程的核心内容。④这或许表明，蒋介石的思想继三民主义之后已经正式上升为了国家的统治思想，蒋介石此时正处于权力和声望的巅峰。

最后还有一点需要说明，与小学公民训练标准侧重于学生日常习惯和道德伦理的训练有所不同，小学社会课程标准中有关公民教育的相关规定更加注重于学生公民知识的传授，诸如家庭组织、社会团体、新生活运动、职业选择、三民主义、地方自治、政府和国家组织、宪法法律、经济生活，等等，其内容与中学公民课程标准的内容规定更加接近，只是程度简单和浅显一些罢了。

---

① 《修订初级中学公民课程标准》、《修订高级中学公民课程标准》，课程教材研究所编：《20世纪中国中小学课程标准·教学大纲汇编：思想政治卷》，北京：人民教育出版社1999年版，第185—187、190—192页。
② 《小学公民训练标准》，《教育部公报》第5卷，第7、8期合刊，"附载"，第30页。
③ 《高级中学公民课程标准》，《教育部公报》第5卷，第35、36期合刊，"附载"，第44页。
④ 《修正初级中学公民课程标准》、《修正高级中学公民课程标准》，课程教材研究中心编：《20世纪中国中小学课程标准·教学大纲汇编：思想政治卷》，第171、175页。

（二）公民教科书的内容分析

根据《小学公民训练标准》编写的小学公民教科书在内容结构上基本相似，大都遵循"先个人，次家庭，再次及于社会国家"等"由近及远"、"由具体到抽象"的教育原则[①]来编排《小学公民训练标准》所规定的条目，每个条目在教科书里常常就是单独的一课。以商务印书馆编辑出版的《复兴公民训练教本》和《中国公民》为例：[②]适用于小学1—4年级的《中国公民》共8册，其第1册第1课为"我不把不能吃的东西放在嘴里"，第2课为"我不用手指挖鼻孔、挖耳朵、擦眼睛"，如此等等，8册总共161课，涵盖了《小学公民训练标准》中的161个条目；适用于小学5—6年级的《复兴公民训练教本》有4册，总共106课106个条目。在所有这些条目中，隶属于强健、清洁、快乐、活泼、自制、勤勉、敏捷、精细、诚实、仁慈、坚忍、勇敢、进取、节俭、劳动15个私人道德领域要目的条目有140个，约占条目总数的52.4%；其余17个公共道德领域要目共有条目127个，约占47.6%（详细如图6—5）。这个比例与《小学公民训练标准》中公私条目的比例完全一样。

[①] 《（小学初级用）中国公民编辑大意》，万九光、张耿西、束樵如编：《（小学校初级用）中国公民》第1册，上海：商务印书馆中华民国二十三年一月（1934年1月）初版、七月46版，扉页。

[②] 《复兴公民训练教本》和《中国公民》是一套适用于整个小学阶段公民训练的教科书。《复兴公民训练教本》是用于公民训练的教师用书，分初小1—4年级8册，高小5—6年级4册。《中国公民》是与《复兴公民训练教本》相配套的学生课本，现有适用于小学1—4年级的8册，当时可能也有适用于小学5—6年级的《中国公民》，但是笔者并没有找到现存的样本。这儿引用的版本分别是：盛子鹤、束樵如、陈湘衡、周鉴溪、张耿西、万九光、蔡儋人编：《（小学校初级用）复兴教科书公民训练教本》，上海：商务印书馆，第1—5、8册：中华民国二十二年六月（1933年6月）初版；第6—7册：民国二十二年六月初版、七月30版。盛子鹤、束樵如、陈湘衡、周鉴溪、张耿西、万九光、蔡儋人编：《（小学校高级用）复兴教科书公民训练教本》，上海：商务印书馆，第1册：中华民国二十二年六月（1933年6月）初版、七月10版；第2册，民国二十二年六月初版；第3册：民国二十二年七月初版、七月10版；第4册：民国二十二年七月初版。万九光、张耿西、束樵如编：《（小学校初级用）中国公民》，上海：商务印书馆，第1册：中华民国二十三年一月（1934年1月）初版、七月46版；第2册：民国二十三年五月初版、六月20版；第3册：民国二十三年四月初版、七月40版；第4册：民国二十三年四月初版；第5册：民国二十三年六月初版、八月50版；第6册：民国二十三年六月，初版；第7册：民国二十三年六月初版、六月20版；第8册：民国二十三年六月初版。

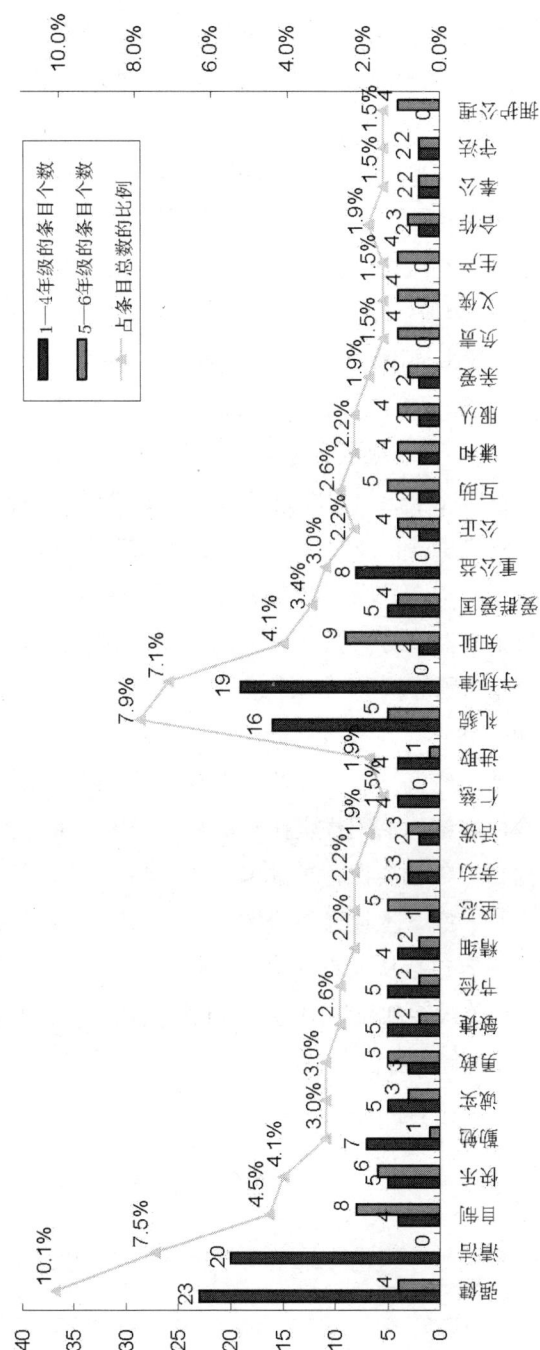

图6—5 《复兴公民训练教本》（初小8册、高小4册）和《中国公民》（初小8册）纲要条目分析

根据小学社会课程标准编纂的公民教科书，在内容结构上同样随着课程标准的改变而变化。社会课程标准有关公民教育的相关规定若是条理清楚、层次分明，公民教科书的内容结构也就相应比较明晰和严整；反之亦然。1932年《小学课程标准社会》和1936年《小学高年级社会课程标准》都只是罗列了公民教育的相关知识要点，并没有层次上的划分或归类。因而依此编纂的公民教科书，在内容结构上也显得比较零乱，缺少某种前后一致的层次结构。商务印书馆1933年初版的《复兴公民教科书》就是根据1932年的社会课程标准编纂的，全书共4册：第1册内容包括孙中山的遗嘱、根据忠孝仁爱信义和平而编写的道德故事、民权初步；第2册讲述三民主义；第3、4册分述家庭、社会、风俗、经济、权利、义务、职业、政治、法律、地方自治、时事等内容。[①]整个内容结构比较松散、零乱，没有严谨的章法。1937年7月，重版的这套教科书根据1936年课程标准做了修订：第1册为学校团体活动、自治生活、地方自治、公共建设和公共机构等内容；第2册为家庭问题、地方风俗、正当娱乐、新生活运动、社会经济现象和问题等内容；第3、4册内容包括国家的要素、人民的权利义务、兵制、三民主义、政治组织，以及法律、法院、民刑诉讼和职业问题等。[②]整个结构仍旧比较散乱。1942年《小学高级社会科课程标准》和1948年《高年级社会课程标准》有关公民知识的规定都分为个人和社会、政治、经济、法律等几个类别，层次结构比较明晰，照此编纂的公民教科书在内容结构上同样也比较清晰。以国立编译馆编纂的《公民》为例，该书根据1942年社会课程标准编写，共4册：第1册以个人为中心而展开，讨论了个人与家庭、本地风俗习惯、社会团体的相互关系以及应尽的责任；第2、3册的内容包括从地方到中央的各政府组织、三民主义和中国国民党、国家经济建设等政治和经济问题；第4册主要介绍了国家理论、人民与国家的关系、法律知识等内容。[③]

---

① 赵景源、魏志澄：《（新课程标准适用）复兴公民教科书（小学校高级用）》，上海：商务印书馆，第1册：中华民国二十二年七月（1933年7月）初版，二十三年一月（1934年1月）订正85版、四月订正115版；第2册：民国二十二年七月初版，二十三年三月订正85版；第3册：民国二十二年七月初版，二十三年四月订正95版；第4册：民国二十二年七月初版。

② 宗亮寰、吕金录、赵景源：《复兴公民教科书（小学校高级用）》第1—4册，上海：商务印书馆，中华民国二十六年七月（1937年7月）第1版。

③ 国立编译馆主编：《（高级小学）公民》，上海：国定中小学教科书七家联合供应处，第1册：中华民国三十五年七月（1946年7月）修订本上海白报纸本第1版、三十六年一月（1947年1月）第140版；第2册：民国三十五年十二月修订本上海白报纸本第1版、三十六年一月第9版；第3册：民国

在社会科的公民教科书中，个人、家庭等私人领域方面的内容在10.4%—17.5%之间，平均约为13.6%，其余都是有关社会、国家等公共领域的知识内容。①私人领域的内容在整个教科书中所占的分量，远远低于当时根据《小学公民训练标准》编纂的公民教科书的相应比例52.4%。若将这两类公民教科书的相应分量取个简单的平均值，则私人领域方面的内容大约占33%，这个数据明显低于前一个阶段小学公民教科书的相应比例。整个公民教育仍旧延续了以往的一贯趋势，即人们的道德关注继续朝着公共领域方面转移和集中。

中学公民教科书虽然在政治、经济、法律等几个基本部分之外有所增减，但整个内容结构还是大体类似。商务印书馆1934年出版的《（复兴初级中学）公民课本》分作5册，依次讨论了道德、政治、地方自治、法律、经济五个方面的内容。②大东书局1933—1934年出版的《（新生活初中教科书）公民》共6册，第1册为公民生活与公民道德，第2册为公民与政治生活，第3册为公民与经济生活，第4册为法律大意，第5册为公民与地方自治，第6册为升学就业指导。③正中书局1935年出版的《（高级中学）公民》共5册，第1册为社会问题，第2册为政治概要，第3、4册为经济概要，第5册为法律大意。④这套《（高级中学）公民》在1936年修订后有所变化，原来的5册压缩为了4册：第1册为社会问题和政治概要，第2册为经济概要，第3册为法律大意，第

（接上页注）三十五年七月修订本上海白报纸本第1版、三十六年一月第140版；第4册：民国三十五年十二月修订本上海白报纸本第1版、三十六年一月第7版。国定中小学教科书七家联合供应处由正中书局、商务印书馆、中华书局、世界书局、大东书局、开明书店、文通书局七家出版社组成，负责国定本教科书的出版和发行。

① 这个数据是统计了以下5套公民教科书而得出的：《（新课程标准适用）复兴公民教科书（小学校高级用）》第1—4册（赵景源、魏志澄编，上海商务印书馆1933年7月初版）、《（新课程标准适用）小学公民课本教学法》高级用第1—4册（赵侣青、徐迥千、黄铁崖、胡怀天编，上海中华书局1933—1934年版）、《复兴公民教科书（小学校高级用）》第1—4册（宗亮寰、吕金录、赵景源编，上海商务印书馆1937年7月第1版）、《新编高小公民课本》第1—4册（张匡编，上海中华书局1937年3月版）、《（高级小学）公民》第1—4册（国立编译馆主编，上海国定中小学教科书七家联合供应处1946年版）。

② 孙伯謇：《（复兴初级中学）公民课本》第1—5册，上海：商务印书馆，中华民国二十三年八月（1934年8月）初版。

③ 陶百川主编：《（新生活初中教科书）公民》上海：大东书局，第1册：中华民国二十二年十一月（1933年11月）3版；第2册：民国二十三年一月（1934年1月）初版；第3册：民国二十三年六月初版；第4—6册，民国二十三年七月初版。

④ 叶楚伧、陈立夫主编：《（高级中学）公民》，南京：正中书局，第1、3、5册：中华民国二十四年五月（1935年5月）出版；第2册，民国二十四年八月（1935年8月）初版、二十五年一月（1936年1月）26版；第4册：民国二十四年十一月初版、二十五年七月15版。

4册为伦理大意。①在这罗列的四套中学公民教科书里，个人、家庭等私人领域的内容在5.3%—31.7%之间，平均约占14.5%，剩下的85.5%都是公共领域方面的内容，占有绝对分量。

不过与此前的党义教科书相比，这个时期公民教科书在个人、家庭等私人领域的内容分量则明显偏高。②因为党义教科书的唯一目标就是灌输和普及国民党的"党义"，私人领域的内容虽有涉及，但只不过是附带论述。

就具体内容而言，此前党义教科书的内容大概有四个方面：（1）讲述和颂扬孙中山；（2）介绍和歌颂国民党；（3）宣讲三民主义及其思想理论；（4）依照孙中山的看法来宣扬有助于三民主义的道德价值，诸如自由、民主、平等、忠孝仁爱信义和平，等等。③这段时期的公民教科书虽然比党义教科书内容广泛，但是党义教科书的基本内容及其所反映的精神思想，全部都包括或融合在公民教科书之中，并且是公民教科书奉行的唯一指针。以商务印书馆发行的《复兴公民教科书》为例，该书共4册，每册20课，供小学社会科五六年级使用。其中第1、2册全部以及第4册中的4课总共大约有44课内容，都是根据孙中山的思想或著作编纂而成，例如《总理遗嘱的意义》、《三民主义》、《民族主义》、《民权主义》、《民生主义》、《平均地权》、《节制资本》等课文，与此前的党义教科书一样，几乎都直接摘录于孙中山的著作原文，有关孙中山及其三民主义的内容在教科书里高达55%。④正如冯顺伯重编舒新城的《初级公民课本》时所说："教科书不是'传之万世'的著作，其内容应以时代精神为转移。……公民教科书的内容，更应以时代精神为转移。三民主义的新时代精神降临了，三民主义公民学已为普遍的需要。所以本书的修正，是以三民主义的新时代精神为中心的。"⑤

这个时期的公民教科书大肆吹捧领袖，要求服从领袖。1929年，胡适曾

---

① 叶楚伧、陈立夫主编：《（高级中学）公民》，正中书局，第1、3、4册：中华民国二十五年六月（1936年6月）初版、三十七年五月（1948年5月）平1版；第2册：民国二十五年六月京初版、三十六年十月（1947年10月）平45版。

② 党义教科书里有关个人、家庭等私人领域的内容分量大约不超过11.9%；而这个时期小学公民教科书里相应的内容分量大约为33%，中学阶段大概占14.5%。参见本书第七章。

③ 参见本书第七章的分析。

④ 赵景源、魏志澄：《（新课程标准适用）复兴公民教科书（小学校高级用）》第1—4册，上海：商务印书馆，中华民国二十二年七月（1933年7月）初版。

⑤ 冯顺伯：《重编者言》，舒新城编、冯顺伯重编：《（初级中学用）新中学公民课本》第1册，上海：中华书局，民国十二年八月（1923年8月）发行、民国廿二年九月（1933年9月）29版，第1页。

批判国民党的反动和专制说:"上帝可以否认,而孙中山不许批评。礼拜可以不做,但总理遗嘱不可不读,纪念周不可不做。"①几年之后的国民党不但没有改变,反而变本加厉。《(初级中学)公民》②是教育部教科用书编辑委员会编写的一套公民教科书,初版于1942年,全书共3册。书中凡是有直接指称孙中山和蒋介石的地方,都要空上一个字格以示尊敬。清代文书凡提及皇帝都要抬头、避讳,民国初年教育部曾明令予以禁止,然而二三十年后,这种荒谬的文书格式换一种形式又回到现实。不止如此,该套教科书还专门列了两课讲述领袖:

第二十课 国家与领袖(一)

领袖的意义 领袖就是领率群众的人物,在各种有组织的团体中,莫不有领袖人物主持团体的大计,何况一个关系民族生存和发展的最高组织——国家!民国四年革命先烈陈英士先生致黄克强书中说:"美以为此后欲达革命目的,当重视中山先生主张,必如众星之拱北辰,而后星尘不乱其度数;必如江、汉之宗东海,而后流派不至于纷歧。悬目的以为赴,而视力乃不分;有指车以示之方,而航程得其向。故遵守誓约,服从命令,美认为当然天职而绝无疑义者。"陈英士先生这番话,虽是对于当时中国国民党党员的一种忠告,劝他们服从国父,遵守誓约;但我们今日由这番话中也很可以领悟到一个领袖对于国家和民族关系的重要。

我们的领袖——蒋委员长 中国最近十年来,从国民革命的过程中,产生了一位伟大的领袖,就是 蒋委员长。他现在是中国国民党总裁、国民政府主席、行政院院长、国防最高委员会委员长,集全国党、政、军的重任于身,为全国民众所一致敬仰、一致服从的一人。不但国

---

① 胡适:《新文化运动与国民党》,欧阳哲生:《胡适文集》第5册,北京:北京大学出版社1998年版,第579页。

② 这套教科书经过多次修订,有几个版本,此处参照的版本分别是:《(初级中学)公民》第1册(第2次修订本):国立编译馆主编,大中国图书局、新亚书局、广益书局、北新书局、中联印刷公司印行(上海),中华民国三十七年三月(1948年3月)第1版;《(初级中学)公民》第2、3册,教育部教科用书编辑委员会编,国定中小学教科书七家联合供应处印行(重庆),中华民国三十五年二月(1946年2月)北平片艳纸本第1版、同年7月第5版;《(初级中学)公民》第2、3册(第2次修订本),国立编译馆主编,世界书局印行,中华民国三十六年十二月(1947年12月)第5版。教育部教科用书编辑委员会后来并入了国立编译馆,因此这套教科书后来的修订版多署名国立编译馆主编。

内如此，现在世界各国的人士也都多钦佩 蒋委员长的领导中华民族作复兴运动；就是我们的敌人日本帝国者，也一贯的认定 蒋委员长的伟大， 蒋委员长是他们唯一的可敬可畏者。自民国二十七年中国国民党临时全国代表大会决议确立领袖制度、授权于 蒋委员长对于党、政、军统一指挥，到民国三十二年中国国民党五届十一中全会选举 蒋委员长兼国民政府主席以后， 蒋委员长不但事实上是全国一致公认的领袖，而且已成为代表中华民国的元首了。

蒋委员长的事功　　蒋委员长在少年的时候就立定了救国救民的大志，二十一岁进日本振武学校，经陈英士先生介绍加入同盟会，其一生革命工作，就是从这个时候开始。最初辅助陈英士先生参加革命，出生入死，艰苦奋斗，为时甚久。自陈英士先生殉难后，就追随 国父。在 国父指导训勉之下，他的精神、思想、学问、道德，日见增进，不仅接受了 国父所传授的革命理论，且对于革命方略，常有独特的贡献。在民国十一年 国父蒙难，以至民国十三年中国国民党改组的前后，事实上已作了 国父的心腹，成为继承 国父革命事业的中坚人物。 国父逝世以后， 蒋委员长以"主义不行，责任未尽"，抱着"鞠躬尽瘁，死而后已"的精神，终统一两广，完成北伐，肃清匪祸，削平叛乱，冒万险，犯万难，造成了中国真正的统一。十七年七月六日，他在北平香山碧云寺《祭告 国父文》中说："三年之间，本党基础濒于危亡者先后五次，革命势力几于覆败者凡十五次，而军事危机尚不与焉。"由此可见 蒋委员长从事革命的艰困，卒经他一一克服，不是伟大的领袖能够做得到吗？

当民国十三年 蒋委员长在广东黄埔开办军官学校、训练党军的时候，他说："一年之内，统一两广。"后来果于一年之内，完成统一两广的工作。民国十五年出师北伐的时候，他说："三年之内，统一中国。"——到民国十七年，未及三年，北伐就完成。"九一八"事变发生后，举国纷扰，一般在朝在野的人，都主张抗日，他说："攘外必先安内，抗日必先剿匪，五年之内，必可安定国内，必须统一建设，然后方有力抗日攘外。"到二十六年，果然国内完全统一，建设工作也有很大的成功。可见在抗战以前，凡 蒋委员长所预定的革命工作，无不一一切实做到。到了二十六年七月七日卢沟桥事件爆发后，他认定和平绝望，"最后关头"已到，遂领导全国军民实行抗战，他的历次文告中，都充满了抗战必胜、建国必成、坚定不移的信念，现在抗战已逾六载，全国军民在他领导之下艰苦奋斗，不独抗战胜利已有十分的把握，就是建国工作也奠定了相当的基础。　蒋委员长对国家的丰功伟绩，实在是值得全国同胞所一致景仰和感戴的！①

第二十一课　国家与领袖（二）

蒋委员长的日常生活　　戴季陶先生说："　总理所以在千百人的当中看中了一个蒋先生，把国家大事付托给他，为甚么？就是　总理已经认定这一个人可以有为，是一个可以担当大事的人。这是从何处看来的呢？就是从他日常生活上看来。"所以我们既知道了　蒋委员长的事功以后，就不可不知他的日常生活情形。

蒋委员长的日常生活，严整而有规律。起居工作都有一定的时间，好像学校排定的作息时间表一样，分毫不差。他每天清晨起床，用冷水洗脸，早操半小时，睡前用冷水擦身，数十年如一日。自入振武学堂起，他就只喝开水、不喝茶，烟、酒等刺激品更是绝不进口，所以身体健康，精神旺盛。从民国初年到现在，每天写日记，没有一天间断，所写的日记，也没有一点虚伪，把自己所想的、所做的，统统记在日记上。

蒋委员长很好读书，每天总要抽出两小时至三小时来读书。他所读的书，都是些名书巨著以及各种战史、中外地理、心理学、统计学、社会学、经济学、哲学、文学等书，而对于《曾文正公全集》，尤有深刻的研究。至于　《国父遗教》更是　蒋委员长所认为人人"必须具备的基本知识和必须遵奉的中心思想"，不但他自己很有系统的研究，并且常以他的研究所得训示同志、部属和全国青年。

蒋委员长的娱乐时间是极少的，然而他却特别重视诗歌，爱好音乐，并且不论是战时或平时，常常游山玩水，以为生活上的调剂。

总观以上，可以说：严整、有恒、乐观和自强不息，就是　蒋委员

---

① 教育部教科用书编辑委员会编：《（初级中学）公民》第2册，国定中小学教科书七家联合供应处印行（重庆），中华民国三十五年二月（1946年2月）北平片艳纸本第1版、同年7月第5版，第88—91页；国立编译馆主编：《（初级中学）公民》第2册（第2次修订本），世界书局印行，中华民国三十六年十二月（1947年12月）第5版，第78—81页。

长生活上的特征。有了这种生活上的特征，所以他的事业特别成功，他的人格特别伟大。

<u>蒋委员长对青年的爱护和期望</u>　蒋委员长对于青年的爱护，只须从他历次对青年的训示中就可以看得出来。"全国的青年，就是我的生命"，这是他屡次向全国青年讲的。就是从事实上说：如抗战以前和抗战期间，中央和地方的财政无论怎样艰难，但　蒋委员长总是督促教育当局始终一贯的维持和发展全国的教育事业，俾全国青年都能够完成学业，为国效用。又如抗战发动以后，他就组织<u>三民主义青年团</u>，"以适应全国青年迫切的需要，而开创了<u>中国国民党</u>的新生命和<u>中华民族新动力的根源</u>"。又如他以日理万机之身，除兼任中央各军事学校校长外，复兼任<u>中央政治学校</u>和<u>国立中央大学</u>的校长。这都是由于爱护青年的热忱所致。至于　蒋委员长对于全国青年的期望，也常见于他历次对青年的训示中，概括的说：无非勉励全国青年能"振衰起废，雪耻图强，为国家尽全忠，为民族尽大孝，为圣贤，为豪杰，为民族的血管，为国家的骨干"。"堂堂正正做天地间第一等事，为天地间第一等人"。他说："每一青年在今日每一分钟的写读，每一分钟的练习，都是国家民族新生命、新动力的来源。"他期望全国青年这样恳切，我们青年听了或读了他的训示以后，能不感奋，能不勉励！

<u>我们应该怎样服从　蒋委员长</u>　蒋委员长为全国唯一的领袖，我们当然要服从他。但是我们应该怎样服从他，才算是真诚的服从呢？归纳起来，不外下列几点：

一、要认定服从　<u>蒋委员长</u>为<u>中华民国</u>国民的天职，不能附带任何条件或任何企图。

二、要能够服从　<u>蒋委员长</u>的领导，将个人的聪明、才力，甚至生命、财产，贡献给国家民族，以求抗战建国的成功和三民主义的实现。

三、要时时刻刻以　<u>蒋委员长</u>的言论和行动做我们自己思想和行动的南针，矢勤矢勇、亦步亦趋的向前迈进。①

---

① 教育部教科用书编辑委员会编：《（初级中学）公民》第2册，国定中小学教科书七家联合供应处印行（重庆），中华民国三十五年二月（1946年2月）北平片艳纸本第1版、同年7月第5版，第92—95页；国立编译馆主编：《（初级中学）公民》第2册（第2次修订本），世界书局印行中华民国三十六年十二月（1947年12月）第5版，第82—85页。

（文中的方框、下划线，以及"国父"、"总理"、"蒋委员长"等前的空格，均为原文所加——引者注）

课文引用《陈英士致黄克强书》里那段赤裸裸鼓吹供奉孙中山的文字，早在1929年就遭到了胡适的猛烈撞击。[①]一意孤行并且独裁日深的国民党自然毫不予理会，这儿又编入教科书里来崇奉蒋介石了。如果孙中山是上帝，蒋介石就是耶稣了。

这个时期的公民教科书还为国民党和国民政府的各项制度、政策辩护。随着依照列宁主义政党模式改组的国民党在全国逐步取得统治地位之后，公民教科书对于政党的观念和介绍也出现了改变。这段时期的公民教科书通常将政党分为普通政党和革命政党：英美式的政党是普通政党，是"循着宪政的常轨"夺取政权；苏俄的共产党、意大利的法西斯党、德国的国家社会党是革命党，是以革命手段夺取政权，夺取政权之后也不允许别的政党活动，实行一党专政，其所奉行的理念就是"党即国家"。国民党是革命党，但是与俄意德的政党又有区别：国民党的目的是要建设三民主义的国家；在建设未竣以前国民党虽然实行一党专政，但允许信仰三民主义的党外人士参与政权，即国民党是以党义治国，而非党员治国；在建设完成以后则与英美政党一样。[②]还有教科书进而论证了国民党一党独裁的必要：（1）"一党独裁比之数党轮治，虽然迹近专制"，但是在民众缺乏政治能力的情况下，两个以上政党的理论争论无法由民众来决定其优劣，从而必然脱离民众舆论的监督，而演变成武力斗争，因此在这个时候，"只有把一切权力集中于一党，而后再用党权，养成民众的政治能力"。（2）革命之后，"一党独裁更为必要"。"革命是先有破坏，而后才有建设"，在破坏的时候，只有集中一切权力，才能扫除障碍，取得政权；在建设的时候，反革命势力虽然一时崩溃，但其根深蒂固，尚未完全消灭，随时可能死灰复燃，"若不实行一党独裁，而把充分民权给予人民，则反革命的人们将有机会可乘，从而破坏革

[①] 胡适：《知难，行亦不易（孙中山先生的"行易知难说"述评）》，欧阳哲生编：《胡适文集》第5卷，北京：北京大学出版社1998年版，第596页。

[②] 陶百川主编：《（新生活初中教科书）公民》第2册，王新命编，上海：大东书局中华民国二十三年一月（1934年1月）初版，第79—81页。

命，由是任何建设方案都无从实行了"。①这是一段反民主的经典辩白，貌似振振有辞，而其论证至少有三点疑问：第一，已是独裁专制的政党为什么会用党权来培养民众参与民主政治的能力，而不是继续将民众训练成永远忠诚于党的奴才和工具？如果有这样良善的政党，那么当初它就不会建立一党独裁。第二，民众的政治能力固然对于民主政治有影响，但是却无法确定一个民众政治能力的最低限度，一旦达到这个限度就可以实行民主。第三，对于所谓"反革命势力"也是如此，同样没有一个客观的尺度和标准，任何与独裁政党不合的人都可能被认作反革命，如此则反革命势力永远无完全消灭之日。看似近在眼前的民主，实则遥遥无期。

  对于政党之外的其他政治制度，公民教科书同样做了诠释。在国家政治权力的归属上，当时的公民教科书认为有君主政体、贵族政体、民主政体和党治政体，未实行宪政之前的中国属于党治政体。在中央与地方的权力分配上，公民教科书认为有中央集权制、地方分权制和孙中山发明的均权制，当时的中国准备在国民党所谓的宪政时期开始实行均权制，即"凡事务有全国一致之性质者，划归中央；有因地制宜之性质者，划归地方；不偏于中央集权或地方分权"。在民主政治的实现形式上，公民教科书认为有直接民主制、代表民主制和孙中山发明的权能区分民主制，宪政之后的中国自然要实行孙中山的这种权能区分民主制，即人民享有选举权、罢免权、创制权、复决权四项"政权（权）"，政府行使立法权、行政权、司法权、监察权、考试权五项"治权（能）"，人民以四项政治约束政府的五项治权，政府行使五项治权为人民服务。②

  对于当时的社会经济制度，公民教科书往往将民生主义、资本主义、社会主义进行比较分析。《（高级中学）公民》这样论述资本主义生产与民生主义生产：

---

  ① 叶楚伧、陈立夫主编：《（高级中学）公民》第2册，萨孟武编著，南京：正中书局中华民国二十四年八月（1935年8月）初版、二十五年一月（1936年1月）26版，第86—88页。
  ② 孙伯骞：《（复兴初级中学）公民课本》第2册，上海：商务印书馆中华民国二十三年八月（1934年8月）初版、同年十二月15版，第27—28页、第59—61页；孙中山：《国民政府建国大纲（1924年1月）》，广东省社会科学院历史研究所等编：《孙中山全集》第9卷，北京：中华书局1986年版，第128页；叶楚伧、陈立夫主编：《（高级中学）公民》第2册，萨孟武编著，南京：正中书局中华民国二十四年八月（1935年8月）初版、二十五年一月（1936年1月）26版，第14—19页。

  资本主义是主张私营生产的一种主义。资本主义者的信条是：财产的私有私营，生存的自由竞争，生产的私利统制，及以资本家或企业家为中心的大规模生产。讲到原因，财产如不私有私营，则缺少私利刺激，必无生产效率可言，此其一；人类生存，如任其自由竞争，则优胜劣败，适者生存，夫然后有进化可言，此其二；生产事业，头绪纷繁，欲加以整个的计划与统制，实为事实所不可能，如各生产者果能以私利之大小为标准，各择利润之大者而生产之，则凡所生产，自尽能合于市场上之需要，可谓不统制而自统制，此其三；生产事业必重纪律，有纪律始有效率，是以企业组织，不可不分阶级，决不能完全平等，而资本家或企业家即企业界之最有领袖能力者，故生产组织，势不能不以彼等为中心，此其四。

  民生主义则不然。民生主义的目的，在解决"人民的生活，社会的生存，国民的生计，群众的生命"，所以与资本主义根本不同："资本主义是以赚钱为目的，民生主义是以养民为目的"，这是孙中山先生告诉我们的话。因为两个主义的目标不同，所以方法与结果，也不会相同。资本主义对于自由竞争的补救，是垄断或独占；民生主义对于自由竞争的补救，是计划与统制。所以中山先生有他的实业计划以及平均地权节制资本的方法。资本主义以私营生产为原则，以公营生产为例外，而民生主义则反之，凡有关衣食住行之大工业以及矿产森林等类，均须收归国家经营，其余则以合作或其他方式经营之。资本主义的结果是对外经济侵略，对内经济恐慌，而民生主义的结果，则因生产有计划，有统制，且不以营利为目的，故可无此类现象之发生。[①]

课文从目的、方法和后果等几个方面比较了资本主义与民生主义的差异。另一套教科书《（新生活初中教科书）公民》剖析了资本主义的弊害：（1）资本主义以私有财产制度为基础，生产的目的在于营利，各企业相互自由竞争，彼此缺少有意识的联络和计划，从而形成了整个社会的无政府状态。结果要么是供不应求，要么是供过于求，引发"经济恐慌"，"两者均足影响社会经济的发展"。（2）在资本主义制度下，资产阶级依靠财产收入而生

---

  ① 叶楚伧、陈立夫主编：《（高级中学）公民》第3册，寿勉成编，南京：正中书局中华民国二十四年五月（1935年5月）初版，第61—62页。

活,劳动阶级依靠劳动所得而生存。"财产的收入,是一种不劳而获,资本阶级以财产为工具,获得劳动者劳动产物的一部。财产越多的人,其收入也就越多。同时,劳动阶级因为缺少生产要素而受资本阶级的雇佣,所以自己的劳动产物不能全部收回,一部分要为资本家所有。"作为劳动力价格的工资受社会劳动力需求的影响,社会对于劳动的需求旺盛,劳动者的工资就可能上涨;反之,劳动者就可能工资下降甚至失业。因此,资本主义的分配既不公平,也不安定。综合这两点,该教科书认为,孙中山民生主义的"节制资本(节制资本的弊害,发挥资本的效能),就是改革资本主义生产的最好方法"。[①]

社会主义、共产主义与民生主义的区别,公民教科书也做了较为详细的介绍和分析。《(复兴初级中学)公民课本》写道:

> 社会主义的派别虽然极其分歧,但是主张生产机关应归国家所有及国家管理,则无二致。至于分配方面,各派意见也是不同:有的主张平等分配;有的主张按照各人实际的需要来分配;有的主张按照各人尽力的大小来定分配的多寡。不过有一点是他们共同的主张,就是不做工的人,不能得到分配品。
>
> 社会主义者认为实行社会主义的国家,有下列几种利益:
>
> (一)竞争及随竞争而来的弊端可以消减。在社会主义的国家中,生产由国家管理,故竞争没有存在的余地。
>
> (二)有闲阶级的推翻。因为人都须做工,不做工便没有饭吃。
>
> (三)分配的平均。虽然关于分配的意见,各派社会主义的学者尚不一致,但在社会主义的社会中,决无剥削他人以利自己的事情发生。
>
> (四)供给和需要的平衡。由国家预先计划,以求供需的平衡,免除生产过剩,或供不应求的现象。
>
> (五)失业及罢工的消灭。由于资本家自利而起的失业问题,及为反抗资本家剥削而起的罢工,当然不会发生。
>
> (六)出口的改善。生产机关既由国家管理,自然没有像一般商人销售劣品以图高利的事情。

[①] 陶百川主编:《(新生活初中教科书)公民》第3册,姜文宝编,上海:大东书局中华民国二十三年六月(1934年6月)初版,第28—30页。

（七）利他精神的培植。在社会主义的国度中，人人都为全体幸福而工作，故能互相友爱，互相帮助。

不过虽有以上种种利益，实行起来也不无困难：第一，因为取消私有财产，容易怠惰个人的奋斗和努力。第二，分配工作，非常不易。第三，有数种生产集业不易集中，如农业之类。综合起来，社会主义是利多于弊。我国中山先生主张的民生主义，就是一种社会主义。①

《（复兴高级中学教科书）公民》还比较了民生主义与马克思共产主义的差异：民生主义的哲学基础是民生史观，共产主义则是唯物史观；民生主义虽然承认阶级斗争为一种史实，但是认为社会进化的原因是阶级和谐，而非马克思的阶级斗争；民生主义否认马克思的剩余价值学说，认为"资本家的盈余价值，都是从工人的劳动中剥削来的，把一切生产的功劳，完全归之于工人的劳动，而忽略社会上其他各种有用分子的劳动"。在此基础上，教科书认为民生主义的方法，即平均地权和节制资本，"是以渐近的、和平的方法，达到共产主义的理想。这和马克思共产主义，采取阶级斗争不同"。②

公民教科书依照孙中山思想而对当时社会经济制度的论证和诠释，就学理上而言是有问题的：第一，没有坚守贯穿始终的逻辑一致性。公民教科书一方面说资产阶级的财产收入"是一种不劳而获，资本阶级以财产为工具，获得劳动者劳动产物的一部"；另一方面却又否认马克思的剩余价值学说，认为资本家的盈余价值不是从工人的劳动中剥削而来。这种逻辑矛盾形成的原因可能有两个：一是不同版本教科书的编纂者认识不一，互相抵触；二是根源于孙中山思想本身的矛盾。孙中山曾批评亚当·斯密（Adam Smith）的古典经济学："按斯密亚丹经济学生产之分配，地主占一部分，资本家占一部分，工人占一部分，遂谓其深合于经济学之原理。殊不知此全额之生产，皆为工人血汗所成，地主与资本家坐享其全额三分之二之利，而工人所享三分之一之利，又析与多数之工人，则每一工人所得，较资本家所得者，其相去不亦远乎？宜乎富者愈富，贫者愈贫，阶级愈趋愈远，平民生计遂尽为资

---

① 孙伯骞：《（复兴初级中学）公民课本》第5册，上海：商务印书馆中华民国二十三年八月（1934年8月）初版，第79—81页。

② 李震东：《（复兴高级中学教科书）公民》第1册，上海：商务印书馆中华民国二十三年二月（1934年2月）初版、同年九月11版，第150—156页；孙中山：《三民主义·民生主义》，《孙中山全集》第9卷，北京：中华书局1986年版，第360—377页。

本家所夺矣。"[①]依照古典经济学的收入分配理论,生产要素的所有者按照其投入要素在生产中的贡献来获得相应的收入。但这并不是说所有的收入就是按照土地、劳动和资本三种生产要素来平均等额分配,而孙中山却认为是按照这三种生产要素来平均等额分配,他显然没有完全理解古典经济学的收入分配理论。这段论述的另一个方面说明孙中山某种程度上认同剩余价值论,"全额之生产,皆为工人血汗所成,地主与资本家坐享其全额三分之二之利",即地主和资本家是靠剥削工人而致富。然而,上文《(复兴高级中学教科书)公民》引自孙中山民生主义演讲中的那段话,却又明确否定马克思的剩余价值论。此外,孙中山还举例说上海、南通州、天津、汉口等地纱厂布厂的盈余价值,"不专是工厂内工人劳动的结果,凡是社会上各种有用有能力的分子,无论是直接间接,在生产方面或者是在消费方面,都有多少贡献"。[②]某个工厂剩余价值的计算仅仅是计算由该厂所创造的价值增值,其他所有环节的价值增值都不在计算范围,并非如孙中山所谓社会上各种有用有能力的分子都对该厂的价值增值有贡献,孙中山同样没有完全理解马克思的剩余价值论。

第二,将各个企业根据市场而进行的生产活动等同于"无政府的状态",没有充分认识到市场的作用,也高估了政府的能力。公民教科书对于资本主义弊病的分析与马克思的观点基本一致,明显地反映了孙中山所受社会主义思想的影响。市场不仅是人们经济活动的联系方式,也是人们交流及增进知识和信息的方式。以计划代替市场,则意味着负责计划的政府必须了解每一个人的需求,具备所有的知识和信息,而这是根本不可能的,因为人自己都常常不清楚自己的需求。这就是哈耶克(F. A. Hayek)指出的社会主义的谬误:致命的自负。[③]以先知先觉自居的孙中山,同样有这份自负。

第三,平均地权,就是通过税收来重新分配地主大量的地租收入;节制资本,则是通过政府对于矿山、银行、铁道、航路等所谓具有独占性行业的垄断经营,来限制私人资本的垄断性发展,从而起到预防社会贫富不均的作

---

① 孙中山:《在上海中国社会党的演说(1912年10月)》,《孙中山全集》第2卷,北京:中华书局1982年版,第512页。

② 李震东:《(复兴高级中学教科书)公民》第1册,上海:商务印书馆中华民国二十三年二月(1934年2月)初版、同年九月11版,第151—153页;孙中山:《三民主义·民生主义》,《孙中山全集》第9卷,第369—370页。

③ 哈耶克(F. A. Hayek):《致命的自负》,北京:中国社会科学出版社2000年版。

用。倘若没有一个受民众监督的民主政府，以税收形式收缴上来的地租和国家垄断企业的经营利润，恐怕都不可能返还给社会，以救助那些穷困之人。这两个民生主义的方法，只不过是专制官僚手里欺瞒和掠夺民众的招牌与工具。另一方面，通过平均地权和节制资本，政府可以控制或垄断土地、矿山、银行、铁道、航路等关系国计民生的资源和行业，政府直接参与了市场经营，这样的市场将永远是个不成熟和不完善的市场，而这显然不利于整个经济的长远发展。对于中国这样一个后发外源的现代化国家而言，如果由于整个社会没有那种适宜于现代企业建立和成长的意识、资金及制度环境，政府直接参与市场或创办、经营企业是一条切实可行的途径的话，那么孙中山的民生主义在某种意义上确实阐明了一条颇具特色的经济发展道路，即以市场为基础、"个人企业"和"国家经营"两路行进①的发展道路。不过这只是一条过渡性的道路，并且随时有走向"权贵市场经济"的危险。

总而言之，当时公民教科书对于国民党和国民政府各项制度、政策的论述和阐释，不外乎是说孙中山及其国民党已经为中国开辟了一条通向新式民主的"新路"，正在领导中国人民创建一个"最进步的"三民主义的新国家。②

另外，纯粹讲述道德伦理和价值观念的内容在当时的公民教科书里虽然所占篇幅不多，但仍然是重要的部分。譬如，《复兴教科书 公民》高小第1册就连续用了10课的篇幅叙述忠、孝、仁爱、信义、和平等方面的道德故事。③胡适曾引用家乡的俗话说："做戏无法，出个菩萨。"④孔子及其传统儒家伦理就是国民党祈求保佑的菩萨。当时的公民教科书宣扬和供奉这个菩萨也有其特点：第一，随着国民党的需要和政策而有所变化和侧重。1934年2月，蒋介石发动新生活运动，随后的公民教科书都有新生活运动的内容。

---

① 孙中山：《建国方略•实业计划》，《孙中山全集》第6卷，北京：中华书局1985年版，第253页。

② 叶楚伧、陈立夫主编：《（高级中学）公民》第2册，萨孟武编著，南京：正中书局中华民国二十四年八月（1935年8月）初版、二十五年一月（1936年1月）26版，第15页；孙伯謇：《（复兴初级中学）公民课本》第2册，上海：商务印书馆中华民国二十三年八月（1934年8月）初版、同年十二月15版，第25页。

③ 赵景源、魏志澄：《（新课程标准适用）复兴教科书 公民（小学校高级用）》第1册，上海：商务印书馆中华民国二十二年七月（1933年7月）初版、中华民国二十三年一月（1934年1月）订正85版、同年四月订正115版，第10—29页。

④ 胡适：《写在孔子诞辰纪念之后》，欧阳哲生编：《胡适文集》第5卷，北京：北京大学出版社1998年版，第408页。

《新编高小公民课本》第1册以《新生活运动》为题连续3课介绍了新生活运动，《初中公民》也有《公民道德与新生活运动》的章节。①1938年2月，国民政府教育部颁布了《青年训练大纲》，规定了《青年守则》十二条。次年3月，蒋介石在第三次全国教育会议上发表"训词"，要求把"礼、义、廉、耻"所谓"四维"作为所有学校的共同校训。《（初级中学）公民》第1册第8课就是《共同校训——礼义廉耻》，第9、10课都为《青年守则》。②其他如国民精神总动员、童子军的道德要求、国民党的"党德"等在公民教科书里也都有介绍。③

第二，在以往党义科的基础上，国民政府教育部以孙中山、蒋介石等人的道德论述为纲，已经整合出了一套"我国固有道德"的德目系统《训育纲要》。当时的公民教科书在讲述那些传统道德伦理时虽然各有取舍和侧重，但是都没有超出这个范围。《（初级中学）公民》第1册第6课《我国固有的道德》直接引用这个纲要说："道德之内容，不外修己与善群。善群为修己之表现，修己为善群之始基。就修己而言：养心则以格物、致知、正心、诚意为尚；养身则以勤四体、节饮食、慎起居为贵；治生则以勤劳、俭朴、创造、服务为务。就善群而言：则以齐家、治国、平天下为目的；对家族则为亲慈子孝、兄友弟恭、夫妇和顺、邻里敦睦；对社会则为信义谦和、博爱互助、尊贤敬长、怜孤恤贫、育幼乐群；对国家则为忠贞公勇、明礼义、知廉耻、负责任、守纪律；对国际则为平等、互惠、和睦、尚信、重义、明耻；对万物则为同情、博爱、创造、善用。"在此基础上，还列出了一个德目系

---

① 张匡：《新编高小公民课本》第1册，上海：中华书局民国二十六年三月（1937年3月）发行、同年三月16版，第6—11页；陶百川主编：《初中公民》第1册，陶广川、姜文宝、徐竹虚编辑，上海：大东书局中华民国二十五年八月（1936年8月）初版，第17—19页。

② 国立编译馆主编：《（初级中学）公民》第1册，上海：大中国图书局、新亚书局、广益书局、北新书局、中联印刷公司印行中华民国三十七年三月（1948年3月）第1版，第30—31页、第34—42页。

③ 教科用书编辑委员会：《（高级小学）公民课本》第4册，重庆：国定中小学教科书七家（正中书局、商务印书馆、中华书局、世界书局、大东书局、开明书店、文通书局）联合供应处，中华民国三十四年十二月（1945年12月）北平片艳纸本第1、15版，第23—25页；卢达：《新编初中公民》第1册，上海：中华书局，民国二十六年二月（1937年2月）发行、同月8版，第25—30页；陶百川主编：《初中公民》第4册，陶广川、姜文宝、徐竹虚编辑，上海：大东书局中华民国二十六年二月（1937年2月）初版，第33—35页。

统示意图（图6—6）：①

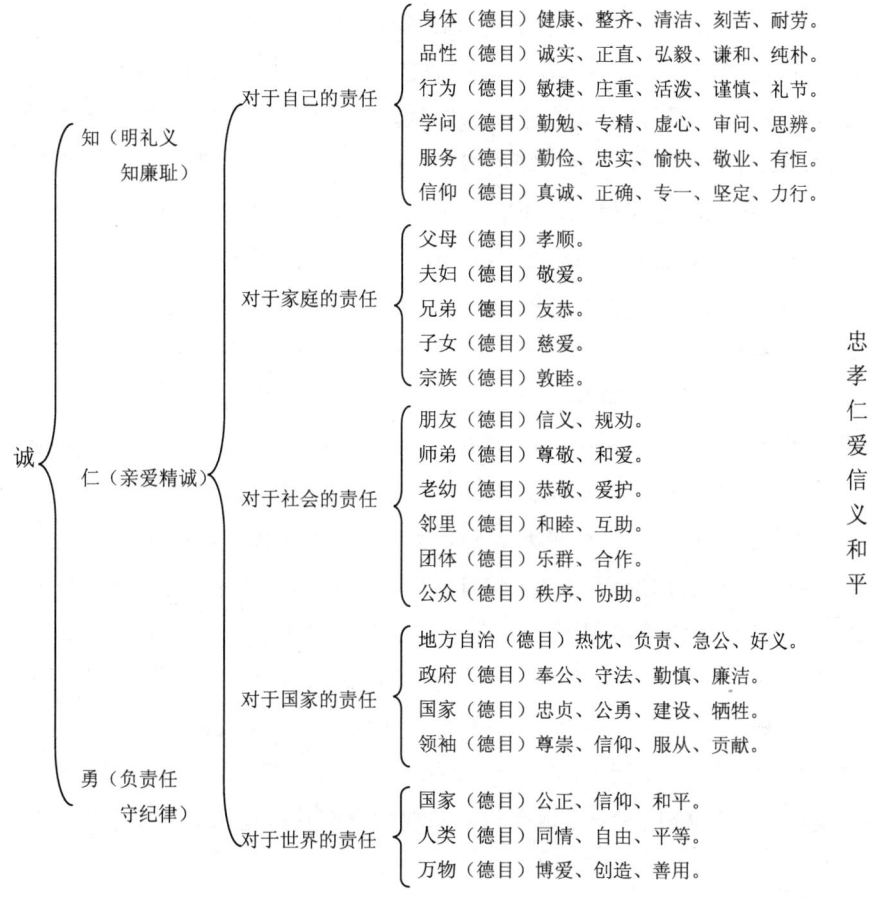

图6—6 公民教科书德目系统

就这个德目系统示意图，公民教科书还解释说："我们要履行道德生活，先要有一种原动力，这种原动力分开来说，就是知、仁、勇；合拢来说，就是诚。"表中的所有德目都可以归结为"忠、孝、仁、爱、信、义、和、平八德"。②和袁世凯当政时期的修身教科书一样，又是一个"诚"字，点明了儒家思想的道德精髓。

---

① 国立编译馆主编：《（初级中学）公民》第1册，上海：大中国图书局、新亚书局、广益书局、北新书局、中联印刷公司印行，中华民国三十七年三月（1948年3月）第1版，第20—21页。

② 同上书，第22页。

但是不同的是，袁世凯时期的修身教科书对于中国固有道德的诠释是以传统儒学的解说为依据，而这个时期的公民教科书则是以蒋介石所谓的力行哲学为基础。他的力行哲学糅合了王阳明心学和孙中山的"行易知难说"：（1）其所谓"知"，有道德良知与科学之知的区分。王阳明"知行合一"和"致良知"的"知"，是人良心上的知觉，是人性的良知，是与生俱来的天赋之知，不待外求；孙中山"知难行易"的"知"，是科学之知，要由学、问、思、辨的工夫才能得来，不宜强求，亦不必人人去求，交给先知先觉者探究就行。因此，二者"知"的本体虽有不同，但是勉励人们去"行"、去"致"，即"力行"，是"完全一致的"。①（2）至于"行"，蒋介石说"古往今来宇宙之间，只有一个'行'字才能创造一切，所以我们的哲学，唯认知难行易为唯一的人生哲学。简言之，唯认'行'的哲学，为唯一的人生哲学"②。也就是说，人世间的一切都是"行"所创造，良知的开启、展现或实现，科学之知的获得，同样都离不开"行"，知行合一。在此意义上，蒋介石对于"行"的强调多少有些类似于毛泽东对于"实践"的重视。③不过蒋介石的"行"具有更加形而上学的普遍意义，即他认为"行"是"天地间自然之理"，是"人生本然的天性"，随人性而与生俱来，"为'性'之表"。④（3）如何去"行"呢？蒋介石认为"行"的原动力是"诚"。⑤"天下万事万物，都由此诚心所生，都靠此诚心维系，如果一念不诚，则万物皆假，一切皆归于虚无，所谓'诚者物之始终，不诚无物'。"⑥"诚乃为一切德性一切事业成功的基本条件。"⑦也就是说，只要大家都真诚地信仰三民主义，服从

---

① 蒋介石：《总理"知难行易"学说与阳明"知行合一"哲学之综合研究》，秦孝仪主编：《先总统蒋公思想言论总集》第23卷，台北：中国国民党"中央"委员会党史委员会1984年版，第337—348页。

② 蒋介石：《自述研究革命哲学经过的阶段》，秦孝仪主编：《先总统蒋公思想言论总集》第10卷，台北：中国国民党"中央"委员会党史委员会1984年版，第541页。

③ 参见毛泽东《实践论（论认识和实践的关系——知和行的关系）》。

④ 蒋介石：《行的道理（行的哲学）》，秦孝仪主编：《先总统蒋公思想言论总集》第16卷，台北：中国国民党"中央"委员会党史委员会1984年版，第146、147页。

⑤ 同上书，第151页。

⑥ 蒋介石：《做人与革命建国之大道》，秦孝仪主编：《先总统蒋公思想言论总集》第14卷，台北：中国国民党"中央"委员会党史委员会1984年版，第7页。

⑦ 蒋介石：《革命军人的哲学提要》，秦孝仪主编：《先总统蒋公思想言论总集》第12卷，台北：中国国民党"中央"委员会党史委员会1984年版，第371页。

领袖，躬行实践，就一定能够"成功革命复兴国家"①。经过这番形而上学的论述，蒋介石在孙中山"知、仁、勇"三种革命精神和"忠、孝、仁、爱、信、义、和、平"八德的基础上②，构建了一套有别于传统的道德体系。这是他明显高出孙中山的地方，当然二者在目的上是一致的：一是反对唯心论和唯物论③；二是让人放弃思考，服从领导，听从指挥。

第三，这个时期公民教科书对于传统道德的讲述和强调，并不是也没有彻底回归传统，特别是退回到新文化运动之前的状态。在家庭伦理方面，公民教科书还是客观地比较了大家庭和小家庭的利弊，主张改革旧有的大家庭制度④，沿袭了此前公民教科书的基本思想观念。这个时期公民教科书的核心意图仍然在于通过这些传统道德伦理的灌输，使学生成为服从领袖、尊崇集体、听从指挥、甘于牺牲的工具和奴才。比较前后两个时期公民教科书里类似的内容，这一点就看得十分清楚。商务印书馆出版的《复兴公民教科书》第4册第11课《服从团体》论及了"服从"：

十一 服从团体

分子对于团体，应该绝对服从。就个人方面说，一切的人都有自由，谁也不能强迫别人去服从他。但是在团体内，分子却要服从团体，不能自由。

---

① 蒋介石：《革命的心法——诚》，秦孝仪主编：《先总统蒋公思想言论总集》第11卷，台北：中国国民党"中央"委员会党史委员会1984年版，第575—582页。

② 孙中山对于我国传统道德的总结基本上可以归结为："知、仁、勇"三种革命精神和"忠、孝、仁、爱、信、义、和、平"所谓"八德"。文中的德目系统表显然包括了孙中山的这个总结。参见孙中山《在桂林对滇赣粤军的演说（1921年12月10日）》，《孙中山全集》第6卷，北京：中华书局1985年，第16页；《三民主义·民族主义》，《孙中山全集》第9卷，北京：中华书局1986年版，第243页。

③ 蒋介石曾就此反复论述，其中有这么一段："总理常讲，精神和物质是不能分离的，总理还把精神的意义，解释得很明白，他说凡不是物质的东西，统统叫精神，从古至今，没有人能下精神的定义，像总理这样确切的。所以我们要承认宇宙除了物质之外还有一个精神的东西存在；承认精神的存在，便承认心意的存在，有心意便有'良知'，不过良知要能'致'，即是'行'，即所谓实现良知，亦即是'知难行易'的实行者，如此所谓良知，才不至于落空，才不会做一个空疏的唯心论者，同时也不会做一个机械的唯物论者。"参见蒋介石《自述研究革命哲学经过的阶段》，《先总统蒋公思想言论总集》第10卷，第540—541页。

④ 孙伯骞：《（复兴初级中学）公民课本》第1册，上海：商务印书馆中华民国二十三年八月（1934年8月）初版，第47—50页；陶百川主编：《初中公民》第2册，陶广川、姜文宝、徐竹虚编辑，上海：大东书局中华民国二十六年一月（1937年1月）初版，第1—3页；李之鹓：《（复兴初级中学）公民教本》第1册，上海：商务印书馆中华民国二十四年一月（1935年1月）初版，第61—63页。

一个人加入团体以后,他的自由便贡献给团体,听团体的指挥。团体的命令除绝对服从外,没有自由的余地。如果每个分子都能这样服从,团体便能集合许多分子的力量,成为一种力量,发生一种很大的效力。

分子牺牲个人的自由,为着什么呢?为着争团体的自由。因为我们要争团体的自由,所以不能不牺牲个人的自由。团体的自由是大多数人的自由,团体有了自由,个人才能有真正的自由。孙中山先生说:"革命成功,个人不能有自由,团体要有自由。"我们应当遵守中山先生的教训。

我们中国人常缺少团结精神,被人称为"一盘散沙"。我们如果要复兴民族,必须首先养成服从团体的精神。[1]

此前的1924年,商务印书馆发行的《新学制公民教科书》第1册第3课同样讲述"服从":

三 服从

我们现在只有十一二岁,在家庭中要算很小的了。父母的话不用说是应该服从的,就是哥哥和姐姐的指导也是要遵守的。

为什么呢?一则因为他们年长,遇事见识得到,我们肯听他们的话,就不致做错事情。一则因为他们的话,完全是出于亲爱的心,我们照着这些说话做去,自然是有利无害的。

但是我们要晓得,服从分为有意识的和无意识的两种。有意识的服从,是对于有正当理由的事情才服从的。反面说起来,我们对于无理由的事情也去服从,那便是无意识的服从了。有意识的服从是很可宝贵的;无意识的服从却是应当避免的。

我们在家庭的服从是哪一种呢?不用说,就是有意识的。我们不仅在家庭应当如此,将来在社会上也应当如此。[2]

仔细分析这两篇课文,《服从》所包含的意思有两层:其一,所言说

---

[1] 胡钟瑞、赵夐:《(新课程标准适用)复兴公民教科书(小学校高级用)》第4册,上海:商务印书馆中华民国二十二年七月(1933年7月)初版,第24—25页。

[2] 李泽彰:《新学制公民教科书(小学校高级用)》第1册,上海:商务印书馆中华民国十三年一月(1924年1月)初版、十四年十一月(1925年11月)60版,第5—6页。

的"服从"侧重于家庭范围，是指未成年子女要服从其监护人的指导。这显然是合法和正确的。其二，认为服从可以分为有意识的服从和无意识的服从两种，有意识的服从是可取的，无意识的服从则应当避免。也就是说，服从应该是有正当理由的服从。理由正当与否当然需要人的理性判断，这实质上是强调服从应该建立在人的理性和自主的基础上，只有这样的服从才是家庭和社会中合理的服从。仅此一点，已足见当时公民教科书思想观念的理性和开放。然而《服从团体》所主张的"服从"超出了家庭的范围，也没有什么"有意识的服从"、"无意识的服从"的区别，要求的全是无须独立思考的绝对盲从，体现了一种集体至上的专制主义思想。这一前一后的变化，判若天壤。

在传统道德之外，这个时期公民教科书对于自由、平等、博爱等现代价值的介绍和诠释也有其特点：第一是继承了党义教科书的套路，多以孙中山的论述为准；第二是如图6—6德目系统示意图所指示的那样，这些现代价值都纳入了蒋介石所构建的以"诚"为总纲的道德体系，成了传统道德伦理的一个组成部分；第三是将这些现代道德价值局限在国家之间的层面，即国家的相互交往中彼此要自由、平等和博爱。这实质上都曲解了这些现代价值。在研究此前的党义教科书时，笔者已经就孙中山对于这些现代价值的阐述做了仔细的分析（参见后一章），在此无须赘述。不过须指出的是，与以往大多数的修身、公民和党义教科书一样，这个时期的公民教科书依旧不完全接受或不理解这些现代价值背后的权利理论：其一，对于什么是"权利"，当时的公民教科书大概有三种观点：（1）"权利是一种物质的或精神的利益，用以满足人类的欲望和适应生活的要求"；或者说权利发生于承担义务所得到的好处[①]，即权利是某种利益或好处。（2）权利是人类需要的消耗和工具。"人类生存在这个世界上，少不了要有相当的消耗和应用的工具，这就是各人所得的权利。"[②]（3）权利"是法律所设定的"，"是法律的制造物，没有法律就没有权利"，是"法律为使个人行使他的社会的经济职能，而赋与一

[①] 教育部教用书编辑委员会编：《（初级中学）公民》第3册，国定中小学教科书七家联合供应处印行，第15页；叶楚伧、陈立夫主编：《（高级中学）公民》第5册，阮毅成编著，南京：正中书局中华民国二十四年五月（1935年5月）初版，第31页。

[②] 叶楚伧、陈立夫主编：《（初级中学）公民》第1册，刘悉规编著，南京：正中书局中华民国二十四年八月（1935年8月）78版，第74页。

定的能力"。①这三种观念都没有准确地定义权利,因为"权利是做某事(或处于某种状态)的资格"②,人权就是人正常应有的资格。其二,在权利和义务的关系上,公民教科书将义务摆在第一位。《公民教本》所倡导的道德就有一点是"轻权利而重义务",认为"要想社会的共同生活得到圆满发展,必要各个人轻权利重义务才有可能"。③其三,在权利的来源上,公民教科书不完全接受天赋人权思想。《(初级中学)公民》说:"权利的来源,一部分是得自天然的;一部分是得自我们人类的祖先的;一部分就是我们分工合作的报酬。"④如果人权就是我们作为人正常应有的资格,那它当然是与生俱来的。这是我们讨论人的任何权利的逻辑起点。当然在历史的实际进程中,权利的展现和实现是个不断变化的过程,以此来否定天赋人权学说的理论逻辑,显然是不合理的。这种否定,哪怕是部分的否定,在某种程度上都是以现实的不合理来取代理论上或道德上的"至善",严重地削弱了我们作为人的资格和尊严。

(三)公民教科书的编写特点

如果说这个时期公民教科书的灵魂是党义教科书的,那么在形式上则基本沿袭了此前的公民教科书:第一,在篇章结构上,教科书依然是按"先个人,次家庭,再次及于社会国家"、"由近及远,由具体到抽象"⑤的模式来安排,与前一个时期的公民教科书大体一致。适用于小学1—4年级的《模范公民》是世界书局根据《小学公民训练标准》⑥编写的一套教科书,共有8册

---

① 陶百川主编:《(新生活初中教科书)公民》第4册,陶广川编辑,上海:大东书局中华民国二十三年七月(1934年7月)初版,第12页;叶楚伧、陈立夫主编:《(初级中学)公民》第4册,林树艺编著,南京:正中书局中华民国二十四年五月(1935年5月)初版,第14页;孙伯謇、周新民:《复兴初级中学)公民课本》第4册,上海:商务印书馆中华民国二十三年八月(1934年8月)初版、同年十二月11版,第12页。

② 袁征:《中国教育问题的哲学思考》,深圳:海天出版社2009年版,第60页。

③ 李之鹍:《(复兴初级中学)公民教本》第1册,上海:商务印书馆中华民国二十四年一月(1935年1月)初版,第88页。

④ 叶楚伧、陈立夫主编:《(初级中学)公民》第1册,刘悉规编著,南京:正中书局中华民国二十四年八月(1935年8月)78版,第74页。

⑤ 张耿西、万九光、束樵如:《中国公民编辑大意》,《(小学校初级用)中国公民》第1册,上海:商务印书馆中华民国二十三年一月(1934年1月)初版、七月46版,扉页。

⑥ 陆伯羽:《(新课程标准公民训练小册)模范公民(初级小学校学生用)》,上海:世界书局,第1册:中华民国廿二年七月(1933年7月)初版、廿三年四月(1934年4月)63版;第2册:廿二年七月初版、廿三年三月49版;第3册:廿二年七月初版、廿三年四月43版;第4册:廿二年七月初版、廿三年七月56版;第5册:廿二年七月初版、廿三年七月51版;第6册:廿二年七月初版、廿三年四月48版;第7册:廿二年七月初版、廿三年四月49版;第8册:廿二年七月初版、廿三年四月31版。

157课。每一课讲述一个条目，几个条目合为一个单元，全书大约有44个单元（表6—1）。从各册的单元安排来看，都遵照了"由近及远，由具体到抽象"的原则。

表6—1　　　　　《模范公民》中的单元、条目和德目

册次	单元名称	课（条目）数	德目
第1册 （17课）	日常生活习惯	5	强健、清洁、有礼貌
	怎样保持清洁	3	清洁
	穿衣服的注意事项	4	勤勉、强健、有礼貌
	关于姿势的卫生习惯	1	强健
	学校里的纪律	3	守规律
	勤勉的习惯	1	勤勉
第2册 （17课）	初步学校生活指导	8	有礼貌、守规律、强健
	上学回家时的礼节与规律	5	有礼貌、守规律
	食物的卫生	2	强健
	两件卫生的习惯	2	强健
第3册 （17课）	服从和亲爱的研究	2	服从、亲爱
	对人应有的态度	9	快乐、有礼貌、活泼、诚实、勇敢
	食物的卫生	4	强健
	日常的两种好习惯	2	强健
第4册 （17课）	对党国旗的敬礼和唱党歌国歌时的态度	3	爱国爱群
	快乐与讲话时的态度	3	快乐、有礼貌
	用品的爱护与保管	4	节俭、守规律、勤勉
	公德的研究	5	重公益、诚实
	仁慈和勇敢的两种德性	2	仁慈、勇敢

续表

册次	单元名称	课（条目）数	德目
第5册（22课）	校徽和校服	2	爱国爱群、守规律
	怎样叫作勤学	3	勤勉、敏捷
	课后的生活	2	进取、活泼
	服务的方法	2	勤勉、敏捷
	课外活动的研究	5	奉公、合作、守规律
	自治的初步	1	守规律
	公共卫生的研究	5	清洁、公益
	亲爱的德性	2	亲爱
第6册（22课）	在家庭中应做的事	3	劳动
	日常卫生的规律	8	强健、清洁
	服装和用品的清洁与整理	4	节俭、清洁
	食物和食前食后的卫生	3	清洁、强健
	运动与游戏的研究	4	强健、快乐、自制
第7册（22课）	做事的方法和态度	5	敏捷、快乐、勤勉、坚忍
	对待别人的礼貌和态度	6	有礼貌、亲爱
	团体生活中应守的规律	3	重公益、服从、守规律
	悔过道歉与感恩	3	知耻、有礼貌
	交友的态度	3	精细、进取、守规律
	合作的研究	2	快乐、合作
第8册（23课）	进取的精神与精细的态度	5	进取、精细
	自制的习惯	5	守规律、知耻、自制
	节俭和爱用国货	3	节俭、爱国爱群
	避灾和救险	3	敏捷、互助、勇敢
	对人的态度	4	互助、诚实、谦和
	爱人和爱生物	3	公正、重公益、仁慈

适用于小学5—6年级社会科的公民教科书，以及初中和高中的公民教科书，虽然内容各有不同和侧重，但是也都基本上遵循了同样的编纂原则。譬如，上文曾做过分析的由国立编译馆编纂的适用于小学5—6年级社会科的《公民》，其第1册以个人为中心而讨论了家庭、本地风俗习惯及社会团体的相互关系和责任，第2、3册讲述了从地方到中央的各政府组织、三民主义和中国国民党、国家经济建设等政治和经济问题，第4册则介绍了国家理论、人民与国家的关系、法律知识等内容。[①]全书清晰地体现了"由近及远，由具体到抽象"的编写原则。

在各阶段的衔接上，公民教科书大致采用阶段法和圆周循环法。小学1—4年级为一个阶段，5—6年级为一个阶段，初中、高中分别为一个阶段。每一个阶段公民教科书的内容，相对比较完整，各个阶段循环反复，螺旋上升。

第二，在内容材料的征引上，这个时期的公民教科书整合了此前党义、公民和修身教科书的做法：（1）大量引用或采录了孙中山、蒋介石等人的事迹、语录，以及国民党的政策主张。这一点在当时的中学公民教科书中体现得最为明显。以《新中学公民课本》为例，该书共3册，分为团体生活、团体组织、经济生活、社会问题、国际关系、道德问题六编，几乎每一章都引用了孙中山或国民党的政策主张，整个教科书的内容几乎都是为此而做的注脚。[②]（2）引用了不少历史上先贤的道德故事作为材料。《复兴公民教科书》高小第1册第9课解释传统道德"孝"的时候，就讲述了淳于缇萦救父和黄香温席的故事。[③]淳于缇萦的父亲因受诬告而定下重罪，并被押解到京城行刑。女儿缇萦跟着到了京城，为营救父亲上书汉文帝说，自己愿意卖为官婢

[①] 国立编译馆主编：《（高级小学）公民》，上海：国定中小学教科书七家（正中书局、商务印书馆、中华书局、世界书局、大东书局、开明书店、文通书局）联合供应处发行，第1册：中华民国三十五年七月（1946年7月）修订本上海白报纸本第1版、三十六年一月（1947年1月）第140版；第2册：民国三十五年十二月修订本上海白报纸本第1版、三十六年一月第9版；第3册：民国三十五年七月修订本上海白报纸本第1版、三十六年一月第140版；第4册：民国三十五年十二月修订本上海白报纸本第1版、三十六年一月第7版。

[②] 舒新城编、冯顺伯重编：《（初级中学用）新中学公民课本》，上海：中华书局，第1册：民国十二年八月（1923年）发行、廿二年九月（1933年9月）29版，第2册：民国十二年八月发行、廿二年六月（1933年6月）21版；第3册：民国十三年一月（1924年1月）发行、廿三年九月（1934年9月）21版。

[③] 赵景源、魏志澄：《（新课程标准适用）复兴公民教科书（小学校高级用）》第1册：上海：商务印书馆中华民国二十二年七月（1933年7月）初版、二十三年一月（1934年1月）订正85版、二十三年四月订正115版，第15—17页。

以救赎父亲的罪行。汉文帝大为感动，下诏赦免了她的父亲，并废除了多种肉刑。黄香是东汉江夏（今武汉）人，九岁丧母，他侍奉父亲极其孝顺，夏天为父亲整理枕席，驱赶蚊虫，冬天替父亲温暖被褥。这两个都是《二十四孝》中的著名历史故事，也是以往修身教科书常用的题材。（3）由于民族危机的加深，自晚清以来外国侵略中国的许多历史事件，也是这个时期公民教科书选用的材料。譬如《初中公民》第3册第4章《我国之独立自由与不平等条约》，就系统地介绍了我国自鸦片战争至南京国民政府成立时所签订的不平等条约及其内容。①

基于上述这样的材料选择以及政府课程标准的约束，这个时期公民教科书的内容，一是呈现了很强的时效性和现实性，往往随着现实的需要而改变；二是存在许多雷同之处，后一点在根据《公民训练标准》而编写的小学公民教科书里表现最为突出。在那些小学公民教科书里，除少数将《公民训练标准》中规定的类似条目做了少许的合并和调整外，②绝大多数教科书的主要内容因为与《公民训练标准》一致而完全相同。

第三，或许是为了避免因教科书的思想内容高度统一而显得枯燥，这个时期公民教科书在体裁体例上似乎更加灵活和多样，展现了很高的教科书编纂技巧。这一点在当时的小学公民教科书里表现得更加突出。再以上文引用的《模范公民》为例，该书适用小学1—4年级的共有8册，其课文有训辞、寓言、故事、日记、书信、布告、歌曲、情景短剧等多种形式，并且还常常配有插图，十分贴近学生的生活。下面就是该书讲述道德条目的几篇课文：

---

① 陶百川主编：《初中公民》第3册，陶广川、姜文宝、徐竹虚编辑，上海：大东书局中华民国二十五年八月（1936年8月）初版，第33—48页。

② 曹风南：《小学公民训练实施法》，上海：大华书局出版、世界书局发行中华民国二十二年九月（1933年9月）初版，第51—52页。

一〇 我热心参加学校内的各种团体组织[1]

发起组织自治会的通告

诸位同学：

你们知道别校都有自治会的组织吗？本校的同学，也应当赶快组织起来。凡是我们的事情，我们都可以在自治会里讨论解决。造成组织自治会的人，请快来签名！

发起人 _____ 仝启
_____
_____

二 我早上起身，亲自折叠被褥

一幕短剧（一）

时间：早晨　　地点：寝室

甲：（指着乙的床铺）你的被褥，好整齐哟！

乙：我每天起身后，都要将被褥折叠得很整齐。

甲：是谁替你折叠的？

乙：我自己的被褥，都是我自己折叠的。

甲：你为什么要自己折叠被子呢？

乙：先生对我们说，自己能做的事，一定要自己做。这不是我自己能做的事吗？所以我要自己做。

甲：原来如此，可敬可佩，我回家也要这样做。[2]

---

[1] 陆伯羽：《〈新课程标准公民训练小册〉模范公民（初级小学学生用）》第5册，上海：世界书局中华民国廿二年七月（1933年7月）初版、廿三年七月（1934年7月）51版，第19—20页。

[2] 陆伯羽：《〈新课程标准公民训练小册〉模范公民（初级小学学生用）》第6册，上海：世界书局中华民国廿二年七月（1933年7月）初版、廿三年四月（1934年4月）48版，第3—4页。

四 我不盲从，不随声附和

天塌了

小白兔在山中游玩，忽然起了一阵大风，山上的树叶，纷纷掉下。有的掉在他的身上，小白兔说："不好了，天塌了！"他即刻去奔告母鸡。母鸡说："天塌了，我们快逃啊！"半路上遇见一只鹅，母鸡告诉鹅，鹅又告诉狗，狗又告诉驴，驴又告诉马，马又告诉牛，大家都拼命地奔逃了。后来遇着一个猢狲，牛说："不好了，天塌了，我们快逃啊！"猢狲说："你怎么知道的？"牛说："他们说的。"猢狲说："我们一同去看看，好不好？"大家都说："好的。"到了那里，天还是和平时一样，并没有塌下来。①

另一套小学社会科教科书《公民》，全书4册都是以师生对话的形式编写②，沿用了前一个阶段舒新城《初级公民课本》的形式。

中学的公民教科书相对单调一些，多以叙述文、说明文和论说文为主。仅有冯顺伯在舒新城《初级公民课本》基础上重编的《新中学公民课本》，还保留了师生对话的编纂形式。③

至于语言表述方面，这个时期的公民教科书一律采用了白话文和新式标点符号，有的小学教科书如《复兴公民教科书》，在课文里还标注了当时的汉语拼音。④

---

① 陆伯羽：《〈新课程标准公民训练小册〉模范公民（初级小学学生用）》第8册，上海：世界书局中华民国廿二年七月（1933年7月）初版、廿三年四月（1934年4月）31版，第7—8页。

② 国立编译馆主编：《〈高级小学〉公民》，上海：国定中小学教科书七家（正中书局、商务印书馆、中华书局、世界书局、大东书局、开明书店、文通书局）联合供应处发行，第1册：中华民国三十五年七月（1946年7月）修订本上海白报纸本第1版、三十六年一月（1947年1月）第140版；第2册：民国三十五年十二月修订本上海白报纸本第1版、三十六年一月第9版；第3册：民国三十五年七月修订本上海白报纸本第1版、三十六年一月第140版；第4册：民国三十五年十二月修订本上海白报纸本第1版、三十六年一月第7版。

③ 舒新城编、冯顺伯重编：《〈初级中学用〉新中学公民课本》，上海：中华书局，第1册：民国十二年八月（1923年）发行、廿二年九月（1933年9月）29版；第2册：民国十二年八月发行、廿二年六月（1933年6月）21版；第3册：民国十三年一月（1924年1月）发行、廿三年九月（1934年9月）21版。

④ 宗亮寰、吕金录、赵景源：《复兴公民教科书（小学校高级用）》第1—4册，上海：商务印书馆中华民国二十六年七月（1937年7月）第1版。

第七章
党义教科书

中国国民党的三民主义，是一个救国救世的主义。不但足以实现中国民族生存的愿望与目的，并且可以解放世界上被压迫的弱小民族，矫正世界上虚伪的民主政治，消灭世界上酝酿的阶级斗争。

——魏冰心、徐映川：《初中党义·本册[第二册]提要》

一　党化政策和党义（三民主义）科的设置

深受中国传统集权主义思想影响的孙中山，在经历了一次又一次的革命失败后，开始留心和学习俄国十月革命的模式，提出了"以俄为师"的口号，试图利用现代政党制度进行集权，并于20世纪20年代开始在国民党的根据地广东推行党化政策。所谓的党化政策，就是要求政府权力机关以及公共事业机构的人员都是国民党党员，以保证国民党的主张能够成为国家的方针政策，从而实现党对国家公共权力的垄断。其在教育方面的表现，就是"党化教育"的推行。党化教育包括两个方面：其一是要求学校的教职员加入国民党，在组织上党化学校；其二是要求学校开设宣传国民党纲领政策的必修课，在课程上党化学校。①

在国民党控制的广东，早在1924年8月，广州特别市党部宣传部就计划编写宣传党义的教科书，并首先在市内公立的高等小学讲授。②1925年10月，广州公立学校党员校长会议通过了市党部青年部的提案，决定各校都要开设孙文主义课程。1926年1月，国民政府批准了广东省教育厅的文件，规定全省

---

① 袁征：《孔子·蔡元培·西南联大——中国教育的发展和转折》，第213—228页。
② 《广州民国日报》，1924年8月6日，第8版；8月22日，第8版。

中等和初等学校一律开设三民主义必修课。①此时已近寒假，这个计划在寒假后得以真正实行。而此前的1925年10月，广东大学已经为全校的本科生开设了"孙文主义"的必修课。②1926年4月，广州市教育局命令所有私塾必须每周讲授三民主义两小时。③5月，广东省教育大会通过的《党化教育决议案》进而统一、具体地规定：全省高等小学以及中、高等学校都开设"三民主义"、"政治教育"和"社会科学"课程，总课时不少于每周150分钟，其中"三民主义"每周至少讲授50分钟。④由于国民政府颁布的《私立学校规程》明确要求私立学校也得按照政府规定的课程进行教学⑤，因此，当时所有的学校，无论公立或私立，都一样得开设"三民主义"之类的课程。

随着国民党北伐的成功，党化教育也从广东蔓延到全国，由地方性政策变成了全国性制度。1928年5月在南京召开的全国教育会议，改称"党化教育"为"三民主义教育"，不过，人们仍然习惯地称为"党化教育"。7月，国民党中央常务会议通过的《各级学校增加党义课程暂行条例》，对小学到大学的党义课程的教学内容和教授时间等进行了统一的规定。⑥随后，全国的中小学统一增开了称作"三民主义"科目的党义课程。1929年4月，国民党中央常务会议决定将党化教育的不同名称统一改称为"党义教育"。⑦教育部随后公布的中小学暂行课程标准，相应将"三民主义"科目改称作"党义"。直到1932年中小学正式课程标准公布，党义才被"公民"或"公民训练"所代替。

二　党义（三民主义）教科书

（一）党义课程暂行条例

1928年7月30日，南京国民政府公布了《各级学校增加党义课程暂行条例》，对各级学校的党义课程做了统一明确的规定：第一，为使国民党的"主义普遍全国，并促进青年正确认识起见"，自小学至中学一律增设党义

---

① 《广州民国日报》1925年10月31日第11版；1926年1月7日第3版。
② 《广州民国日报》1925年10月16日第6版；10月17日第10版；10月21日第4版。
③ 《广州民国日报》1926年4月22日第5版。
④ 《广州民国日报》1926年5月10日。
⑤ 《广州民国日报》1926年12月9日。
⑥ 中国第二历史档案馆：《中华民国史档案资料汇编》第五辑第一编，"教育（二）"，南京：江苏古籍出版社1994年版，第1073—1075页。
⑦ 《申报》1929年4月7日第3张。

课程，其教授时间每周不少于2小时。第二，分别规定了各级学校党义课程的教学内容和相应要求（详细如表7—1）。小学、中学和大学的课程内容虽然各有侧重，程度也深浅有别，但是基本内容大致雷同，都不外乎是孙中山的思想学说，以及照此制定的国民党的纲领政策，三个阶段相当于三次循环。如此循环反复、再三强调，生动地反映了当时国民党推行文化专制和实现一党独裁的急切愿望和坚强决心。

表7—1　　　　　　　　党义课程暂行条例的主要内容

	小学校	中等学校	高等学校（专门大学）
	一、民权初步 二、孙文学说浅释 三、三民主义浅说	一、建国方略概要 二、建国大纲浅释 三、五权宪法浅释	一、建国方略 二、建国大纲 三、三民主义 四、本党重要宣言 五、五权宪法之原理及运用
课程内容和要求	1.小学一、二年级不授党义课程，但由学校自行采集本党诸先烈革命故事为儿童讲述之。 2.小学高初两级分设者，初级得单授三民主义浅说，高级授民权初步及孙文学说浅释。 3.小学党义课程注重儿童的具体观念。	1.中等学校高初两级分设者，初级得单授三民主义建国大纲浅说，建国方略之心理建设、社会建设两部；高级授五权宪法浅释及建国方略物质建设之部。 2.六年制独立师范党义课程适用中等学校之全部，高中附设师范科者，适用于中等学校高中之部。 3.中等学校注重使学生正确认识。	1.专门大学注重使学生分析研究其理论体系及实施步骤，或运用方法。
	1.本规定之党义课程为最低限度之必修科。专门学校或变通职业学校或大学分科，因性质不同，得斟酌偏重一种或数种研究之。 2.各级学校教授党义课程采横行进度（同时授数种）或纵行进度（授毕一种再授一种），由各学校自定之。		

郭伯棠、魏冰心在编写的《高中党义》中说，"时代已进展到了党治——以中国国民党的党义治国，每一个中国国民，都不可不了解党义"[①]。就条例规定来看，党义课程并非只满足于"了解"的层面，似乎是要把广大的普通国民都培养成忠实的国民党党员。

---

① 郭伯棠、魏冰心：《本册提要》，《高中党义》第1册，上海：世界书局中华民国十八年十月（1929年10月）初版、民国廿一年七月（1932年7月）订正8版，扉页。

（二）党义教科书的内容分析

在内容结构上，党义教科书抛弃了以往修身或公民教科书的模式，而是完全根据孙中山思想学说的内在理路来安排结构。一般是在民族主义、民权主义、民生主义、国民党的历史和纲领政策等几个部分的基础上，稍有增减，层次结构十分清晰。小学五、六年级的《新时代三民主义教科书》①和《新中华三民主义课本》②都分为4册：第1册讲民族主义，第2册讲民权主义，第3册讲民生主义，第4册讲建国方略、建国大纲等内容。初中用的《新时代综合编制三民主义教本》共有3册：上册概述孙中山的个人经历及三民主义的时代背景、基本范围和实行方策等内容；中册详述了三民主义的具体内容；下册阐述了建国方略、建国大纲和国民党的历史。③《高中党义》的结构也基本类似，其第1册专门介绍中国国民党，第2册具体论述三民主义，第3册讨论了建国方略和建国大纲。④

小学低年级的党义教科书，或许是为了让少年儿童能够理解这些枯燥、深奥的主义和思想，并没有完全按照思想内在逻辑来编排内容，因而在层次结构上不是那么清楚明晰。以小学1—4年级的《新中华党义课本》为例，其前4册讲述了孙中山的儿时故事、孙中山谈及的道德修养和生活习惯，以及民权初步、孙文学说和三民主义中的一些基本概念和观念；后4册又稍微深入地

---

① 李扬：《（小学校高级用）新时代三民主义教科书》，上海：商务印书馆，第1册：中华民国十六年七月（1927年7月）初版、廿一年六月（1932年6月）印行国难后第1版、廿一年九月印行国难后第30版；第2册：民国十六年十一月初版、廿一年四月印行国难后第1版、同年第15版；第3册：民国十七年七月（1928年7月）初版、廿一年六月印行国难后第1版、同年九月第22版；第4册：民国十七年七月初版、廿一年四月印行国难后第1版、同年七月第12版。

② 陆绍昌：《（小学校高级用）新中华三民主义课本》，上海：中华书局，第1册：民国十六年六月（1927年6月）发行、二十年六月（1931年6月）29版；第2册：民国十六年六月发行、廿一年六月（1932年6月）32版；第3册：民国十六年八月发行、十八年十一月（1929年11月）16版；第4册：民国十七年二月发行、廿一年六月24版。

③ 邹卓立：《（初级中学用）新时代综合编制三民主义教本》，上海：商务印书馆，上册：中华民国十六年十二月（1927年12月）初版、十九年九月（1930年9月）15版；中册：民国十六年十二月初版、十八年六月（1929年6月）60版；下册：民国十六年十二月初版、十八年十月75版。

④ 郭伯棠、魏冰心：《高中党义》，上海：世界书局，第1册：中华民国十八年十月（1929年10月）初版、廿一年七月（1932年7月）订正8版；第2册：中华民国十九年八月（1930年8月）初版、二十年九月（1931年9月）4版；第3册：中华民国十九年八月初版、廿一年八月订正6版。

叙述了孙中山的革命故事、三民主义和国民党的历史等。①

党义教科书的内容主要集中于国民党的主义、纲领和政策等公共领域，除此之外的公共与私人领域的内容或道德价值虽然也有涉及，但是并不很多。以私人领域的内容为例，《初中党义》②6册约113节，有关私人领域的内容有6节，约占5.3%；小学四、五年级的《新中华三民主义课本》共4册87节，私人领域内容有3节，约占3.4%；小学一至四年级的《新中华党义课本》共有8册144课，私人领域内容有32课，约占22.2%。三套教科书平均计算，私人领域的内容大约为11.9%，这远远低于以前修身或公民教科书中私人领域内容的比例。高中阶段的党义教科书几乎完全不涉及私人领域，因而整个党义教科书里有关私人领域的内容恐怕还要低于11.9%。这就是说，党义教科书正如其课程暂行条例规定的那样，唯一目标就是使国民党的"主义普遍全国"，其余的一切都不过为此服务而已。

具体而言，当时中小学党义教科书的内容概括起来大致有四个方面：

第一，讲述、歌颂甚至神化孙中山。以商务印书馆1929年8月初版的《（小学校初级用）新时代党义教科书》为例，该书第3册共有20课，全都是讲述和歌颂孙中山家乡、家庭及其个人青少年时期的内容和故事（表7—2）。③中学的党义教科书也是如此。《新时代综合编制三民主义教本》上册辟有专

---

① 这套教科书现存不完整。笔者手头的学生课本有3册：吕伯攸、郑昶编《（小学校初级用）新中华党义课本》，上海：中华书局，第1册：民国十七年一月（1928年1月）发行、廿一年十月（1932年10月）37版；第3册：民国十八年一月（1929年1月）初版；第8册：民国十八年十月（1929年10月）发行、二十年四月（1931年4月）12版。与之相应的教师用书是完整的，分别是：郑昶、吕伯攸编《（小学校初级用）新中华党义课本教授书》，上海：中华书局，第1册：民国十八年三月发行、廿一年五月6版；第2册：民国十八年五月发行、廿一年六月5版；第3册：民国十八年三月发行、廿一年七月7版；第4册：民国十八年四月发行、廿一年七月7版；第5册：民国十八年八月发行、民国十九年十一月4版；第6册：民国十八年十一月发行、廿一年五月6版；第7、8册：民国十九年五月（1930年5月）发行、廿一年五月5版。

② 魏冰心等：《初中党义》，上海：世界书局，第1册：中华民国十八年六月（1929年6月）初版、十九年二月（1930年2月）6版；第2册：民国十八年六月初版、十八年九月3版；第3册：民国十八年六月初版、十九年四月4版；第4册：民国十八年八月初版；第5册：民国十八年六月初版、十九年七月订正5版；第6册：中华民国二十一年一月（1932年1月）初版。该书前5册为魏冰心、徐映川编纂，初版于1929年；第6册由魏冰心编纂，是不同于前5册的版本，因为没有找到与前5册一样的版本，只能以该书后来的一个版本代替。

③ 赵景源：《（小学校初级用）新时代党义教科书》第3册，上海：商务印书馆中华民国十八年八月（1929年8月）初版、八月15版。

章《孙中山先生传略》，来概述孙中山一生的革命事迹。①《初中党义》第1册也有《孙总理》的章节，叙述孙中山的革命思想和事业。②

表7—2 《（小学校初级用）新时代党义教科书》第3册课文内容

课文标题	课文原文
一、中山的故乡	孙中山，生在广东省香山县的翠亨村。翠亨村山明水秀，风景很好。现在我们因为纪念中山，把香山县改为中山县。
二、中山的家庭（一）	中山家里种田。他的父亲曾在澳门做过缝工。因为不愿住在繁华地方，回到本乡。是一个爱护家庭的人。
三、中山的家庭（二）	中山的父亲，不怕难，肯吃苦，非常老实。中山的母亲，也肯吃苦，很是和气。所以他们的生活，虽是穷苦，家庭里倒很快乐。
四、中山的家庭（三）	中山有两个叔父，到外国去采金矿，没有回来；所以一家的人都不许孩子再出洋，但是中山不怕危险，总想到外国去。
五、反抗塾师	先生教书，不讲意思。中山觉得很没有用处，便去质问，先生大怒，但是没法责罚他。中山深信书里有道理，便自己去用功。
六、不畏强盗	有许多强盗，到翠亨村来抢钱。村里人吓得都跑了。中山虽是孩子，却冒险去看，对于这些强盗，心里十分的可恶。
七、反对缠脚	中山的母亲，叫他的姊姊缠脚，他的姊姊痛苦万分。中山看见了，对他母亲说道：母亲啊！这个痛苦太厉害了！请不要再缠她的脚罢！
八、反对贩卖人口	翠亨村里的富人，买人家儿女做奴婢。中山想：大家都是人，为什么买人口做奴婢？他对村里的长老质问，并且说他们是皇帝的奴婢。
九、洪杨的故事（一）	清朝皇帝，处处欺侮百姓，洪秀全杨秀清起兵反抗。洪杨军到处得胜。占领十几省。可惜后来内部自己相杀，反被清朝灭掉。
十、洪杨的故事（二）	翠亨村里，有个洪杨部下的老兵，他拿洪秀全反抗清朝的故事，讲给中山听。中山虽是个十三岁的孩子，听得非常高兴，也要学做洪秀全。自称洪秀全第二。

---

① 邹卓立：《（初级中学用）新时代综合编制三民主义教本》上册，上海：商务印书馆中华民国十六年十二月（1927年12月）初版、十九年九月（1930年9月）15版。

② 魏冰心、徐映川：《初中党义》第1册，上海：世界书局中华民国十八年六月（1929年6月）初版、十九年二月（1930年2月）6版。

续表

十一、指斥恶吏	中山父亲的朋友，有个花园。中山时常进去玩耍。 有个污吏派兵把花园占去。 中山仍旧进去玩，污吏不许，中山大骂污吏欺侮百姓。
十二、痛恨贪官	中山家里的田，卖掉不少。这些田契没有到官厅转换。年年仍旧要纳很多的税，实在纳不起。中山想：官厅这样压迫农民，将来一定有方法反对。
十三、要求出洋	中山的大哥，在檀香山开垦经商，不到几年，发财回来。 中山这时刚才十四岁，便向父亲要求和大哥一同出洋。他的父亲起初不答应。后来允许了。
十四、毕业的荣誉	中山在檀香山，入学校读书。起初不懂英文，后来觉得容易，便努力去学。 考试时候，竟得第一名奖。他的大哥不愿他再受外国教育，仍旧送他回国。
十五、毁坏偶像	中山回到翠亨村，学问思想已大有进步。 村庙里有个偶像。中山觉得这是迷信的东西，便把神手毁去。村里人知道了，大大反对。中山的父母便叫中山离开故乡。
十六、不爱钱	中山在檀香山的时候，并帮他的大哥经商。分着一半财产。他的大哥听见中山毁坏神像，以为他不安分，便要求收回原来的财产。中山不愿伤弟兄感情，完全退回。
十七、香港读书	中山离家到香港，入皇家学校读书，成绩很好。中山心想：要做革命事业，必先有职业。毕业后转入广州博济医学校，预备借行医宣传革命。读了二年，又转入香港新医校。
十八、结识同志	中山在博济医学校，结识了一个会党首领郑士良。士良很赞成革命，并替中山招罗党员。中山转入香港新医校后，就鼓吹革命。并在香港、澳门两处活动。
十九、中法之战的教训（一）	民国前二十八年，中国和法国开战。这时中山在香港读书，一般中国人都说：中国得胜。中山不相信，别人说他是奸细。中山说：战胜法国并非难事，只要靠民众的力量。
二十、中法之战的教训（二）	中法之战，中国失败了。一只法国兵船，因为开仗损伤，到香港修理。香港的中国工人一致拒绝。 中山看见这事，相信中国还有希望。宣传革命，更加努力。

第二，介绍中国国民党的历史、组织、地位、纪律，等等。《（小学校初级用）新时代党义教科书》第2册开篇两课《党旗》、《青天白日》，就以图文并茂的方式向学生介绍了国民党的党旗及其含义。《青天白日》一课的文字为："青的天，大家都平等。白的日，大家都亲爱。"[①]《（小学校初级

[①] 赵景源：《（小学校初级用）新时代党义教科书》第2册，上海：商务印书馆中华民国十八年八月（1929年8月）初版、八月30版，第2页。

用）新中华党义课本》在第8册则专门列有《中国国民党的历史》一课，以便学生认识国民党，从而拥护国民党。①

中学的党义教科书对于国民党的介绍则更为详细。《初中党义》第1册列有一个单元的篇幅来叙述国民党的历史、组织、主义、政纲和宣言等内容。②《高中党义》共有3册，第1册为"中国国民党概论"，全是论述国民党的内容。其在《本册提要》中写道：

> 时代已进展到了党治——以中国国民党的党义治国，每一个中国国民，都不可不了解党义；尤其是现代的高中学生，将来的社会中心人物，负有绝大的责任，更不可不研究党义。要研究党义，自然须先了解中国国民党的历史、主义、政策、组织、纪律，等等。所以本册的内容，是概论中国国民党。
>
> 中国国民党是一个如何性质的集团，他在中国社会上有甚么影响，在中国政治上有甚么关系，我们在开始研究中国国民党之时，必须先有这一个概念。所以在第一章叙论中，列"中国国民党的地位"及"甚么是中国国民党"两小节。
>
> 中国国民党能得到现代中国人民的拥护，能成为现代中国政治的中心，是由于三十多年继续奋斗的结果。在奋斗的过程中，不绝地改造演进，到今日始成为主义鲜明、政策完善、组织巩固、纪律森严的政党。我们要了解此中因果关系，所以在第二章中研究"中国国民党的历史"。
>
> 主义是政党的生命所系，没有主义和时常变换主义的政党，都不会成功。由此可见政党是成立在主义上的。我们彻底明白了中国国民党的主义，才是真正认识了中国国民党。所以在第三章中研究"中国国民党的主义"。
>
> 政党有了主义，还要有政策。主义是政党的唯一目标，政策是政党用以达到目标的手段。如果没有政策，虽然主义精深博大，也无从实

---

① 吕伯攸、郑昶：《（小学校初级用）新中华党义课本》第8册，上海：中华书局民国十八年十月（1929年10月）发行、二十年四月（1931年4月）12版，第19—20页；郑昶、吕伯攸：《（小学校初级用）新中华党义课本教授书》第8册，上海：中华书局民国十九年五月（1920年5月）发行、廿一年五月（1932年5月）5版，第88—93页。

② 魏冰心、徐映川：《初中党义》第1册，第31—54页。

现。我们既已明白了中国国民党的主义，进一步还须了解实现主义的策略。所以在第四章中研究"中国国民党的政策"。

政党自身的组织，更是一个很重要的问题。如果组织严密，基础巩固，自能达到成功之路。否则主义虽然鲜明，政策虽然完善，但因精神涣散，工作不力，也无从实现其理想。我们要明白中国国民党成功的基础何在，所以在第五章中研究"中国国民党的组织"。

政党有了巩固的组织，还须有森严的纪律去维持。纪律是政党的法律，用作制裁违背主义、破坏政策的党员的工具。我们要明白中国国民党组织基础巩固的原因，所以在第六章中研究"中国国民党的纪律"。

中国国民党是领导国民革命的政党，是代表人民谋利益的政党，自然希望各阶级的人民共同加入奋斗，达到最后的成功。所以在本册之结论中，列"怎样加入国民党"及"怎样做一个国民党党员"两小节。[1]

党义教科书从各个方面叙述国民党，实质上是向学生灌输和论证国民党的合法性，从而维护其一党独裁的专制统治。《高中党义》第1册曾如此论述说：中国国民党是"国民革命的先锋队"，是"代表全民利益而奋斗的政党"，是"最革命的分子的组织"，是"革命者组织的最高形式"。[2]这也就是说，革命也好，为自己的利益奋斗也罢，国民党都为你想好了，都能代表你，你要么交由国民党而坐享其成，要么亲自加入国民党；至于国民党之外的任何组织或政党，都没有存在的必要了，因为国民党能满足你的一切需要。这种假借全民之意、自诩先锋优秀之类，来垄断一切公共权力，几乎是所有现代专制主义政党一种普遍而又典型的逻辑和伎俩，国民党在这里只是一个突出的范例。这种政党观念与早前公民教科书里的政党观念迥然不同，早前的公民教科书还认为，政党是政见相同的人为实行其意见而结成的政治团体，政党的意见和主义政策并非就是一般国民的公共意见。[3]党义教科书里的政党观念既反映了当时中国关于政党思想的一次转变，也是中国现代政党政治误入歧途的明证。

---

[1] 郭伯棠、魏冰心：《本册提要》，《高中党义》第1册，上海：世界书局中华民国十八年十月（1929年10月）初版、廿一年七月（1932年7月）订正8版，扉页。

[2] 郭伯棠、魏冰心：《高中党义》第1册，第4—8页。

[3] 陶汇曾：《现代初中教科书公民》第1册，上海：商务印书馆中华民国十四年十月（1925年10月）初版，第82—84页。

第三，宣讲三民主义及其思想理论。所谓"党义，是中国国民党主义的简称。中国国民党的主义，就是精深博大的三民主义"[1]。孙中山的三民主义及其相关的思想学说，自然是党义教科书最核心和最重要的内容，在教科书中大约都占有70%以上的篇幅。如果只是向国民党的党员宣传三民主义，那倒是合理和正当的，因为每一个政党都可以宣讲自己的思想和主张，其党员倘若后来不认同这些思想主张，他或者要求政党做出调整，或者退出这个政党。但是，如果向普通民众灌输三民主义，认为"每一个中国国民，都不可不了解党义"[2]，这就明显侵犯了他人的思想自由和信仰自由。党义课程的开设以及三民主义的灌输，体现的同样是国民党的一党独裁和文化专制。

为了阐明宣讲三民主义的正当性，党义教科书采用了论证国民党合法性的同样方式，要么直接宣称三民主义是"一个救世救国的主义。不但足以实现中国民族生存的愿望与目的，并且可以解放世界上被压迫的弱小民族，矫正世界上虚伪的民主政治，消灭世界上酝酿的阶级斗争"[3]；要么间接断言"这个三民主义，现在已公认为救国主义、救世主义，也就是代表人民谋利益的主义"[4]。其实所谓"公认"、"救国救世"、"代表人民"等，只不过是国民党假借民意的遁词而已。当时胡适就针对孙中山的"行易知难说"提出了尖锐的批评。他说，孙中山"行易知难说"的基础在于他三系人性的理论假设：其一，先知先觉者，为创造发明；其二，后知后觉者，为仿效推行；其三，不知不觉者，为竭力乐成。"行易知难说"的真义在于告诉人们"行是人人能做的，而知却是极少数先知先觉者的责任。大多数的人应该崇拜知识学问，服从领袖，奉行计划。那中级的后知后觉者也只应服从先知先觉者的理想计划，替他鼓吹宣传，使多数人明白他的理想，使那种理想容易实行"。也就是说，"行易知难说"的动机就是要使人们服从我先知先觉者孙中山，信仰我的学说，奉行不悖。[5]

---

[1] 郭伯棠、魏冰心：《本册提要》，《高中党义》第2册，上海：世界书局中华民国十九年八月（1930年8月）初版、二十年九月（1931年9月）4版，扉页。

[2] 同上。

[3] 魏冰心、徐映川：《本册提要》，《初中党义》第2册，上海：世界书局中华民国十八年六月（1929年6月）初版、九月3版，扉页。

[4] 郭伯棠、魏冰心：《本册提要》，《高中党义》第2册，扉页。

[5] 胡适：《知难，行亦不易（孙中山先生的"行易知难说"述评）》，欧阳哲生编：《胡适文集》第5卷，北京：北京大学出版社1998年版，第594—596页。

其次，胡适还指出行易知难说的第一个根本错误在于把"知"、"行"分得太分明。这个错误包含着两大危险："第一，许多青年同志便只认得行易，而不觉得知难。于是有打倒智识阶级的喊声，有轻视学问的风气。这是很自然的：既然行易，何必问知难呢？第二，一班当权执政的人也就借'行易知难'的招牌，以为知识之事已有先总理担任做了，政治社会的精义都已包罗在《三民主义》、《建国方略》等书之中，中国人民只有服从，更无疑义，更无批评辩论的余地了。于是他们掮着'训政'的招牌，背着'共信'的名义，钳制一切言论出版的自由，不容有丝毫异己的议论。"①

行易知难说的第二个根本错误在于"行易"。胡适直接以孙中山修习的医学反驳了"行易"之说："医学一面是学，一面又是术；一面是知，一面又是行"，知行合一；一个熟读了六七年医书的人却常常不能诊断、不能治疗、不能施手术；所以"行也大不易也"！治国同样是一件"最复杂最繁难又最重要的技术，知与行都很重要，纸上的空谈算不得知，鲁莽糊涂也算不得行"。治国的最大危险就是"当国的人不明白他们干的事是一件绝大繁难的事"，不"充分请教专家"，不"充分运用科学"，胡作非为，害人误国。孙中山的"行易"之说，恰恰"可以作一班不学无术的军人政客的护身符"②！

党义教科书并不如实地分析和介绍三民主义及其理论学说的这些不足，而是崇之为真理，让学生顶礼膜拜，奉行不悖。久而久之，学生习非成是，极有可能丧失理性的思考能力，彻底沦为三民主义的奴隶和国民党的工具。与此前的公民教科书相比，党义教科书培养的并不是一个现代公民，而是完全听命于国民党的党员。就此而言，党义教育彻底扭转了此前公民教育的方向，是中国人接受某种不同于传统思想的现代思想或主义之奴役的新起点。

第四，宣扬有助于三民主义的道德价值。费正清（J. K. Fairbank）说过，三民主义不过是一套目标，算不得一种意识形态。③为了对抗西方的民主自由思想，党义教科书一是按照孙中山的理解重新诠释自由、民主等价值观念；一是援引并弘扬传统儒家伦理思想。但是，所有这些有关道德价值的内

---

① 胡适：《知难，行亦不易（孙中山先生的"行易知难说"述评）》，欧阳哲生编：《胡适文集》第5卷，第597—598页。

② 同上书，第598—560页。

③ John King Fairbank, *China: A New History*, Cambridge, Mass: Harvard University Press, 1992, p. 285.

容在党义教科书里占有的分量并不是太多,在13.4%左右。①首先来看看党义教科书关于自由等现代价值的叙述:

三 民权和自由

"自由"是法国革命口号之一,也就是民权运动目标之一。欧美人士在最近二三百年间的奋斗竞争,都是为了自由。由于争自由的结果,才发生了民权。所以欧美人士把自由视为神圣,甚至把"不自由,毋宁死"的一句话,成为争自由的口号。

欧洲自罗马亡后,到两三百年以前,君主专制,达于极点。人民所受不自由的痛苦,最大的是思想不自由、言论不自由、行动不自由。所以一听到提倡争自由,大家便极欢迎,便去附和。这便是欧洲革命思潮的起源。欧洲革命,是要争自由,人民为争自由流了无数的碧血,牺牲了无数的身家生命,所以争得之后,大家便奉为神圣。就是到了今日,也还很崇拜这种自由学说。

中国的情形,和欧洲大有不同:古代封建制度破坏以后,专制淫威,不能达到普通人民。自秦以后,历代政治,大都对于人民取宽大态度,人民除纳粮之外,便和政府没有别的关系,由此可见中国人民直接并没有受过很大的专制痛苦,也没有像欧洲那般的不自由。试读先民"日出而作,日入而息,凿井而饮,耕田而食,帝力于我何有哉"的自由歌,便知中国自古以来虽无自由之名,确有自由之实,而且极其充分。因为有了充分的自由,所以不了解甚么叫做争自由。

欧美人争得了自由,各人都奉为神圣,任意扩充自己的自由,便发生了流弊。英国学者弥勒氏说:"个人的自由,以不侵犯他人的自由为范围,才是真自由。"由此可知欧美学者,已知自由不是一个神圣不

---

① 笔者统计了4套适用于不同阶段的党义教科书:小学1—4年级的《(小学校初级用)新中华党义课本》(吕伯攸、郑昶编,上海中华书局1928—1932年版)8册共144课,有关道德价值的内容大约有45课,占31.3%;小学5—6年级的《(小学校高级用)新时代三民主义教科书》(李扬编,上海商务印书馆1927—1928年版)4册共56课,关涉道德价值的内容有2课,约占3.6%;《初中党义》(魏冰心、徐应川编,上海世界书局1929—1932年版)6册约113节,有关道德价值的内容有6节,约占5.3%;《高中党义》(郭伯棠、魏冰心编,上海世界书局1929—1932年版)3册约98节,关于道德价值的内容有2节,占2.0%。平均起来,关于道德价值的内容在整个党义教科书中大约占13.4%。

可侵犯之物，所以要定一个范围来限制他。至于中国人因为个人自由太多，以致没有团体，没有抵抗力，成了一片散沙；现在应该打破各人的自由，结成很坚固的团体，像把士敏土参加到散沙里头，结成一块坚固石头一样。换句话说，把自由用到国家上面去，个人不可太自由，国家却要得到完全自由。

我们为甚么要使国家完全自由呢？因为中国受列强的压迫，失去了国家的地位，已成为列强的次殖民地，所以现在国家很不自由。要把我们国家的自由恢复起来，就要集合各个人的自由造成一个自由国家。中国国家既然能自由，中国民族才真能自由。总而言之，只有牺牲了个人的自由，才能得到国家的自由；也只有国家得到了自由，人民才有民权，人民才有真正的自由。[①]

四 民权和平等

"平等"是法国革命的第二个口号，也就是民权运动目标之一。欧美各国从前的革命，人民为争平等和自由，都是一样的出力，一样的牺牲，所以把平等和自由看得一样的重大。欧美的革命学说，都讲平等是天赋给人类的，如美国革命时候的独立宣言，法国革命时候的人权宣言，都说平等自由是天赋给人类的特权，人类不能互相侵夺的。

可是自人类初生几百万年以前，推到近代民权萌芽时代，从没有见过天赋有平等的道理。譬如用自然界的万物来讲，除了水平以外，没有一物是平的。自然界的万物既不平等，在自然界的人类，当然也不是天生平等的。不过到了帝王专制时代，变本加厉，造成比天生更不平等的现象。这种由帝王造成的不平等，是人为的不平等（如第一图）。

[①] 魏冰心、徐映川：《初中党义》第2册，上海：世界书局中华民国十八年六月（1929年6月）初版、同年九月3版，第26—29页。

第一图 不平等

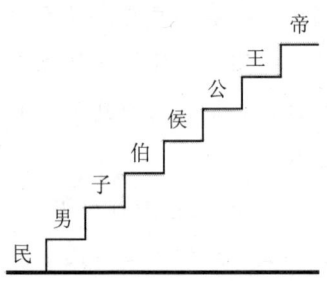

人为的不平等，分了无数的阶级，在特殊阶级的人，任意压迫人民，而掠夺他们的利益，所以平民受着绝大的痛苦。后来人民渐渐觉悟要打破这种人为的不平等阶级，于是天赋人权的学说风行一时，而帝王制度也被推倒。但是不问人类天赋的聪明才力的不同，把天资高的硬压下去，成为平头的平等，至于立足点仍旧是一条曲线。这是假平等，不是真平等（如第二图）。

第二图 假平等

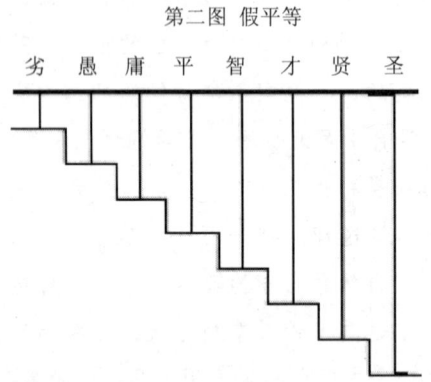

说到社会上的地位平等，是开始起点的地位平等，后来各人根据天赋的聪明才力，自己去造就。因为各人的聪明才力，有天赋的不同，所以造就的结果当然也不同。造就既是不同，自然不能有平等。这才是真平等的道理。要是不问各人天赋的聪明才力，就是以后有造就到高的地位，也要把他压低下去，使一律平等，那么世界便没有进步，人类便要退化。所以讲民权平等，须顾到世界有进步，是要人民在政治上的地位平等。因为平等是人为的，不是天生的，人造的平等只有做到政治上的地位平等。造成人为的不平等,固然要反对,造成人为的假平等,当然也要反对。只有各人在政治上的立足点都是平等——脚底下的平等,那才是真平等(如第三图)。

第三图 真平等

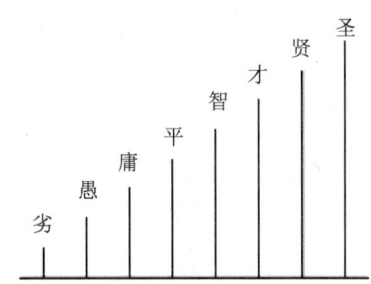

所以人类对于社会事业,聪明才力愈大者,当尽其能力以服千万人之务,造千万人之福;聪明才力略小者,当尽其才力以服十百人之务,造十百人之福;至于全无聪明才力者,也当尽一己之能力,以服一人之务,造一人之福。照这样做去,虽然天生的人聪明才力有不平等,但是人类服务道德心发达,必可使之平等。这就是平等的精义。①

这是《初中党义》民权主义篇章下的两节内容,完全是根据孙中山三民主义演讲原文摘要缩写而成。②其他党义教科书的相关内容也基本类似。综合搜集到的所有党义教科书并对照孙中山原著,就党义教科书和孙中山所阐述的现代价值在此做个比较系统的归纳和分析:其一,孙中山说中国自周代封建制度破坏以后,专制淫威就不能达到普通民众,自秦代以后中国人就没有受过很大的专制痛苦,虽然无自由之名,却享有自由之实。这罔顾了最基本的历史事实,也违背了他自己早前的判断。1904年8月他所历数的满清政府上十条罪状里,就有侵犯财产自由、压制言论自由和禁止结社自由等内容。③1908年10月他还更明确地指出:"中国人受专制之祸二千余年,受鞑虏之祸

---

① 魏冰心、徐映川:《初中党义》第2册,第29—33页。
② 参见孙中山《三民主义·民权主义》,《孙中山全集》第9卷,北京:中华书局1986年版,第271—299页。
③ 孙中山:《支那问题真解》(《中国问题的真解决》),《孙中山全集》第1卷,北京:中华书局1981年版,第280、287页。

二百余年。"①十余年后的孙中山似乎把那些言论都忘了，反倒把其思想中的专制主义因素发挥到了极致，他明显地变了：从当初的革命者变成了大权在握的国民党总理，由向往自由的斗士变成了党国专制的缔造者。

其二，孙中山并没有真正理解自由、民主等现代社会的这些普世价值及其相应的理论学说。1913年11月，霍菲尔德在《耶鲁法学杂志》上发表了论文《司法推理中应用的一些基本法学概念》的前半部分，通过将各种关系列在一个"相反的"和"对应的"的表格里，仔细辨析了"权利"、"自由"、"权力"等人们常常混淆的一些概念：②

法律的： (Jural:)	要求权 (claim)	自由 (liberty/ privilege)	权力 (power)	豁免 (immunity)
对应的： (Correlatives:)	义务 (duty)	无权 (no-right)	可能 (liability)	无能 (disability)
相反的： (Opposites:)	无权 (no-right)	义务 (duty)	无能 (disability)	可能 (liability)

霍菲尔德的"要求权（claim）"是指一个人（或一群人）根据自己合理或合法的地位进行的宣布或提出的要求，处于相对地位的人就得按照他（或他们）的要求行动，即承担相应的义务。③"如果X对于Y有要求其不得进入前者土地的权利，对应的（也是对等的）就是，Y对于X有不进入该土地的义务。"④"自由（liberty/privilege）"与"义务"相反，与"无权（no-right）"对应。在刚才的例子中，"X有权利或要求权，那么另一个人，Y就不得进入那片土地。他本人有进入的自由，这就等于说，X没有不进入的义务。进入的自由是对不进入的义务的否定。……当我们说某项自由纯粹是义务的否定时，当然是这一义务的内容或要旨恰好与该自由的内容或要旨相反。因而，如果由于某个特别的原因，X和Y订立了合同规定X必须进入自己

---

① 孙中山：《平实开口便错》，《孙中山全集》第1卷，第388页。

② Wesley Newcomb Hohfeld, Fundamental Legal Conceptions as Applied in Judicial Reasoning, Yale Law Journal, Vol. 23, No. 1, Nov. 1913, pp. 16-59.

③ 袁征：《受教育权》，《中国教育问题的哲学思考》，深圳：海天出版社2009年版，第61—62页。

④ Wesley Newcomb Hohfeld, Fundamental Legal Conceptions as Applied in Judicial Reasoning, Yale Law Journal, Vol. 23, No. 1, Nov. 1913, p. 32.

的土地，那么很明显，X对于Y既有进入的自由，也有进入的义务。自由与这项义务完全一致，因为后者与自由有着相同的内容或要旨。但仍然有理由说，对Y而言，X进入的自由恰恰是他不进入的义务的否定"。[①] "与X要求Y不进入土地的权利相对应的，是Y不进入的义务；但与X本人进入的自由相对应的，显然是Y的无权（no-right），即无权要求X不进入。"[②] 这也就是说，一个人（或一群人）具有做某事的"自由"，处于相对地位的人只是无权禁止他（或他们）做这件事，而并没有什么相应的义务。[③] 与"权力（power）"相反的是"无能（disability）"，对应的是"可能（liability）"。"一个人（或一群人）拥有'权力'，就有可能改变自己或相对应者的地位。如果校长有权力聘任教师，那他就可以运用这种权力与应聘者签订合同，改变他们的地位。"当然，应聘者也可以拒绝签订合同，权力的拥有者与其对应的具有"可能（liability）"的人之间是平等的。[④] "豁免（immunity）"与"无能（disability）"对应，与"可能（liability）"相反。"如同权利和自由，权力和豁免之间存在同样的普遍对比。权利是一个人针对他人的肯定性的要求权，自由是一个人免于他人权利或要求权的约束。同样，权力是一个人针对他人的对于特定法律关系的肯定性的'控制'；而豁免就是在特定的法律关系中，一个人免于他人的法律权力或'控制'的约束。"[⑤] 在要求权、自由、权力和豁免四者当中，霍菲尔德原来认为只有"要求权"才是"最严格意义上的权利"[⑥]，但是后来的学者们普遍认为这四者都是权利，霍菲尔德的论文因而构成了任何对权利性质和结构讨论的基本出发点。

孙中山所谓的"自由"不仅不是霍菲尔德权利结构中的"自由"概念，甚至也不是任何权利理论意义上的"自由"，而是"散漫"、"放荡"的代名词："自由的解释，简单言之，在一个团体中能够活动，来往自如，便是自由。因为中国没有这个名词，所以大家都莫名其妙。但是我们有一种固有

[①] Wesley Newcomb Hohfeld, Fundamental Legal Conceptions as Applied in Judicial Reasoning, *Yale Law Journal*, Vol. 23, No. 1, Nov. 1913, pp. 32-33.

[②] Ibid., p. 33.

[③] 袁征：《受教育权》，《中国教育问题的哲学思考》，第62页。

[④] 同上书，第63页。

[⑤] Wesley Newcomb Hohfeld, Fundamental Legal Conceptions as Applied in Judicial Reasoning, *Yale Law Journal*, Vol. 23, No. 1, Nov. 1913, p. 55.

[⑥] Ibid., p. 30.

名词，是和自由相仿佛的，就是'放荡不羁'一句话。"①由此孙中山认为外国人的两种批评，即"一面既批评中国人没有自由的知识，一面又批评中国人是一片散沙"，"恰恰是相反的"，"陷于自相矛盾了"。②因为在他看来，中国人既然是"一片散沙"，自然不是没有自由，反倒是"因为自由太多，发生自由的毛病"了。所以，孙中山开出了治疗中国人"自由毛病"的处方：牺牲个人自由，把自由"用到国家上面去"。"个人不可太自由，国家要得到完全自由"。③孙中山所谓中国人那种"放荡不羁"的自由其实根本不是真正的自由，也不表明中国人享有充分的自由权利，因为与之对应的政府并不是处于"无权（no-right）"的地位，它可以随时约束或取消这种"放荡不羁的自由"。中国人的那种"放荡不羁"和"自由散漫"反映的恰恰倒是：对民众不承担任何义务的专制政府的不作为，以及长期处于这种统治下的人们所养成的那种麻木、冷漠、苟且偷生和一切都无所谓的人生态度。在专制政体下，"就没有一个人是公民；人人都认为上级对下级没有任何义务；人们认为彼此间唯一的联系就是，这一部分人加给另外一部分人的惩罚"。④此外，"个人自由"和"国家自由"也并非如孙中山所言说的那样，是完全对立的。胡适就此曾猛烈地抨击道："现在有人对你们说：'牺牲你们个人的自由，去求国家的自由！'我对你们说：'争取你们个人的自由，便是为国家争自由！争你们自己的人格，便是为争国家人格！自由平等的国家不是一群奴才建造得起来的！'"⑤孙中山的处方，显然是在没有理解"自由"真义基础上的错误诊断，是一剂专制主义的药方。

作为权利的自由，从根本上说是指个人自由。个人为了更好地保障自己的权利，把属于自己的部分权利让渡给政府，由政府来行使，从而形成了国家的公共权力。这也就是说，国家的权力来自于个人的授权或信托，是以保障个人的权利为前提。为了防止国家权力侵犯个人的自由权利，通常以三权分立和民主选举的方式来组建政府，制约国家权力。孙中山却说"个人不可

---

① 孙中山：《三民主义·民权主义》，《孙中山全集》第9卷，第272页。
② 孙中山：《三民主义·民权主义》，《孙中山全集》第9卷，第272页；郑昶、吕伯攸：《中国人的自由》，《（小学校初级用）新中华党义课本教授书》第六册，上海：中华书局民国十八年十一月（1929年11月）发行、廿一年五月（1932年5月）6版，第56页。
③ 孙中山：《三民主义·民权主义》，《孙中山全集》第9卷，第281、282页。
④ 孟德斯鸠：《论法的精神》上册，张雁深译，北京：商务印书馆1961年版，第67页。
⑤ 胡适：《介绍我自己的思想》，欧阳哲生编：《胡适文集》第5卷，北京：北京大学出版社1998年版，第511—512页。

太自由，国家要得到完全自由"，这说明他对于现代民主价值及其制度也同样缺乏深刻的理解和认同。罗列孙中山关于民主的认识，大概有这么几点：（1）在民主与自由的关系上，孙中山清楚民主制度是在争取自由的过程中建立起来的，是自由平等的保障。"自由争得之后，学者才称这种结果为民权。所谓'德谟克拉西'，此乃希腊之古名词"①；"真平等自由是在什么地方立足？要附属到什么东西呢？是在民权上立足的，要附属于民权。民权发达了，平等自由才可以长存；如果没有民权，什么平等自由都保守不住"②。（2）对于民主的实质，孙中山认为就是"凡事都应该由人民作主"、"人民去管理政治"。③"以人民管理政事，便叫做民权"④。（3）在民主制度上，孙中山认为要超越欧美的"代议政体"，建立一个"权"、"能"分别的"全民政治"国家。⑤按照他的说法，"权"就政权，包括选举权、罢免权、创制权和复决权；"能"就是治权，包括行政权、立法权、司法权、考试权和监察权。人民享有四个政权，以此直接管理政府和国家，从而实现全民政治。政府享有五个治权，以此为人民谋福利，从而成为世界上最完全和最完善的政府。"用人民的四个政权来管理政府的五个治权，那才算是一个完全的民权政治机关"，"人民和政府的力量才可以彼此平衡"。"有了这九个权，彼此保持平衡，民权问题才算真解决，政治才算是有轨道"。⑥然而另一方面，孙中山又主张"以党治国"⑦，"把党放在国上"，"以党为掌握政权

---

① 孙中山：《三民主义·民权主义》，《孙中山全集》第9卷，第273页。

② 孙中山：《三民主义·民权主义》，《孙中山全集》第9卷，第294页；郑昶：《（新中华教科书）三民主义（初级中学用）》第3册，新国民图书社出版、中华书局发行民国十八年九月（1929年9月）发行、十九年四月（1930年4月）再版，第38页。

③ 孙中山：《三民主义·民权主义》，《孙中山全集》第9卷，第325页。

④ 孙中山：《三民主义·民权主义》，《孙中山全集》第9卷，第254—255页；郑昶：《（新中华教科书）三民主义（初级中学用）》第3册，第1页；郭伯棠、魏冰心：《高中党义》第2册，上海：世界书局中华民国十九年八月（1930年8月）初版、二十年九月（1931年9月）4版，第24页；李扬：《（小学校高级用）新时代三民主义教科书》第2册，上海：商务印书馆中华民国十六年十一月（1927年11月）初版、二十一年四月印行国难后第15版，第2页。

⑤ 孙中山：《三民主义·民权主义》，《孙中山全集》第9卷，第314、322—323页。

⑥ 孙中山：《三民主义·民权主义》，《孙中山全集》第9卷，第352页；郑昶：《（新中华教科书）三民主义（初级中学用）》第3册，新国民图书社出版、中华书局发行民国十八年九月（1929年9月）发行、十九年四月（1930年4月）再版，第19—37页；有零：《（高中党义教本）三民主义的科学观》，北平：北平书局中华民国二十一年五月（1932年5月）初版，第74—79页。

⑦ 孙中山：《在广州中国国民党恳亲大会的演说（1923年10月15日）》，《孙中山全集》第8卷，第282页。

之中枢"。①结果在实际中，应由人民享有的四个政权被拖延而不兑现，政府拥有的五个治权却被滥用而无制衡与约束，孙中山的构想只不过是国民党一件华丽而亲民的外衣。（4）在实现民主的步骤上，孙中山规划了通往民主的三个阶段，即"军法之治"、"约法之治"和"宪法之治"，或者"军政时期"、"训政时期"和"宪政时期"。三个阶段的称谓及其具体内容的细微修改，反映了孙中山前后思想的变化。1906年的《革命方略》不仅规定了"军法之治"和"约法之治"的实行年限，而且要求"约法之治"和"宪法之治"阶段都要制定约法或宪法；1924年的《建国大纲》却既没有规定"军政时期"和"训政时期"的具体年限，也取消了"训政时期"和"宪政开始时期"就要颁布和制定约法或宪法的规定。②晚年相信"以党治国"的孙中山似乎并不急于推行民主，难怪细心的胡适就《建国大纲》发出了"我们什么时候才可有宪法"的质问。③

至于"平等"，孙中山虽然反对从天赋人权的角度予以阐释，但是他认为"平等"是社会"始初起点的地位平等"，是"人民在政治上的地位平等"，④应该说基本准确地理解了"平等"的含义。然而另一方面，倘若联系孙中山的三系人性说，他所诠释的"平等"同样存在着指向专制主义的危险。他说："世界人类其得之天赋者约分三种：有先知先觉者，有后知后觉者，有不知不觉者。先知先觉者为发明家，后知后觉者为宣传家，不知不觉者为实行家。此三种人互相为用，协力进行，则人类之文明进步必能一日千

---

① 孙中山：《关于组织国民政府案之说明（1924年1月20日）》、《中国国民党第一次全国代表大会宣言（1924年1月23日）》，《孙中山全集》第9卷，第104、122页。

② 孙中山：《中国同盟会革命方略》，《孙中山全集》第1卷，北京：中华书局1981年版，第297—298页；《国民政府建国大纲（1924年1月23日）》，《孙中山全集》第9卷，第127—129页；魏冰心、徐映川：《初中党义》第4册，上海：世界书局民国十八年八月（1929年8月）初版，第6—23页；魏冰心：《高中党义》第3册，上海：世界书局中华民国十九年八月（1930年8月）初版、廿一年八月（1932年8月）订正6版，第171—184页。

③ 胡适：《我们什么时候才可有宪法？——对〈建国大纲〉的疑问》，《胡适文集》第5卷，第534—539页。

④ 孙中山：《三民主义·民权主义》，《孙中山全集》第9卷，第286页；陆绍昌：《（小学校高级用）新中华三民主义课本》第2册，上海：中华书局，民国十六年六月（1927年6月）发行、廿一年六月（1932年6月）32版，第6页；邹卓立：《（初级中学用）新时代综合编制三民主义教本》中册，上海：商务印书馆中华民国十六年十二月（1927年12月）初版、十八年六月（1929年6月）60版，第34页；郭伯棠、魏冰心：《高中党义》第2册，上海：世界书局中华民国十九年八月（1930年8月）初版、二十年九月（1931年9月）4版，第30、32页。

里。天生之人虽有聪明才力之不平等，但人心则必欲使之平等，斯为道德上之最高目的，而人类当努力进行者。……要调和三种之人使之平等，则人人当以服务为目的，而不以夺取为目的。聪明才力愈大者，当尽其能力而服千万人之务，造千万人之福。聪明才力略小者，当尽其能力以服十百人之务，造十百人之福。……至于全无聪明才力者，亦当尽一己之能力，以服一人之务，造一人之福。照这样做去，虽天生人之聪明才力有不平等，而人之服务道德心发达，必可使之成为平等了。这就是平等之精义。"①依照孙中山的推理，先知先觉的发明家毕竟是少数，不知不觉的实行家则很多，"不患无实行家，盖林林总总者皆是"②；发明创造十分困难，躬行实践却很容易，"知难行易"。"行是人人能做的，而知却是极少数先知先觉者的责任。大多数的人应该崇拜知识学问，服从领袖，奉行计划。那中级的后知后觉者也只应服从先知先觉者的理想计划，替他鼓吹宣传，使多数人明白他的理想，使那种理想容易实行。"③如此一来，孙中山既树立了先知先觉者不受批评辩论的权威，也剥夺了其他人思想和言论的自由权利，他基于个人天生禀赋不同的"真平等"却走向其反面，即专制主义的"不平等"。其中的原因何在呢？每个人的天生禀赋以及由此取得的社会成就或许确实不同，然而却没有什么可靠的方法预先知道谁是先知先觉者、谁是后知后觉者或不知不觉者，除了依据其取得的社会成就做出大概的推断外，一个人的社会成就须在相互竞争和批评辩论中获得人们的认可。孙中山的问题是将这个逻辑顺序颠倒了过来，自认为自己就是先知先觉，自己的三民主义正确无比，别人只要鼓吹奉行。这当然是错误的。爱因斯坦（Albert Einstein）认为自己的小提琴拉得比物理学研究好，他并不能因此要求人们尊奉他为小提琴大师；同样即使他认为自己的物理学理论最正确，他也不能就此禁止人们批判和讨论。

在"自由"、"民主"和"平等"之外，孙中山还不认同天赋人权学说。上文已经指出，孙中山的"民权"含有"民主（德谟克拉西）"之意；此外它还有另一层含义："人权"。孙中山认为"民权"是人类同世界的奋

---

① 孙中山：《三民主义·民权主义》，《孙中山全集》第9卷，第298—299页；郑昶：《（新中华教科书）三民主义（初级中学用）》第3册，新国民图书社出版、中华书局发行民国十八年九月（1929年9月）发行、十九年四月（1930年4月）再版，第40—41页。

② 孙中山：《建国方略》，《孙中山全集》第6卷，北京：中华书局1985年版，第203页。

③ 胡适：《知难，行亦不易（孙中山先生的"行易知难说"述评）》，欧阳哲生编：《胡适文集》第5卷，第595页。

斗竞争中发展出来的,他把这个过程分为四个时期:第一个时期是人同兽争,是用气力;第二个时期是人同天争,是用神权;第三个时期是人同人争、国同国争、民族同民族相争,是用君权;第四个时期是国内相争,人民同君主相争,民权逐渐发达。[①]因此,(1)"民权是由天赋的言论,本是和历史上进化的道理相冲突","本来是不合理"的;[②](2)民权"不是一个神圣不可侵犯之物"。[③]孙中山的论述有几点问题:其一,大自然的"天"一直存在,人类始终都要与它相处或斗争,为什么"人同天争"的时期排在第二而不能排在第一呢?他四个时期的划分及其前后顺序的排列未必就合乎历史的真实。其二,孙中山无非是想说现实中的人权不是上天赋予人类的,是人类自身奋斗得来的,这固然正确。但是另一方面,如果说"权利是做某事(或处于某种状态)的资格"[④],那么人权就是人正常应有的资格。这当然是人与生俱来的,也是我们讨论人的任何权利的逻辑起点。天赋人权不过是点明了人的权利的这个逻辑起点,所谓"天赋"虽然带有宗教色彩,但也含有"自然法"的观念。或许由于中国文化中淡薄的宗教意识,孙中山并没有理解天赋人权学说自身的理论逻辑。其三,孙中山在某种程度上以历史现实中的"实然"否定了理论逻辑上的"应然",这并不合理,因为即便一个奴隶或白痴没有人权或人权观念,我们也无法就此否定其应该享有人权。孙中山的论述显然是对不合理的社会现实的某种妥协,有可能为这些不合理的社会现实提供辩护,从而严重地削弱了作为人的尊严。

孙中山晚年曾把传统儒家思想说成三民主义的理论本源,将三民主义视为儒家思想的继承和发展,因此弘扬传统儒家思想也是当时党义教科书的应有之义。例如,《(小学校高级用)新中华三民主义课本》第1册就连续四课讲述了传统儒家的道德伦理:

---

① 孙中山:《三民主义·民权主义》,《孙中山全集》第9卷,第261页;郑昶:《(新中华教科书)三民主义(初级中学用)》第3册,新民国图书社出版、中华书局发行民国十八年九月(1929年9月)发行、十九年四月(1930年4月)再版,第2页;魏冰心、徐映川:《初中党义》第2册,上海:世界书局中华民国十八年六月(1929年6月)初版、九月3版,第23—25页。

② 孙中山:《三民主义·民权主义》,第265—266页。

③ 同上书,第278页。

④ 袁征:《中国教育问题的哲学思考》,深圳:海天出版社2009年版,第60页。

一六　恢复旧道德

中国固有的旧道德先恢复起来，固有的民族地位才可以图恢复。固有的旧道德，首忠孝，次仁爱，次信义，次和平。现在民国没有君主，但忠于国，忠于民，忠于事，是应该的。做一件事，始终不渝，做到成功，这便是忠。孝字尤为中国特长，比各国进步得多。忠孝二字讲到极点，国家便自然可以强盛。

一七　仁爱与信义

仁爱也是中国的好道德，有所谓"爱民如子"，有所谓"仁民爱物"，不过现在中国人没有外国人那样实行仁爱。我们要学他们那样实行，把仁爱恢复起来。信字一方面的道德，中国比外国好得多。商业交易上没有契约，回头一句话，便有很大的信用。讲到义字，高丽做中国藩属几千年，而高丽犹在；日本强了不过二十年，马关条约日本要求高丽独立。但是不久便把高丽灭了。可见日本的信义远不如中国。

一八　中国人爱和平出于天性

中国更有一种极好的道德，是爱和平。外国都是讲战争，主张帝国主义去灭人国家。近来经过战争，残杀太大，才主张免去战争，讲和平。中国人酷爱和平，是出于天性的。这种特别的好道德，便是我们民族的精神；不但要保存，并且要发扬光大。

一九　注意修身

中国古代最讲修身：孔子席不正不坐，宋儒的正心诚意和修身的功夫，更为谨严。现在中国人便不讲究了，一举一动，都欠检点；甚至在贵重地毯上吐痰，大众聚会处放屁，指甲留长蓄垢，牙齿黄黑不洗刷，弄到外国人看不起。如果大家注意修身工夫，虽至一举一动之微，亦能注意，不有鄙陋行为，人家一定很尊重的。[①]

比照孙中山著作原文，这几篇课文比较典型地反映了当时党义教科书在弘扬传统儒家伦理道德方面的一些特点：其一，与党义教科书的许多课文一样，这些课文或直接摘录或浓缩改编于孙中山演讲或著作的原文，很少直接征引传统经典。这里引用的四篇课文，都摘录缩写自孙中山的民族主义演

---

① 陆绍昌：《（小学校高级用）新中华三民主义课本》第1册，上海：中华书局民国十六年六月（1927年6月）发行、二十年六月（1931年6月）29版，第12—15页。

说。①其二，党义教科书讲述的我国固有道德和固有智识都是以孙中山的概括和诠释为圭臬。根据孙中山的说法，所谓固有道德主要是指"忠孝仁爱信义和平"，即后来蒋介石所称的"八德"；固有智识就是"先修身，而后治国，而后平天下"，即《大学》里主张的那套修治方法。②至于具体道德的诠释，例如"忠"，孙中山认为就不是传统的"忠君"，而是指"忠于国，忠于民，忠于事"。其三，在弘扬传统道德伦理的同时，党义教科书对于家族、宗族等也有不同于以往的考虑，即将家族、宗族作为恢复孙中山民族主义的基础。"中国人对于国家观念很薄弱，而于家族宗族观念是很深切的；既有这个坚固的家族和宗族团体，便可利用他做基础，使联络起来。先从一乡一县做起，再扩充到一省一国，使各姓成为一个大团体；再由有关系的各姓，联合成许多极大团体。这许多大团体的结合，就成一个国族团体。……有了国族团体，就有四万万人团结的大力量，民族主义也自然恢复了。"③此前的公民教科书多对传统家族观念持批评的态度，而现在的党义教科书直接贯彻孙中山的思想，主张利用传统的家族、宗族来团结民众，建立一个强大的民族国家。这也就是说，家族、宗族再次沦为了国家权力的基层支柱，新文化运动时期刚刚摆脱家庭束缚而开始走向独立和解放的个人，又有可能回到以往的罗网中。当然另一方面，家族、宗族与生活于其中的个人毕竟还有血缘亲情，在与国家权力可能的对抗中有可能为个人提供某种庇护和依靠，因此，按照孙中山构想而建立的党国恐怕还不是最专制的。

无论是自由、民主等现代价值，还是忠孝仁爱信义和平等传统伦理，对于孙中山及其国民党而言都不过是实现其理想目标和纲领政策的工具，宣讲这些道德价值的党义教科书同样也是为此服务的手段。至于学生独立品格、自由精神、个性追求和理想信念的培养，则谁都没有顾及。这或许真如汉娜·阿伦特（Hannah Arendt）所言，"极权主义教育的目的从来就不是培植信

---

① 参见孙中山《三民主义·民族主义》，《孙中山全集》第9卷，第243—249页。
② 李杨：《恢复民族地位的方法》，《(小学校高级用)新时代三民主义教科书》第1册，上海：商务印书馆中华民国十六年七月（1927年7月）初版、廿一年九月（1932年9月）国难后第30版，第31页；孙中山：《三民主义·民族主义》，《孙中山全集》第9卷，第243、247页。
③ 魏冰心、徐映川：《初中党义》第2册，上海：世界书局中华民国十八年六月（1929年6月）初版、同年九月3版，第12页；孙中山：《三民主义·民族主义》，《孙中山全集》第9卷，第237—240页。

念，而是破坏形成信念的能力"①。

（三）党义教科书的编写特点

上文已经指出，党义教科书特别是小学低年级以外的党义教科书，大多依照孙中山思想学说的理论逻辑来安排整个教科书的内容结构。而各级学校的党义教科书，通常采用圆周法循环上升而又相互衔接。初等小学是最初的一个循环，这个阶段的党义教科书常常将有关孙中山的故事或孙中山思想中的一些概念抽出来，以通俗明白的语言来编写。例如《（小学校初级用）新中华党义课本》第1册第12课讲解"权"和"能"两个概念时写道："我有砖瓦竹木，不会动手造屋。材料交给工人，请他代我建筑。"②高等小学是第二个循环，初中是第三个循环，高中则是第四个循环，各阶段党义教科书的基本内容大致相似，但论述却不断深入。

党义教科书在内容材料的选择方面十分谨慎，一般都以孙中山的著作、演说，国民党各种会议的决议、宣言，以及国民党官方认可的解释为范围，或原文摘录，或稍做变换。《（小学校高级用）新中华三民主义课本》在《编辑大意》中就明确地说，该书"根据孙中山先生三民主义、建国方略、建国大纲三书，择其重要，略加剪裁，无一句无来历，无一句杜撰"③。

即便是一些简单的寓言故事或道德训诫也都有相应的来源出处。譬如，《（小学校初级用）新中华党义课本》第2册第12课《修身》的原文为："刷牙齿剪指甲"。其所依据的是孙中山三民主义演说中的一段话："中国人每爱留长指甲，长到一寸多长，都不剪去，常以为要这样，便是很文雅。法国人也有留指甲的习惯，不过法国人留长指甲，只长到一两分。他们以为要这样，便可表示自己不做粗工的人。中国人留指甲，也许有这个意思。如果人人都不想做粗工，便和我们国民党尊重劳工的原理相违背了。再有中国人牙齿是常常很黄黑的，总不去洗刷干净，也是自修上的一个大缺点。"④该书第3

---

① 汉娜•阿伦特：《极权主义的起源》，林骧华译，北京：生活•读书•新知三联书店2008年版，第583页。

② 吕伯攸、郑昶：《（小学校初级用）新中华党义课本》第3册，上海：中华书局民国十八年一月（1929年1月）初版，第12页。

③ 陆绍昌：《编辑大意》，《（小学校高级用）新中华三民主义课本》第1册，上海：中华书局民国十六年六月（1927年6月）发行二十年六月（1931年6月）29版，第1页。

④ 郑昶、吕伯攸：《（小学校初级用）新中华党义课本教授书》第2册，上海：中华书局民国十八年五月（1929年5月）发行，廿一年六月（1932年6月）5版，第34—35页；孙中山：《三民主义•民族主义》，《孙中山全集》第9卷，第249页。

册第3课《团结》是个寓言故事:"一群黄蚂蚁,在窝里争斗。老黄蚂蚁说:'我们都是同族,不可争斗,应该互相团结。'"这个故事的依据同样是孙中山三民主义演讲中的一段论述:"外国人常说中国人是一片散沙。中国人对于国家观念,本是一片散沙,本没有民族团体。……我们失去了民族主义,要想恢复起来,便要有团结,要有很大的团体。我们要团结成大团体,便先要有小基础,彼此联合起来,才容易做成功。我们中国可以利用的小基础,就是宗族团体,此外还有家庭基础。……若是拿这两种好观念做基础,很可以把全国的人都联合起来。……联成一个大民族团体,无论外国用甚么兵力、经济和人口来压迫,我们都不怕他。"①

由于编纂者往往直接援引孙中山著作的原文,因此党义教科书在语言表述风格方面,同样带有浓厚的孙中山个人色彩,一般都是通俗易懂的白话文。为了避免政论式表述的枯燥呆板,初等小学党义教科书在体裁体例上大量采用了寓言、故事、对话等形式,并且每课都配有插图,直观明白,形象生动。《(新中华教科书)三民主义课本(小学校初级用)》4册课文内容基本上都是以对话的形式串联展开,譬如该书第1册就是以赵三益与其父母兄弟之间的对话为线索,其中第2课《中国古代的文化》这样写道:"赵三益的哥哥,有一本英文书,赵三益称赞道:'外国书印刷装订,怎么这样精美!'哥哥说:'印刷术是中国发明的,后来传到欧洲。近二三百年,他们研究改良,渐渐的后来居上了!'"②有的党义教科书还要求教师在授课的时候,根据课文的内容设计一些具体的情境或环节,让学生参与,以便学生理解并实践课文表述的思想内容。例如,《(小学校初级用)新中华党义课本》第2册第6课《自由》的课文是:"鸟在笼中,不自由。"该课的教授书就特意设计了一个情境,让学生表演:一学生扮老麻雀,一学生扮老雀的小孩子小麻雀,小麻雀由被困笼中到释放,然后与老麻雀团圆。并配有一段歌词如下:③

---

① 郑昶、吕伯攸:《(小学校初级用)新中华党义课本教授书》第3册,上海:中华书局民国十八年三月(1929年3月)发行、廿一年七月(1932年7月)7版,第7页;孙中山:《三民主义•民族主义》,《孙中山全集》第9卷,第237—241页。

② 吴伯匡、徐迥千、杨千青:《(新中华教科书)三民主义课本教授书(小学校初级用)》第1册,新国民图书社印行民国十八年七月(1929年7月)5版,第3—4页。

③ 郑昶、吕伯攸:《(小学校初级用)新中华党义课本教授书》第2册,第18—20页。

[银绞丝一转] 变B 2/4 （小快板）

3 5 3·2 | 1 2 1 | 6 5 3 5 | 6· 0 |
（老雀唱）
可怜呀 我的 小 宝 宝

1 6 1 2 | 3 5 3 2 | 1 2 3 2 | 3 1· |
你 的 身 体 好 不 好

6 5 3 5 | 6· 0 | 1 6 1 2 | 3 5 3 2 |
（小雀唱）
把我急坏了！ 我 的 妈 妈

1 2 3 2 | 3 1· | 6 5 3 5 | 6· 0 |
我的身体好 这位小先生

3 5 5 6 1 | 6· 0 | 3 5 3·2 | 1 2 1 |
和我很要 好 小青豆 小虫儿

6 5 3 5 | 6· 0 | 0 0 | 0 0 |
吃了一个饱 有 吃 有 喝

1 2 3 2 | 3 1 | 3 5 3 | 1 2 1 |
可是关住 了！ 玻璃 窗关得 牢

6 5 3 5 | 6 1 5 6 | 1 2 3 1· | 2 | 7· 0 |
谁都不能跑 我的妈妈 呀！ 喏！

5 6 1 | 6 1 6 5 | 3 5 2 3 | 5 6 3 2 | 1· 0 |
幸亏 这位先生开了房门 带我出来了！

5·6 1 | 6 1 6 5 | 3 5 2 3 | 5 6 3 2 | 1· 0 |
（两雀合唱）   我
幸 亏 这位先生开了房门 带你出来 了！

但是，高等小学以上的党义教科书就没有这么生动有趣了，大多是呆板的政论文或叙述文，只是深浅程度不同罢了。

三 党义（三民主义）教科书的影响

袁征认为，1901年是中国现代学校教育的开端，在此之前属于中国传统学校教育，之后属于中国现代学校教育。中国传统学校教育的发展可以划分为三个阶段：先秦时期是第一个阶段，这个阶段没有任何一家之说能主宰当时的教育；秦汉时期则进入了第二个阶段，当时只准讲授统治者认可的正统观点，在儒家思想被树为唯一的正统理论之后，以直接解释经典字句为基本特征的儒家经学，即"汉学"，逐渐成了学校教育的中心内容；宋朝至清代是第三个阶段，程朱理学即"宋学"，取代"汉学"在教育领域里占据着主导地位。中国现代学校教育的发展可以划分为两个阶段：1901—1926年是第一个阶段，各种新思想在教育界竞相传播，现代学校制度不断完善；1927—1949年（国民政府统治时期）是第二个阶段，国民党推行的党化教育政策在教育领域里确立了三民主义的统治地位，结束了自清末以来教育自由化的发展方向，造成了中国现代教育发展的历史性转折。[①]很显然，袁征从中国现代学校教育的发展历程揭示了党化教育的意义。

倘若我们把中国现代学校教育与中国古代学校教育的发展联系和比照起来，即从整个中国教育的发展历程来看，国民党党化教育的意义和影响可能更加清楚和深刻。早在1930年代，陈青之在其所著的《中国教育史》中，以儒家思想为主线将中国教育发展划分为四期：原始氏族社会时代的教育，即商代以前，是儒家思想的前生期；封建时代的教育，即西周和东周，是儒家思想的形成期；半封建时代的教育，即秦汉至清中后期，是儒家思想的流传期；初期资本主义时代的教育，即鸦片战争到南京政府建立，是儒家思想的动摇期。1925年国民党改组以后，孙中山学说虽然开始走向支配地位，但陈青之认为其仍然是以儒家思想为骨髓、以欧美社会学说为资料、以现代中国与世界为背景融合而成的，即某种意义上是儒家思想的延续。[②]陈青之的分期忽视了1925年左右中国现代教育开始发生的深刻变化，但是对于中国古代传统教育，则准确地指出了儒家思想的深刻影响。

综合袁征和陈青之两人的观点，笔者认为中国传统学校教育发展阶段的

---

① 袁征：《学校志》（中华文化通志丛书），上海：上海人民出版社1998年版，第2—3页；袁征：《孔子·蔡元培·西南联大——中国教育的发展和转折》，《自序》第2页、第212—227页。

② 陈青之：《中国教育史》，上海：商务印书馆1936年版。

划分可以稍做调整：西周以前是传统学校教育发展的第一个阶段。早在氏族社会后期，以黄帝、颛顼、帝喾、尧、舜五帝为首领的部落和部落联盟就建立起了自己的学校，统称为"成均"："成均，五帝之学"。[①]随后在部落或部落联盟基础上建立起来的国家夏、商、周三个王朝，也都设立有学校。由于当时社会处于氏族和宗族政治时期，当时的学校基本上都控制在氏族、宗族或官府手里，即所谓的"学在官府"：教育机构与行政机关不分，学校既是教育的场所，也是祭祀、议政等政治活动的地方；教职与官职重叠，教师具有亦官亦师的身份。当然，"学在官府"的状况也说明当时学校教育的规模很小，可能仅仅局限于各个层级的官员或贵族。

春秋到秦代是传统学校教育发展的第二个阶段。在这个阶段，随着氏族和宗族政治的日渐衰落，"学在官府"的局面被打破了。首先，社会上出现了专门从事教育的独立的私人教师，他们不再具有官员的身份。其次，这些教师为了宣讲自己为救治当时"礼崩乐坏"的社会所提出的思想主张，著书立说，广招门徒，创办了许多私立学校。到了战国时期，这些教师及其门徒已经形成了不同的学派，相互竞争，百家争鸣。"学在官府"局面的打破，既反应了当时教育发展的平民化趋势，也彻底改变了中国古代学校的办学形态。从此以后，中国古代学校教育形成了官办学校（官学）和私立学校（私学）并存的局面，当官办学校沦落为当权者宣传其正统思想的工具的时候，私立学校却往往是推动文化革新的重要力量。再次，在当时诸子各家中，儒家对于教育的影响最深。其不仅比较全面地承袭了西周的"六艺"教学内容，孔子晚年还对从西周就用于教育的《诗》、《书》、《礼》、《乐》、《易》、《春秋》等文化典籍[②]进行了系统编订，形成了自己的经典。

汉朝至隋唐是传统学校教育发展的第三个阶段。西汉建立之初，朝廷改变了法家"以法为教"的政策，转而施行黄老之学，[③]崇尚清静无为，依然没

---

① 《周礼·春官宗伯》。

② 《诗》、《书》、《礼》、《乐》、《易》、《春秋》等文化典籍，至西周应该都是当时教育过程中必修的文献。当然，其文本肯定与孔子编订后的文本以及流传至今的文本有很大的出入。参见陈来《古代思想文化的世界——春秋时代的宗教、伦理与社会思想》，北京：生活·读书·新知三联书店2002年版，第158—160页。

③ 黄老之学是战国中后期兴起的一个道家学术流派，它以道家思想为基础，兼采儒墨，撮取名法，吸收融合了诸子各家的理论。由于这个学派顺应了百家争鸣、兼容并包的学术发展趋势，到战国后期，"黄老独盛，压倒百家"（蒙文通：《略论黄老学》，《蒙文通文集》第1卷《古学甄微》，成都：巴蜀书社1987年版，第276页），至汉代时依然还是"一支巨流"（徐复观：《两汉思想史》，香港：香港中文大学出版社1975年版，第44页）。

有重视发展学校教育。汉武帝刘彻即位后，面对日益激化的内外矛盾，接受了董仲舒"罢黜百家，独尊儒术"的建议，采取了积极主动的政策，将儒家学说树立为唯一的正统理论。宋朝至清代是中国传统学校教育发展的最后阶段。"宋学"取代了"汉学"的正统地位，成了学校教育的核心内容。

这样的阶段划分，显然强调了儒家思想从内容到精神对于中国传统教育一以贯之的渗透和塑造。陈来说过，儒家思想作为一种祛除巫魅的理性化思想体系，是中国文化史漫长演进的结果，是由夏以前的巫觋文化发展为祭祀文化，又由祭祀文化的殷商高峰而发展为周代的礼乐文化，才最终产生形成。儒家所继承的许多思想内容及其所体现的道德人文主义的精神气质，在西周时期就基本定型，周公及其思想在某种意义上就是儒家和儒家思想的前身。[①]在西周以前，"学在官府"，文化精英与政治精英不分，周公的前儒家思想既是意识形态，又是学校教育的内容。是为古代教育发展的第一个阶段。春秋以后，"天子失官，学在四夷"，文化精英与政治精英分离，文化精英成了散落四夷的士人，继承周公思想而形成的儒家思想失去了前儒家思想的意识形态地位，在民间传播。由于儒家士人的不懈努力，相对于西周而言，儒家思想在这个阶段甚至得到了某种程度的普及。即便经历了焚书坑儒，到秦末农民起义的时候，孔子故乡的儒生依然还在传授儒家学说，"讲诵习礼，弦歌之音不绝"[②]。是为古代教育发展的第二个阶段。此后由汉代和宋代分别开始的古代教育发展的第三个和第四个阶段，只是儒家思想内部经学派别的变换。

在中国古代传统教育的发展过程中，自春秋政治精英和文化精英分离之后，他们就分别掌握了不同的权力，政治精英掌握着国家的政治权力，文化精英则主要负责儒家思想的阐释、传承和发展。尽管文化精英的这些文化权力十分微弱，但是仍然能够在一定程度上对政治精英形成某种制约。这就意味着，中国古代教育依然存在一些自由度，中国古代社会的专制统治还没有到达密不透风的程度。然而，自国民党实行党化教育政策以后，当权政治精英的思想、语录或诠释直接上升为了国家的统治思想和意识形态，强权彻彻底底化作"真理"，自春秋以来文化精英所拥有的某些微弱的文化权力，到

[①] 陈来：《古代宗教与伦理——儒家思想的根源》，北京：生活•读书•新知三联书店1996年版，第16页。

[②] 《汉书•儒林传序》。

此几乎彻底地丧失了，教育完全依附于政治精英，整个社会的专制统治几乎达到了无以复加的程度。由此而言，党化教育不只是中国现代教育发展的历史性转折，也是春秋以来整个中国教育发展的重大转变。

就微观层面而言，作为党化教育政策产物和手段的党义教科书，虽然存在不过八九年的时间，但是对于其后相关教科书特别是公民教科书产生了直接的影响：

第一，党义教科书转变了以往修身和公民教科书的内容。晚清的修身教科书是要向学生灌输传统儒家思想，以维护其摇摇欲坠的专制统治。民国初年，新成立的政府希望利用修身教科书以培养学生的共和精神。随后的袁世凯政府又倒行逆施，恢复了儒学的正统地位。然而这只是传统意识形态的一次回光返照，作为正统意识形态的儒学的衰落已经不可避免。经过新文化运动之后，原来那种强调意识形态灌输的教育观念遭到当时教育界的唾弃，而注重培养学生自由、民主等现代普世价值的教育思想获得了认同。[①]1923年，修身课程被公民课程所取代。至此，传统儒学的意识形态色彩在教科书中逐渐淡去了，源自西方的自由、民主等现代价值观念在教科书中慢慢获得了比较准确的理解。[②]然而自党化教育推行以来，糅合了西方思想的三民主义变成了现代政党专制的意识形态，以此为准绳的党义教科书，一方面放弃以前公民教科书试图从传统儒家伦理中开掘出现代价值的努力，转而直接利用儒家思想为专制主义的政治需要服务；另一方面又有意曲解或误读自由、民主等现代价值观念，从而扭转了清末以来整个思想道德教育发展的方向。

第二，党义教科书在一定程度上改变了以往修身和公民教科书的选材方向。以前的修身和公民教科书经常选取中外历史上的先贤故事和道德语录作为材料，而党义教科书完全以三民主义和国民党的方针政策为准绳，所用材料也都来源于此。此后公民教科书的选材虽然不像党义教科书那样单一，但是当权者的思想主张以及政府的方针政策、法律制度等，始终都是教科书里最重要的内容题材。

[①] 《第五届全国教育会联合会议决案》，《教育杂志》第11卷第11号，"专件"，第47页。
[②] 参见本书第六章的内容。

结语
什么是教育？

历史上许多思想家和教育家提出的各种各样的教育目的或目标，如果侵犯了受教育者的权利，那么都是错误的。因为受教育者想通过教育达到什么目的或目标，完全是其个人的事情，是其个人的权利。然而另一方面，我们毕竟生活于社会，我们个人的权利毕竟要在社会中实现，我们不得不接受某种必要限度的理性教育，以维护一个自由、民主和法治社会的稳定和存在。

一 受教育是公民对于国家的义务？

1901年，清朝统治者为了避免王朝的覆灭，仿照外国的制度，建立了由初等、中等和高等学堂构成的全国性现代学校系统，开启了中国现代学校教育的发展。在随后的曲折发展过程中，中国现代教育却始终没有真正建立起独立、自由、民主和理性的内在精神，没有完全承担起帮助人们成为合格公民的应有职责和任务，往往徘徊在臣民教育和公民教育之间。造成如此局面的根源大概有两个：一方面，当时的政府尽管更迭不定，但始终控制着学校教育的发展。其控制途径和手段几乎沿袭了古代朝廷的路数，概括起来主要有三条：一是通过教科书审定制度过滤掉不合政府口味的课本内容；二是直接开设贯彻政府意识形态的政治伦理课程；三是通过人事任免和资格审查选聘合乎政府需要的教师，例如南京政府时期，政府要求所有教授党义课程的教师必须是国民党的党员。前两种手段本书前文已有详细的论述。

另一方面，中国现代教育缺少独立、自由的内在精神还源于当时人们那种错误的"义务教育"观念，即认为受教育是公民对于国家和政府的义务。当时的教科书几乎都毫无例外地将受教育列为国民对于国家的一项重要义务。以思想开明的蔡元培所编纂的《中学修身教科书》为例，其1908年初版时，就将受教育与遵法律、纳租税、服兵役一并列为公民对于国家的"本务"。①民国建立后,这套修身教科书虽然相应做了修改,但是关于教育部分的内容丝毫没有改变,依旧将受教育作为公民对于国家应尽的义务。②修身教科书之外的公民教科书和党义教科书照旧沿袭了这种错误的"义务教育"观念。1923年出版的《新著公民须知(法制编)》明确规定,与纳税、服兵、守法一样,"教育也是国民重要的义务"。③《初中党义》的论述不仅同样如此,而且还要求"人民要享权利,必须先尽义务"④。《新时代三民主义教科书》更是从狭隘的民族主义立场出发,认为"教育权完全系国家所有,断不容外人侵占"。⑤直到1947年,国立编译馆主编的《公民》在重新修订之后依然认为,国民有"受国民教育的义务"。⑥

受教育权（the right to education）是个人的一项基本权利,现在已经是国际社会的普遍共识。联合国《经济、社会和文化权利国际公约》第13章和《儿童权利公约》第28章以几乎相同的表述,在法律上庄严地确认了"人人有受教育的权利"⑦。既然受教育权是一项基本的人权,那么处于相对应地位的国家或政府就负有保证公民实现这项权利的义务。为了清楚地说明权利与义务的相互关系,袁征根据不同层次的相对关系,将"权利"区分为"原初权利"和"派生权利",提出了一种被笔者称为"权利层链理论"的新思想。权利导致义务,义务也导致权利。导致义务的权利称为"原初权利",义务导致的权利称为"派生权利"。第1层次的(原初)权利及其相对应义务、第2层次的(派生)权利及其相对应义务……第n层次的(派生)权利及

---

① 商务印书馆编译所:《(中学堂用)修身教科书》第4册,上海:商务印书馆光绪三十四年季春月(1908年)初版,第16—19页。

② 蔡元培:《(订正中学校用)修身教科书》,上海:商务印书馆中华民国元年五月(1912年5月)9版,第96—97页;《(订正)中学修身教科书》,上海:商务印书馆中华民国八年八月(1919年8月)12版,第96—97页。

③ 顾树森、潘文安:《新著公民须知(法制编)》(中等学校用),上海:商务印书馆,中华民国十二年三月(1923年3月)初版,第30页。

④ 魏冰心、徐映川:《初中党义》第1册,上海:世界书局中华民国十八年六月(1929年6月)初版、十九年二月(1930年2月)6版,第17—18页。

⑤ 胡愈之:《(初级中学用)新时代三民主义教科书》第1册,上海:商务印书馆中华民国十六年九月(1927年9月)初版、十八年七月(1929年7月)85版,第35页。

⑥ 国立编译馆主编:《(初级中学)公民》第3册,上海:世界书局中华民国三十六年十二月(1947年12月)5版,第20页。

⑦ "International Covenant on Economic, Social and Cultural Rights", http://www2.ohchr.org/english/law/cescr.htm; "Convention on the Rights of the Child", http://www2.ohchr.org/english/law/crc.htm.

其相对应义务……由此形成了一个由原初权利及其随后各层次派生权利组成的长短不定的权利链条。在这个链条上，原初权利决定派生权利，派生权利是为履行义务、实现原初权利服务的，绝对不能与原初权利及其上一层的派生权利冲突。①由于派生权利是由义务导致的，派生权利的拥有者实际上就是上一层义务的承担者，义务的承担者不能不履行义务，所以派生权利的拥有者一般不能取消或放弃自己拥有的派生权利，这也就是说，派生权利的实质是履行义务的资格。②因此，袁征的这种"权利层链理论"，更准确地应该被称为"义务派生理论"。为了保证公民受教育权的实现，国家或政府就负有"提供教育"的义务，而要履行义务，国家或政府转而就拥有了"提供教育"的权利。这种权利可能包括举办公立学校、选址建校等具体的权利，但是所有这些权利都是由义务导致的派生权利，作为其拥有者的国家或政府并不能和享有"受教育权"的普通公民那样，随意地取消或放弃其派生权利。近代以来的教科书屡屡将"受教育"作为国民应尽的义务、"教育权完全系国家所有"，明显颠倒了权利和义务，是完全错误的。

日本人将英语"compulsory education"翻译为"义务教育"，中国人在向日本学习建立现代教育制度的过程中，也沿用了这种说法。③Compulsory的原意为"强迫"。未成年人因为暂时没有能力，可能既不理解学校教育的意义，也难以对自己的人生做出合理的选择，所以大多数国家或政府通常制定某些教育法规，要求未成年人接受一定时间的"强迫教育"。深受专制主义影响的中国人从"义务教育"这个不准确的翻译中，望文生义地认为"受教育"是公民对于国家的义务。如此错误，尽管自然而然，但是却使现代教育沦为了政府的统治工具，丧失了教育本该具有的独立、自由的内在精神。

---

① 袁征：《受教育是不是义务》，《中国教育问题的哲学思考》，深圳：海天出版社2009年版，第81—86页。

② 派生权利可能常常由许多的权利组合而成，严格地分析这些权利，大致可以划分为两类：一类派生权利实际上就是上一层次的义务，或者上一层次义务的细化和具体化；另一类则是除此之外并为此服务的一些辅助性的权利。派生权利的拥有者绝对不能取消或放弃前一类的派生权利，取消或放弃这类派生权利实际上就等于取消或放弃其应有的义务；而对于后一类辅助性的派生权利，派生权利的拥有者有时是可以自愿放弃的。例如承担"接送孩子上学义务"的家庭保姆，可能拥有完成这项义务的两项派生权利："将孩子送到某个固定的学校或将其接回"、"开车接送"。前项派生权利实际上等同于上一层次的义务，家庭保姆必须承担；后项派生权利属于辅助性的，家庭保姆可以放弃开车接送，而选择徒步接送。

③ 教育部：《第一次中国教育年鉴》，上海：开明书店1934年版，"丙编"，第487页。

二 作为权利的教育

既然受教育是公民的权利，那么教育就必须遵循和坚守密尔（John Stuart Mill）的"伤害原则"（the harm principle），即只要不是直接伤害别人，任何言行都不应该受到干涉。[①]什么是"伤害"呢？密尔说："生活在社会中的事实，使得每个人对于他人都必须遵守某种行为规范。这首先是不损害彼此的利益，更准确地说是不损害某些利益，这些利益根据明确的法律规定或默认的习惯应当视为人们的权利。"[②]他所谓的"伤害"，显然是指侵犯别人的权利。密尔的"伤害原则"是国际学术界普遍接受的观点，它既设定了个人权利的边界，也同样规定了教育的根本底线和原则：教育本身不能侵犯参与者的个人权利，也就是说在教育的过程中，学生、教师以及其他参与者的个人权利都不能受到侵犯。

对于学生特别是未成年的学生而言，权利不受侵犯的前提就是要明白什么是权利和义务，知道自己的权利和义务是什么，以及在十分复杂的现代社会里如何维护权利和履行义务。因此，权利和义务教育当然是整个现代教育特别是公民教育必不可少的基本内容。袁征通过辨析"公民"概念得出了同样的结论，认为公民教育应该包括下列八项内容：（1）什么是权利；（2）公民有什么权利；（3）公民为什么有这些权利；（4）怎样行使和维护公民的权利；（5）什么是义务；（6）公民有什么义务；（7）公民为什么有这些义务；（8）怎样承担公民的义务。[③]

需要强调的是，这些内容只是现代教育必不可少的最基本内容，甚至也只是公民教育最基本的内容。但是，让学生达到这个标准的教育就是合格的公民教育，就构筑起了现代教育的底线。当然除此之外，现代教育还有更加广阔和专业的知识内容，而且这些知识内容的教授也不能是随意和武断的，其必须符合学生的利益，不损害学生的权利。因为受教育毕竟是公民的权利，"只有人正常存在所必需的知识以及学生自愿选择的学习内容才是合理的课程"[④]。

自1901年中国现代学校教育体系建立以来，历届政府颁布了不同的教

[①] J. S. Mill, *On Liberty*, New Haven and London: Yale University Press, 2003, p.80.

[②] Ibid., p.139.

[③] 袁征：《公民教育教什么》，《教育发展研究》2011年第10期，第33页。

[④] 同上书，第32页。

育宗旨。无论是晚清的"忠君、尊孔、尚公、尚武、尚实"、1912年的"注重道德教育，以实利教育、军国民教育辅之；更以美感教育完成其美德"、1915年袁世凯时期的教育要旨"爱国、尚武、崇实、法孔孟、重自治、戒贪争、戒躁进"，还是1929年南京国民政府公布的"中华民国之教育，根据三民主义，以充实人民生活，扶植社会生存，发展国民生计，延续民族生命为目的；务期民族独立、民权普及、民生发展，以促进世界大同"等，几乎都没有考虑受教育者的权利，甚至侵犯了受教育者的权利。只有1919年全国教育会联合会第五届会议通过的《请废止教育宗旨，宣布教育本义案》，认识到"不应特定一种教育宗旨或主义以束缚被教育者"，保障了受教育者的权利，阐明了教育的真谛。

受教育权既然是公民的一项权利，那么国家相应就负有保证和落实这项权利的义务，即国家应该给公民提供受教育的机会。"国家提供"并非意味着政府要直接举办所有的学校，学校的举办应当首先经由私人或私人团体承担，因为办学属于结社自由，是公民的另一项权利；在私人不愿或无力举办的地方，政府应当建立公立学校以保障公民受教育权利的实现。由于公民的受教育权是平等的，所以政府应该给所有公民提供平等的受教育机会，无论其在农村还是城市，在公立学校还是私立学校。这就要求政府首先得保证和满足每个公民同等的基本教育经费，超出基本教育经费的部分可以由受教育者个人或其家庭承担；其次在基本教育经费的划拨上，政府应对提供这种教育服务的公立学校或私立学校一视同仁。最好根据米尔顿·弗里德曼（Milton Friedman）的建议，政府将基本教育经费分配给符合条件的受教育者个人，然后由受教育者以票证的形式支付给其自愿选择就读的学校。①

国家作为保障公民受教育权的义务方，因为履行义务，就派生出了相应的权利，这种派生权利包括开办公立学校、确定公民基本教育经费额度或标准、按照不允许直接侵犯他人权利的原则对学校进行审查和监督的权力，如此等等。国家在履行义务而行使这些派生权利时，既不能违反公民受教育权这项原初权利，也不能侵犯公民其他的权利。

直接提供教育服务的学校首先必须传授给学生正常社会生活所必需的文化知识和道德价值，这个部分不仅是整个教育的基本内容，而且是一个稳

---

① 米尔顿·弗里德曼：《资本主义与自由》，张瑞玉译，北京：商务印书馆2004年第2版，第97页。

定、民主的现代社会赖以存在的基础。"如果大多数公民没有一个最低限度的文化和知识，也不广泛地接受一些共同的价值准则，稳定而民主的社会不可能存在。"①这个部分所产生的教育费用就是政府应该负担的基本教育经费。除此之外，学校还应该开设适合学生需要并由其自愿选择的其他课程内容。由于办学属于结社自由，讲授属于言论自由，都是公民的基本权利，因此，作为公民私人机构的私立学校在保证基本教育内容之外，有权开设创办者认同的课程，以宣讲其希望传播的观点。例如佛教团体举办的学校，在教授学生正常社会生活所必需的文化知识和道德价值之外，可以开设引导学生信仰佛教的课程。学生可以自主地或是在家长的帮助下选择就读这样的私立学校，也可以自由地退出这个学校。但是，以全体人民税款举办的公立学校没有权利宣讲或灌输某个特定派别的思想观念，无论这类思想观念是属于佛教、基督教、伊斯兰教，还是其他某种无神论的观点。公立学校对于各种思想观念和理论学说都应秉持中立的态度，平等地对待，因为全体人民的思想观念是多种多样、纷繁复杂的。

在教育的过程中，学生的权利不容侵犯，教师的权利同样必须维护。私立学校在给学生传授了正常社会生活所必需的文化知识和道德价值等基本教学内容之外，可能会讲授创办者认同的思想观念。私立学校有权根据自己的信念选聘认同其信念的教师，受聘教师倘若发现自己的信念与私立学校宣讲的信念冲突时同样可以辞职，这样私立学校及其聘任教师的言论自由都得到了保护。而在公立学校，教师在完成了学校规定的教学内容（这些内容应该是在得到人民授权的情况下决定的）的前提下，应当讲解不同的观点，并"以供学生和读者选择的态度发表自己的意见"②。这也就是说，私立学校的教师可以不宽容，公立学校的教师却必须宽容。

上文已经指出，无论是私立学校还是公立学校，都必须传授给学生正常社会生活所必需的文化知识和道德价值等基本内容。这些基本内容应该由政府在人民授权的情况下，组织专家认真、科学地挑选出来，其显然应当包括听说读写、数学计算、逻辑推理等基本文化知识，以及权利、义务、自由等基本的道德思想和价值。私立学校教师如果不宽容其学校不赞成的思想观念

---

① 米尔顿•弗里德曼：《资本主义与自由》，第94页。
② 袁征：《教育至善论与讲授中立说》，《中国教育问题的哲学思考》，海天出版社2009年版，第30页。

和行为，是否既违背了自由的道德价值，也侵犯了学生的权利呢？回答当然是否定的，因为学生如果不认同或不宽容学校主张的思想观念，他可以自由地退出这所学校而选读其他的学校。当然，私立学校的不宽容只能以其学校为限，超出学校范围以外则必须宽容，对于校外那些其不赞成但又不直接伤害别人的思想观念和行为绝不能进行干涉。

教育既然纠结或涉及参与者多方面的权利，那么这些权利及其实现程度的差异都可能影响教育自身，从而使教育呈现出不同的面貌。譬如私立学校，对于创办者而言属于他个人的结社自由，他在保证了应有的基本教育内容之外，可以根据自己的信仰开设他喜欢的课程，宣讲他喜欢的观点。尽管这并不侵犯认同或宽容其信仰的学校师生的权利，但是毕竟限制了学校师生的学术自由。没有充分的学术自由，不允许对现成的学术思想和观点进行批判，又如何能够创造新的知识？这样的学校自然难以承担创新的任务。结社还可能出于各种不同的目的，私立学校如果将赚取经济收益作为最主要的目标追求，那么它与普通的商业公司并没有太大的差别。当然，公立学校也有类似的风险。如果它同样没有学术自由，那么它可能就是政府的应声虫。教育的良好发展需要在保证各方权利的基础上展开广泛的自由竞争，只有在竞争中，有的学校才可能为了更长远的利益或更高尚的目标，甚至会自愿放弃那些可能带来不良影响或后果的权利，从而最终推动整个教育的进步。现在美国所有主要的私立高等学校，都将美国教授协会1940年学术自由声明提出的原则写入了校规、聘任合同和工作手册，给教师以学术自由。[1]这是个典型的例证。

三　基于理性的教育

教育的另一原则就是讲道理，即教育最好是合乎理性。这里所谓的"理性"，是指思维符合逻辑[2]，即推理的内在一致性。这是个最低限度的要求，因为推理出发的前提可能多种多样甚至错误百出。古代希腊人认为"人是理性的动物"，将理性看作人区别于动物的独有特性。近些年来，理性虽然遭到了以后现代主义为代表的一些理论派别的严厉批判，认为"理性是基于阶级、男性、西方或者某种构想的偏见"，"然而这种主张仍不过是理性的一

---

[1] Stacy E. Smith, "Who Owns Academic Freedom?: The Standard for Academic Free Speech at Public Universities", *Washington and Lee Law Review*, Vol. 59, No.1, 2002.

[2] Robin Barrow, *An Introduction to Philosophy of Education*, New York: Routledge, 1988, p.85.

部分，其意在关注、控制并纠正包括其自身在内的所有偏见"。①因此，理性作为人类自我形象中至关重要的部分，恐怕是个无法否认的事实。尽管人们并非连续不断地运用理性这个宝贵品质，但是理性确实给了我们研究和发现任何事情的能力，给了我们辨别是非好坏和自主选择的依据。依靠由理性而获得的知识技术、规则制度和价值原则，我们不但可以控制和调整我们的行为，而且可以改善我们的生活和社会。由此而言，通过教育培养人运用理性的能力，不仅符合人的本性，也是人正常社会生活的需要。

在具体的教学实践中，教育同样无法离开理性。首先，现代学校课程里讲授的各种理论知识和思想观念，几乎都是人们理性探索的成果，要理解、传授和掌握这些成果，毫无疑问需要教师和学生的理性思考。很难想象通过某种非理性的形式能够学好数学，即便是音乐、美术这样的专业知识，恐怕也要讲道理，否则如何让人理解作品的意图。其次，教师和学生都是独立的个人，都有自己的权利、个性和爱好，要在教学中保障每一个人的权利，自然也需要理性。②教师不讲道理的训斥和学生随心所欲的妄为，除了可能侵犯对方的权利之外，恐怕决不是合理的教育方式。

中国古代虽然有逻辑思想，但是没有产生逻辑学，"有辩论而无名学"。③长期以来中国一直是个农业社会，在氏族社会后期萌发的以亲缘关系为基础和父权为核心的具有专制主义倾向的制度，没有像古希腊那样遭受市场经济的冲击，不仅顺利地延续了下来，而且得以发展与完善，至先秦时期已完全演化成了以宗法伦理为基础和以王权为核心的专制制度。在这个演化的过程中，道德伦理与社会政治紧密相连，如何稳固王权不仅是社会道德伦理的首要目标，而且是其发展的主要推动力量。如陈来所说：早期中国文化的价值理性是"通过政治思想来建立的"；到西周时期，中国文化所体现出的道德人文主义的精神气质就基本形成和定型。④他认为这种精神气质，体现

---

① Robert Nozik, *The Nature of Rationality*, Princeton: Ptinceton Univerty Press, 1993, p.xii.

② 笔者想就此推而广之，对自由主义与理性之间的相互关系做点说明。如果权利并非不言自明，如果自由的边界是不直接伤害他人的权利；那么要明确权利，要判断伤害，无疑都离不开理性。因此，自由主义实质上包含着理性，其本身就是一种合乎理性的思想。

③ 王国维：《论新学语之输入》，弗雏编：《王国维学术文化随笔》，北京：中国青年出版社1996年版，第13页。

④ 陈来：《古代宗教与伦理——儒家思想的根源》，北京：生活·读书·新知三联书店1996年版，第196—197页。

为崇德贵民的政治文化、孝悌和亲的伦理文化、文质彬彬的礼乐文化、天民合一的存在信念、远神近人的人本取向。①不过归根结底，中国文化的终极关怀不外乎道德与政治的二元一体。以儒家的话说，就是修齐治平；以道家言之，则为"内圣外王之道"。②在这个二元一体的理论结构中，"外王"既是"内圣"的终极目标，也是"内圣"的自然结果。然而在现实中，"内圣"不可能带来"外王"的自然结果。因此，"外王"就只是"内圣"的终极目标，处于二元结构中的核心地位，"内圣"不过是为此服务的手段罢了。这种"政治挂帅"的价值取向，不仅把道德、文章等都涂抹上了政治色彩，而且限制了一切与政治无关的学科的形成和发展。③"知性中的成果，即逻辑数学科学，亦未出现。这一层领域完全成了一片荒凉地，意识所未曾贯注到的地方。"④这也就是说，政治既是中国文化形成的推动力量，又是中国文化终极的目标归宿，中国文化在此意义上是一种政治文化；这种文化没有留给与政治无关的学科以发展空间。这是中国古代的逻辑思想没有发展为逻辑学的主要根源。⑤其次，符合逻辑的理性思考有可能挑战甚至颠覆任何专制制度，危及王权统治，因此中国的专制统治者长期以来都实行严密的文化禁锢政策。这同样限制了逻辑思想的发展，对我国没有形成逻辑学负有责任。此外，中国汉字是一种表意文字，字形与意义融为一体，而西方文字是一种表音文字，字形与意义容易分离，这可能有利于符号的引入和形式逻辑的形成发展。⑥

没有以独立形态的逻辑学为基础的理性，不仅常常依附于某种思想观念

---

① 陈来：《古代宗教与伦理——儒家思想的根源》，北京：生活•读书•新知三联书店1996年版，第16页。

② 《庄子•天下》。

③ 据《左传•襄公二十四年》记载，鲁大夫叔孙豹回答晋大夫范宣子何谓"死而不朽"时说："豹闻之，太上有立德，其次有立功，其次有立言，虽久不废，此之谓不朽。"本文中已论述了"立德"（内圣）和"立功"（外王）的关系，即道德伦理不过是实现政治功业的手段。"立言"同样是为"立功"（外王）服务的，如曹丕在《典论•论文》中所言，"盖文章，经国之大业，不朽之盛事"。除此之外，那些与安邦治国无关的事情，都不过是"雕虫小技"，无关痛痒。

④ 牟宗三：《中国文化的特质》，郑家栋编：《道德理想主义的重建——牟宗三新儒学论著辑要》，北京：中国广播电视出版社1992年版，第46页。

⑤ 参见程仲棠《文化的终极关怀与逻辑学的命运——兼论中国文化不能产生逻辑学的根本原因》，《中国哲学史》2008年第1期。

⑥ 冯颜利、周芬：《中国古代逻辑为何未能进一步发展》，《自然辩证法研究》2007年第9期。

或伦理价值的现实需要,随圆就方,带有浓厚的功利主义色彩,而且不能以某种独立的知性立场来审视某种思想观念或伦理价值本身的合理性,难以提出某种前后一贯的系统理论和思想。《淮南子》里那个家喻户晓的寓言故事"塞翁失马",就生动地反映了这种缺陷:

> 近塞上之人,有善术者,马无故亡而入胡,人皆吊之。其父曰:"此何遽不为福乎?"居数月,其马将胡骏马而归,人皆贺之。其父曰:"此何遽不能为祸乎?"家富良马,其子好骑。堕而折其髀,人皆吊之。其父曰:"此何遽不为福乎?"居一年,胡人大入塞,丁壮者引弦而战,近塞之人,死者十九,此独以跛之故,父子相保。故福之为祸,祸之为福,化不可极,深不可测也。①

这个寓言故事意在表达祸福相依的思想,而其论述则多有不合逻辑之处。首先,将骑马折断大腿的原因归结为有了良马而非骑马技术不好,将父子相保的原因归结为儿子腿跛而非胡人入塞的战争,这些明显都是不合道理的。其次,寓言故事还把与事件相连的后果作为判断事件本身是非好坏的标准,容易经过相对主义而为某种功利的需要进行辩护。由于每个事件在其随后的历史进程中可能带来各种不同的后果,这些不同的后果构成了一条长长的链条。任意选取某个环节的后果作为判断该事件是非好坏的标准,不仅背离了就事件本身来判断其是非好坏的正确标准,而且因为选取标准的不确定性而陷入了彻底的相对主义,直接瓦解了任何规则制度和道德价值。塞翁失马就其本身而言,毫无疑问是件坏事,因为失主损失了财产,然而这位善术的塞翁却以随后与此事有关但并非由其导致的后果作为标准,颠覆了这个正常合理的看法。此外须指出的是,这种"好事变坏事,坏事变好事"的思维方式,除了能给人们一些心理安慰之外,有可能纵容和鼓励人们积极做坏事。因为好事会变坏事,做好事不如干脆做坏事,坏事反而会变好事。

教育既然要合乎理性,那么逻辑学的基本知识就应该是现代教育必备的课程内容。这些内容包括:(1)逻辑和逻辑学是什么;(2)逻辑的基本规律;(3)逻辑的基本类型,如命题逻辑、词项逻辑、谓词逻辑,以及其他归

---

① 《淮南子·人间训》。

纳逻辑，等等；（4）推理和论证的有效形式及常见谬误。

在这里将理性作为教育的一个原则，并不是否认情感等非理性因素在教育中的作用。如果在教育的过程中，教师和学生之间能够建立起某种友善情感，"晓之以理，动之以情"，这无疑有助于取得良好的教学效果。然而，倘若如我国的教育学著作通常所断言的那样，认为热爱学生是"搞好教育工作的重要条件"，是"教好学生的前提"，是"诲人不倦的基础"，是"教师道德的核心"，[1]过分地强调情感在教育中的作用，恐怕不只是不切实际的幻想，还可能侵犯教师和学生的权利。因为教师与学生的关系是专业人员与服务对象的关系，双方只要遵守彼此基于理性而约定的契约原则就行了。[2]出于"爱"，学生或社会就要求教师"捧着一颗心来，不带半根草去"；出于"爱"，教师就替学生做出某种不经学生同意的选择；……这些显然都是不合道理的。

将理性作为教育的一个原则，也不是要否认其他非理性的教育。特别需要指出的是，这里所谓的"理性"，是个最低限度的要求，即只要求推理的内在一致性，而不论作为推理的前提正确与否。日常所谓的宗教或其他某种信仰的教育、艺术或幻想的培养等，其中许多是符合这个最低限度的要求。即使某种教育不符合这个最低限度的要求，如果它是出于参与者的自愿，并且又不伤害参与者之外其他人的权利，那么它仍然是合法的。

将理性作为教育的一个原则，所要强调的是，现代社会的大多数人在其一生中应该或最好接受某种必要限度的合乎理性的教育。这种必要的限度，以保证一个自由、民主和法治的现代社会之稳定和存续为标示。假设两个反复无常或完全没有理性行为的人，譬如虐待狂和受虐狂在一起的时候，可能都很享受彼此的行为，也不会侵犯彼此的权利（当然，这从一个正常理性的人来看，是受虐狂放弃了自己的一些权利），并且也能形成某种良好的秩序，他们似乎也不需要任何理性的教育；但是当他们走出这个小团体，与任何一个有理性的人相处时，他们就不得不了解和运用理性，从而必须接受某种理性的教育，否则，他们就根本不明白自己和他人的权利，也无法判断是

---

[1] 王正平：《教育伦理学》，上海：上海人民出版社1988年版，第96页；王兰英、闵嘉国等：《教师伦理学》，武汉：武汉工业大学出版社1988年版，第76页；杨燕钧：《教师伦理学》，上海：华东师范大学出版社1997年版，第46页。

[2] 袁征：《中国教育问题的哲学思考》，第51—54页。

否逾越了自由的边界，整个社会可能随之陷入无序。

　　历史上许多思想家和教育家提出的各种各样的教育目的或目标，如果侵犯了受教育者的权利，那么都是错误的。因为受教育者想通过教育达到什么目的或目标，完全是其个人的事情，是其个人的权利。然而另一方面，我们毕竟生活于社会，我们个人的权利毕竟要在社会中实现，我们不得不接受某种必要限度的理性教育，以维护一个自由、民主和法治社会的稳定和存在。

附录

表1 清末学部教科书审定票批与提要简录

教科书名	种册数-种数	种册数-册数	教科书性质-编译	教科书性质-编著	编译/印行者	编行者身份-个人	编行者身份-社团	批语摘要	批语类型-语言文字选择	批语类型-内容	批语类型-组织层次	批语类型-体裁体例	批语类型-宗旨意趣	审定程序	适用学校-中小学	适用学校-初小	适用学校-高小	适用学校-中学/师范	适用学校-宣讲所	适用学校-高等/不明者	适用人员-教师/参考书	适用人员-学生	审定结果-不明	审定结果-通过	审定结果-不过	审定结果-修改	资料出处
改编万国史鉴节要读本	1	2		1	吴希贤	1		四言韵语。	1							1						1				1	第5期《审定书目》第8—12页。
编校国文教科书	1			1	邹寿祺	1		中小学国文一科包罗甚富，非文法一端所能尽。		1												1				1	
拼音代字诀	1		1		田廷俊	1		与教科书无甚关涉。			1					1						1				1	
数目代字诀	1		1		田廷俊	1		其为繁难。								1						1				1	
明伦金鉴	1			1	吴希贤	1		四言韵语。	1							1						1				1	
三字经	1			1	王伟忠	1		通体韵语。	1							1						1				1	
日本会计法规	1		1		水租培	1		非科书用书。		1									1			1				1	
八线细草	1			1	李星奎	1		文理明畅，设题增多。		1									1			1				1	
编辑医学教科书	1			1	梅光鼎	1		非教科书体裁。				1									1	1				1	

附录 ·287·

续表

中学修身教科书	1	2	1	蒋智由/文明书局	2	持论平正，次序分明。			1		1
编纂教科书	4		4	张仁普	1	未附呈译本原书。	1		4	4	
蒙学镜	1	6	1						1	1	
英华初学	1		1	周文治/一新书局	1	所分科目未尽妥洽。	1	1		1	1
其余五种教科书（非书名）	5				5	间有译对未妥。					
新学正宗	1		1	萧日炎	1	或系歌诀，或系课艺，或问题答案。	5		5	5	5
外史蒙求	1		1	刘法曾、潘维汉	1	词语鄙俚，所录恭颂列圣诗歌，措语尤多冒昧。	1	1	1	1	1
日记摘存	1		1	李长纶	1	小学堂科目没有外国史，四言韵文。	1			1	1
弟子规又证录	1		1		1	非教科书体裁。	1	1		1	1
余姚乡土地理历史合编	1		1	谢葆谦	1	非教科书体裁。	1			1	1
瑞典式体操初步小学体操法	1		1	李春醲	1	为该邑志书节本，不合儿童心理。	1	1		1	1
						叙列体操各式，本诸生理原则，循序渐进，洵属小学堂教授体操之善本。					《审定书目》第5期第8—12页。

续表

书名				著者												备注
新算术评	1	1		1											1	
蚕业白话	1	1	1	王耀勋	1							1		1		条理详晰，堪备中学教科之用，沿用日本术语。
蚕桑专科讲义	1	1	1	陈联桂等	1						1		1			于通俗教育不无裨益。
最新初等小学修身教科书	1	1	1		1					1			1			非普通教科之用。
最新初等小学修身教授法	1	1	1		1				1			1				
初等小学地理教科书	1	1	1		1			1			1					
学校管理法	1	1	1		1		1			1					1	
初等小学国文教科书	1	1	1	商务印书馆	1		1				1					均作为审定之本。
初等小学国文教授法	1	1	1		1		1				1					
初等小学笔算教科书	1	1	1		1	1					1		1			
初等小学笔算教授法	1	1	1		1											
珠算入门	1	1	1		1	1						1				第5期《审定书目》第8-12页。

· 288 · 臣民还是公民？

续表

书名			编著者	说明									备注
蒙学分类韵语	1	1			1							1	
女学四言合编	1	1	赖振裳	未合小学程度，通体韵语，不便讲解。	1		1		1			1	
劝女集证	1	1				1	1					1	
女子必读	1	1	鄂卓氏	书中间有俚语，未便用为教科书。	1		1	1				1	第5期《审定书目》第8-12页。
中州地理教科书	1	1	顾燮光	考据详明，于近事亦少遗漏，惟为地理普本，作为教员参考书可也。		1	1			1			
满蒙述略	1	1	金钟麟	引证过繁，且仅中国一部分之地理。		1	1		1			1	
宪法法理要义	1	1			1		1					1	
国际公法总纲	1	1	王鸿年	非中小学堂教科用书。		1	1				1	1	
国际中立法则提纲	1	1				1	1				1	1	
战时现行国际法规	1	1			1		1				1	1	
特编国朝事略	1	1	江楚编译官书局	不合教科之用。	1		1				1	1	第11期《审定书目》第13-14页。
最新数学教科自修便用	1	1	胡玉麟	条理明晰，文笔亦极畅达，惟算式须从新式。	1		1		1			1	
最新代数教科自修便用	1	1			1		1		1			1	

续表

书名		编者	说明										出处
物理新编	1	商廷年、李春华	力学中有模糊之语。	1			1				1	1	第11期《审定书目》第13—14页。
西洋教育史	1		尚少谬误。惟译笔未甚明畅。	1			1					1	
传音快字	1	蔡锡勇	惟与教科书无甚相涉。	1			1			1			
新辑中学万国地志	1	先人	于各国地理尚少译堂教科书。审作中学堂教科书。	1		1	1					1	
化学详要	1		译笔未精，译名亦多未安。	1			1					1	
天文问答	1		非教科书体裁。	1	1		1					1	
地理问答	1	上海美华书馆	非教科书体裁，同有宗教家言，亦与学堂章程不合。	1	1		1					1	
中国近世地理志	1		同有宗教家言，亦与学堂章程不合。	1			1					1	
最新小学地理课本	1		详略未能得宜。	1				1				1	
最新女子国文课本	1	吴达邦	深浅未能合度。	1			1					1	
粤音快字	1		所作之字虽便于多数下等之人，而与教科书无甚关涉，且系粤东方言，难以推行各省。	1			1					1	
音字贯通	1	权量	条分缕析，择精语详。	1			1			1		1	
东文教科书	1	权量/中东书社	译笔亦佳。	1*			1			1		1	
最新代数学教科书	1	陈志坚	多沿旧式，且无习题，不合学生教科书之用。	1			1					1	
最新详解微积教科书	5						1					1	

续表

忠孝教科书	1	1	厉时中	1	于忠孝之精义未能择精语详。	1		1	
通鉴算术	1	1			非教科用书。	1	1	1	
瀛洲志理	1	1	申雎	1	此书既非地志，又非地文，揉杂古今各说，且间以议论考证，不合教授之用。	1	1	1	
非园中外地舆歌	1	1	瞿方梅	1	地理教科书须就本国地势气候都会物产交通等项，择要录入。徒记地名似无足取。通体用韵，必多迁就。	1	1		
四子修身教科书	1	1		1	礼记体裁，非教科书体裁。	1	1	1	
中史物情教科书	1	1	姚维寅	1	以听授课法分篇，亦未合普通学历史科之用。	1		1	第13期《审定书目》第15—17页。
医理教科书	1	1	徐敬仪	1	医学系高等专门之学，应由各教员自编讲义，不必用教科书。		1	1	
国文典	1	1		1	条例颇详，堪作中学堂及师范学堂参考书。	1	1		
初等小学国文读本	1	1	丁永铸	1	全书未出齐，译笔亦佳，稍深。	1	1	1	
初等代数独修书	1	1		1	条流明晰，译本未能如一，夹杂东文语气有定理未能十分剖析。	1	1	1	

续表

书名										备注
东洋历史地图	1	1							1	
初等小学铅笔习画帖	1	1		1	尚少谬误，间有讹字。	1			1	
高等小学铅笔习画帖	1	1		1	简易合法。	1			1	
外国地名人名辞典	1	1	新学会社	1	绘法亦尚精细，应用日本名称应行酌改。	1		1	1	
初等小学简明地理教科书	1	1		1	所译中音虽不尽合，而取材颇详。	1			1	
国学讲义	1	1		1	取材颇有兴趣。	1	1		1	
速通文法教科书	1	1		1	非教科用书。	1	1	1	1	第13期《审定书目》第15-17页。
修身唱歌教科书	1	1		1	解说浅明，惟间杂方言，未为完善。	1	1	1	1	
初等小学商明物理教科书	1	1		1	浅深未能使宜，且有舛类。	1	1		1	
初等小学简明历史教科书	1	1	郑先成	1	惟小学中物理不宜为独立科目。	1		1	1	
初等小学体操教科书	1	1		1	未数课纪事，未能征实。	1	1		1	
欧洲列国史	1	1		1	尚属简明。	1			1	
					详于欧洲小国，事实尚堪备考。					

续表

书名													备注	
最新伦理学	1		1			译笔未明畅，且第一章绪言第五章新伦理学，为合国体之新伦理学，俱系日本人说法，不合中国伦理教科之用。				1	1			
中国小学历史教科书	1		1			去取之处并无精义，未数课纪事亦未能征实。	1			1	1			
中国地名韵语新读本	1		1			只列地名，于各地形势物产气候风俗等一无所及。	1			1	1			
地质问答	1		1	1		通体问答，非教科书体裁，不合教科之用。	1			1	1			
地文学问答	1		1	1			1			1	1			
英国名将宁耳迹	1	郑琛成	1	1			1			1	1		第13期《审定书目》第15-17页。	
法国奇女若安达克	1		1	1		均系非教科用书。	1			1	1			
亚历山大大登将军	1		1	1			1			1	1			
欧美政党党论	1		1	1			1			1	1			
日俄战争史上编	1		1	1			1			1	1			
文明史论	1		1	1			1			1	1			
英国地方政治论	1		1	1			1			1	1			
欧美政教纪原	1		1	1			1			1	1			
东洋女权萌芽小史	1		1	1			1			1	1			

附 录 ·293·

续表

书名												
日本货币史	1	1				1			1	1	1	
欧洲货币史	1	1			1	1			1	1	1	
政治史	1	1			1	1			1	1	1	
军国民卫生学	1	1			1	1			1	1	1	
英国宪政沿革及政治问答	2	2	郑宪成		2	2			2	2	2	
珠算启蒙最捷	1	1	徐士楷	理论尚欠简明，未足为启蒙之本。	1		1		1	1	1	
数根表式凡例	1	1	蔡秉钧	研精数理，应作为教学参考书。		1	1		1	1	1	
数根表式	1	1		俟全表出齐，再审。				1				
小学堂体操式	1	1		体操图式分配适宜，极为合用。		1	1		1	1	1	
小学体操生理教科书	1	1	邓萃诗	惟文词间或蹇晦不能达意，应重加修饰。	2			1	1	1	1	
日本历史	1	1		惟各学堂不能以日本史为独立科目，且该书纯沿日人语气目，且该书纯沿日人语气		1	1		1	1	1	第17期《审定书目》第18—19页。
小学农业教科书	1	1	汇楚编译官书局	原本插图多，该书一概从删，殊属不合。		1			1	1	1	
外国列女传读	1	1		非教科用书。		1			1	1	1	
新学书法	1	1		颇有精到之处。		1			1	1	1	
地理学参考学说	1	1		亦尚详明，惟非中小学堂教科用书。		1			1	1	1	
政治学	1	1				1			1	1	1	

续表

书名									编著者/出版者	备注
初等女学修身经训教科书	1						1		蔡敬襄	宗旨纯正，条理清晰，惟每课课首经训之后附男女课不尽适用。除第二课第九课，应将所引男子事实一概从删。所引经训亦以每课实之未为合。
国民读本	1	2	1			1			朱树人/文明书局	是书虽嫌稍旧，要其比较中外之情况，尚不背国民教育之旨。
蒙学读本全书（五、七编）	1	2	1		1	1			文明书局	编中之文多取材子史，不失为国文善本。
高等小学国文读本（三、四卷）	1	2	1			1	1		金匮、顾倬/文明书局	首二卷未加审定，第三卷多国朝人名作，第四卷应增摄政督率王致史可法书一篇。
最新高等小学笔算教科书	1	4	1	1		1	1		杜亚泉、王兆枏/商务印书馆	专备高等小学之用，编纂得法，皆采取各国新编。
小学笔算新教科书及总答数	1	5	1	1		1	1		文明书局	文词晓畅，说理了彻，无难达之弊，无不尽之情，固近籍中之铮铮者。
最新珠算教科书教授法	1	2	1			1	1		杜宗大、杜秋孙/商务印书馆	用之高等小学为宜，连珠各法尚属完具。

第23、24期《审定书目》第27-36页。此为部第一次审定高等小学新用书目表·附表》中所列书目的提要。

续表

书名		编者/出版社	提要									备注
蒙学西洋历史教科书	1	2	秦瑞玠/商务印书馆	1	取材行文颇有条理。		1		1		1	
最新高等小学地理教科书	1	4	谢洪赉/商务印书馆	1	取材谨严，行文雅洁。	1			1		1	
高等小学地理教科书	1	4	文明书局	1	是书编辑旨在使儿童适合社会之情状，而所先教生活及人类两端科之最详，故于天然生存涉自然述亦多，淘教科书之最著者。		1		1		1	第23、24期《审定书目》第27-36页。此为《学部第一次审定高等小学暂用书目表·附表》中所列书目的提要。
小学新理科书	1	4	由宗龙、刘昌明	1	体例尚精，教材亦颇合国之用，惟术语沿日本之旧，译笔蹇劣，同有误会。	1	1		1		1	
小学新理科书	1	4		1		1	1		1		1	
高等小学毛笔习画帖	1	8	徐永清/商务印书馆	1	笔画简单，颇适小学之用，目彩色画用五色石印，阴阳向背皆有形迹可寻。		1		1		1	
高等小学堂用铅笔习画帖	1	8		1	绘法精好，淘铅笔习画帖之善本。		1		1		1	
图画临本	1	8	汪洛年/湖北官书局	1	由浅入深，具有醇酌。		1		1		1	
高等小学堂学生用铅笔习画帖	1	3	丁宝书/文明书局	1	为初等小学铅笔习画帖之续编。		1		1		1	
高等小学儿何画教科书	1	1	张泉良/文明书局	1	绘具使用法绘法着墨着色制图等法略备，机械图建筑图经纬线等立体画法皆具模概。		1		1		1	

续表

书名		编著者/出版者	提要								备注
高等小学游戏教科书	1	丁锦/文明书局	书中所列游戏诸法能活泼精神,发生意味。盖体育一门与德育智育并重,而游戏运动尤为体育教育之不可缺者也。现时教员多拘守不深考教育之理,以儿童之拘泥旧教,致失教育之精神者,往往皆是。若能仿此书之法,每月于体操时间教授一二次,亦改良教育之一端也。	1		1		1		1	第23、24期《审定书目》
订正增补普通体操法	1 1	作新社	颇适高等小学之用。	1						1	
教育必需瑞典式体操初步	1 1	李春馥/云南同乡会事务所/文明书局	瑞典式体操其运动之秩序,最适合于生理原则,久为讲体育者所共认。	1	1			1		1	第27—36页。此为《学部第一次审定高等小学暂用书目表·附表》中所列书目的提要。
新撰小学体操法	1 1	李春馥/留学体育社/文明书局	合游戏、普通兵式器械,各种体操法、错综排列,俾教员可以循序教授。	1		1		1		1	
农学	1 1 1	直隶学务处	际今日列国竞争,农学为实业之一,扩旧业以期日益进步,是书固农学之善本也。	1	1	1		1		1	
农话	1 1 1	陈启谦/商务印书馆	虽议论不多,而所举各类适于农学之实用。	1			1		1	1	
农学阶梯	1 1 1	陈健生/直隶学务处	于农学一门,略其大端,浅明而不陋。	1			1		1	1	

续表

书名												编者/出版	备注
高等小学商业教科书	1	1										杨鸿逵/南洋官书局	凡货币邮电通运汇划银行贸易簿记等事，均略述大概，惟度量衡、通商口岸等多以日本为断，将不合处改正，尚未失为佳本。
帝国英文读本	1	3				1						伍光建/商务印书馆	适中国学生之用；取材多人小说，其文简短平易，有兴味，采寓言尤能补助修身教育所不及。
原本英文初范	1	1		1				1				商务印书馆	详略配合，颇能得中。
华英初学二集	1	1		1				1				施女士/一新书局	文句浅显，各课长短适中，偶有一二处涉及宗教之语，应由教员斟酌删去。
自然地理学	1		1			1			1			余维涛	分编叙述尚无大谬，惟所举例证率以日本为主，说理尚欠圆足。
历史教科书	1	1		1			1						字数多在百字以外，程度已嫌不合。
地理教科书	1	1		1			1	1	1			沈宝琛	儿童于本县本府之地理大略尚未全晓，遽授此册似未适宜。
地图	1	1		1			1						即日本之所印汉文中国分图，错误不胜枚举。
植物学教科书	1	1		1				1				王葆真	译笔条畅，改订名目亦颇审慎，于植物之应用绝不提及，此书体裁于教科书不甚适当，作为中学堂及师范学堂参考书可也。
心算会通	1	1		1					1		1	邓之秀	未合教科书体裁，算式太旧。
中国矿产志并全图	2	2		2				2	2			颜限	全图调查中国矿产尚属扼要，矿产志导言本亦多挹及，均堪作为中学堂参考书。 第25期《审定书目》第37-38页。

续表

书名			作者/编者	评语									备注
中国古今法制表	1	1		既限于表例,无章节之可分,则断不适于教科之用。中学法制财政,亦须讲现行法制及国朝财政,是以供教授者翻检之用未为无禅。	1			1			1		
改正物理教科书	1	1	孙荣	1					1		1		
地质学教科书	1	1	陈文哲	作为中学堂教科书。				1			1		
矿物界教科书	1	1		译笔明畅,惟名目多沿日本之旧。	1		1			1	1		第26期《审定书目》第39-40页。
江宁、江苏、安徽、广东乡土历史教科书	4	4		按中学程度,惟名目译音多未妥。取材雅饬,秩序井然。广东乡土历史教科书以客家福老为汉族,拟为周官职方匕闽之族,荒谬无稽。	1	4				4	4		
江宁、江苏、安徽、广东乡土地理教科书	4	4	邓祐祺/上海国学保存会	分配简明,具有条理。地理教科书以客家福老为汉族,拟为周官职方匕闽之族,荒谬无稽。	4	4				4	4		
伦理教科书	1	1		宗旨未纯,恐滋流弊。			1		1		1		
经学、历史、地理、文学教科书	4	4		俟全书告竣,再行呈阅。	4		4		4		4	4	
小学国文课本	1	7	皖学堂监督	前三册取材曲瞻,所引故实为我国旧有之道德,以动童子爱国之观念,用意既佳,分配亦有条理所附讲说明晰简当,取材繁富,足资考证。	1	1		1		1	1	1	第31期《审定书目》第41-45页。

续表

教育原理心理学	1		1	浅显便于教授,唯征引间有未确,繁言间有鄙陋之处,多沿日本人语气。		1			1		
西洋历史讲义	1	1		空语太多,译名亦有前后达异之处。	1	1			1		
植物学讲义	1		1	于植物之形态及生态大略具备,唯分类名多欠斟酌,附图亦不完全。		1			1		
生理学讲义	1	浙江巡抚	1	不足当高等师范之用,前后次序杂乱,后略及卫生食料各节,繁数语,挂漏良多。	1	1			1		
定海乡土教科书	1			编次失当	1		1				
高等小学堂历史讲义	1		1	近于答记,不合体裁					1	1	
手工教科书	1	唐人杰	1	颇合初等小学程度,译笔亦尚明顺,唯有泥于原书之处,应行删节。	1				1		第31期《审定书目》第41-45页。
初等国文典	1	章士钊/多交社	1	此书凡分九章,专论词性,分类详备,诠解精当,安近今不可多得之书。			1	1	1		
高等形学教科书	1		1	条理秩然,译笔亦尚畅达。	1		1			1	
最新中国实业世界进化史	1	南洋官书局	1	采取简当,条理井然。		1		1			
初等中国地理教科书	1		1	尚简明,可作为高等小学之用。				1		1	
初等小学算教科书	1		1	尚属浅近合度。	1			1		1	

续表

书名													备注
最新中等地文学教科书	1	1								1			译自英籍，所引地理上之事实，全属欧洲，且间有错误之处，不合我国教科书之用。
最新初等小学国文教科书	1	1					1					1	
绘图节本礼记蒙学礼经修身教科书	1	1					1					1	删节未能适宜，不合教科之用。
初等小学国文教科书	6	1					1			1		1	浅深未能合宜，编辑无其条理，教法本例亦未尽合。
绘图周礼便蒙课本	1	1				1						1	
绘图孝经便蒙标	1	1	南洋官书局			1	1		1			1	附图殊多谬误，应分别删改，再行呈阅。
绘图四书便蒙课本	1	1				1			1			1	
最新中等生理学教科书	1	1				1			1		1	1	所论以卫生为主，以之当生理学名不副实。
初等小学生理教科书	1	1			1	1		1			1	1	在初等小学不能为独立之科目，译名多不妥适。
初等小学地文教科书	1	1				1		1			1	1	在初等小学不能为独立之科目，编辑无条理。
初等小学地质教科书	1	1				1					1	1	在初等小学不能为独立之科目，编辑无条理。
中等博物教科书	1	1			1	1				1		1	错误尤多。
小学联字教科书	1	1				1			1			1	名目直书和文，不能易以汉字，殊属不合。
初等小学文法教科书	1	1				1			1			1	不能为独立科目。	第31期《审定书目》第41—45页。

续表

书名													备注
高等小学笔算数学佩觽	1	1										习题太少，算式太旧，不合现时教科之用	
笔算数学白话解	1	1								1		以白话讲演算术，则反觉繁絮，看似浅易，实	
初等小学中国历史教科书	1	1							1			叙事无首尾，详略不得宜。	
最新中等中国历史教科书	1	1						1	1			取材太杂，意断甚多，又时时掺入考证之语，于中学教科之用实不相宜。	
高等小学西洋历史	1	1					1					只出一册，仅及罗马。	
最新中等西洋历史教科书	1	1					1	1				于地名人名对音多有不符，词义相仍不加修润。	
中等亚洲地理教科书	1	1	南洋官书局				1					均译自英籍，不合奏定章程课程安排。	
最新中等欧洲地理教科书	1	1					1						
小学唱歌教科书	1	1				1						所选歌词未合小学程度。	
初等毛笔习画帖	1	1					1					绘图均未精确。	
高等小学毛笔习画帖	1	1					1						
最新学校卫生书	1	1					1			1		专主日本制度，非我国教科书。	
宪法纲要	1	1					1			1			第31期《审定书目》第41—45页。
绘图女子修身教科书	1	1					1				1	次序未能由浅入深，绘图尤多潜出。	

续表

书名		编者/出版者	评语								备注
最新商品教科书	1		详于日本物产，未合中国之用。	1			1			1	
最新商业地理教科书	1		以本国列于各国之一，不加别白，为例已疏，所译地名，弃习见之各不用。	1			1	1		1	
中学代数教科书	1		通体文词非类之文，即失之芜，不足供学堂之用。	1				1		1	
初等小学游戏体操教科书	1		未能完密。	1		1				1	
最新商业实践法	1	南洋官书局	系译本，应将原书呈部再行核夺。		1		1			1	
天生木演化代	1	张嘉谋	不合现时教科书之用，作为中学以上教员参考用书可也。	1			1	1		1	第31期《审定书目》第41—45页。
平角指南	1		多半采集旧法，且并无解释，不足以言指南。	1			1			1	
普通化学新书	1	王其慎	译笔未能畅达，化学名目多沿东文之旧，与吾国所通行者颇多歧异。	1			1			1	
算学讲义	1	张凤翔	该书编纂体例新旧杂糅，又存门未列习题，不合教科书之用，说理亦未晰。	1	1		1			1	
马氏通文	2	马建忠/商务印书馆	本泰西数郎马之文法，以九类文字诠释中国文法，虽非教科之用，审定为参考之善本。	1				1		1	
历代史略	8	中新书局	其据采之法有二：日以纲类并，日省目入纲。	1	1		1	1		1	
中国历史	6	陈庆年	事义较详，本末提要，改错不少。	1	1		1	1		1	
本朝史讲义	2	汪荣宝/京师译学馆	钩元提要，本末悉贯，文简事明，大有裨于掌故之学，别具史裁。	1	1		1	1		1	

·304· 臣民还是公民？

续表

书名			出版者/著者	评语									备注
东洋历史	1	2	商务印书馆	1	叙次简明，体裁亦合。	1	1			1		1	
万国历史	1	1	作新社	1	于列国形势之嬗变，各种学术之发明，尤能劬原究委，有条不紊。每篇有总论，有约说，有分图，于教授法亦合。	1	1			1	1		
西洋史要	1	2	樊炳清、薛蜇端/金粟斋	1	于西洋历史之变迁大势得其概要。	1	1			1	1		
西史课程	1	3	山西大学堂	1	杂采诸书，抉择精当，编次亦合法度。	1	1			1	1		第57期《审定书目》第5-19页。此部分皆为学部审定《中学暂用书目表》所列书目的提要。
万国史纲	1	1	邵希雍/商务印书馆	1	通体叙述简明，代之政治学术，颇挈纲要，于历代之政治得宜，采撷有法。惟近世挂漏太多，应于赓续。	1	1			1	1		
中学中国地理教科书	1	1	屠寄/商务印书馆	1	详简得宜，条理井然，实为近今地理教科书之善本。	1	1			1	1		
世界地理志	1	3	金粟斋	1	明晰简雅，译笔亦雅驯。	1	1			1	1		
最近统合外国地理	1	1	合钟秀/河北译书社	1	书稍简略，而颇切要，插图亦甚精确，未附人文地理通说，尤足启学子知识。	1	1			1	1		
经心书院舆地学课程	1	8	姚炳奎	1	论其大体，允为教科书体专家，惟称述稍繁，未合教学之规裁，应审定为中学堂以上参考之善本。		1			1	1		
眉方大斋数学	1	6	曹汝英	1	是书大体甄采西籍，遣词不厌申近，立法必尚显明，不似译自东文信屈拗牙，令阅译者莫能窥解。	1	1			1	1		

续表

新译算木教科书	2	1	余焕东、赵练/湖南编译社	遣词达意见精当，诸等法由译者自行编纂，颇有条理，例题尤能注重我国教育，甚合中学教科之用。	1		1	1	
中学适用算木教科书	1	1	陈文/科学会	说理清晰，毫无罃障；由浅入深，阶级整然；所载例题于科学多有关系；言中学算木者，当以是书为最完备。	1	1	1	1	
中学算木教科书	2		陈榥/教科书辑译社	编纂准中学教授细目，以期于数学日有进步。惟书中创造之字，殊涉诡异，日不适用，俱宜酌改。	1	1	1	1	
算学自修书	2	1	沈洞/中国图书公司	是编问题充备，解释详明。	1	1	1	1	
新体中学代数学教科书	3		金匮、周濬/科学书局	采译欧洲名家之说，遣词达意意颇有鬓酌，足备中学参考之处。	1	1	1	1	
查理斯密小代数学教科书	1		陈文/科学会	彼系直译，故文间意或有大融贯之处。	1	1	1	1	第57期《审定书目》第5-19页。此部分皆为学部审定《中学暂用书目表》所列书目的提要。
立体平面几何教科书	2		曾钧/中国图书公司	义例条贯，图式简明，堪为教科书之用。唯解释之处，语句有欠安慊。	1	1	1	1	
最新中学教科书几何学、平面部、立体部	2	2	谢洪赉/商务印书馆	条理完密，足使学生引伸触类，不致有厌倦艰难之苦。	2	2	2	2	
最新中学教科书三角木	1			直译西书，内容有为他书所未载。	1	1	1	1	

续表

书名		编者/出版社	评语							备注
新撰博物教科书博物图附图	1	华文祺/文明书局	取材皆系习见、学生既易解悟，且易便于实验，颇为合用。	1		1				
博物学大意	2	杜就田/商务印书馆				1		1		
最新植物学教科书	1	王季烈/文明书局	选材精审，译笔明顺。	1		1		1		
最新植物学教科书	1	杜亚泉/商务印书馆	简而扼要，层次井然，译笔亦简洁。	1		1		1		
最新中学教科书植物学	1	杜亚泉/商务印书馆	体例完备，记述简要，译笔明净。	1	1	1		1		
最新中学教科书动物学	1	黄英/商务印书馆	叙述动物大纲至为明晰，译笔亦条畅，定名尤审慎，惟间有动物为吾国所罕见，宜择他类之品易之。	1		1		1		第57期《审定书目》第5-19页。此部分省部为审定《中学暂用书目表》所列书目的提要。
中学生理卫生教科书	1	华申祺/文明书局	颇为赅备，译笔亦精达，惟插图久精化。	1		1		1		
中学生理教科书	1	何燏时/教科书译辑社	译笔颇修洁，于中学教授用或家庭自修用皆相宜。	1	1	1	1			
新式矿物学	1	钟观造/启文社	颇有条理，译笔亦尚明畅。	1		1		1		
最新中学教科书矿物学	1	杜亚泉/商务印书馆	提纲挈领，体例最善。	1		1		1		
最新中学教科书地质学	1	包光镛、张逢辰/商务印书馆	关涉亚洲者甚鲜，不合吾国之用。惟记载甚详，可作为中学参考书。	1		1		1		

续表

书名	数量	编译者/出版机构								备注
地质学教科书	1	陈文哲、陈榮镜/昌明公司	1			1	1			译笔亦颇明畅，惟地层名目译音之处，仍沿日文之旧。
最新理化示教	1	王季烈/文明书局	1	1		1	1			说理浅显，所载实验皆简便易行，译笔亦明洁。
理化示教	1	杜亚泉/商务印书馆	1	1		1	1			程度颇合中学初年级之用，文笔亦条达。
中学校初年级理化教科书	1	虞辉祖/科学仪器馆	1	1		1	1			采辑简赅，颇合中学初年级程度，惟误字颇多。
近世物理学教科书	2	学部编译图书局	1	1		1	1			程度适合中学之用，体例亦精当，定名亦允，译笔畅达。
近世物理学教科书	1	余岩普及书局	1	1		1	1			译笔尚欠明畅之处，惟间有增补之处，足资参考。
普通应用物理学教科书	2	陈文哲/同文书舍	1	1		1	1			于算理未深者读之颇便，文笔亦明畅。
中学化学教科书	1	虞和钦/文明书局	1	1	1	1	1			编辑完善，体例一新，译笔亦条达。
最新化学教科书	3	王季烈/文明书局	1	1		1	1			于化学中理论与事实之关系，解说甚详，惟于中学程度稍嫌其高。
最新化学理论	1	钟观光，钟训/科学仪器馆	1	1		1	1			使化学变化之原了如指掌。

第57期《审定书目》第5-19页。此部分皆学部审定为《中学暂用书目表》所列书目的提要。

续表

书名				出版者	评语							备注
实验化学教科书	1	1		虞辉祖/科学仪器馆	1	条理明晰，译笔畅达，化学名词尽归妥帖。		1		1		
最新化学理论解说	1	6	1	吴傅绶/中国图书公司	1	说明化学理论，以辅中学校之不足，译笔亦尚通顺，惟名目未尽妥洽。	1	1		1		
普通教育化学讲义	1	1		虞铭新/普及书局	1	记述普通化学实验至为详备，笔亦颇明净，于化学名目参酌至富。	1	1		1		
化学实验书	1	1										
经济学讲义	1	1		直隶学务处	1	通体尚无可訾议之处，惟中文多日本名词，察以中文体裁实不相合。	1	1	1	1		
普通经济教科书	1	1		王宰善/开明书局	1	简明切要，可以括经济学之概略，推译字太多。	1	1	1	1		
中学铅笔习画帖	1	6		商务印书馆	1	内容全面，程度适当。	1	1		1		
中学铅笔、钢笔、水彩画范本	3	10		商务印书馆	3	繁简有序，浅深适宜，以西画之法矩，写中画之意趣。	3	3		3		第57期《审定书目》第5—19页。此部分省部为审定《中学暂用书目表》所列书目的提要。
黑板画教科书	1	1		商务印书馆	1	指陈切要，简捷精详。	1	1		1		
应用东文法教科书	1	1		权量/湖北官书处	1	明辨以晰，内容全面。	1	1	1	1		
孝经实践录	1	1	1	冯愿		文义不甚融治，引证尚多挂漏。以非教科书体裁，无庸审定。		1	1	1	1	

续表

广西乡土历史地理教科书	1	1	广西提学使	尚属简明可用，其中文义例未善，文字未妥之处，即应改正。	1				1	
乡土格致教科书	1	1		就乡土实物指示儿童，于教授法尚无不合，未能施之全省而言，唯教材只就桂一县小学堂五年之用，且内容数甚少，今审定暂作临桂县初等小学堂第一年格致教科书。		1		1	1	第61期《审定书目》第1-2页。
高等用器画	1	1	张中科	抄撮各项画法，叙例谓编撰宗旨以供高等学堂、优级师范及高等实业学堂教科之用，殊为不合。唯解题尚为明晰，可作为中学以上参考书。	1		1		1	
初等小学堂几何教科书	1	1	杨立三	于初等小学殊属不合，书中条目由浅及深，秩序井然，应改为中学及初级师范参考书，袭用俄国度量衡，应一律改从中国之制。		1	1		1	
中等几何教科书	1	1		说理尚为明了，所用名词改从通用与中制。足备中学参考之用。	1		1		1	
初等女子小学国文教科书	1	1	何琪	宗旨纯谬，颇染自由邪说。书中三册二十三课、四册二十八课、五册三十六课、六册三十七课、七册四十九课、八册四十九课、五十三课，或二十三课、二十四课谓家规，姐己皆为名利睡也，偏谓至时之家名为利睡，不过畅发其意。七册十四课以妹喜为女豪杰。三十三课谓家礼制之法，四十九课谓古时权威有碍风化有碍，应即严行查禁，以维学术而正人心。		1		1	1	第66、67期《审定书目》第1-4页。

续表

教科书名称		编者	审查意见							备注
中等伦理学	1	麦鼎华	是书意在调和中西学说，牵合杂糅，于我国教育宗旨不合，书中载有察序一篇，此外译本有类此者，皆应一律禁用，以正学术而重教育。			1		1		
修身教科书	1	麦鼎华	采录经传中格言，附以古人事实，用意尚合，插图中人物宜再求朴雅。俟全书成后呈再审定。		1	1				
国文教科书	1		尚合，俟全书成后呈再审定。	1	1	1		1		
格致教科书	1		亦属详明，俟全书成后呈再审定。	1	1	1				
心算笔算教科书	1	乐群书局	尚属明晰，俟全书成后呈再审定。		1	1	1		1	第66、67期《审定书目》第1—4、1页。
历史教科书	1	乐群书局	事虽简少，然于数千年中所列止四十课，而其所举事迹，多有非儿童所急须周知者。	1		1			1	
地理教科书	1	乐群书局	条理未清，不便讲授。	1					1	
节读分课经书	1	徐承锦	俟该局将拟节之经，全部呈国，再为审定。	1		1				
蒙学国文法教科书	1	徐承锦	编辑无条理，亦无阐明文法之处。	1		1	1		1	
法教科书	1	徐承锦	与蒙学程度不合，且文笔粗率，分课亦太斟酌。		1	1		1		
蒙学中国地志教科书	1	徐承锦	错误纷见。	1					1	
蒙学外国地志教科书	1	徐承锦	错误略少，但下语粗鄙，罔知采择。叙事纯以耶稣纪年，均不合教科书体例。	1		1			1	

续表

书名			评审人	评语							备注
蒙学教科书国文识字法读本	1	1			1				1		
蒙学笔算教科书	1	1	徐承锦	多臆说误解。	1				1		
蒙学诗歌教科书	1	1		法式太旧。	1	1			1		
蒙学诗歌教科书	1	1		浅深未能合度，时务诗歌多俗俚杂乱，不可用。	1				1		
初等小学国文教授案及教科书	2	2		教科书编次与教授案多有不符，目插图与课中字不相应，是仓卒未定之稿。	2		1		2		
初等小学历史教授案及教科书	2	2		以不切当之事实，附会说之。	2		1		2		
初等小学地理教科书	1	1	席裕福	所取教材似均可于国文之内，且教授案亦同有与国文一科微嫌造迕者。	1	1			1		第66、67期《审定书目》第1—4，1页。
初等小学理科教科书	1	1		解说不明，叙次杂乱。	1				1		
初等小学唱歌教科书	1	1		歌词鄙俗。	1	1			1		
初等小学体操教科书	1	1		专教游戏体操，为第一年级之用尚合。	1	1		1	1		
初等小学算术教科书	1	1		条理细密，阶级秩然，于儿童心理基有经验，惟全书尚未出齐。	1	1			1		
初等小学算术教科书	1	1		俟出齐再行审定。	1	1				1	
初等小学算文法	1	1	储丙鹑	宗旨尚合，条理亦不清，惟分类教授或失则繁或失则略，造材既嫌枯窘，造语亦间有文离拙批误之病，其余体亦更朴难数，未堪为初学楷模。至于插图讲解，在教授法甚为重要，现在图既未成，讲解仅录数则，更难臆断是非，强为分别。	1	1			1		

续表

书名	出版者	评语									出处
修身学讲义			1	1						1	
伦理学讲义			1	1						1	
闺门学史	藏裕忱	博采古人格言，用意甚善。	1						1	1	
女子伦理教科书		所辑材料大都原本陈氏训女遗规，蓝氏女学等书，杂以己意。凡所称引皆不署所出，全书不分卷数，字句太繁，以作教科书则太繁，参考书又嫌不精。	1					1			
		命名分章未尽妥惬，各课中蓝病同出，体例未能画一，又理亦有格皆而无盛行，亦殊未纯。	1					1			
矿物界教科书		尚属简明，译笔亦顺。	1			1				1	第66、67期《审定书目》第1—4、1页。
生理卫生教科书	河北译书社	与文明书局所发行同一原本，而译笔互有详略，但非小学课本，无庸审定。	1			1				1	
英文典教科书		条理尚为明晰，译笔亦清净。中两卷作为高等小学堂暨中学一二年级参考书。	2				1			1	
论理学		于古近因明演译归纳诸法，颇能阐发详明，译笔亦洁净，作为高等学堂及优级师范参考书。	1					1		1	
女学经训教科书	蔡伟	所列课目不甚亲切，不必强为附合。	1	1					1	1	
物理算法解说	彭飘主	译自东籍，与中国通行名词未无歧异。	1							1	
五彩精图方字	商务印书馆	极便初学，惟附图尚未详备。	1					1		1	第71期《审定书目》第1页。
小学唱歌教科书		尚可用，惟协韵尚有所须速即改正。	1							1	

续表

书名	出版者		评语									备注
中学铅笔习画帖		1		1						1		
初等小学习画帖		1		1					1	1		
初等小学毛笔习画范本		1		1	1				1	1		
高等小学毛笔习画范本		1		1					1	1		
初等小学女子国文教科书	商务印书馆	1	亦尚简要合用。	1						1		
初等小学国文教授法		1 2	详明可用。	1	1			1	1	1		
简明国文课本		1	简明合用。	1						1		第71期《审定书目》第1页。
高等小学国文教科书		1	古今事虚实相见，具见条理。	1			1		1	1		
博物示教		1	记寻常动植矿等物，说明其形性反其连续以课尾缀以摘要及字语，卷末附以各课问题，亦便于研究解意。	1				1		1		
简易格致课本		1	供补习之用尚为相宜，可作为师范、传习所用书。	1				1		1 1		
女小学	童蒙	1	该书发明小学、征引纯正，条理简明，仿朱子小学、蓝鼎元女学之例，分为四篇十二章，尚能于女学、女行、妇德、母仪、切实发挥，令读者展卷了然，便于遵守，而一切自由中等之婆说解除已尽，颇足防流弊而挽世风，自序言此书授引训诫，防微杜新，具有苦心，非虚言也，惟程度颇高，不合女小学之用，准作为女师范学堂参考。	1		1				1		第86期《审定书目》第1页。

续表

书名														备注
高等小学修身教科书	1	8	1						1				1	此则铨费有序，不泥不诡，其取顾氏日知录联小风俗之弊，盖于晚近人心风俗之目，深加致意。
绘图识字实在易	1		1					1		1				此书纯列单字，毫无兴味，与写字图说无异，不合教科之用。
绘图四书新体速成读本	1		1					1		1				书名已费解，中说大学明德忽修入德律风，天下平忽掺入水平，并各绘一图，更足疑误后学。诸如此类，不一而足，万无审定之理。
绘图蒙学造句实在易	1		1					1			1			不合教科之用。
绘图速通建字法正续编	1		1					1			1			
绘图蒙学修身实在易	1		1	彪蒙书室	1			1			1			不完全，后二册尤不合通俗教育。
绘图中国白话史	1		1		1			1				1		书名已不可解，而书中所演如夫子许都弃轺位子等语，又多掺入土话。第七课戎平王没有本领，第八课戎教常采中国吵闹、董仲舒。孔安国许多人专讲经义的，郑元、马融，在东汉的时候有贾谊、郑的、众许多人专讲字义的，举不胜举。贻误非浅，应不审定。	第91期《审定书目》第1-3页。
绘图蒙学中国历史实在易	1		1		1			1				1		此书即中国白话史。
绘图外国白话史	1		1		1			1				1		少兴味，世界史通俗教授似可从缓。

· 314 · 臣民还是公民？

续表

书名					非教科用书					备注
绘图蒙学中国地理实在易	1	1		1		1		1	1	第91期《审定书目》第1-3页。
最新初等小学地理教科书及教授法	2	2		2	体例尚合，错误太多，尤其谬者如谓古时风俗，男女皆束发，入本朝以来，男子垂辫，女子营缠足。又谓尊孔不冗藉收汉族之心，倘以此教授儿童，流失诟坏，不堪究诘矣。	2		2	2	
最新初等小学国文教科书及教授法	2	2		2	大体尚合，惟取材甚略，解说亦欠完密，教授法殊少精义，提问项下拟加"之"字，亦多末相。	2	2	1	2	
最新初等小学修身教科书及教授法	2	2		2	每课先标宗旨，次及教授法，附习问，似皆从稗贩而来。惟取材大险，似有舛误，且有遗前，所列图画不合历史实状，教授法与教科书任往有违异之处，此外可议者尚多，不足为完全之本。	2	1	1	2	
最新初等小学中国历史教科书及教授法	2	2		2	编辑尚属简要，惟叙陈无法，往往委杂不明，又或陈义过高，不合儿童程度。	2	1	2	2	
最新初等小学笔算教科书及教授法	2	2		2	繁芜重复，毫无次序。又私造新字，于初学大有妨碍。	2	1	2	2	
最新私塾改良教科书全书	1,5	1		1	是书凡例共四十册，意在将各科分配，用心未尝不善。惟注将各科错误，未合浅深恶务，且多舛误。所绘各图尤恶务。		1	1	1	

续表

科目			备注						出处
地理学	1	1	于自然地理叙述精略，各论专言外国地理，于欧美各国水颇嫌单简，而于日本独详，日旁及细故体例殊有未合。惟对于世界大局之关系，独具双眼。	1			1		
行政法大意	1	1	条理简明，译笔亦能达意。		1		1		
经济学大意	1	1	大体已具，而沿用东文语气及日本名词，于吾国人读之殊不便。	1			1		
算术编次	1	1	惟解题较为明晰，自足备初级师范参考之用。	1			1		
法学通论	1	1 四川速成师范生	虽属一家之言，而首尾已具，吾国兹学方始萌芽，以为参考之用，未为不可。	1			1		第95期《审定书目》第1—3页。
西学史	1	1	译自西人所著，尚非最新之本，书中译名各有与旧时通译本不符者。	1			1		
教育学	1	1	所论多属精要，可定为师范简易科及传习所用书。	1			1		
心理学	1	1	虽词理间有未协，而大致浅明，可作师范简易科参考。	1			1		
教育史	1	1	疏漏甚多，语句尤有俗陋未妥之处。	1		1	1		
伦理学	1	1	系直译日人原文，不合中国之用。	1		1	1		
尊孔录	1 金树麟 1		编纂殊多不合。			1		1	
民法原论	1 王双岐 1		解释法理综贯精析，不独为讲解日本民法者必要之书，亦为吾国研究斯学者参考善本。俟下卷续出后再行送呈审定。	1		1		1	

续表

			评语											备注
无定方程补义	1	1	此书变通原术，意欲化繁为简，惟取仿为旧法。意在推陈出新，借径不免稍迂，以作中学参考之资可也。	1					1			1		
数根新术	1	1	张甲升	抚览未逮。意在推陈出新，借径不免稍迂，未合教科之用，以作教科之资可也。	1				1	1			1	第95期《审定书目》第1—3页。
立方拾遗	1	1		乃枝枝节节，并非通法。意在推陈出新，借径不免稍迂，以作中学参考之资可也。	1				1	1			1	
初等小学历史课本	1	1	刘长城	惟自上古至中世史第一章设为问答，措辞不伦，说各种族同化何期所用，未引确据。既未标明本朝何期所用，而叙述本朝无一语及列圣仁政，殊失培养国民忠爱之意。	1	1				1			1	
女子修身学	1	1		是书虽不专针对女子说法，而修身之纲目，道德之精微，实能具备，堪审作女子师范修身教科书。	1		1			1			1	
家政学	1	1	孙清如	平正详明，切于实用，于中国风教习惯无甚违背，可为妇人治家模范，堪审作为女子师范家政教科书。	1		1			1	1		1	第106期《审定书目》第1—2页。
管理法	1	1		颇足为兴办小学堂参考之资，篇中同有为日本人说法处，尚纯正切用。	1						1	1	1	
教授法	1	1		平正切实，惟为日本人说法，未合我国之用。	1					1	1	1	1	
教育学	1	1		简明适用。	1						1	1	1	
教育史	1	1		第一二篇称述有序，第三篇稍嫌率略，四编专举日本教育、西洋教育之名，殊属不类。	1						1	1	1	

续表

书名	作者									评语						备注
改良嘉应乡土历史教科书		1	1	1						引述简明，颇有条理。		1			1	
嘉应乡土地理教科书	熊理	1	1	1					1	略述大概，简而易明，可作参考之用。			1		1	第106期《审定书目》第1-2页。
嘉应乡土历史教科书	陈乘鋆	1	1	1						次第秩然，简而不陋，实而有征。尤便蒙童讲习。	1		1		1	
嘉应乡土地理教科书	萧启冈	1	1	1						撮举大要，甚便初学，编次有法。		1	1		1	
嘉应乡土格致教科书	张炜镛	1	1	1						物多习见，说亦明白，亦足以开识见而发心思。	1		1		1	
广东乡土地理教科书	蔡铸	1	1	1						多随意摭拾，或漏或讹，不可枚举。			1		1	
方绍廉图画范本	李文照	1	1	1						惟于浅深次序未甚注意，不甚合教科之用，应作中学以上参考书。			1		1	
蒙学识字入门	齐燕	1	1	1						当先教以言文合一及易于明晓者，方于心理有合。其所列各字，已有通人所不常用者，之图不合本义，穿凿附会。				1		
尼泊尔志	黄枝欣	1	1	1	1					叙述详明，译笔尚近稳慊，附录各节亦多切要。					1	第107期《审定书目》第1-4页。
地质学	商务印书馆	1	1	1						关涉亚洲各甚鲜，不合吾国之用。惟记载甚详，可作为中学参考书。	1				1	
几何学		1	1	1						体例已旧，不合现时教科之用，作为中学参考书。					1	
微积学		1	1	1	1					武号虽旧，而译文详晰，作为高等教员参考书。					1	

续表

书名	出版者	审查意见							备注
初等小学格致教科书及教授法		取材浅近，叙述简略，颇合初等小学之用。	2	2	2		2		
近世算术		条理秩然。惟每课习题太少，文辞太醒豁。	1	1	1	1	1	1	
代数学		译笔甚晓畅，然其中名义欠妥。	1	1	1	1	1	1	
高等小学算术教本教员用书		俟全书编竣，再行呈阅。	1	1	1	1		1	
高等小学算术教本学生用书	商务印书馆	文辞晓畅，足称善本，俟改正后再呈审定。	1	1	1	1	1	1	
平面几何学教科书		有平面而无立体，尚非完全之本，应俟下册译竣后再呈审定。	1	1	1	1		1	第107期《审定书目》第1-4页。
矿物学教科书		译笔较逵。	1			1		1	
生理学		译笔较逵。	1			1	1	1	
中学教科书物理学		译名多不妥，译笔亦不畅达。	1	1	1	1	1	1	
理化学教科书		袭觉挂漏，次序亦嫌凌乱。	1	1	1		1	1	
数学教科书		文字俚俗，体例夫杂。	1	1	1		1	1	
和文汉译读本		译文闲字尚多，取材亦颇有不适我国。	1	1	1		1	1	
分课读经集要	刘步青	未见注疏，文理亦未尽通晓。	1	1	1		1	1	

续表

书名	出版者	审定意见										备注
世界文明史		于本国史太略，第二编内言中国儒教有销束文化进步之势，已非知言。译笔亦小异时流，再加修改，可作为中学堂以上参考书。	1	1					1			
立宪国民读本		讲解尚详。仍以日本现行法为主，未免不合，应俟改编后再呈审定。	1	1	1					1		
小儿语述义		逐条详说。	1	1					1			
通俗适用家计簿记教科书	商务印书馆	于薄记法大端已俱。	1	1			1					
中学数学教科书		说理布算力求新简，尚合中学程度。	1	1		1	1			1		
中学算术教科书		博采精选，深浅便宜。	1	1		1	1			1		
新编初等三角法教科书		仅译平面，应俟孤面译成再呈审定。	1	1	1					1		
初等小学修身教授末及课本	中国图书公司	尚合编辑大意，见理未真。书中有云：际此时代新道德未成，旧道德已丧。不知道德古今唯一，并无所谓新旧。又云：从前述安之说不敢不摒。至于愚民无知或多迷信，原理当禁。惟辨之者，并无迷妄之说。允近人破除迷信之见将至。敬天祀祖皆可以废，此变本加厉，不可不防者也。修身课本宜优美娴雅以表修身之道。优美娴雅当能咳以孝悌之风。书中于第十四课始及父母之恩，且于游戏之后，殊属不合。	2	2					2	2	2	《审定书目》第107期第1-4页。

续表

书名	出版者												备注	
心理学		1		1								1	沿袭海宁王氏所著，稍加改易。	
通俗教育谈		1		1							1	1	指陈颇当，惟有失之猥亵处，恐滋流弊。	
													持论偏宕，于学术人心有害，万不可行。如第五节言周代之文物虽隆，而其极陷于繁文缛礼，加以敬天之余响。崇拜祖先之观念相伴，而使鬼神之数之说横行于政学界云云。公然诋及敬天礼祖，至可诧异。又以未子为暗夺孔席，王阳明为与末学对峙，语多不经。论及国朝教育，于汉宋学加以捕诚，以方姚为躐进于禄之士，尤多謷安	
教育史		1		1				1			1	1		
初等小学算术教授本及课本	中国图书公司	2		2				2			1	2	编辑大意颇有心得，于教授处未为无益，惟大醇酌之处甚多。	第107期《审定书目》第1-4页。
新译几何学教科书		1		1				1	1			1	义例条贯，图式简明，间有讹误。	
最新化学理论解说		1		1			1	1				1	原书颇佳，译笔亦尚顺适，惟名目未尽妥帖。	
小学体操范本		1		1		1							尚为合宜。	
瑞典式疗病体操		1		1				1				1	译笔明了，可作参考书。	
简易理化课本		1		1				1		1		1	体裁未精，又多杂日本名词，文理亦欠妥达。	
简易理化教授参考书		1		1				1			1	1	随意凑集，挂漏甚多。	
卫生新论		1		1				1			1	1	理论甚浅，仅足通俗游览。	
殴盅燃犀录	李凤冈	1	1	1				1			1	1	惟涉及鬼神，语多不经。	

· 322 ·　臣民还是公民？

续表

国朝历史教科书	1	1	张佩文	范围太窄，校考亦疏，其组织处亦未臻详备。		1		1		1		
东阳县乡土历史地理	2	2	吴允让	惟多叙事实，少所发明以之训授儿童、微嫌干燥少味，宣增入本县教育礼俗及农工商各种实业，以期改良风化于地方自治。	2	2	2	2				
小学校训练法	1	1		惟嫌日文语气太重，且间有不合我国情形处。	1			1	1			
平民教育教授法	1	1	文明书局	于平民教育之关系言之不惮之烦颁复，足掩近日喜办中等以上学堂之习。惟袭日文太气太重。	1		1	1	1			
小学国文科教授法	1	1		既嫌日文气太重，所分义类日文太妥帖。	1			1	1	1		
幼儿保育法	1	1		简明适用，可作蒙养院保姆讲习书。	1		1		1	1		
小学劣等生救济法	1	1	中国图书公司	于实地教育研究精密论，处置奖励实点各法，反对于劣等各科教授上之注意，尤征切实。	1			1				
简易地理教本	1	1		书极简要，但只有九章，尚恐不足教学之用，仅供一学年之用。	1				1		1	
初等小学国文教授本及课本	2	2		教授本用综合教授法，分年排列，由事实进入想象，用意甚合。课本文字不妥处应改。	2	2	2	1	1	1	2	
四元消法易简草	1	1	陈棠	布武力求其新，应审定作为高等学堂之参考书。	1			1		1		
文字典	1	1	商务印书馆	征引有本，条理亦颇明晰。	1	1	1	1		1		1
文章典	1	1		未免臆说，兹事体大，非可率为。	1	1	1	1		1		1

第108、109期《审定书目》第1—2、1页。

续表

希腊史	1		1				1		1	
泰西民族文明史	1		1			1			1	
罗马史	1		1				1		1	
俄罗斯史	1		1	均记述详明，准作为中学参考书。		1			1	
法兰西史	1		1			1			1	
日尔曼史	1		1			1			1	
世界近世史	1		1			1			1	
伊索寓言	1		1	教员阅之以为与儿童谈话之资，可以启迪智识，惟不得作教科书之用。			1			
女子新唱歌	1		1	或近俚俗，或近词章，体裁杂糅，不合教科之用。	1		1			
唱歌游戏	1		1	歌词鄙俗，不可用。			1			
女子国文读本	1	商务印书馆	1	字句未尽雅驯。			1			
速成师范讲义录	1		1	略近教授法精理，而精密未逮各科教授法，所论甚是，惟书系采辑日本人所著而成，纯系直译，故词句各冗，名词不经骤读。	1			1		
初级师范学校教科书教育学	1		1	所论经文疏证既少，于经又绝少发明，且语意过求浅显，反嫌粗率。	1			1		
高等小学经训教科书及教授法	1		1	取材小学简明适用，增改后可作为中学堂用书。	1			1		
高等小学东洋历史教科书	1		1	字体多俗。教授法大端可用，而宜改处亦不少。	2		2	1		
简明国文教科书及教授法	2		2		2		2	1	2	第134、135期《审定书目》第1—2，1页。

· 324 · 臣民还是公民？

续表

书名			出版者	审查意见													备注
高等小学中国历史教科书	1	1		取材尚欠选择，强半节叙史事，而眼光前后绝不贯注。	1											1	
初等小学中国历史教科书	1	1	商务印书馆	内容用语须斟酌。	1		1			1					1	1	
初等小学国文课本	2	1		足助德性而启心思。	1					1						1	第134、135期《审定书目》第1—2、1页。
初等小学修身课本及教授本	6	2	中国图书公司	分课教授、条理秩然，同有未合之处。	2	2	2			1	1					1	
初等小学算术课本	2	1		简易明白，惟应按功课钟点分配课程。	1	1	1			1						1	
学庸讲义	1	1	孙凤坝	乃科举时取功行高头讲章及四书题镜等书合卷成之，与教科书不合。				1									
代数教科书	1	1	言焕文	说理立法均极简明精能，译笔亦浅显无瑕。	1		1		1	1							
国文新教科书	1	1		配合停匀，罗列数字由浅入深，编次事类皆井然有序。尚合初等小学之用。	1		1		1	1						1	第136期《审定书目》第1—11页。
初等小学修身教科书	1	1	乐群书局	采录经史传记中言行，由简入繁，编次有法。惟绘图间有不合情实之处，应将教授呈部再行审定。	1		1			1		1				1	
节读分课经书	1	1		于向章反本次变新章均未合。	1					1					1	1	
初等小学格致新教科书	1	1		惟课及图多有未妥，与奏准初小学章程不合。量变通新章酌。	1					1					1	1	

附录 ·325·

续表

书名			编者		评语									备注
中学图画范本	1	1	王诗新	1	兼采中西画法，合为一冶。								1	
算术	1	1	胡发珠	1	说理立式均极详明，可为中等学堂教员教授生徒之用书。	1			1		1	1		
算学讲义	1	1	胡祖俊	1	惟紧要各法遗漏太多，不适于教科之用。	1			1		1	1		
新著算术教科书	1	1	叶懋宣	1	各课立法详明，说理确实，可作中学及初级师范学堂教授之用。		1		1	1	1		1	
立体平面几何学教科书	1	1		1	能推陈出新，真确不移。	1			1		1	1		
新撰地文学	1	1	张相文	1	就中国地文上事实，文学之教材闻游辑而成，其中间有采集新闻游记及作者游踪所至耳目亲接者，故言之亲切有味，远胜他书。而行文雅洁，自是近日地文教科书中条理清晰之善本。		1				1			第136期《审定书目》第1—11页。
商业簿记教科书	1	1	杨汝梅	1	荟萃编辑，择精语详，文笔极明白分晓，但中国薄记沿用单式者已久，课语以复式者，有觉其颁难而厌苦之者。	1	1		1		1	1		
嘉应乡土地理教科书	1	1	梁宪恩	1	惟诸课次序未尽合宜，且地之地数，田之亩数尚有歧异，亦宜详考。		1				1		1	
嘉应乡土历史教科书	1	1		1	转相抄撮，行文多近浅俚，述事多未明核。		1				1		1	

续表

书名											出版社	备注
中国地理	1	1			1				1	1		编辑尚有条理，而讹错不免。风俗一章竟似中国全无是处，语多偏告。政体一章租举旧时官制，亦不合近日之用。
小学万国地理新编	1	1			1		1				商务印书馆	不特多属陈迹，其谬务处亦不适于教科，以中国与各国同列，视为亚洲之一国，不分宾主，尤属无此体裁。
初等物理学教科书	1	1			1	1		1				简明合用。
中等植物学教科书	1	1			1	1		1				体例完备，记述简要。
简易地理课本	1	1			1				1			智识大致已具，取材简当合用。
简易修身课本	1	1			1			1	1			多事实而少理论，于教授初等儿童讲解较宜，所选道德纲目亦能赅括。
简易历史课本	1	1			1	1		1	1			大体已具，各课首尾衔贯，尤便讲授。
高等小学珠算教本学生用书、教员用书	2	2		2	2			1	2			学生用书条理分明，教员用书教法详备。
三角术	1	1			1	1			1	1		直译西籍，算式参酌于新旧之间，亦甚适用。
黑板图画教科书	1	1			1			1	1	1		简便详明，至便教授。

第136期《审定书目》第1—11页。

续表

书名				备注						
高等小学铅笔画范本	1	1	1	均优美适用。	1			1		
中学及师范铅笔钢笔水彩画范本	2	2	2		2			2		
平面三角教科书	1	1	1	须平面弧面并备，方合教科之用。	1			1	1	
平面立体几何学新教科书	1	1	1	编发明角与边关系之理独详，于实在根据颇能注重。证题多以式显与专用方法者有别，甚便研究。		1		1	1	
初等小学算术书	1	1	1	于教授法孤多隔阂。	1			1	1	
初等代数学教科书	1	1	1	过于简略。	1			1	1	
小代数学	1	1	1	采择欠精，过于简略。	1			1	1	
大代数难题详解	1	1	1	未合教科之用。	1			1	1	
几何学难题详解	1	1	1	尚非完全之作。	1		1	1	1	
大代数学	1		1	惟系讲义体裁。			1		1	
高等小学算术教科书	1	2	1	俟全书编竣，再行呈部审定。	1	1		1	1	
中等教育几何学教科书	1	1	1	大旨则在晦者使显，异者使同，颇便学者。	1	1		1	1	
中等教科书平面三角法	1	1	1	惟弧面部分尚缺，应俟下编告竣再呈审定，译本亦复悉心参酌。	1	1		1	1	
温特星斯解析几何学	1	1	1	由浅入深，体例井然，可作为高等学堂参考书。	1	1		1	1	第136期《审定书目》第1—11页。

商务印书馆

张仁堂

续表

书名					译者/编者	评语									备注
平面几何画法	1	1		1		俟二三卷编竣后，再呈审定。								1	
查理斯密小代数学	1	1			张仁普	解式解题布式均极简明。						1			
简易国文教科书	1	1		1		词旨浅近，指事象形，揆诸儿童心理，尚易领悟，图画颇具神趣，文又由浅而深，章句由短而长，于渐进之程度尚属相符。	1		1		1				
国语教科书	1	1		1		以国语为统一国众之基，又注意于国语法，全编大致由浅入深，惟之，文言却非便语，各课又无编合，且足引儿童兴会，由此进步，足为研求文学之阶梯。	1			1			1		
英文典	1	3	1			由浅而深，层级井然，同以中文解释英文，又以中国事作譬，尤便学者。		1		1	1				
英文教程	1	1				以中国之风俗人情编辑成文，询为初学善本。	1	1		1					
平面几何学小学教科书	1	1				推绪论定义有不准确之处。	1			1					
平面几何学教科书	1	1				说理证题大半用式表明，较旧译几何专用方法者为简便。	1				1				
立体几何学教科书	1	1			仇毅	图解之后加以证释，明显异常。	1			1					
平面三角法教科书	1	1				有平面无弧面，应译就一并审定。				1					
初等代数学	1	1				译笔清畅，尚非照本直译。	1				1			1	
解析几何学教科书	1	1				译笔亦极清适。	1			1					第136期《审定书目》第1—11页。

续表

书名			作者	评语							备注
用器画法解说	1	1	仇毅	尚属简要。			1				
中学数学教科书算术之部	1	1		理解确实，算式详明，尚合中学程度。		1	1				
中学数学教科书代数之部	1	1	赵缭	以代数与算术为相类科学，颇有阅历，立一法必以算术之关系，使学者知代数与算术之关系，由已知推及未知，深合教育之法，译笔亦雅洁。		1	1				
微分积分学纲要	1	1		简而不繁，算式亦详明浅显，可作高等学堂教员参考书。	1		1				
测图学教程	1	1		指示掌图及略图作法，均极精详，每节证释之图亦复新颖确实，可作军士教科之用。	1	1	1				
弧角简法	1	1		将所见天文半洋同，皆以视线明其理，颇为清晰。作高等学堂考之用。		1	1				
椭圆盈朒缩简法	1	1	陈崧	此用二次比例，其理不殊，其法较捷。作高等学堂参考之用。		1	1				
截煤发微	1	1		向无算法，特立各术以补其缺，并设各公式表以省布算。作高等学堂参考之用。	1		1				
垛积比类后记	1	1		作诸垛表解，反觉词费。		1	1				
数学九章后记	1	1		随手抄撮，无关宏旨。		1	1				
引经录	1	1		纠正古算书之失。且有理法甚为浅近一并载入者，应重加删订。	1		1		1		
借根代数会通	1	1		抄撮原书各题，并无增减，不足资教科之用。		1	1		1		第136期《审定书目》页1-11页。

续表

书名	编者									评语								备注
玉鉴埰题南幽	1									此编能揩摘细草之失，自足以备高等学堂参考之用书。	1				1	1		
地理教科书	1		陈榕	1						于六大洲形势颇能举要，于中国疆域及气候诸类亦应有尽有。所误及未尽妥处改正后，作中学参考书。	1				1	1		
高等小学修身教科书	1		粟培均	1						罗列古圣贤嘉言，懿行，洵足激发儿童之志气，惟尚有增删之处。	1		1		1	1		
中学堂用伦理学教科书	1							1		既导源孔孟，复博采东西各学说，理想，通篇韬阔入理，并未为泮洋无涯浅之谈。	1		1		1	1		
小学中国历史读本	1									深合史例。	1				1	1		
初等小学中国历史读本	1									隶事明确，措词翔雅，于初等程度尚合。	1				1	1		
初等小学女子国文教科书	1	6			商务印书馆					由浅入深，于初等程度尚合。取义深纯，立言正大。	1		1		1	1		
简明中国地理教科书	1									简当明晰，图亦了然，足以启发初学。	1				1	1		
简明国文教科书及教授法	2	7								惟随意称举，未免杂查，再能编次分门，条目毕然，庶令学者易于明晰。教授法简意明，俟教授法三册出齐后，统呈审定。	2		2		1	1	2	
英文益智读本	1	1								仅仅一册，不足为教科之用。	1				1	1		第136期《审定书目》第1-11页。
初学英文轨范	1	1								力求浅显简明，使初学英文者免费时力，中西文互使练习。	1		1		1	1		
高等小学用商业教科书	1	1								大致明显。	1		1		1	1		第137期《审定书目》第1-5页。

续表

书名	编著者											评语		备注
中等平三角教科书	商务印书馆	1	1				1				1			
算术教科书	万声扬	1	1				1	1				只有平面，未及孤面，尚非完全之书。		
算稿	李兆麟	1	1				1	1				立法论理均能明备，算式亦简洁，足备教科之用。		
中英公牍辑要	钱文	1	1				1	1				惟法本太旧，不合教科之用。		
												不独使己习英语者由此能作文规模，亦使深于中文者因之识英文途径，应审定作为高等学堂及优级师范学堂参考书。		
理科教本	杨国璋	1	1			1	1	1				直译而成，未尝少改，于女子教育最为相宜。应审定作为女子师范学堂及女子高等小学堂教员参考用书。		
	甘诺夫	1	1				1	1	1			措词简洁明显，叙事则掌领要提纲，无深微衍之句，屈伸钩砾之词，于欧亚两洲交际、黄白两族竞争，尤追本穷源，巨细废遗。全新旧教育竞争改革与夫希腊罗马之技艺，凡万关于东亚腊概从简略。书后又设各种问题，或关政治、或关文纸，又附纪元大事表四纸，颇称适用。		
普通史纲目														
中学堂用修身教科书	商务印书馆	1	1				1	1	1			立说大致根于圣经及诸篇学说，参以西哲绪含，复能融会贯通，征诸实验，以肆其发挥，深浅合法，于中学程度亦尚相宜。		第137期《审定书目》第1-5页。
新教育学		1	1				1	1			1	于教育原理反复推勘，译笔亦显豁呈露。		
各科教授法精义		1	1				1	1			1	以日本教则及各说为纬，比附处极合，剖析处极精，足为师范学堂之善本。		

·332· 臣民还是公民？

续表

书名	编著者	出版者							备注
简要英文法教科书		商务印书馆	1	1	1	1	1		言简意赅，于篇末复以汉文释义，使学者对照原文，易于索解。
英语捷径		商务印书馆	1	1	1	1	1		以会话、文法、练习三者互相为用，使学者循序渐进，诚初学英语之捷径也。
英文作文教科书		商务印书馆	1	1	1	1	1		第一章论文法，第二章论作文，采择精当，内附与信格式，尤征实用。
代数学新教科书		商务印书馆	1	1	1	1	1		采集详备，颇合教科体裁。
学校管理法	蒋维乔		1	1	1	1	1		尚属合用。颇多经验有得之语，准审定作为师范学堂用书。
瀛寰论略二千文	刘鹗		1	1	1	1	1	1	限于字韵，称举配鲜得要，造句亦多未妥。
英文新读本		商务印书馆	1	1	1	1	1		由短渐长，其文章习惯之所在，则以草书记之。施三四五六册编凑再行审定。
英语会话教科书		商务印书馆	1	1	1	1	1	1	以应用之语言，兼短篇之古事，于教授语言学甚便。分段授课，博采马氏纳氏诸家之说。
英文范详解	宣樾甘		1	1	1	1	1	1	穷源溯流，条理清晰。
说文声母歌括	严良輔		1	1	1	1	1	1	与教科书体裁未相宜。
论语说文教科书			1	1	1	1	1	1	将说文字与论语结合为一，无是体例。

第137期《审定书目》第1-5页。

续表

书名					评语							备注
周礼政俗诠	1	1			以日本政俗以证周官，不免多所附会。				1		1	
国民英文教科书	1	1			译解之法大略相同，既无秩序，而说误尤不胜枚举。	1				1	1	
解析几何学	1	1	彭观圭	1	是书原译已不合教科之用，今复多增加，尤乖体例。		1			1	1	
修改图画范本	1	1	王诗新	1	其未合教授之处尚多，应改正再呈审定。			1		1	1	
微积初阶	1	1	周宣吉	1	抄撮旧译，各本取材既壅，于新理并无发明。	1			1	1	1	
火器算术	1	1	蔡文铿	1	惟征拘旧法，究难适用。				1	1	1	
平面三角新法教科书	1	1			候弧面编竣后，再呈审定。		1		1	1	1	第138期《审定书目》
金科精览	1	1	姚生范	1	诚为使用。				1	1	1	第1-2页。
银行实践法	1	1		1	足资研究，译笔亦颇养慎。	1			1	1		
大学格致	1	1	陈敬源	1	惟书中既主王氏致良知之说，又兼取程子即物穷理及朱子格致诚亦传之说，反多牵合。	1		1		1	1	
学易喻言	1	1		1	惟易象必分属大学八目，又诸证以南又名曰喻言，更多附会。					1	1	
中学堂中国历史教科书	1	1	刘宗彝	1	全书编成后，再呈部审定可也。			1		1	1	
新体高等小学国文读本	1	1	陈寅	1	搜集故事颇近小说，童兴会，究大推测，且文理浅深未能适度，引用成说处，裁节亦不甚分明。				1	1	1	第151期《审定书目》
铁道法律讲解	1	1	黑龙江提学使	1	译自日本道法律，略加注语，全系直译，非教科所必需。			1		1	1	第30-31页。
化学	1	1	黄云风	1	体裁太旧，插图未精，所用名词亦欠斟酌。				1	1	1	
制丝新法	1	1	张青选	1	偏重营业，略人学理，不合教科之用。				1	1	1	

· 334 ·　臣民还是公民？

续表

书名	编者	评语						备注
简明生理学	瞿庆同	既无插图，学者难于领悟，繁简亦不相称，不合教科之用。	1	1		1	1	
修身教科书述要	曾昭光	所见已误，且述语亦多非其要	1	1		1	1	
平面几何画法		将线角面分为百题，一一以画法图解，颇能明显，卷末附以应用各章题，不加解说，尤足增人兴味。	1	1	1		1	
查理斯密初等代数学	商务印书馆	此编配置章法，选择例题，深浅合宜	1	1			1	
高等小学算术书	商务印书馆	编置秩序亦复深浅合宜，纲领悉备，尚能具，颇合教科之用。	1	1	1		1	第152期《审定书目》第29-30页。
实用几何学初步	商务印书馆	所述测量绘图诸法，只详于应用，而略于理论，不合教科之用。	1	1			1	
算术详解	达祥典	抄撮旧算术书，未合教授条目。	1	1		1	1	
普通生理学教科用书	叶与仁	体例完备，繁简悉当，堪作中学教科用书。	1	1	1		1	
比较财政学	晏才杰	征集该洽，推阐精微，讨论详明，判断平允，译笔曲达，贯通晓畅，审定为通行本及财政学堂教科书	1	1		1	1	
中庸义解等四种	胡翼堃	四种义解多涉空远，未能平实，不合教科之用	4	4		4	4	第153、154期《审定书目》第21、14页。
笔算简易开方方法	邢文骥	均能御繁于简，持易求难，询称简便，惟与教科书体裁不合	1	1		1	1	
中国地理		取材近亲，而行文复有类乎论说，更掺入自作诗，尤属不类	1	1		1	1	
第六大洲志	刘捷堂	于风俗琐事较详，所标诸目尚未尽妥协，特略，为游记则可	1	1		1	1	

附录 · 335 ·

续表

						编次尚有条理			第153、154期
平面球面三角法	1	1		1		词意尚为明了，惟序言以代形合参，乃偶失检之处。		1	
解析几何学	1	1	刘毅	1			1		
微分积分学	1					与已译之微分积分学纲要大出入。	1		1 《审定书目》第21、14页。
单级教授法	1	1	马光裕	1	1	泛论小学各科教学法者居多，真正为单级分学者尚少。并以日本教科书以示例。		1	
合计	536	264 384 207	252 336		138	422 216	32 29 17 96 58 167 60 2 201 320 89	174 278 244 74	

说明: 1. 本表资料来源于《学部官报·审定书目》所公布的教科书审定的奏批，以及学部审定高等小学、中学暂用书目的内容提要。

2. 同一种书受批或提要的内容常常不太明确，相应就留空不填。留空者至少有一册。在《学部官报》中前后刊录了两次，除册数栏外，所有计数只种数为准。这种情况十分少，本表只选录一次，总共有两三种。

3. 种册栏中的册数则是直接翻印或在翻译的基础上改编的。教科书性质栏分编著和译编两种。编著主要指的已纂写的，而非向学部呈送教科书的人。所谓行者栏主要是了解当时教科书的编写主要由个人还是出版发行机构承担的，带有下划线的则不是编译者，而是向学部呈送教科书的人。

4. 此处摘要是学部审定每一种书的奏批的内容提要或内容提要是针对身份栏一栏而做出判断。批语类型栏是对批语的分类分析，典雅或理俗，有无讹误字等内容；内容选择包括内容是否充实与否，选取材料是否准确新颖，语言文字包括语言是否流畅通顺、组织层次指对于所选译内容的组织编排是否合理，如条理清晰、程度深浅，合乎学生心理，合乎当时忠孝、尊孔、尚公、尚武、尚实的教育宗旨；体例程序则指是否是教科书体裁，是否属于奏定章程等规定的相应科目体系表，是否属于公民、讲义之类：宗旨意趣是指思想观念方面是否合乎当时的教育宗旨；审定程序则指审书籍是否合于相应程序，如翻译之书是否把译之书并列为一类，其余不能呈送校勘内容。

5. 适用学校栏中的高等不明者包括适用于中学以上之学堂，及不属栏内前所列学校的。适用人员栏内适用于教师的书与学堂参考书并列为一类，需要修改再呈审者才列入一类。确定为学生、教师及参考书者归于不明一类。

6. 审定结果栏中，一些细小处仍需修改但已审定通过者属通过一类。

表2　　　　清末学部审定小学、中学及初级师范学堂暂用书目

教科书名	种数	册数	学生	教师	初小	高小	中学	初级师范	版本	印刷/发行者	资料出处	备注
最新初等小学修身教科书	1	10	10		10					商务印书馆	《学部官报》第4期《审定书目》第3-4页。	1906年（光绪三十二年）学部公布了这书目，名为《学部第一次审定初等小学暂用教科书》，审定的教科书截止于这年的4月23日（农历三月三十日）。审定的教科书有效期为5年。
最新初等小学修身教科书教授法	1	10		10	10					商务印书馆		
初级蒙学修身书	1	1	1		1					文明书局		
蒙学修身书	1	1	1		1							
蒙学经训修身书	1	1	1		1					文明书局		
初等小学国文教科书	1	10	10		10					商务印书馆		
初等小学国文教科书教授法	1	4		4	4							
初等小学读本	1	3	3		3					文明书局/南洋公学		
初等小学笔算教科书	1	5	5		5					商务印书馆		
初等小学笔算教科书教授法	1	5		5	5							
蒙学珠算教科书	1	1		1	1					文明书局		
最新初等小学珠算入门	1	2		2	2					商务印书馆		
心算教授法	1	1		1	1					直隶学务处		
蒙学中国历史教科书	1	2	2		2							
蒙学中国地理教科书	1	1	1		1					文明书局		
蒙学简明中国地图	1	1	1		1							
蒙学外国地理教科书	1	1	1		1							
蒙学简明世界地图	1	1	1		1							
最新初等小学地理教科书	1	4	4		4					商务印书馆		
初等地理教科书	1	1		1	1					/南洋公学		
小学地理教科法	1	1		1	1					文宝局		
初等小学格致教科书	1	1	1		1					直隶学务处		
初等小学格致教科书教授法	1	1		1	1							
初等博物教科书	1	1	1		1							
初等生理卫生教科书	1	1	1		1					文明书局		
幼学体操法	1	1		1	1					天津官报局/直隶学务处		

续表

书名							出版者	备注	
毛笔习画帖	1	3	3		3			文明书局	《学部官报》第4期《审定书目》第3-4页。
毛笔新习画帖	1	4	4		4				
毛笔新习画帖	1	1		1	1				
初等钢笔习画帖	1	4	4		4				
画学教授规则	1	1		1	1				
小学分类简单画	1	1		1	1				
画学教科书	1	1		1	1			商务印书馆/固化小学校	
图画临本	1	1		1	1			同文印刷社/武昌图书馆	
工学	1	1		1	1			天津官报局/直隶学务处	
教育统论	1	2		2	2			直隶学务处	初等小学暂用教科书共46种，103册。其中学生用书55册，教师用书48册。
小学实验教育学	1	3		3	3				
教授法原理	1	1		1	1			商务印书馆	
普通各科教授法	1	1		1	1			时中书局	
小学各科教授法	1	2		2	2				
小学统合新教授法	1	1		1	1			文明书局	
学校管理法	1	1		1	1			商务印书馆	
最新学校管理法	1	1		1	1				
单级小学教授管理法	1	1		1	1			文明书局	
初等小学教育讲习所汇记	1	1		1	1			直隶学务处	
初级师范教科书教育史	1	1		1	1			商务印书馆	
中学修身教科书	1	2	2		2		蒋智由本		《学部官报》第21、22期《审定书目》第21-26页。
国民读本	1	2	2		2		文明书局本		1907年（光绪三十三年四月）《学部官报》公布了《学部第一次审定高等小学暂用教科书》。审定的教科书有效期4年。
书目具奏定章程	1		1		1				
蒙学读本全书（五、七编）	1	2	2		2		文明书局本		
高等小学国文读本（三、四册）	1	2	2		2				
最新高等小学笔算教科书	1	4	4		4		商务印书馆本		
小学笔算新教科书	1	4	4		4		文明书局本		
最新初等小学珠算教科书教授法	1	2		2	2		商务印书馆本		
蒙学西洋历史教科书	1	2	2		2		文明书局本		
最新高等小学地理教科书	1	4	4		4		商务印书馆本		
高等小学万国舆图	1		1		1				

续表

书名						出版社		备注
高等小学理科教科书	1	4	4		4	文明书局本		《学部官报》第21、22期《审定书目》第21-26页。
小学新理科书（生徒用）	1	4	4		4	由宗龙等译本		
小学新理科书（教员用）	1	4		4	4			
高等小学毛笔习画帖	1	8	8		8	商务印书馆本		
高等小学堂用铅笔习画帖	1	8	8		8			
图画临本（生徒用）	1	8	8		8	湖北官书局本		
图画临本（教员用）	1			1	1	武昌图书馆本		
高等小学堂铅笔习画帖（学生用）	1	3	3		3	文明书局本		这一部分书目因为有内容提要，所以也列入了表1《学部教科书审定票批与提要简录》之中。
高等小学几何画教科书	1		1		1			
高等小学游戏法教科书	1		1		1			
普通体操法	1		1		1	作新社本		
教育必需瑞典式体操初步	1		1		1	云南同乡会事务所本		
新撰小学校体操法	1		1		1	清国留学生会馆本		
农学	1		1		1	直隶学务处本		
农话	1		1		1	商务印书馆本		
农学阶梯	1		1		1	直隶学务处本		
高等小学商业教科书	1		1		1	南洋官书局本		高等小学暂用书目共31种，约80册。其中学生用书约68册，教师用书约12册。
帝国英文读本	1	3	3		3	商务印书馆本		
原本英文初范	1		1		1			
华英初学二集	1		1		1	一新书局本		
马氏文通	1	2		2	2	商务印书馆/多文社		《学部官报》第57期《审定书目》第2-4页。
中等国文典	1	1	1		1	中新书局		1908年（光绪三十四年五月）学部在官报上公布了《本部审定中学暂用书目表》。
历代史略	1	8	8		8			
中国历史	1	6	6		6			
本朝史	1	2	2		2			
东洋历史	1		1		1	商务印书馆/作新社		
万国历史	1	1	1		1			
西洋史要	1	3	3		3	/多粟斋		
西史课程	1	3	3		3	/山西大学堂		

续表

书名								出版社	备注
万国史纲	1	1	1			1		商务印书馆	
中学中国地理教科书	1	1	1			1			
世界地理志	1	3	3			3		/金粟斋	
最近统合外国地理教科书	1	1	1			1		并木活版所/河北译书社	
经心书院舆地课程	1	8	8			8			
大地讲授图	1	1				1			
中外舆地全图	1	1	1			1		舆地学会	左边6种图或书没有列入表1《学部教科书审定禀批与提要简录》中。
列国暗射图	1	41	41			41			
直省暗射图	1	25	25			25			
五洲暗射图	1	8	8			8			
普通教育算术教科书	1	1	1			1		并本活版所/普及书局	
新译算术教科书	1	2	2			2			除了这6种书外，其余的书目也相应列入了表1《学部教科书审定禀批与提要简录》中。
中学适用算术教科书	1	1	1			1		秀英舍/上海科学会	
中等算术教科书	1	2	2			2			
算术自修书	1	2	2			2		中国图书公司	
直方大斋数学	1	6	6			6			
最新代数学教科书	1	1	1			1		并木活版所/昌明公司	
新体中学代数学教科书	1	3	3			3			
小代数学教科书	1	1	1			1		秀英舍/上海科学会	
立体平面几何学教科书	1	2	2			2		秀英舍/昌明公司	
新译几何学教科书	1	2	2			2		中国图书公司	
最新中学教科书几何学（立体平面）	1	2	2			2		商务印书馆	
最新中学教科书三角术	1	1	1			1			
天生术演代	1	2		2		2			
新撰博物学教科书（附图）	1	2	2			2		文明书局	

续表

书名								出版社	
博物学大意	1	1	1			1		商务印书馆	
植物学教科书	1	1	1			1		文明书局	
最新中学教科书植物学	1	1	1			1		商务印书馆	
最新中学教科书动物学	1	1				1			
中学生理卫生教科书	1	1				1		文明书局	
中学生理教科书	1	1.		1		1		同文印刷舍/教科书译辑社	
新式矿物学	1	1				1		启文社	
最新中学教科书矿物学	1	1	1			1		商务印书馆	
最新中学教科书地质学	1	1				1			
地质学教科书	1	1				1		昌明公司	
最新理化示教	1	1				1		文明书局	
理化示教	1	1				1		商务印书馆	
理化教科书	1	1	1			1		秀英舍/科学仪器馆	
近世物理学教科书	1	2		2		2		学部编译图书局	
近世物理学教科书	1	1		1		1		翔鸾社/普及书局	
普通应用物理学教科书	1	2	1			2		/同文书舍	
中学化学教科书	1	1	1			1		文明书局	
最新化学教科书	1	3	3			3			
最新化学理论	1	1	1			1		/科学仪器馆	
实验化学教科书	1	1	1			1		上海中西书局/科学仪器馆	
最新化学理论解说	1	1	1			1		中国图书公司	
普通教育化学讲义实验书	1	1	1			1		日本东京并木活版所/普及书局	
经济学讲义	1	1				1		/直隶学务处	
普通经济学教科书	1	1				1		/开明书局	
中学铅笔习画帖	1	6	6			6		商务印书馆	中学暂用书目约共65种，约195册。其中学生用书约176册，教师用书约9册。
中学铅笔画范本	1	7	7			7			
中学钢笔画范本	1	1	1			1			
中学水彩画范本	1	2	2			2			
黑板图画教科书	1	1		1		1			
帝国英文读本	1	3	3			3			
应用东文法教科书	1	1	1			1		湖北译书局/湖北官书处	

续表

*马氏文通	1	2		2		2	2	商务印书馆	《大清宣统新法令》第二十册，上海：商务印书馆，宣统二年十月版，第34-38页；《教育杂志》第二年（1910年9月）第9期，第25-30页。	1910年学部公布了《学部第一次审定中学堂初级师范学堂暂用书目凡例并表》，审定的教科书有效期5年。因包括中学堂和初级师范学堂，所以许多书目与1908年的《本部审定中学暂用书目表》是相同的。
初等国文典	1	1	1			1	1		
伦理学教科书	1	1	1			1	1		
中学堂用修身教科书	1	5	5			5	5		
*历代史略	1	8	8			8	8	中新书局	
*中国历史	1	6	6			6	6		
本朝史讲义	1	2	2			2	2	商务印书馆	
*东洋历史	1	2	2			2	2		
*西洋史要	1	3	3			3	3	金粟斋	
*西史课程	1	3	3			3	3		
*万国史纲	1	1	1			1	1	商务印书馆	
*中学中国地理教科书	1	1	1			1	1		
中学地理教科书	1	8				8	8		
*世界地理志	1	3	3			3	3	金粟斋	
*最近统合外国地理	1	1	1			1	1	并木活版所/河北译书社	
*经心书院舆学地课程	1	8				8	8		
*中外舆地全图	1	1	1			1	1		
*大地讲授图	1	1				1	1		
*列国暗射图	1	41	41			41	41	舆地学会	
*直省暗射图	1	25	25			25	25		
*五洲暗射图	1	8	8			8	8		
*新译算术教科书	1	2	2			2	2	/湖南编译社	
中学校数学教科书算术之部	1	1	1			1	1	群益书社	
*中学适用算术教科书	1	1	1			1	1	秀英社/科学会	
*中等算术教科书	1	2				2	2	教科书译辑社/	
中等教授用新著算术教科书	1	2		2		2	2	钧和印刷所/新学会社	
中学数学教科书	1	2				2	2	商务印书馆	
中学算术教科书	1	1	1			1	1		
*中等算术教科书	1	2	2			2	2	文明书局	
*中学适用算术教科书	1	1				1	1	昌明公司	
*直方大斋数学上编	1	6				6	6		
中学校数学教科书代数之部	1	1	1			1	1	群益书社	
*最新代数学教科书	1	1	1			1	1	并木活版所/昌明公司	
中学适用代数学教科书	1	1	1			1	1	森木活版所/群益书社	

续表

*新体中学代数学教科书	1	3	3			3	3		《大清宣统新法令》第二十册，上海：商务印书馆，宣统二年十月版，第34-38页；《教育杂志》第二年（1910年9月）第9期，第25-30页。
查理斯密初等代数学	1	1	1			1	1	群益书社	
*查理斯密小代数学教科书	1	1	1			1	1	秀英社/科学会	
代数学新教科书	1	2				2	2	商务印书馆	
*新译几何学教科书	1	2	2			2	2	图书公司	
*平面立体几何学教科书	1	2	2			2	2	秀英社/昌明公司	
平面立体几何学新教科书	1	2	2			2	2	商务印书馆	
平面立体几何学小教科书	1	2	2			2	2	群益书社	
平面立体几何学教科书	1	2	2			2	2		
平面立体几何学教科书	1	2	2			2	2	钧印刷所/新学会社	
*最新中学教科书几何学（平面、立体）	1	2				2	2	商务印书馆	
中等教育几何学教科书（平面、立体）	1	2	2			2	2	翔鸾社/科学会	
新撰平面三角法教科书	1	1				1	1	商务印书馆	
*最新中学教科书三角术	1	1				1	1		
*新撰博物学教科书（附图）	1	2	2			2	2	文明书局	
*博物学大意	1	1	1			1	1	商务印书馆	
最新植物学教科书	1	1	1			1	1	文明书局	
*最新中学教科书植物学	1	1	1			1	1	商务印书馆	
*最新中学教科书动物学	1	1	1			1	1		
*最新中学教科书矿物学	1	1	1			1	1		
*最新中学教科书地质学	1	1	1			1	1		
*地质学教科书	1	1				1	1	昌明公司	
*中学生理卫生教科书	1	1				1	1	文明书局	
*中学生理教科书	1	1		1		1	1	同文印刷社/教科书译辑社	
*最新理化示教	1	1				1	1	文明书局	
*理化示教	1	1				1	1	商务印书馆	
中学初年级理化教科书	1	1	1			1	1	秀英舍/科学仪器馆	

续表

初等物理学教科书	1	1	1			1	1	商务印书馆
*近世物理学教科书	1	2		2		2	2	学部编译局
*近世物理学教科书	1	1		1		1	1	翔鸾社/普及书局
*普通应用物理学教科书	1	2	2			2	2	/同文社
*中学化学教科书	1	1	1			1	1	文明书局
*最新化学教科书	1	1	1			1	1	
*最新化学理论	1	1	1			1	1	/科学仪器馆
*实验化学教科书	1	1	1			1	1	上海中西书局/科学仪器馆
*最新化学理论解说	1	1	1			1	1	图书公司
*普通教育化学讲义实验书	1	1	1			1	1	并木活版所/普及书局
英文普通史纲目	1	1				1	1	
初、*中、高等英文典	3	3				3	3	
新法英文教程	1	1				1	1	
英语作文教科书	1	1				1	1	商务印书馆
简要英文法教科书	1	1				1	1	
英文汉诂	1	1	1			1	1	
英语捷径前后编	1	2				2	2	
*应用东文法教科书	1	1	1			1	1	湖北官书局
经济学讲义	1	1				1	1	/直隶学务处
师范学堂用各科教授法精义	1	1				1	1	
学校管理法要义	1	2				2	2	
*中学铅笔习画帖	1	6	6			6	6	商务印书馆
*中学铅笔、钢笔、水彩画范本	3	10	10			10	10	
*黑板图画教科书	1	1		1		1	1	
合计	231	601	476	78	103	80	433	237

书名前带*的书与中学暂用书目中所列的书是相同的，这类相同者约有58种，183册。
中学堂、初级师范学堂暂用书目共89种，约237册。
其中学生用书约177册，教师用书约9册。

说明：1.本表中所列数字，除种数栏外，其余都以册数计算；不能确定册数者，册数栏留空以标明，其余栏则以每种一册来估算。

2.印刷/发行者栏中，/之前为印刷者，之后为发行者；只填写一个的则印刷与发行者同一。

· 344 ·　臣民还是公民？

表3　北京政府教育部教科书审定批语

教科书名	种册数 - 种数	种册数 - 册数	教科书性质 - 编著	教科书性质 - 编译	编行者/印行者	编订者身份 - 个人	编订者身份 - 社团	批语摘要	批语类型 - 语言文字	批语类型 - 内容选择	批语类型 - 组织层次	批语类型 - 体裁体例	批语类型 - 宗旨意趣	批语类型 - 审定程序	适用学校 - 中小学	适用学校 - 初小	适用学校 - 高小	适用学校 - 中学/师范	适用学校 - 职业学校	适用学校 - 通俗教育	适用学校 - 高等	适用学校 - 不明	适用人员 - 教师/学生	适用人员 - 参考书	适用人员 - 不明	审定结果 - 通过	审定结果 - 不通过	审定结果 - 修改	资料出处
高等小学补习科国文教科书	1	1	1		商务印书馆	1		选录古人文，有不免稀者。然用以教授高等小学毕业学生，尚可领略。若排授得法，讲解通习断不复用，一小时者，应将篇数授减少，而各篇教授时间加多，使学生读一篇可得一篇之益。又各篇先后次序尚有可酌，至字句异同反错误之处，亦悉为签出。		1							1							1				1	《教育公报》第一册（民国三年六月），公牍，第38—45页。
高等小学补习科修身教科书	1	1	1		商务印书馆	1		与初等小学补习科修身书编法相同，然讲授得法尚属可用。惟体例及节取之条，间有可商者，今为签出。		1							1							1				1	
新制高等小学历史教授书	9	9	9		中华书局	9		征引尚属适宜，惟颇有讹误及应按时事配改之处，均为签出。	9	9							9							9				9	
中学适用几何画教科书	3	3	3		文明书局	3		是书为英人葛示氏原著，设题丰富，解证详备，其余题及图解演算等备脩，并将原初增拼其纲目，订正其小讹，用译笔亦颇简洁。惟几何画不过中学图书之一种，意尤为精审。此书卷帙繁密，用作中学课本似不相宜，且不能过多，错误过多，准作中学参考用书何也。	3	3							3							3				3	

续表

英语易通	1		非专为学校而作,皆非正式教科书。	1			1		1	
英语捷径	2	商务印书馆	乃补初等方法书之不足,皆非正式教科书。	2			2		2	
中等英文典	1		程度以渐而深,尚合中学教科之用。	1	1		1		1	
高等英文典	1		就该书次第而言,按其内容仍是中等程度,似不如统称为中等英文典,或中学英文法教科书第一二册,较为确当。	1	1		1			
新国文教科书	3	文明书局	已指出各课中字句及材料同酌者已改,其余签出须再行改正。	3	3	3	3		3	《教育公报》第1册(民国三年六月),公牍,第38—45页。
本国史	2		取材编次尚属合宜,叙事水简洁得要,其概说中历述吾国伟大民族渐次融化时期,惟国民晓然于五族共和之实有自然之趋势,尤为史眼独具。	2	2	2	2	2		
高等小学补习科算术教科书	1	商务印书馆	程度合,说理简明,惟排印略有错误。	1	1	1		1		
高等小学补习科算术教授书	1			1	1	1		1	1	
高等小学历史教科书	4		仿史谈体,以一人物一事实为中心,即小学历史教授应采之次繁简得宜,尚称合法。	4	4	4	4		4	
高等小学历史教授书	2	文明书局	编辑法尚应改正。	2		2	2		2	
高等小学地理教科书	3			3	3	3	3		3	
高等小学地理教授书	1			1		1	1		1	

续表

书名									备注
新编初小国文教科书五至八册	4	4		取材尚有图画，文字亦明白，虽其中颇袭用前学部图书局之本，而远用得宜，按之初等小学程度做书似为合用，惟间有可酌改与时令未合之处，今择签出。	4		4	4	《教育公报》第1册（民国三年六月），公牍，第38—45页。
新编初小国文教授书五至八册	4	4	新学会社	编纂合法，同有应酌处，亦为签出。	4		4	4	
高小算术教科书	3	3	新教育社	内容并未改正，算式排列既欠明了。度量衡宜用新制。	3	3	3	3	
高小算术教授书	1	1		问题答案错误大多。	1		1	1	
中学英文文法初步	1	1		于英文法之普通知识尚大完足，是书内未竟之稿，理应补其凡例或编译大意，说明全书之册数及本册之用法。	1	1	1	1	
理科教科书博物篇	1	1		就博物范围内选择切近教材，提挈纲领，按科学性质顺序排列，颇合师范讲习科程度。	1	1	1	1	
新制英文读本第一册	1	1	中华书局	选材注重道德方面，师范学校英语教科书。	1	1	1	1	
新制英文法第二册	1	1		与其第一册深浅适合度，应推作为中学校及师范学校英文教科书。此书引证练习语句多用本国事实，使学者易于领悟。惟如第五页老子道德经一语，若仅用普音不附注汉文，不明之处，该书版地再版时务宜注意。	1	1	1	1	
中学英文法教科书第二册	1	1		与第一册浅繁简的均合度，后半多列汉字，能使学者晓然于翻译之法。如更取中国纪述文字译成西文，则开示学者尤多矣。	1	1	1	1	《教育公报》第3册（民国三年八月），公牍，第69—73页。
初等小学修身教科书五至八册	4	4	新学会社	所选事实于修身一门颇称切近，惟其中尚有数处待酌者。	4		4	4	
初等小学修身教授书五至八册	4	4		讲解未甚明白，且句法多琥累。	4		4	4	
应用天文学	2	2	王兆堃	不在本部审查范围内。	2	2	2	2	

续表

书名		出版者	审查意见										备注
新制本国史	1 1	中华书局	条例简明，叙次清晰。于历代兴亡及内治外交诸政均能揭其大纲，详为指示。至诸族之肇兴与进化，搜举靡遗，而与汉族并叙之处，绝无抑扬之词，编辑尤为得体。	1	1 1 1	1	1	1	1	1	1	1	《教育公报》第3册（民国三年八月），公牍，第69—73页。
高小秋季新商业教科书第四册	1	商务印书馆	此册承前编辑，注重商业道德。殊为善本。惟与现行法令及本国社会有关者，须增改之。		1	1	1		1		1	1	
中学校用共和国教科书平面几何、立体几何	2 2		此书首编各节即颠倒错乱，难于互见。既备几何体例，复重叠教授次序。惟子句尚属简明可用。	2	2	2	2					2	
中等博物教科书植物学	1	上海科学会	体例精当，解说详明，堪称善本。但卷帙太繁，不适于中学之用，作为中等程度学校参考用书可也。	1	1	1	1		1		1	1	
普通教育植物学	1 1		明明简要，插图显朗，洵为佳制。但鉴数章中有富士山秋之七草等，乃日本之特色，不适于我国国民教育，宜改换为是。改正后作为讲习科及高等小学毕业后补习科教科用书可也。	1	1 1	1	1	1			1	1	
德文读本第一册	1 1	三德	各课皆选自德文名著，略加删易，以合中国学生之用，而使读者易于领会，立意甚善。其教材难易、分配均甚得宜，洵称教科善本。	1	1	1	1				1	1	《教育公报》第6册（民国三年十一月），公牍，第77—82页。
德文读本次第一册	1 1	尔	颇多未尽妥协之处，宜将图书定价呈明，应加印价。	1	1	1	1		1		1	1	
初小国文第一册	1 1	崔筠俊	绘图多未明晰。				1	1					
新选歌联稿	1	杨学曾	与本部审定教科用图书规程不合。	1	1	1	1		1	1	1	1	
高小秋季新国文教科书三四册	2 2	文明书局	应行改正者亦复不少。	2	2	2	2				2	2	

续表

书名	出版者							审定意见					备注
共和国教科书中学校用自然地理	商务印书馆	1	1	1	1	1	1	遵照已经审定之地理概要从事编辑，其文字材料之未惬者已改。	1	1	1	1	
中等矿物教科书/矿物学	上海科学会	1	1	1	1	1	1	于中等矿物学智识可谓事略而词简，选材及体例分子式错误甚多，化学名词亦太嫌酌当，惟其中之分子式错误甚多，化学名词亦太嫌酌。	1	1	1	1	
近世英文选	中华书局	1	1	1	1	1	1	采辑英美名家著作。词意并佳。注话纯用西文，亦皆明显精确。	1	1	1	1	
教育学	商务印书馆	1	1	1	1	1	1	所选材料精要适用。其排列次序井井有条。至说理明快、行文简洁，尤合师范学校程度。	1	1	1	1	
高等小学新国文教科书一至八册	中国图书公司	6	6	6	6	6	6	陈文居多，自撰者甚少，子文义之深浅、篇幅之长短及教材分配，均尚得宜，堪供高等小学教科之用。	6	6	6	6	
中等学校国文教科书一至八册	吴德元	8	8	8	8	8	8	开端编录即系古文，与本部中学校令所称国文官授以近世文，渐及于近古文者不合，且取材太繁，选文篇幅太多，究非中学生所宜，又所录诗章多述怀感事之作，列入与景类亦属不合。	8	8	8	8	《教育公报》第6册（民国三年十一月），公牍，第77—82页。
民国纪元最新代数学教科书	龙常	2	2	2	2	2	2	简明易解，颇合中等教科之用。	2	2	2	2	
新制单级国文教科书乙编	中华书局	6	6	6	6	6	6	体例相符，编次妥洽，可供单级小学国文教科书之用。	6	6	6	6	

续表

心经浅注	1	李海鸣	1	解释佛经尚属详明，惟称学佛者非同因是尊孔，未免言大而夸。不在本部审定范围之列。	1			1	1	1	
四书正	10	彭正等	10	笺释不脱科时代高头讲章习白，不在本部审定范围之今	10			10	10	10	
高等小学历史教科书—全四册	4	中华书局	4	既遵批修改，惟修改各课尚有讹字	4	4	4	4	4	4	
英文教科书	2	刘泽西	2	错误百出，未便准予审定。						2	
经济概要	1	商务印书馆	1	取材丰富，说理详明。	2	2	2			1	
师范学校手工教科书第一册	1	商务印书馆	1	说理简要，章法井然，询为善本。惟手工贵手习，学生无手执教科书之必要，应改为小学校教员用参考书。又文中所用名词应与已经审定之书一律。	1	1	1	1	1	1	1
初小新算术教科书教授书各三册	6	文明书局	6	选择材料尚属适当，惟所载图画形象乖舛，与刊本不合，错误之处亦复不少。	6	6	6	3	3	2	《教育公报》第8册（民国四年四月），公牍，第39，80—81，83—91页。
诗经箭本便读	2	越作铭	2	著者精究小学，所持异义颇足补郑笺孔疏所不逮，亦有互相发明者，自系稗益经传之作。惟不在本部审定范围。	2			2	2	2	
新编哲学大要	1	中华书局	1	选择教材不偏重观念论，并采近世实化，用意甚善。但可为哲学发凡，应准作为师范学校教科用书。	1	1	1	1	1	1	
生理卫生学	1		1	解说精当，捕图明晰，惟分量过多。子部定课程年限内恐未能卒业，应准作为中学校参考用书可也。	1		1				
生理卫生学	1	上海	1	体例甚佳，说明简要。	1	1	1	1	1	1	
新式物理学	1	科学会	1	参考各日名著编纂而成，条例清晰，证明详尽，各编所载之问题办颇有价值，惜卷帙太繁，准作为大学校用书，于讲义不宜用作中学参考书。	1	1	1	1	1	1	

· 350 · 臣民还是公民？

续表

半日学校算木教科书前二册，教授书二册	商务印书馆	4	编纂取材尚有研酌，条例亦颇简晰，准作为半日学校算木用书。	4	4		2	4	
半日学校算木教科书后四册	商务印书馆	4	须与教授书合阅，始能审查。	4	4		4		4
平面三角法	上海科学会	1	该书教材多家适均，证解亦简洁，应准作为中学教科用书。	1	1		1	1	
初小单级算木教科书，教授书各八至十二册	商务印书馆	10	教材体例均与前七册相符，并无谬误之处，足征留心编辑，至堪嘉尚。	10	10		5	10	
女子中学师范学校用赠订教科书	商务印书馆	1	于本之衣服之制法已包举无遗，女子中学及师范学校用。惟缝纫一科木属技艺，以不用教科书为原则，应准作为教员参考书可也。	1	1		5		
各科教授法教科书稿本	周维城、林经王	1	参酌日本教授法教科书，并加以实地经验，各科咸备，所选教材亦应有尽有，颇合师范学程度，惟字句尚大简明，应自行修改并酌定价目送部审查。	1	1	1	1		1
中等中国文学史教科书及参考书	商务印书馆	2	教科书简括得要，甚为合用。参考书各节引证可参考，惟犹嫌简略，若加详博，更能有裨师资。	2	2	2	1		2
中学国文读本评注三四册	商务印书馆	2	既标明国文读本评注，自应与读本不能有所早同，现经详加比较，尚有木能遵照前批改正之处。	2	2	2	2		2
中学算术教科书	上海科学会	1	编纂尚有条理，惟解说及问题多沿旧制，不合现时情形，应自行修改之处不少。	1	1	1	1		1
东亚各国史教本	中华书局	1	取材发富，编辑亦颇合法，中有应改之处，业经签出，复校后准作中学教科用书。	1	1	1	1	1	
新编中华历史教科书五六册	中华书局	2	综论历代兴亡得失，语有斟酌而文笔极明显，尚合高等小学第三年教授历史之用。	2	2	2	2	2	2《教育公报》第8册（民国四年一月），公牍，第39、80—81、83—91页。
中华民国新国文第十册	文明书局	1	体例与前数册相符，惟行文更正之处，仰即详查照办，改正后送部复核可也。	1	1	1	1	1	

续表

书名		出版社								审定意见							备注
师范学校农业新教科书	2	商务印书馆	2	2	2	2	2	2	2	于农业智识文体咸备，繁简得宜，惟其中小有错误，即照签改正，送部复核可也。							
新制中华英文教科书二册	2	中华书局	2	2	2	2	2	2	2	深浅合度，应推作为高等小学校英语教科用书。							《教育公报》第8册（民国四年一月），公牍，第39，80—81，83—91页。
秋季始业高等小学修身教科书一至九册，教授稿本一、二册	11	新教育社	11	11	11	11	11	9	11	课文全用训辞，其应征引之故事则采入教授书，供教师口头讲述，亦属自成一格。书中于国民道德之缺点及日时道鹭之特色，均加意说明，与编辑要旨相符，其应行更正之处，业经签出，仰即送部复核可也。							
生理卫生学	1	上海科学会	1	1	1	1	1	2	1	条理明晰，解说晓畅，堪称教科书善本。							
生理学	1	商务印书馆	1	1	1	1	1	1	1	体例妥当，解说明畅，堪称教科书善本。							
春季始业高等小学修身教科书	6	新教育社	6	6	6	6	6	6	6	课文已采用经训，而每课后又另附格言，或仿用经训，或列于著者之笔，破除省界、掺杂省目等，似嫌不伦，循是为数，毫无兴味，终恐迷儿童之心日，用作小学教科，实不合是。							《教育公报》第9册（民国四年一月），公牍，第72—74页。
新体小学地理教科书	3	文明书局	3	3	3	3	3	3	3	取材精审，措词简括，就自然势区为部分，不为无见，惟吾国现状政治区划仍从省制。编者仿游记之体，所列部会又不专属省界，已形不便，至以港埠、海塘、油田等目，掺杂其间，似嫌不伦，又政区既失画一之现，于交通又无脉络之分，合是。							
高等小学校用中华民国新国文	2		2	2	2	2	2	2	2	虽经修改，尚有未尽妥协之处，仰由取校更正，送部复核。							
高等小学中华民国修身第六册	1		1	1	1	1	1	1	1	体例尚属画一律，照签修改送部复核。							
半日学校修身教科书一、二册	2	商务印书馆	2	2	2	2	2	2	2	二书选材序次尚属得宜，惟间有数课其课文及所绘之图，颇与普通社会境况不相符合，应加修正。							
半日学校国文教科书一、二册	2		2	2	2	2	2	2	2								

· 352 · 臣民还是公民？

续表

书名	出版者			审查意见								备注
半日学校修身教科第三册		1	1	尚与前两册衔接，惟第十四课第一节应另行更易，更正复核。	1		1	1		1	1	
手工丛书第一编		1	1	专载折纸图说，采集成法，汇为一编，说明简要，印刷亦属无误。准作为小学教员参考书可也。	1	1		1	1	1	1	
共和国民文读本第四册		1	1	续前三卷而成，取材丰富，深浅合度。准作为中学校英语用书。	1	1	1		1		1	
英文课本	海格	5	5	每课纯系问答语，卷首未列拼音，若以之为会话课本，尚属相宜，准作为中学校及师范学校英语教科用书。	5	5	5	5	5	5	5	
春季始业高等小学教科书、教授书各二至六册	中华书局	10	10	编纂体裁均与前经审定之第一册相符，堪供高等小学教科教授之用，同略有错误，改正送部复核可也。	10	10	10	10				
珠算教科书	戚承萱	1	1	该书包说鸡牛数、分类编次，该而条理尚属明晰，具征研究有素。惟于教科书体例例颇多未合，文辞亦欠润酌。	1	1	1	1	1	1	1	
初等小学国文读本	民国图书局	12	12	文笔太劣，字句生硬，不便教授，非大加修改，难以合用。	12	12	12	12	12	12	12	《教育公报》第10册（民国四年三月），公牍，第96—99页。
中学师范法制教科书	张家声	1	1	叙述明确，于本国现行法规及美等国制度均能揭其大纲。	1	1	1	1	1	1	1	
英文造句法		1	1	条理井然，说例明显，应准作为中学校文教科书。	1	1	1	1	1			
师范学校新教科书本科用各册	商务印书馆	1	1	分普通、兵式、游戏，教材及教授之配置，理论及教授类编分级教授并教授法之顺序及姿势之练习教授等项分大纲。其编书中之佳者。每编分级类编精细无遗，洵为体操书中之佳者。其理论及教授法并教授之顺序及姿势之新正等节，详解操作之利害，商明完善，尤为师范之良善之引导，颇合用于师范本科。唯图解稍有错误，且间有一二可商之处，修改复核可也。	1	1	1	1	1	1	1	
高等小学用新国文第五六册	文明书局	2	2	体例与前数册相符，其应行更正之处，仰即含照所示，改正后送部复核可也。	2	2	2	2	2	2	2	
高等小学新国文教科书七至九册	中国图书公司	3	3	选材次序均属得当，与前数册体例亦相符，可供高等小学国文教科之用。其应行更正之处，改正送部复核可也。	3	3	3	3	3	3	3	

续表

书名	作者	出版者	介绍							备注
数学大全	方作舟		取材丰富,演算尚无差误,惟图书与算式及译语等,有不精密或不合之处,业经签出,仰即依签更正,推作为中学校及师范学校参考书可也。	3	3	3	3	3	3	
孔子新诠	周鹰培		该书意在遗通新旧之邮,化水火之争,用意颇善,推援证各条有比附失实处,转失尊孔之道。	1	1	1	1	1	1	
中学校动物学教科书		商务印书馆	注重通论,先叙述形态组织、生理生态,然后又于分类,欲与前编植物教科书之体例同一辙。立意可谓新颖,动植物虽不平衡同等之学,而动物形体构造之复杂,远甚于植物,不可执植物强同之。该书所列之章节,言各种动物之外形或机官,罗列各种动物之形状机官,一比较而说明之。若学生先无教体动物具体之观念,虽说明亦属茫然。窃如教授动物机官有所谓体足、管足、鞭毛、桡足等名称,欲使了解则必先使知疏皮动物、原生动物、节足动物等之身体构造,然后乃知体具足、管足、鞭毛、桡足为何物。佚各种机官教授完毕后,乃知某动物身体完全之构造,初学之学生不易综合,但觉鳞一爪、忽前忽后,转使素棼。且诚各种机官必罗列各种不解,诸言之,则减为动物各论,然略之,则非通论之体例。且侵占第五篇之位置矣。此书体例便于已学动物之类别者,再参合而提挈之,使有归纳之观念,而不便于初学。吾国中学生未必皆预有生物学之智识,故易使教师陷入困难,学生愈生迷惑。中学动物教科书大都敦叙动物分类纲目,依次选择其一二种,就其中之形体机官分述之,或涉及生理生态而后与概念,然后综合全体之动物而说明之。所谓通论者,多在分类完毕之后,此书陈法,盖使学生易于了解故耳。此书体例近于学理的研究,颇以石川千代松动物学,而不及其精详。以程度论,在中学之上,高等专门之下,若教师同说明之,断非中学课程所定时间所能受毕。应作为中学参考用书可也。	1	1			1	1	《教育公报》第12册(民国四年五月),公牍,第102—107页。

续表

教科书名			编者		审定结果						备注
中等乐典教科书	1	1	王立敬、刘崇本	1	大致尚妥，仰照签出处修正后，再行送部复审可也。	1		1		1	《教育公报》第12册（民国四年五月），公牍，第102—107页。
共和国教科书代数学	2	2	商务印书馆	2	此书颇简单明晰，但以一次议方程式置于因数之前，不便学者，而说理亦有大不合处，特为注出二条，希再前后悉心修改。	2	2			1	
女子礼仪教科书	1	1	诸希贤	1	根据日本佐方镇子及后闲菊野所著之《女子作法教科书》，并参合本国古今礼仪而成。其中斟酌损益，颇费苦心。惟按诸女子普通礼仪式仍有未适，一适中之道，求一适中之道，同句亦多瑕疵，非不能作为教科书，同欲用作修身教授参考，非加修改不可。所请审定之处，得准照准。	1		1		1	《教育公报》第2年第1期（民国四年六月），公牍，第58页。
新制本国地理教本	1	1	中华书局	1	编辑地理概要，纲举目张，文词清洁，尚适中学教科之用。惟中校学生于上海湾军港及各大江流域之关系，不甚详许，此篇微嫌简略，册中间有错误处，俟照签改正送部复核后，准予审定作为中学校教科用书可也。	1		1		1	
饶平县乡土地理教科书	1	1	吴觐辰	1	这教科书系遵前清初等小学课程编辑而成，核与现今部章义有未合，且书内词意颇嫌陈杂，并有附会迷信之语，所绘地图亦多误谬，府州厅名称今已取消，书内仍应一律改为现行政之新区划尤属相背，所请存案一节，得难照准。	1		1		1	《教育公报》第2年第1期（民国四年六月），公牍，第58页。
女子师范家事教科书	1	1	商务印书馆	1	参考东西洋著本，揣的本国家庭情形，并按部定课程标准编纂，取材切近，排列合宜，颇符女子中学师范标度。惟其中有应修改处，仰即照签改正送部复审。	1		1		1	《教育公报》第2年第2期（民国四年六月），公牍，第62—67页。

续表

书名	出版者	评语							备注
习字讲义	刘蕴岐	多取材于十法正传，而间参己意，肉中不可采。但致杂味甚，讲解未明。如映笔法泛列各式，结论所言四变十欹诸条，又颇颇难，徒乱心目。至于行草以石庵为范，皮毛难象，理论松雪为宗，展转构募，毫厘千里，均不合学校习字之用。	1	1	1	1		1	
新制代数教科书	中华书局	体例取材均适中学程度，说理亦明白晓畅，且能引起学者兴味，足征著者于代数教授极有经验。惟间有说少文疏漏之处，尚须略加修改。	2	2	2	2		2	
新制平面几何及立体几何教本		体例取材适中学程度，而取材亦颇新颖，文句讨论，反复学者应注之点，养成学者推理之习惯，堪称教授善本。惟其中有应改之处，特为签出，呈部审查可也。	2	2	2	2		2	
中学历史教科书		已遵照部批改正，自应公布审定作为中学校用历史教科书。惟近古史第三编第四章第一节所用名词尚未修改，仰即捕页改正，送部备案。	1	1	1	1		1	
中学校用新制西洋史教本		取材精要，叙事整洁，所附对照年表使学生于课余自修之际，得以检查参考，补助记忆。尤见用意周到，应准作为中学校用历史教科书。惟尚有可商之处，仰即照签修改，送部复核再公布。	2	2	2	2		2	
新理科挂图	商务印书馆	此图略嫌细致，且各种挂图未见佳本。惟现时理科挂图本，姑准作为高等小学理科教授之用。	48	48	48	48		48	
		以植物进化系统为经，以外部形态、内部形态、生理生态为纬，而附以植物群系、植物接合、造林等，体例安善。解说显明，使学者便于参考，附江苏植物表，亦寓以分类之说明，是书以程度论，不过为中学之教科书，但以英文叙述，则一般中学生能了解，反多障碍，然有待续之情况，亦未尝不合用。其中插图多不分明，错字亦所不免，须设法修改校正。							
英文植物学教科书			1	1	1	1		1	《教育公报》第2卷第2期（民国四年六月，公布，第62—67页。）

续表

书名		编译者	审定意见						出处
最新外国地理	1	夏廷章	原本教授心得编辑而成，取材新颖，尤足引起生徒练习外国语之兴趣。惟其中不无可商之处，仰即详加修正，并将我国使馆及领事署驻在地，与夫应加入之图画，随时插入或附注眉端。	1		1	1	1	《教育公报》第2年第2期（民国四年六月），公牍，第62—67页。
商业簿记	2	商务印书馆	系据日本吉田良三所著之《最新商业簿记》一书，变更其面目次序，编译而成，文笔畅通，于和文之为颇有研究。惟于簿记学理及其适用方法尚少领会，故其误点不一而足。	2	2	2	2		
初小秋季新修身教科书、教授书各二至三册	4	文明书局	大致尚属可用，惟间有可商之处。一律改正，送部复核后，准作初等小学秋季始业学生教员用书。	4	4	4	4		
手工教科书	2		译自英国博兑路水氏原著，仅载纸细工一种，而我国小学手工有数种如点线工、竹细工等类，不能于纸细工外尚有豆细工、竹细工等类。况手工贵实习，既有教授书，即不必再编学生用书。译笔办明晰，图画印刷间有误点，应仍依签更正送部复核，并改名为教员用纸细工参考书。	2	2	2	1		2
小学实际教授法手工科	1	湖南官书报局	系日本田中广吉所著，译本切中肯要。惟改本切间有书钥用名词，人自为译，此删所译名词虽无差误，然欲为一律计，不得不特其同之处一签加，复核作为教员用书。	1	1	1	1		《教育公报》第3期（民国四年七月），公牍，第59—60、117—126页。
儿童自力研究之启导法	1		于儿童教育多有稗益，可作师范学校参考用书。	1		1	1		
儿童教授法	1		研究儿童教授问题，颇有卓见，且与教师教授上之助力发展，不特可使儿童自动力发展，可作为师范学校参考用书。	1		1	1		
小学各科实际教授法	1		教材丰富，科目详备，所采教授方法合于实用，译笔尤平正畅达，附说详明，易于理解。惟字句间有可商处，可作为师范学校参考用书。	1		1	1		
商业学校用商品学	1	商务印书馆	取材周要，附说详明，惟译名间有可商处，业已签出，送部复核后，作为甲乙种商业学校用书可也。	1		1	1		

续表

书名										出处
论说论文教科书		8	8	丹徒市教育会	8	于论说正文之后，逐字解释，根据许说以证字义，其苦心亦自可嘉。唯因类引用，随意加入，于选字范围既地标准，而本义假借复多漏列，往往以后起之字追证前文，是于字学精义一无发明，用教科书更非小学儿童所能领悟，且经讲经贯以人伦道德之本，以培养国民之良知良能。该书于每章每节以及字句加以论文批评，已失圣贤立言大意，尤非大总统尊经崇道之旨。	8	8	8	
国文达要四种		1	1	周棋	1	该书程度当在中学以下，应不在审查范围之内。			1	
查理斯密代数学序文		1	1	上海科学会	1	翻译图书须与原书校对，此项小代数学据例言系由日本长谷龟之助译本重译。应由该会将原书长谷译本一同送部校对。	1			
家事教本上册		1	1	中华书局	2	依据本部定章编纂，顾合中等教育程度，所选教材注重实用，尤与本国风俗人情相宜。应准作女子中学校及女子师范学校教科用书。	1	1		
中等教育几何学教科书平面之部、立体之部		2	2	上海科学会	2	排次精当，说理分明，编目另设绪论，以叙起学生形体之观念，用意颇善。唯所定各种专门名词之界说，绳以论理尚多疏漏，其余字句均有商榷之处，均经分别签出，应行更正。书中所用米突公尺分等字，又本部附记英文名词，平面部添应一律补入，以便检查而昭划一。	2	2	2	
新式数学教科书		1	1	临淄雷、莒范菌	1	此书体例细程度查与中学教科相符，惟加审核尚多可议。立法甚详，说理过略，发数之作用，分数乘除之法，则均未阐明，其所以然之故，徒使流于机械作用，毫无兴味，此其缺点一也；中学毕业生出而涉世，贵能即应，故算术一科所取材料宜切于实用，如各强国之度量衡货币以及比重温度等项，本书编入诸等数及四则杂题中，此书仅列以附录，已觉轻重失宜。至本国货币之制，立公顷数顺则均不附录，尤不应疏忽；亦属疏漏，此其缺点二也；中学所修为小学所未详，故算数四则则等编，解释不妨少略，而求法开方反是，如平开立方节例仅有算无文，则无一语之说明，凡问初学何能索解，此其缺点三也；别无一语以蔽之者大者，余如排次先后及解释问题未尽信等，以及文字讹字更正之处，仰即遵照修改。	1	1	1	《教育公报》第2年第3期（民国四年七月），公牍，第59—60、117—126页。

续表

新书十六卷	1	崔天全	各篇既非教科书体裁，且词意谬俚，语多不通，明大义道理。删改四书一册，尤为荒谬。该作者应如何安心向学以求通晓，乃妄语荅述。贻误他人，实属不知自量，所请审查之处，得难照准。	1	1	1		1	1	
高等小学英文文法教科书	2		体裁尚属相符，惟印刷欠精，任任为错纸计，多所讹误，竟使标题与各样全无区别。当用大字将标题明白列出，以醒眉目。至取材设例亦多有未妥之处，业经签出，仰即送部复核可也。		2	2	2		2	《教育公报》第2年第3期（民国四年七月），公牍，第59—60、117—126页。
新制英文作文	1	中华书局	叙述简明，于文法之大纲亦能删繁摘要，且印刷字体大小分明，洵便初学，教材多寡亦与学校时间相当。惟书尚有应改之处，应照签更正或附校勘表送部复查后，作为中学校师范学校教科书可也。	1	1		1	1	1	
英文文学读本	1		于每课之前后均将生字及成语详解一通，且仍将课中教材设为向语文译例之资。至各课文英文业已细核，亦属无误。惟译语尚有数处颇欠斟酌，可为学生练习之用。	1	1	1	1	1	1	
新字帖一二三四册	3	商务印书馆	继第一册编制，跳格法由简入繁，便于学写，选笔顺类似之字，伸练习审辨之认真，第二册附双钩字注明笔顺，第三四册用教材的设计，次仿并然，足资初学楷模，准为初等小学校教科书用书可也。	3	3	3	3		3	
实业测量学	1	张元音	既蒙部批改正，应准作为农矿等实业学校教科书用书，惟书尚有须加修改之处，应照此次签批重行更正，务须力求精良。各种图书亦须格外明晰，全印刷无流弊，准为中学校等小学校教科书用书可也。	1	1		1	1	1	
文字启蒙	4	周祖	是书选字精当，解义简备，足见著于小学确有积底，而于假借沿讹尤极注意，苦心精诣，殊可嘉尚。惟全书但以文先字后为例，不分篇目，又无检字方法，不合教科之用，应准作为文后参考用书可也。	4	4	4	4		4	

续表

书名				著译者	内容评介							出处
化学原论	4	1	4	王箎宣	从美国阿谁阿大学教授马伏生、韩德称中学校两博士原著译出，译文差误尚少，惟所称中学校教授时间每小时平均若授七百，尚无过多过少之弊云云。残属未确。查教授化学讲演之外，兼重实验。每小时教授字数万难至七百。如核中学教科书为讲，则学生疑问百出，费时反多，故中学教科书以简明为尚。在外国普通教育之程度既高，教授时间又多，我国中学不能与之比伦，故现制中学校尚不能采用此书以为教科。惟作为甲种工业学校化学教程度较高，准作为甲种工业学校化学教科书。	4		4		4	4	《教育公报》第2年第4期（民国四年八月），公牍，第71、96—103页。
新商业教授法	1	1	1	商务印书馆	专就教授法立论。修改后作为高等小学校教员用书	1	1		1		1	
华法中学读本一册、华法启蒙三册	4	4	4		由浅入深，程序不紊。惟内多涉及宗教，能尽合。译笔亦嫌大实备。兹敕质书详加签注。修改复核。	4	4	4	4	4	4	
三角教科书编本	1	1	1	鲍维城	将三角形解法及测量法置于卷末。尚属墨守旧日。此其可商者一也。所像如卷首之佛度法。此其无裨实用。一则程度较深。甚至中学所必需。此其可商者二也。说排证明过于简略。立法亦未详备。中才以下未必悉能领略。此其可商者三也。图形之脱漏，尚不一而足。应将拟用印刷之纸张发式及定价一同标明。	1	1	1	1	1	1	
政治地理	4	4	4	邱东阳	系法政专科学校讲义。其性质属于高等地学，本不在审定范围。惟是书所搜集之教材丰富，于学界无裨益。应准作为大学校参考用书。	4	4	4	4	4	4	
师范学校新教科书商业	2	2	2	商务印书馆	选材精要，叙事简净。附表附图印刷亦精。适合师范教育之用	2	2	2	2	2	2	
新制英文读本第三四册	2	2	2	中华书局	选材尚适于吾国中等学生之用，较之英美原本实惠一等。书中多修美制。于美利坚文民德言之详细颇大致，尚属可用。惟第三册之译语尚有应改之处，宜送勘误表送部备案可也。	2	2	2	2	2	2	

续表

书名	出版者			审查意见								备注
新理科教书第二三册	文明书局	2	2	体例与第一册相符，行文选材亦甚妥适。	2	2	2	2	2	2	2	
文字源流、文字源流参考书	商务印书馆	2	2	吾国文字源远流长，作者手上古今合为一小册，详言之则限于篇幅，略言之则恐初学者未能了解，实谓煞费苦心，其中所举缘起类别或变迁颇多心得，大篆小篆等即文字之变迁，亦宜文字因时代为变征、所分章节缘起类别或变迁大致无甚区别，大抵文字之类别，有同时代杂出各体者，亦不外时代之关系，莫若以时代为经，以文字为纬，较为明了，书中亦有商榷之处。	2	2		2				
代数学稿本	任钟	1	1	证解不甚明晰，取材简略，各种例题未能运用代数原理，而文字亦大斟酌，得难审定，始准自行修改后，作为中学校参考书	1		1	1	1	1	1	《教育公报》第2年第4期（民国四年八月），公牍，第71、90—103页。
修正和声学	商务印书馆	1	1	既遵地修改，应准作为师范学校、中学校教科用书。惟尚有排印差误数处，修改送部备案可也。	1		1	1	1	1	1	
中等音乐教科书	王立敏等	1	1	体例颇完备，足供教授之用，应候印刷成书送部复核后，准作为中学校、师范学校教科用书。	1		1	1	1	1	1	
中等算术教科书	商务印书馆	1	1	体例完备，证解亦尚明了，错误极多，准改后再呈复核。	1		1	1	1	1	1	
中等农艺化学教科书	冯开浚	1	1	是书译自东文，体例尚合，惟排用名词间用日文，半由杜撰，殊属不合。应将权度名称、化学名词等订正修改，送部复核	1		1	1	1	1	1	
英文本国地理教科书	中华书局	1	1	该书用英文编纂，凡各地名下均注入中国文，为研究英文之一助，但中学校及师范学校地理一科颇难采用英文课本，一则学生程度有限，三则地名翻译难。即令教师详细讲解，费时必多，日本国民教育无非得策，不合授既不免主客倒置之讥，而于国民教育无非得策，不合中学地理教科书之用，姑准作为中学校及师范学校参考用书。	1		1	1	1	1	1	

续表

新式文字学教科书	1	冯善群	1	该书但袭等韵简表后又分类自制符号以为简字，于文字学名又既大悖古，于教科书体裁尤多不合。	1	1		1	1	《教育公报》第2年第6期（民国四年十月），公牍，第45、47页。
解子稿本	1	李巨	1	书名既未择定选字，亦无标准，于教科参考均不合用。	1			1	1	
新制本国史教本第二册	2	中华书局	2	取材编次尚能与前册相符，应准作为中学校教科用书。	2			2	2	
师范学校新教科书乐典	1	商务印书馆	1	修改较为妥善，惟尚有应改者数处，改正后公布。	1		1	1	1	
新制中学国文教本一至四册	4	中华书局	4	该书编辑大致尚是，惟中学校以完足普通教育为宗旨，文字仍以浅深均以适用为主。该书选录各篇，间有词旨艰涩不合斯例者，如胡天游绚丽之词、石估记、灵济庙等篇，遭词造句迂曲倾纤者，绝非中学校学生所宜仿效，应俟再版时酌易他篇为是。沈亚之冯燕传真有寓意，犹嫌俚浅，宜即更易。各册诸仰就所并遵核改证再行送审	4	4	4	4	4	《教育公报》第2年第7期（民国四年十月），公牍，第38—41页。
初小复式级修身教科书、教授书各一册、修身挂图一份	3	商务印书馆	3	挂图必与教科书相辅而行，方足引起儿童之味，此图与教科书每课标目同有不符之处。惟检阅该教授书补叙之处，尚属明白，推通融审定。至该教科书取材切近，大致不差，惟字句间有未妥处，改正复核后公布可也。	3	3		1	2	3	
本国史参考书上下册	2	商务印书馆	2	是书引据史事，便于翻覈，推作为中学校教员参考书。	2			2	2	
中学修身教科书第二册	1	文明书局	1	选材尚与第一册相贯彻，篇末洋加问难，修改中字句须改正处，办颁发部复核公布也。	1	1		1	1	
初等小学手工平面标本	2	商务印书馆	2	以彩色图附代各种纸细工标本，印刷颇精，用以补助手工教育，既简取续，复省教授者之劳力，推作为高等小学校及高等小学标本可也。	2	2	1	2	2	
外国地理上中下	3	中华书局	3	选择材料颇知注重应用，叙次亦有条理，修改后作为中学校教科书用书。	3	3	3	3	3	

续表

书名			编者/出版社	说明							出处
新字帖五六七八册	4	4	商务印书馆	书法工整，择出亦无流弊，准作为初等小学校习字用书可也。	4	4		4	4	3	《教育公报》第2年第8期（民国四年十一月），公牍，第60—62页。
高小算术教科书一二三册	3	3	吴廷璜	课程之分配多不合小学程度。如循环小数。级数。开方。求积等，皆在现定小学课程范围之外，且驰误之处亦复不少，应俟全订加练改，再行送部审查可也。	3	3	3	3	3		
单级修身、单级算术、国文、单级授书三种教授书	12	12	商务印书馆	改订版后与原本内容相较毫无增损。	12	12	12	12	12		
马氏文通要例初蒙八册	8	8	陶兼	读马氏文通以俗语解释，凡晦昧曲折之处，理析而条辨之，诚足羽翼其繁难，提撕后学。但以之作教科书，于小学固已苦其繁赘，而中学师范亦未见其所限，若课外参考或教师随时触类采取，以资教授，作者煞费苦心。所益良多，自由出版可也。	8	8	8	8	8		
高小女子新国文教授法	6	6	商务印书馆	是书取授教授法分课编辑，体裁亦甚妥善，洵可作为高等小学校教员用书。	6	6	6	6	6		
中华英文会话教科书第三四册	2	2	中华书局	续前二册而编纂，浅深合度，虽属会话体裁，然辞句纯正，堪供教科书之用。	2	2	2	2	2		
法语师授	1	1	商务印书馆	是书材料丰赡，句法简明，卷末附录法语译本，准法语及译文中均允能详人所略，洵初学参考书之善本。修正送部复核可也。	1	1	1	1	1		《教育公报》第2年第九期（民国四年十二月），公牍，第39—62页。
平面三角形法	1	1	蒋拱辰	该书体例颇合中学程度，取材亦有精辟之处，书图或有稍率之处，修改版后送部复核可也。	1	1	1	1	1		
新历史第五六八册	2	2	文明书局	是书叙陈史事，同以议论，尚经陈出之处，业经签出，俟校正送部复核后，准作为高等小学教科书。	2	2	2	2	2		

续表

书名		出版社								备注
新制初小单级国文教授书	9	中华书局	9				9	9	9	是书一四合册业已照教科书校正，其余各册大致妥善，应即审定为国民学校单级编制之教员用书，其中有应改处已分别签出，再版修正后送部复核可也。	同上书，第2年第11期（洪宪元年一月），公牍，第64页。
实用地理教科书	2		2	2				2	2	该书选材简要，措词显明，惟其中微有未妥处，照签改正送部复核后，应准作为高等小学地理教员用书。	
高等小学实用理科教科书、教授书第一、第二各一册	4	商务印书馆	4	4			4		4	教科书取材相当，文笔明洁。教授书颇合教授法。于小学理科所应得之知识略备。准作为高等小学教科书及教授用书。惟其中略有错字，须加改正。	
高等小学春季实用算术教科书、教授书各一册	2		2	2			2	1	2	该书选取教材，分配课数，尚属妥协。教授书亦颁详备。应准作为高等小学算术教科书及教授用书。	《教育公报》第2年第12期（洪宪元年一月），公牍，第23—36页。
国民学校春季始业新修身教科书、教授书各三四册，新国文教科书三四册	8		8	8			8	5	8	各册大致妥善，惟新国文第四册第一、第二课，尚有一二可商处，修改送部即复核可也。	
外国历史	2	中国图书公司	2	2	2			2	2	该书条理颇明，旨趣亦甚平正，应准作为师范学校教科书用书。	
国民学校春季始业实用国文教科书一至四册	4	商务印书馆	4	4	1	4	4	4	4	选择教材以及序次文字，均注重实用方面，与标名相符，可供国民学校之用。	
中学地理教科书	1	文明书局	1	1				1	1	是书按照中学校教程编辑，高小第一学年主讲授之用，应予审定，惟中多枝字应改正。	

续表

通俗教育讲演编八篇	8	京师学务局	8	前七篇大致尚安，第八篇繁碎冗长，类似学校生理讲义，不便通俗讲演之用。	7			8	7	1	《公报》第12期（洪宪元年一月），公牍，第23—36页。
民国新教材书生理及卫生学、动物学、植物学、化学、矿物学、算术、代物理、数学、几何学、三角学	10 10	商务印书馆	10 10	此等教科书系教授普通理科知识，其内容与国体之为君主民主毫无关系，应准一律名为新体教科书。					10		
高等小学校春季始业实用国文教科书，教授书各一册	4 4		4	是书选择教材，斟酌文字，浅深程度，均尚妥洽。书中尚多可商之处，应逐条改正，教授书有与教科书关联者，亦应修正。	4	4		2 2	10	4	
高小春季实用修身教授书一二册	2 2		2	原书一二册选材适当，文字显明，后附以格言，尤切实用，应准作为高等小学教科用书。	2	2		2	2	2	
高小春季实用修身教科书三至六册	4 4	商务印书馆	4	第三至第六四册，应俟将教授书送到再行审定。	4	4		2	4	4	
高小春季实用修身教授书一二册	2 2		2	体例完备，亦尚合用。		2		2		2	《教育公报》第3年第1期（洪宪元年二月），公牍，第64—68、75—81页。
国民学校秋季始业普通教科书新修身一二册，新国文一二册，新修身教授法一二册	6 6		6	各馆所辑教材悉以该馆所编之秋季始业共和国教科书为根据，间有修改，亦大致妥善，应准于审定为国民定学校秋季用书。	6	6	6	4 2	6	4	
文字指归一卷，解字浅辨一卷，毛诗指训达诂释例一卷	3 3	舒立淇 3	3	不适教科之用，应准自由出版，备中学校以之参考可也。	3	3	3	3 3	3	3	

附录 ·365·

续表

书名	编者	审查意见								备注
自然地理、人文地理		二书更名为普通教科书尚属可行，惟人文地理未照原签修改，得难准予审定。	2	2	2	2	2	2	2	
中学校新体教科书生理及卫生学、几何学、代数学、三角学、数学、物理学、动物学、矿物学		该书前经部审定，内容均无不合，惟该书原名中学民国教科书，其动物学、矿物学二种版心及眉端尚有民国字样，但无关宏旨，应准暂行通用。	7	7	7	7	7	7	7	
立体几何、算术	商务印书馆	内容均无不合，惟版心及眉端尚有民国字样，应准照前暂行通用。	2	2	2	2	2	2	2	
中学校共和国普通物理学一册、代数学上下二册、平三角法一册、平面几何一册、植物学一册、矿物学一册、生理学一册、普通兵式教练一册		内容均无不合，该书原名共和国教科书，现改今名，其植物学、矿物学、算术、生理学、普通兵式教练六种、版心及眉端尚有民国字样，但无关宏旨，应准照前暂行通用。	10	11	11	11	11	11	11	
新字瓯韵	李目明	所创首标符号究是私家著述，得难审定。	1	1	1	1	1	1	1	
师范源新教科书历史第四册		继续第三册编辑，材料分量选配均属适宜。至于西洋民族之进化、政体之沿革、尤能分合叙述，有条不紊，淘为合作。应准作为师范学校教科用书。	1	1	1	1	1	1	1	
高等小学校实用历史教科书及教授书各三册	商务印书馆	取材简要，措词明晰，于每时期之末，各附以总述简表，俾学生起联络统系之观念，深合历史教法。教授书亦明适用，但书中尚有可商处，照签改正可也。	6	6	6	6	6	3	6	
中华字母	马维禹	唯小学校内万难用此变杂之课本，盖教国文者不能不略知说文，要不能以说文之全体经教小学生也。所用字母非读音统一会所议决者，且用罗马字母与阿拉伯字母入文字之中，尤属芜杂，无庸审定。	6	6	6	6	6	6	6	《教育公报》第3年第1期（洪宪元年三月），公牍，第64—68、75—81页。

・366・ 臣民还是公民？

续表

书名		出版社						审查意见						备注
订正新编国文教科书五册八册、订正新制国文教科书七至十一册	10	10	中华书局	10			10	各册大致水属妥善，尚有一二句商处再版时悉心修正送部备案。	10			10	10	
新数学一册	1	1	姚慰亭	1			1	惟算术为各科之本，应用宜求精确，而与代数、几何、三角关系尤切，该所编造新数字不准与代数几何三角所用之指数及角之略号有所抵触。即用之手比例诸等法中，亦嫌精混。所列四则算式在变其形式，与原算之笔算似亦无其径庭，即心算之繁扩推不能尽免，各式答数往往有消除数次，始得结果。且每不在一直线上，手续既繁，形式亦欠整洁，说理过精，此颇应用上言，不能无所增益。至全书内容，俱未适宜，推课本，推课外参考或学校教师随时触类采取，当有裨益。	1			1	1	《教育公报》第3年第1期（洪宪元年二月），公牍，第64—68、75—81页。
法文读本，法文不规则动词	2	2	贾白兰	2			2	法文读本首论发音，次选读文，末附练习问题及解释单字不规则动词的要，至所编法文不规则动词一书，用法尚颇明备。惟一书中译文多有未合，修改送部复核。	2			2	2	
最新英文典	1	1	娄毅	1			1	是书体例似与严氏《英文汉诂》、日人晖柳氏《和文英文典》相仿佛，而其分类精评，搜材丰赡，则较胜氏。惟英文之用字与译语之措词，间有一二商之处，更正复核。	1			1	1	
高小秋季普通教科书新修身第一册、新国文第一册、新历史第一册、国民学校春季始业新国文教授法第二册	4	4	商务印书馆	4			4	修改之处大致妥善，现既定名为普通教科书，自应仿审定为高等小学校秋季始业学生用书，各书间有误印处，再版时修正。	4			4	4	
实用国文教科书一至四册	4	4		4			4	既经修改，准作为国民学校教科用书，一二商处，再版改正。	4			4	4	

续表

代数学教科书	1	1	中华书局	1	说理精详，措词清晰，可称善本。应准作为中学校师范学校教科用书。惟文字间有脱误之处，速望更正可也。	1	1	1	1	1	2	
兵式训练教科书	2	2	陆军部	2	第一编十章目录第一节至第五节，未知是否遗漏。又第九章第二目劝章执照式，第二节第六章执照式，房稿附缺，应加入。如此等等，复核后再交承印。	2			2			
文法任我、文学释词	2	2	陈朝爵	2	诠释字谊，析理词条，均极明确，惟于提转还词，如而字、乃字、然字等处，以较重大小，评为讲解，已极明晰，不必近为图画，反欠穿凿。至全书内各近于考证、不适教科书之用，准自由出版，作为各学校参考用书。	2	2	2	2	2	2	《教育公报》第3年第2期（民国五年三月），公牍，第14—15、33—34、54—55页。
字学捷径	1	1	陈汝新	1	并省建首，颇有见地，惟签注稍嫌芜杂，印刷亦嫌草率，至附列字过于恶多，仰即详加整改时，再行审核。	1		1		1	1	
简易新字	1	1	陈汝新	1	借罗马字母拼吾国语音，前读音统一会议注音字母业在京师试办，此项简字种类太多，徒乱人意，于统一语言有碍。应明谕止。	1	1				1	
国民学校春季始业实用修身教科书，教授书各一至五册	10	10	商务印书馆	10	是编教科书大致妥善，共教授书内课分列，各项体例颇佳。所采材料亦尚适宜，其应须修改之处，已签出，更正送部复核。	10	5	5	10	5	10	
订正新制国民学校教身教科书，教授书各五至八册	8	8	中华书局	8	所列德目及所用字句，均尚合国民学校之用，惟同有商定，再版时改正送部备案可也。	8	8	4	4	8		《教育公报》第3年第4期（民国五年四月），公牍，第80—83、85—89页。
高等小学实用历史教科书，教授书	6	6	商务印书馆	6	既经改正，准作为高小历史教科用书。惟书中尚有应行修改之处，再版时改正可也。	6	6	3	3	6		
本国史教本上册	1	1	中华书局	1	编辑尚属妥协，准作师范学校教科用书。同有文联之字句，应加修改，再版时修改可也。	1					2	

续表

书名	出版									备注
商业历史上册		1	该课程度供甲种商业学校历史教科用书，尚属适合。	1		1		1		
高小实用地理教科书第二册		1	编纂体例与前二册相符，词意亦简明适用。		1		1		1	
高小实用修身教科书，教授书各第三至六册	商务印书馆	8	教科书立言正大，取材亦颇纯审，亦与教授法相合，教授书叙述详明，条列井然，均堪继续前册，审定为高等小学修身教科及教授之用。	8	8	8	4	4	8	
国民学校秋季始业修身三至八册		6	修正内容大致妥善，应准予审定。	6	6	6	6		6	
国民学校春季始业修身六至八册		3	修正体例大致相同，内容尚属妥善。	3	3	3	3		3	
师范讲习所管理法讲义		1	应行修改之处尚未能改正，亦未声明理由，碍难审定。		1	1				
国民学校新式修身教科书，教授书各第一至第二册	中华书局	4	教科书各课图插点亲切，简而得要，教授书分段叙列，赋括巂达，于初入学校之儿童颇为相宜。	4	4	4	2	2	4	
新武国民学校用算术教科书，教授书各第一、第二册		4	教科书程度相当，分配有序，可供国民学校之用。其教授分时教程教法等等，并分列教程教授等等领，颇为相宜。同有可商之处，再敬时送部备案可也。	4	4	4	2	2	4	
高小普通教科书新国文第四至六册	商务印书馆	3	修改教材大致妥适，应即遵改。	3	3	3	3	1	3	
实用法令已作废	中华书局	1	所引法令已作废，尚有一二可商处，修复核可也。	1	1	1		1		《教育公报》第3年第4期（民国五年四月），公牍，第80—83、85—89页。
单级管理法讲义		1	叙述单级学校之设备，编制等法，尚属适当，惟据卫生、经济各项酌量增大，以期完备。再初等小学现已改称国民学校，书中此等学科均应改正，此外文字大妥之处，仰即修正送部复核。	1	1	1		1		

续表

书名	编著者								备注
师范讲习所用算术讲义		1	1	1	1	1	1	1	当以该书之教材及排列次序尚合中学课本，当遵照改正，而教材之分配及字句之整洁并未注意，且未速照改正。价目增加而印刷反觉比较前书为劣，改误亦复叠出，详细厘订后再予审核。
新编普通体操法		1	1	1	1	1	1	1	该书教材之选择，尚称妥协，惟为中学校及师范学校课本，惟所列各种口令颇多同之处，改正送部复校可也。
实用修身伦理学讲义	黄家瑞	1	1	1	1	1	1	1	是书修身编所论人生责务，纲举目张，鞭辟入里，足副实用之名：伦理学编罗陈中外古今学说，及其递嬗异同之迹，亦颇简要。同有一二可商之处，仰即照改送部复核可也。
实用单级教授法讲义	中华书局	1	1	1	1	1	1	1	所载各科教授方法及单级应行注意事项，颇为详尽，惟文字间有费解之处，兹经分别签出，修正送部复核可也。
高小算术教科书，教授书各第六册	商务印书馆	2	2	2	2	2	2	2	体例核与部数册相符，取材亦深浅合度，应准予审定。
新式高小国文教科书一至四册	中华书局	4	4	4	4	4	4	4	是书大抵取材于部制高等小学国文教科书，而重加编纂，形式内容较难于前，应准作为学生用书。
新式高小修身教科书一至六册	中华书局	6	6	6	6	6	6	6	查是书以诚字为纲，以修己、以修身、以修群、爱国为目，核合今日势之需要，全材选择适合，亦拟作为高等小学修身教科用书。
实用地理教科书第四至五册	商务印书馆	2	2	2	2	2	2	2	该书选材尚适，惟其中有未尽合处，照签改正，送部复核后准作高等小学教科用书。
单体元素名称表	铜凤阁	1	1	1	1	1	1	1	化学元素名称与单体名称均有同异，我国化学名词尚在商榷期内，所编殊难通行。
形拳拳	孙福全	1	1	1	1	1	1	1	吾国拳学流传自昔于体育极有裨益，但现在各学校体操科尚未以此列入正课，又拳学流派颇多，学拳之中宜用某派，亦待商榷。

《教育公报》第3年第6期（民国五年六月），公牍，第89—95、97—100页。

续表

书名		出版者	审查意见									出处
新式高小国文教科书第五册	2	中华书局	形式内容尚称一贯，准定为高等小学教科用书。	2	2			2		2	2	《教育公报》第3年第6期（民国五年六月），公牍，第89—95、97—100页。
物理学稿本	1	孙志道	于普通物理学识大致咸备，繁简得宜，中有应行修改处，业经签出，仰修正印刷成书，同原稿一并送部复核，再行准予审定为中学物理教科书。	1	1	1					1	
中学新地理	7	中国图书公司	是书选材颇费功力，叙述亦极详明，惟嫌善本。准全书分量微嫌过多，应即妥为删改，再行送部审查。	7	7	7		7		7	7	
高小新式算术教科书一二册	2	中华书局	须与教授书合阅，始能审查。	2	2		2	2			2	
奇门捷法	1	柯国栋	查术数之事，无关教育所谓。	1	1				1		1	
理科讲义	2	中华书局	于理科大概取材尚当，陈述简明，惟其中有错误之处，改正后作为师范讲习所用书可也。	2	2	2		2		2	2	
国民学校图画教科书三册，高小图画教科书四册，教授书各册	13	王雅南	是书层次井然，条理明晰，足征该教员平日教授上大有研究，惟其中有应改良之处，仰照签修改以期成一完全善本。	13	13	7	6	6	7		13	《教育公报》第3年第8期（民国五年八月），公牍，第20—27页。
高小理科教科书第二册	2	中华书局	应将教授书送来，再行审定。	2	2	2		2		2	2	
高小实用理科教科书第六册，教授书第四五六册	4	商务印书馆	教科书简要得宜，教授书解说精详，体例亦与前册相贯彻，准作为高等小学校理科用书。	4	4	4		4		1	3	4	
新式国民学校国文教科书一至四册	4	中华书局	是书用练习主义之教授法，至为详备，编辑分列教授注意各事项，可谓近时各教授书中最新最善本，应准审定。	4	4	4		4		4	4	

续表

书名			出版者	审查意见							备注
高小实用国文教授书前第五册	1	1	商务印书馆	是书续前编纂，体例相符，内容亦大致妥善，应准作教授用书。	1	1	1	1	1		
实用教科手工四册	4	4	商务印书馆	手工一科注重实习，除小学手工有教授书外，关于手工之教科书，以不用为尚。惟我国缺乏师资，或仍须借重书籍，是书内容完备，仰即自由出版可也。	4	4	4	4	4		《教育公报》第3年第8期（民国五年八月），公牍，第20—27页。
法制参考书上册	1	1		条理尚称清晰，间有一二错谬处，改正后自由出版，以备中学校及师范学校授法制课时参考之用。	1	1	1	1	1		
高小实用历史教科书，教授书各第六册	2	2		继续前册编辑，尚能一律，应准审定为高等小学历史教科书和教授书。	2	2	2	1	2		
新武用器画教本	1	1	中华书局	体裁尚属可用，惟所列图画殊欠工整，误处亦复不少，改正后送部审查可也。	1	1	1	1	1		
最新中学植物学教科书	1	1	商务印书馆	此书被前所审定之本，加以分类学，条例简明，便于参考，准作为中学教科用书。	1	1	1	1	1		
中等适用新体算术教科书	1	1	王世中	该书议论过多，不适为中学课本。未经本部审定，擅自截制部批，卷末日封面中竟书审定字样，似玩忽部章，应即停止。并应重行订正，再禀部核办。	1	1	1	1	1		
新理科笔记一至六册	6	6		该书就理科教材排列图画笔记，俾儿童笔记之功，用意尚合。所选图画亦属明白，应准审定。	6	6	6	6	6		
心理学	1	1	商务印书馆	是书叙述普通心理学，兼及教育应用，理明词达，颇合师范教育之用。书中文字间有可商，业经签出，遵照改复核可也。	1	1	1	1	1		《教育公报》第3年第10期（民国五年九月），公牍，第60—61页。
高小实用国文教授书第六册	1	1		是书续前编纂，体例相符，应准作教授用书。	1	1	1	1	1		
复式教授法	1	1		是书各举各项复式编制教习之法，颇多经验一验有得之言，日详论其长短利弊，堪供学者采样，应准作为师范学校参考书。	1	1	1	1	1		

续表

书名			出版社	内容评述								出处
新制心理学	1	1	中华书局	是书所有材料程度，尚与师范学校规程相符。惟采辑既多，同有前后不相贯申及词意难于索解之处，签经分别签出，应即遵照修改。又书中文字每失之亢长，以剪裁使归简洁。	1	1	1		1	1		《教育公报》第3年第11期（民国五年十月），公牍，第57—60、63—67页。
单级国民学校体操教授案	1	1	商务印书馆	该书教材完善，列表精详，将兵式、普通、游技三种操法，按照年级阶配置，使学者得以齐均发育，无偏重一端之弊，颇合体育原则，准作为单级国民学校用书。	1	1	1	1		1		
国民学校实用国文教授书八册	8	8		是书丁教授上分内容、形式，应用三项，尚为扼要，综观全书颇见完善，应准作为国民学校教授用书。	8	8	8		8	8		
初级英文教科书一册	2	2	中华书局	是书第一册所列拼音，具有条理，而字句水复简单，可以韵言无便记忆。第二册选材办课均极适当，应即准于审定作为高等小学英文教科书。	2	2	2		2	2		
工业大意	1	1	商务印书馆	是书内容有详略不均之病，如机械制作业只分为一节，则失之过略，而香水与香油、牙粉与香皂等皆别为一节，又失之过详。要分中学四年级，宜提之工业大意，不能详备化学工艺而言，是书即处略叙述，其详细处亦非每节每星期一小时所能尽发。修改送部复核。	1	1	1		1	1		
新制修身教本卷首及第二册	2	2	中华书局	是书立论正大，于吾国伦理之本颇多发挥，而丁近时思潮办绝无违异，融合新旧，斟酌古今，洵为善本。	2	2	2	2		2	2	
平面三角法讲义	1	1	匡文涛	是书为日人上野清原著，取材丰富，译笔办其明畅。惟中学校授平面三角法，时间甚少，是书所载问题共计一千八百题有余，演习殊费时刻，且其程度多超出中学范围以上，用作中学教科书，似不相宜，应作为中学校参考书可也。	1	1	1	1		1	1	
高小实用地理教授书第二册	1	1	商务印书馆	于教授法尚合，应准作为高等小学地理教授用书。	1			1		2		

续表

书名			出版者	审定意见									备注
柔术讲义	1	1	高允中	上卷论单人演习，略举我国拳术，简单运动，各名词加以注释，措词浅显，尚有可取，下卷论手演习，足为对手拳路之记载，借手柔术之精微，未能阐发，按之讲义，体载亦嫌未合。所有呈诸本部采用暨审定文案之处，均应无庸置议。	1	1			1	1		
高小用篆缝纫教科书	3	3	商务印书馆	该书由浅入深。于普通缝法选材属技艺，学生手演习之必要，尚明了，但缝纫木属技艺。准予审定为高等小学教科书参考用书可也。	3	3	3		3	3	1		《教育公报》第3年第11期（民国五年十月），公牍，第57—60.63—67页。
国民学校女子国文教科书一至六册、教授书一至四册	10	10	中华书局	该教科书选材切近，造语明显，解说明晰，尚多引申，教授书亦指示详晰。至国文教科书为国民学校女子国文教科书第五六册，应俟教授书行线行送到再予审定。	4	8	2	10		6	4	8	2
儿童教育之感情上下、古今谈、儿童教育鉴、篇者传	4	4	文明书局	经通俗教育研究会审查，此四种可供通俗教育讲演参考之用。	4				4		4		
高小理科教授书六册	6	6	中华书局	该书体裁妥适，解说详明，应即准予审定。	6	6	6	6		6	6		
论理学讲义	1	1	商务印书馆	是书程度颇与师范学校教科相当，行文亦复晓畅，惟所举各例多欠妥适，并有辞句应加修饰之处，签经分别签出，仰即遵照修改正送部复核可也。	1	1	1		1	1			
修身讲义	1	1	商务印书馆	是书分上下二编，上编论普通之伦理，下编论教师之职务、修养，明白浅显，可资讲习，但行文间有冗长繁杳之处，应酌量删润以归简当，其字句之讹误数解者，亦经另纸签出，应并遵照改正送部复核。	1	1	1		1	1			
英文名人达异、英文名人尺牍	2	2	中华书局	查该书采集材料尚属丰富，注解亦复详明，应准作为中学校、师范学校参考用书。	2	2	2		2	2	2		《教育公报》第3年第12期（民国五年
国民学校新式修身教科书、教授书各第七第八册	4	4	中华书局	续编编辑，大致尚妥，应于审定，其中间有一一误字，仰即照签改正，送部复核。	4		4		4	2	4		

· 374 ·   臣民还是公民？

续表

商业卷下	1		1	是册承前编辑，注重商业地理，颇中肯要，书中间有差误处，已为签出，改正后作为高等师范学校教科书可也。	1		1	1	1	（十月）公牍，第68—71页。
实用地理教授书第三、四册	2	商务印书馆	2	该书于教授法尚适，应准作为高等小学地理教授用书。	2	2		2	2	
中学校用文法要略下编	1	中华书局	1	文法要略在中学校国文科目仅一部，所谓要略者，略言文法当然之要，不可支支词泛语，使教授者莫如莫解，且于规定学年中不能卒业。则谓之文法，既属不合，且于规定之性质，不如此则不合。此书于文法辞字之范围，十分明晰，多半属于修辞字之范围，须多参详，大加修改。	1	1	1	1	1	
高等小学算术教科书第一、二册、教授书第一册	3	中华书局	3	该书编辑体裁俱见清晰，无散漫之弊，所设问题亦能与各科互相联络，颇合高等小学程度。惟讲问有商榷之处，修改送部存之公布。	3	3	3	2	3	《教育公报》第4年第1期
高等小学修身教授书六册	6		6	是书疏解详明，有条不紊，应准作为教授用书。	6	6	6	1	6	
国民学校复式教级教科书、编辑一份、挂图一份	3	商务印书馆	3	是图书继甲编出版，以为国民学校第二及第四年级之用，挂图以授第二年级，编纂得法，取材适当，与甲编均一律，应准作为国民学校复式教级课偶身用书图教科书及教授书。其中尚有应行修改之各条，再版时应呈部备案可也。	3	3	3	1	3	（民国六年月），公牍，第111、112、115页。
共和国民文读本第五册	1		1	该书取材尚称周详，用意亦复明了，应准审定为中小学校用书。惟解释字句间有大可斟酌之处，改正后公布。	1	1	1		1	118页。
忠恕、孝经劳训	2	吴履泰	2	查蒙养德之事，小学校为修身科目，此书与小学校教则不合。	2	2			2	
高等小学历史教科书、教授书各两册	4	中华书局	4	查该教科书分配三十六小时教授，应准定为高等小学校第一学年历史教科用书。教授书以自动主义，于叙述、联络、思路诸项、勾核注意，亦属合法。惟其中尚有商榷之处，修正送部复核审定后公布也。	4	4	4		2	

续表

书名	出版社	审定意见								备注
新式地理教授书第一二册		该书于教授方法尚属合用，叙次亦颇有条理。	2	2	2	2	2	2	2	
高小国文教授书一二册		采用自学辅导主义，不拘于形式的教段，处处与白话对照，使生徒易于领会，字之使用法，应准作为高等小学国文科教授用书。	2	2	2	2	2	2	2	
新式地理教科书第三四册		该书编纂体裁与前册相符，选材措词亦均扼要，准予审定作为高等小学地理教授用书。	2	2	2	2	2	2	2	
新式国民学校算术教科书、教授书各第三至八册		各册教科书程度均属便宜，体例亦与前二册相同，教授书分配周详，是其所长，而文字大宗及答数讹错之处颇多，修正复核可也。	12	12	12	6	12	6	6	12
实用生理卫生教授书		是书体例明实，陈述说明晰，图画显明，卫生及实验各条尤为切实。准予审定作为中学校教科用书。	1	1	1	1	1	1	1	
师范学校新教材书教授法		详述各科教授方法及复式编制，语多精要，惟字句间有可商之处，应即遵照另纸签出各条修正，送部复核可也。	1	1	1	1	1	1	1	
制纸新教科书	商务印书馆	该书大体尚无不合，惟洋子洋纲略干土绳，子乙种他种未尽适用，暂予审定作为甲种学校制纸科教科书。	1	1	1	1	1	1	1	
英语作文要略		书中论列字句篇章各法，甚得修辞之精要，足补他种作文书之缺，但取材有限，中等学子颇难会通。姑作中学校生文参考书可也。	1	1	1	1	1	1	1	
商业经济、商业实践		商业经济言简而意详，商业实践能备载中外商界实情，本文下加附记，尤足备教习学生之参考，淘为商业学校教育之善本。修改复核后可作为商业学校用教科书可也。	2	2	2	2	2	2	2	
中学校本国史参考书卷二上下		详证事实，可为读近世史之一助，与卷一上下两册体例相符，应准作为中学级教员参考用书。	2	2	2	2	2	2	2	
单级小学教授法		是书罗列各科教授方法并单级教授，应当特别注意之处，颇为详备，应予审定。	1	1	1	1	1	1	1	
国民学校初学作文教授书		所列教授文各法，尚属可采，惟文笔较硬，而亡以互译作为用，堪国民学校教员之参考，仰即逐一修改，连同答案二卷一并送部复核，再批示。	4	4	4	4	4	4	4	4	《教育公报》第4年第2期（民国八年八月），公牍，第46—49页。

续表

实用儿童心理学讲义	1	中华书局	1	以日人中泽著个性观察法之实际为蓝本，虽非心理学之正宗，而其中理论颇多可采，应准作为师范学校及讲习所参考书。	1		1		1		
单级教授讲义单级教授案例	1	1		查单级教授分配各科编制教案，尤关紧要，是书详细讨论明晰，切实可行，自应准予审定。			1	1	1		
单级小学校管理法	1	1	商务印书馆	1	是书备述广义的管理，于一切校务无不详晰言之，言议论明畅，切实可行，自应准予审定。			1	1	1	
广义心理学	1	1		是书网罗广新，采择新颖，足供参考。其中尚有可商处，修正送部复核。	1		1	1	1		
高小新式修身教授书一册	2	2	中华书局	2	是书指示详明，注重实践，应准作为高等小学教授用书。	2	2	2	2		
高级英语会话下册	1	1	商务印书馆		赓续前册，字字略加丰富，其中一二本语亦普通科学上所习见，尚合中学程度，应准作为中学校第四年级英语会话教科书。	1	1	1		1	
新体算术教科书，教授书二册	4	4		4	体例仿现国民小学程度，取材亦能引定学生兴味，惟间有误处，应随签修改，呈部复核审定可也。	4	4	2		4	《教育公报》第4年第3期（民国六年二月），公牍，第64—67页。
改良算法、测量新法、望远图一纸	1	1	聂至广、张玉瑞	1	该书取材于算法，统宗内容，永不见可采，惟证以近今测量新法，已成出时之陈迹，不足以言致用也。	1		1	1	1	
平面几何画法	1	1		1	已依签修改，纸张图样尚属合用。准予审定作为中学校教科书。	1		1	1	1	
女子烹饪教科书	1	1	商务印书馆		依部定规程，苦心编纂，用系统组织叙述章节方法，实为独创之作，其中神益于家事科、木属艺术，无读教科书之必要，尤读习不能有效。应准定作为女子中学校及女子师范学校教员参考用书。	1		1	1	1	
新体算术教科书稿本二册	2	2	王世	2	选次遭批修改，于力求详备之中，极均简明整适宜。	2		2	2	2	
单级教授讲义教育学	1	1	商务印书馆	1	是书前后条理间有重复之处，同意办有可商，修改送部复核可也。	1		1	1	1	

续表

书名	编者	审查意见							出处
新闻八音连韵快字	林天遂	所制音韵字母只能通于闽省一隅，仍嫌琐碎，且与语言统一之前途反生阻碍。	1	1	1		1	1	
高小修身教授书三至六册	中华书局	续编前编纂，纲举目张，有条不紊，应准作为教授用书。	4	4	4		4	4	《教育公报》第4年第4期
高小新式商业教科书三四册	商务印书馆	该书词意尚属明了，编制亦称得体，应准审定作为高等小学商业教科书。	2	2	2		2	2	（民国六年三月），公牍，第78—83页。
中国简要新地图	中华书局	简要明晰，应准审定作高等小学地理科教授之用。	1	1	1		1	1	
新式地理教科书第五六册	商务印书馆	体例尚合，选材办颇简要，准予审定为高等小学刊理教科前用书。	2	2	2		2	2	
农业学校用肥料学		由日本土佐太佑大助所著之肥料教科书译出，以今语译古文，文理详确，分配妥洽，应准作为教科书，供甲种农业学校之用，范学校参考用书。	1	1	1	1	1	1	
四书孝经今译	张佩严	是书据周善培所著疑字使用法，以今语语古文，字字对照，煞费苦心，淘中小学校国文之一助，应准作为师范中小学校参考用书。	8	8	8		8	8	《教育公报》第4年第6期
新式国民科学校国文读图第一辑	中华书局	是图内容与新式国文教科书相同，印刷明了，揭示指点之用，应予审定。	1	1	1		1	1	（民国六年四月），公牍，第39页。
高小新式历史教科书三至六册		继续前两册编辑，尚属完善，应准审定作为高等小学教科用书。	4	4	4		4	4	
高小秋季新商业教授法第三四册	商务印书馆	沿前两册体例编纂，其参考一栏考证颇详，足考教授之助，惟其中间有微疵，已饬为签出，依至更正送部复核后，准作为高等小学教授用书可也。	2	2	2		2	2	《教育公报》第4年第7期
共和国教科书新国文教授第六册	商务印书馆	是书采各种教授方法，因教材而变化，不拘于阶段之形式，诹为近日教授界中最善之本。前四册师范话一项，将各课本文悉演为普通话，单儿童得时常练习，尤可为统一言语之导线，应即准予审定。	1	1	1	1	1	1	（民国六年五月），公牍，第73—74、80—81页。

· 378 ·　臣民还是公民？

续表

书名		编者		审查意见							备注
三角法对数表	1	韩聘鲁	1	是书为日本长泽龟之助所编辑，其于零角立弧正切、余角之余弧余切等法，解证精密，殊有特长之点，译笔亦尚简明，颇合中学教科之用。俟印刷成书送同原稿呈部复核后，再予审定。	1	1	1	1	1	1	
陶侃运甓、司马破缸、孟母断机、苏武牧羊、祥宪齐眉、闻鸡起舞、木兰从军	8	商务印书馆	8	绘通俗教育研究会审查，该馆所送通俗教育画八种，采取历史事实，绘印成编，色多鲜明，每张说明原系泽话文言，若于再版时改用白话，详细说明，尤与通俗教育相合。	8	8			8		
历史教科书三至六册	4	中华书局	4	继续前两册编辑，颇属合法。应准审定作为高等小学校教授用书。其中有讹字及大舛处，仰即照签修正复核后予以公布。	4	4	4		4		《教育公报》第4年第7期（民国六年五月），公牍，第73—74、80—81页。
高小新式商业教授书二册	2		2	是书发商业通中外，随便贯通办略备，应准审定作为教授用书。	2	2		2	2		
半日学校国文教科书五六册	2	商务印书馆	2	选材切要，文字办浅显合度，于半日学校颇为便宜。	2	2		2	2		
商业历史下册	1		1	选材精当，措辞明晰，各编概论比较中外得失，足资观感，准予审定作为商业学堂用书。	1	1		1	1		
乙种养蚕课本二册	2	陈光祖	2	是书大体类无不合。唯间有应订修改之处，修改后再予审定。	2	2		2	2		2
国民学校用图画教科书三册、教授书四册、高等小学校用图画教科书三册、教授书三册	13	王雅南	13	层次井然，法度明备，其中蕞粘精到之作甚多，教授法尤为详赅，兹经复审照签改正，可称善本。	13	13		7	6	13	
物理学教本	1	中华书局	1	所选材料程度尚与中学规程相符，惟其间说处颇多，图画亦欠明晰，修改后送部复核。	1	1		1	1		1

续表

书名					著者	审查意见					备注
中学物理学教科书稿本上下册	2	2	2	2	韩聘鲁	以日本板桥盛俊之物理学为蓝本，说理恳切不弱，论理以实验为基础，而归纳应有各种定律，是其特长之长，所选教材除普通应有者外，并罗列咨近时工业重要器械，尤足以增进学者实用上之旨趣。用作我国中等学校本颇属适宜。惟译笔同大明显，且多误谬之处，经签示数则以例，其余应详细厘订后，再行呈部审核可也。	2	2	2	2	同上书，第4年第9期
商业学上下	2	2	2	2	中国图书公司	取材尚属妥适。惟字句错误极多，修改后理行批示。	2	2	2	2	民国六年七月，公牍，第61、63页。
簿记教科书	1	1	1	1	王凯	是书取材虽属简单，而编制尚称得体，说明亦复详晰，应俟印制成书后，准予审定作为师范学校教科书用书可也。	1	1	1	1	
实用手工参考书	1	1	1	1	商务印书馆	作者以七年教授之经验著是书，自与径外书者不同，惟字句间略有商处，已详为签出，即依签更正，准为手工参考书。	1	1	1	1	《教育公报》第4年第10期
论语话解一至四册	4	4	4	4	商务印书馆	是书纯用普通语演述对训，绝无和俗郦颂之词掺杂其同，言近指远，令学者易于了解悟，用之高等小学既可发明圣贤义蕴，又可练习普通语言，减为一举两得，准予审定。	4	4	4	4	（民国六年八月），公牍，第56—60页。
新式习字帖一至六册	6	6	6	6	中华书局	是书楷法正确，次序井然，以此授徒，堪称模楷。前三册器什之材料过多，而无自然物之材料，使儿童苦于纸墨，无活泼之兴趣，宜酌量取换。	6	6	6	6	

·380· 臣民还是公民？

续表

书名		编者/出版	审查意见									出处
初等无师识字反切购音、音成方音字汇	2	2	苗心兰	是书拟所有字之音，约为三百数十余字，又选定六十余字为母，以为母字反切，附注反切，有本系清音而改为浊音，本系浊音而改为清音，有本系牙音而为唇音。俱与古今合音切者相违反，又如木属床母神母而改为舌头音者。本系喉音而改为牙音或齿头音，本属知母而改为知母者。本属床母神母而改精母、本照床母神母而改见母、本清精母而改穿母、本从母而改精母、本照母而改精母、本晓匣母而改心母之类。虽同为缓母，本从母而改为缓音。然或舌上或正齿或喉头或齿音者。悉已混淆。虽古今音韵递有变迁，韵学诸家亦不能不所出人，已由会员同为商榷。会同议定统一读音字母，并由各省代表会同议定统一读音办法。取所有常用之字，并采用取决多数之法，决定一音。即以此项字母分注字旁，并议细加厘定。再行颁布。此书所有方音既今古不无迁迁，亦本部统读音之旨有不符之处，所请鉴定备案一书，应明厥议。	2			2	2	《教育公报》第4年第10期（民国六年八月），公牍，第56—60页。
国民学校新算术一课算第一册	1	1	商务印书馆	增订之处亦属妥洽，应作为国民学校学生用书。	1		1					
新算大教案第二册	1	1	中华书局	唯表前册编辑，内容尚属妥切，准审定作为国民学校教员用书。	1		1		1	1		
习字帖一二册、习字教授法一册	3	3	中华书局	习字帖第一册活用描红法，由浅入深，具有原本。至教授法指示其详；第二册注意字体偏旁，于间架结构及点画次类多说明，尚便初学，准作为国民学校习字之用。	3	3	3		2	1	3	
实验幼稚游戏	1	1	王怀琪	该书取材合度，解释精详，于历史、地理、修身、手工各科，互有联络，万国家思想于游戏之中，发扬军国主义，使儿童得知于不知不觉之际，用意深切，殊堪嘉尚，准予审定作为师范学校及高等小学校并国民学校体操用书。	1	1	1		1		1	
最新外国地理	1	1	泰东图书局	是书叙述抵要，并饶科学兴味，足称善本，应准作为中学用书。	1	1	1		1		1	

续表

订正八段锦	1	1	王怀琪	此书取中国体育八段锦旧法，加以注解，附图立说，简单易行，惟下肢运动之一图于肢体运动为益无多，年稍长者习之每易致误，余均可备课外运动参考之用。	1		1	1	
行进游戏法	1	1	商务印书馆	该书简列各种步法，解释颇为明了，后各项游技，布置亦极适当，应准作为再造小学师范学校参考用书。	1	1	1	1	
修身游技唱歌联络教材	1	1	商务印书馆	1	该书本表情游技之旨，将歌身、游技、唱歌三科混合编纂，寓修身唱歌于游技之中，洵为中小学教师良好之参考，其歌辞选择亦尚妥切，准作为小学教员及师范学校参考用书。	1	1	1	1	
英汉化学辞汇	1	1	桦编荛	1	博采海内化学诸家所定名词，汇为一书，加以说明，附列数表，尤为详尽，查全书以英字汉字之体例，如于再版时添印汉英字对照开表，便汉汉字者得翻检之便，尤为裨益。	1	1	1	1	
蒙文合璧五方元音	1	1	海山	内容系取五方元音，以蒙文确注，并于每字下增补一二蒙汉合璧字音，译卷清晰，举例显明，深堪嘉许。自由出版以便学习蒙文者校用为参考书。	1		1	1	
水产动物学	1	1	商务印书馆	是书取材日本，其中类及说明颇为精当，然于吾国水产尚少研究，其中虽有同之处，究非中国水产之书，此学在吾国本属萌芽，考察详明尚当期诸异日，始议为可参考用书，其中略有所神助，要不无有所裨助，修正后送部复核后，作为水产学校教科用书可也。	1	1	1	1	
中学文法要略	2	2	中华书局	2	是书分上下二篇，体例甚佳，文典篇简明切当，修辞篇颇有心得，以此教授，可为初学之津筏。	2	2	2		
汉蒙合璧国文教科书	1	1	商务印书馆	1	是译文致妥适，其有一二商处，已经签出，至所列各图状态，多非人所乐见，应酌加修改，再行呈部复审可也。	1	1	1	1	
拳术学教范	1	1	商务印书馆	1	取我国拳术普通姿势，分类立说，具有可取，惟第二编第十章头部分句教练各法，于卫生有碍，应即删去外，准作为中学师范课外运动参考用书。	1	1	2	1	《教育公报》第4年第11期（民国六年九月），公牍，第62—63、67—68、70页。

续表

书名												备注
英文森林学大意	1	1		1		本书编纂善于森林学之研究极有心得，列为林政之重要，继续详明，并能注意中国地方情形，为有志林业者之参考，至译出汉文准备无讹，诚为森林专门学校用书之佳本。	1		1	1	1	
英文成语教本	1	1		1		选择英语甚为妥适，至译出汉文准意无讹，神情亦复吻合。	1		1	1	1	
高等小学英文新课本一至三册	3	3		3		本书于文法读法会话三者辑合法，使学童于每课习见旧字，逐加新字，又附以汉译比对中英文法异同，能引起学童练习之兴趣，可称教科书之良本。	3	3	3	3	3	
中学英文法第一二册	2	2		2		于教授英文法课程编译尚称适当，准审定作为中学校教科用书。	2	2	2	2	2	
动植物显微镜实习法	1	1	吴元涤	1		是书于药液之分配、截片之制法、显微之运用、条理井然、目附精图以资考稽，于研究斯学者有大裨助，唯附线而缺数字名称。使学者于各部分之诸名称，仅画线而缺数字名称。应于各部分之诸名称，属沃然，应于图再列一表，凡注有线无数字者，应加项朴入各名，俾可按表对照，而书中正文已述及者，或有未注数字亦无画纸，皆须悉心检查加补，以期完善。	1	1	1	1	1	《教育公报》第4年第13期（民国六年十月）
蚕体解剖教科书	1	1		1		叙述精详，图画细致，但其中有错误及须商榷之处，应照签修改后送部复核，作为蚕业学校蚕业讲习所或农业学校教科书。	1		1	1	1	
范字教材第一二辑	2	2	商务印书馆	2		该教材一以临用为主，其笔画位置不正者，令儿童临字印入练习薄内，自行对照修改，此法颇得自动教育之精神，允为教材之优点。除第一辑尚有商榷之处，已详细签出外，大致均属妥善，准审定作为国民学校教科用书。	2	2	2	2	2	
秋季始业新国文教案一至四册	4	4		4		体例与春季始业新国文教案大致相同，方法详备，均为近日教授书中之善本。其注重话法、多用问答、单儿童藉此得时习普通语，以养成其发表思想之能力，并可作统一国语之预备。	4	4	4	4	4	
高小新商业教授法第三四册	2	2		2		应行修改之处概经逐一改正，自当依照前批准予审定为高小新学校教授用书。	2	2	2	2	2	《教育公报》第4年第14期（民国六年十月）

附录 ·383·

续表

书名		出版者		评语								备注
新制体操教本	1	中华书局	1	依自然发育之本旨使运动齐均，生理心理两受裨益，对于教授法之提示，及器械之设置，尤合心得，准予审定。	1	1		1		1		公牍，第67—68、71页。
初等平面几何稿本	1	黄鹤如	1	于普通几何学认识大致咸备，繁简得宜，业经签出，改正后再于审定为中学几何教科书可也。	1	1		1		1		
秦汉演义	4	商务印书馆	4	以演义体表叙述秦汉事迹，用意正大，措词明显，惟一班不能读史记汉书之人亦可略得历史上之知识，殊于通俗教育，洵非浅鲜，即以备高等小学生徒课余浏览，亦不为无补，惟是书不在审定范围之内，自由出版可也。			4		4		4	
小学适用体操教材	1		1	所列体操游技之理论尚属适当，各种游技办堪采用，惟多有可商之处，修改再行送部复核可也。	1		1			1		
新制化学教本	1	中华书局	1	说理精详，注重应用，图表办嫂集周至，足供参考。惟取材概、略表参差之处，即分子之排列次序，世界各国概列金属于前非金属于后，日本一部分之学者以文法上之关系，主张倒置，然多数人仍沿用旧例，书中或前之或后之，改正后准作为中等教育用化学教本可也。	1			1		1		
森林学大意	1		1	讲解明晰，调查亦周洋，以供通俗教育之用，堪称准本。惟于学术上记载削嫌简略，作为大学校教科用书不甚适宜，应准作为参考书可也。	1			1		1		
教育学讲义	1	商务印书馆	1	选材精当，说理亦尚平易，如教育论，德育论各核利教育法，近与教育之新思潮相合，应准审定为师范学校参考用书。	1			1		1		《教育公牍》第4年第15期（民国六年十一月），公牍，第90—94页。
新体经学讲义	1		1	该书于十三经之源流及其传授家法派别异同，叙述颇详，条理办堪明晰，此间治国学者应具之常识，惟其体例似偏于学术史之范围，于师范研习经学之本旨，犹有未尽，应准作为师范学校参考用书。字句略有讹误之处，仰即修正。	1			1		1		

续表

书名		出版社		审定意见						出处
新式学生字典	1	中华书局	1	选字大抵以教科书及教授书所载为根据，注释浅显，适合学生自习之用，其检定之法以模起直起撇起点起四类分别之，尤便初学检查，应准作为学生用书。	1		1		1 1	《教育公报》第4年第16期（民国六年十二月），公牍，第91—页。
历代疆域挂图十二幅	12 12	商务印书馆	12	该图简要明晰，准审定作为中学师范各校教授用图，同有误处，应附刊校表，并于再版时改正送部备案可也。	12		12		12	
美术史大要	1 1	王庆图	1	是书洋于画而略于书，即以画论，非以笔之略手，系统之纪述，仅于王子王子园画谱及近世图画教科书中，摄取梗之大要，名曰大要。其余建筑雕刻音乐等类核亦未精确，笔墨纸砚乃属于工艺品，不得仅列美术，所谓东洋乃指东方诸国而言，亦未能言其系统源流体例，即是书所言日本画，亦未能言其系统源流体例，称述多所隔膜。	1		1		1	
新体管理法讲义稿本	1 1			依据现行教育法令，参以实师设施之要项，简而能赅，颇合师范作为师范讲习科用书，惟征引法令条文略有伪误之处，所用名词间或未妥，修改送部复核公布。	1	1	1		1	同上书，第1期（民国七年一月），公牍，第45页。
中国简要地理暗射图稿本	1	商务印书馆	1	尚合高等小学地理练习之用。	1		1		1	
德文轨范	1		1	系采耶克劳斯所著德文法，选材译句均尚妥适，应准作为中学校教科用书。	1		1		1	
秋季始业新式国文教科书一至三册	3 3	中华书局	3	查东西各国初等小学教科书多用言文一致之体，我国近日教育界亦颇有主张此说者。该书为前编季新业始发此国文教科书，此编之末附有白话四课，可为教科书始发之前号。此编子各册仍附白话，而课文中间用白话体裁，较诸前编更见进步，其余各课文字亦浅显明白，儿童尚易领悟。	3		3		3	《教育公报》第5年第2期（民国七年二月），公牍，第44—47页。

续表

英文工业读本	商务印书馆	乃摘录工业书报及各制造会社之说明书而成，其间材料虽不乏佳者，而选择不免偏驳。例如第十一、十二、十三、十五、十七等课，与中等各校之程度不甚合。且中等各校之英文教员对此项专门工业文字，未必尽能解释明晰，以之作为商业师范及中等各校教科之用，未能合宜。	1	1	1	1	1	1	
共和国教科书新国文教案五至八册		续前编纂，列举各种方法，足备教师之用。	4	4	4	4	4	4	
地图画法		足书说理精详，画法简明，以此教授可为初学之津梁。	1	1	1	1	1	1	
新心理学讲义		该书指示普通心理学，诸要项尚属简要有条，于各节后每兼述儿童各种心理学大意，及教育上应注意之事项，尤为切于实用，应准审定为师范治讲习科用书。	1	1	1	1	1	1	同上书，第5年第3期（民国七年三月），公牍，第96、99页。
实用学生字典		选字详备，注释简明，足供学生自修之用。	1	1	1	1	1	1	
实用手工参考书第二册		此册所载为赋纸组纸二部，内容颇为完备。	1	1	1	1	1	1	
生理卫生教科书		所批改之处颇多，切当足见该馆用心不苟。	1	1	1	1	1	1	
国民学校用算术教科书、教授书各八册，高等小学用算术教科书、教授书各六册		已于元年经部审定在案，现重新审定，所改各节尚无不合，应准继续审定。	28	28	28	28	16	14	《教育公报》第5年第4期（民国七年三月），公牍，第88—91页。
范字教材三至八册		所列各字配合间属得宜，字体水平正秀劲，适于初学。	6	6	6	6	6	6	
高小共和修身一至六册		曾于民国元年审定在案。兹六年将满遵章请审定，查无不合。惟间有不合现时情势之处，及被错字字，签出，应查照改正。	6	6	6	6	6	6	

续表

书名	出版机构			审查意见				来源
汉蒙合璧国文教科书二三四册		3	3	该书汉文系用该馆出版共和国教科书新国文之原文，略加删节。该新国文既经审定，自属可用。准译成蒙文，与之对照以供蒙族国民学校之用，则尚有可商之处二：就实质方面言之，该新国文所取教材专以内地各行省所有者为标准，南北风土不无差异，用之者尚觉其中有不便教授之处，蒙古之气候物产风俗习惯在在悬殊，授以此等教材，有类凿枘异鸟，能与该族生活相密切乎？此其一。就形势方面言之，内地国民学校国文科中尚须注重语法，盖语言整理则学文自易，蒙族儿童本不同语，蒙语整理之功须与学习汉语者同等。今乃给以言文之目，是该书虽于已通汉语之学习汉文之用，恐难适于蒙族儿童，若同时又要求学习汉语之通话上之需求，不能不兼授之地。此其二。	3	3	3	3	《教育公报》第5年第4期（民国七年三月），公牍，第88—91页。
女子新国文一至六册		6	6	于民国元年审定在案，兹六年将满，遵章请审定。将不合现时情势与微欠妥洽之处，照签校正后再予公布。	6	6	6	
新式旗语等	注音字母传习所	2	2	此编利用注音字母直接传语，一目了然，诚为有益实用之作。至借用字形一法，巧妙便利，向所未有，确系一大发明。深堪嘉许。应作为学校童子军用书。	2	2	2 2	
新式中学英文读本、新式小学英文教科书及教授书	中华书局	3	3	深浅有序，尚称适用。	3	3	2 1 3	
国民学校春季始业新国文	商务印书馆	8	8	大致合用。	8	8	8	
新式理科教科书一至二册	中华书局	2	2	选材得当，叙述简明，而每课材料亦颇联络，触类旁通之益。	2	2	2	
蚕体生理教科书	商务印书馆	1	1	于蚕体生理上应有之知识，皆能阐明要旨，学者籍此以验诸实际，必当获益不浅。准作为农业学校及蚕业讲习所教科用书。	1	1	1	《教育公报》第5年第5期（民国七年四月），公牍，第46—47页。

续表

书名																	备注
新制英文法	1	1	中华书局	1	编辑体例尚属井然，采取练习材料亦甚适当。				1			1	1	1	1		
中华旗语	1	1	严家麟	1	较向日旗语实已简便，所采字母似皆以鄂皆为本，若欲通行全国，尚待学者讨论。	1	1	1				1		1	1		《教育公报》第5年第6期（民国七年四月），公牍，第58—60页。
中国历史世系图考、中西历年表	2	2	卓宏谋	2	该图考据精详，应准作为修订历史教科书之用。中西纪年如在该图考内，将中西历年数俟要附注，不必另为一书。	2	1		2			2	2	1	1		
高等小学季季始业新国文一至六册	6	6	商务印书馆	6	内容间有变更，大致尚可适用，应准继续审定为高等小学国文教科书。	6			6	6		6	6	6	6		
新制地理概论教本	1	1		1	取材选词概尚简要，推审定为中学用书。	1	1		1			1	1	1	1		
公民读本教授书	2	2		2	条理清晰，疏解详明，审定为国民学校教授用书。	2	2		2			2	2	2	2		
新制国文教案一二册	2	2		2	纯用教案式编纂，颇便教员讲授，其第一册前十课教授发音，指示确正之良法。他如范古之话一项，各名课本文悉演为普通语，尤足为儿童练习语言之用，应准审定为国民学校教授用书。	2	2		2	2		2	2	2	2		
高等小学校用新式习画帖	6	6	中华书局	6	所画非不工整，但比授徒，其弊将悉流于描头画角。其中有纤弱不振，使儿童阅致性灵，不能发展其笔力；有似毛管非毛笔，似铅笔非铅笔者，变化之方法。至于墨色浓淡之序，前五册皆无之。又第六册始略举一二例，使学者无从练习之余日，竟致劳而无功，非全体色味不准则，删致大改正，得雅审定。	6	6		6	6		6	6	6	6		《教育公报》第5年第7期（民国七年五月），公牍，第74—79页。
国民学校新式修身教科书、教授书各一至四册	8	8		8	既经通批修改，应即准予备案。	8	1		8	8		8	4	8			
新编文字俗解	1	1	注音字母传习所	1	是书以向未之俗称，而扩充之为二百十余名，于教授国文口传生字时，颇便利之效，惟字体复杂，此一百余名尚未能悉行包括，若再加分析，又病颇难记，欲求尽善，油蕴研究，而此比之确有实用，则拟同信。	1	1		1	1		1	4	1	1		

续表

书名			审定意见								备注
速成英文读本	1	1	专为初学英文者而设，不言文法而文法已在其中，能令学者必领神会。一目了然，洵称善本。	1	1	1		1	1	1	
新武国民学校修身教科书、教授书各第五至八册	8	8	既经照签改正，编辑适正。应推作为师范学校教科书用书。	8	8		4	4	8		《教育公报》第5年第7期（民国七年五月），公牍，第74—79页。
师范英文教科书	1	1	取材丰富，编辑适正。应推作为师范学校教科书用书。	1		1	1	1	1		
新式论理学	1	1	选材简要，排次亦尚合宜。惟解释名目述语等，词句多系直译，有与国文结构不甚相合。应即酌将修改再行送部审核可也。	1	1		1				
新武小学英文教科书，教授书各第二册	2	2	注重实用，立意甚善。惟间有不合于中国社会情形，恐使小学学生读此而长养修之习惯。	2	2					2	
平面三角法	1	1	著者本经验所得，编辑是书，取材切要，证解简明，足供中学师范之用。	1	1		1		1		
支拌工图说	1	1	是书颇有条理，当此职业教育肇兴之时，著者能悉心研究颇值于前，他日学校及工厂引用手后。应推作为手工参考用书。	1	1		1		1		
新撰中国地理	2	2	编辑合法，于地理学颇有心得。应准作为中学地理教科用书。惟词句未能尽臻妥善，并多误字及可商处，后再行公布。	2	2	2	2		2		
新制英文法	1	1	采取教材尚属丰富，编辑程序亦甚得体。	1	1	1			1		
汉译英文会话	1	1	该书分配课程简短适当，足供中小学练习英文之资料，应推作为高等小学及中学英文会话用书。	1		1		1	1		《教育公报》第5年第8期（民国七年六月），公牍，第37—39页。
体操新教案	1	1	取材合度，配置简明，可教教科书中之良本。	1				1	1		
体操步法课要	1	1	是书所列各种步法，多见于步兵操典及普通体操排列法等之间，今既汇成一篇，亦有可取，唯口令之文，多异字之点，似有不能统一之弊。应妥为修改，再行送部核夺。	1			1		1	1	
本国地理卷上	1	1	注释详明，应准作为中学地理教科参考之用。	1			1		1		

续表

书名	出版者				审定意见					备注
国民学校春季始业修身教科书，教授书各一至八册		16	16	16	除第六册之第一课拟宜酌改外，余均无须更改，准予审定。	16	16	16	16	
气象学		1	1	1	叙述气象诸项要理，简洁有序，足为初学津梁之本。应准定作为甲乙种农业学校及师范学校用教科书。	1	1	1	1	
实验复式教授法		1	1	1	详述复式编制及各科教授法，简括明了，切实可行，足备师范学校教授之用。	1	1	1	1	
园艺学		1	1	1	于品种及栽培宜忌等事，颇知注重本国情形，至材料之选择，记载之详略，亦属妥适，应准为甲乙种农业学校及师范学校用书。	1	1	1	1	
日用英语会话教本		1	1	1	该书选辑教材分配适宜，应准作为中学校教员学生用书。	1	1	1	1	
新制国文教案三四五册	中华书局	3	3	3	续编编纂，循序渐进，颇合教授之用。	3	3	3	3	
新体教授法讲义	商务印书馆	1	1	1	前经审定，呈送样本复核尚无不合。	1	1	1	1	
新体中学化学教科书	银风阁	1	1	1	是书内容丰富，凡注重自然科学之中学校，固当用为教本。准民国学制中学校改为四年毕业以后，任其用。讲，教师不能比较，如为一般中学校便利计，可将有机化学中较繁之处，以次号留待教印，则同少者略去不教，但伸明，呈时同多者亦得略去，书中通画仍宜精绘，文字之错误尤多，徒参考。	1	1	1	1	
新体操讲义	商务印书馆	1	1	1	取材新颖，编选合法，应准审定作为中学校及国民学校教授用书。	1	1	1	1	
本国历史讲义、本国地理讲义		2	2	2	尚有讹误及可商之处，修改后再行公布。	2	2	2	2	
新脚本物字教本、新制同物学教本	中华书局	2	2	2	既经修改日加考订，准予复核审定作为中学及师范学校教科用书。	2	2	2	2	《教育公报》第5年第9期（民国七年七月），公牍，第44—46页。

续表

书名			审查意见									备注
英语构造法	1	1		详于辨句而略于析辞，学者必于析辞既熟，乃可进而辨句，是书站作为中学校师范学校英文参考书。	1	1	1	1	1	1	1	
简易英文法详解	1	2	1	译语颇嫌芜杂，解释亦欠精透，日详改有得宜之处。	1	1		1	1	2	1	
实用手工参考书	2	1	2	已经审定，修正处也已修改，准作为手工参考书。	2				2	2		
自修英文读本	1		1	该书选材问称妥善，注释亦复详明，应准作为中学校及高等小学校学生自修用书。	1	1	1			1		
实用英语读本、新体英文法上册	2	2	2	实用英语读本取材设例均尚与中学程度相当，关于文法及文义之练习，亦合自发的教育，应准审定作为中学第一年级英语教科书。新体英文法搜集精详，足补他文法书之所未备，但是书只有若干册，互相联属，仅就一部无由定其臧否，应俟全书送部后再子批示。	2			2	2			
女子高等尺牍	1	1	1	此书分类铺张，偏陈典实，于尺牍体裁不尽可取，易蹈西东涂径，施之学校教育末必合宜。	1	1			1	1	1	
新修身讲义	1	1	1	前经审定，足资讲习之用。	1	1			1		1	
新体化学讲义	1	1	1	该项讲义颇重实用，与晚近职业主义相符，惟若干签出外，应即改正。印行送部复核后再行批示可也。	2	1		1	1	1	1	
实用手工参考书第三册	5	5	5	是册纪竹工工工一部，内顾国俗，外采新知，足征著者之确有经验，与徒译外籍依样葫芦者，迥乎不同，惟木工第十三节以前宜添编学用法一节，及一二名词用本国通用字即也。增次后准作为参考书用也。	5	5		5	5	5	5	
教育学要览、教育史要览、教授法要览、管理法要览、心理学要览	1	1	1	参合东籍，间采坊本，提纲挈领，颇费经营，偶有伪脱或应修订处，悉布签出，以资商榷，惟编译者之自，若以供学校备之便利，原为课文许者准备之便利，印行供学校练习之资，则语焉而不详，以为课余练习之资，以为非其所素习。	1				1	1		
高等英语读本	1	1	1	选择材料甚属适当，应准审定作为中学校学生用书。	1	1			1	5	1	
手工图画联络教材	1	1	1	以经验所得，撰集成书，颇足以此一学科联络之妙，所名词问商处。	1					1		
新体农业讲义	1	1	1	体例尚佳，惟失之简略，应准审定为师范讲习科用书。	1	1			1	1	1	《教育公报》第5年第10期（民国七年七月），公牍，第41—44页。

续表

书名			出版者	内容说明									备注
童子军结绳法	1	1		系从英国伦敦童子军联合会所用绳结专书译出，内容分十大纲都九十四种。凡结扼区格绳诸式，罗列详备，其各种缚法率皆坚年而易拆解，简捷而使实用，末章附论造桥与结绳木，关系尤切，书中插图显明，译笔亦清晰，教授学习均称便利，洵童子军之宝筏也。	1	1		1				
小学手工教材上下卷	2	2		既依批令修订，详细校订，自是好教材，学校教员用书可也。	2	2		1				
三好植物学讲义上卷	1	1		由日本植物学大家三好博士原书译出，网罗宏富，说理透彻，洵为参考善本。	1	1		1				
书法教授法	1	1	商务印书馆	于习字基本教授及笔顺名称，运笔方法等，颇能本实际之经验与最新之研究，定为准则，尚合国民学校教员参考之用书。	1		1					
新制生理学教本	1	1	中华书局	速批修改完竣，准予审定作为中学校及师范学校教科用书。	1		1	1				《教育公报》第5年第11期（民国七年八月），公牍，第48—50页。
共和国教科书植物学	1	1	商务印书馆	于民国二年经本部审定，兹复于分类各有所增订，使学生便于查考，仍继续审定为中学校教科用书。	1	1	1	1				
蚕体病理教科书	1	1		于病原、病微、实验、预防各项，续述详明，皆有所本，实为切用之书，准予审定为农业学校或蚕业讲习所及甲乙种农业学校蚕业科教科用书。	1		1		1			
新式理科教科书三至六册	4	4	中华书局	于理科材料选择、叙述，均尚简明无误，惟插图过小，须于再版时改良加大。	4	4		4		4		
英文法初步	1	1	商务印书馆	造句稳妥、解释明晰，编制亦属得法，至搜罗教材之宏富，尤其余事，准定为中学校学生习用书。	1	1		1		1		
新体国文讲义	1	1		略本马氏文通，参以西文律法，解析词性，颇为精密，于近出国文典中尚称善本。准予作为师范学校讲习科用书可也。	1			1		1		
新体商业讲义	1	1		既经审查，日逐一改正，准予作为师范学校讲习科用书可也。	1			1		1		

续表

书名			编者		审定意见							出处
中学实用英语读本第二册、新体英文法教科书上下	3	3		3	实用英语读本赓续编册，浅深尚合。新体英文法内容丰赡，条理繁而不紊，具见编纂精细，应准审定作为中学校教科用书。	3	3		3		3	《教育公报》第5年第12期（民国七年九月），公牍，第69—71页。
新体图案画	4	4		4	名曰新体，其实甚凡然，其中亦有可取之处，至第一册皆四方连续，而第二册反多二方连续，殊觉倒置，应即改良后作为中学校参考用书可也。	4	4	4	4	4	4	
中学校用简易英语读本一至三册	3	3		3	编辑尚属得体，取材亦属丰富，且对于用字用句极合初学程度	3	3	3	3	3	3	
体操教授细目丙编	1	1		1	取材合度，与甲乙两编尚称连贯，应准审定作为高等小学校体操科教授用书。	1	1	1			1	
病害学	1	1		1	叙述作物病害诸项要理，简洁有序，可为初学之津梁，应准审定作为甲乙种农业学校及师范学校教科教授用书。	1	1		1	1	1	
新编前汉演义	1	1	王文钦	1	是书编次审慎，叙述简简，在历史小说中颇称上选，惟于西汉一代事实，仅叙至景帝而止，未为完帙	1	1			1	1	
算术问题解义	1	1	中华书局	1	该书译自日本守岳雄长之著述，明白浅显，尚属可用，印刷版式复核后，准作为学生参考书。	1	1	1			1	
新式小学英文科教科书第三册	1	1	王文钦	1	赓续前册编纂，尚无不合，应准审定作为小学教科用书。	1	1	1		1	1	《教育公报》第5年第13期（民国七年十月），公牍，第40—43页。
理科汇编	1	1	中华书局	1	汇集理科浅易学理说明，分作九十四条，顾有兴趣，足备通俗教育宣讲之材料，及中小学生参考之用。修改复核后，作为普通参考用书可也。	1	1	1		1	1	
新制学校管理法	1	1	中华书局	1	是书既经遵照最近教育法令修正，并将其各流误之处，照签更改，应准于审定作为师范学校教科用书。	1	1	1			1	
新编世界第一快字说明书	1	1	杨建甲	1	此书所称由各省醒其本地读音呈部区别审定等法，业已实行，应用简便。至音字节既有读音统一会议定之注音字母，且设有习已有成效，将来自可设法推行以归统一而免纷歧。此书三十一字母中，所增之五字母，与法亦虽未敷明，然于二十六字母外，留备他日采择可也。	1	1	1	1	1	1	

续表

书名	出版者						审定意见							备注
平面几何学教本		1	1				是书词句既经遵批改正，应准作为中学师范用书。		1	1			1	
立体几何教本	中华书局	1	1				既遵批更正，应准作为中学师范教科书用书。		1	1			1	
新制平面三角法教本		1	1				既遵批改正，应准作为中学师范教科用书。		1	1			1	
乐歌基本练习		1	1				体例尚属妥善，应准审定作为中学师范学校教科用书。		1	1			1	
童子军初步	商务印书馆	1	1			1	是书述童子军之组织、教练、管理、考试各法，丁童子军之人格、颐觉物地、发挥实际精神。求其内容于队中之愿同规律，能民心竭力坚守勿渝者。殊不多观。编者于此反复申论，安足吾国创办童子军者捕下书征。准书中所载誓词军律以及各级课程。悉依上海童子军协会所规定，其应行修改之处，应即详细改定再行送部审查。		1	1		1	1	《教育公报》第5年第14期（民国七年十一月），公牍，第39—41页。
中学校教科用简易英语读本第四册		1	1				赓续前三册所编，由浅入深，程序井然，应准审定作为中学校教科用书。		1	1			1	
蒙养从读	谢功肃	2	2				是书不过高之论，无肤泛之词，平实切近，易知易行，足当学有根柢，可内为进德律范，作为中学校习学参考用书可也。		2	2			2	
国民学校秋季始业新式国文教科书第五册	中华书局	1	1				是书绘前编纂，程度相接，文字显明，无讹等缺点，应准审定。		1	1			1	
美术史参考书	商务印书馆	1	1				是书考证不泚，可与美术史相辅而行，准作为师范学校美术教科参考用书。		1	1			1	
新制国文教案第六全十一册	中华书局	7	7				续前编纂，丁字义文法流疏而详，文课授到，逐课附列，俾教授范话者有所取材，尤为该教案之优点，应予审定。		7	7		7	7	《教育公报》第5年第15期（民国七年十一月），公牍，第73—78页。

·394· 臣民还是公民？

续表

书名											出版者		审查意见							备注
世界万物现象图	1	1									洪懋熙	1	1		1				1	
范氏教材教授书八册、范氏练习簿一册	10	10									商务印书馆	10	10			2	8	10		是图地理现象表示显明，足供小学参考。来呈既称地理教科参考之用，而此命名似大觉泛，宜改作地理现象图教科参考之用，而图中名称亦须有改正之处，改正复核后准作为国民高小两等小学地理教科参考用也。教授书用教授式，依照范字教材按课编纂，较从前各习字教授书，允切进步。于时间之分配与教材之伸缩，不与所授教材相关联者，允属辁敷所得宜。范字练习簿亦尚适用。
国民学校习字帖三至八册	6	6									中华书局	6	6			6	6	6		统前编纂，第三四册依据旧有之间架结构范字以换其每字实地映写之用。第三四册依据旧有之间架结构范字以换其每字实地映写之用。而映写时注意之点，复用义勢骨骼两种范本而有所其临写。第七八册兼用文帖，伸习其款式，子习字时颇翔实用之益。全帖今学帖亦尚稳，应准审定为国民学校用书。
新彩色写生记忆画一两册、解说第一两册	4	4										4	4		4			4		是图形体用笔设色均有法度，可备美备精良之范本。而解说两册于画法之次约，剖析详明，实物之形态，相辅而行。尤可为初学之津梁。准子审定为师范学校教科用书同也。
畜产学	1	1										1	1		1		1		1	各编颇知注重基本国情形，用意甚善，全选择材料、排列顺序亦尚适当。应准定作为甲乙种农业学校及师范学校教科用书。
兽医学大意	1	1									商务印书馆	1	1			1		1		是书编辑精序，教材实确。应准作为甲乙种农业学校教科用书。
世界简要暗射地图	1	1										1	1	1						该图大致尚合。惟子京都市镇商港等符号未能分别注明，难期适用，修正后呈部复核。
刺绣教科书	1	1										1	1		1		1	1		该书内容综合两种绣法。而新绣法中论列线距离允为详尽。至排列方法由决入深，由简而繁，甚合教授之用。应准作为女子中学校及女子师范学校手工教授用书。	《教育公报》第5年第16期（民国七年十二月），公牍，第74—75页。
白话演说指南	1	1									侯治邦	1	1			1		1	1	经通俗教育研究会审查，是书尚不出讲演范围，可作为讲演参考用书，原书准自由出版，至所请刊发各讲演机关一节，应正庸议。	

续表

书名			出版者		审定意见						备注
高等小学新图理案一至六册	6	6	商务印书馆	6	是书由简入繁，颇有变化，足资入门引导，准作为高等小学校教科用书。	6	6	6	6	6	《教育公报》第6年第1期（民国八年一月），公牍，第20、22、24页
新体外国地理讲义	1	1		1	既遵批修正，序次办颁有法，准定作为师范讲习科用书。	1	1	1	1	1	
新式中学英文读入门	1	1		1	取材颇皆适宜，序次办颁有法，应准作为高等小学校实习用书。	1	1		1	1	
新式中学英文读本第二册	1	1	中华书局	1	该书继续前册，取材校例均合中学程度。	1	1		1	1	
平面几何学、立体几何学	2	2		2	前次书中签示各节，既经修改完竣，应准审定为中学校及师范学校教科用书。	2	2		2	2	
实用教科书物理学	1	1	商务印书馆	1	叙述理论实验简要精审，学者循此以验诸实际，表推殊多，应准审定作为中学教科用书。	1	1	1	1	1	
国民学校秋季始业新式国文教科书第八册	1	1	中华书局	1	续编编纂，体例相符，应审定。		1		1	1	《教育公报》第6年第2期（民国八年二月），公牍，第25—28页
新算术教义第五至八册	4	4	商务印书馆	4	据续前册编辑，内容尚属妥协，准定作为国民学校算术教授用书。	4	4	4	4	4	
高小春季新算术教案	1	1		1	依据教科书编纂，简洁详备，尚属可用，准定作为国民学校算术教授参考用也。	1	1	1	1	1	
诸注高等小学国文读本一至三册	3	3	毛思诚	3	文辞文义具有代酌处，尚多可取，惟教材多不适当，且二三册就文体分类办不合小学程度，依遵批改正后，准作为教授参书可也。	3	3	3	3	3	
高小春季新理科教授法一至六册	6	6	商务印书馆	6	修改各条尚无不合，应继续审定，俟汇案公布可也。	6	6	6	6	6	
国文读本讲义一至四册	4	4	刘铸	4	是书系将商务印书馆民国三年出版之中学国文读本每篇加以评论，既无教授方法，又非讲文义体裁，教师不能减少教授上之困难，而学生亦不能得作文之要领。且思想迂阔，不合于宜。	4	4	4	4	4	

续表

书名		出版者		评语							出处
商业教授书三、四册	2 2	中华书局	2	根据教科书编纂，浅明详备，颇属适用，应准审定作为高等小学校教授用书。	2	2		2	2	2	《教育公报》第6年第2期（民国八年二月），公牍，第20—28页。
中国地理图志、世界地理图志	2 2	徐鸣远	2	编辑有法，便于教授，堪供中学地理教科之用，应准定为中学地理教科用书。	2	2	2		2	2	
高小新式农业教科书第二、四册，教授书第二、三册	3 3	中华书局	3	膡绛前册，体裁精当，程序井然。	3	3	3		2 1	3	
秋季始业新式国文教授书第一册	1 1	中华书局	1	罗列种种教授方法，足备教员之用，其生字并用注音字母，以正其发音，尤可为读音统一之先导，应予审定。	1	1		1	1	1	
钢琴入门	1 1	夏志真	1	既遵批改正，应准作为师范学校中学校学生用书。	1	1	1		1	1	《教育公报》第6年第3期（民国八年三月），公牍，第27—31页。
新式理科笔记册一至三册	2 2	中华书局	2	按教科书排列图画，申学生自行责法，征诸实际，诚为善法，准予审定作为高等小学校教科用书。	2	2	2		2	2	
新式中学英文教授书	1 1	商务印书馆	1	该书解释详明，运用字句颇适当，应准审定作为中学校教授用书。	1	1	1		1	1	
东亚各国史参考书	1 1	商务印书馆	1	考证详明，应准作为中学历史参考用书。	1	1	1		1	1	
运动枪法教授书	1 1	汤焕彬	1	该书教材虽不十分完美，然其所备各节及其运动方法尚属可行，惟图解编有大变处，照签改定后准作为中学校及师范学校练习运动教本。	1	1	1		1	1	《教育公报》第6年第5期（民国八年五月），公牍，第35—40页。
几何学问题详解	1 1	商务印书馆	1	该书证解尚属浅明，应准作为中学校师范学校学生参考用书。	1	1	1		1	1	
自修英文读本第一、二册	1 1	汤焕彬	1	取材多系搜集名人著作，都一百四十余页，寓义近实于课内，逐课注解，诚为自修英文之善本。	1	1	1		1 1	1	

续表

书名												备注
实用手工参考书 第四册	1	1			1		第四册系支杆粘土二部，支杆细工注重草帽编织法，而以办业的方法教授学生，颇为特色。粘土工为陶业之预备，亦颇详尽，能于职业教育界中放一异彩。其一二商处与排印差误之处，已量为签出，改正后再行批示可也。	1			1	
法语初步	1	1	钱风阁	1	1		所选教材尚属浅易			1	1	
新体化学教科书	1	1	汤尔和	1		1	既通俗改正，即可在审定范围		1		1	《教育公报》第6年第5期（民国八年五月），公牍，第35—40页。
诊断学译本	1	1	商务印书馆	1	1		是书不在审定范围，自由出版由各医学校采用可也。	1			1	
复文学级国文教科书一至七册，教授案两册	9	9	商务印书馆	9	7	7	是书取材注重实用，文字尚浅显，异程度，配置尤便教授，教授案详列顺序，可免顾此失彼之繁，应予审定。	9			9	
新代理科笔记册三至六册	4	4	中华书局	4	4		审查无讹，准予审定为高等小学理科用书可也。		4		4	
课蒙简易法	1	1	黄郁烈	1	1		该书专授单字及联字、名词由单而复、形容词、动词均与已授之名词联之，颇足为识字辨词之助，惟用为小学教科书，体例尚多未合，倘照签入改以后再呈部审查可也。	1			1	
高小春季新算术教案第二册	1	1	商务印书馆	1	1		继续前册编纂，尚见完善，应准审定为高等小学校算术教授书。	1			1	
手工丛书明纸图说	1	1	商务印书馆	1	1		全书选材适当，次第移置，说明亦简洁，足供小学教员参考之用。	2	1		1	
新编图画课本	2	2	商务印书馆	2	2		著色鲜笔平涂法便于初学，可兴起儿童趣味，准予审定为国民小学用书可也。		1		2	《教育公报》第6年第6期（民国八年六月），公牍，第40—45页。
本国地理参考书卷下	1	1		1	1		是书注释详明，应准作为中学地理教科参考之用。	1	1		1	
新制论理学	1	1	中华书局	1	1		既经修改，准作为师范学校用书。	1	1		1	

续表

书名			审定意见							出处
中文捷径	1	黄荣生	该书于古文修词之学，虽能触类引申，究其神髓，然分类则定义未免笼统，字法则名目已为繁复，非确定系统大加删并，不能合教科书之体裁。	1			1	1	1	
实用英文法	1		取材丰富，编排周详，应准审定作为中学及师范学校教科用书。	1			1		1	《教育公报》第6年第6期
手工大绳折纸图说	1	商务印书馆	取材异乎旦编，可供小学教员参考颇多，似须审查数条，修改后送部复核可也。	1	1		1		1	
风琴教科书	1		该书简要明晰，极便初学，应准审定为中等学校教科用书。	1			1		1	
中等学校适用教本乐典	1	顾猗风	体例尚善，解释亦明，应准审定为中等学校教科用书。	1		1	1		1	（民国八年六月），公牍，第40—45页。
高小秋季新式理科教授书第一册	1	中华书局	是书按照教科书次序摘要征引，颇得其要，于教授方法亦无详悉之处，准审定作为小学校教授参考用书。	1			1		1	
图案教材一二册	2 2		是书多采取东西人原本，虽乏新创之作，然采撷种类颇多，足供初学者参考，准审定作为中学校及师范学校或职业学校参考用书。	2	2	2	2		2	
本国新地理图说	1	商务印书馆	该图说尚属详晰，应准审定以供中学校小学校及师范学校地理之用。	1		1	1		1	
新体图画教科书、教授书各三册	6 6		复核无讹，准于审定作为高等小学校教科及教授用书。		1	3	3	6	6	《教育公报》第6年第7期
农具学	1 1		叙述农业重要工具，尚属详明，应准审定为小学校教科用书。		1		1		1	
高小秋季新式理科教科书十至六册	6 6	中华书局	既经批修改，应准审定为高小理科教科书。	6	6		6	6	6	（民国八年七月），公牍，第71—73页。
新式高小农业教授书第四册	1		体裁前三册，体裁精当，层次井然，应准审定作为高等小学校教授用书。	1	1		1		1	

续表

书名	编者/出版		审定意见					出处
实用教科书矿物学	1	1	是书注重实用，如矿物岩石之鉴别、矿物之制造，工艺品之制造，靡不记述，图表详明，尤便考证，而其衔接小学理科更进一解，适合中学程度，应准审定作为中学校及师范学校教科用书。	1	1	1	1	
新体铅笔画、铅笔画解说	商务印书馆	2	铅笔画尚不失法度，解说一册颇多精要之言，准作为中等程度学校参考用书。	2		2	2	
共和国教科书高小新理科	6	6	经复审无不安之处，仍准继续有效，作为高等小学教科用书即可也。	6	6	6	6	《教育公报》第6年第8期（民国八年八月），公牍，第34—37页。
国民学校秋季新国文教科书教授书各一至八册	16	16	是书既经修改，尚属合用，应继续审定作为国民学校国文科教科用书及教授用书。	16	16	8	16	
几何学定理分类表	张鹏飞	1	浅显明白，适合学生参考之用，准审定作为中学生参考用书。	1	1	1	1	
近世平面几何学	1		检查无误，应即准予备案。		1		1	
新编英语模范读本第一册	1		该书材料编辑均属合宜，准审定作为中学校及师范学校练习英语用书，惟误签学颇多，应照签更正送部复核后，再行公布可也。	1	1	1	1	
农业学校用土壤学	1		修改各处尚无谬误，准审定作为农业学校用书。	1	1	1	1	
新体书法教授法	商务印书馆	1	修改各处均属妥洽，应准作为小学校教员参考用书。	1	1	1	1	《教育公报》第6年第9期（民国八年九月），公牍，第31—32页。
国语学讲义	1		此书上篇详述古今音韵源流，于旁纥错宗之诸家学说，独能分条析缕，剖解透彻，使向未研究此事者，亦能一览即解，诚国语学之津梁也。第二章第三节所论，韵二百六韵，别其分类之法，定为六种标准，如能终为全国语问题之纲发，尤臻美善。下篇历叙洋秦迄今国语教育之经过，于公私授受记载甚备，可为讨论国语教育之参考借鉴者不少，全书征引尚富。持论亦颇明通，与胡以鲁国语学创问为佳，应准作为各学校国语教科用书可也。	1	1	1	1	

续表

书名	册数	编辑者	审定意见					备注
新式国民学校珠算教科书、教授书各三册	6 6	中华书局	内容颇详,教授书尤简。	6		6	6	
新制国民学校国文教科书第二册	2 2	中华书局	较初版略有改良之处,大致尚属合用。	2		2	2	
高等小学新历史、新地理各六册	12 12	商务印书馆	拟改各课均尚妥适,尚有应行修正之处,改正呈核再行审定。	12		12	12	
注音字母发音图说	1	注音字母传习所	应行修正之处,一签出,大致尚属合用。修正后送部复核。	1	1		1	
中学算术教科书	1	赵志澄	说理详备,证解新颖,酌准中学生之用。	1	1	1	1	
新式国民学校秋季始业国文教授书二至四册	3 3	中华书局	续前编纂,善用启发,可供教授之用。	3	1	3	3	
中学实用有机化学	1	何永誉	是书编纂颇详,我国出版中所罕见。改正后作为中学师范参考用书。	1	1	1	1	
钢笔画第一、二两组	2 2	商务印书馆	是画意态活泼,大致核后,部复核后,作为中等学校参考用书。但其中有不合法者须改换送部。	2	2	2	2	
最新中学植物学教科书	1	武昌高等师范学校	排列各课注重实验,可谓得教授之真意。材及其他不适当之处,尚须照签改正,且插图多不显露详明,亦一缺点。虽今学生自动观察写生,有时不得同之图且有正确之表示,可与实物相印证,一之植物,可以他种同属植物代之者,须悉心修改送部复之,故图画一项为教科之切要者,核可也。	1	1	1	1	《教育公报》第6年第10期(民国八年十月),公牍,第16—19页。

续表

书名			审定意见						备注
新体国语教科书一二册	2	2	是书专为国民学校练习国语而设，用意可嘉。第一册支配注音字母完全纳入，并加练习各课，具见苦心。惟事属创始，究竟是否适用，须俟各地方试验之后，方可确有把握。应准暂时审定作为国民学校练习国语教授用之书。	2		2		2	《教育公报》第6年第10期（民国八年十月），公牍，第16—19页。
高等秋季新理科教授法一至六册	6	6	是书修改完竣，兹经复审无瑕疵之处，应准继续审定为高等小学校教授用书。	6		6		6	
国音浅说	1	1	既注音字母之源，于发音排切等用法，解法简明，于初学固属切要无裨益。惟书中如误及未尽之处甚多，修改复核后准审定为各学校练习国音用书可也。	1		1		1	
上古行草	1	1	是书使转超妙，气习渊雅，足征积习之遗，却可为后学律梁。可作中学师范之字参考用书。	1	1			1	
秋季始业高等小学新国文教科书、教授书各六册	12	12	既经修改，尚可合用。	12		12		12	《教育公报》第6年第12期（民国八年十二月），公牍，第20—26页。
通俗国文教科书八册	8	8	取材乡土，用意周详，全书简成白话，俾儿童易学易能，并附文言一致之先导，尽笃指画，残篇钦峨，惟是事属创始，必经一悉试验，方能确有把握。应暂行审定作为山西国民学校试用之书。	8		8		8	
簿记教科书	1	1	取材折衷允当，与前由部审定商务、中华两书局出版之簿记教科书编纂大致相同，应予审定作为乙种商业学校教科用书。	1		1		1	
增订放大实用学生字典	1	1	已遵签示修改，并将字体放大重订，应准备案。	1		1		1	
新体缀法教授法	1	1	详述小学缀法之利弊，为有系统之研究，可供小学教员教授缀法之用。	1		1		1	

· 402 · 臣民还是公民？

续表

书名	出版者				审定意见							出处
非欧几里得几何学		1	1	1	选择非欧派各学说翻译成帙，说理明显，主角简赅，凡已毕初等几何学者读之，稍足以启发其固有之知识。	1		1	1		1	
国民学校秋季始业用共和国国民教科书新修身及教授法各八册		16	16	16	大致尚属可用，应准重行审定。	16		16		8	16	《教育公报》第6年第12期（民国八年十二月），公牍，第20—26页。
国民学校新字典		8	8	8	大致合用。	8		8		8	8	
国民学校与高等小学毛笔画教员用新图画本一册、高等小学毛笔画临帖六册		8	8	8	大致合用。	8		1 7		6 2	8	
国民学校用毛笔画帖八册、高等小学用毛笔画帖六册		14	14	14	大体皆能适用。	14		8 6		14	14	
修身要义		1	1	1	议论确正，尚能合用。	1			1		1	
新式的物学	周肇华	1	1	1	既经修改，尚无不适用之处，仍当继续审定作为中学教科用书。	1		1	1		1	
国语教科书一至十二册	陆绍昏	12	12	12	全书多用语体文，偶然杂入文言，便于适应目前的环境。准审定作为南洋华侨国民学校国语教科书。	12 12		12	1	8	12	《教育公报》第7年第11期（民国九年十一月），公牍，第20—28页。
注音字母教授法	中华书局	1	1	1	方法新颖，确是以前不会有的著作，用来推行注音字母很是便利。准作为师范学校国民学校教员参考用书。	1		1	1		1	
新制中华理科教科书三四册		2	2	2	选材得当，解释简明，准于继续作为高小教科用书。	2		2	2		2	
高小新法算术教科书、教授书、自习书各一册	商务印书馆	3	3	3	教科书材料用混合组织，教授法用启发编制，均属合宜。自习书程度较高，足以唤起儿童向上之精神，兼可备教师补充之讲授，应准审定作为高等小学第一学年用书。文字间有应行修正之处，再版时照改送部备案可也。	3		3	3		3	
新英文典一二册、英语会话教科书一册		3	3	3	既经审定在案，复审尚能适用。	3	3	3	3		3	

附录 ·403·

续表

书名		著者/出版		审查意见							备注
新式小学英文教授书第三册	1	中华书局	1	续前编辑，解释择句均极适宜，应准审定为小学校英文教授书	1		1		1	1	
新法算术教科书、教授案各一册	2	商务印书馆	2	教科书第一册选取材料尚属合宜，教授案第一册办能敷舞儿童兴会，诱使自动。同有一二文字讹错及图画欠清之处，照改。	2	2	2		1	2	
高小算术教授问题商榷	1	朱光熊	1	著者颇经验所得，编制足书，精密详核，足资参鉴。		1			1	1	
农业学校用虫害学	1		1	讹误处既经改正，准定作为农业学校教科用书可也。	1		1	1		1	
新历史教授书、参考书、自习书各一册，新法地理参考书一册	4		4	分别审定。	4		4		1 3	4	
新法高小修身教科书二册	2	商务印书馆	2	该书好处在于不把德目标出来，但举出前人的事实；令学生好自化，命意可取。一、这18节列德目，多是一年作一周的，书中特少关于国人的故事，应该普通注意于孺子的方面，一年中间自然应该普通注意于孺子方面，书中除假设故事之外，所采的例往多半是外国人的故事，怕养成儿童薄本国的心理；三、书中分句读的标点错误太多。修改后再送审查。	2	2	2	2	2	2	《教育公报》第7年第11期（民国九年十一月），公牍，第20—28页。
新体国语教授书第一册	1		1	此书尚属允合，应准审定作为国民学校国语教授用书。	1		1			1	
世界改造地图	1	中华书局	1	欧战告终，各国区域多有变更，亟应有改正地图，以供参览。此次所制新图，尚属合用。	1		1	1	1	1	
新教育教科书国语读本二册	2	商务印书馆	2	内容循序渐进，也足合用，应准审定为国民学校国语教科用书。	2		2	2		2	
高等小学新法修身教科书第三册	1	商务印书馆	1	与前两册程度衔接。但材料分配上，则与修身教授要目缺漏太多。改正后连同第一二册本送部复核，再行审查。	1	1	1	1		1	
改订语法纲要稿本	1	杨树达	1	前次审查时已由国语统一筹备会函请教育部予奖，以示鼓励。这次改订，更见完善，准审定作为师范中学校国语讲习所语法科初步教科书。	1		1			1	

续表

书名		编者	审查意见								备注
新浙江国语教科书一册	2		形式实质两方面都还分配得宜，可作为高等小学国语科用书。	2	2	2	2	2	2		
国民学校用新法国语教科书一至四册	4	商务印书馆	排列和语法上都很注意，是现在国语教科书中善本。应准作为国民学校学生用书。	4	4	4	4	4	4		《教育公报》第7年第11期（民国九年十一月），公牍，第20—28页。
国民学校新法修身教科书五至八册	4	商务印书馆	与前四册相衔接，体例也相符，应准定为国民学校修身教科用书。	4	4	4	4	4	4		
淮安乡土地理教授案	1	杨燮	取材颇丰，置辨尤精，油然而生。其中字句脱误，引据疏舛之上，已签出。改正后准作为该县高等小学校教员教授地理时参考用书。	1	1	1	1	1	1		
新制国音留声机片	6	中华书局	所制各片发音正，编次秩序，于国语音之传次殊有裨益，应准审定公布为各学校学习国语之教科用品。	6	6	6	6	6	6		
最新中学实用书影画教科书16编	1	钱超孟	编纂大要颇合中等学校之用，惟任中用英国尺度须改用公尺，其余可商之处已一一签出，改正后送部复核可也。	1	1	1	1	1	1	1	
算木教科用新法算术教科书，教案第四册	2	商务印书馆	本册体例材料适相衔接，间有字句可商之处，另纸签出，应调查照修正送部复核。	2	2	2	2	2	2		
高小季新教育理科教科书，教授案第一册	2	中华书局	取材尚新，惟仍有可商之处，已经分别签出，修改送部复核。	2	2	2	2	2	2	2	《教育公报》第8年第9期（民国十年九月），公牍，第35—40页。
高小理科教科书二三册	2	庞翼川	选材精当，排列次新，准予审定作为高等小学校理科教科。	2	2	2	2	2	2	2	
国音快读教科书	1		剪裁未当，致难合用。	1	1	1	1	1	1	1	
高小新法历史教授书第四册	1	商务印书馆	选择材料均合需要，其论定亦多可采，间有进退了不甚切处，略为签出海改后，并准予审定作为高小教授课本可也。	1	1	1	1	1	1	1	
高小新制地理教科书一至四册	4	中华书局	是书复审一过，明白简要，凡与现情不合者多已修正，应准继续审定作为高等小学地理教科用书。	4	4	4	4	4	4	4	

附录 ·405·

续表

书名		编者/出版	审查意见									备注
高小新法国文教科书第二册	2	2	商务印书馆	2	对于形式文实质两方面颇能兼顾，不过其文字幼稚与国民学校语体文衔接，稍嫌稍高深，现在国民学校毕业生大抵还是已经习过文言文，那么这为高等小学生用文言，应准暂子审定为高等小学生用书。	2	2	2	2	2	2	
左行草书	1	1	程明超	1	草书为由速变楷之中纽，其规律视楷书为严。部令中学兼习行草，当注意由速变入草，由章入真传授脱化之迹。体识中国文字历次速变之经过，故此种教科书所须以编旁声形之义。例为统系教授，方可合用。若以节省时间，未非确论，且取材帲经涉及宗教范围，亦为教育宗旨不合。所请通令作为中学师范习字用教科书之处，应无庸议，仍难自由出版，以为人观摩之资可也。	1	1	1	1	1	1	《教育公报》第8年第9期（民国十年九月），公牍，第35—40页。
高小新国教科书地理教案第一册	1	1	中华书局	1	此册授法局意，殊不嫌其繁缛，注重之点，尤明时趋。推子审定作为地理教授用书。	1	1	1	1	1		
新教育教科书地理第二册	1	1	商务印书馆	1	此册简赅不枝，与第一册尚属一律，足以衔接，推子审定，定作为高等小学地理教科书。	1	1	1	1	1		
女子中学师范园艺教科书	1	1	商务印书馆	1	繁简得宜，便于实用。	1	1	1	1	1		
高小新国文教科书第三册	1	1	商务印书馆	1	体例相符，暂时准子审定。	1	2	1	1	1		
新法算术教科书、教授案各第五册	2	2	符宗翰	1	体例与前书相衔接，惟文字间有错或未可商之处，应即修正，送部复核。	2	1	2	1	1		
国音辨讹稿本	1	1		1	用中国文字固有系统，来辨别国音的颁给，供学者的参考，用意极颇可嘉，所用的方法也很得要领，书中所举的音符，还有一些不足音符，说明间似有大安之处，详加校正后再审。	1	1	1	1	1		
共和国教科书本国地理第二册	2	2	商务印书馆	2	取材精审，叙次详明，分类次较他种地理书为善。	2	2	2	2	2	《教育公报》第8年第10期（民国十年十月），公牍，第18，22，24页。
新体国语教科书第八册	1	1		1	尚有修正之处，修改后送部复审。	1	1	1	1	1		

续表

书名	作者/出版										说明						备注
新法国语教科书第五册		1	1		1			1		1	尚有修正之处,修改后送部复审。						
新法故事课本乙编第八至十册		3	3		3			3		3	尚有修正之处,修改复核后准子审定作为国民学校补助读本。						
女子中学校师范学校家事教科书		1	1		1		1	1		1	原订审定在案,准续继有效。						
英语读本教案		1	1		1			1	1	1	取材设例颇得教授要旨,诚为小学教授用书。						《教育公报》第8年第10期(民国十年十月),公牍,第18、22、24页。
高等小学校用新教育教科书算术、算工教案各第二册		2	2	中华书局	2		2	2	1	2	体例程度均相衔接,应准分别审定作为高小学生暨教员用书。惟文字间有一二讹误,应签正后始用。						
国民学校春季始业用国语读本每七八册		2	2		2		2	2		2	大致尚妥,详加修正后再行审定。						
国语修身读本		1	1	陈澍权	1		1	1	1	1	虽标题国语,却是内容文言居多,应毋庸议。						
新法历史教科书第五六册		2	2	商务印书馆	2		2	2		2	逐一复核尚能完善,准子审定作为高等小学用书。						
国音省事图		1	1	张兆麟	1		1	1		1	该图编制周属简明,可备查及记认国音之用。惟子分栏汇列各字不少错误,又一字两读以上者,分栏读音,又栏音以上之字图中,各栏并视似尚缺少一种标志;又该图选字以常用为标准,不必多列生字。各所收各字关于音文字日常应用者,脱漏尚多,以上各点均应分别改良以赞应用。						
英语模范读本第三四册		2	2	商务印书馆	2		2	2	2	2	续编编辑,取材设例均甚得法,应准审定作为中学校及师范学校教科用书。						《教育公报》第9年第1期(民国十年二月),公牍,第8、10页。
新武中学英文读本第四册		1	1	中华书局	1		1	1		1	继续前册编辑,深饭速进,程序井然。						
银行簿记实习账簿		5	5	杨汝梅	5	5	5	5		5	选辑最新程式编述,材料亦星丰富,准立作为各学校练习商业簿记用书。						

续表

书名			出版社	审查意见							备注
新教育教科书修身教授案各第一册	2	2	中华书局	照速批修改，准予审定公布。	2		2	1	1	2	《教育公报》第9年第1期（民国十一年二月），公牍，第8—10页。
高小新法地理教科书第五册	1	1	商务印书馆	手欧战以后各国领土破制之纷繁，国体变更之隆兹，皆确指直指，而不冗蔓，篇幅亦修整，足与前各册一气衔接。	1	1		1	1	1	
国民学校春季始业新体国语教授书第五册、六册	2	2	商务印书馆	修改呈部后，再行审定。	2	2		2	1	1	
注音韵谱	1	1	张文炜	所注各音许多都与教育部公布的国音字典不符，应毋庸议。	1		1	1		1	
高小新法国语教科书第六册	1	1	商务印书馆	内容文字尚有可商之处。修改呈部后复核。	1	1		1	1		1	
国民学校春季新法国语教科书全四册、秋季新法国语教科书六、七两册	6	6	商务印书馆	大致修改妥善，应准予审定。	6	6		6	6	6	
国民学校春季修身及教授案各第二册	2	2	中华书局	大致修改妥善，应准予审定。	2	2		2	1	2	
国民学校新法授案第七册	1	1	商务印书馆	大致修改妥善，应准予审定。	1	1		1	1	1	《教育公报》第9年第2期（民国十一年三月），公牍，第43—45、48页。
国音等韵指南稿本	1	1	曹华堂	意欲为通国音等韵，用意颇佳，不过内用注音字母所标等韵韵目，按诸国音字典，不无出入，恐学者易瞻误会，似不如先习国音，后再求等韵，沿革较为有益。所请审议，应毋庸议。	1		1	1	1	1	
新法商业教科书一、两册	2	2	商务印书馆	全书用语体文记载，无备载，言简而晓畅，举凡商业知识，商业道德及中外商界情形，其中有一二可商处，照签改正，送部复核可也。	2	2		2	2	2	
新法国语教校书一、二两册	2	2	商务印书馆	大致修改妥善，应准予审定。	2	2		2	2	2	

续表

书名			审查意见							备注
师范学校新教科书历史第一二册	2	2	宗旨持论极为正大，足称善本。惟编成在民国三年，对于现代优势相距已远，深患未能赔进学生观感，应略为增改，再行送部审查。	2	2	2	2		2	
新法国语教科书第六册	1	1	外交部称书中有论及安南人之情形，以为有失中法感情，是书第三十一课据个人片面的观察。答或有传闻失实之处，应即详细修改，俾臻妥善。	1	1			1	1	《教育公报》第9年第3期（民国十四年四月），公牍，第15，36—44页。
国语典	1	马继桢	大致已经修改，但还需改不足及应斟酌之处，照签更后，再审定为国语教科书可也。		1		1			
新法历史教授书二两册	2	商务印书馆	该编改正之处逐一校阅，尚觉妥适，应准审定为小学教员用书。		2	2	2	1	2	
高小新教育教科书修身第三四册	2	中华书局	该编首先罗列故事，再则话以格言，恳勤贴切，殊不让畸商言口，学生果能由此实行，定能养成坚卓纯一。李二曲，罗维山一流人物，准审定作为高小修身教科书。		2	2	2	2	2	
共和国教科书中国文学史	1	商务印书馆	大体合用，但其中间有漏义佚存及不稳之处，尚宜酌加订补，复核后继续审定为中学校教科用书。		1	1	1	1		
国音演述稿本	3	庞奠川	该书编制未尽合法，文字亦多欠商处，恐难合用。	3	3	3	3	3	3	
国民学校新法修身教授案第八册	1		大致修改妥善，应予审定。	1	1		1	1		
高等小学新法国文教科书一至四册	4	商务印书馆	大致修改妥善，应予审定。	4	4	4	4	4	4	
新法历史教授书第六册	1		叙述虽觉繁重，而条理尚为一贯，始准作为高等小学教科用书。	1	1	1	1	1	1	
新法地理教科书第三册	1		该编简明扼晰，允注重近今大势所趋，足资参考，应准作为高等小学地理参考用书。	1	1	1	1	1	1	
新法地理自习书第一册	1		该编悉已修改，应准审定作为高等小学学生自习书。	1	1	1	1	1	1	

续表

书名	出版者	审查意见						
共和国教科书修身要义上下册		取材精审，错词条炳，订正之处办尚适当。	2	2	2	2	2	
高小新法国语教科书第五册		大致修改妥善，应准予审定。	1	1	1	1	1	
新法国语教科书第八册		大致修改妥善，应准予审定。	1	1	1	1	1	
新法修身教科书一至八册		大致修改妥善，应准予审定。	6	6	6	6	6	
高小新法地理教科书第六册		简明确实，不误初学。	1	1	1	1	1	
高小新法历史自习书第六册		伪误甚多，遵签改正，再行审查。	1	1	1	1	1	
新教育教科书国语会话读本第一册	中华书局	此书编制甚好，改用横行排列，可以供矫正方音。每字上面均加注音，识汉字的人也可以用作读本，练习国音之用，就是不可算近国语会界最有价值的出版物。须改正之处已签出，修改后审定作为各学校练习国语用书。	1	1	1	1	1	
新教育教科书小历史教案二三册		史案选材切合，阶级分明，体例与国语会话相同，书中繁简亦有斟酌。	2	2	2	2	2	
国语常识会话	商务印书馆	此书取材颇切实用，体例取矫正音不基清晰之处，已经签出，修正复核后审定作为小学校练习国语会话课本。	1	1	1	1	1	
高小春季新地理教授书六册，秋季教授法四册		欧战后地理之变迁，都已修改，准予继续审定。	10	10	10	10	10	
国民学校春季新法国语教授案第一册，秋季新法国语教授案第四五册		内容大致妥贴，准予审定。	3	3	3	3	3	
教化童蒙灵及其教授书 一册	王庚钦	该书材料单简寒俭，不在国民学校学科程度之中。	2	2	2	2	2	1 《教育公报》第9年第3期（民国十年四月），公牍，第15、36—44页。

续表

高小新教育教科书国文读本第三四册	2	2	中华书局	2	文体文各课，文字尚多冗弱，文字尚多此弊。辛所选古文古诗数则，详尽，势实难免此弊。辛所选古文之价值，尚略有旧文学上之价值，其余可商之处，悉行签出，送部复核后再行批示可也。	2		2			2	
新法国语教科书第七八册	2	2	商务印书馆	2	内容尚有一二可商之处，修改复核后再行批示。	2		2			2	
高小新法历史参考书第二册	1	1	商务印书馆	1	所采备参考材料均明简合用。	1		1	1			
新教育教科书理科第一册	1	1	中华书局	1	既经改正，准作为高等小学教科用书。	1		1	1			
新教育中等英语读本第三册	1	1	中华书局	1	续前两册编辑，取材尚属丰富，应准审定作为中等学校英语教科书。	1	1	1	1			
新世纪英文读本第五册	1	1	商务印书馆	1	前经审定在案，应准继续有效。	1	1		1			
高小新教授法第五册	1	1	商务印书馆	1	是编排列教材亦自清整，唯课之后整理各表犹佳，未编总表尤憾。惟援引经典史料间有未确实者，其推测发明之言，亦有未正确者，已一一签出，倘能改呈部复核后，准予审定作为高等小学历史教授用书。	1	2	1	1			
小学文艺入门上下册	2	2	杨际青	2	此书用一种短浅文字，律韵学易于学行，用意甚善。如教授有效，原可由各校酌采用，不必以审定通行为贵，毋庸审定。	2	2		2			
国民学校新体国语教科书第八册	1	1	商务印书馆	1	大致修改妥善，应准予审定。	1	1	1	1			
新法历史参考书第三册	1	1	商务印书馆	1	所列各种参考材料繁简适宜，均有依据，除将处内字改略有可商者，仍呈部备案外，准作为高等小学历史参考书。	1	1	1	1			
高小新法国文教科书五六册	2	2	中华书局	2	内容尚有一二可商之处，修改复核后再行批示。	2		2	2		2	
最新中学植物学教科书上编本	1	1	毕祖高	1	颇多照签修改之处，尚属可用，准予审定为中学教科用书。	1		1	1		1	《教育公报》第9年第4期（民国十一年五月），公牍，第45—49页。

附录 ·411·

续表

书名					内容评议							备注
新法历史自习书第四册	1	1			罗列各种应用史料,颇称详赡,其中间有既下亦偏太过之语,宜加修改,庶使学生历不致走入偏激一路,其余间有讹误处,须照原书考核定妥后,准予审定作为高等小学历史自习用书。	1	1			1			
			商务印书馆	1	罗列参籍尚合应用,准作为高等小学历史参考用书。	1	1	1		1		
高小新法历史参考已第一册	1	1			演述详明,间有未正确处,修改复核定妥后,准定作为高等小学生自习用。	1	1	1		1		
新法历史自习第三册	1	1	张国仁	1	编制尚属简明,采取的材料也适用,有泛行酌改之处,改正后再行批示。	1	1		1			
国音新学教本	1	1			取材设例均甚合宜,应准审定为中学英语教科书。	1	1	1		1		
英语实用读本	1	1	商务印书馆	1	该书依新法编辑,由浅而深,程度升然,应准予审定作为高等小学英语教科用书。	1	1	1		1		
新法英语教科书第一册	1	1			各种史料均有选择,意在摧陈出新,颇多可采,但间有主张太过,不合实情处,尚须加酌定送部复核后,准予审定作为高等小学历史自习之用也。	1	1	1		1		
新法历史自习书第五册	1	1	中华书局	4	既照签改正,准予审定作为国民学校修身教科书及教授书。	4	2 2	4		4		
国民新教育教科书修身及其教案各第三四册	4	4	商务印书馆	1	内容尚有一二可商之处,修改复核后再行批示。	1	1	1		1		
新法国语教科书第三册	1	1	中华书局	3	内容大致合用,其一二可商之处,修改复核后再行批示。	3	3	3		3		3
新教材教科书国语读本六全八册	3	3			内容尚有一二可商之处,修改复核后再行批示。	1	1	1		1		
国民新体国语教科书第七册	1	1	商务印书馆	1	内容尚无差误,其错误处修改后,再行批示。	1	1	1		1		1
高小新法国文教授第三册	1	1			内容大致无差误,俟照签处修改后,再行批示。	1	1	1		1		1
国民新法国语教授第三册	1	1			内容尚无差误,其错误处修改后,再行批示。	1	1	1		1		1
国民春季新法国语教授案第二册	1	1				1	1	1		1		《教育公报》第9年第5期(民国十年六月),公牍,第28—36页。

续表

书名		出版者		审查意见					备注
新教育教科书理科二册	2	中华书局	2	排列教材尚切实用，应审定作为高等小学校理科教科用书。	2	2	2	2	
新教育教科书理科教案二册	2	中华书局	2	取材精当，说理详明，准予审定作为高等小学校理科教授用书，惟尚有一二商之处，先付刊误表发行。	2	2	2	2	
新图画教科书第一编儿何画法	1	王继南	1	大致尚合中等教科程度，其有可商处已签出，应改正后再行批示。	1	1	2	1	
中学校用共和国教科书植物学	1		1	此书原编了本例记说明俱甚精实，因审定有效期满复加修改，应俟印刷成书送部复核后，准予继续审定。	1	1	1	1	
国民学校珠算新法算术教科书一册	2	商务印书馆	2	简浅可用，准予审定。	2	2	2	2	
新法修身教授书一全八册	6	杨效梅	6	所采要旨教授上之注意点，推究事实，提供想象事实等项，从教学的实际着想，并多留活动的余地，似颇适用。	6	6	6	6	
新式商业簿记	1		1	该书材料简拓，各法具备，程序井然，准审定作为甲乙种商业学校教科用书。	1	1	1	1	
高等小学校用新制中华理科教科书五全九册	5	中华书局	5	已经审定在案，复审大体尚属可用，准继续审定，惟所用之化学名词应参照教育部公布之化学名词审查表修改。	5	5	5	5	
高小新制中华理科教授书一至四册	4		4	体裁材料尚无不合，准予继续审定作为高等小学校教授用书可也。	4	4	4	4	
国民学校新法国语教授四五册	2	商务印书馆	2	内容尚无差误，其错误处修改后，再行批示。	2	2	2	2	
中国适用新式商业簿记	1	汪禀圃	1	该书内容大概偏重理论，且照商场实在情形编辑，罗列各题亦甚合体，应准作为商业学校教科用书。	1	1	1	1	
新法算术教科书珠算第一册	1	商务印书馆	1	解说新颖，尚属合用，准予审定为高等小学算术科课本教科书。	1	1	1	1	《教育公报》第9年第6期（民国十七年月），公牍，第30—36页。

续表

新教育教科书理科及其教授案各第四册	2	取材切实，解释详明。	2	2	1	2		
新教育教科书算术及其教案第五至八册	8	续前编辑，尚属可也。	8	8	4	8	中华书局	
新教育教科书算术及其教案一至四册	8	经遵批改，尚属合用。	8	8	4	8		
三十三妙妹秘史	2	该书发行于民国十年，书中所述与黑幕大观诸书大同小异，拟禁止。复核该书开首明目张胆，对于排斥黑幕之搜集、少上无理文人呻声吠影，一唱百和，久之事过境迁，此等腐败之著作，渐不为社会所欢迎，黑幕一类之书渐渐销声匿迹。作者始非社会之幸也，使之复炽，不知是何居心。	2	2	2	2	红冰馆主/志新书局	
新图书教科书写生画帖、图案画法、黑板画法	3	写生、黑板加修改，理论方法尚无不妥之处，惟图案画法一篇宜加修改，此种画法之重在排列之骨格、作成图案应照其次序一书画示例，然后再依此方法、作成图案变化法，水视为重要。如此等等，应详加修改，送部复核。	3	3	3	2	王淮南	
新法算术教科书、自习书、教授书第四全第六册	9	既遵地修改，尚正不合，应准审定。	9	9	6	9	商务印书馆	
国音留声机片说明书	1	与国音留声机片相辅而行，于国语国音的传习理为有益，准予审定备案。	1	1	3	1	中华书局	1	《教育公报》第9年第7期（民国十年八月），公牍，第26—29页。
新式银行簿记及实务	1	既遵批改，准予审定。	1	1	1	1	杨汝梅	
新法英语教科书第二册	1	续前编辑，取材编例均甚合式。	1	1	1	1	商务印书馆	

续表

书名		出版社		说明						备注
中学校用共和国教科书中国文学史	1		1	修改处均已妥善，应予审定为中学校学生用书。	1	1		1	1	
英文读本一至六册	6		6	改订取材完备，秩序井然，前经审定在案，应准审定继续有效。	6	6		6	6	同上书，第9年第8期（民国十一年九月），公牍，第14—15页。
高小新教育教科书修身教案第二册	2	中华书局	2	与第一册尚属衔接，推究要点各条，如童蒙等篇，反复推阐，最益初学，尤为该篇概经经子之用，应准审定为教课用书。	2	2	2	2	2	
高小新法国文教授本第五册	1	商务印书馆	1	照签修正后，送部复核再予审查。	1	1	1	1		
中国文学大纲	1		1	条例详明，准作为参考。	1	1		1	1	
国民学校修身挂图第二辑	2		2	挂图内容系统教科书中各图放大影印，明了足供教授身时指示之用，应确定为国民学校修身教授挂图。	2	2	2	2	2	
新教育教科书历史第六册	3		3	所选材料尚得旨要，准审定为高等小学校历史教科书。	3	3	3	3	3	
国民学校秋季国语读本教案第四五册	2	中华书局	2	内容尚有一二可商之处，修改复核后再行批示。	2	2	2	2	2	《教育公报》第9年第9期（民国十一年八月），公牍，第15—16页。
最新中华民国分省地图	1		1	此图省道具名，以民国十年最近颁布之地方制度及名称为准。洋装精校，颇便教授及学生教员学生教授之用，应准审定之用。为中学校师范学校教员学生教授并作为中学校师范学校教员学生教授用书。	1	1	1	1	1	
国民学校修身教案卷七八册	2		2	书尚有错误之处，修改送部再行批示。	2	2	2	2	2	
高小新法国文教授本三四册	2	商务印书馆	2	尚有一二可商之处，遵照修改送部复核。	2	2	2	2	2	
新教育教科书理科教案第二册	2	中华书局	2	内容尚称妥适，准审定为高等小学校教科用书。	2	2	2	2	2	

续表

新法算术教科书、教授案各六至八册	6	6		续前编辑,明白浅显,尚属可用,除教科书三册准予审定作为国民学校教科用书外,其教授书均有讹误,应遵批改正后,再予审定可也。	6	6		3	3	3
新法算术教科书及教授案第四册	2	2		既经遵批修改,应准予审定。	2	2		1	1	2	《教育公报》第9年第10期(民国十一年十月),公牍,第22—23页。
英语作文要略、简易英语习字字帖上、下,师范学校新教科书簿记,商业学校用商业道德	5	5	商务印书馆	前经审定在案,应准继续有效。			4	1	5	5
师范学校新教科书心理学	1	1		内容多系节译伊贺驹吉郎著心理学原书,其取舍处已嫌详略失当,又其结构专以分析理论为主,于机能与行动方面,绝未顾及,不免抽象枯涩,殊不便于初学。	1	1		1		
新法理科自习画第一册	1	1		是书本自动重观之学理,指导自习方法,便于儿童生徒细考证,切于实用,其意甚佳,惟下简注之定义,最难切当,尚须改正。			1		1	1
高等小学新法国语教科书第四册	1	1	中华书局	尚有应行修改之处,遵照修改送部再行批示。	1	1				1
国民学校用新教育教科书国语读本教案第三册	1	1		尚有应行修改之处,遵照修改送部再行批示。	1	1		1	1	1
高小历史教案第四册	1	1		此ский材料切合,排列简明,准予审定作为高小历史教授书。	1	1		1	1	1
新教育教科书历史教案第五册	1	1		所造材料多举具适合者,用之小学教授甚当。	1	1		1		
实验教室竞争游戏	1	1	戴标	该书内容尚合儿童课余游戏之用,惟其中文字多地方之言,文语失杂,叙述不明白之处极多,应详细修改呈候核示可也。	1	1		2	2		《教育公报》第9年第11期(民国十一年十一月),公牍,第17、19页。
新著本国史上下册	2	2	商务印书馆	取材力求简约,可以概论学生读史之心胸,敷衍亦尚平正,其间四末核文字句诸谬之处,应修正后准为中学历史教科书可也。	2	2		2	2	2

附录 · 415 ·

续表

书名	出版社				审查意见							出处
新教育教科书国文读本五国六册	中华书局	2	2	2	该编古今兼采，亦新亦旧，最利初学，准作为高等小学教科书。	2	2	2	2		2	
国民学校新法国语教授案第六册		1	1	1	尚有修改之处，遵照修改送部再行审定。	1		1		1	1	《教育公报》第9年第12期（民国十二年十一月），公牍，第15—17页。
修身要义上下卷	商务印书馆	2	2	2	修改无误，准予审定。	2	2	2	2		2	
师范学校新教科书地理二册		2	2	2	是书取材得要，叙述颇明，应准继续审定作为师范学校地理教科用书。	2	2	2	2		2	
英语会话法程		1	1	1	该书取材说明甚为明晰，准予审定。	1	1		1		1	
新编国语教授书第五册		1	1	1	内容尚有一二可商之处，修改复核后再行批示。	1	1			1	1	
新定英语教科书第三册		1	1	1	续前编辑，选取教材及解释字意颇有明白，应准予审定为高等小学校教科用书也。	1	1	1		1	1	
国语典	马继桢	1	1	1	修改无误，准予审定作为师范学校中学校教科用书。	1	1			1	1	
中学校用国文读本及评注全一至四册	商务印书馆	8	8	8	该书编纂方法系据旧制中学校年级支配教材，现新学制既经颁行，该书自不再适用。	8	8	8		4	8	
新教育教科书修身教案第四册	中华书局	1	1	1	尚有订正之处，修改后再行审定。	1	1		1	1	1	
新教育教科书理科及其教案第三至六册		8	8	8	续前编纂，取材处理颇行井然，应准审定作为高等小学用书。	8	8	8		4	8	
国语留声片八片、课本一册	商务印书馆	9	9	9	国音之部各课发音清晰正确，编次也详略得宜：国语之部各课教材大都富于文学的意味。语音字调有点"之同"，抑扬北一带的口音。虽但从国语的源流和范围上看来，这也不足为病。含课以上各课。发音明晰，取材活泼。于国语国音的传习很有益处。应准审定作为各学校讲习所国语教科之用。	9	9	9		9	9	《教育公报》第10年第1期（民国十二年一月），公牍，第18，23—28页。
师范学校新教科书历史第三四册		2	2	2	第三四册属于外国史部分，修改尚属妥适，应准继续审定作为师范学校用书。	2	2	2	2		2	

附录 ·417·

续表

新法理科自习书、教授书各第五册	2	2		是书大致尚可合用，应准分别审定作为高等小学理科自习及教授用书。	2		2	2	
新体国语教授书第八册	1	1	刘汝琪	内容大致妥适，将近予修改成，修正后再予批示。	1	1		1	1
诗三百	1	1		是已分为三章：一咏四书，二咏杂事，三为记事体散文。全书宗旨不无可取，但不合现代学校教育之用，不在本部审定范围以内，所请审定等情，应毋庸议。	1	1		1	1
新法商业教科书第三四册	2	2	商务印书馆	续前编订、分别门类、罗中外商业情形、顾为详尽，惟其中一二商之处、已量为签出，更正后准予审定作为高等小学用教科书。	2	2		2	2
新教育教科书算术及算术教授书三至六册	8	8	中华书局	续前编辑，教材体例尚属可用，应审审定作为高等小学算书用书。	8	8		4 4	8
国民学校新法算术教授案六七八册	3	3	商务印书馆	既遵批修正，尚属可用，应准审定作为国民学校教授用书。	3	3		3	3	《教育公报》第10期（民国十二年一月），公牍，第18、23—28页。
布利民新式算学教科书第一第二册	2	2		是书独辟蹊径，融合代数几何三角各法，钩元提要，批理人事相究之问题，解释证易忘之公式，会通友革，曲畅旁通，能使学者造诣于算术之域，反三之效。其去墨守陈规、仅使理论议散设之旧籍，安不可以道里计。第二篇所述几何三角各法，随事引证，大钩一称，极运用变化之理。至替错词之浅显、习题之结构、条分比节、允称完备，译笔小复明朗修洁，准予审定作为中等学校及甲种实业学校算术用书。	2	2	2 2	2	2	
高小新法国文教科书第五六册	2	2		既遵批改正，应准审定作为高等小学校国文教科用书	2	2		2	2
共和国教科书中学用器画图式及解说各一册	2	2		期满再行审查，除尚有三脱漏之三字合行更正外，继续准予审定作为中学用教科书。	2	2		2	2
国民学校新体书国语教授书第六册	1	1		既遵批修改，准予审定为国民学校国语教授用书。	1	1		1	1

续表

新法国语教授书第四册	1		既遵批修改，准予审定为高等小学校新法国语教授用书。	1	1	1	1	
高小新法农业教科书一至四册	4		大致尚无不合，惟其中间有未尽妥适之处，业经分别签注。遵照修正后再行批示可也。	4	4	4	4	
国民学校春季始业新国语教科书一至五册	4		将签示各节修改后，准予审定为国民学校春季始业国语教科用书。	4	4	4	4	《教育公报》第10年第2期
新法国语教授书第四册	1		将签示各节修改后，准予审定为国民学校秋季始业国语教授书。	1	1	1	1	
国民学校算术新法算草教案一二册	2		该书解说明浅，可供教员教授之用。	2	2	2	2	
新教育教科书修身教案第五册	1		照签改正后，准予审定为高等小学教授用书。	1	1	1	1	
新小学教科书国语读本高级第一二册	1	中华书局	教材活泼，适应儿童身心发育的顺序，而且富有文学的趣味。全册分量比各书大约增加一倍，可是极为注意反复练习，生字生词的增加并不见多，所以教学上材料丰富而不致使儿童受困难，可算是现行各种国语教科书中的善本。准审定为初级本国语教科用书。	1	1	1	1	
高等小学珠算木教科书第一二第六册，教授书第六册	11	商务印书馆	该书所列各题尚切实用，教授书亦明简。	11	5	6	11	公牍，第19—25、27页。
高等小学新法国文教科书第六册	1		内容大致尚妥，应即依签更正送部复核可也。	1	1	1	1	
国民学校新法国语授课案第八册	1		内容大致尚妥，应即依签更正送部复核可也。	1	1	1	1	
新学制小学国语地理教科用书第二册	1		是书言简而意备，宜于小学教学之用，其略有不符事实之处，更正复校后，准审定为新学制小学校后期教科用书。	1	1	1	1	
高小新法地理教授书一至三册	3		该编于复复纷纶之中，首尾次第仿极井然。	3	3	3	3	
新制小学初期用新法地理教科书一至二册	4		内容取材尚称妥善，惟其中尚有应订正修改之处，修改后再行批示。	4	4	4	4	

续表

书名		出版社						审查意见						备注
高小新法地理参考书第四册	1		1	该编取材核实，条049设详，与前三编足以衔接，准作为高小学校参考之用。	1	1		1		1		1	1	
小学校初级用新学制国语教科书第一册	1		1	选择教材恰合儿童心理，文字注音反复练习，任烙相类的句法编制成文。分量也较部于山方水出版同程度的国语教科书增加了好些，可认为小学初级国语科适用之本。	1					1		1	1	
高等小学校用地理教授案第一册	1		1	该编简明精核，最利初学，对于边陲话陇腹等，准子审定为高小教授用书。	1	1		1		1		1	1	
新中学代数教科书	1	中华书局	1	说理精详，措词精晰，可称善本，应准子审定为中学代数教科书。	1	1	1					1	1	
国民学校新法修身挂图·全四辑	4	商务印书馆	4	图画容状大致尚合，应准审定作为国民学校教科之用。	4	4		4				4	4	《教育公报》第10年第3期（民国十二年三月），公牍，第15—17, 21—26页。
国民春季新法国语教授案第七册	1		1	遵修改送部复核，再行批示。	1	1		1				1	1	
高小新法地理参考书第五册	1		1	该编资料确切，条目清晰，与前各册尚为一律。	1	1		1		1		1	1	
新学制适用新小学教科书地理课本高级第一册	1		1	取材精当，说理明晰，应准定为小学教科书。	1	1		1		1		1	1	
新小学教科书算术课本第一册	1		1	该书简洁明浅，大致可用，准子审定为高级小学算术教科书。	1	1		1		1		1	1	
新学制适用新小学教科书地理课本高级第二册	2	中华书局	2	该书取材提要钩玄，插图明晰。	2	2		2		2		2	2	
新学制算术课本初级第一册、教授书	2		2	编辑尚属适用，教授书亦明晰，准子分别审定。	2	2		2		1		2	2	
高小新法地理参考书第六册	1		1	该编熟于迄今各国盛衰到合等情，言之续绳，对工厂物产尤极胶注，应准作为高小学校参考地理之用。	1	1		1		1		1	1	
国民必读	1	商务印书馆	1	于公民常识择要列举，条理井然，大体尚无不合，修改送部复核可也。	1	1	1			1			1	
注音中华学生地图	1		1	子各省县治略有删减，其冲要所在及铁路所经皆标详细，附以注音，尤便初学，准子审定作为小学校学生教科之用。	1	1		1		1		1	1	

续表

书名	出版者			审查意见								备注
新小学教科书英语读本第一册	中华书局	1	1	该书系遵新学制编辑,选取材料尚属合适,应准审定作为小学校教科用书。	1		1		1	1		
国民学校用新法公民故事一二册		2	2	将公民义务权利以及地方事业、国家组织、演成故事,由动物引至儿童本身,又显浅近,足以养成公民常识,引起儿童兴趣。惟标举本、惟抄中文字尚有可商之处。修正送部复核。	2		1		2	2	2	
新法商业教授书一二册	商务印书馆	2	2	是书取材得要,说理明白,推审定作为高等小学校商业教授书。	2	2		2	2	2		
设计教学法、设计教学试验实况		2	2	查设计教学法创始于美国哈比亚大学师范院,系联络学校办课与人生实际需要,今儿童自感觉难以建立目的,而自求解决方法。并自行判断其成熟须道德的习惯,与公民的生活亦焉以培成之,淘启窃来各教学法之众长,而有以补其缺略,足称良法。我国各地数年来各教学法之小学亦欲理见试行斯法。惟法顺理便易施行,如教材及教员等,水深建善,国中关于此类之出版物,除散见子杂志各书外,良好专书尚不多见。所呈设计教学法一书,于原理与方法述荣尚属简明。又设实验况一书,亦足以供试行斯法各校之参考研究,均应审定作为师范教育教学用书。	2	2	2	2	2	2	2	
中学初级本国地理上册	中华书局	1	1	按照新学制编辑,取材丰富,措词简明,插图与注释皆详明易晓,淘为中学校地理教科书佳本。	1	1	1		1	1		
新小学教科书国语读本初级第三四册		3	3	分配材料,编排文字部适宜,间或有应修改的,遵照修改再呈复核。	3	3		3	3	3	3	
新教育教科书修身第五册		1	1	该编材摄文正,足以与前各册衔接。	1	1	1		1	1		
新法国语教授案第六七八册	商务印书馆	3	3	照签修改后,送部复核。	3	3		3	3	3	3	
新法笔算教科书第三四册		2	2	与前册相衔接,凡算术要项大致成备,准予审定为新学制小学后期用算术教科书。	2	2	2		2	2	2	《教育公报》第10年第3期(民国十二年三月),公牍,第15—17、21—26页。

续表

近世初等代数学	1	1		是书撷代数精要，不拘一家之言，取法新颖，不尚深邃，理解明晰，不涉模糊，所论方程式、函数及比例各节，俱本经验有得之作；各习题搜集既富，学者深题探索隐尤得观摩之益。	1	1	1	1	
高等小学教员用新法国语教授书第三册	1	1		配题地修改，准子审定。	1			1	
新法地理教授书第四册	1	1		该编详尽不漏，反复不繁，导读之等款，紫工之补讲等处，亦具义法。	1	1		1	
中学适用世界改造分国图志、世界改造分国地图、英华改造分国地名检查表、高等小学适用世界分国地图照	4	4	中华书局	尚合中学及高等小学教科用，应准审定。	4	4	4	4	
蚕业学校制丝教科书	1	1	商务印书馆	审定有效期满，复加审定，应照登修以后，再行批示。	1		1	1	《教育公报》第10年第4期（民国十二年十月），公牍，第25—32页。
新小学教科书地理课本第三册	1	1	中华书局	内容与前两册一致，应准审定为新小学高级地理教科用书。	1	1	1	1	
新中学自然科学教科书	1	1	商务印书馆	是书体例教材皆极简当，叙述明了，适与高级小学程度衔接，而为渐进高升之基础，准予审定为新学制初级中学用教科书。	1	1	1	1	
新学制历史教科书上册	1	1	陈俊章	内容取材扼要，应准审定为初级中学历史教科用书。	1	1	1		
中学生理学教科书稿本	1		中华书局	休例教材尚足周浃，或说明未足大明之处等，应修改以送部复核。	1		1	1	
新小学教科书历史课本第二册	2	2	商务印书馆	该编简当得要，应准审定为高级小学教科用书。	2	2	2	2	
新法历史教科书一至四册	4	4	商务印书馆	选择史料作为教材，具陶铸简练之长，无支节鳌之弊，以供小学高年级教学之用，在休尚属合直。惟有必须改订者附处，俟改订送部复审可也。	4	4	4	4	

续表

书名							审定说明						备注
共和国英语读本第三四册、实习英语教科书首册、英文造句法、中学英文读本第一至四册	8	8		8		8	既经审定在案，准继续有效。	8		8	8	8	
新法商业教授书第三册	1	1		1		1	是书详载课本原文以便教授者参阅，其关于教授之处亦复详细周密，殊为教授善本，自当准予审定作为敝复用书。	1		1	1	1	
新法地理教授书第一册	1	1		1		1	该书内容编辑颇与教学法相适合，应准审定为新学制初期地理教授用书。	1		1	1	1	
国民学校国语读本秋季六年八册	3	3		3		3	照签修正送部复核后，再行批示。	3		3	3	3	《教育公报》第10年第4期
新中学教科书初级本国历史上册	1	1		1		1	该编具有特识详载，不编重政治史，能留意于社会变迁及社会思想表现诸方面之教材，其选择颇属合宜，而叙次亦能简练，应准审定。	1		1	1	1	
公民课本及教授书初级级第一册	2	2	中华书局	2		2	该书系将旧制课程修身改为公民科，不无见地，惟查判广篆身，公民两学科材料虽有关连，范围究判广篆。新学制课程标准本部正在拟订，在新制课程未公布以前，暂作代用身教科。	2		2	2	2	(民国十二年十月)，公牍，第25—32页。
新学制适用新小学教科书国语读本高级第一册	1	1		1		1	选录的教材，就文体说，有记叙、议论、寓言、诗歌各体，都还简洁可读；就内容说，关于修身、生活各项，分配叙述尚能利益儿童的知识程度，有接刻级小学也还相宜；印刷字体大小波适合，书中文字有应修改处，照签改正送部复核。	1		1	1	1	
公民课本高级第一册	1	1		1		1	取材大致妥适，在新制课程未公布以前，暂代为修身教科书利用书。	1		1	1	1	

附录 ·423·

续表

书名	编者	内容提要								出处
小学校初级用新学制国语教科书第一册	商务印书馆	编制体例分作三编：第一编论说明语言、国音、文字各教学法的大要；第二编各教材教学法的举例，就各种性质不同的教材，举出各种教学法的方法；第三编各教材教学法的说明，是按照教科书课文顺序，说明各课教学法的大要。除应特别参照第一编举例、或应注明已参照第二编某种方式之外，其余申论细的泥于教授程式，为教授上多留活动之余地。总之不独便于教授应照第一编有应改之处，修订后送部复核可也。书中文字尚有可商改之处，修订后送部复核可也。	1	1	1			1	《教育公报》第10年第4期（民国十二年十月），公牍，第25—32页。
国民英语入门		取材设例颇为得体，准予审定为高等小学校英语教科用书。	1		1	1				
新中学教科书算术	中华书局	是书颇为详赡，惟所用译名半袭日本名词，半属新造，又未较胜于旧译，应正后送部复核。	1	1				1		
新小学教科书国语读本教授书初级第一册	中华书局	是书所定教授程序分作详细分析子目，各课原则完全相同的数学的以外，逐项都有详细的解释或数学的方法，似合于实际上的应用。语言文字尚有可商改之处，修订送部复核可也。	1	1		1		1		
中学教科书初级古文读本第一册		所选古文尚限浅显解之词句，内容亦富于兴味，准审定作为初级中学第一年之用。	1	1		1		1		
国民春季新教育教科书国语读本四至八册	商务印书馆	自行修改处大致尚合，准予审定。	4	4		4		4		
高小农业教授书第一册	商务印书馆	取材详审，尚属适用，其中有可商之处，遵批修改复核再批示。	1	1		1		1		《教育公报》第11年第1期（民国十三年二月），公牍，第15—16、18—19页。
树艺剪枝法则	柳鸿钧	于胡桃栽培及其利益，列举颇详，惟性质不属教科书范围以内，无庸审定。	1	1		1		1		

续表

书名		出版社		审查意见							备注
新学制适用新小学教科书公民课本及教授书各第一册	2	2	2	应准公布。		2		1	1	2	
新小学适用理科课本高级三四册	2	2	中华书局	2	语意明显，程度相称，准于学制及实验上有略久同至之处，依签改正之。准于审定为高小用教科书可也。	2	2		1	2	
新学制小学后期用新法国语教科书第四册	1	1		1	文字与before几本程度还算衔接，不过字句可以斟酌之处尚多，遵照修改后送部复核。	1	1				1
国民秋季国语教授本七八册	3	3		3	既遵批改正，准予审定为初级小学国语教授用书。	3	3	1	3	3	
新学制小学后期用新法历史教科书一至四册	4	4	商务印书馆	4	改正各处大致妥适。准予审定为高级小学历史教科用书。	4	4		4	4	
新学制小学后期用新法地理教科书一至四册	4	4		4	改正各处大致妥适，准予审定为高级小学地理教科用书。	4	4			4	
国民学校适用新法公民教科书一二册	2	2	中华书局	2	改正各节尚属妥贴，在新学制课程未公布以前，应准暂代修身教科，作为初级小学补助读本。	2		2	2	2	
新学制小学后期用新法国语文教科书第二册	1	1		1	继续第一册编辑，尚在高级小学之用，字句间有不妥或错误的地方，改正复核后再于审定。	1	2		1	1	
新小学教科书国语读本第五册	1	1		1	续前四册的编辑分配教材，程度适合，但是还有一点可商之处。修改复核后准予审定为初级小学国语教科用书。	1	1	1		1	
新法卫生故事读本三四册	2	2	商务印书馆	2	该书繁简得宜，浅深嘉作，准小学儿童之生活环境及心理程度	2	2	2	2	2	
修身先务论揭本	2	2	陈大海 2		此书用意颇嘉作，准小学儿童之生活环境及心理适，所请审定一节应毋庸议，自由出版可也。	2				2	2
新学制小学校初级用国语教授书第一册	1	1	商务印书馆	1	既遵批修改，准予审定为小学初级国语教授用书。	1		1	1	1	《教育公报》第11年第9期（民国十三年十月），公牍，第27—30页。

续表

新学制适用新小学教科书国语读本高级第二册	2	2	中华书局	2	既遵批修改，准予审定为小学国语教科用书。	2		2	2	2	
新学制初级中学教科书第一册	1	1	商务印书馆	1	编列各课教材与初级中学程度尚合，中间有数课将语体文与文言文对照，可以领导学生从语体文进习文言，似可作初级中学国文科的教科书。	1		1	1	1	
初级小学国语读本教授书第三册	1	1		1	体例与前两册大致相同，还可以适用，中间文字有应该改正的地方，修改后准予审定。	1	1		1	1	
新小学社会课本及教授书各第一册	2	2	中华书局	2	该书宗旨以公民、卫生、历史、地理四项混合编制，意在扩充旧课程中修身科之范围，并增益国语科之材料，教授书一册叙次明晰，事实切近，适合初级小学第一学年上学期之用。在新学制课程尚未公布以前，准使用为修身教科书并作国语科特别教材可也。	2	1	2	1	2	
新学制小学后期适用新法国语教授书第一二册	2	2	商务印书馆	2	书中教材和教授法说明尚有几种字句，与现在通行之语体未甚相符，修正复核后准予审定可也。	2	2	2	1	2	《教育公报》第11期第5期（民国十三年六月），公牍，第40—41、43—47页。
新学制小学后期适用新法公民教授书第二册	1	1	商务印书馆	1	遵签修改送部复核，再行批示。	1	1	1		1	
明道戏说及论语及论语音册	2	2	张永龄	2	书编说理肤浅，措词鄙俚，殊不足以发扬圣道，所请修正所请之处，应明谕饬。	2	2	2	2	1	
新中学教科书生理卫生学	1	1	中华书局	1	编辑大意尚无不合，惟载有酌改之处不一而足，木语错误尤多，应照签改正送部复核后再行批示可也。	1	1	1	1	1	
现代初中教科书物理学	1	1		1	取材新颖，其中略有可商处，已了签出，改正后准予审定为初中物理学教科书。	1		1	1	1	
初级中学公民学教科书第二册	1	1	商务印书馆	1	查民国约法现已公布，该册第二编各章论述要点均引时约法，当然不复适用，应改正后再行审定。	1		1	1	1	
新学制高级小学适用卫生教科书一二册	3	3		3	该书系统分明，理论浅显，适合高级小学生程度，准予审定。	3	3	3	3	3	
新中学教科书初级本国地理上册	1	1	中华书局	1	应准备案。	1	1	1	1	1	

附录 · 425 ·

续表

新法农业教授书第二册	1	1		原书大致尚无不合，其中略有可商之处，照签改正后再行抄示。	1		1		1		
新学制高级小学地理教科书第一、二册	2	2	商务印书馆	是书大致根据编制尚属合宜，于自然人文两方面均能择要叙述，无刊板错谬之弊，应予审定。	2	2	2	2	2		
新学制高级小学历史教科书第一、二册	2	2	商务印书馆	是书叙次清晰，详略适中，于种族分合、文化演进，均能择要说明，足资兴感，应准审定。	2	2	2	2	2		
小学校初级用新学制国语教科书第六、七、八册	3	3		与前五册程度衔接，体例相符，应准审定。	3	3	3		3		
实验历史教科书	4	4	北京师范大学校	取材编制均有可商，业经分别签改送部复审。	4	4	4				《教育公报》第11年第5期（民国十三年六月），公牍，第40—41、43—47页。
国音切音初阶	1	1	谢希祖	有些地方虽已改正，书中冷僻的字还是不少，各编者以为是根据国音字典而来，并非有排造。此书拟为初学国语拼音之用，似乎不必多列冷僻的字，是书可自由出版，毋庸审定。	1	1	1	1			
新学制初级小学工用艺术教科书	1	1		是书用本国教材编辑，与直译外国教科书者迥然不同，深合小学教育之用，准予审定。	1	1	1		1		
高级工业学校教科书牛科木工	1	1	商务印书馆	该册说明工作，详绘图样，颇能诱导启学，其字句间有可商处，已量予签出，改正后准予审定。	1		1	1	1		
算术自修书七编稿本	1	1		该书于各种问题之性质，分门别类，惟算式间有错误，解释多有其明了，甚至有牵强附会小使数理之处，修改后送部复核。	1		1	1	1		
国音同音字表	1	1	曾炳忠	已将所注所附标五声相切合的，分别签明，修改后作为学习国语参考之书。	1						
殷正学所著书七编	10	10	殷正学	均不合学校教科书或参考书之用。	10		10	10	10	10	

续表

书名		出版者	审定意见								备注
现代初中教科书化学	1 1	商务印书馆	这书用白话文编的，在无机化学的一部分，应有尽有，倒同普通的化学书差不多远，但是有机化学的一部分比较的详细，而且有好些新材料，可见编得很好，有应改的地方，已经签出来，照签改正后准予审定为初中化学教科书。	1	1	1	1		1		《教育公报》第11年第6期（民国十三年七月），公牍，第24—27页。
新制小学新法国语文教授书第三四册	2 2		体例与前两册相同，还有好些新材料，准予审定为初级小学国语科教授用书。	2	2	2			2	2	
新小学教科书国语读本教授书第四五六册	3 3	中华书局	和以前各册体例相符，应商改处已签出，等改正送部复核，准予审定为初级小学国语科教授用书。	3	3	3	3		3	3	
历代帝王歌、地理韵言、历史三字经等书	6 6	张风鸣	沿用私塾记诵之法，与小学教育原理及教授方式均属不合，所请审定之处，应毋庸议。	6	6				6	6	
新中学教科书初级古文读本	1	中华书局	既照签修改，应准予审定公布。	1	1	1	1		1		
新学制高级工业学校教科书工业簿记	1	商务印书馆	是书译自东籍，说理全明，表式详尽，淘为工业界之津梁。误排之处修正后，准予审定为新学制高级工业教科书可也。	1	1	1	1	1	1		
中学校用实用教科书植物学	1		体裁新颖，取材极合实用，明确简当，淘为善本，应准审定为中学教科书。	1	1	1	1		1		
新学制初级中学卫生教授书第一册			该教授书依据本科书，推阐内略不免牵支，改正后送部备案。	1	1	1			1		
新学制初级中学历史教科书下册	1		该书选材主张，均与上册一致，应准审定。	1	1	1	1		1		
新学制小学音乐教科书第一册	1		小学音乐教科书重在陶冶性情，发挥美感，其所用书尚能联络，其间商处修正后，准予审定。	1	1	1	1	1	1		
现代师范教科书教育学原理	1		取材编制大致妥适，应准签定为师范学校教科用书。	1	1	1	1		1		
现制初中教科书国文二三册	2 2		编制体例与第一册相符，俟将签出各节修订复核后，应准审定。	2	2	2	2	1	2	2	

续表

书名	出版者	审查意见							备注
小学校初级用新学制国语教授书第二册		编制体例大致与第一册相符,举例说明也颇详尽,不过内中词句反注音等,间有应加修改的地方,改正后送部复核。	2	2	2		2	2	
实用主义中学新代数、中学新几何全四册		取材于袁氏主义数学,体例完备,解证新颖,关于数学应有法则,尤能注重实际,捆绸真理,启发后学,殊非浅鲜,应准审定为中学算学教科用书。	5	5	5	5	5	5	
新编新学制伏业教科书第一册	中华书局	系统新学制高级小学编辑,取材尚无不合,排列次序亦颇适宜,应准审定作为高级小学教科用书。	1	1	1		1	1	《教育公报》第11年第7期(民国十三年八月),公牍,第51—53页。
新小学历史课本教授书高级第一册	朱隆勋	该书分破旧史范围,标采目的极合时趋,附采三种亦证苦信,各课措辞虽异,尚不雷同,准予审定为新小学历史教授书。	1	1	1	1		1	
女子生理学教科书稿本		该书条分缕析,详略得宜,子各系之疾病,卫生为注意,询合教科之用,准予审定。	1					1	
新编童蒙养正录及教授书各一册	贾怀钦	该书意在劝善,诚堪嘉许,惟理未甚通畅,思想亦多固陋,以充小学教材,殊不相宜,所请审定之处,应毋庸议。	2	2	2	2	2	2	
新制高级历史课本第二册	中华书局	取材措辞尚为的当,准予审定为新小学课本。	1	1	1		1	1	
新教育教科书修身第七册、教案第七八册		既遵批改正,应准审定备案。	3	3	3	3		3	
新学制小学高级地理教科书第三册	商务印书馆	准予审定,间有笔误处已签出,应即照签订正可也。	1	1	1	1	1	1	
新学制高级商业学校教科书货币论		是书词意通顺,应准审定作为商业学校教科书。	1	1	1			1	
新学制高级商业学校教科书外国汇兑论		系从英籍翻译,未将英文原本一并呈送,无从审定。	1	1	1		1	1	
新学制高级工业学校教科书陶瓷学		是书所载昔以近代科学的方法应用于陶瓷业者。略东西先进各国之研究,诚能取鉴乎此,再审实验以辉我国光,亦促国瓷业一举也。	1	1	1	1	1	1	

续表

高级小学公民教科书第一册	1	1		1	适合高级小学程度，自应准予审定。	1			1	
新学制社会教科书第六至八册	3	3		3	教材与以前各册一律，应准予审定。	3			3	《教育公报》第11年第8期（民国十三年九月），公牍，第13—16页。
现代师范教科书小学行政及组织	1	1	钱智孟	1	该书应照时教育界之需要，依据新学制及各种新组织编辑而成，较之旧时师范管理法，更具有改良尽善之精意，文理亦简明适用，应准作为师范学校教科书用书及小学教员参考用书。	1			1	
投影画教科书	1	1	商务印书馆	1	原书稿已于民国十年审查签改，兹既依批改正，定作为中等学校教科书。	1			1	
现代初中教科书植物学	1	1	中华书局	1	该书教材排列简要明显，甚合实用，应准审定作为中学教科书。	1			1	
新学制初级英文法第一册	1	1		1	该课本所举方法要纲尚属简明，引例练习亦称完善，应准审定为初级中学教科书。	1			1	
新学制初级中学风琴教科书、初级小学音乐教科书第二册	3	3	商务印书馆	3	风琴教科书层次井然，乐理教科书则解说详明，诚佳著也，应准定作为中学音乐教科书用书。小学音乐教科书第一册遵修正呈部复核后，准应俟第一册遵修正呈部复核后，一律作为小学音乐教科用书可也。	3	1	2	3	
新学制高级小学卫生教科书第四册，教授书之二册	2	2	中华书局	2	兹将所呈两册详加批阅，所有错误谬为签出，应即酌请修改，先附刊误表发行，俟再版改正送部备案可也。	2	2		2	1	
新中学初级英文法第二册	1	1	中华书局	1	内容详论词类之变化，条理井然，引例练习亦完善，应推继续审定为初级中学英文法教科书。	1	13		1	
新小学公民课本第二至第八册，教授书之二至第七册	13	13		13	该课本材料之选择妥切排列，均属妥切，大致据各地通行语言为标准者，教授书亦简洁详合用，准予审定。	7	13	7	7	6	13	《教育公报》第11年第9期（民国十三年十月），公牍，第9—10页。

· 430 ·　臣民还是公民？

续表

书名	出版社								审定意见								备注
新小学国语教授书高级一至二册		3	3		3		3	3	编制详明，颇便应用，惟书中解释文法每误颇多，其余亦间有脱漏，改正复核后准予审定。	3			3	3			
中学用"物"物学教本	黄王溪	1	1	1	1		1	1	该书以矿物与地质并重，编制较新各篇列举事项明了透澈，无枯燥沉闷之弊，而眼材国产化为证时教科书中所罕见，应准审定作为中学用教科书。	1		1		1	1	1	《教育公报》第11期（民国三年十月），公牍，第9—12页。
平民课本第二册	中华书局	2	2	2	2		2	2	该书浅显易晓，其生字之增加及语句材料之选择，排列，均合于平民教育之用，应准审定。	2	2			2	2	2	
新学制高级商业学校教科书新式官厅簿记议会计	商务印书馆	1	1	1			1		著者以多年之学识经验，参酌我国习惯，采用各国会计法，编订成书，与寻常直译外籍者逈乎不同，应即准予审定为新学制高级商业学校教科书。		1	1		1			
新学制初级中学自然科学教科书第二册	商务印书馆	1	1	1	1		1	1	是书容物理、化学、地文、生理、动植、矿物学于一炉，其联络之处天衣无缝，诚自然科教授之先河也。		1			1	1	1	
国语白话教科书一至八册	藏标	8	8	8	8		8	8	编制体例还平妥，不过内中所用各种新名词大普通，注音多与国音不合，而且用意造句也有大酌的地方，未便准予审定。	8	8	8		8	8	8	
新小学教科书英语读本第二册	中华书局	1	1	1	1		1	1	第二册亦主应用，且不乏兴趣，应继续审定为小学校教科书。	1	1	1			1		
新中学教科书英语读本初级第一册	商务印书馆	1	1	1	1		1	1	该读本教材均切实用，课程亦合儿童心理，应准审定为新学制初级中学英语读本。		1	1		1	1	1	
高级小学用公民教科书二册、新课公民教科书第二册	商务印书馆	4	4	4	4		4	4	高级小学用公民教科书二册材料编制与第一册相同，自应准予审定。新课公民教科书第二册系用文体本编辑，尚合高级小学程度，应准予审定。	4	4	4			4	4	
小学校高级农业教科书第二册		1	1	1	1	1	1	1	赓续前册而作，选择材料及排列顺序尚属妥适，应审定为小学校高级用教科书。	1	1	1		1	1	1	
小学校初级新学制社会教授书第四册		1	1	1	1		1	1	尚无大疵，亦应准予审定。	1		1		1	1	1	

续表

初级小学新学制作文教科书一至三册	3	3		国语作法一项应由教员于教授时揣酌儿童当时目目所接触的事项，命意择题，所以没有编订，日使儿童有因辅导而渐次于自动，捕图用意尤好，此将书名配文准作为初级小学校国语科作文参考用书。	3	3	3	3		
新小学高级地理课本第四册及教授书第二三四册	4	4	中华书局	4	课本取材精要，教授书所集之参考资料及所列之教学方法，悉督解释详明，和为地理教授书之善本也。应准审定。	4		4		
新学制高级商业学校教科书商业簿记	1	1	商务印书馆	1	是书比较英国法及大陆法而论其短长，有条不紊，且详述商界情形，发明编号新法，尤甚嘉尚，惟原刊误表外，尚有若干差误之处，修改后准予审定。	1	1	1		
新小学教科书珠算课本高级及教授书高级全第一册	2	2	中华书局	2	课本举例列课注重应用，教授书颇能说明歌诀之意义，教学法亦颇详尽，准予审定。	2	2	2	1	1
工用艺大教科书三角术	2	2	商务印书馆	2	与前两册所编之旨大略相同，而取材校深，颇合小学校教育之用，其中有一二可商处，修改后准予审定。	2	2	2	2	2
新课程公民教科书三四册	2	2	商务印书馆	2	与前两册体例相将，准予审定。	2	2	2	2	2
最新生理卫生教科书编本	1	1	康士效	1	说理显足，取材切近，适合初级程度，惟初中课程之分，则教授时间较少，即全国教育科之生理卫生，现在各校将生理列入博物项下，统一各校联合暂定新学制课程标准纲要。关于有科之生理卫生，不下十二三万字，决非八九小时所可以讲授完毕，并应酌加改再行呈部审查。	1	1	1	1	1
高级中学教科书三角术	1	1	商务印书馆	1	该书体例结构尚属完善，应准作为高级中学校教科书。	1	1	1	1	2
平民教育适用平民课本第三四册	2	2	中华书局	2	该书体例和前两册相同，尚合平民教育之用，所有应行修改的地方，已经签出，俟改正送部复核后再予审定。	2	2	2	2	2 《教育公报》第11期（民国十三年十二月），公牍，第13—14、17—22页。

续表

书名	编者	出版者	审查意见									备注
新小学教科书新学制高级历史课本第四册及教授书第三册			课本简明，教授书反反复复开导，尚合学师之资料，准于审定。	3	3	3		3		2	3	
新制新法国语教授书第三四册		商务印书馆	是书继续第二册编纂的，体例相符，尚称合用，书中文字还有应该修改的，等改正复核后再予审定。	2	2	2	2		2		2	
儿童文学读本教学法第一二册		商务印书馆	体例与第一册相同，地方，已经一签出，文字还有应该修改的，等修改复核后再予审定。	2	2	2	2		2	2		
新学制小学后期用新法地理教授书第二三四册			内容与第一册尚属一致，惟其中间有一二错误处，修改后再行批示。	3	3	3		3		3	3	
十全寿世学	郭金堂		疵谬甚多，不胜枚举，碍难照准。	1	1	1		1	1			
现代初中教科书国文第四册		商务印书馆	编制体例与前各册相符，应准审定。	1	1	1		1		2		
新中学用平面三角法	黄际遇		全书简明切实，并附对数表以便师徒引用，尤为可嘉。	1	1	1		1	1	1		
新制小学校初级用国语教授书四至八册		商务印书馆	编制体例均尚完善，与前三册水能衔接，举例说明也很适用。不过内中词句及注音标声等，有应加改正的地方，宜即照签改正送部复核，以便审定。	5	5	5		5	5	5	5	《教育公报》第11期（民国十三年十二月），公牍，第13—14, 17—22页。
新学制小学高级国文读本第二册		中华书局	该书每册三十一课，意在供文与语过渡时代之用，取材以寓言趣闻为主，尚合儿童心理，应准审定。	2	2	2		2	1	2		
初级新小学国语读本教授书第七册			体例与以前各册大致相符，应商改的地方改正后再予审定。	1	1	1		1	1	1	1	
新小学初级国语读本教授书第八册			体例与以前各册大致相符，应商改的地方改正后再予审定。	1	1	1		1	1	1	1	

续表

书名		商/中/世/商								《教育公报》第12期(民国十四年三月),公牍,第25—26页。
新制高小国语教科书第一至四册	3	3	商务印书馆	3	与第一册都衔接,所用教材与高级小学程度尚为相合,间用浅易的文言,为升入初中的预备,用意亦佳,应准审定。	3		3		3	
自然课本及自然课本教授书各第一册	2	2	中华书局	2	该书利用图画说明事实,引起儿童兴会,颇称精法,准审定为初级小学用书可也。	2	2		1	1	2
初级国语读本教学法第一册	1	1	世界书局	1	于教学方法编得颇为详细,所用材料也还适宜,应准审定。	1	1				1
常识教科书及常识教授书	2	2	商务印书馆	2	编辑主旨复与前呈各册尚属相符,在小学课程标准未经公布以前,暂作为国语的补充教科书。	2	2			1	1	2
现代初中教科书三角术	1	1		1	此书内容简明,编排合法,尚合初级中学之用,准审定。	1	1		1		1
合计	2167	2115		288	1879	1950	421	859	217	100	121	320	565	695	432	46	28	98	全	745	111	1600	183	384

说明：1. 本表资料来源于北京政府《教育公报》公牍栏所刊载的教科书审定批语。

2. 同一种审定批语因内容基本相同,但在《教育公报》中前后屡次刊登了两次,本表只选录一次。这种情况多是由于送审书在未能修改呈审书稿的情况下连续送子标注。除种数栏外,所有栏目计数以册数分准。

3. 种册用栏中的种数,所有栏中性质栏分编著和译两类。教科书性质栏分编著和译两类,编著者指自己编写的,而译编则是直接翻译或在翻译的基础上改编的。编译/印行者栏说明了该教科书的编纂者或刊行者,随后此栏的编纂者身份栏是针对前一栏分别做出判断,编行者是个人或是书局。

4. 批语摘要栏是教育部对于每一种审定书的审定批语摘要,基本都抄录原文。批语类型栏是对批语的分类分析。语言文字包括语言是否沉畅通顺,典难或理俗;组织层次指对于批语所规定的教科书是否合乎相应的体裁,体例;宗旨意趣是指无讹误等多方面内容,选取得当等方面的内容,如翻译之书是否把原书一起送校勘等内容。

5. 适用学校栏中的初小指初等小学、国民学校、平民课本等,小学高等、小学校后期等;高等不明者包括通俗教育讲义,适用于学生的书目习用书等,及不属栏内前面所列门类的。适用人员栏中适用工业学校、矿业学校等等,职业学校指商业学校、农业学校、实业学校、于教师的书与学堂参考书并列为一类,一些细小处仍需修改但已审定通过者属于通过一类,需要修改再审次呈审者才列入修改一类。

6. 审定结果栏中是合是否当时的教育宗旨或相应的意误形态。审定程序栏则指呈审书籍是否合于相应程序,如程序不合是否把原书一起送校勘等内容。

表4　　　　　　　北京政府教育部审定的教科书目录

一、初等小学部分（包括国民学校、小学初级等）

书名	册别(幅次)	册数(幅数)	适用学校	适用者学生用书	适用者教员用书	发行年月与版次	编辑人	发行人	审定有效日期	延长有效日期	审定失效日期
初等小学秋季始业新修身教科书	1—8	8	初等小学秋季始业	8		民国元年十二月初版	沈颐等	商务印书馆	民国二年四月		
初等小学秋季始业新修身教授法	1—8	8	初等小学秋季始业		8	一二三册元年十二月初版，四五六册二年三月初版，七八册四五版	秦同培		一二册：二年四月		
新制初等小学修身教科书	1—12	12	初等小学秋季始业	12		一册二年一月三版，二册二年一月六版，三四六七八九十一册二年五月十版，五册元年十二月再版，十二册三年三月初版	戴克敦等	中华书局	一二册：二年四月		三至十册：民国九年四月
新制初等小学修身教授书	1—12	12	初等小学秋季始业		12	一二册二年二月初版，三至八册二年六月再版，九册二年六月初版，十册八月六版，十一册十月八版，十二册八月四版	董文		一二册：二年四月；九至十二册：三年五月		三至八册：九年四月
初等小学秋季始业新修身教科书	1—8	8	初等小学秋季始业	8		二年五月初版		刘传厚	中国图书公司			九年四月
初等小学秋季始业新修身教授书	1—2	2	初等小学秋季始业		2	二年五月初版					九年四月
初等小学春季始业新修身教科书	1—8	8	初等小学春季始业	8		一册元年七月五版，二册七月四版，三册九月六版，四册九月七版，五册九月五版，六册九月四版，七册二年二月三六版，八册二年二月二一版	沈颐等	商务印书馆	一至六册：二年一月；七八册：二年四月		
初等小学春季始业新修身教授法	1—8	8	初等小学春季始业		8	一册元年八月五版，二册十一月四版，三至六册十一月二版	秦同培		一至六册：二年一月；七八册：二年四月		
新修身挂图第一辑		12	初等小学春季始业		12	二年四月初版					九年四月
新编初等小学春季始业修身教科书	1—4	4	初等小学春季始业	4		一三册二年十一月初版，二册十二月再版，四册十二月初版	沈颐等	中华书局			
新编初等小学春季始业修身教授书	1—4	4	初等小学春季始业		4	一册二年十二月初版，二三四册三年正月初版	董文				
中华初等小学修身教科书	1—8	8	初等小学春季始业	8		一册元年八月二十六版，二册八月二十三版，三册二年三月四十四版，四册三年三月三十八版，五册二年三月四六版，六册元年二三版，七八册二年三月三十版	陈懋功等		一二册：二年一月；三四册：二年四月		九年四月

续表

女子初等小学修身教科书	1—8	8	初等小学男女分班教授及旧设女子初等小学春季始业	8	一二册二年四月八版，三册二年五月九版，四册五月六版，五册四月订正八版，六册五月七版，七册六月七版，八册六月十七版	沈颐等		九年四月
女子初等小学修身教授法	1—8	8	初等小学男女分班教授及旧设女子初等小学春季始业	8	一二册元年十二月三版，三册二年七月五版，四册五月再版，七册七月再版，五六八册六月再版			一二册九年四月失效
初等小学单级修身教科书	甲乙编各1—6	12	初等小学单级教授	12	甲编二六册三年三月一五版，三五册三月十版，乙编二册二年十二月初版，三六册三年三月一五版，五册三月二〇版，甲乙编一四册二年十二月初版	秦同培等	商务印书馆	甲乙编各二三五六：三年五月	十年六月
初等小学单级修身教授书	甲乙编各一四合册、二五合册、三六合册	6	初等小学单级教授	6	甲编二五合册乙编三六合册三年一月初版，甲编一四合册二年十二月初版，乙编一四合册三年二月再版			甲乙编各二五合册、三六合册：三年五月	十年六月
初等小学补习科修身教科书	1	1	初等小学补习科	1	三年一月初版			三年五月	
初等小学秋季始业新国文教科书	1—8	8	初等小学秋季始业	8	元年十二月初版	庄俞等		二年四月	
初等小学秋季始业新国文教授法	1—8	8	初等小学秋季始业	8	一二册二年五月一二版，三四六册二年一月初版，五册五月五版，七八册四月五版	秦同培			
新制初等小学国文教科书	1—12	12	初等小学秋季始业	12	一册元年十二月五版，二册二年一月五版，三册二年一月再版，四册二年五月十八版，五册二年五月二一版，六册二年四月九版，七册五月十九版，八册五月二一版，九册五月三版，十册五月四版，十一册五月二二版，十二册五月二版	陆费逵等	中华书局	一二册：二年二月；三册：二年三月	
新制初等小学国文教授书	1—3	3	初等小学秋季始业	3	一册二年六月六版，二册五月三版，三册四月二版	屠元礼			
初等小学秋季始业新国文教科书	1—8	8	初等小学秋季始业	8	二年五月初版	刘传厚	中国图书公司		
初等小学秋季始业新国文教授书	1—2	2	初等小学秋季始业	2	二年五月初版				

续表

初等小学春季始业新国文教科书	1—8	8	初等小学春季始业	8	一册元年七月五版，二册十月十五版，三册十月十版，四至八册十月十版	庄俞等	商务印书馆	二年一月	
初等小学春季始业新国文教授法	1—8	8	初等小学春季始业	8	一册二年三月三版，二三册二年月版，四册二年二月十五版，五册五月廿版，六册七月三十版，七册五月十五版，八册正月初版	秦同培		一至三册：二年四月	
新编初等小学春季始业国文教科书	1—4	4	初等小学春季始业	4	一二册二年十一月初版，三四册十二月初版	刘传厚			
中华初等小学国文教科书	1—8	8	初等小学春季始业	8	一册元年七月廿一版，二册七月十四版，三册二年二月六十四版，四册二年一月五十八版，五册二年三月六十五版，六册二年一月四十三版，七册二年二月四十五版，八册元年九月二一版	华鸿年等	中华书局	一二册：二年一月	九年四月
订正简明初等小学国文教科书	1—8	8	初等小学春季始业	8	一册元年十月十五版，二册十月十四版，三册十月十一版，四五册十月九版，六七册十月八版，八册十月七版	戴克敦等		二年一月	九年四月
初等小学女子国文教科书	1—8	8	初等小学男女分班教授及旧日女子初等小学春季始业	8	一册二年五月十九版，二册五月十七版，三册五月十三版，四册四月十二版，五册五月十四版，六册五月十二版，七册五月十版，八册六月十版				九年四月
初等小学单级国文教科书	1—3	3	初等小学单级教授	3	一三册二年十二月六版，二册十二月初版	庄适等	商务印书馆		十年六月
初等小学单级国文教授书	1	1	初等小学单级教授	1	三年二月再版	谭廉等			十年六月
初等小学补习科国文教科书	1	1	初等小学补习科	1	三年一月初版	许国英等		三年五月	
初等小学新字帖	1	1	初等小学	1	二年六月初版		商务印书馆		
初等小学秋季始业新算术教科书	1—8	8	初等小学秋季始业	8	二年一月初版	寿孝天			
初等小学秋季始业新算术教授法	1—8	8	初等小学秋季始业	8	二年一月初版				

续表

书名	册次	册数	适用程度	学期数	版次	编者	出版者		审定时间
新制初等小学算术教科书	1—12	12	初等小学秋季始业	12	一册二年三月七版，二册三月六版，三册二年五月一二版，四册一月初版，五册四月初版，六册一月初版，七至十册二年三月初版，十一册三月五版，十二册二月初版	顾树森	中华书局		
新制初等小学算术教授书	1—12	12	初等小学秋季始业	12	一二册二年三月初版，三册二年五月初版，四册六月初版，五册四月初版，六册七月初版，七册二年九月二版，八册五月初版，九册九月初版，十册八月初版，十一册八月二版，十二册十月初版				
初等小学春季始业新算术教科书	1—8	8	初等小学春季始业	8	一至四册元年六月初版，五册七月初版，六册九月三版，七册七月初版，八册八月初版	寿孝天	商务印书馆	二年一月	
初等小学春季始业新算术教授法	1—8	8	初等小学春季始业	8	一册元年十月三版，二至四册六月初版，五册八月初版，六册十月三版，七八册八月初版			二年一月	
中华初等小学算术教科书	1—8	8	初等小学春季始业	8	一册元年十一月十二版，二三六册元年四月初版，四册四月再版，五册二年二月十四版，七册元年八月五版，八册元年五月初版	顾树森	中华书局	一册：二年一月	九年四月
中华初等小学算术教授书	1—8	8	初等小学春季始业	8	一二册二年五月六版，三册元年四月八版，四五六册元年七月初版，七册二年三月六版，八册元年九月初版				九年四月
初等小学算术书	1	1	初等小学	1	辛亥年三月初版	王家薆		二年一月	九年四月
初等小学珠算教科书	1	1	初等小学	1	二年五月初版	寿孝天	商务印书馆		
初等小学珠算教授法	1	1	初等小学	1	二年六月初版				
初等小学最新珠算入门	上下	2	初等小学	2	上册元年五月初版，下册六月初版	杜就田		二年一月	九年四月
初等小学单级算术教科书	1—3	3	初等小学单级教授	3	二年十二月初版	寿孝天			十年六月
初等小学单级算术教授书	1—3	3	初等小学单级教授	3	二年十二月初版				十年六月
单级用初等小学算术教授本	上下	2	初等小学单级教授		宣统二年正月初版	顾悼等	中国图书公司		九年四月

续表

书名	册数	册数合计	程度	册数	版次	编者	出版者	审定日期	批准日期
初等小学手工教科书	1	1	初等小学	1	元年十月初版		商务印书馆	二年三月	九年四月
初等小学毛笔习画帖	1—8	8	初等小学	8	元年五月九版	金石	商务印书馆	二年一月	九年四月
初等小学毛笔习画帖	1	1	初等小学	1	元年五月八版			二年一月	九年四月
初等小学秋季始业毛笔新画帖	1—4	4	初等小学秋季始业	4	二年十月初版	丁宝书	文明书局		十年六月
初等小学秋季始业毛笔画教授书	1—4	4	初等小学秋季始业	4	三年二月初版				十年六月
初等小学习画帖	1—8	8	初等小学	8	一三至八册元年三月初版，二册十一月再版	中华书局	中华书局	三年五月	
初等小学毛笔新图画	1—8	8	初等小学	8	一二三七八册元年六月初版，四五六册十月三版	汪洛年			
初等小学毛笔新图画	1—8	8	初等小学	8	元年十月再版	汪洛年			
初等小学铅笔画帖	1—4	4	初等小学	4	元年十月四版		商务印书馆	二年一月	九年四月
初等小学铅笔新图画	1—8	8	初等小学	8	一二三四六册元年六月初版，五七八册十月三版	李维纯等	商务印书馆		
初等小学新唱歌	1—4	4	初等小学		一册二年十一月四版，二册十一月三版，三四册十一再版	胡君复			
初等小学新体操	1	1	初等小学	1	元年十一月再版				
中华初等小学体操教授书	1	1	初等小学	1	元年十月初版	徐传霖	中华书局		
初等小学秋季始业新修身教授书	3—8	6	初等小学秋季始业	6	三年六月再版	刘传厚	中国图书公司	四年一月	十一年四月
新编初等小学春季始业修身教科书	1—8	8	初等小学春季始业	8	五册三年七十版，六册七月九版，七册七月五版，八册七月八版	沈颐等	中华书局		
新编初等小学春季始业修身教授书	1—8	8	初等小学春季始业	8	五至七册三年正月初版，八册二月初版	董文		五至八册：四年四月	
初等小学单级修身教科书	甲乙各1—9	18	初等小学单级教授	18	甲二六册三年三月一五版，三五册三月十版，乙编二册二年十二月初版，三六册三年三月一五版，五册三月二〇版，甲编一四册二年十二月初版，甲编七八册三年三月六版，九册二月初版，乙编七册二月初版，八册三月初版，九册一月再版	秦同培等	商务印书馆		十年六月

续表

初等小学单级修身教授书	甲乙各一四合册、二五合册、二六合册、七八九册	12	初等小学单级教授	12	甲编二五合册乙编二六合册三年一月初版，四编一四合册二年十二月初版，乙编一四合册二年二月再版，甲编七八九册三年一月初版，乙编七八九册三年二月初版	秦同培等		十年六月
订正简明初等小学修身教科书	1—8	8	初等小学春季始业	8	一二册二年一月订正四版，三册元年一月订正初版，四五六七册二年九月订正十版，八册元年正月订正初版	陆费逵、戴克敦		
订正简明初等小学修身教授法	1—8	8	初等小学春季始业	8	一册二年三月订正七版，二册四月五版，三册五月四版，四册二月订正四版，五册元年六月订正再版，六册一月订正初版，七册二年五月订正再版，八册三月订正三版	陆费逵、戴克敦		
初等小学秋季始业新修身	1	1	初等小学	1	三年五月初版	陆规亮、张景良	文明书局	
初等小学秋季始业新修身教授书	1	1	初等小学	1	三年五月初版	陆规亮、张景良		
新制初等小学单级修身教科书	甲乙编各一二三册	6	初等小学	6	甲编一三册三年八月二版，二册十月二版，乙编一二册三年八月初版，三册九月二版	沈颐、范源廉、方钧	中华书局	乙编一二三册：四年四月
新制初等小学单级修身教授书	甲乙各一册	2	初等小学乙编国民学校	2	甲编一册三年七月初版，乙编一册三年七月初版	方钧、丁锡华		
半日学校修身教科书	1—3	3	半日学校	3	一册三年五月初版，二册六月初版，三册八月初版	秦同培	商务印书馆	四年四月	十一年四月
初等小学春季始业单级修身课本	一至四编各一册	4	初等小学	4	一册三年十二月订正十二版，二册十月订正十一版，三四册十一月订正十版	顾倬、顾祖玑	中国图书公司	四年六月	
初等小学春季始业单级修身教授本	一至四编各一册	4	初等小学	4	二年十月订正再版	顾倬、顾祖玑		四年六月	
初等小学秋季始业新国文教授书	1—6	6	初等小学秋季始业	6	三至六册三年七月再版	刘传厚、庄适	中华书局	三至六册：四年一月	
新编初等小学春季始业国文教科书	1—8	8	初等小学春季始业	8	五六册三年七月七版，七册七月六版，八册七月四版	刘传厚			

续表

初等小学单级国文教科书	7—12	6	初等小学单级教授	6	七八册三年十二月一八版，九至十二册十二月一六版	郑朝颐	商务印书馆	四年七月	
初等小学单级国文教授书	2—12	11	初等小学单级教授	11	二三五册四年四月八版，四册三年九月七版，六册三年十月七版，七册四年一月六版，八册三年十二月三版，九册四年四月七版，十一册四年四月六版，十二册二年十二月六版	谭廉、费烽	商务印书馆	四年七月	
初等小学新字帖	1—4	4	初等小学	4	一册二年六月初版，二册四年一月初版，三四册四月初版，五册四年五月初版，六册六月初版，七册七月初版，八册八月初版		商务印书馆	二至四册：四年七月	
初等小学秋季始业新国文教科书	1—12	12	初等小学秋季始业	12	一至六册二年六月初版，七册二年八月初版，八九册四年一月再版，十册三年十月初版，十一册四年一月初版，十二册二月初版	张景良	文明书局	一至六册：三年七月	
初等小学秋季始业新国文	1—6	6	初等小学秋季始业	6	一二三册二年八月初版，四五六册十月初版	俞复、丁宝书		三年十月	
新制初等小学单级国文教科书	1—6、甲乙编各7—9	18	初等小学	18	一册三年七月三版，二册正月初版，三册八月二版，四册十月三版，五六册七月二版，甲编七册二年八月初版，八九册九月二版，乙编七八九册三年九月二版	刘传厚、范源廉、沈颐	中华书局	一至六册：四年一月	
教科实用挂图	16幅	16	初等小学教授国文用	16	二年六月再版		商务印书馆		十一年四月
半日学校国文教科书	1—2	2	半日学校	2	一册三年五月初版，二册六月初版	庄庆祥		四年四月	
初等小学春季始业单级国文课本	一至四编各上下二册	8	初等小学	8	一编三年十一月十二版，二三编三年十一月订正十一版，四编三年十一月订正九版	陶守恒、孙锡陶、顾烽、黄龙骧、章鸿遇	中国图书公司	四年六月	
初等小学春季始业单级国文教授本	同上	8	初等小学	8	一二三编三年十一月订正三版，四编十二册订正二版	同上		四年六月	
初等小学读本	1—2	2	国民学校	2	一册二年七月出版，二册二年月出版		湖南图书编译局		十一年四月
初等小学读本教授案	1—2	2	国民学校	2	二年六发行		湖南图书编译局		十一年四月

续表

书名	册数	适用	册数	版本	编者	出版者	出版年月	审定年月
新编初等小学春季始业算术教科书	1—8	8	初等小学春季始业	8	一至五册二年十二月初版,六八册三年一月初版,七册三年正月二版	顾树森等	中华书局		
新编初等小学春季始业算术教授书	1—8	8	初等小学春季始业	8	一册二年十一月初版,二三册十二月初版,四五册三年一月初版,六七八册二月初版	顾树森等			
初等小学单级算术教科书	4—12	9	初等小学单级教授	9	四五册三年二月初版,六册三月初版,七册五月初版	寿孝天	商务印书馆	五至七册:三年十月;八至十二册:四年一月	十年六月
初等小学单级算术教授书	4—12	9	初等小学单级教授	9	四册二年月初版,五册二月初版,六册四月初版,七册五月初版	寿孝天		五至七册:三年十月;八至十二册:四年一月	十年六月
初等小学补习科算术教科书	1	1	初等小学补习科	1	三年五月再版	骆师曾		三年七月	
初等小学秋季始业新算术教科书	1—8	8	初等小学	8	一二册二年六月再版,三四五册七八册二年五月初版,六册三年七月三版	沈羽	中国图书公司	一二册:三年十二月;三至八册:四年一月	
初等小学秋季始业新算术教授书	1—8	8	初等小学	8	一二册二年六月再版,三四册二年五月初版,五六七八册三年七月再版	沈羽		一二册:三年十二月;三至八册:四年一月	
新制单级算术教科书	1—6、甲乙编各7—9	18	初等小学	18	一二三册三年正月初版,四五六册二月初版,甲乙编各七八九册三月初版	顾树森	中华书局	三年十二月	十年六月
新制单级算术教授书	甲乙丙编各一册	3	初等小学	3	三年五月初版	顾树森		三年十二月	十年六月
初等小学补习科算术教授书	1	1	初等小学补习科	1	三年二月初版	骆师曾		三年十二月	
半日学校算术教科书	1—6	6	半日学校	6	一册三年五月初版,二三四册六月初版,五六册七月初版	寿孝天、骆师曾	商务印书馆	一二册:四年一月;三至六册:四年四月	十一年四月
半日学校算术教授书	1—6	6	半日学校	6	一二册三年十月初版,三册十二月初版,四册四年一月初版,五六册二月初版	骆师曾		一二册:四年一月;三至六册:四年四月	十一年四月

· 442 · 臣民还是公民？

续表

初等小学秋季始业新算术	1—4	4	初等小学	4	一二三册三年三月初版，四册三年十月初版	张国维、张景良	文明书局	一至三册：四年四月；四册：四年四月	
初等小学秋季始业新算术	1—4	4	初等小学	4	一二三册三年三月初版，四册四年一月初版	张国维、张景良		一至三册：四年四月；四册：四年四月	
初等小学单级珠算算术教科书	1—3	3	初等小学	3	一二册三年九月初版，三册十月初版	寿孝天、邓庆澜	商务印书馆	四年五月	
初等小学单级初版算术教授书	1—3	3	初等小学	3	一册三年九月初版，二册九月再版，三册十月初版	同上		四年五月	
初等小学春季始业单级算术课本	1—2	2	国民学校	2	一册四年八月初版，二册九月初版	骆绍先	中国图书公司		
国民学校春季始业实用算术教科书	1—4	4	国民学校	4	四年十一月初版	北京教育图书社			
国民学校春季始业实用算术教授书	1—4	4	国民学校	4	四年十二月初版	同上	商务印书馆		
初等小学新手工教授法	1—4	4	初等小学	4	三年十一月再版	赵传壁			
初等小学手工平面物标本	1	1	国民学校	1	四年五月初版	同上			十一年四月
初等小学秋季始业新手工	1—4	4	国民学校	4	二年十月初版	华襄治	文明书局		
重编学校唱歌	1—6	6	小学	6	元年十月出版	沈心工		四年四月	十一年四月
初等小学新缝纫	1—2	2	初等小学	2	一册三年十一月再版，二册四月初版	沈维桢	商务印书馆	四年一月	十一年四月
初等小学修身书	1—2	2	国民学校	2	一册二年七月初版，二册十一月出版	熊崇煦、李健	湖南图书编译局	五年一月	十二年四月
初等小学修身教案	1—2	2	国民学校	2	一册二年六月发行，二册十月发行	熊崇煦		五年一月	
实用修身教科书	1—8	8	国民学校春季始业	8	一二册四年十一月初版，三四册十二月初版，五册十二月初版，六七八册十二月初版	北京图书馆	商务印书馆	五年四月	
实用修身教授书	1—8	8	同上	8	四年十二月初版	北京图书馆		五年四月	
新式修身教科书	1—2	2	同上	2	四年十二月出版	方钧	中华书局	五年四月	
新式修身教授书	1—2	2	国民学校春季始业	2	四年十二月出版	钱巩、方钧		同上	

续表

复式学级修身教科书	甲编一	1	国民学校	1	四年四月发行	周维城、范祥善、杨保恒、庄俞	商务印书馆	五年五月	
复式学级修身教授书	甲编一	1	国民学校	1	四年四月发行	同上		五年五月	
新式修身教科书	3—4	2	国民学校春秋季始业	2	五年三月出版	方钧	中华书局	五年五月	
新式修身教授书	3—4	2	同上	2	五年三月出版	方钧、钱巩、董文	中华书局	五年五月	
复式学级修身教科书	乙编一	1	国民学校	1	五年六月初版	周维城、范祥善	商务印书馆	五年十一月	
复式学级修身教授书	乙编一	1	同上	1	五年十月初版	同上		五年十一月	
复式学级修身挂图	乙编23幅	23	同上	23	五年七月初版	同上		五年十一月	
修身教科书	4—6	3	半日学校	3	四册五年八月初版,五六册九月初版	秦同培		六年三月	
新式修身教科书	5—8	4	国民学校春季始业	4	五册六年九月十三版,六册八月十二版,七册三月十版,八册七月九版	方钧	中华书局	七年四月	
新式修身教授书	5—8	4	同上	4	五册六年八月三版,六册八月四版,七册八月五版,八册七月三版	钱巩、方钧、董文		七年四月	
女子修身教科书	1—4	4	国民学校	4	一册五年三月二版,二册六月再版,三册三月初版,四册四月初版	沈颐、董文		五年九月	
女子修身教授书	1—4	4	同上	4	一册四年五月初版,二册六月初版,三四册八月初版	董文、钱巩		五年九月	
实用国文教科书	1—4	4	国民学校春季始业	4	一册四年十二月十版,二册十二月初版,三册十二月十版,四册十二月初版	北京教育图书社	商务印书馆		
新式国文教科书	1—4	4	同上	4	一二册四年十二月初版,三四册五年一月初版	陆费逵、李步青、沈颐、戴克敦	中华书局	五年四月	十二年四月
实用国文教科书	5—8	4	同上	4	五六册四年十二月初版,七册十二月二十一版,八册十二月十四版	北京教育图书社	商务印书馆		
新式国文教科书	5—8	4	同上	4	五六册四年十二月出版,七册五年三月出版,八册五月发行	陆费逵、李步青、沈颐、戴克敦、姚铬恩	中华书局		十二年四月

续表

新式国文教授书	1—4	4	同上	4	四年十二月出版	吴研蘅		十二年四月
实用国文教授书	1—8	8	同上	8	一二册四年十一月初版，三四册十二月十二版，五册十二月十版，六七八册十二月初版	北京教育图书社	商务印书馆	十二年四月
女子国文教科书	1—4	4	国民学校春秋季始业	4	一册四年十二月三版，二三四册十二月二版	沈颐	中华书局	五年九月	十二年四月
女子国文教授书	1—4	4	同上	4	一册四年五月初版，二册十月初版，三四册五年三月初版	钱巩		五年九月	十二年四月
共和国教科书新国文教案	1—6	6	国民学校春季始业	6	五年十二月初版	范祥善等	商务印书馆	六年四月	十三年四月
半日学校国文教科书	3—6	4	半日学校	4	三册四年十二月初版，四册五年九月初版，五册十一月初版，六册六年一月初版	庄庆祥		六年四月	十三年四月
共和国教科书新国文教案	7—8	2	国民学校春季始业	2	六年三月初版	范祥善等		六年八月	十三年四月
共和国教科书新国文教案	1—4	4	国民学校秋季始业	4	六年六月初版	庄适等		六年十月	十三年四月
国文教授书	1	1	国民学校补习科	1	六年三月再版	俞人龙		六年十月	
新式国文教科书	1—3	3	国民学校秋季始业	3	六年七月初版	吴研蘅	中华书局	七年三月	
共和国教科书新国文教案	5—8	4	同上	4	五六八册六年九月再版，七册九月三版	庄适等	商务印书馆	七年三月	
新制国文教案	1—5	5	同上	5	一册六年八月，二册七年一月，三册七年一月，四册六年九月，五册七年一月	周本培等	中华书局	七年六月	
实用算术教科书	3—4	2	国民学校春季始业	2	三册四年十二月六版，四册十二月初版	北京教育图书社	商务印书馆	五年一月	十二年四月
实用算术教授书	3—4	2	国民学校春季始业	2	四年十二月初版	同上		五年一月	十二年四月
新式算术教科书	1—2	2	同上	2	五年一月初版	顾树森、沈煦		五年四月	十二年四月
女子算术教科书	1—8	8	国民学校	8	一册四年二月初版，二至五册五年三月二版，六七八册四月二版	顾树森	中华书局	五年九月	十二年四月
女子算术教授书	1—8	8	国民学校	8	一册四年一月初版，二三册七月初版，四五册八月初版，六七八册十月初版	沈煦		五年九月	十二年四月
新式算术教授书	1—2	2	国民学校春季始业	2	五年一月初版	沈煦		五年四月	

续表

实用算术教科书	5—8	4	国民学校春季始业	4	五册四年十二月八版，六七册十二月初版，八册十二月七版	北京教育图书社		五年四月	十二年四月
实用算术教授书	5—8	4	同上	4	四年十二月初版	同上		同上	十二年四月
新体算术教科书	1—4	4	国民学校	4	一二册五年十月初版，三四册十一月初版	俞子夷等	商务印书馆	六年三月	十三年四月
新体算术教授书	1—4	4	同上	4	一二册五年十月初版，三四册十一月初版	俞子夷等		六年三月	十三年四月
共和国教科书新算术教案	第一	1	国民学校春季始业	1	六年二月初版	骆师曾		六年四月	十三年四月
共和国教科书新算术（珠算）	第一	1	国民学校	1	六年四月再版	寿孝天		六年八月	十三年四月
共和国教科书新算术教案	第二	1	国民学校春季始业	1	六年三月初版	骆师曾		六年八月	十三年四月
共和国教科书新算术（珠算）	第二	1	国民学校	1	六年七月初版	寿孝天	商务印书馆	六年十月	十三年四月
共和国教科书新算术教授法（珠算）	第二	1	国民学校	1	六年七月初版	寿孝天		六年十月	十三年四月
共和国教科书新算术教案	3—4	2	国民学校春季始业	2	三册六年八月初版，四册十月初版	骆师曾		七年三月	
实用习字教授书	1—4	4	国民学校	4	四年十二月初版	俞粲		五年四月	十二年四月
国民学校习字帖	1—2	2	国民学校	2	一册六年一月三版，二册二月二版	屠元礼	中华书局	六年八月	十三年四月
国民学校习字教授法	1	1	国民学校	1	六年二月发行	屠元礼		六年八月	十三年四月
单级国民学校体操教授	1	1	国民学校	1	四年十一月初版	孙掞	商务印书馆	五年九月	
体操教授细目	甲乙编各1册	2	国民学校	2	六年七月初版	赵光绍		七年三月	
共和国教科书公民须知	1	1	同上	1	六年一月初版	刘大绅	商务印书馆	六年三月	十三年四月
公民读本	1—2	2	同上	2	六年一月发行	方浏生	中华书局	六年三月	十三年四月
新式学生字典	1	1	国民学校及高等小学	1	六年七月发行	吴研蘌		六年十月	十三年四月
实用学生字典	1	1	同上	1	六年十月初版	方毅	商务印书馆	七年三月	

续表

公民读本教授书	1—2	2	国民学校	2	六年八月	方浏生	中华书局	七年六月	十三年四月
单级教授讲义单级小学校教授法	1	1	单级小学	1	五年十月三版	邓庆澜	商务印书馆	六年三月	十三年四月
单级教授讲义单级小学校管理法	1	1	同上	1	五年十月三版	郑朝熙	商务印书馆	六年三月	
共和国教科书新算术	1—8	8	国民学校秋季始业	8	一册六年六月二零三版，二册五月一九二版，三册四月一七五版，四册六月一六六版，五册四月一四七版，六册三月一三一版，七册六月一三五版，八册四月一一五版	寿孝天	商务印书馆	七年四月	
共和国教科书新算术教授法	1—8	8	同上	8	六年三月六三版	同上		七年四月	
共和国教科书新修身	1—8	8	国民学校春季始业	8	一册五年三月四八四版，二册六年六月四七九版，三册六年八月四六五版，四册六年九月四二四版，五册六年六月三七零版，六册六年九月三四零版，七册六年五月二六七版，八册六年六月二五三版	沈颐、戴克敦	商务印书馆	七年六月	
共和国教科书新修身教授法	1—8	8	同上	8	一至八册分别五年四月九六、八三、七五、七二、六九、六四、六零、五五版	秦同培	商务印书馆	七年六月	
共和国教科书新国文	1—8	8	国民学校春季始业	8	一二册六年六月九二六、九六八版，三册六年八月七八一版，四册六年九月七一二版，五册六年八月五九六版，六册六年六月五零四版，七册七年四月四七五版，八册七年三月四零五版	庄俞、沈颐	商务印书馆	七年六月	
新制国文教案	6—12	7	国民学校	7	六九册七年三月发行，十七册六年九月发行，八十一册七年二月发行，十二册七年四月发行	周本培、刘传厚、江丽堃、董文、屠元礼、钱巩中	中华书局	七年十月	
范字教材	1—8	8	国民学校	8	一至四辑六年七月初版，五至八辑十月初版	蒋昂、范祥善	商务印书馆	七年十月	
范字教材教授书	1—8	8	国民学校	8	一册七年腊月再版，二册六年十一月初版，三五六册七年四月初版，四册三月初版，七册六月初版，八册七月初版	费焯、蒋昂		七年十月	

续表

范字练习簿	甲乙种各一册	2	同上	2	甲种六年七月初版，乙种十一月初版		商务印书馆	七年十月
国民学校习字帖	3—8	5	同上	5	三册六年二月二版，四册七年七月五版，五册七月四版，六册二月八版，七册六月九月发行	屠元礼	中华书局	七年十月
新体图画教科书	1—3	3	国民学校秋季始业	3	七年八月初版	王雅南		七年十月
新体图画教授书	首、1—3	4	同上	4	七年八月初版	同上	商务印书馆	七年十月
共和国教科书新算术教案	5—8	4	国民学校秋季始业	4	五册七年六月三版，六册三月初版，七册四月初版，八册七月初版	骆师曾		八年一月
新式国文教授书	第一	1	同上	1	七年九月发行	江耀堂等	中华书局	八年一月
共和国教科书新图画教授书	1—8	8	国民学校	8	七年十月初版	韩受禄		八年四月
国民学校复式学级国文教科书	1—7	7	国民学校	7	八年一月初版	俞子夷等	商务印书馆	八年四月
国民学校复式学级国文教授案	四编第一三合一册，第二四合一册	2	国民学校	2	八年一月初版	苏养培等		八年四月
新编图画教本	1—2	2	国民学校	2	八年二月初版	熊嚞高	商务印书馆	八年八月
国民学校复式学级国文教授案	5—6	2	同上	2	八年二月初版	苏养培等		八年八月
国民学校秋季始业新国文	1—8	8	国民学校秋季始业	8	一册五年四月九六版，二册八年一月一〇七版，三册七年七月九九版，四册八年三月一〇〇版，五册八年四月七九版，六册八年二月六九版，七八册八年四月七九版	庄俞、沈颐	商务印书馆	八年八月
国民学校秋季始业新国文教授法	1—8	8	同上	8	一至七册八年四月出版，八册五年八月三十版	秦同培、庄俞	商务印书馆	八年八月
国民学校秋季始业新算术	1—8	8	同上	8	一册五年四月四二版，二册八年一月四九版，三册五年四月四四版，四册八年一月四四版，五册六年九月三五版，六册七年五月三七版，七册八年一月四九版，八册六年三月三〇版	寿孝天	商务印书馆	八年八月
国民学校秋季始业新算术教授法	1—8	8	同上	8	一册五年四月二二版，二三册五年三月三二版，四册五年四月二八版，五册五年四月二二版，六册五年七月一四版，七册五年四月二三版，八册五年四月二五版	寿孝天	商务印书馆	八年八月

续表

书名	册次	册数	适用学校	册数	版次	编者	出版者	出版时间		
共和国教科书新字帖	1—8	8	国民学校	8	一册八年七月一八版，二册八年九月一五版，三册八年三月六版，四册八年一月七版，五册七年十二月七版，六册七年八月八版，七册七年九月六版，八册八年二月六版	商务印书馆编译所	商务印书馆	八年十二月		
共和国教科书毛笔新图画	1	1	同上	1	五年五月七版	汪洛年	商务印书馆	八年十二月		
共和国教科书新体操	1	1	国民学校	1	六年七月七版	徐傅霖		八年十二月		
新式珠算教科书	1—3	3	国民学校	3	七年十二月发行	沈煦	中华书局	八年十二月		
新式珠算教授书	1—3	3	同上	3	一二册八年三月发行，三册五月发行	华襄治		八年十二月		
新体国语教科书	1—4	4	国民学校	4	八年八月初版	庄适	商务印书馆	八年十二月		
新体级法教授法	1	1	小学	1	八年七月初版	范祥善		八年十二月		
新式国文教授书	1—4	4	国民学校秋季始业	4	二册八年一月发行，三册八年二月发行，四册八年五月发行	江耀堂、余润清、季朝桢、刘传厚	中华书局	八年十二月		
新编图画教案	1—2	2	国民学校	2	八年六月再版	须戒已、熊薰高、陆衣言、顾励安	商务印书馆	八年十二月		
新制中华修身教授书	1—2	2	国民学校秋季始业	2	一册二年六月六版，二册二年五月三版	董文	中华书局	九年四月		
共和国教科书新国文教授法	5—8	4	国民学校春季始业	4	五册八年一月六三版，六册八年一月六一版，七册八年七月六三版，八册八年七月六一版	秦同培	商务印书馆			
新制中华修身教科书	1—2	2	国民学校秋季始业	2	一册七年九月三十七版，二册八年二月四十版	戴克敦、沈颐、陆费逵	中华书局	九年四月		
新法国文教科书	第一	1	国民学校春季始业	1	九年一月初版	范祥善、庄适		九年六月		
新编图画课本	3—4	2	国民学校	2	八年八月初版	须戒已、熊薰高、陆衣言、顾励安	商务印书馆	九年六月		
新编图画教案	3—4	2	国民学校	2	八年十二月初版	同上		九年六月		
新体国语教科书	1—4	4	国民学校	4	一四册九年一月七版，二册八年八月七版，三册九年一月四版	庄适		九年六月		

续表

书名	册次	册数	适用学校	数量	版本	编者	出版社	审定日期
新教材教科国语读本	1—2	2	国民学校	2	九年三月发行	黎均荃、陆衣言	中华书局	九年六月
共和国教科书新图画铅笔画	1—8	8	同上	8	八年十一月七版	李维纯、余翰	商务印书馆	九年九月
新制中华修身教科书	第三	1	国民学校秋季始业	1	八年九月四十一版	戴克敦、沈颐、陆费逵	中华书局	九年九月
新制中华修身教授书	第三	1	同上	1	四年八月三版	董文	中华书局	九年九月
新制中华算术教科书	1—2	2	国民学校	2	一册元年三月二十七版，二册三年二月十六版	顾树森		九年九月
新制中华算术教授书	1—2	2	国民学校	2	一册二年三月初版，二册二年四月四版	顾树森		九年九月
共和国教科书新算术教案	1—2	2	国民学校秋季始业	2	一册九年三月初版，二册四月初版	骆师曾	商务印书馆	九年九月
新教育教科书国语读本	1	1	国民学校秋季始业		九年六月发行	杨达权等	中华书局	九年九月
新教材教科书国语读本	3—4	2	国民学校	2	三册九年六月再版，四册七月发行	黎均荃、陆衣言		九年九月
民国南侨国民学校国语教科书	1—12	12	南洋华侨国民学校	12	一册八年八月五版，二至五册七年八月四版，六册三年二月再版，七至十二册七年八月四版	周肇华、李文渠	周肇华、李文渠	九年十二月
世界改造大地图	1	1	各学校	1	九年一月初版	徐焕	中华书局	九年十二月
新教育教科书国语读本	2—3	2	国民学校秋季始业	2	二册九年七月发行，三册八月再版	杨树达等		九年十二月
新法国语教科书	1—4	4	同上	4	一二册九年七月五版，三四册八月五版	庄适等	商务印书馆	九年十二月
新教育教科书国语读本教案	第一	1	同上	1	九年十月发行	顾公毅等	中华书局	九年十二月
新法修身教授案	1—6	6	同上	6	一至五册九年十二月三版，六册九月再版	沈圻、费焯	商务印书馆	十年三月
新教育教科书修身	第一	1	同上	1	九年八月再版	胡舜华等		十年三月
新教育教科书修身教案	第一	1	同上	1	九年十一月发行	魏寿镛、江耀光	中华书局	十年三月
新教育教科书国语读本	第四	1	同上	1	九年十二月发行	李廷慧等		十年三月
新体国语教授书	1—2	2	国民学校春季始业	2	一册九年十二月九版，二册十二月四版	博鸣先等	商务印书馆	十年三月
新法修身教科书	6—8	3	国民学校春秋季始业	3	六册十二月二十七版，七八册十一月十五版	刘宪、费焯	商务印书馆	十年三月
新体国语教科书	5—7	3	国民学校春季始业	3	五六册九年十二月三十二版，七册十二月二十五版	庄适等	商务印书馆	十年三月
新教育教科书国语读本	1—3	3	同上	3	一二册九年十二月发行，三册十年一月再版	胡舜华等	中华书局	十年三月

续表

书名	册次	册数	适用	数量	版本	编者	出版者	日期		
新法国语教科书	首册	1	国民学校秋季始业	1		九年十二月三五版	庄适等	商务印书馆	十年三月	
新法国语教授案	首册	1	同上	1	九年十二月十一版	沈圻		十年三月	
新法算术教科书	1	1	同上	1	九年七月初版	寿孝天		十年三月	
新法算术教授案	1	1	同上	1	九年十二月六版	寿孝天		十年三月	
新法故事读本	甲编一至十	10	国民学校	10	一二册十年三月五版，三至十册十年五月五版	赵宗预、王砥平、徐君石、胡永承	商务印书馆	十年八月	
国音色板	一份	1	儿童练习国音之用	1	十年一月出版	陆衣言	中华书局	十年八月	
国音拼音牌	一份	1	教师及儿童自修用	1	1	一年一月出版	陆衣言	同上	
国音木牌	一份	1	儿童练习国音之用	1	十年一月出版	陆衣言	同上	
新教育教科书国语读本	5—8	4	国民学校秋季始业	4	五六册十年一月发行，七八册二月发行	杨达权等	中华书局	十年八月	
新编图画课本	5—8	4	国民学校	4	五六册九年九月初版，七八册十年二月初版	须戒己、熊甏高、陆衣言、顾励安	商务印书馆	十年八月	
新编图画教案	5—8	4	同上	4	五六册九年九月初版，七八册十年二月初版	同上		同上	
新法国语教科书	第五	1	国民学校秋季始业	1	十年四月五十版	庄适		十年八月	
新教育教科书修身	7—8	2	国民学校春季始业	2	七册十年四月三版，八册二月发行	胡舜华等	中华书局	十年八月	
新教育教科书修身教案	4—5	2	同上	2	十年二月发行	魏寿镛、江耀光		同上	
新法算术教科书	2—3	2	国民学校	2	二册十年四月四五版，三册三月三五版	骆师曾	商务印书馆	十年八月	
新法算术教授案	2—3	2	国民学校	2	二册十年四月十版，三册五月十版	骆师曾	商务印书馆	同上	
新体国语教授案	3—4	2	国民学校春季始业	2	三册十年二月七版，四册一月五版	傅鸣先等	商务印书馆	十一年二月	
新法国语教授案	2—3	2	国民学校秋季始业	2	二册十年八月一五版，三册八月十版	金声等		十一年二月	
新教育教科书修身	1—2	2	国民学校春季始业	2	一册十年八月十四版，二册六月十一版	胡舜华等	中华书局	十一年八月	
新教育教科书修身教案	1—2	2	国民学校	2	一二册十年五月再版	魏寿镛等		十一年八月	
新法国语教科书	1—4	4	国民学校秋季始业	4	一册十年四月十版，二册八月十五版，三册八月十五版，四册八月廿版	庄适	商务印书馆	十一年八月	
新法国语教科书	6—8	3	同上	3	六册十年九月五十版，七册四月四十版，八册八月二五版	庄适	商务印书馆	十一年八月	
新法修身教授案	7—8	2	国民学校	2	七册十年七月十一版，八册十一年一月十三版	沈圻等		十一年八月	

续表

新法国语教授案	第一	1	国民学校春季始业	1	十年六月五版	计志忠等	商务印书馆	十一年八月
新法国语教授案	4—5	2	国民学校秋季始业	2	四册十年四月五版，五册十年六月五版	金声等		十一年八月
新体国语教科书	第八	1	国民学校春季始业	1	十年三月三版	庄适		同上
新教育教科书修身	3—4	2	国民学校春秋季始业	2	三册十一年二月十五版，四册二月十三版	胡舜华等	中华书局	十二年二月
新教育教科书修身教案	3—4	2	同上	2	三册十一年二月三版，四册十年十二月三版	魏寿镛等		十二年二月
新法算术（珠算）教科书	1—2	2	国民学校	2	一册十一年三月五版，二册四月三版	寿孝天	商务印书馆	十二年二月
新教育教科书算术	1—8	8	国民学校春秋季始业	8	一册十年七月十版，二三四册七月九版，五册七月六版，六册二月五版，七册七月三版，八册七月初版	钱梦渭等	中华书局	十二年二月
新教育教科书算术教案	1—8	8	同上	8	一二十年七月三版，三四五册七月再版，六七八册八月初版	钱梦渭等		同上
新教育教科书修身挂图	第一二辑	2	国民学校	2	十年十月初版	朱文叔等		十二年二月
新法算术教科书	6—8	3	国民学校	3	六册九年八月五版，七册九年九月五版，八册十一年三月四五版	骆师曾	商务印书馆	十二年四月
新法算术教授案	6—8	3	同上	3	六七册十一年三月十版，八册三月六版	骆师曾		十二年四月
国语留声片课本	1	1	各学校各讲习所	1	十一年十月初版	赵元任		十二年四月
新体国语教授书	5—6	2	国民学校春季始业	2	五册十一年六月八版，六册五月八版	杨嘉春	商务印书馆	十二年四月
新法国语教授案	第四	1	国民学校秋季始业	1	十一年五月一五版	樊平章等		十二年四月
新法算术教授案	1—2	2	国民学校	2	一册十一年四月六版，二册五月三版	寿孝天		十二年四月
新法修身挂图	1—4辑	4	国民学校	4	一二辑十年十二月初版，三辑十一年一月初版，四辑七月初版		商务印书	十二年四月
新法国语教科书	5—8	4	国民学校	4	五册十一年一月三十版，六册一月三五版，七册六月二十版，八册五月二五版	庄适	商务印书馆	十二年四月
新法算术教科书	第四	1	同上	1	十年七月五十版	骆师曾		同上
新法算术教授书	第四	1	同上	1	十年三月五版	骆师曾		同上
新小学教科书国语读本	第一	1	初级小学	1	十二年一月初版	黎锦晖等	中华书局	十二年四月
新学制国语教科书	第一	1	小学初级	1	十二年二月五版	吴研因等	商务印书馆	同上
新学制算术课本	第一	1	新小学初级	1	十二年一月初版	朱开乾	中华书局	十二年四月
新学制算术课本教授书	第一	1	同上	1	十二年二月初版	朱开乾等		同上

续表

书名	册次		程度		版次	编者	出版社	出版时间		
新学制国语教科书	第二	1	小学初级	1	十二年三月五版	吴研因等	商务印书馆	十三年二月		
新学制适用算术课本	2—3	2	小学初级	2	二册十二年二月初版，三册三月初版	朱开乾等		同上		
新学制适用算术课本教授书	2—3	2	小学初级	2	十二年三月初版	朱开乾等	中华书局	同上		
新学制适用国语读本	2—4	3	小学初级	3	二四册十二年四月五版，三册四月六版	黎锦晖等		十三年二月		
新学制适用公民课本	第一	1	同上	1	十二年三月六版	董文	中华书局	同上		
新学制适用公民课本教授书	第一	1	同上	1	十二年四月再版	董文		同上		
新法公民故事读本	1—2	2	暂代初级小学修身	2	十一年八月四版	沈圻		十三年四月		
新学制国语教授书	第一	1	小学初级	1	十二年七月二十版	沈圻等	商务印书馆	十三年四月		
新学制算术教科书	1—6	6	小学初级	6	一二册十二年六月十版，三册七月初版，四五册九月初版，六册十二月初版	骆师曾		十三年四月		
新学制国语教科书	3—4	2	同上	2	三册十二年六月初版，四册七月初版	吴研因等		同上		
新学制社会教科书	1—4	4	暂代初级小学修身	4	一册十二年二月十版，二三册七月十版，四册九月初版	丁晓先	商务印书馆			
新学制社会教授书	1—2	2	同上	2	十二年二月十版	丁晓先		十三年四月		
新法国语教授案	第六	1	国民学校春季始业	1	十一年二月六版	计志忠等		同上		
新体国语教授书	第七	1	国民学校	1	十一年一月六版	傅鸣先等		同上		
新教材教科书国语读本	6—8	3	国民学校	3	六册十年七月发行，七八册十一年二月发行	黎均荃等	中华书局	十三年四月		
新教育教科书国语读本	4—8	5	国民学校春季始业	5	四册十一年四月十七版，五册四月十六版，六册三月十二版，七册十二月十四版，八册七月十一版	杨敬勤等		同上		
新学制国语读本教授书	第一	1	小学初级	1	十二年十一月三版	陈白等	中华书局	十三年五月		
新学制社会教科书	第五	1	小学初级	1	十二年十二月初版	丁晓先等		同上		
新学制社会教授书	第三	1	同上	1	十三年一月初版	丁晓先		同上		
新学制国语教科书	5—8	4	小学初级	4	五册十二年七月初版，六七册八月初版，八册七月初版	吴研因等	商务印书馆	十三年五月		
新学制常识教科书	3—4	2	同上	2	三册十二年九月初版，四册十月初版	范祥善		同上		
新学制常识教授书	3—4	2	同上	2	三册十二年十二月初版，四册十三年一月初版	赵宗预、王砥平等		同上		
新学制社会课本	第一	1	同上	1	十三年一月五版	陆衣言等	中华书局	十三年五月		
新学制社会课本教授书	第一	1	同上	1	十三年一月初版	陆衣言等		同上		
新学制工用艺术教科书	第一	1	小学初级	1	十三年一月初版	熊蠢高	商务印书馆	十三年十二月		

续表

新学制社会教科书	6—8	3	同上	3	六册十三年三月四十版，七册五月四十五版，八册五月五十版	丁晓先等	商务印书馆	十三年十二月		
新学制社会教授书	第四	1	同上	1	十三年六月十版	何其宽等	商务印书馆	十三年十二月		
合计		1298		732	561					

二、高等小学部分（包括小学高级、小学后期等）

高等小学秋季始业新修身教科书	1—6	6	高等小学秋季始业	6	二年一月初版	包公毅等	商务印书馆			
高等小学秋季始业新修身教授法	1—6	6	高等小学秋季始业	6	一二册二年四月五版，三册四月初版，四册四月五版，五六册六月五版	庄庆祥				
新制高等小学修身教科书	1—9	9	高等小学秋季始业	9	一至六册二年一月初版，七八九册二年三月二版	戴克敦等	中华书局	一至六册：二年二月		
高等小学秋季始业新修身教科书	1—9	9	高等小学秋季始业	9	二年五月初版	臧励龢等	中国图书公司		九年四月	
高等小学春季始业新修身教科书	1—6	6	高等小学春季始业	6	一至四册元年十月再版，五六册元年二月三版	包公毅等	商务印书馆	一至四册：二年一月；五六册：二年二月		
高等小学春季始业修身教授法	1—6	6	高等小学春季始业	6	一二册元年十二月初版，二册二年四月初版，四五册二年四月五版，六册二年三月初版	庄庆祥				
新编高等小学春季始业修身教科书	1—6	6	高等小学春季始业	6	一册二年十二月再版，二三册十二月初版，四册十二月二版，五六册三年一月初版	沈颐等	中华书局	三年五月		
中华高等小学修身教科书	1—3	3	高等小学春季始业	3	一二册二年三月改订初版，三册二年七月改订九版	汪涛		一二册：二年四月	九年四月	
高等小学秋季始业新国文教科书	1—6	6	高等小学秋季始业	6	一三册二年四月版，四册二年一月初版，二五六册二年二月再版	樊炳清等	商务印书馆			
高等小学秋季始业新国文教授法	1—6	6	高等小学秋季始业	6	一至四册二年五月十版，五册二年九月一五版，六册六月一〇版	谭廉				
新制高等小学国文教科书	1—9	9	高等小学秋季始业	9	一册二年三月五版，二册三月四版，三册三月初版，四册四月二版，五册一月初版，六册四月初版，八册四月二版，七九册八月再版	郭成爽等	中华书局	一二册：二年四月		
高等小学春季始业新国文教科书	1—6	6	高等小学春季始业	6	一册元年九月四版，二册八月三版，三册九月三版，四册十月四版，五六册九月三版	庄俞等	商务印书馆	二年一月		
高等小学春季始业新国文教授法	1—6	6	高等小学春季始业	6	一二三册元年三月初版，四册二年六月十五版，五六册六月十版	谭廉				

续表

高等小学女子新国文教科书	1—6	6	女子高等小学	6	元年十一月初版	庄俞等		二年一月	
共和国民新读本	1—2	2	高等小学及中学程度相等之学校		元年九月四版	孟森等		二年一月	九年四月
中华共和国民读本	上下	2	高等小学及中学程度相等之学校		元年九月七版	庄泽定等	中华书局	二年一月	九年四月
高等小学秋季始业新算术教科书	1—6	6	高等小学秋季始业	6	一册二年二月初版，二至六册四月初版	骆师曾	商务印书馆		
高等小学秋季始业新算术教授法	1—6	6	高等小学秋季始业	6	一册二年二月初版，二至六册四月初版				
新制高等小学算术教科书	1—9	9	高等小学秋季始业	9	一册二年四月六版，二册三月初版，三至九册五月初版	赵秉良	中华书局		
高等小学秋季始业新算术教科书	1—3	3	高等小学秋季始业	3	二年十月初版	倪文奎	文明书局		
高等小学春季始业新算术教科书	1—6	6	高等小学春季始业	6	一册元年十月三版，二至六册六月初版	骆师曾	商务印书馆	二年一月	
高等小学春季始业新算术教授法	1—6	6	高等小学春季始业	6	一册元年七月初版，二册六月初版，三册十月二版，四册七月初版，五六册八月初版			二年一月	
高等小学新算术教科书	1—3	3	高等小学	3	一册元年十二月初版，二册二年二月初版，三册四月初版			一册：二年二月	
高等小学新算术教授法	1—3	3	高等小学	3	一册元年十二月初版，二册元年十一月再版，三册二年四月初版			一册：二年二月	
高等小学秋季始业新历史教科书	1—6	6	高等小学秋季始业	6	二年一月初版	傅运森			
新制高等小学历史教科书	1—3	3	高等小学秋季始业	3	二年三月初版	汪楷等	中华书局		
高等小学秋季始业新历史教科书	1—4	4	高等小学秋季始业	4	二年五月初版		中国图书公司		
高等小学秋季始业新历史教授书	1	1	高等小学秋季始业	1	二年五月初版	赵钲铎			
高等小学春季始业新历史教科书	1—6	6	高等小学春季始业	6	一至四册元年十月再版，五六册元年二月三版	傅运森	商务印书馆	一至四册：二年一月；五六册：二年一月	
中华高等小学历史教科书	1—2	2	高等小学春季始业	2	二年三月改订初版	汪楷等	中华书局	二年四月	九年四月

续表

高等小学秋季始业新地理教科书	1—6	6	高等小学秋季始业	6	二年一月初版	庄俞	商务印书馆	
高等小学秋季始业新地理教授法	1—6	6	高等小学秋季始业	6	一二册二年九月十版，三册六月五版，四册六月初版，五册三年二月十版，六册二年十月五版	谭廉等		
高等小学春季始业新地理教科书	1—6	6	高等小学春季始业	6	一册二年三月十二版，二册三月五五版，三册三月四五版，四册元年八月再版，五册八月初版，六册十一月再版	庄俞		
高等小学秋季始业新理科教科书	1—6	6	高等小学秋季始业	6	一二三册二年五月初版，四册九月初版，五六册十月初版	杜亚泉等		
高等小学秋季始业新理科教授法	1—6	6	高等小学秋季始业	6	一二三册二年六月初版，四五册十月初版，六册十二月初版			
新制高等小学理科教科书	1—9	9	高等小学秋季始业		一二三册二年一月初版，四五六册五月五版，七八九册五月二版	顾树森	中华书局	三年五月
新制高等小学理科教授书	1—9	9	高等小学秋季始业	9	一册二年七月三版，二册七月二版，三册十一月二版，四五册十二月三版，六册九月二版，七册七月二版，八册十二月三版，九册十月初版			
高等小学秋季始业新理科教科书	1—9	9	高等小学秋季始业	9	二年五月初版	吴家煦等	中国图书公司	
高等小学秋季始业新理科教授书	1—6	6	高等小学秋季始业	6	二年五月初版			
高等小学秋季始业新理科教科书	1—6	6	高等小学秋季始业	6	一至五册二年八月初版，六册十月初版	蓝田玙	文明书局	三年五月
高等小学秋季始业新理科教授书	1	1	高等小学秋季始业	1	二年十月初版			
高等小学秋季始业新理科教科书	1—2	2	高等小学秋季始业	2	一册二年八月再版，二册十月初版	钱承驹		三年五月
高等小学秋季始业新理科教授书	1—2	2	高等小学秋季始业	2	一册二年八月再版，二册十月初版			三年五月
高等小学春季始业新理科教科书	1—6	6	高等小学春季始业	6	一至三册元年十月版，四册十一月二版，五册十月三版，六册十月再版	杜亚泉等	商务印书馆	一至四册：二年一月；五六册：二年一月
高等小学春季始业新理科教授法	1—6	6	高等小学春季始业	6	一册二年七月十七版，二三册四月十一版，四册月十一版，五六册五月十版			

续表

书名	册次	册数	适用	6	版次	编著者	出版者	审定	
新编高等小学春季始业理科教科书	1—6	6	高等小学春季始业	6	一册二年十月三版，二册十月初版，三册三年二月初版，四册一月初版，五册二年十一月初版，六册十二月初版	顾树森等	中华书局	三年五月	
高等小学理科教科书	1—6	6	高等小学春季始业	6	一二册元年五月二版，三至六册三年一月再版	吴傅绶等	新教育社		十年六月
高等小学理科教授书	1—6	6	高等小学春季始业	6	一二册三年一月再版，三至六册二年二月初版				十年六月
中华高等小学理科教科书	1—2	2	高等小学春季始业	2	二年三月改订初版	彭世芳等	中华书局		九年四月
理科实物教授	1—2	2	高等小学	2	二年十月三版	英国墨区原著，徐善祥、吴维泉校订			九年四月
高等小学手工教科书	1	1	高等小学	1	元年十月五版	商务印书馆编译所	商务印书馆	二年三月	九年四月
高等小学毛笔新图画	1—6	6	高等小学	6	二年四月初版	汪洛年			
高等小学毛笔新图画	1	1	高等小学	1	二年四月初版				
高等小学毛笔习画范本	1—6	6	高等小学	6	元年十月三版	商务印书馆编译所			九年四月
高等小学毛笔习画范本	1	1	高等小学	1	二年十月三版				十年六月
高等小学秋季始业毛笔习画帖	1—6	6	高等小学秋季始业	6	二年十月初版	丁宝书	文明书局		
高等小学毛笔习画帖	1—6	6	高等小学	6	元年五月十版	尾竹竹坡、徐永清		二年一月	九年四月
高等小学铅笔习画帖	1—6	6	高等小学	6	元年六月十一版			二年一月	九年四月
高等小学铅笔新图画	1—6	6	高等小学	6	二年四月初版	王家明	商务印书馆		
高等小学铅笔画范本	1—6	6	高等小学	6	二年四月五版	商务印书馆		二年一月	
高等小学秋季始业新商业教科书	1—2	2	高等小学秋季始业	2	二年五月初版	樊炳清			
中华高等小学英文教科书	1—2	2	高等小学	2	一册二年十月十八版，二册十一月十一版	冯曦	中华书局		十年六月
华英启蒙集	1	1	高等小学	1	元年十二月初版	刘崇裘			
中国英文读本	首、1—5	6	高等小学及中学校	6	首册元年九月十八版，卷一五月初版，卷二五月九版，卷三二年三月六版，卷四七月四版，卷五六月三版	伍建光	商务印书馆	首、1—2：二年三月；四五：三年五月	九年四月
共和国民英文读本	首、1—2	3	高等小学、中学与师范	3	首册二年二月初版，一册三月初版，二册七月初版	苏本铫			

续表

改订新制中华英文教科书	1	1	高等小学	1	三年三月初版	李登辉等	中华书局	三年五月	
新制英文读本	卷首上下	3	高等小学及中学	3	三年一月初版			首、下:三年五月	十年六月
新世纪英文读本	首、1—4	5	高等小学及中学	5	首册元年十月七版,一册十二月九版,二册二年一月五版,三册一月四版,四册一月再版	邝富灼等		三年五月	十年六月
新式英文习字帖	1—8	8	中小学校习字本	8	一册元年十月六版,二册壬子年四月四版,三四册四月三版,五六七册元年二月再版,八册宣统三年四月初版		商务印书馆		
英语类选	卷一	1	高等小学	1	二年五月八版	美国		九年四月	
英华会话合璧	1	1	高等小学	1	元年九月初版	张士一			
初级英语读本	初至四集	4	高等小学及中学	4	初集元年九月六版,二集九月四版,三集四月三版,四集七月再版	商务印书馆编译所			
日用英语读本	前后编	2	高等小学及中学	2	前编元年九月六版,后编宣统二年七月初版			九年四月	
日用英语读本教授法	1	1	高等小学	1	宣统三年五月初版				
高等小学补习科修身教科书	1	1	高等小学补习科	1	二年四月再版	秦同培	商务印书馆	三年七月	
高等小学秋季始业新修身	1—6	6	高等小学秋季始业	6	一二册三年五月初版,三四五册六月初版,六册二年十月初版	赵森、张景良	文明书局	二至五册:三年十二月;六册:四年九月	
高等小学秋季始业新修身教授书	1—2	2	高等小学秋季始业	2	一册三年五月初版,二册三年五月初版	赵森、张景良		二册:三年十二月	十年六月
高等小学女子修身教科书	1—3	3	高等小学	3	一二册三年八月初版,三册九月初版	李步青	中华书局		十一年四月
高等小学共和国教科书法制大意	上下	2	高等小学	2	三年五月初版	姚成瀚	商务印书馆	四年四月	十一年四月
高等小学女子修身教授书	1—3	3	高等小学女子教授	3	一二册四年六月初版,三册八月初版	方钧	中华书局		十一年四月
高等小学女子新国文教授法	1—6	6	女子高等小学	6	四年六月初版	庄俞等	商务印书馆		
高等小学国文选本	1—6	6	高等小学	6	三年七月再版	诸宗元		三年十月	十年六月
高等小学秋季始业新国文	1—4	4	高等小学	4	一册三年七月再版,二册二年十月初版,三册三年二月初版,四册六月初版	张景良	文明书局	一二册:三年十二月	

续表

新编高小春季国文教科书	1—6	6	高等小学	6	一册二年七月再版，二册五月再版，三册四月初版，四五册六月一版，六册六月二版	沈颐、杨喆	中华书局	四年九月	十一年四月
高等小学女子国文教科书	1—6	6	高小小学女子教授	6	二年八月初版	沈颐、范源廉、杨喆			十一年四月
高等小学女子国文教授书	1—6	6	高等小学女子教授	6	一册四年一月初版，二册五月初版，三册三月初版，四册七月初版，五册八月初版，六册七月初版	杨喆			十一年四月
高等小学秋季始业新国文教授书	1—2	2	高等小学	2	三年八月初版	秦同培	中国图书公司		
高等小学补习科算术教科书	1	1	高等小学补习科	1	二年三月初版	骆师曾	商务印书馆	三年七月	十年六月
高等小学补习科算术教授书	1	1	高等小学补习科	1	二年三月初版	骆师曾		三年七月	十年六月
新编高等小学春季始业算术教科书	1—6	6	高等小学	6	一册二年四月四版，二三册二年十月初版，四五册二年月初版	顾树森	中华书局	二至六册：四年四月	
新编高等小学春季始业算术教授书	1—6	6	高等小学	6	一册二年正月初版，二六册二年月初版，三册二月初版，四五册一月初版	顾树森		二至六册：四年四月	
高等小学秋季始业新算术教科书	1—4	4	高等小学	4	三年七月再版	石承宣	中国图书公司		
高等小学秋季始业新算术教授书	1—4	4	高等小学	4	三年七月再版				
高等小学秋季始业新历史教授法	1—6	6	高等小学秋季始业	6	一二册三年十版，三册八月十版，四册六月五版，五册九月十版，六册十月十版	赵玉森	商务印书馆		
新制高等小学历史教科书	4—9	6	高等小学秋季始业	6	四五册三年六月八版，六册六月六版，七册六月九版，八九册六月七版	章嵚、丁锡华	中华书局	三年七月	
高等小学秋季始业新历史教科书	1—6	6	高等小学秋季始业	6	五六册四年二月三版	赵钲铎	中国图书公司		
高等小学新历史	1—4	4	高等小学	4	一二册十一月初版，三册三年二月初版，四册一月初版	丁宝书、张景良	文明书局		
高等小学补习科历史教科书	1	1	高等小学补习科	1	二年四月初版	赵玉森	商务印书馆		十年六月
新编高等小学春季始业历史教科书	1—6	6	高等小学春季始业	6	一册二年十一月四版，二册十二月初版，三册十二月二版，四册十二月二版，五册三年十一月四版，六册十二月三版	卓嵚、潘武	中华书局	一至四册：四年一月；五六册：四年四月	

续表

高等小学春季始业新地理教授法	1—6	6	高等小学春季始业	6	一三四册二年十月二一版，二册十月二十版，五六册十一月十六版	谭廉、许国英	商务印书馆	四年一月	
高等小学补习科地理教科书	1	1	高等小学补习科	1	二年四月初版	谢观	商务印书馆	三年七月	十年六月
新编高等小学春季始业地理教科书	1—6	6	高等小学	6	一册三年正月一版，二册月版，三五册八月一版，四册十月四版，六册九月四版	史礼绶、徐增	中华书局	四年五月	
高等小学新制中华地理教科书	1—9	9	高等小学	9	一册三年九月八版，二册四年四月八版，三册三月八版，四册四月七版，五册三年九月六版，六册九月五版，七册四年五月四版，八册四月六版，九册三年五月五版	史礼绶		四年九月	
高等小学秋季始业新理科教授书	1—9	9	高等小学秋季始业	9	二年五月初版	吴家煦等	中国图书公司		七至九册：三年七月
高等小学秋季始业新理科教授书	1—3	3	高等小学秋季始业	3	二册三年五月初版，三册四年一月初版	蓝田玙	文明书局		
最新理化示教	1	1	高等小学毕业补习科	1	二年六月订正五版	王季烈			十年六月
五彩新理科挂图	48幅	48	高等小学	48	三年十一月初版		商务印书馆	四年六月	
高等小学新手工教授法	1—3	3	高等小学	3	二年十二月再版	赵传壁			
高等小学手工平面物标本	1	1	高等小学	1	四年八月初版	赵传壁	商务印书馆		十一年四月
高等小学图案教授挂图	16幅	16	高等小学	16	四年二月初版	何煜华		四年四月	十一年四月
高等小学秋季始业毛笔画教授书	1—2	2	高等小学	2	四年一月初版	丁宝书	文明书局	四年九月	
高等小学用共和国教科书新唱歌	1—3	3	小学	3	一册三年五月初版，二三册三月初版	胡君复	商务印书馆		十年六月
高等小学秋季始业新商业教科书	1—4	4	高等小学秋季始业	4	三册三年一月初版，四册三年六月初版	樊炳清		三册：三年七月；四册：三年十月	
高等小学秋季始业新农业	1—2	2	高等小学秋季始业	2	一册三年五月初版，二册四年一月初版	孔庆来	文明书局		一册：三年七月；二册：四年五月
新制高等小学农业教科书	1—6	6	高等小学	6	一册三年九月四版，二册九月五版，三册五月四版，四册正月三版，五六册五月三版	沈慰宸、丁锡华	中华书局		

续表

书名	册次	册数	适用	数量	版次	编者	出版社	初版时间	审定时间
新制商业教科书	1—6	6	高等小学	6	一册四年五月七版，二四册四年五月五版，三五册四五月三版，六册四年四月初版	欧阳瀚存			
高等小学秋季始业新商业教授法	1—2	2	高等小学	2	四年五月初版	刘大绅、蒋维乔	商务印书馆	一册：四年九月	
改订新制中华英文教科书	1—3	3	高等小学	3	二三册三年八月初版	李登辉等	中华书局	四年一月	
新制英文读本	卷首上下一三四册	6	高等小学	6	二年一月初版，三册三年十二月初版，四册四年四月发行	李登辉、杨锦森			三四册：十一年四月
新世纪英文读本	第五	1	中学师范	1	三年三月版	邝富灼等	商务印书馆	三年七月	十年六月
英文第一二新读本	1—2	2	高等小学	2	三年三月版	吴继臬			十年六月
高等小学英文共和新读本	1—2	2	高等小学	2	一册元年七月初版，二册八月初版	周之彦	中华书局		十年六月
共和国教科书高等小学英文读本	1	1	高等小学	1	三年九月四版	甘永龙等	商务印书馆	三年十二月	
高等小学英文新读本	1—4	4	高等小学及中学	4	一册三年四月十二版，二册五月九版，三册三年十一月八版，四册四年一月四版				
初等英文法	1	1	高等小学	1	四年四月发行	刘崇裘	中华书局	四年七月	十一年四月
实用修身教科书	1—2	2	高等小学春季始业	2	四年十二月初版		北京教育图书社	五年一月	十二年四月
实用修身教科书	3—6	4	高等小学春季始业	4	三四五册四年十二月初版，六册五年四月二版	同上	商务印书馆	五年五月	十二年四月
实用修身教授书	1—6	6	同上	6	一二五册四年十二月初版，三四六册五年四月二版	同上		五年五月	十二年四月
新式修身教科书	1—6	6	高等小学春秋季始业	6	四年十二月初版	方浏生	中华书局		十二年四月
高等小学新修身教授书	1—6	6	高等小学秋季始业	6	三年六月初版	杨晟等	中国图书公司和记	六年三月	
新式修身教授书	1—2	2	高等小学	2	五年七月发行	方浏生	中华书局	六年三月	十三年四月
新式修身教授书	3—6	4	高等小学	4	三册五年八月发行，四册九月发行，五六册十一月发行	方浏生		六年三月	十三年四月
实用国文教科书	1—2	2	高等小学春季始业	2	四年十二月初版		北京教育图书社	商务印书馆	十三年四月

续表

实用国文教授书	1—2	2	同上	2	一册四年十二月再版，二册十二月初版	同上			十二年四月
高等小学新国文教科书	1—9	9	高等小学秋季始业	9	一三册三年六月再版，二四五册四年三月再版，六七八册三年七月初版，九册十月初版	秦同培	中国图书公司和记		十二年四月
实用国文教科书	3—6	4	高等小学春季始业	4	三册五年四月二十四版，四册四月十五版，五册四月十八版，六册四月十四版	北京教育图书社	商务印书馆		十二年四月
实用国文教授书	3—4	2	高等小学春季始业	2	五年四月四版	同上			十二年四月
实用国文教授书	5—6	2	同上	2	五册五年四月初版，六册六月初版	同上		五年十一月	十二年四月
新编中华修身教授书	1—6	6	高等小学春季始业	6	一册四年七月三版，二册十一月四版，三册六月三版，四五六册五年三月四版	方钧、缪征麟	中华书局	五年十一月	十二年四月
实用算术教科书	第一	1	同上	1	四年十二月初版	北京教育图书社		五年一月	十二年四月
实用算术教授书	第一	1	同上	1	四年十二月再版	同上		五年一月	十二年四月
实用算术教科书	2—6	5	同上	5	二四册四年十二月六版，三册十二月初版，五册十二月八版，六册十二月六版	同上	商务印书馆	五年五月	十二年四月
实用算术教授书	2—6	5	同上	5	二四册四年十二月再版，三五六册十二月初版	同上		五年五月	十二年四月
实用历史教科书	1—3	3	高等小学春季始业	3	四年十二月初版	北京教育图书社		五年四月	十二年四月
实用历史教授书	1—3	3	同上	3	一三册四年十二月初版，二册十二月三版	北京教育图书社		五年四月	十二年四月
高等小学新历史教授书	2—3	2	高等小学秋季始业	2	四年三月再版	赵钲铎	中国图书公司和记	五年四月	十年六月
实用历史教科书	4—5	2	高等小学春季始业	2	四四年十二月四版，五册十二月初版	北京教育图书社	商务印书馆		十二年四月
实用历史教授书	4—5	2	同上	2	四年十二月初版	同上			十二年四月
新制历史教科书	1—2	2	高等小学秋季始业	2	四年十二月出版	杨喆	中华书局	五年十一月	
实用历史教科书	第六	1	高等小学春季始业	1	五年四月八版	北京教育图书社	商务印书馆	五年十一月	
实用历史教授书	第六	1	同上	1	五年四月初版	同上		五年十一月	

续表

中华新地图	26幅	26	高等小学	26		四年七月初版	谭廉		十二年四月
实用地理教科书	1—2	2	高等小学春季始业	2	一册四年十二月初版，二册十二月四版	北京教育图书社			十二年四月
实用地理教科书	第三	1	同上	1	四年十二月十七版	同上	商务印书馆	五年五月	十二年四月
实用地理教授书	第一	1	同上	1	四年十二月初版	同上		五年五月	十二年四月
新式地理教科书	1—2	2	高等小学春秋季始业	2	五年三月出版	吕思勉	中华书局	五年五月	十二年四月
实用地理教科书	4—5	2	高等小学春季始业	2	四册四年十二月十版，五册五年三月初版	北京教育图书社			十二年四月
实用地理教科书	第六	1	同上	1	五年四月初版	同上		五年九月	十二年四月
实用地理教授书	第二	1	同上	1	五年六月初版	同上	商务印书馆	五年九月	十二年四月
实用地理教授书	3—4	2	同上	2	三册五年八月四版，四册八月初版	同上		五年十一月	十二年四月
新式地理教授书	1—2	2	高等小学春秋季始业	2	一册五年七月发行，二册八月发行	吕思勉	中华书局	五年十一月	十二年四月
新式地理教授书	3—4	2	高等小学	2	三册五年十一月初版，四册十月发行	吕思勉		六年三月	十三年四月
世界简要新地图	1	1	高等小学	1	五年十二月初版	童世亨	商务印书馆	六年三月	十三年四月
新式地理教授书	5—6	2	高等小学	2	六年一月发行	吕思勉	中华书局	六年四月	十三年四月
中国简要新地图	1	1	高等小学	1	五年四月初版	童世亨		六年四月	十三年四月
实用地理教授书	第五	1	高等小学	1	四年十二月初版	北京教育图书社	商务印书馆	六年四月	十三年四月
教授适用历代疆域挂图	12幅	12	高等小学以上中学及师范学校	12	五年六月出版	童世亨		六年十月	
中国简要暗射图	25幅	25	高等小学	25	六年七月初版	童世亨		七年三月	
实用地理教授书	第六	1	高等小学	1	七年三月四版	北京教育图书社	商务印书馆	七年六月	
实用理科教科书	1—2	2	高等小学春季始业	2	四年十二月初版	同上		五年一月	十二年四月

附录 ·463·

续表

实用理科教授书	1—2	2	同上	2	一册四年十二月三版,二册十二月再版	同上	商务印书馆	五年一月	十二年四月
实用理科教科书	3—6	4	同上	4	三五册四年十二月初版,四册十二月八版,六册十二月初版	同上			十二年四月
实用理科教授书	3—6	4	同上	4	四年十二月初版	同上			十二年四月
新式理科教科书	1—2	2	高等小学春季始业	2	五年三月出版	蓝田玙	中华书局	五年九月	十二年四月
新理科笔记册	1—6	6	高等小学秋季始业	6	四年三月初版	凌昌焕	商务印书馆	五年九月	十二年四月
新编中华理科教授书	1—6	6	高等小学春季始业	6	一六册四年一月三版,二册五年四月四版,三册四年十月四版,四五册十月三版	顾树森、丁锡华		五年九月	十二年四月
新式理科教授书	1—2	2	高等小学	2	一册五年七月发行,二册八月发行	吴家煦		六年三月	
新式理科教科书	3—6	4	高等小学春季始业	4	三册五年十一月三版,四六册十一月再版,五册十月再版	蓝田玙		六年三月	
新式理科教授书	3—4	2	高等小学	2	三册六年一月发行,四册二月发行	吴家煦	中华书局	六年四月	
新式商业教科书	1—2	2	高等小学春季始业	2	五年四月发行	盛在珣		六年四月	十三年四月
新式商业教科书	3—4	2	高等小学	2	三册五年七月发行,四册九月发行	盛在珣		六年三月	十三年四月
新式商业教授书	1—2	2	高等小学	2	五年十一月发行	盛在珣		六年四月	十三年四月
共和国教科书新商业教授法	3—4	2	高等小学秋季始业	2	三册六年四月再版,四册六月再版	刘大绅	商务印书馆	六年十月	十三年四月
师范学校新教科书簿记	1	1	高等小学及乙种商业学校	1	五年四月初版	叶春墀			
新编高等小学英文教科书	1	1	高等小学	1	四年九月发行	李登辉、杨锦森	中华书局	五年九月	十二年四月
初级英文教科书	1—2	2	高等小学	2	四年六月发行	李登辉		五年九月	十二年四月
英文造句教科书	1	1	高等小学及中学	1	六年二月初版	张季源	商务印书馆	六年八月	十三年四月
英文新课本	1—3	3	高等小学	3	一二册六年一月初版,三册二月初版	吴献书		六年八月	十三年四月
新式小学英文教科书	第一	1	小学	1	六年五月发行	沈彬	中华书局	七年四月	
新式小学英文教授书	第一	1	小学	1	六年八月发行	沈彬		七年四月	

续表

汉译英文会话	1	1	高等小学及中学	1		六年十二月再版	L. Newton Hayes	商务印书馆	七年六月	
简易英文习字帖	上下	2	小学及中学	2		五年四月初版	邝富灼	商务印书馆	六年三月	
新式农业教科书	1—2	2	高等小学	2		一册五年七月发行，二册十一月发行	丁锡华	中华书局	六年三月	十三年四月
新式农业教授书	1—2	2	高等小学		2	一册六年八月发行，二册十月发行	丁锡华	中华书局	七年四月	
论语话解	1—4	4	高等小学	4		五年五月初版	陈潏	商务印书馆	六年八月	十三年四月
共和国教科书新算术	1—6	6	高等小学春季始业	6		一册六年六月一零五版，二册五月九五版，三册六月八四版，四册六月七六版，五册六月六七版，六册七月六五版	骆师曾	商务印书馆	七年四月	
共和国教科书新算术教授法	1—6	6	同上		6	一册六年五月四十版，二册八月四四版，三册七月三八版，四册八月三三版，五册四月三七版，六册四年七月三一版	骆师曾	商务印书馆	七年四月	
共和国教科书新修身	1—6	6	高等小学春季始业	6		一册六年八月一三八版，二册七月三月一三零版，三册六年六月九九版，四册六年六月九八版，五册六年五月九一版，六册六年六月八九版	包公毅、沈颐	商务印书馆	七年六月	
共和国教科书新国文	1—6	6	同上	6		一册六年六月一五七版，二册七年三月一四零版，三册六年四月一一七版，四册六年六月一一六版，五册六年五月一零一版，六册六年六月九九版	庄俞、沈颐	商务印书馆	七年六月	
女子新国文	1—6	6	女子高等小学	6		一册五年四月九版，二册六年八月八版，三册六年九月八版，四册五年四月六版，五册五年四月六版，六册五年四月六版	庄俞、沈颐、樊炳清	商务印书馆	七年六月	
共和国新教科书新历史	1—6	6	高等小学春季始业	6		一册七年三月一六七版，二册七年三月一四四版，三册六年四月一二二版，四册七年三月一二零版，五册七年三月一零一版，六册六年五月九九版	傅运森	商务印书馆	七年六月	
共和国教科书新理科	1—6	6	同上	6		一册六年五月一一九版，二册六年三月一一三版，三册六年三月一零三版，四册六年十一月九三版，五册六年十一月八八版，六册五年五月八七版	杜亚泉、杜就田、凌昌田、樊炳清	商务印书馆	七年六月	
新式小学英文教科书	第二	1	小学	1		七年三月再版	沈彬	中华书局	七年八月	
新式小学英文教授书	第二	1	小学		1	七年二月发行	沈彬	中华书局	七年八月	

续表

小学适用手工教材	上下	2	小学	2	六年八月初版	李彤文	商务印书馆	七年八月	
手工丛书麦杆工图说	1	1	小学	1	六年十一月初版	桂绍烈		七年八月	
体操教授细目丙编	1	1	高等小学	1	七年五月初版	赵光绍		七年八月	
新式小学英文教科书	第三	1	小学	1	七年二月发行	沈彬	中华书局	七年十一月	
新图案	1—6	6	高等小学	6	七年七月初版	王家明	商务印书馆	七年十月	
新式中学英文入门	1	1	预备入中学补习用	1	七年七月初版	沈彬	中华书局	七年十一月	
新式理科教授书	5—6	2	高等小学	2	五册六年三月发行，六册四月发行	吴家煦		七年十一月	
共和国教科书新算术教案	第一	1	高等小学春季始业	1	七年九月初版	骆师曾	商务印书馆	八年一月	
新式商业教授书	3—4	2	高等小学	2	三册六年一月发行，四册四月发行	盛在珣	中华书局	八年一月	
新式农业教科书	3—4	2	高等小学	2	三册七年七月四版，四册七月三版	丁锡华		八年一月	
新式农业教授书	第三	1	高等小学	1	七年四月发行	丁锡华		八年一月	
新式理科笔记册	1—6	6	高等小学	6	七年十月发行	吴家煦、吴家杰	中华书局	八年四月	
高等小学春季始业新算术教案	第二	1	高等小学春季始业	1	七年十一月初版	骆师曾	商务印书馆	八年四月	
新式理科教科书	1—6	6	高等小学秋季始业	6	一三五册七年九月三版，二四册十二月五版，六册八年二月六版	吴家煦	中华书局	八年八月	
新式理科教授书	1	1	同上	1	七年三月发行	吴家煦、吴家杰		八年八月	
新体图画教科书	1—3	3	高等小学秋季始业	3	八年三月初版	王雅南	商务印书馆	八年八月	
新体图画教授书	1—3	3	同上	3	八年三月初版	王雅南		八年八月	
新体农业教授书	第四	1	高等小学	1	八年一月初版	丁锡华	中华书局	八年八月	
高等小学秋季始业新算术	1—6	6	高等小学秋季始业	6	一册七年八月四三版，二册六年九月三七版，三册五年八月三四版，四五册五年八月三〇版，六册二年六月二五版	骆师曾	商务印书馆	八年八月	
高等小学秋季始业新算术教授法	1—6	6	同上	6	八月三月十五日版	骆师曾		八年八月	
高等小学秋季始业新理科	1—6	6	同上	6	一册七年十一月四八版，二册七年十月四三版，三册七年九月四二版，四五册六年九月三一版，六册七年十二月二八版	凌昌焕、杜亚泉		八年八月	

续表

书名	册次	册数	适用程度	审定册数	版次	编辑者	发行者	审定时间
高等小学秋季始业新理科教授法	1—6	6	同上	6	一册五年七月三二版,二三册五年七月三一版,四册五年七月二七版,五册五年七月二六版,六册五年七月二五版	杜亚泉、杜就田	商务印书馆	八年八月
共和国教科书新国文	1—6	6	高等小学秋季始业	6	一册七年九月五五版,二册六年九月四四版,三册六年十月四一版,四册八年三月三九版,五册六年十月三四版,六册五年九月三〇版	樊炳清、庄俞	商务印书馆	八年十二月
共和国教科书新国文教授法	1—6	6	同上	6	一三册八年七月二〇版,二四五六册八年七月一五版	谭廉	商务印书馆	八年十二月
共和国教科书毛笔新图画	1	1	高等小学	1	五年八月五版	汪洛年	商务印书馆	八年十二月
共和国教科书铅笔新图画	1—6	6	高等小学	6	一至五册八年六月一〇版,六册三年九月四版	王家明		八年十二月
共和国教科书新修身教授法	1—6	6	高等小学春季始业	6	一册三年七月三七版,二册二年一二月二七版,三册三年七月二七版,四册三年二月二五版,六册三年一二月二五版	庄庆祥	商务印书馆	八年十二月
共和国教科书新理科教授法	1—6	6	高等小学秋季始业	6	一四六册八年七月一五版,二册八年七月一三版,三册八年八月一五版,五册八年八月一五版	凌昌焕	商务印书馆	八年十二月
共和国教科书新历史	1—6	6	同上	6	一册七年八月五十版,二册八年三月五十版,三册七年八月四二版,四册八年三月三版,五册七年十二月三五版,六册八年二月三三版	傅运森	商务印书馆	九年四月
共和国教科书新地理	1—6	6	同上	6	一册七年九月五一版,二册七年二月四五版,三册七年三月四一版,四册年十月四四版,五册八年三月三四版,六册八年三月三二版	庄俞	商务印书馆	九年四月
共和国教科书新地理	1—6	6	同上	6	一册八年十一月订正———版,二册八年五月订正一六〇版,三册八年五月订正一四一版,四册八年五月一三〇版,五册八年七月一一七版,六册八年八月一〇七版	庄俞	商务印书馆	九年四月
共和国民英文读本	首、1—2	3	高等小学及中学师范	3	首册八年八月十四版,一册八年四月十版,二册年一月七版	苏本铫	商务印书馆	九年四月
最新华英启蒙集	1	1	高等小学	1	八年五月十一版	刘崇裘		九年四月

续表

初级英语读本	初、2—4	4	高等小学	4	初集八年四月廿六版，二集八年四月十五版，三集八年八月十一版，四集八年五月十一版	商务印书馆编译所	商务印书馆	九年四月	
英华会话合璧	1	1	高等小学	1	八年五月十一版	张士一		九年四月	
共和国教科书珠算新算术	1—3	3	高等小学	3	一册八年七月十六版，二册八年五月九版，三册八年七月十四版	骆师曾		九年四月	
共和国教科书珠算新算术教授法	1—3	3	同上	3	一册八年五月六版，二册九年二月六版，三册八年九月七版	骆师曾	商务印书馆	九年四月	
共和国教科书新国文教授法	1—6	6	高等小学春季始业	6	一册八年十二月三四版，二册二年十二月二九版，三册五年五月三二版，四册五年十一月二四版，五册二年十二月二五版，六册二年十一月二〇版	谭廉		九年四月	
新式理科教授书	2—6	5	高等小学秋季始业	5	二三四册八年十一月二版，五册八年二月发行，六册八年五月发行	吴家煦、华襄治、吴家杰、卢寿籛	中华书局	九年六月	
新制中华历史教科书	1—4	4	高等小学秋季始业	4	一册八年七月二六版，二册九年一月二三版，三册九年一月一九版，四册八年八月一六版	章嶔、丁华	中华书局	九年九月	
新式英文习字帖	1—8	8	高等小学及中学	8	一册八年九月二五版，二册八年六月一五版，三册八年六月一一版，四册二年十二月六版，五册七年十二月八版，六册三年四月四版，七册六年四月七版，八册七年二月七版		商务印书馆	九年九月	
新制中华算术教科书	1—4	4	高等小学秋季始业	4	一册八年七月二七版，二册八年七月二三版，三册八年七月二二版，四册九年一月一八版	赵秉良	中华书局	九年九月	
新制中华理科教科书	1—2	2	高等小学	2	一册九年一月十九版，二册八年十二月十八版	顾树森		九年九月	
新法历史教科书	1—2	2	高等小学	2	九年五月初版	吴研因	商务印书馆	九年九月	
新法地理教科书	1—2	2	高等小学	2	九年七月四版	谭廉		九年九月	
新法算术教科书	第一	1	高等小学	1	九年八月五版	樊平章、郑炳清等	商务印书馆	九年十二月	
新法算术教授书	第一	1	同上	1	九年八月再版	同上		九年十二月	
新法算术自习书	第一	1	同上	1	九年八月初版	同上		九年十二月	
新式小学英文教授书	第三	1	小学	1	八年九月发行	沈彬	中华书局	九年十二月	

续表

书名	册次	册数	适用	数量	版次	编者	出版社	审定日期		
新法历史自习书	第一	1	高等小学	1		九年八月再版	吴研因	商务印书馆	九年十二月		
新法历史教授书	第一	1	同上	1	1	九年七月初版	王钟林、宗镜、陈浚介等		九年十二月		
新法历史教科书	3—4	2	同上	2		九年九月五版	吴研因		九年十二月		
共和国教科书新算术教案	3—6	4	高等小学春季始业	4		三册八年四月再版，四册六月初版，五册九年一月初版，六册四月初版	骆师曾		九年十二月		
新教育教科书英语读本	1—3	3	高等小学	3		九年八月发行	沈彬	中华书局	九年十二月		
新法理科教科书	1—2	2	高等小学秋季始业	2		一册九年八月十版，二册八月五版	凌昌焕	商务印书馆	九年十二月		
新制中华理科教科书	3—4	2	高等小学秋季始业	2		三册九年一月二十三版，四册一月十九版	顾树森	中华书局	九年十二月		
英语实用读本	1	1	各学校	1		九年九月再版	盖葆耐	商务印书馆	十年三月		
新纂专门珠算初编	1	1	高等小学	1		八年十二月初版	郭维城	郭维城	十年三月		
新法地理教科书	3—4	2	同上	2		三册九年十一月五版，四册十二月五版	谭廉	商务印书馆	十年三月		
新法国语教科书	1—3	3	高等小学秋季始业	3		一册九年十一月二十五版，二册十月二十五版，三册十二月十五版	刘大绅等		十年三月		
新法理科教授书	1	1	同上		1	九年九月再版	凌昌焕	商务印书馆	十年三月		
新教育教科书历史	1	1	高等小学	1		十年一月发行	朱文叔		十年三月		
新教育教科书地理	1	1	同上	1		十年一月发行	朱文叔等	中华书局	十年三月		
新教育教科书修身	1	1	同上	1		十年一月发行	朱文叔等		十年三月		
新法算术教科书	1	1	同上	1		九年十二月十五版	樊平章等		十年三月		
新法算术教授书	1	1	同上		1	九年十二月五版	樊平章等	商务印书馆	十年三月		
新法算术自习书	1	1	同上	1		九年十二月三版	樊平章等		十年三月		
新法理科教科书	3—6	4	高等小学秋季	4		三四五册十年一月五版，六册二月五版	凌昌焕、杜就田	商务印书馆	十年八月		
新教育教科书算术	第一	1	高等小学	1		十年一月发行	钱梦渭、华襄冶等		十年八月		
新教育教科书算术教案	第一	1	同上	1	1	十年一月发行	同上	中华书局	十年八月		
新教育教科书历史	第二	1	同上	1		十年一月发行	洪鋆、朱文淑		十年八月		
新教育教科书历史教案	第一	1	同上	1		十年二月发行	洪鋆、朱文淑、张相		十年八月		
新法国语教科书	第四	1	高等小学秋季	1		九年十二月十版	刘大绅等	商务印书馆	十年八月		
新教育教科书国文读本	第一	1	高等小学	1		十年三月三版	朱麟等	中华书局	十年八月		

续表

新法理科教科书	1—6	6	高等小学春季始业	6		十年二月五版	凌昌焕	商务印书馆	十年八月
新法地理自习书	第一	1	高等小学	1		十年二月三版	谭廉		同上
最新行进游技	1	1	小学			九年十二月出版	李秉	中国体操学校	十年八月
实验深呼吸练习法	1	1	各学校			十年五月初版	王怀琪	思梅庐主	同上
新法算术教科	2—3	2	高等小学	2		二册十年三月二五版，三册三月十五版	樊平章等		十年八月
新法算术教科书	2—3	2	同上	2		二册九年十二月四版，三册十年三月六版	樊平章	商务印书馆	同上
新法算术自习书	2—3	2	同上	2		二册九年十二月三版，三册十年四月四版	樊平章		十年八月
新教育教科书修身	第二	1	高等小学	1		十年一月发行	朱文叔、刘传厚、陆衣言、董文	中华书局	十年八月
新教育教科书修身教案	第二	1	同上		1	十年二月发行	同上		同上
改订新制中华英文教科书	1—3	3	高等小学	3		一册九年七月三二版，二册六月二五版，三册六月十九版	李登辉、杨锦森	中华书局	十年八月
新制中华算术教科书	5—9	5	高等小学秋季	5		五册九年六月十八版，六册七年一月十四版，七册九年三月十八版，八册九年六月十七版，九册九年六月十九版	赵秉良		十年八月
英文第一二新读本	1—2	2	高等小学	2		一册十年三月十五版，二册九年八月十版	吴继臬	商务印书馆	十年八月
新制中华地理教科书	1—4	4	高等小学	4		一册八年八月二十初版，二四册七月十八版，三册十二月二十一版	史礼绶	中华书局	十一年二月
新制中华历史教科书	5—9	5	高等小学秋季	5		五册九年六月二三版，六册八年七月一六版，七册十年二月一五版，八册九年一月二二版，九册八年二月一四版	章嵚、丁锡华	中华书局	十一年二月
新世纪英文读本	首、1—4	5	高等小学及中学	5		首册九年十二月二九版，一册十年四月一五版，二册八年九月一五版，三册九年十二月一五版，四册九年十月十版	邝富灼、袁礼敦、李广成	商务印书馆	十一年二月
新教育教科书理科	2—3	2	高等小学春季始业	2		二册十年三月三版，三册四月发行	吴傅绂等	中华书局	十一年二月
新法国文教科书	1—3	3	高等小学	3		一册十年五月五版，二册六月五版，三册七月五版	许国英等	商务印书馆	十一年二月
新教育教科书地理	第二	1	高等小学	1		十年一月发行	朱文叔等	中华书局	十一年二月
新教育教科书地理教案	第一	1	高等小学		1	十年二月发行	李直等		十一年二月
新教育教科书算术	第二	1	同上	1		十年四月四版	钱梦渭等	中华书局	十一年二月
新教育教科书算术教案	第二	1	同上		1	十年七月初版	黄丹簏等		十一年二月

续表

新教育教科书英语读本教案	1	1	同上	1	十年四月发行	马润卿		十一年二月
新法历史教科书	5—6	2	高等小学	2	十年二月十五版	吴研因	商务印书馆	十一年二月
新教育教科书历史	第三	1	高等小学	1	十年七月初版	李廷翰等	中华书局	十一年二月
新法国文教科书	第四	1	高等小学	1	十年七月五版	庄俞、高等风谦	商务印书馆	十一年二月
国音教本	1	1	高等小学、中学与师范	1	十年七月发行	陆费逵	中华书局	十一年二月
增补订正国音易解	1	1	中小学及师范学校	1	十年五月四版	黎均荃、陆衣言		十一年二月
形意拳术抉微	1	1	各学校	1	十年一月出版	刘殿琛	各大书肆	十一年二月
新法历史自习书	第二	1	高等小学	1	十年一月再版	吴研因	商务印书馆	十一年二月
新法地理教科书	5—6	2	高等小学	2	五册十年五月五版，六册十月五版	谭廉		十一年八月
新教育教科书修身	3—4	2	同上	2	三册十年七月初版，四册八月初版	刘传厚等	中华书局	十一年八月
新法历史教授书	2—3	1	同上	2	二册十年三月六版，三册四月六版	丁晓先等	商务印书馆	十一年八月
新法国语教授书	1—2	2	同上	2	一册十年八月八版，二册十年三版	王国园等		十一年八月
新法国语教科书	1—4	4	同上	4	一二册十年十月十五版，三四册十月十版	季锡组等	商务印书馆	十一年八月
新法地理自习书	第一	1	同上	1	十年二月三版	谭廉		十一年八月
新法国语教科书	第五	1	同上	1	十年二月二十版	戴杰等		同上
新法修身教科书	1—6	6	高等小学	6	一册十年六月三十五版，二册三月三十版，三册三月三十五版，四册十月三十版，五册十月二十五版，六册三月二十版	吴研因等	商务印书馆	十一年八月
新教育教科书理科	第一	1	高等小学春季始业	1	十一年二月八版	黄以增等	中华书局	同上
新法英语教科书	1—2	2	高等小学	2	一册十年八月初版，二册十一年三月初版	周越然	商务印书馆	十二年二月
新法修身教授书	1—6	6	同上	6	一至四册十年八月四版，五六册十二月四版	陈俊介等		十二年二月
新教育教科书理科	第四	1	高等小学春季始业	1	十年七月初版	吴傅绂等	中华书局	同上
新教育教科书理科教案	第四	1	同上	1	十年八月初版	吴傅绂等		
新法算术（珠算）教科书	第一	1	高等小学	1	十一年四月三版	徐增	商务印书馆	十二年二月
新法算术教科书	4—6	3	高等小学	3	四五册十年四月二十版，六册三月十版	郑炳渭等		十二年二月
新法算术教授书	4—6	3	同上	3	十年三月六版	郑炳渭等		同上
新法算术自习书	4—6	3	同上	3	四册十年四月四版，五册十月四版，六册二月再版	同上	商务印书馆	同上

续表

新教育教科书修身教案	2—3	2	同上	2	二册十年十二月初版,三册八月初版	朱文叔等	中华书局	十二年二月	
新教育教科书历史	4—6	3	同上	3	四册十一年二月发行,六册五月发行,五册三月发行	李廷翰等		十二年二月	
新教育教科书理科教案	2—3	2	高等小学	2	二册十年四月初版,三册六月初版	陆叔千等	中华书局	十二年四月	
新教育教科书历史教案	4—5	2	同上	2	四册十一年五月发行,五册八月发行	朱叔文等		十二年四月	
新教育教科书国文读本	5—6	2	同上	2	五册十一年六月再版,六册五月发行	潘文安等		十二年四月	
新英语教科书	第三	1	同上	1	十一年八月初版	周越然	商务印书馆	十二年四月	
英语会话法程	1	1	英语会话用	1	十年八月初版	T.C. Vunam Chaw			
新教育教科书理科	1—6	6	高等小学秋季始业	6	一二册十年七月初版,三四册八月再版,五册十二月发行,六册十一年一月发行	黄以增等	中华书局	十二年四月	
新教育教科书理科教案	1—6	6	同上	6	一二册十年七月初版,三册八月初版,四册九月初版,五册二月发行,六册十一年四月发行	黄以增等		十二年四月	
新法理科教授书	第五	1	同上	1	十一年八月六版	凌昌焕	商务印书馆	同上	
新法理科自习书	第五	1	同上	1	十一年八月再版	凌昌焕		同上	
新法国文教科书	5—6	2	高等小学	2	五册十一年五月二十版,六册四月十五版	庄适等		同上	
新教育教科书算术	3—6	4	同上	4	三五册十一年七月三版,四六册八月再版	钱梦渭等	中华书局	十二年四月	
新教育教科书算术教案	3—6	4	同上	4	三册十年八月初版,四册十月初版,五六册十二月初版	黄丹簏等		同上	
新法国语教授书	第四	1	同上	1	十一年五月十版	王国元等	商务印书馆	十二年四月	
新教育教科书修身教案	第五	1	同上	1	十一年九月发行	朱文叔等	中华书局	同上	
新法算术教科书	2—6	5	同上	5	二册十一年五月三版,三四五册七月三版,六册八月三版	徐增		十二年四月	
新法算术教授书	1—6	6	同上	6	一册十一年四月六版,二册五月三版,三四五册六月三版,六册七月三版	徐增	商务印书馆	十二年四月	
新法地理教授书	1—3	3	同上	3	一册十一年二月十版,二册一月六版,三册四月六版	戴洪恒		十二年四月	
新教育教科书地理教案	第二	1	同上	1	十一年二月再版	李直等	中华书局	同上	
注音中华学生地图	1	1	小学	1	十一年四月初版	陈镐基等		同上	
新法商业教授书	1—2	2	高等小学	2	十一年十二月初版	刘大绅	商务印书馆	同上	
新法英语教科书	第三	1	同上	1	十一年八月初版	周越然		十二年四月	

续表

书名	册次	册数	适用程度	学期数	版次	编者	出版者	审定时间
新教育教科书理科	5—6	2	高等小学春季始业	2	五册十年十二月发行，六册十一年二月再版	黄以增等	中华书局	十二年四月
新教育教科书理科教案	5—6	2	同上	2	十一年二月发行	黄以增等		同上
新法理科教科书	第三	1	新学制小学后期	1	十一年十二月五版	凌昌焕等	商务印书馆	十二年四月
新学制理科课本	第一	1	小学高级	1	十二年二月初版	钟衡藏等	中华书局	十二年四月
新学制算术课本	第一	1	同上	1	十二年二月初版	张鹏飞		同上
新学制地理课本	1—2	2	同上	2	一册十二年一月初版，二册二月初版	朱文叔等		同上
新学制英语读本	第一	1	小学	1	十二年一月发行	沈彬		十二年四月
新学制笔算教科书	1—2	2	小学后期	2	十一年八月初版	寿孝天		十二年四月
英文新读本	3—6	4	高等小学及中学	4	三册九年十二月十四版，四册八年十一月七版，五册十二月六版，六册五年五月三版	美国Rov. S. Andersall	商务印书馆	十二年五月
共和国教科书新地理教授法	1—4	4	高等小学秋季始业	4	一二册八年十一月十九版，三四册九月十七版	谭廉等		十二年五月
共和国教科书新地理教授法	1—6	6	高等小学春季始业	6	一册九年五月廿八版，二册五月廿七版，三册二月廿六版，四册五月廿七版，五册二月廿三版，六册八月廿二版	谭廉等		同上
新制中华理科教科书	5—9	5	高等小学春季始业	5	五册九年六月廿版，六册六月廿版，七册七月十七版，八册六月十九版，九册六月十八版	顾树森	中华书局	十二年五月
新制中华理科教授书	1—4	4	高等小学秋季始业	4	一册二年七月三版，二册七月二版，三册四年四月三版，四册五年十一月四版	顾树森		同上
英文新读本	1—2	2	高等小学及中学	2	一册十年六月十七版，二册八年十月十二版	美国Rov. S. Andersall	商务印书馆	十二年五月
简易英文习字帖	上下	2	各学校	2	上册十一年一月九版，下册一月六版	邝富灼		同上
新法笔算教科书	3—4	2	新学制小学后期	2	三册十一年十月初版，四册十二月五版	寿孝天	商务印书馆	十三年二月
新学制适用地理课本	第三	1	小学高级	1	十二年二月初版	朱文叔等	中华书局	同上
新学制适用历史课本	1—2	2	小学高级	2	一册十二年一月初版，二册二月初版	金兆梓等		十三年二月
新法地理教授书	第一	1	新学制小学后期	1	十二年二月初版	陈铎	商务印书馆	同上
新学制适用公民课本	1—2	2	暂代新学小学高级修身用书	2	十二年二月初版	朱叔文	中华书局	十三年二月
新法笔算教授书	1—2	2	新学制小学后期	2	一册十二年一月初版，二册三月初版	骆师曾	商务印书馆	十三年二月

续表

新学制适用算术课本教授书	第一	1	小学高级	1	十二年三月初版	糜赞治	中华书局	十三年二月	
新学制适用地理课本教授书	第一	1	小学高级	1	十二年四月初版	郑昶等		同上	
新法国语教授书	第三	1	高等小学	1	十一年一月九版	王国先等	商务印书馆	十三年二月	
新教育教科书修身	第五	1	同上	1	十二年八月发行	刘传厚等	中华书局	同上	
新法地理教授书	4—5	2	同上	2	四册十一年十一月六版，五册十二年一月四版	戴洪恒	商务印书馆	十三年二月	
英华华英地名检查表	1	1	世界改造分国地图用		十一年十一月三版	中华书局	中华书局	十三年二月	
新法商业教授书	第三	1	高等小学	1	十二年二月再版	刘大绅		同上	
国民英语入门	1	1	高等小学	1	十年九月初版	周越然		十三年二月	
新法地理教科书	1—4	4	高级小学	4	一册十二年三月十六版，二册二月十一版，三册十一年七月初版，四册十二年四月十六版	傅运森	商务印书馆	十三年四月	
新法历史教科书	1—4	4	高级小学	4	一册十二年三月二十一版，二册三月十一版，三册三月十六版，四册二月十一版	傅运森		十三年四月	
新法卫生故事读本	3—5	3	小学	3	十二年四月初版	马客谈等		同上	
新学制适用国语读本	1—2	2	小学高级	2	一册十二年四月六版，二册六月四版	黎锦晖等	中华书局	十三年四月	
新学制新法卫生教科书	1—2	2	小学后期	2	一册十二年七月初版，二册十一月初版	程瀚章	商务印书馆	同上	
新学制新法卫生教授书	第一	1	小学后期	1	十二年九月初版	程瀚章		同上	
新学制卫生教科书	1—3	3	小学高级	3	一二册十三年一月初版，三册二月初版	程瀚章	商务印书馆	十三年五月	
新学制历史教科书	1—2	2	小学高级	2	十三年一月初版	傅运森		十三年五月	
新学制地理教科书	1—2	2	同上	2	十三年一月初版	陈铎		同上	
新学制农业教科书	1—2	2	小学高级	2	一册十三年一月初版，二册三月初版	万国鼎	商务印书馆	十三年十二月	
新学制历史课本	第三	1	同上	1	十二年三月三版	金兆梓等	中华书局	十三年十二月	
新学制历史课本教授书	第一	1	小学高级	1	十二年三月初版	同上		同上	
新学制地理教科书	第三	1	同上	1	十二年三月初版	陈铎	商务印书馆	十三年十二月	
新学制公民教科书	1—3	3	同上	3	一册十三年一月初版，二册二月初版，三册五月初版	李泽彰		十三年十二月	
新学制教科书英语读本	第二	1	小学校	1	十二年七月再版	沈彬	中华书局	十三年十二月	
新撰公民教科书	1—2	2	小学高级	2	十三年六月再版	万良濬等	商务印书馆	同上	

续表

新学制地理课本	第四	1	同上	1	十二年十月四版	朱文叔	中华书局	十三年十二月	
新学制地理课本教授书	2—4	3	同上	3	二册十二年七月初版，三册八月初版，四册十一月初版	郑昶等		同上	
合计		1339		870	462				

三、中学校及师范学校部分

中学修身要义	上下	2	中学	2	上卷二年七月初版，下卷十二月初版	樊炳清	商务印书馆	下：三年五月	
伦理学教科书	1	1	中学	1	二年三七版	日本服部宇之吉原著，商务印书馆编辑部译述			九年四月
中学国文读本	1—4	4	中学	4	二年十二月三版	许国英			
中等国文典	1	1	中学及师范学校	1	元年七月四版	章士钊			九年四月
国文典	1	1	中学及师范学校	1	元年十二月初版	戴克敦			
中学英语读本	1—3	3	中学	3	一册二年十月初版，二册二年十一月初版，三册三年二月初版	甘永龙等			
中华中学英文教科书	1—4	4	中学	4	一册二年正月再版，二册元年十一月初版，三册二年正月初版，四册二年四月初版	李登辉等	中华书局	九年四月	
重订英文世界地理	1	1	中学	1	二年九再版	美国哈金丝			十年六月
英语会话教科书	1	1	中学	1	元年十月七版	邝富灼	商务印书馆		
增广英文法教科书	1	1	中学及师范学校	1	元年十月三版	徐铣		九年四月	
简要英文法教科书	1	1	中学及师范学校	1	元年正月三版	美国钮塞姆		九年四月	
中学英文法	1—4	4	中学	4	一三册二年六月初版，二册二年五月初版，四册二年七月初版	邝富灼			
中华中学英文文法教科书	1	1	中学	1	元年九月初版	沈步洲	中华书局	九年四月	
德文法程	1	1	中学	1	二年九月十二版	洪中		三年五月	十年六月
初等英文典	1	1	中学	1	二年十二月七版	日本神国乃武原著	商务印书馆		十年六月
新英文典	1—2	2	中学	2	一册元年一月初版，二册元年四月初版	邝富灼			

续表

中国历史教科书	上下	2	中学及师范学校	2		二年十一月十版	陈庆年	商务印书馆		十年六月
中学东亚各国史	1	1	中学	1		三年一月订正再版	傅运森			十年六月
中学地理教科书	1	1	中学	1		二年七月订正再版	周惟寅	新华书社		九年四月
中学算术教科书	1	1	中学	1		二年九月十二版	袴孝天	商务印书馆		
中等算术教科书	上下	2	中学及师范学校	2		上册二年三月初版，下册二年四月初版	寺尾寿吉田好九郎原著，宋鸾、林聪翻译	成都府属中学校	三年五月	十年六月
普通教育算术教科书	1	1	中学及师范学校	1		宣统二年三月订正四版	张修爵	普及书局		九年四月
普通教育代数学教科书	1	1	中学及师范学校	1		光绪三十四年十月十五日	陈福咸		二年四月	九年四月
中学代数学	上下	2	中学及师范学校	2		元年四月四版	陈元鼎		二年四月	
代数学新教科书	上下	2	中学及师范学校	2		宣统三年正月再版	王家荄		二年四月	九年四月
立体几何学新教科书	1	1	中学及师范学校	1		二年四月七版	胡豫	商务印书馆		
中学三角学教科书	1	1	中学、女子中学、师范学校、女子师范学校	1		二年十二月初版	秦汾			
平面三角教科书	1	1	中学及师范学校	1		宣统三年四月五版	日本长泽龟之助著，张修爵译	普及书局		
普通平面三角法	1	1	中学及师范学校	1		宣统三年九月	张树栻	山西省城晋新书社	二年四月	九年四月
平面三角法新教科书	1	1	中学及师范学校	1		宣统二年九月三版	菊池大麓、泽田吾一著，王永炅译		二年四月	九年四月
中学平三角教科书	1	1	中学及师范学校	1		宣统三年六月再版	崔朝庆		二年四月	
汉译温德华士三角法	1	1	中学及师范学校	1		宣统三年十一月初版	顾裕魁		二年四月	
盖氏对数表	1	1	中学校	1	1	宣统三年六月三版	宫本藤吉原译，杜亚泉、寿孝天重译	商务印书馆	二年一月	
中学植物学	1	1	中学及师范学校	1		二年十月初版	杜亚泉			
新撰植物学教科书	1	1	中学	1		二年三月订正十六版	杜亚泉		二年四月	九年四月

附录 ·475·

续表

中学植物学教科书	1	1	中学及师范学校	1	二年四月四版	日本藤井健次郎著，华文祺译	文明书局	三年五月	十年六月
普通植物学教科书	1	1	中学及师范学校	1	二年十月三版	钱承驹		三年五月	十年六月
普通教育植物学教科书	1	1	中学及师范学校	1	元年七版	彭树滋	普及书局	二年一月	九年四月
新编植物学教科书	1	1	中学及师范学校	1	二年三订正再版	杜就田	商务印书馆		九年四月
中学植物新教科书	1	1	中学及师范学校	1	二年一月三版	王明怀			九年四月
中学植物学教科书	1	1	中学及师范学校	1	二年三月七版	杜亚泉			
中华中学动物学教科书	1	1	中学	1	二年三月初版	华文祺	中华书局		九年四月
中学动物学教科书	1	1	中学及师范学校	1	二年二月修正四版		文明书局		十年六月
新撰动物学教科书	1	1	中学	1	二年三月修正七版	许家庆等	商务印书馆		
中学动物学教科书	1	1	中学	1	二年三月订正六版	杜就田			
中华中学生理教科书	1	1	中学	1	三年三月初版	华文祺	中华书局		九年四月
生理卫生新教科书	1	1	中学及师范学校	1	辛亥七月八版	三岛通良著，孙佐译	商务印书馆	二年一月	
民国新教科书矿物学	1	1	中学及师范学校	1	二年十二月初版	徐善祥		三年五月	十年六月
中学矿物学教科书	1	1	中学及师范学校	1	三年一月初版	杜亚泉			
中学矿物学教科书	1	1	中学及师范学校	1	元年七月再版	日本石川成章著，董瑞椿译	文明书局		
中学矿物界教科书	1	1	中学	1	二年三月三版	王季点			
新式矿物学	1	1	中学及师范学校	1	元年五月五版	钟观诰			
民国新教科书物理学	1	1	中学及师范学校	1	二年五月初版	五兼善	商务印书馆		九年四月
中学物理学教科书	1	1	中学	1	二年九月初版	王季烈			
新式物理学教科书	1	1	中学	1	二年三月六版	王季点			九年四月
民国新教科书化学	1	1	中学及师范学校	1	二年三月初版	王兼善		二年四月	
中学化学教科书	1	1	中学	1	二年九月初版	王季烈			
中学化学教科书	1	1	中学	1	元年九七版	日本龟高德平著，虞和钦译	文明书局		十年六月
改订近世化学教科书	1	1	中学	1	元年九月三版	日本大幸勇吉著，王季烈译	商务印书馆	二年四月	

续表

理科教本化学矿物编	1	1	女子中学及女子师范	1		元年十月再版	杨国璋	銮受书社	二年一月	
中学经济大要	1	1	中学	1		二年八月初版	贺绍章	商务印书馆		
中华中学经济教科书	1	1	中学	1		元年十月初版	欧阳溥存	中华书局	二年四月	九年四月
中学铅笔习画帖	1—6	6	中学	6		二年二月十一版	商务印书馆	商务印书馆		九年四月
用器画教科书几何画法	卷一	1	中学及师范学校	1		庚戌年二月	吴应权、吴应机	作新社、商务印书馆	二年四月	九年四月
新撰平面几何画法	1	1	中学及师范学校	1		元年十月五版	求是学社			九年四月
中学乐典教科书	1	1	中学及师范学校	1		二年八月八版	徐傅霖等	商务印书馆		十年六月
最新中学兵式体操	1	1	中学	1		元年三月五版	日本小野清一著，黄元吉译			九年四月
中华论理学教科书	1	1	师范学校	1		元年十一月初版	顾公毅	中华书局		九年四月
心理学教科书	1	1	师范学校	1		元年十一月初版	彭世芳		二年四月	
实用教育学教科书	1	1	师范学校及讲习科	1		元年十月二月初版	周维城等	北京女子师范学校	三年五月	十年六月
中学修身教科书	1	1	中学	1		三年九月再版	华龙	文明书局	四年一月	十一年四月
新制修身教本	1—3	3	中学	3		一册三年五月初版，二三册六月初版	李步青	中华书局		十一年四月
共和国教科书国文读本评注	1—4	4	中学	4		一二册三年十二月三版，三册四年三月再版，四册四年六月再版	许国英、蒋维乔		一二册：四年一月	十年六月
共和国教科书中国文学史	1	1	中学	1		三年十二月再版	王梦曾		四年六月	
共和国教科书文法要略	上	1	中学	1		四年二月初版	庄庆祥、蒋维乔	商务印书馆		十一年四月
中学英文读本	4	1	中学	1		二年七月初版	甘永龙等		一至三册：三年五月	十一年四月
共和国民英文读本	3—4	2	中学及师范学校	2		三册二年二月初版，四册十二月初版	苏本铫		三册：三年七月	三册：十年六月
新世纪英文读本	5	1	中学及师范学校	1		三年三月三版	邝富灼等		三年五月	十年六月
新制英文读本	1—4	4	中学及师范学校	4		一册二年三月初版，二册二年七月初版	李登辉等	中华书局	一册：三年七月	
英作语文教科书	一二编	2	中学及师范学校	2		一编二年四月七版，二编宣统二年十二月初版	邝富灼	商务印书馆		

续表

书名	册数	数量	适用		出版时间	编著者	出版社		
初级英文法教科书	1	1	中学	1	三年一月初版	周越然参订	商务印书馆		十年六月
新制英文法	1—2	2	中学及师范学校	2	一册三年一月初版，二册三年四月初版	杨锦森	中华书局	二册：三年七月	
中等英文典	1	1	中学及师范学校	1	三年三月六版	商务印书馆编译所译	商务印书馆	三年十二月	十年六月
高等英文典	1	1	中学及师范学校	1	三年九月五版	同上		三年十二月	十年六月
中学英文文法初步	1	1	中学	1	三年十月初版	沈步洲	中华书局	三年十二月	
高级英文范	1	1	中学	1	三年三月再版	美国孟保罗	商务印书馆	三年七月	十年六月
英语作文初步	1	1	中学	1	三年四月三版	商务印书馆		三年七月	十年六月
英文教授规程	1	1	师范学校	1	二年五月初版	吴继杲			十年六月
近世英文选	1	1	中学及师范学校	1	三年九月初版	英国蔡博敏	中华书局		十年六月
中华英文会话教科书	1—4	4	中学及师范学校	4	一二册三年三月初版，三册十一月初版，四册四年五月	辜景华		一二册：三年七月	三四册：十一年四月
英文课本	1—5	5	中学及师范学校	5		万国函授学堂	万国函授学堂		十一年四月
英文造句法	1	1	中学及师范学校	1	三年十一月初版	周越然、邝富灼	商务印书馆		
实习英语教科书	上下首	3	中学及师范学校	3	一册四年二月初版，二册六月初版，首册四年九月初版	美国盖葆耐		一册：四年四月	
新制英文作文	1	1	中学及师范学校	1	四年二月发行	王宠惠			十一年四月
英文文学读本	1	1	中学及师范学校	1	四年四月	王宠惠	中华书局		十一年四月
中等英文法	1	1	中学及师范学校	1	四年五月	刘崇裘		四年九月	十一年四月
英语作文捷径	1	1	中学	1	四年十月初版				十一年四月
共和国教科书西洋史	上下	2	中学	2	上册三年四月三版，下册三年三月三版	傅运森	商务印书馆	上：三年七月	上册：十年六月
共和国教科书本国史	上下	2	中学	2	三年六月四版	赵玉森			十年六月
中学中华历史教科书	上中下	3	中学	3	二年四月修正出版	章嵚	文明书局	三年十二月	十年六月
中华中学历史教科书	第一	1	中学	1	三年二月四版	张相	中华书局	四年六月	十一年四月

续表

书名	册数	数量	使用学校	数量		出版时间	编著者	出版者	审定时间	审定时间
师范学校新教科书历史	1—3	3	师范学校	3		一册三年七月初版，二册三年八月初版，三册三年十一月初版	赵玉森、傅传森、夏廷璋	商务印书馆	一二册：四年六月	
新制本国史教本	1	1	中学	1		三年八月初版	钟毓龙	中华书局	五年四月	十一年四月
中国历史挂图	上下幅	2	中学	2		三年九月三版	沈颐	商务印书馆		十一年四月
新制东亚各国史教本	1	1	中学	1		三年十一月初版	李秉钧	中华书局	四年九月	十一年四月
新制西洋史教本	上下	2	中学	2		上册三年八月初版，下三年九月初版	张相		四年九月	十一年四月
共和国教科书本国地理	上下	2	中学	2		上册二年十一月再版，下册三年七月三版	谢观	商务印书馆	下：三年十二月	十年六月
共和国教科书自然地理	1	1	中学	1		三年九月再版	傅运森			十年六月
师范学校新教科书地理	1—2	2	师范学校	2		一册三年八月初版，二册四年四月初版	谢观		四年六月	
新制本国地理教本	上	1	中学	1		四年二月再版	李廷翰	中华书局	四年七月	十一年四月
民国新教科书代数学	1	1	中学及师范学校	1		二年十一月初版	秦沅、秦汾			十年六月
共和国教科书平三角大要	1	1	中学	1		三年三月再版	黄元吉	商务印书馆	三年十月	
民国新教科书算术	上	1	中学及师范学校	1		三年二月再版	徐善祥、秦汾			十年六月
中学平面三角法教科书	1	1	中学	1		三年五月初版	日本远胜又藏著，葛祖兰译	文明书局	三年十二月	十年六月
讲习适用算术教科书	1	1	中学	1		三年三月初版	顾树森	中华书局	三年十二月	十年六月
中学数学教科书	1	1	中学及师范学校	1		三年十一月再版	曾钧	文明书局	四年一月	十一年四月
最新代数学教科书	上下	2	中学及师范学校	2		三年八月出版	龙常	吉林吉东印刷社	四年一月	十一年四月
中学平面几何	1	1	同上	1		四年一月四版	黄元吉	商务印书馆	四年四月	
中学立体几何	1	1	同上	1		三年六月三版	同上		四年四月	
民国新教科书几何学	1	1	同上	1		三年九月再版	秦沅、秦汾		四年四月	
中学及师范用平面三角法	1	1	同上	1		三年五月初版	孙祝耆	文明书局	四年五月	十一年四月
平面三角法	1	1	中学	1		四年一月订正十二版	陈文	科学会编译部	四年七月	十一年四月

续表

共和国教科书代数学	上下	2	中学	2	上册四年五月五版,下册四年四月四版	骆师曾、寿孝天	商务印书馆	四年九月	
中学生理卫生教科书	1	1	中学及师范学校	1	二年五月八版	日本吴秀三著,华申祺、华文祺译	文明书局	三年七月	
民国新教科书动物学	1	1	同上	1	三年五月初版	丁文江	商务印书馆		十年六月
民国新教科书生理及卫生学	1	1	同上	1	三年六月初版	王兼善			十年六月
中等博物教科书生理卫生学	1	1	中学	1	宣统三年七月三版	陈用光	科学会编译部		十一年四月
共和国教科书生理学	1	1	中学	1	三年八月初版	杜亚泉、凌昌焕	商务印书馆		十一年四月
中等博物动物学教科书	1	1	中学及师范学校	1	四年一月订正五版	秦嗣宗	科学会编译部	四年七月	十一年四月
中等博物矿物学教科书	1	1	同上	1	四年一月订正六版	陈用光		四年七月	十一年四月
中华中学物理学教科书	1	1	同上	1	三年三月初版	黄际遇	中华书局		十年六月
共和国教科书法制概要	1	1	中学及师范学校	1	三年六月初版	陶保霖	商务印书馆		十年六月
经济概要	1	1	中学及师范学校	1	三年八月出版	胡祖同		四年一月	十一年四月
最新中学用器画教科书	1—2	2	中学	2	投影画本二年二月十三版,透视画本元年十二月五版	孙钺			
中学图画教科书	1—6	6	中学	6	三年四月出版	丁宝书、吴谦	文明书局	三年十月	十年六月
新制家事教本	1	1	女子中学及女子师范	1	三年八月初版	顾树森	中华书局	四年七月	十一年四月
家事教科书	1	1	同上	1	四年一月初版	王程之、张世杓			
女子园艺教科书	1	1	同上	1	四年二月初版	刘大绅、赵钲铎、蒋维乔	商务印书馆	四年五月	
民国唱歌集	1	1	中小学校及师范学校	1	二年十二月再版	沈庆鸿		四年四月	十一年四月
和声学	1	1	中学及师范学校	1	三年十月初版	高寿田			十一年四月
中学兵式教练	1	1	中学	1	二年八月初版	徐傅霖			

续表

共和国教科书普通体操	1	1	中学	1		三年八月再版	徐傅霖	商务印书馆	预科用：四年六月；本科用：四年七月	十一年四月
师范学校新教科书体操（预科用、本科用）	2	2	师范学校	2		预科用四年五月再版，本科用三年八月初版	徐傅霖			十一年四月
师范新哲学	1	1	师范学校	1		三年六月初版	夏锡祺	中国图书公司		十年六月
新制各科教授法	1	1	同上	1		二年六月初版	李步青	中华书局		十年六月
师范学校新教科书哲学发凡	1	1	同上	1		三年九月订正再版	侯书勋		三年十月	十年六月
师范学校新教科书教育学	1	1	同上	1		三年八月初版	张毓骢	商务印书馆		十年六月
师范学校新教科书教育史	1	1	同上	1		三年八月初版	杨游			十年六月
师范学校新教科书学校管理法	1	1	同上	1		三年七月初版	金承望			十年六月
新制教育学	1	1	同上	1		三年五月初版	刘以钟	中华书局	三年十二月	十年六月
新制哲学大要	1	1	同上	1		三年五月初版	谢蒙		四年一月	十一年四月
师范学校新教科书论理学	1	1	同上	1		三年十一月初版	张毓骢			十一年四月
师范学校新教科书农业	1	1	同上	1		三年十月初版	刘大绅	商务印书馆	四年四月	十一年四月
论理学要领	1	1	同上	1		四年一月再版	樊炳清		四年四月	十一年四月
哲学大要	1	1	同上	1		四年一月初版	蔡元培		四年五月	十一年四月
论理学教科书	1	1	同上	1		四年一月再版	魏先朴	中华书局	四年七月	十一年四月
师范学校新教科书商业	上中	2	同上	2		上册四年四月初版，中册六月初版	刘大绅、蒋维乔	商务印书馆		十一年四月
新制修身教本	第四	1	中学	1		五年八月再版	谢蒙	中华书局	六年四月	十三年四月
新制国文教本	1—4	4	中学	4		一册五年九月三版，二册九月再版，三四册四年十月再版	谢蒙		五年十一月	十二年四月
共和国民英文读本	第五	1	中学	1		五年七月初版	苏本銚	商务印书馆	五年十一月	十二年四月

续表

书名	册	数量	适用学校	数量	版次	作者	出版者	审定时间	备注
高级英语会话教科书	上下	2	中学	2	上册四年十二月再版，下册十二月初版	沈竹贤	商务印书馆	六年三月	十三年四月
初级英文法、英作文合编	1	1	中学	1	四年十一月初版	吴献书、邝富灼		六年三月	十三年四月
实习英语教科书	1—2	2	中学	2	一册五年十一月七版，二册十月初版	盖葆耐		六年三月	十三年四月
实习英语教科书	1	1	中学	1	六年三月初版	盖葆耐		六年八月	
英语教授法	1	1	师范学校	1	五年十二月初版	周越然		六年八月	十三年四月
英文成语教本	1	1	中学、师范学校及同等各学校	1	六年一月初版	蔡博敏		六年八月	十三年四月
英语作文示范	1	1	同上	1	五年十二月初版	Willian A. Booth		六年八月	十三年四月
德文轨范	1	1	中学	1	六年二月初版	梁广恩		七年三月	
新式中学英文读本	第一	1	中学		六年五月发行	马润卿		七年四月	
新制英文法	卷首	1	中学及师范学校	1	六年七月发行	沈彬		七年四月	
中华英文新读本	卷首	1	中小学校	1	五年九月发行	沈步洲、张莘农	中华书局	七年四月	
速成英文读本	1	1	中学、高等小学及同等各学校	1	六年五月发行	杨锦森		七年四月	
师范英文教科书	第一	1	师范学校	1	五年十一月再版	李登辉		七年四月	
盖氏对数表	1	1	中学	1	六年四月十一版	日本宫本藤吉著，杜亚泉、寿孝天译	商务印书馆	七年四月	
新制英文法	第三	1	中学及师范学校	1	七年一月	沈彬	中华书局	七年六月	
高等英文法	1	1	中学及师范学校	1	五年九月	沈步洲		七年六月	
高等英语读本	卷一	1	中学	1	六年九月初版	商务印书馆编译所译		七年六月	
中学实用英语读本	第一	1	中学	1	六年十一月初版	吴献书	商务印书馆	七年六月	
日用英语会话教本	1	1	中学及师范学校	1	六年十月初版	商务印书馆编译所译		七年六月	
自修英文读本	第一集	1	中学校及高等小学	1	六年六月初版	张世鎏		七年六月	
师范新历史（外国史）	上下	2	师范学校	2	上册四年六月初版，下册八月初版	赵钲铎	中国图书公司	五年一月	

续表

师范学校新教科书历史（本科用）	第三	1	师范学校	1	三年十一月初版	傅运森等	商务印书馆	五年一月	
师范学校新教科书历史（本科用）	第四	1	师范学校	1	四年一月初版	傅运森等			
师范新历史（本国史）	上下	2	同上	2	四年二月初版	赵钲铎	中国图书公司和记		
新制本国史教本	上	1	同上	1	四年一月初版	钟毓龙	中华书局		
新制本国史教本	1	1	中学	1	四年十二月订正初版	钟毓龙		五年四月	
新制本国史教本	2—3	2	中学	2	二册四年五月再版，三册三年十二月初版	钟毓龙		六年三月	十三年四月
新制本国地理教本	中	1	中学	1	四年十二月订正初版	李廷翰		五年五月	十三年四月
共和国教科书外国地理	上下	2	中学	2	五年四月三版	谢观	商务印书馆		
新制外国地理教本	上中下	3	中学	3	上下册五年四月三版，中册四年十月再版	杨文洵	中华书局	六年三月	十三年四月
新制本国地理教本	下	1	中学	1	五年四月再版	李廷翰		六年三月	
最新外国地理	1	1	中学	1	六年二月发行	谷钟秀	泰东图书局	六年八月	十三年四月
中等算术教科书	1	1	中学	1	四年二月初版	黄际遇	商务印书馆	五年一月	
代数学教科书	1	1	中学及师范学校	1	四年九月三版	孙祝耆			十二年四月
新制算术教本	上下	2	同上	2	上册六年一月再版，下册一月发行	王永炅、胡树楷	中华书局	六年四月	十三年四月
新制代数学教本	上下	2	同上	2	上册六年一月再版，下册一月发行	同上		六年四月	
中学校师范学校平面三角法	1	1	同上	1	五年十一月发行	余恒		七年四月	
师范学校新教科书乐典（本科用）	1	1	师范学校	1	四年九月再版	徐宝仁等	商务印书馆	五年一月	十二年四月
共和国教科书中学用器画图式	1	1	中学	1	二年十一月初版	黄元吉			
共和国教科书中学用器画解说	1	1	中学	1	二年十月初版	黄元吉			
平面几何画法	1	1	中学	1	五年十二月发行	张玉瑞	直隶书局	六年三月	十三年四月

续表

增订最新中学植物学教科书	1	1	中学	1		四年三月初版	美国甘惠德编，杜亚泉校订	商务印书馆		十二年四月
中华中学化学教科书	1	1	中学	1		四年十月三版	钟衡臧	中华书局		十二年四月
共和国教科书动物学	1	1	中学	1		五年七月三版	徐善祥等	商务印书馆	五年九月	十二年四月
中学适用物理学	1	1	中学	1		五年八月发行	孙志道、李义均		五年十一月	十二年四月
新制植物学教本	1	1	中学及师范学校	1		五年十一月初版	吴家煦、彭世芳		六年四月	
新制矿物学教本	1	1	同上	1		六年九月再版	叶与仁	中华书局	七年六月	
新制动物学教本	1	1	同上	1		六年九月再版	吴家煦、吴德亮		七年六月	
新制物理学教本	1	1	同上	1		七年一月再版	吴傅绂		七年六月	
新制化学教本	1	1	中学	1		六年九月再版	虞铭新等		七年六月	
新制教育史	1	1	师范学校	1		四年五月发行	李步青		五年五月	十二年四月
师范学校新教科书心理学	1	1	师范学校	1		四年八月初版	张玉骢等	商务印书馆	五年十一月	
师范学校新教科书商业（本科用）	下	1	同上	1		五年七月初版	刘大绅		六年三月	十三年四月
新制家事教本	下	1	女子中学及女子师范	1		五年四月发行	顾树森	中华书局	六年三月	十三年四月
师范学校新教科书教授法（本科用）	1	1	师范学校	1		四年十二月初版	钱体纯	商务印书馆	六年三月	十三年四月
新制生理学教本	1	1	中学及师范学校	1		六年一月发行	顾树森	中华书局	六年八月	
实验拟战游技	1	1	师范学校及两等小学校	1		五年八月初版	王怀琪		六年八月	
最新手工教科书	1	1	师范学校	1		六年六月三版	胡玫	长沙中华书局	六年八月	十三年四月
共和国教科书簿记	1	1	中学	1		六年五月初版	刘大绅	商务印书馆	六年八月	十三年四月

续表

新制簿记教本	1	1	中学及师范学校	1		六年四月发行	秦开	中华书局	七年四月	
新制体操教本	1	1	中学	1		六年四月发行	徐傅霖		六年十月	十三年四月
新体体操讲义	1	1	师范学校及国民学校	1		七年三月初版	师范讲习社、孙揆	商务印书馆	七年六月	
体操新教案	1	1	各级学校	1		七年一月初版	徐傅霖		七年六月	
新制修身教本	卷首、1—2	3	卷首师范学校预科用，1—2册本科用	3		三年十二月初版	李步青	中华书局	五年九月	十二年四月
实用教科书生理卫生学	1	1	中学	1		四年十二月初版	吴冰心	商务印书馆	六年三月	
初级英语作文	1	1	中学、师范学校及同等各学校	1		五年十二月初版	周越然	商务印书馆	六年八月	十三年四月
实验复式教授法	1	1	师范学校			六年十一月初版	范祥善	商务印书馆	七年六月	
童子军结绳法	1	1	教授童子军用	1		七年二月初版	张亚良		七年八月	
英文法初步	1	1	中学	1		七年三月初版	商务印书馆编译所译		七年八月	
中学实用英语读本	第二	1	中学	1		七年五月初版	吴献书	商务印书馆	七年八月	
新体英文法教科书	上下	2	中学	2		上册七年二月初版，下册四月初版	商务印书馆编译所译		七年八月	
简易英语读本	1—3	3	中学	3		一册七年四月初版，二三册三月初版	商务印书馆编译所译		七年八月	
新制学校管理法	1	1	中学及师范学校	1		七年三月出版	周维城、林壬		七年十月	
新制平面几何学教本	1	1	同上	1		七年三月再版	王永炅、胡树楷	中华书局	七年十月	
新制立体几何学教本	1	1	同上	1		七年三月再版	同上		七年十月	
新制平面三角法教本	1	1	同上	1		七年四月发行	同上		七年十月	
乐歌基本练习	1	1	同上	1		七年四月再版	索树白		七年十月	
简易英语读本	第四	1	中学	1		七年六月初版	商务印书馆编译所译	商务印书馆	七年十月	
女子礼仪法挂图	第一、二辑	2	女子学校	2		六年八月初版	费焯		七年十月	
女子礼仪法教授书	1—2	2	女子学校	2		七年四月初版	费焯		七年十月	
师范学校新教科书美术史	1	1	师范学校	1		七年六月再版	姜丹书		七年十月	

续表

书名	册次	册数	程度	种数	版次	编著者	出版者	审定日期
新体彩色写生记忆画	1—2组	2	中学及师范学校	2	第一组七年七月初版，第二组八月初版	谢公展	商务印书馆	七年十一月
新体彩色写生记忆画解说	1—2	2	同上	2	七年六月初版	谢公展	商务印书馆	七年十一月
新制地理概论教本	1	1	中学	1	七年八月再版	杨文洵	中华书局	七年十一月
女子刺绣教科书	1	1	女子中学及女子师范	1	七年八月初版	张华基、李许频韵	商务印书馆	七年十一月
简易英语读本	第五	1	中学	1	七年七月初版	商务印书馆编译所译	商务印书馆	八年一月
实用教科书物理学	1	1	中学	1	七年六月初版	陈幌		八年一月
新式中学英文读本	第二	1	中学	1	七年八月发行	陶士英	中华书局	八年一月
钢琴入门	1	1	中学及师范学校	1	七年十二月初版	夏志真	夏志真	八年四月
新式中学英文教授书	第一	1	中学	1	七年八月发行	马润卿、徐志诚、严枚	中华书局	八年四月
新体化学教科书	1	1	中学及师范学校	1	八年一月初版	银凤阁	新华书局	八年四月
新制心理学	1	1	师范学校	1	八年二月七版	顾公毅	中华书局	八年八月
新制论理学	1	1	同上	1	八年二月四版	姚建猷	中华书局	八年八月
实用英文法教科书	1	1	中学及师范学校	1	七年九月初版	赵本善	商务印书馆	八年八月
风琴教科书	1	1	中等学校	1	八年一月初版	索树白		八年八月
中等学校适用教本乐典	1	1	中等学校	1	七年十月印刷	顾骑风	括苍启明石印局	八年八月
本国新地理图说	1	1	中学及师范学校	1	八年二月初版	谢观		八年八月
实用教科书矿务学	1	1	同上	1	八年二月初版	吴冷心	商务印书馆	八年八月
共和国修身要义	卷上	1	中学	1	年九月二二版	樊炳清		
立体几何学新教科书	1	1	中学及师范学校	1	六年二月一一版	胡豫		八年十二月
新撰中学算术教科书	1	1	中学	1	七年十二月发行	赵志澄	沂水树德堂	八年十二月
非欧几里得几何学	1	1	中学及师范学校	1	八年五月初版	武崇经	商务印书馆	八年十二月
中学实用英语读本	第三	1	中学	1	八年四月初版	吴献书		八年十二月
中等英语会话	1	1	中学及师范学校	1	八年八月初版	周越然		八年十二月
中学代数学教科书	上下	2	中学	2	年九月十四版	陈鼎元		九年四月
中学英文法	1—4	4	中学	4	一册八年五月十九版，二册八年五月十六版，三册八年五月十三版，四册八年五月十版	邝富灼	商务印书馆	九年四月

续表

生理卫生新教科书	1	1	中学	1	八年十月修订十八版	孙佐	商务印书馆	九年四月	
共和国教科书经济大要	1	1	中学	1	八年九月十五版	贺绍章		九年四月	
中等英语会话	第二	1	中学及师范学校	1	八年九月初版	周越然		九年六月	
国音浅说	1	1	各学校	1	八年七月初版	范祥善		九年六月	
英语模范读本	第一	1	中学及师范学校	1	八年九月四版	周越然		九年六月	
中等英语会话	3—4	2	中学及师范学校	2	八年十二月初版	周越然	商务印书馆	九年九月	
英语练习课本	1	1	同上	1	八年十一月初版			九年九月	
中国实用英语读本	第四	1	中学	1	八年十二月初版	吴献书		九年九月	
平面几何学	1	1	中学及师范学校	1	九年二月初版	黄鹤如		九年九月	
中等化学教科书	1	1	中学及师范学校	1	九年九月发行	朱景梁	中华书局	九年十二月	
英语正音教科书	1	1	同上	1	九年八月发行	胡绂纶等		九年十二月	
英语会话教科书	1	1	同上	1	六年二月十三版	邝富灼		九年十二月	
新英文典	第一、二集	2	同上	2	一集八年九月七版，二集五年十一月五版	邝富灼		九年十二月	
英文世界地理	1	1	中学、师范学校及中学以上学校	1	九年八月初版		商务印书馆	十年三月	
英语模范读本	第二	1	中学及师范学校	1	九年七月三版	周越然		十年三月	
中国语法纲要	1	1	中学师范及国语讲习所	1	九年十一月初版	杨树达	商务印书馆	十年八月	
新教育教科书英文法	第一	1	中学及师范学校	1	十年二月发行	戴克谐	中华书局	同上	
中华中学英文文法初步	1	1	中学	1	八年一月再版	沈步洲		十年八月	
中华英文会话教科书	1—2	2	中学及师范学校	2	一册九年七月十二版，二册三月九版	辜景华	中华书局	同上	
新制英文法	1—2	2	同上	2	一册九年六月十二版，二册六月九	杨锦森		十年八月	
师范学校新教科书学校管理法	1	1	师范学校	1	九年十二月订正九版	金承望		同上	
共和国教科书平面三角大要	1	1	中学	1	十年一月十五	黄元吉	商务印书馆	同上	
共和国教科书算术	1	1	中学	1	九年十月二十八	寿孝天		十年八月	
民国新教科书算术	1	1	中学	1	九月十二月十六	徐善祥、秦汾		同上	
中华中学英文教科书	1—2	2	中学	2	一册九年七月十七版，二册三月十三	李登辉、杨锦森	中华书局	十年八月	

续表

书名	册	数	适用学校			出版时间/版次	编者	出版社	审定时间		
女子园艺教科书	1	1	中学及师范学校	1		九年四月五版	刘大绅	商务印书馆	十一年二月		
女子家事教科书	1	1	同上	1		十年四月七版	王程之、张世杓	商务印书馆	十一年二月		
共和国教科书本国地理	上下	2	中学	2		上册九年九月三十版，下版九月二十版	谢观		十一年二月		
民国新教科书代数学	1	1	中学	1		十年五月十五版	秦汾、秦沅		十一年二月		
共和国教科书代数学	上下	2	中学	2		上册十年六月二十四版，下册十年六月十四版	骆师曾	商务印书馆	十一年二月		
师范学校新教科书地理	3—4	2	师范学校	2		十年五月初版	谭廉、夏廷璋		十一年二月		
新教育教科书英语读本	1—2	2	中学及师范学校	2		十年二月发行	西文编辑部	中华书局	十一年二月		
英语模范读本	3—4	2	同上	2		三册四年十月三版，四册五月初版	周越然	商务印书馆	十一年八月		
新式中学英文读本	第四	1	中学	1		十年四月发行	胡华纶	中华书局	十一年八月		
共和国教科书修身要义	上下	2	中学	2		上册十年十一月订正二十六版，下册十一月订正十二版	樊炳清	商务印书馆	十一年八月		
新教育教科书英语读本	第三	1	中学	1		十年四月发行	西文编辑部	中华书局	同上		
英语实用读本	第一	1	中学	1		十年六月初版	盖保耐	商务印书馆	十二年二月		
最新中华民国分省地图	1	1	中学及师范学校		1	十年三月发行		中华书局	同上		
布利氏新式算学教科书	1—2	2	中学及甲种实业学校	2		一册十一年三月六版，二册五月初版	一册：徐甘棠，二册：王自芸	商务印书馆			
新著设计教学法	1	1	师范学校	1		十一年十月初版	赵宗预		十二年四月		
设计教学实验实况	1	1	师范学校	1		十一年十月初版	沈百英		同上		
新中学初级本国地理	上	1	中学校初级	1		十二年一月初版	丁誉鑫	中华书局	十二年四月		
新中学教科书代数	1	1	中学	1		十二年一月初版	秦汾		十二年四月		
共和国教科书用器画解说	1	1	中学	1		十一年一月六版	黄元吉	商务印书馆	十二年五月		
共和国教科书中学用器画图式	1	1	中学	1		十年八月初版	黄元吉	商务印书馆	十二年五月		
中等算术	1	1	中学	1		十一年六月八版	黄际遇		同上		
共和国教科书中学英文读本	1—4	4	中学	4		一册九年十二月廿三版，二册十月十八版，三册十二月十三版，四册十年九月八版	邝富灼	商务印书馆	十二年五月		
英文造句法	1	1	中学	1		十年四月十	周越然		同上		
共和国民英文读本	3—4	2	中学及师范学校	2		三册九年五月六版，四册五月五版	苏本铫	商务印书馆	十二年五月		
实习英语教科书	首	1	同上	1		十年六月六版	美国盖保耐		同上		

续表

新世纪英文读本	卷五	1	同上	1	十年四月八版	邝富灼等	商务印书馆	十二年五月		
共和国教科书中国文学史	1	1	中学	1	十年八月十四版	王梦曾		同上		
英语作文要略	1	1	中学	1	十一年六月八版	周越然		十二年五月		
师范学校新教科书本科簿记	1	1	师范学校及乙种商业学校	1	十年十月六版	叶春墀		十二年五月		
师范学校新教科书本国地理	1—2	2	师范学校本科	2	一册十年三月八版，二册七月五版	谢观	商务印书馆	同上		
师范学校新教科书本国历史	3—4	2	师范学校本科	2	三册十一年三月五版，四册十年八月七版	傅运森等		同上		
新学制自然科学教科书	第一	1	初级中学	1	十二年三月初版	高钻等	商务印书馆	十三年二月		
新学制历史教科书	上	1	初级中学	1	十二年二月初版	傅运森				
新中学教科书初级本国历史	上	1	同上	1	十二年一月初版	金兆梓	中华书局	十三年二月		
英文读本文法合编	第一	1	同上	1	十二年二月初版	胡宪生	商务印书馆	同上		
最近物理学概观	1	1	高级中学		十一年十一月初版	郑贞文		十三年二月		
新中学平面三角法教科书	全	1	中学		十二年三月发行	胡仁源	中华书局	同上		
新学制公民教科书	第一	1	初级中学	1	十二年四月初版	周鲠生	商务印书馆	同上		
近世初等代数学	第三	1	中学		十一年九月初版	吴在渊		十三年二月		
世界改造分国地图	1	1	中学及高等小学	1	十一年十一月订正三版	丁誉盦	中华书局	十三年二月		
世界改造分国图志	1	1	同上	1	十一年十一月订正三版	丁誉盦		同上		
世界分国新地图	1	1	同上	1	十年十二月发行	丁誉盦		同上		
新著本国史	上下	2	中学	2	上册十二年二月三版，下册十一年十月再版	赵玉森		十三年二月		
新学制国语教科书	第一	1	初级中学	1	十二年二月初版	范祥善等	商务印书馆	十三年四月		
生理卫生学	1	1	同上	1	十二年七月初版	顾寿白		同上		
世界史	1	1	同上	1	十二年七月初版	傅运森		同上		
教育史	1	1	师范学校	1	十二年八月初版	范寿康		同上		
现代师范教科书教育心理学	1	1	同上	1	十二年八月初版	吴致觉		十三年四月		
初等物理学实验	1	1	英文初等物理实验用书	1	十二年六月初版	W. Wsli Fler Ph.D.	商务印书馆	十三年五月		
现代师范教科书各科教授法	1	1	师范学校	1	十二年七月初版	范寿康		十三年五月		

·490· 臣民还是公民？

续表

新师范教科书教育学	全	1	同上	1		十二年九月九版	王炽昌	中华书局	十三年五月	
师范教科书学校管理法	1	1	同上	1		十二年七月初版	范寿康	商务印书馆	同上	
新师范教育史	全一	1	同上	1		十二年十二月再版	王炽昌	中华书局	同上	
物理学	1	1	中学初级	1		十二年七月初版	周昌寿	商务印书馆	同上	
新中学教科书初级本国地理	上下	2	中学	2		上册十二年十一月订正五版，下册九月再版	丁誉鑫	中华书局	十三年五月	
新中学教科书初级古文读本	第一	1	中学校	1		十三年三月六版	沈星一	中华书局	十三年十二月	
实用教科书植物学	1	1	同上	1		十二年五月初版	彭世芳	商务印书馆	十三年十二月	
现代师范教科书教育学原理	1	1	师范学校	1		十二年九月初版	孙贵定	商务印书馆	十三年十二月	
新学制历史教科书	下	1	初级中学	1		十二年七月初版	傅运森	商务印书馆	十三年十二月	
实用主义中学新代数	1	1	中学校	1		十二年四月初版	陈文	商务印书馆	十三年十二月	
实用主义中学新几何	1—4	4	同上	4		十二年三月初版	陈文	商务印书馆	十三年十二月	
现代师范教科书小学行政及组织	1	1	师范学校	1		十三年三月初版	芮佳瑞	商务印书馆	十三年十二月	
投影画	1	1	中学校	1		十三年五月初版	钱绍孟	平民书局	同上	
初中教科书英文法	1—2	2	中学校	2		一册十二年三月再版，二册五发行	王宠惠	中华书局	同上	
新中学教科书英语读本	第一	1	中学初级	1		十年十一月发行	西文编辑部	中华书局	十三年十二月	
新学制风琴教科书	1	1	同上	1		十三年三月初版	萧友梅	商务印书馆	同上	
新学制乐理教科书	第一	1	同上	1		十三年三月四版	萧友梅	商务印书馆	同上	
初级中学唱歌教科书	1	1	初级中学	1		十三年五月初版	萧友梅等	商务印书馆	十三年十二月	
合计		471		457	15					

四、师范讲习所及实业学校部分

伦理学大意讲义	1	1	师范讲习科	1		二年六月初版	陆费逵	商务印书馆		
讲习适用伦理学大要	1	1	师范讲习科	1		二年十二月初版	周日济等	中华书局	三年五月	九年四月
师范讲习科用修身教科书	1	1	师范讲习科	1		二年五月初版	王仁夔	中国图书公司		九年四月
论理学讲义	1	1	师范讲习科	1		元年三月再版	蒋维乔	商务印书馆		九年四月
心理学讲义	1	1	师范讲习科	1		元年十二月初版	蒋维乔	商务印书馆		九年四月
教育史讲义	1	1	师范讲习科	1		二年六月初版	戴克敦			九年四月

续表

教授法讲义	1	1	师范讲习科	1	二年三月初版	蒋维乔	商务印书馆		九年四月
中国地理讲义	1	1	师范讲习科	1	二年四月初版	庄俞			九年四月
外国地理讲义	1	1	师范讲习科	1	元年十二月初版	孙毓修等			九年四月
最新初等动物教科书	1	1	小学校教员讲习科	1	光绪三十三年十二月十一日	华文祺译			九年四月
最新初等植物教科书	1	1	小学校教员讲习科	1	光绪三十三年十二月十一日	华文祺译			九年四月
最新博物示教	1	1	师范讲习科及高等小学补习科	1	元年十月三版	钱承驹	文明书局	三年五月	十年六月
最新初等化学矿物教科书	1	1	中学补习科及师范学校讲习科	1	光绪三十三年十一月十一日印行	华文祺译			
最新初等生理卫生教科书	1	1	小学校教员讲习科	1	光绪三十四年三月	华文祺译			九年四月
初等物理学教科书	1	1	中学补习科及师范学校讲习科	1	二年三月订正五版	高慎儒	商务印书馆		九年四月
普通物理学教科书	1	1	女子师范学校并师范学校讲习科及中学校所设之高等小学讲习科	1	二年十月再版	钱承驹	文明书局		十年六月
普通化学教科书	1	1	同上	1	民国纪元前一年初版	钱承驹			十年六月
新体普通化学教科书	1	1	师范学校附设讲习科	1	光绪三十四年正月	华文祺、华申祺		二年三月	九年四月
理化示教	1	1	师范讲习科	1	元年八月十版	杜亚泉	商务印书馆		九年四月
理科纲要	上下	2	师范讲习科	2	民国纪元前二年初版	钱承驹	文明书局	三年五月	
管理法讲义	1	1	师范讲习科	1	三年五月初版	陆费逵	商务印书馆	三年七月	十年六月
普通教育化学教科书	1	1	师范学校附设讲习科	1	三年八月订正再版	日本龟高德平著，杨国璋译	鳌受书局及各省新书局		十年六月
普通教育植物学教科书	1	1	讲习科及高等小学毕业后补习科	1	四年一月订正四版	曾顺彦	科学会编译馆	四年七月	十一年四月
商品学	1	1	商业学校	1	四年五月初版	盛在珣	商务印书馆	四年九月	十一年四月
商事要项	1	1	商业学校	1	四年十月再版	刘大绅、蒋维乔			

续表

书名	册数	册	适用学校	种		出版年月	编著者	出版机构	审定年月	再审定年月
中华英文尺牍大全	1	1	甲种商业学校	1		三年十二月初版	李登辉、杨锦森	中华书局		十一年四月
华英商业会话大全	1	1	甲种商业学校及实业学校	1		四年二月再版	李觉		四年九月	十一年四月
商业地理	上	1	商业学校	1		四年七月初版	曾牗、谭廉		五年一月	十二年四月
商业簿记	上下	2	商业中学校	2		四年十二月再版	李宣韩	商务印书馆	五年一月	十二年四月
商业地理	下	1	商业学校	1		四年八月初版	曾牗、谭廉		五年四月	十二年四月
实用体操讲义	1	1	师范讲习所及小学校	1		四年十二月发行	徐傅霖	中华书局	五年五月	十二年四月
商业历史	上	1	甲种商业学校	1		四年四月发行	赵玉森		五年五月	十二年四月
商业道德	1	1	商业学校	1		四年十二月再版	盛在珣		六年三月	
商业实践	1	1	同上	1		五年五月初版	盛在珣		六年三月	十三年四月
制丝教科书	1	1	甲种学校	1		四年十二月初版	郑辟疆	商务印书馆	六年三月	
单级教授讲义二部教授法	1	1	师范讲习科	1		五年九月再版	孙世庆		六年三月	
肥料学	1	1	甲种农业学校及师范学校	1		五年九月初版	陆旋		六年三月	十三年四月
商业历史	下	1	商业学校	1		五年十一月初版	赵玉森		六年四月	
最新商业学	上下	2	甲种商业学校	2		五年十一月初版	王言纶	中国图书公司和记	六年八月	
新体论理学讲义	1	1	师范讲习科	1		七年三月初版	师范讲习社、张子和		七年六月	
新体心理学讲义	1	1	师范讲习科	1		七年三月初版	师范讲习社、杨嘉椿		七年六月	
新体教育学讲义	1	1	同上	1		七年三月初版	师范讲习社、韩定生	商务印书馆	七年六月	
新体管理法讲义	1	1	同上	1		七年三月初版	师范讲习社、杨嘉椿		七年六月	
新体教授法讲义	1	1	同上	1		七年三月初版	师范讲习社、钱体纯		七年六月	
新体数学讲义	1	1	同上	1		七年三月初版	师范讲习社、俞子夷		七年六月	

续表

新体博物讲义	1	1	师范讲习科或补习科	1	七年三月初版	师范讲习社、李约	商务印书馆	七年六月	
新体物理学讲义	1	1	师范讲习科	1	七年三月初版	师范讲习社、林元乔		七年六月	
园艺学	1	1	甲乙种农业学校及师范学校	1	六年七月九版	刘大绅		七年六月	
气象学	1	1	甲乙种农业学校及师范学校	1	六年十二月初版	李松龄		七年六月	
作物学	1	1	乙种农业学校	1	六年二月初版	凌昌焕	商务印书馆	六年十月	十三年四月
桑树栽培教科书	1	1	蚕业及农业学校	1	六年五月初版	郑辟疆		七年三月	
蚕体解剖教科书	1	1	蚕业讲习所及农业学校	1	六年三月初版	同上		七年三月	
蚕体生理教科书	1	1	农业学校及蚕业讲习所	1	六年九月初版	同上		七年四月	
中等商业算术	上编一册	1	商业学校	1	四年四月发行	余昆	上海商业中学	六年八月	十三年四月
商业经济	1	1	商业学校	1	五年四月初版	柳准		六年三月	十三年四月
蚕体病理教科书	1	1	蚕业学校及农业学校	1	六年十月初版	郑辟疆		七年八月	
新体商业讲义	1	1	师范讲习科	1	七年三月初版	桂绍烈	商务印书馆	七年八月	
病害学	1	1	甲乙种农业学校及师范学校	1	七年一月初版	陆旋		七年八月	
畜产学	1	1	甲乙种农业学校及师范学校	1	七年六月初版	关鹏万		七年十一月	
兽医学大意	1	1	同上	1	七年六月初版	关鹏万		七年十一月	
新体本国地理讲义	1	1	师范讲习科	1	七年三月初版	师范讲习社、庞文源		七年十一月	
新体本国历史讲义	1	1	同上	1	七年三月初版	师范讲习所、柴恩重、于曰敏	商务印书馆	七年十一月	
新体修身讲义	1	1	同上	1	七年三月初版	师范讲习社、贾丰臻		七年十一月	
新体外国地理讲义	1	1	师范讲习科	1	七年三月初版	师范讲习社、夏廷璋	商务印书馆	八年一月	

续表

新体农业讲义	1	1	同上	1	七年三月初版	师范讲习社、唐昌治	商务印书馆	八年一月	
商业历史教科书	第一	1	乙种商业学校	1	七年九月初版	程德元	山东乙种商业学校教科书编纂会	八年一月	
簿记教科书	1	1	同上	1	七年五月增补订正三版	叶春墀		八年八月	
汉译温德华氏三角法	1	1	甲种实业学校	1	八年六月六版	顾裕魁	商务印书馆	八年十二月	
土壤学	1	1	农业学校	1	八年六月修订再版	何述曾		八年十二月	
银行簿记教科书	1	1	乙种商业学校	1		程德元	乙种学校教科书编纂会	八年十二月	
机械图画法	1	1	实业学校	1	九年三月再版	庄启	商务印书馆	九年六月
虫害学	1	1	农业学校	1	九年二月初版	谢申图		九年十二月
夜校英文读本	第一	1	夜校	1	九年八月发行	马润卿	中华书局	九年十二月	
实习算术速记法	1	1	商业学校	1		朱建磐	朱建磐	十年三月	
新式商业簿记	1	1	甲乙种商业学校	1	十一年五月再版	杨汝梅	杨汝梅	十二年二月	
商业道德	1	1	商业学校	1	十一年七月八版	盛在珣	商务印书馆	十二年五月
新学制货币论	1	1	高级商业学校	1	十二年十月初版	王效文		十三年十二月
新学制新式官厅簿记及会计	1	1	同上	1	十三年一月初版	杨汝梅		十三年十二月
商业通用簿记	1	1	甲乙种商业学校	1	十二年十一月四版	王德昌	中国商业簿记研究社	十三年十二月	
合计		82		82	0				
总计		3190		2141	1038				

说明：1.本表资料来源于民国北京政府《教育公报》、商务印书馆当时出版的《教育杂志》以及全国图书馆文献缩微复制中心编辑出版的《（民国）教育部文牍政令汇编》（1—6册）（北京：全国图书馆文献缩微复制中心，2004年）上所刊录的历次教科书审定目录。

2."审定有效日期"、"延长有效日期"和"审定失效日期"都是指当时教育公文刊发的时间，教科书具体有效日期大约从公文刊发时后两三个月开始生效。但教科书有效期限，根据当时规定，是从教科书公布生效后的第二学年始期开始计算。

3.根据北京政府教育部有关教科书审定的规定，教科书有效期限为五年，而后又改为六年；由于前后更改很快，所以在实际审定中是按有效期限六年的规定执行的。

4.《教育公报》第3年第1期（1916年2月）、第3年第2期（3月）、第3年第4期（4月）和第3年第6期（6月），分别刊录了1916年1月20日、2月15日、4月11日和5月16日教育部四次核定的以前审定的教科书更改书名的教科书目录。为避免重复，这些目录未收入此表。这些书名多是改为"普通教科书……"，如"普通教科书新理科"、"普通教科书国文读本"等。

表5　　　　　　　　　　　南京政府时期的教科书审定情况

科目	教科书名	适用学校	种数	册数	编著者	送审/印行者	审定时期	执照号数	失效时期	不予审定	审定批语	备考
三民主义	新时代三民主义教科书	初等小学	1	8	朱子辰	商务印书馆	民国十七年六月十八日	院五二	廿一年十一月一日			
	前期小学三民主义教科书	初小	1	4	戴季虞	世界书局	十七年六月十八日	院五六				民国二十年一月三十日撤消执照
	新中华教科书三民主义课本	初小	1	4	陆绍昌	中华书局	十七年七月七日	院六六	廿一年十一月一日			
	新主义教科书前期小学三民主义课本	初小	1	8	魏冰心、朱翊新	世界书局	十七年七月十二日	院六七	廿一年十一月一日			二十年四月十四日改给执照部字八十三号
	新时代三民主义教科书	高等小学	1	4	李扬	商务印书馆	十七年六月十八日	院五三	廿一年十一月一日			
	新中华教科书三民主义课本	高小	1	4	陆绍昌	中华书局	十七年六月十八日	院五四	廿一年十一月一日			
	中山主义新国民读本	小学	1	4	魏冰心	世界书局	十七年六月十八日	院五五				二十年一月三十日撤消执照
公民	新学制适用新小学教科书公民课本	初小	1	8	董文	中华书局	十七年四月廿五日	院八	廿一年十一月一日			
	新学制适用新小学教科书公民课本	高小	1	4	朱叔文、李伯攸	中华书局	十七年六月七日	院四〇				二十年一月卅日撤消执照
	新学制小学教科书高级公民课本	高小	1	4	潘文安、戴渭清	世界书局	十七年六月廿八日	院六五	廿一年十一月一日			
国语	新学制国语教科书	初小	1	8	庄适、吴研因、沈圻	商务印书馆	十七年六月四日	院一四	廿一年十一月一日			
	新时代国语教科书	初小	1	8	胡贞惠	商务印书馆	十七年六月四日	院一六	廿一年十一月一日			
	新小学教科书国语文学读本	初小	1	8	李步青	中华书局	十七年六月十二日	院四二	廿一年十一月一日			
	新学制适用新小学教科书国语读本	初小	1	8	黎锦晖、陆费逵	中华书局	十七年六月十五日	院四九	廿一年十一月一日			

续表

	新学制小学教科书初级习字范本	初小	1	8	戴渭清	世界书局	十七年六月十九日	院六一	廿一年十一月一日	
	新主义教科书前期小学国语读本	初小	1	8	魏冰心等五人	世界书局	十七年六月廿一日	院六二		二十年十月一日撤消执照
	新学制小学教科书初级国语读本	初小	1	8	魏冰心等三人	世界书局	十七年六月廿五日	院六三	廿一年十一月一日	
	儿童文学读本	初小	1	8	江卓群等	商务印书馆	十七年八月八日	院七六	廿一年十一月一日	
	民智国语课本	初小	1	8	任中敏	民智书局	十七年八月十五日	院八六	廿一年十一月一日	
	新中华教科书国语读本	初小	1	8	黎锦晖	中华书局	十八年二月二日	部一	廿一年十一月一日	
国语	新学制国语教科书	高小	1	4	庄适、吴研因、沈圻	商务印书馆	十七年六月四日	院一五	廿一年十一月一日	
	新时代国语教科书	高小	1	4	胡贞惠	商务印书馆	十七年六月四日	院一七	廿一年十一月一日	
	新学制适用新小学教科书国语读本	高小	1	4	陆费逵、黎锦晖、易作霖	中华书局	十七年六月十二日	院四三	廿一年十一月一日	
	新中华教科书国语读本	高小	1	4	朱文叔	中华书局	十七年六月十九日	院五八	廿一年十一月一日	
	新学制小学教科书高级国语读本	高小	1	4	魏冰心	世界书局	十七年八月十四日	院七九	廿一年十一月一日	
	新主义教科书国语读本	高小	1	4	魏冰心	世界书局	十七年八月十六日	院八七	廿一年十一月一日	
	新国音读本	小学	1	1	陆依言	东方编译社	十七年六月廿六日	院八八	廿一年十一月一日	
算术	新中华教科书算术课本	初小	1	8	朱开乾等	中华书局	十八年二月六日	部六	廿一年十一月一日	
	新中华教科书算术课本	高小	1	4	朱开乾等	中华书局	十八年二月六日	部七	廿一年十一月一日	

续表

	新学制历史教科书	高小	1	4	傅运森	商务印书馆	十七年四月廿五日	院二	廿一年十一月一日		
	新时代历史教科书	高小	1	4	傅林一	商务印书馆	十七年四月廿五日	院一	廿一年十一月一日		
历史	新学制小学教科书高级历史课本	高小	1	4	杨喆、朱翊新	世界书局	十七年六月一日	院一三	廿一年十一月一日		
	新学制适用新小学教科书历史课本	高小	1	4	金兆梓、洪鋆	中华书局	十七年六月七日	院四一	廿一年十一月一日		
	新中华教科书历史课本	高小	1	4	郑昶、洪鋆	中华书局	十七年八月十五日	院八五	廿一年十一月一日		十九年五月十二日改给执照部字五一号
	新时代地理教科书	高小	1	4	陈振	商务印书馆	十七年四月廿五日	院三	廿一年十一月一日		
	新学制地理教科书	高小	1	4	陈铎	商务印书馆	十七年四月廿五日	院四	廿一年十一月一日		
地理	新撰地理教科书	高小	1	4	谭廉	商务印书馆	十七年四月廿五日	院五			二十年三月廿一日撤消执照
	新学制小学教科书高级地理课本	高小	1	4	徐敬修、李乃培	世界书局	十七年六月一日	院一二	廿一年十一月一日		
	新学制适用新小学教科书地理课本	高小	1	4	朱文叔、郑昶	中华书局	十七年六月十二日	院四四	廿一年十一月一日		
	新学制适用新小学教科书卫生课本	高小	1	4	赵光荣	中华书局	十七年六月十二日	院四五			二十年一月三十日撤消执照
卫生	新学制卫生教科书	高小	1	4	程瀚章	商务印书馆	十七年八月六日	院六八	廿一年十一月一日		
	新学制小学教科书高级卫生课本	高小	1	4	江效唐等	世界书局	十七年八月六日	院六九	廿一年十一月一日		
	新法卫生教科书	高小	1	2	程瀚章	商务印书馆	十八年二月十八日	部九			二十年三月二十一日撤消执照
自然	新主义教科书自然课本	高小	1	4	姜文洪等	世界书局	十八年七月卅一日	部二三	廿一年十一月一日		

续表

常识	新撰常识教科书	初小	1	8	计志中	商务印书馆	十七年四月廿五日	院六			二十年三月廿一日撤消执照
	新学制常识教科书	初小	1	8	范祥善	商务印书馆	十七年四月廿五日	院一〇	廿一年十一月一日		
	新学制小学教科书初级常识课本	初小	1	8	董文	世界书局	十七年五月廿九日	院一一	廿一年十一月一日		
	新主义教科书前期小学常识课本	初小	1	8	董文、朱翊新	世界书局	十八年七月廿六日	部二二	廿一年十一月一日		
社会	新学制社会教科书	初小	1	8	丁晓先	商务印书馆	十七年四月廿五日	院七	廿一年十一月一日		
	新主义教科书前期小学社会课本	初小	1	8	朱翊新	世界书局	十七年四月廿五日	院九	廿一年十一月一日		
	新小学教科书社会课本	初小	1	8	蒋镜芙等	中华书局	十八年二月四日	部二			二十年一月三十日执照撤消
农业	新学制农业教科书	高小	1	4	万国鼎	商务印书馆	十七年六月七日	院三七	廿一年十一月一日		
党义	三民主义课本	初小	1	8	魏冰心	世界书局	廿年四月十四日	部八三	廿一年十一月一日		
	三民主义课本	高小	1	4	魏冰心	世界书局	廿年五月十二日	部八七	廿一年十一月一日		
国语	新主义国语读本	初小	1	8	魏冰心	世界书局	廿年一月五日	部七六	廿一年十一月一日		
	基本教科书国语	初小	1	8	沈百英	商务印书馆	廿年七月十三日	部一〇六	同上		
	新课程国语读本	初小	1	8	魏冰心等	世界书局	廿年八月十二日	部一一四	同上		
	国语新读本	初小	1	8	吴研因	吴研因	廿一年八月一日	部一三五	同上		
社会	新课程社会课本	初小	1	8	顾诗灵等	世界书局	廿年七月十日	部一〇四	同上		
	基本教科书社会	初小	1	8	计志中	商务印书馆	廿年八月十二日	部一一五	同上		

续表

历史	新主义教科书历史课本	高小	1	4	朱翊新	世界书局	十九年三月八日	部四二	同上			
	新中华教科书历史课本	高小	1	4	郑昶等	中华书局	十九年五月十二日	部五一	同上			
地理	新主义教科书地理课本	高小	1	4	董文	世界书局	十九年二月廿八日	部四一	同上			
	新中华教科书地理课本	高小	1	4	郑昶	中华书局	十九年四月廿四日	部四六	同上			
自然	新主义教科书自然课本	初小	1	8	董文	世界书局	十九年三月十四日	部四三	同上			
	新中华自然课本	初小	1	8	杨卿鸿等	中华书局	十九年十二月廿日	部七一	同上			
	新法自然研究	初小	1	4	张熙礽等	商务印书馆	十九年十二月廿四日	部七三	同上			
	新课程自然课本	初小	1	8	王剑星等	世界书局	二十年六月十六日	部九六	同上			
	新中华教科书自然课本	高小	1	4	杨卿鸿	中华书局	十九年一月廿九日	部三六	廿一年十一月一日			
	新法自然研究	高小	1	2	张熙礽等	商务印书馆	十九年十二月廿四日	部七四	同上			
常识	新时代常识教科书	初小	1	8	王强	商务印书馆	十九年一月六日	部三二	同上			
	基本教科书常识	初小	1	8	计志中	商务印书馆	二十年七月十四日	部一〇七	同上			
算术	新主义教科书算术课本	初小	1	8	赵宗预等	世界书局	十八年十月廿八日	部二五	同上			
	新时代算术教科书	初小	1	8	胡通明	商务印书馆	十九年九月廿六日	部六〇	同上			
	新学制算术教科书	初小	1	8	骆师曾	商务印书馆	二十年六月廿三日	部一〇一	同上			
	基本教科书算术	初小	1	8	骆师曾	商务印书馆	二十年七月十四日	部一〇八	同上			
	新中华珠算课本	初小	1	2	雷琛	中华书局	二十年八月廿四日	部一一九	同上			
	基本教科书算术	高小	1	4	吴伯匡等	商务印书馆	廿年十二月廿四日	部一二八	同上			
	新学制珠算教科书	小学	1	4	骆师曾	商务印书馆	十九年八月廿一日	部五六	同上			
音乐	基本教科书音乐	初小	1	4	何明斋等	商务印书馆	二十年七月十四日	部一〇九	同上			

续表

国音	修改标准国音讲习课本	小学	1	1	齐铁恨	中华书局	十九年十二月十三日	部六九	同上		此三书不仅限于小学校用，姑附列于此
	新编国音课本	小学	1	1	马国英	中华书局	十九十二月十三日	部七〇	同上		
	国语注音符号新教本	小学	1	1	蒋镜芙	中华书局	廿年二月十八日	部七九	同上		
卫生	世界卫生课本	初小	1	8	董文	世界书局	廿二年八月七日	审一三	廿五年八月七日		
	初小卫生课本	初小	1	8	徐允昭等	中华书局	廿二年十月十七日	审三一	廿五年十月十七日		
	复兴高小卫生教科书	高小	1	4	程瀚章	商务印书馆	廿二年八月七日	审一四	廿五年八月七日		
	高小卫生课本	高小	1	4	徐允昭等	中华书局	廿二年十一月十六日	审三四	廿五年十一月十六日		
	新生活高小卫生	高小	1	4	马客谈、丁叔明	大东书局	廿三年八月十三日	审四八	廿六年八月十三日		
国语	新生活国语教科书	初小	1	8	蒋息岑等	大东书局	廿二年六月廿一日	审一	廿五年六月廿一日		
	世界第一种国语读本	初小	1	8	魏冰心等	世界书局	廿二年六月廿八日	审二	廿五年六月廿八日		
	国语新读本	初小	1	8	吴研因	世界书局	廿二年七月二十日	审六	廿五年七月二十日		
	世界第二种国语读本	初小	1	8	小学校教科书改进社	世界书局	廿二年八月廿六日	审一七	廿五年八月廿六日		
	开明国语读本	初小	1	8	叶绍钧	开明书店	廿二年七月廿六日	审八	廿五年七月廿六日		
	复兴国语教科书	初小	1	8	沈百英	商务印书馆	廿二年七月廿六日	审七	廿五年七月廿六日		
	初小国语读本	初小	1	8	朱文叔	中华书局	二十二年十月九日	审二九	二十五年十月九日		
	复兴高小国语教科书	高小	1	4	丁榖音等	商务印书馆	二十二年八月七日	审一一	二十五年八月七日		
	高小国语读本	高小	1	4	朱文叔等	中华书局	廿二年八月廿六日	审一九	廿五年八月廿六日		
	高小国语读本	高小	1	4	朱翊新	世界书局	廿二年十二月廿日	审三八	廿五年十二月廿日		
	高小国语读本	高小	1	4	赵景深等	青光书局	廿三年四月三十日				执照俟刊行本送核后再发

续表

	高小国语读本	高小	1	4	叶绍钧	开明书店	二十三年九月七日	审四九	二十六年九月七日		
	新生活社会教科书	初小	1	8	王昧辛	大东书局	廿二年七月二十日	审五	廿五年七月二十日		
	复兴社会教科书	初小	1	8	马靖武等	商务印书馆	二十二年八月七日	审一二	廿五年八月七日		
	世界第一种社会课本	初小	1	8	董文	世界书局	廿二年八月廿六日	审一八	廿五年八月廿六日		
	世界第二种社会课本	初小	1	8	王昧辛等	世界书局	二十三年五月四日	审四六	二十六年五月四日		
	初小社会课本	初小	1	8	王志瑞等	中华书局	廿二年十月廿三日	审三二	廿五年十月廿三日		
	世界高小社会课本	高小	1	4	宋子俊	世界书局	廿二年八月三十日	审二三	廿五年八月三十日		
	社会课本历史编	高小	1	4	朱翊新等	世界书局	廿二年十月廿五日	审三三	廿五年十月廿五日		
社会	社会课本地理编	高小	1	4	宋子俊	世界书局	廿二年十二月廿三日	审四〇	廿五年十二月廿三日		
	社会课本公民编	高小	1	4	宋子俊	世界书局	廿二年十二月廿日	审三九	廿五年十二月廿日		
	高小历史课本	高小	1	4	姚绍华	中华书局	廿三年一月十二日	审四二	廿六年一月十二日		
	高小地理课本	高小	1	4	喻璞	中华书局	二十三年一月九日	审四一	二十六年一月九日		
	高小社会课本	高小	1	4	王志瑞等	中华书局	廿三年二月廿一日	审四五	廿六年二月廿一日		
	复兴高小社会教科书	高小	1	4	顾缉明等	商务印书馆	廿二年十一月廿四日	审三五	廿五年十一月廿四日		
	复兴地理教科书	高小	1	4	冯达夫	商务印书馆	廿二年十二月十四日	审三六	廿五年十二月十四日		
	复兴历史教科书	高小	1	4	徐映川	商务印书馆	同上	审三七	同上		
	高小社会课本	高小	1	4	傅彬然	开明书店	廿三年十二月一日			执照俟刊行本送核后再发	
自然	新生活自然教科书	初小	1	8	胡颜立等	大东书局	二十二年八月三十日	审二〇	廿五年八月三十日		
	复兴自然教科书	初小	1	8	宗亮寰等	商务印书馆	廿二年八月三十日	审二一	廿五年八月三十日		

续表

自然	世界自然课本	初小	1	8	董文	世界书局	二十二年九月六日	审二八	二十五年九月六日			
	初小自然课本	初小	1	8	韦息予等	中华书局	廿三年十一月十七日	审五〇	廿六年十一月十七日			
	复兴高小自然教科书	高小	1	4	宗亮寰等	商务印书馆	二十二年九月五日	审二六	二十五年九月五日			
常识	开明常识课本	初小	1	8	傅彬然	开明书店	二十二年八月四日	审一〇	二十五年八月四日			
	复兴常识教科书	初小	1	8	徐映川等	商务印书馆	廿二年八月廿一日	审一五	廿五年八月廿一日			
	世界常识课本	初小	1	8	王剑星	世界书局	二十二年九月五日	审二五	二十五年九月五日			
算术	新生活算术教科书	初小	1	8	薛天汉等	大东书局	廿二年七月八日	审三	廿五年七月八日			
	世界第一种算术课本	初小	1	8	张匡等	世界书局	廿二年七月八日	审四	同上			
	开明算术课本	初小	1	8	刘薰宇	开明书店	廿二年七月卅一日	审九	廿五年七月卅一日			
	复兴算术教科书	初小	1	8	许用宾等	商务印书馆	廿二年九月一日	审二四	廿五年九月一日			
	初小算术课本	初小	1	8	赵侣青等	中华书局	廿二年九月五日	审二七	廿五年九月五日			
	大众初小算术	初小	1	8	吴家骧等	大众书局	廿三年八月七日	审四七	廿六年八月七日			
	复兴高小算术教科书	高小	1	4	顾柟等	商务印书馆	廿二年八月三十日	审二二	廿五年八月三十日			
	高小算术课本	高小	1	4	陈邦彦	世界书局	廿二年十月十二日	审三〇	廿五年十月十二日			
	新生活算术教科书	高小	1	4	薛天汉、沈慰霞	大东书局	廿三年一月三十一日	审四四	廿六年一月卅一日			
音乐	初小音乐课本	初小	1	4	朱苏典等	中华书局	廿三年一月十六日	审四三	廿六年一月十六日			
	复兴高小音乐教科书	高小	1	4	沈秉廉	商务印书馆	廿二年八月十一日	审一六	廿五年八月十一日			

续表

卫生	春季始业初小卫生课本	初小	1	8	徐允昭等	中华书局	二十四年八月九日	审五八	至二十七年八月九日		
	复兴小学卫生教科书	初小	1	8	沈百英	商务印书馆	廿四年九月十日	审六〇	廿七年九月十七日		
社会	开明高小社会课本	高小	1	4	傅彬然	开明书店	廿四年三月十九日	审五五	廿七年三月十九日		
	高小公民课本	高小	1	4	赵侣青等	中华书局	二十四年一月卅日	审五一	廿七年一月卅日		
	复兴高小公民教科书	高小	1	4	赵景源、魏志澄	商务印书馆	二十四年三月九日	审五四	二十七年三月九日		
	开明高小历史课本	高小	1	4	金井秋	开明书店	廿四年八月十二日	审五九	二十七年八月十二日		
自然	高小自然课本	高小	1	4	韦息予、孙伯才	中华书局	廿四年二月十四日	审五二	二十七年二月十四日		
	开明高小自然课本	高小	1	4	顾均正、贾祖璋	开明书店	廿四年九月十七日	审六一	廿七年九月十七日		
常识	新生活初小常识教科书	初小	1	8	朱菱阳、黄刚	大东书局	二十四年四月二日	审五六	二十七年四月二日		
	初小常识课本	初小	1	8	蒋镜芙、吴桂仙	中华书局	二十四年五月廿日	审五七	二十七年五月廿日		
算术	高小算术课本	高小	1	4	赵侣青、钱选青	中华书局	廿四年二月廿八日	审五三	廿七年二月廿八日		
	大众高小算术	高小	1	4	吴家骧等	大众书局	廿四年十月廿六日	审六八	廿九年二月一日		廿五年二月一日发给执照
	春季始业复兴初小卫生课本	初小	1	8	宗亮寰、周建人	商务印书馆	廿四年十一月十七日	审四六	廿七年十一月十七日		
	世界高小自然课本	高小	1	4	王剑星	世界书局	廿四年十一月廿五日	审三	廿七年十一月廿五日		
	春季始业高小国语读本	高小	1	4	朱文叔等	中华书局	廿四年十一月八日	审六二	廿七年十一月八日		
	开明高小地理课本	高小	1	4	冯达夫	开明书店	廿四年十二月廿五日	审六七	廿七年十二月廿五日		
	春季始业复兴课本初小算术	初小	1	8	雷震清、沈百英	商务印书馆	廿四年十二月十九日	审六五	廿七年十二月十九日		
	春季始业复兴课本初小珠算	初小	1	2	宋文藻、沈百英	商务印书馆	廿四年十二月十九日	审六六	廿七年十二月十九日		
	大众初小国语	初小	1	8	中国教科书研究会	大众书局	廿五年三月卅一日	教七三	廿八年七月一日		廿五年六月六日发给执照
	春季始业复兴高小自然	高小	1	4	周建人、周昌寿	商务印书馆	廿五年三月十六日	审六九	廿九年三月十六日		

续表

书名	级别			编者	出版社	审定日期	审定号	有效期		备注
复兴初小音乐教科书	初小	1	4	沈秉廉	商务印书馆	廿五年三月十六日				执照俟修正刊行本送核后再发
高小音乐课本	高小	1	4	朱苏典、潘淡明	中华书局	廿五年四月二十二日	审七〇	廿八年七卅一日		
高小国语新读本	高小	1	4	吴研因	世界书局	廿五年六月卅日	审七八	卅一年一月卅一日		廿五年九廿三日发给执照
初小儿童国语课本	初小	1	8	陈鹤琴	儿童书局	廿五年七月一日	教七一	廿九年七月卅一日		应行更正处仍送备案
春季始业复兴初小国语课本	初小	1	8	陈伯吹等	商务印书馆	廿五年七月廿日				执照俟修正刊行本送核后再发
高小算术课本	高小	1	4	刘振汉、姜文渊	北新书局					执照俟修正刊行本送核后再发
大众高小国语	高小	1	4	江涛	大众书局	廿五年十月十九日	审七九	卅一年一月卅一日		
高小珠算课本	高小	1	2	徐天游	中华书局	廿六年五月四日	小二	卅年五月四日		执照俟将修正刊行本送核后再发
复兴高小地理教科书	高小	1	4	冯达夫等	商务印书馆	廿六年五月廿六日	小五	卅年五月廿六日		执照俟将修正刊行本送核后再发
春季始业初小算术课本	初小	1	8	赵侣青、赵选青等	中华书局	廿六年五月四日	小三	卅年五月四日		
复兴初小算术教科书	初小	1	8	许用宾、沈百英	商务印书馆	廿六年四月廿日	小一	卅年四月廿日		
复兴初小常识教科书	初小	1	8	宗亮寰等	商务印书馆	廿六年四月				
春秋季通用初小算术课本	初小	1	8	徐允昭等	中华书局	廿六年四月				
高小儿童国语课本	高小	1	4	徐亚倩	儿童书局	廿六年四月				
新编初小常识课本	初小	1	8	蒋镜芙等	中华书局	廿六年五月十九日				
春季始业复兴高小珠算课本	高小	1	4	宋文藻、沈百英	商务印书馆	廿六年五月廿六日	小四	卅年五月廿六日		
高小社会第一册	高小	1	1		中华书局	廿七年一月				
高小公民教科书	高小	1	1		商务印书馆	廿七年六月				
合计		173	976							

续表

三民主义	新时代综合编制三民主义教本	初中	1	3	邹卓立	商务印书馆	十七年六月十八日	院五〇	廿一年十一月一日		廿三年十月廿五日部令：第三年级正在应用部分仍准沿用
	新时代三民主义教科书	初中	1	3	胡愈之、楼桐孙、苏易白	商务印书馆	十七年六月十八日	院五一	廿一年十一月一日		同上
生理卫生	新撰初级中学教科书生理卫生学	初中	1	1	顾寿白	商务印书馆	十七年八月七日	院七四	廿一年十一月一日		同上
	现代初中教科书生理卫生学	初中	1	1	顾寿白	商务印书馆	十八年二月十八日	部八	廿一年十一月一日		同上
国语	新学制国语教科书	初中	1	6	范祥善、吴研因、周予同	商务印书馆	十七年八月十四日	院八〇	廿一年十一月一日		同上
	新中学教科书高级古文读本	高中	1	3	穆济波	中华书局	十七年八月七日	院七一	廿一年十一月一日		同上
	新学制高中国语读本近人白话文选	高中	1	2	吴遁生等	商务印书馆	十八年二月二十六日	院一〇	廿一年十一月一日		同上
	新学制高中教科书国文读本	高中	1	2	江恒源	商务印书馆	十八年三月二十一日	部一八	廿一年十一月一日		同上
	新著国语教学法	中学	1	1	黎锦熙	商务印书馆	十七年八月八日	院七八	廿一年十一月一日		同上
	国文	中学	1	2	钱基博	中华书局	十八年三月八日	部一五	廿一年十一月一日		同上
	新著国语文法	中学	1	1	黎锦熙	商务印书馆	十八年五月十五日	部二〇	廿一年十一月一日		同上
英语	新学制初中英文读本文法合编	初中	1	3	胡宪生等	商务印书馆	十八年三月八日	部一四	廿一年十一月一日		同上
	新学制初中英文法教科书	初中	1	1	胡宪生	商务印书馆	十八年五月十日	部一九	廿一年十一月一日		同上
	新中学教科书英语读本	初中	1	3	沈彬等	中华书局	十八年六月十四日	部二一	廿一年十一月一日		同上
	新中学教科书高级英语读本	高中	1	1	朱友渔	中华书局	十八年二月五日	部三			二十年一月三十日执照撤消
算术	现代初中教科书算术	初中	1	1	严济慈	商务印书馆	十八年三月八日	部一一	廿一年十一月一日		廿三年十月廿五日部令：第三年级正在应用部分仍准沿用
	民国新教科书代数学	初中	1	1	秦汾、秦沅	商务印书馆	十八年三月八日	部一三	廿一年十一月一日		同上

续表

算术	新中学教科书算术	初中	1	1	吴在渊等	中华书局	十八年三月八日	部一七	廿一年十一月一日		同上
植物	现代初中教科书植物学	初中	1	1	凌昌焕	商务印书馆	十七年八月七日	院七五	廿一年十一月一日		同上
	新撰初级中学教科书植物学	初中	1	1	杜就田	商务印书馆	十七年八月八日	院七七	廿一年十一月一日		同上
	新中学教科书植物学	中学	1	1	宋崇义	中华书局	十七年八月七日	院七二	廿一年十一月一日		同上
动物	现代初中教科书动物学	初中	1	1	杜就田	商务印书馆	十七年八月十四日	院八三	廿一年十一月一日		同上
生物	新学制高级中学教科书公民生物学	高中	1	2	王守成	商务印书馆	十七年八月十四日	院八四	廿一年十一月一日		同上
历史	新中学教科书初级本国历史	初中	1	2	金兆梓	中华书局	十七年六月七日	院一八	廿一年十一月一日		同上
	新时代初中本国史教科书	初中	1	2	王钟麒	商务印书馆	十七年六月七日	院二〇	廿一年十一月一日		同上，又本书于二十年十月六日改给执照部字四十七号
	新撰初级中学教科书本国史	初中	1	1	陆光宇	商务印书馆	十七年六月七日	院二一	廿一年十一月一日		廿三年十月廿五日部令：第三年级正在应用部分仍准沿用
	现代初中教科书本国史	初中	1	3	顾颉刚、王钟麒	商务印书馆	十七年六月十四日	院四八			十八年二月十八日撤消执照
	新学制高级中学教科书本国史	高中	1	1	吕思勉	商务印书馆	十七年六月七日	院一九	廿一年十一月一日		廿三年十月廿五日部令：第三年级正在应用部分仍准沿用
	新著本国史	中学	1	2	赵玉森	商务印书馆	十七年六月七日	院二二	廿一年十一月一日		同上
地理	新时代本国地理教科书	初中	1	2	刘虎如	商务印书馆	十七年八月十四日	院八一	廿一年十一月一日		同上
	表解说明中华最新形势图	中学	1	1	杜思聪	世界舆地学社	十八年八月十二日	部二四	廿一年十一月一日		同上
图画	新中学教科书初级图画课本	初中	1	4	何元	中华书局	十七年八月七日	院七〇	廿一年十一月一日		同上

续表

图画	现代初中教科书水彩	初中	1	1	杨长济	商务印书馆	十七年八月十四日	院八二			十九年一月二十八日改为准予民行,将执照撤消
	共和国教科书中学用器画图式	中学	1	1		商务印书馆	十七年八月七日	院七三	廿一年十一月一日		本书于廿年四月三日改给执照部字八十二号
党义	高中党义	高中	1	3	郭伯棠等	世界书局	廿一年四月十九日	部一三二	廿一年十一月一日		廿三年十月廿五日部令:第三年级正在应用部分仍准沿用
生理卫生	新中华生理卫生	初中	1	1	糜赞治	中华书局	廿年十一月二十日	部一二三	廿一年十一月一日		同上
	初中生理卫生学	初中	1	1	庄畏仲等	世界书局	廿年十二月三日	部一二五	廿一年十一月一日		同上
国文	初中国文教本	初中	1	6	张弓	大东书局	廿一年六月十四日	部一三三	廿一年十一月一日		同上
英语	英语模范读本	初中	1	3	周越然	商务印书馆	十九年一月六日	部三一	廿一年十一月一日		同上
	开明英文读本	初中	1	3	林语堂	开明书店	十九年二月廿六日	部三八	廿一年十一月一日		同上
	现代初中英语教科书	初中	1	3	周越然	商务印书馆	十九年九月九日	部五七	廿一年十一月一日		同上
	英语标准读本	初中	1	3	林汉达	林汉达	廿年四月廿一日	部八四	廿一年十一月一日		同上
	进步英语读本	初中	1	3	进步英文学社编译所	世界书局	廿年六月十三日	部九三	廿一年十一月一日		同上
	英文修辞学	高中	1	1	林天阑	中华书局	十八年十二月廿一日	部三〇	廿一年十一月一日		同上
	新中学高级英文典	高中	1	1	王昌社	中华书局	廿年一月八日	部七七	廿一年十一月一日		同上
	高中英文选	高中	1	3	苏州中学教员英文研究会	中华书局	廿年六月十日	部九二	廿一年十一月一日		同上
算术	开明算学教本算术	初中	1	2	周为群等	开明书店	十九年六月廿七日	部五三	廿一年十一月一日		同上
	初中算术教本	初中	1	2	张轶庸	大东书局	廿年六月十日	部九一	廿一年十一月一日		同上
	初中算术	初中	1	2	薛溱龄等	世界书局	廿年六月廿二日	部九八	廿一年十一月一日		同上

续表

代数	新中学教科书代数学	初中	1	1	秦汾	中华书局	十九年二月廿六日	部三九	廿一年十一月一日		同上
	初中代数学	初中	1	2	厉乃骥	厉乃骥	十九年二月廿六日	部四〇	廿一年十一月一日		同上
	开明算学教本代数	初中	1	2	周为群等	开明书店	廿年三月七日	部八一	廿一年十一月一日		同上
	初中代数	初中	1	2	薛溱舲	世界书局	廿年十一月廿一日	部一二四	廿一年十一月一日		同上
几何	现代初中教科书几何	初中	1	2	周宣德	商务印书馆	十九年十月二日	部六二	廿一年十一月一日		同上
	共和国教科书中学用器画图式解说	初中	1	2	黄元吉	商务印书馆	廿年四月三日	部八二	廿一年十一月一日		同上
	初中几何	初中	1	1	沈志坚等	世界书局	廿年六月十九日	部九七	廿一年十一月一日		同上
	平面几何	初中	1	1	劳启祥	劳启祥	廿年八月十四日	部一一六	廿一年十一月一日		同上
	开明算学教本几何	初中	1	2	周为群	开明书店	廿年八月廿一日	部一一八	廿一年十一月一日		同上
	新中学初级几何学	初中	1	1	吴在渊	中华书局	廿年十月五日	部一二二	廿一年十一月一日		同上
	新中学几何学	高中	1	1	胡敦复等	中华书局	十九年九月廿六日	部六一	廿一年十一月一日		同上
三角	开明算学教本三角	初中	1	1	周为群等	开明书店	十九年九月十六日	部五八	廿一年十一月一日		同上
	现代初中教科书三角术	初中	1	1	刘正经	商务印书馆	十九年十月十一日	部六三	廿一年十一月一日		同上
	初中三角	初中	1	1	胡雪松等	世界书局	廿年五月卅日	部八九	廿一年十一月一日		同上
	平面三角法教本	初中	1	1	薛邦迈	大东书局	廿一年十月廿二日	部一三九	廿一年十一月一日		同上
	民国新教科书三角学	高中	1	1	秦汾	商务印书馆	十九年七月廿六日	部五四	廿一年十一月一日		同上
本国史	新时代本国历史教本	初中	1	2	王钟麒	商务印书馆	十九年四月十四日	部四七	廿一年十一月一日		同上
	初中本国史	初中	1	4	朱翊新等	世界书局	十九年十一月十三日	部六六	廿一年十一月一日		同上
	新中华本国史	初中	1	2	郑昶	中华书局	廿年六月十五日	部九四	廿一年十一月一日		同上
本国史	初中本国历史教本	初中	1	4	梁园东	大东书局	廿年六月十五日	部九五	廿一年十一月一日		同上
	开明本国史教本	初中	1	2	周予同	开明书店	廿一年八月廿日	部一三七	廿一年十一月一日		同上

续表

外国史	新时代世界史教科书	初中	1	2	王恩爵	商务印书馆	十八年十一月廿一日	部二六	廿一年十一月一日		同上
	初中外国史	初中	1	2	朱翊新	世界书局	廿年三月六日	部八〇	廿一年十一月一日		同上
	新中华外国史	初中	1	1	郑昶	中华书局	廿年四月卅日	部八五	廿一年十一月一日		同上
本国地理	初中本国地理	初中	1	4	董文等	世界书局	廿年一月十七日	部八七	廿二年三月一日		同上
	新中华本国地理	初中	1	2	葛绥成等	中华书局	廿年八月十九日	部一一七	廿二年三月一日		同上
	新学制高中教科书本国地理	初中	1	2	张其昀	商务印书馆	十九年十一月廿八日	部六八	廿二年七月廿八日		同上
	新中华高中本国地理	高中	1	1	葛绥成	中华书局	廿一年八月五日	部一三六	廿二年七月廿八日		同上
	最新中华形势一览图	中学	1	1	洪懋熙	东方舆地学社	十九年十一月廿五日	部六七	廿二年七月廿八日		同上
	中华民国大地图	中学	1	1	丁訚畲	中华书局	十八年十一月十四日	部七八	廿二年七月廿八日		同上
外国地理	初中外国地理	初中	1	2	董文等	世界书局	十九年十二月卅四日	部七二	廿二年三月一日		同上
	新中华外国地理	初中	1	1	朱叔文	中华书局	廿年五月九日	部八六	廿二年三月一日		同上
	最新世界改造大地图	中学	1	1	葛绥成	中华书局	十九年十月十五日	部六四	廿二年七月廿八日		同上
	最新世界形势一览图	中学	1	1	洪懋熙	东方舆地学社	十九年十二月卅日	部七五	廿二年七月廿八日		同上
	共和国教科书自然地理	高中	1	1	傅运森	商务印书馆	十九年五月十二	部四九	廿二年七月廿八日		同上
植物	初中植物学	初中	1	1	徐克敏	世界书局	廿年七月十三日	部一〇五	廿一年十一月一日		同上
动物	初中动物学	初中	1	1	王采南	世界书局	廿年七月廿七日	部一一一	廿一年十一月一日		同上
物理	共和国物理学	初中	1	1	王季烈	商务印书馆	十九年八月十四日	部五五	廿二年三月一日		同上
	初中物理学	初中	1	1	龚昴云	世界书局	廿年六月四日	部九〇	廿二年三月一日		同上
	现代初中教科书物理学	初中	1	1	周昌寿	商务印书馆	廿一年二月四日	部一三〇	廿二年三月一日		同上
	高级中学物理学生实验教程	高中	1	1	段仁德	东华基督教教育会	廿年十月三日	部一二一	廿三年三月一日		同上
化学	化学	初中	1	1	郑贞文	商务印书馆	十九年九月十四日	部五九	廿一年十一月一日		同上
	初中化学	初中	1	1	钱梦渭	世界书局	廿年八月廿七日	部一二〇	廿一年十一月一日		同上

续表

化学	初中化学教本	初中	1	1	周毓华	大东书局	廿一年三月廿三日	部一三一	廿一年十一月一日		同上
	新时代高中教科书化学	高中	1	1	郑贞文	商务印书馆	廿年六月廿三日	部一○二	廿一年十一月一日		同上
	化学实验	高中	1	1	赵廷炳	赵廷炳	十八年十二月十八日	部二九	廿一年十一月一日		同上
自然科学	实用自然科学教科书	初中	1	4	郑贞文等	商务印书馆	廿年七月廿九日	部一一三	廿一年十一月一日		同上
音乐	中等乐理课本	初中	1	1	索树白	中华书局	十九年十月廿八日	部六五	廿一年十一月一日		同上
卫生	初中卫生第一二册	初中	1	2	顾钟华等	中华书局	廿三年九月十日				执照俟全书审定后再发
	新亚初中卫生第一册	初中	1	1	薛德焴	新亚书局	廿三年六月廿五日				同上
国文	初中混合国文	初中	1	6	赵景深	青光书局	廿三年八月四日	教二九	二十六年八月四日		
	复兴初中国文第一册	初中	1	1	傅东华	商务印书馆	廿二年九月十二日				执照俟全书审定后再发
	初中国文读本第一至三册	初中	1	3	朱文叔等	中华书局	廿三年十一月二日				同上
	朱氏初中国文第一第二册	初中	1	2	朱剑芒	世界书局	廿二年十一月二日				同上
	初中国文教科书第二至六册	初中	1	5	孙俍工	神州书局	廿三年六月九日				同上
	初中国文教科书	初中	1	6	孙怒潮	中华书局	廿三年七月七日				执照俟误排处校正后再发
英文	开明英文读本	初中	1	3	林语堂	开明书店	廿三年六月三十日	教二七	廿六年六月卅日		
	国民英语读本第一第二册	初中	1	2	陆步青	世界书局	廿二年七月一日				执照俟全书审定后再发
	初中英语标准读本	初中	1	3	林汉达	世界书局	廿三年五月一日	教二四	廿六五月一日		
	英语模范读本	初中	1	3	周越然	商务印书馆	廿二年十月廿七日	教八	廿五年十月廿七日		
	直接法英语读本	初中	1	4	文幼章	中华书局	廿三年一月十一日	教一五	廿六年一月十一日		
	新标准初中英语第一册	初中	1	1	赵廷为等	开明书店	廿三年四月十八日				执照俟全书审定后再发
	综合英语课本	初中	1	6	王云五	商务印书馆	廿三年十一月廿三日	教三八	廿六年十一月廿三日		
算术	王氏初中算术	初中	1	2	王刚森	世界书局	廿二年十二月十六日	教一三	廿五年十二月十六日		
	复兴初中算术	初中	1	2	骆师曾	商务印书馆	廿二年八月十八日	教一	廿五年八月十八日		

续表

算术	开明初中算术	初中	1	2	周为群等	开明书店	廿二年十月十六日	教七	廿五年十月十六日		
	骆氏初中算术	初中	1	2	骆师曾	世界书局	廿三年二月七日	教一九	廿六年二月七日		
	初中算术	初中	1	2	陆子芬等	中华书局	廿三年二月一日	教一七	廿六年二月一日		
代数	陈薛两氏初中代数	初中	1	2	陈建功、薛溱舲	世界书局	廿三年八月十一日	教三一	廿六年二月一日		
	新中华代数学	高中	1	1	余介石	余介石	廿三年三月九日	教二〇	廿六年三月九日		
	高中代数学	高中	1	1	陈建功、毛路真	开明书店	廿三年八月十一日	教三二	廿六年八月十一日		
	开明初中代数	初中	1	2	周为群等	开明书店	廿三年六月二十六日	教二六	廿六年六月廿六日		
	薛氏初中代数	初中	1	2	薛天游	世界书局	廿三年八月十六日	教三四	廿六年八月十六日		
几何	开明几何	初中	1	2	周为群等	开明书店	廿二年十二月十四日	教一四	廿五年十二月十四日		
	黄氏初中几何	初中	1	2	黄泰	世界书局	二十三年二月二日	教一八	二十六年二月二日		
	新亚初中几何	初中	1	2	薛德炯	新亚书局	廿三年八月十六日			执照俟刊行本送核后再发	
植物	复兴初中植物学	初中	1	2	童致棱	商务印书馆	二十二年十月六日	教六	二十五年十月六日		
	初中植物学	初中	1	2	华汝成	中华书局	廿三年八月十六日	教三三	廿六年八月十六日		
动物	复兴初中动物学	初中	1	2	周建人	商务印书馆	廿二年十一月廿八日	教一二	廿五年十一月廿八日		
	初中动物学上册	初中	1	1	陈纶	中华书局	廿二年十一月廿一日			执照俟全书审定后再发	
	徐氏初中动物学	初中	1	2	徐琨等	世界书局	廿三年八月十六日	教三五	廿六年八月十六日		
	王氏初中动物学	初中	1	1	王采南	世界书局	二十三年九月十日	教三六	二十六年九月十日		
生物	复兴生物学	高中	1	1	陈桢	商务印书馆	廿三年十一月十七日	教三七	廿六年十一月十七日		
化学	开明初中化学	初中	1	1	程祥荣	开明书店	廿三年七月廿八日	教二八	廿六年七月廿八日		
	初中化学教本	初中	1	2	赵廷炳	开明书店	廿三年九月五日			执照俟错误修正后再发	
物理	初中物理学	初中	1	2	周昌寿	开明书店	廿三年十二月廿八日	教四〇	廿六年十二月廿八日		
本国历史	朱氏初中本国史	初中	1	4	朱翊新	世界书局	廿二年十一月十日	教一〇	廿五年十一月十日		
	复兴初中本国史	初中	1	4	傅纬平	商务印书馆	二十三年二月一日	教一六	二十六年二月一日		

续表

外国历史	初中本国史第一第二册	初中	1	2	姚绍华	中华书局	廿三年四月廿一日				执照俟本书审定后再发
	复兴初中外国史	初中	1	2	何炳松	商务印书馆	廿二年八月十九日	教二	廿五年八月十九日		
	李氏初中外国史上册	初中	1	1	李季谷	世界书局	廿三年五月十四日				执照俟全书审定后再发
	初中外国史	初中	1	2	杨人楩	青光书局	廿三年九月廿七日				执照俟错误修正后再发
	初中外国史第一册	初中	1	1	郑昶	中华书局	廿三年十月十九日				执照俟全书审定后再发
	高中外国史	高中	1	2	李季谷	世界书局	廿二年十月三十日	教九	廿五年十月三十日		
本国地理	谭氏初中本国地理	初中	1	4	谭廉逊	世界书局	廿三年十月二十日				执照俟刊行本送核后再发
	初中本国地理第一第二册	初中	1	2	葛绥成	中华书局	廿三年七月七日				执照俟全书审定后再发
	复兴初中本国地理	初中	1	4	傅角今	商务印书馆	廿三年十二月廿八日	教三九	廿六年十二月廿八日		
外国地理	初中外国地理第一册	初中	1	1	葛绥成	中华书局	廿三年八月十五日				执照俟全书审定后再发
劳作	复兴初中家事	初中	1	3	陈意	商务印书馆	廿二年十一月十日	教一一	廿五年十一月十日		
	初中劳作藤竹工	初中	1	1	王隐秋	中华书局	廿三年六月廿二日				执照俟全书审定后再发
	初中劳作土工	初中	1	1	徐小涛	中华书局	廿三年六月廿二日				同上
公民	初中公民第一册	初中	1	1	应观	开明书店	二十四年七月				执照俟全书审定后再发
卫生	初中卫生第三册	初中	1	1	顾钟华等	中华书局	廿四年一月十七日	教四五	廿七年一月十七日		第一二册于廿三年九月审定
	复兴初中卫生学	初中	1	3	程瀚章	商务印书馆	廿四年三月廿一日	教五二	廿七年三月廿一日		
	初中卫生学	初中	1	3	刘怀鬻	北新书局	二十四年五月九日				执照俟将修正刊行本送核后再发
国文	复兴初中国文第二至六册	初中	1	5	傅东华	商务印书馆	二十四年七月				第一册于二十二年九月审定
	初中国文读本第四至六册	初中	1	3	朱叔文	中华书局	廿四年七月十三日	教六八	廿七年七月十三日		前三册于二十三年十一月审定

续表

英语	初中进步英语读本	初中	1	3	进步英文学社编译所	世界书局	廿四年一月卅一日	教四七	廿七年一月卅一日		
	初中英语读本第一至四册	初中	1	4	李唯建	中华书局	二十四年八月				执照俟将刊行本送核及后二册审定后再发
	国民英语读本第一二册合订本	初中	1	1	陆步青	陆殿扬	廿四年八月十六日				执照俟全书审定后再发
	初中英语第二册	初中	1	1	赵廷为、戚叔含	开明书店	二十四年九月				执照俟全书审定后再发
算术	新生活初中算术	初中	1	2	薛元鹤、戴味青	大东书局	二十四年一月十日	教四二	廿七年一月十日		
	初中算术教科书	初中	1	2	王鹤青等	算学丛刻社	二十四年七月	教九七	廿八年七月卅一日		廿五年六月发给执照
代数	初中代数	初中	1	2	罗运榘、张通谟	青光书局	二十四年二月				执照俟将修正刊行本送核后再发
	初中代数	初中	1	2	胡术五等	中华书局	廿四年五月卅一日	教五九	廿七年五月卅一日		
	初中代数学教科书	初中	1	2	程廷熙	算学丛刻社	廿四年十月九日	教八二	廿七年十月九日		
几何	复兴初中几何	初中	1	2	余介石、徐子豪	商务印书馆	二十四年二月九	教四九	二十七年二月九日		
	初中几何	初中	1	2	余介石、胡术五	青光书局	廿四年四月二日				执照俟将修正刊行本送核后再发
	何氏初中几何	初中	1	2	何时慧	世界书局	廿四年五月卅一日	教五七	廿七年五月卅一日		
	初中几何	初中	1	2	余介石等	中华书局	廿四年六月十九日	教六二	廿七年六月十九日		
三角	复兴初中三角	初中	1	1	周元瑞、周元谷	商务印书馆	廿四年七月八日	教六七	廿七年七月八日		
植物	初中植物学	初中	1	2	王守成、方锡琛	正中书局	廿四年九月十日	教七八	廿七年九月十七日		
	初中植物学	初中	1	2	周建人、王继光	开明书店	廿四年八月十四日	教七七	廿七年八月十七日		
动物	初中动物下册	初中	1	1	陈纶	中华书局	廿四年一月廿六日	教四六	廿七年一月廿六日		上册于十二年十一月审定
	初中动物学上册	初中	1	1	薛德焴	正中书局	廿四年七月十九日				执照俟下册审定后再发

续表

动物	初中动物学	初中	1	2	周建人	开明书店	二十四年九月三日			执照俟将修正刊行本送核后再发
化学	初中化学教本	初中	1	2	赵廷炳	开明书店	二十四年一月十日	教四一	廿七年一月十日	
	复兴初中化学	初中	1	2	韦镜权、柳大纲	商务印书馆	二十四年四月九日	教五四	廿七年四月九日	
物理	初中物理上册	初中	1	1	张开圻、包墨青	中华书局	廿四年三月廿五日			执照俟将刊行本送核及下册审定后再发
	开明物理学教本	初中	1	2	戴连轨	开明书店	廿四年八月六日	教七二	廿七年八月六日	
	初中物理学	初中	1	2	胡懋风	北新书局	二十四年七月			执照俟将修正刊行本送核后再发
	复兴初中物理学	初中	1	2	周颂久	商务印书馆	廿四年七月十三日	教六九	廿七年七月十三日	
本国史	初中本国史第三四册	初中	1	2	姚绍华	中华书局	廿四年七月四日	教六五	廿七年七月四日	第一二册于廿三年四月审定
	初中本国史	初中	1	4	杨人楩	北新书局	廿四年八月十七日	教七六	廿七年八月十七日	
外国史	初中外国史	初中	1	2	杨人楩	青光书局	廿四年二月九日	教四八	廿七年二月九日	
	初中外国史第二册	初中	1	1	郑昶	中华书局	廿四年六月十四日	教六一	廿七年六月十四日	第一册于廿三年十月审定
	李氏初中外国史	初中	1	2	李季谷	世界书局	廿四年九月廿六日	教八一	廿七年九月廿六日	
本国地理	谭氏初中本国地理	初中	1	4	谭廉逊	世界书局	二十四年一月十日	教四三	二十七年一月十日	
	初中本国地理第三四册	初中	1	2	葛绥成	中华书局	二十四年六月一日	教六〇	廿七年六月一日	第一二册于廿三年七月审定
	初中本国地理	初中	1	4	王益厓、周立三	正中书局	廿四年八月十七日	教七五	廿七年八月十七日	
外国地理	复兴初中外国地理	初中	1	2	余俊生	商务印书馆	廿四年二月廿一日	教五〇	廿七年二月廿一日	
	初中外国地理第二册	初中	1	1	葛绥成	中华书局	廿四年三月十九日	教五一	廿七年三月十九日	第一册于廿三年八月审定

续表

卫生	复兴高中卫生学	高中	1	1	程瀚章	商务印书馆	廿四年七月八日	教六六	廿七年七月八日	
	最新高中卫生学	高中	1	1	张重行	中华科学教育改进社	廿四年八月	教八三		廿四年十月发给执照
英语	高中英语读本	高中	1	3	李儒勉	中华书局	廿四年三月廿三日	教五三	廿七年三月廿三日	
	高中英语读本	高中	1	3	林汉达	世界书局	廿四年八月六日	教七六	廿七年八月六日	
代数	高中代数学	高中	1	1	余介石	余介石	廿三年三月九日	教二〇	廿六年三月九日	
	高中代数学	高中	1	1	陈建功、毛路真	开明书店	廿三年八月十一日	教三一	廿六年八月十一日	
几何	高中几何学	高中	1	1	陈建功、郦福绵	开明书店	廿四年四月廿四日	教五五	廿七年四月廿四日	
	高中解析几何学	高中	1	1	黄泰	中华书局	廿四年五月卅一日	教五八	廿七年五月卅一日	
三角	高中三角学	高中	1	1	余介石	中华书局	廿四年七月十三日	教七一	廿七年七月十三日	
	高中平面三角法教科书	高中	1	1	韩桂丛等	北平算学丛刻社	廿四年八月	教八六	廿七年十二月五日	廿四年十二月发给执照
化学	复兴高中化学	高中	1	2	郑贞文	商务印书馆	廿四年九月廿六日	教八〇	廿七年九月廿六日	
生物	复兴高中生物学	高中	1	1	陈桢	商务印书馆	廿三年十一月十七日	教三七	廿六年十一月十七日	
	最新高中生物学	高中	1	1	吴瑞庭	中华科学教育改进社	廿四年八月	教八七	廿七年十二月十三日	廿四年十二月发给执照
本国史	复兴高中本国史	高中	1	2	吕思勉	商务印书馆	廿四年四月十七日	教五六	廿七年四月十七日	
外国史	高中外国史	高中	1	2	李季谷	世界书局	廿二年十月卅日	教九	廿五年十月卅日	
	复兴高中外国史	高中	1	2	何炳松	商务印书馆	廿四年一月十七日	教四四	廿七年一月十七日	
	初中物理学上册	初中	1	1	陈杰夫	正中书局	廿四年十月十一日			执照俟修正刊行本送核及下册审定后再发
	初中化学上册	初中	1	1	王又珏	正中书局	廿四年十月廿八日			执照俟修正刊行本送核后再发
	初中植物学上下册	初中	1	2	吴子修等	北新书局	廿四年十月廿九日			执照俟下册审定后再发

续表

书名	学段	册	数	编者	出版	审定日期	教字号	执照日期	备注
初中公民第一第二册	初中	1	2	刘悉规等	正中书局	廿四年十一月十九日			执照俟刊行本送核及全书审定后再发
高中公民第一册	高中	1	1	孙本文	正中书局	廿四年十一月廿二日			同上
初中卫生第一册	初中	1	1	陈雨苍	正中书局	廿四年十一月廿一日			执照俟刊行本送核及全书审定后再发
复兴高中解析几何学	高中	1	1	徐任吾、仲子明	商务印书馆	廿四年十一月十九日	教八五	廿七年十一月十九日	
余氏高中本国史	高中	1	2	余逊	世界书局	廿四年十一月十一日	教九一	廿八年二月六日	廿五年二月六日发给执照
高中几何学教科书	高中	1	2	吴在渊	中华书局	廿四年十一月二日	教八四	廿七年十一月二日	
高中军事看护学上册	高中	1	1	余德荪	正中书局				执照俟刊行本送核后再发
复兴初中国文	初中	1	6	傅东华	商务印书馆	廿四年十二月十二日	教八八	廿七年十二月十六日	本书廿四年七月审定，十二月发执照
初中国文	初中	1	6	叶楚伧等	正中书局	廿四年十二月十八日			执照俟刊行本送核后再发
初中英语第一册	初中	1	1	薛俊才	正中书局	廿四年十二月廿一日			执照俟刊行本送核及全书审定后再发
初中代数学上册	初中	1	1	黄泰、戴维清	正中书局	廿四年十二月廿一日			同上
复兴高中化学实验	高中	1	1	王义珏等	商务印书馆	廿四年十二月廿四日	教八九	廿七年十二月廿四日	
初中音乐第一第二册	初中	1	2	吴梦非	正中书局	廿四年十二月五日			执照俟刊行本送核及全书审定后再发
高中公民第二册	高中	1	1	萨孟武	正中书局	廿五年一月八日			执照俟刊行本送核及全书审定后再发

续表

初中代数	初中	1	2	罗运榘、张通谟	北新书局	廿五年二月一日	教一九	廿八年二月一日		本书于廿四年十二月审定，本月发给执照
新生活初中代数	初中	1	2	薛元鹤	大东书局	廿五年二月三日	教九六	廿八年七月卅一日		廿五年六月发给执照
初中数值三角法	初中	1	1	汪桂荣	正中书局	廿五年二月三日	教九九	廿八年七月卅一日		廿五年七月发给执照
初中算术上册	初中	1	1	余信符、汪桂荣	正中书局	廿五年二月廿一日				执照俟刊行本送核及下册审定后再发
初中当代国文	初中	1	6	盛朗西等	中学生书局	廿五年三月廿八日				执照俟正式刊行本送核后再发
新标准初中英语第三册	初中	1	1	赵廷为、戚叔含	开明书店	廿五年三月廿七日	教九四	廿八年七月卅一日		第一二册于廿三年四月、廿四年九月先后审定
初中动物学下册	初中	1	1	薛德焴	正中书局	廿五年三月十九日				上册于廿四年九月审定，执照俟全书刊行本送核后再发
初中国民英语读本第一至六册合订本	初中	1	3	陆步青	陆殿扬	廿五年三月二日	教九三	廿八年三月二日		第一二册合订本于廿四年八月审定
高中公民第五册	高中	1	1	阮毅成	正中书局	廿五年五月廿日				暂准下年度三年级适用
初中算术下册	初中	1	1	余信符、汪桂荣	正中书局					执照俟将全书刊行本送核后再发
初中实验几何学	初中	1	1	汪桂荣	正中书局					执照俟全套书审定后再发，书名应改。
建国初中化学	初中	1	2	王义珏	正中书局					执照俟刊行本送核后再发

续表

书名	学段			作者	出版社	出版日期	审定号	审定日期		备注
初中物理学下册	初中	1	1	陈杰夫	正中书局					审定期效一年，上下册刊行本送核备案
王氏高中本国地理	高中	1	1	王益厓	世界书局	廿五年六月	教九八	廿八年七月卅一日		
初中代数下册	初中	1	1	黄泰、戴维清	正中书局	廿五年七月二十日				执照俟修正刊行本送核后再发
高中立体几何学教科书	高中	1	1	魏元雄等	算学丛刻社	廿五年八月四日				同上
高中生物学实验法	高中	1	1	龚礼贤、陈震飞	商务印书馆	廿五年七月廿九日	教一〇〇	廿八年七月卅一日		
高中外国地理	高中	1	1	张其昀、胡焕庸	钟山书局	廿五年八月五日				执照俟修正刊行本送核后再发
初中音乐第四册	初中	1	1	吴梦非	正中书局	廿五年八月五日				执照俟修正刊行本送核及全书审定后再发
初中音乐	初中	1	3	朱苏典等	中华书局	廿五年八月三日	教一〇一	廿八年七月十一日		
复兴高中生物学实验	高中	1	1	江栋成	商务印书馆	廿五年七月十六日	教一〇四	廿九年一月卅一日		
建国初中生理卫生学	初中	1	1	陈雨苍	正中书局					执照俟修正刊行本送核后再发
高中本国地理	高中	1	3	张其昀	钟山书局					执照俟修正刊行本送核后再发
初中钟山英语读本	初中	1	3	华林一	钟山书局		中一二	廿九年七月卅一日		廿六年五月廿八日发给执照
初中动物学教本	初中	1	2	贾祖璋	开明书店	廿五年十一月五日	教一〇五	廿九年十月卅一日		
现代初中三角术	初中	1	1	刘正经	商务印书馆	廿五年十二月十八日	教一〇六	廿九年一月卅一日		
复兴高中三角学	高中	1	1	李蕃	商务印书馆	廿五年十二月十八日	教一〇七	廿九年一月卅一日		
新生活初中物理	初中	1	1	周毓萃	大东书局	廿五年十二月廿九日		廿六年暑假		
复兴高中化学实验	高中	1	1	赵廷炳	商务印书馆					廿六年一月发给执照
初中植物学教本	初中	1	2	贾祖璋	开明书店					同上

续表

书名	程度			著者	出版社				备注
高中自然地理	高中	1	1	王益厓	正中书局				同上
初中英语第二册	初中	1	1	薛俊才	正中书局				执照俟将修正刊行本送核及全书审定后再发
高中综合英语课本	高中	1	3	王学文、王学理	商务印书馆	廿六年一月廿五日	中二	廿九年一月卅一日	
高中论理学	高中	1	1	张希之	北平文化学社	廿六年一月廿五日	中三	廿九年一月卅一日	
建国高中乙组用代数学	高中	1	1	尹国均	正中书局				执照俟将修正刊行本送核后再发
建国初中本国史第一册	初中	1	1	应功九	正中书局				执照俟将修正刊行本送核及全书审定后再发
建国初中公民第一册	初中	1	1	叶溯中等	正中书局				执照俟将修正刊行本送核及全书审定后再发
初中英语第一第二册	初中	1	2	张友松	北新书局				同上
现代初中算术	初中	1	2	严济慈	商务印书馆	廿六年二月十一日	中四	廿九年七月卅一日	
高中三角术	高中	1	1	赵修乾	商务印书馆	廿六年二月廿二日	中五	廿九年七月卅一日	
复兴初中化学实验	初中	1	1	谭勤余	商务印书馆				执照俟将修正刊行本送核后再发
初中本国地理教本	初中	1	1	傅彬然	开明书店				同上
初中音乐	初中	1	1	吴梦非	正中书局				同上
高中钟山英语读本	高中	1	3	吕天石	钟山书局				执照俟将修正刊行本送核后再发
复兴初中生理卫生学	初中	1	1	程瀚章	商务印书馆	廿六年五月七日	中九	廿九年七月卅一日	
复兴高中物理学	高中	1	2	周昌寿	商务印书馆	廿六四月十九日	中八	廿九年七月卅一日	
初中外国史	初中	1	2	高振清	中学生书局		中一三	廿九年七月卅一日	廿六年五月十四日发给执照

续表

书名	学段			作者	出版社	日期				备注
初中几何	初中	1	2	余介石、胡术五	北新书局	廿六年四月				
初中生理卫生	初中	1	2	牟鸿彝	北新书局	廿六年四月				
初中生理卫生学	初中	1	1	朱隆勋	北平文化学社	廿六年四月				
初中国文教本第一第二册	初中	1	2	夏丏尊、叶绍钧	开明书店	廿六年六月一日				
建国高中甲组平面解析几何学（第三次修正本）	高中	1	1	余介石	正中书局	廿六年五月卅一日				
建国高中甲组代数学（第三次修正本）	高中	1	1	尹国均	正中书局	廿六年五月廿七日				
复兴高中平面几何学	高中	1	1	胡敦复、荣方舟	商务印书馆	廿六年五月廿六日				
初中植物上册	初中	1	1	朱浩然、龚启昌	大东书局	廿六年五月廿八日				
初中植物学	初中	1	2	吴子修等	北新书局	廿六年五月廿日				
建国初中公民第二册（第二次修正本）	初中	1	1	叶溯中、朱元懋	正中书局	廿六年六月三日				
复兴初中公民第二册	初中	1	1	周淦、万良炯	商务印书馆	廿六年六月三日				
初中新公民第一册	初中	1	1	董文	世界书局					执照俟全书审定刊行本送核后再发。
复兴高中公民课本第一册	高中	1	1	吴泽霖等	商务印书馆					同上。
初中开明英文读本	初中	1	3	林语堂	开明书店					执照俟刊行本送核后再发。

续表

书名	程度	册	数	编著者	出版者	出版日期	审查证号	审查日期	备注
初中几何学下册	初中	1	1	万颐祥	正中书局				执照俟全书审定刊行本送核后再发。
傅氏高中三角法	高中	1	1	傅溥	世界书局	廿六年五月廿六日	中一一	廿九年七月卅一日	
初中物理学	初中	1	1	方嗣	理科丛刊社				执照俟修正刊行本送核后再发。
新编高中外国史	高中	1	3	多兆梓	中华书局				同上。
复兴高中自然地理	高中	1	1	王谟	商务印书馆	廿六年五月十四日	中一〇	廿九年七月卅一日	
初中劳作家事	初中	1	1		中华书局	廿七年五月	中三六		
复兴初中物理学实验	初中	1	1		商务印书馆	廿七年六月			
初中本国史	初中	1	1		商务印书馆	廿七年七月	中三八		
初中生理卫生	初中	1	1		群益书社	廿七年七月	中三七		
初中外国史	初中	1	1		中华书局	廿七年八月			
高中物理学实验教程	高中	1	1		正中书局	廿九年四月			
复兴初级中学教科书外国地理上下册	初中	1	2		商务印书馆	廿九年六月			
建国初中外国史上册	初中	1	1	鄢远猷	正中书局	廿九年七月			
开明代数教本	初中	1	1	刘薰宇	开明书店	廿九年八月			
修正课程标准适用初中物理	初中	1	2		中华书局	廿九年十月			
合计		300	550						

教育心理	新师范教科书心理学	高中师范科及师范学校	1	1	杜定友等	中华书局	十九年一月廿一日	部三四	廿三年十月六日		
各科教学法	新师范教科书各科教学法	同上	1	1	曹刍	中华书局	十八年三月八日	部一六			二十年一月卅日执照撤消
小学行政	新师范教科书小学组织及行政	同上	1	1	饶上达	中华书局	十八年二月六日	部五	廿三年十月六日		
学校管理	现代师范教科书学校管理法	同上	1	1	范寿康	商务印书馆	十八年二月六日	部四	同上		
教育测验	现代师范教科书教育测验纲要	同上	1	1	华超	商务印书馆	十八年三月八日	部一二	同上		
教育史	新师范教科书教育史	同上	1	1	王炽昌	中华书局	十九年一月廿一日	部三五	同上		
农业	师范学校新教科书农业	同上	1	1	刘大绅	商务印书馆	十七年六月十二日	院四六	同上		
社会学及社会问题	社会学及社会问题	高中师范科及师范学校	1	1	卜愈之	世界书局	廿三年四月十三日	部二三三	廿三年十月六日		
论理学	新中学论理学概论	同上	1	1	吴俊升	中华书局	廿年五月廿六日	部八八	同上		
论理学	论理学	同上	1	1	朱兆萃	世界书局	廿年十二月三日	部一二六	同上		
论理学	论理学	同上	1	1	范寿康	开明书店	廿年十二月五日	部一二七	同上		
论理学	新师范论理学	同上	1	1	王炽昌	中华书局	廿一年八月廿日	部一三八	同上		
教育概论	开明师范教本教育概论	同上	1	1	范寿康	开明书店	廿二年四月六日	部一四〇	同上		

续表

教育心理	教育心理学	同上	1	1	赵廷为	开明书店	廿三年四月十七日	部二三五	同上	
教育测验	教育测验与统计	同上	1	1	潘之赓	世界书局	廿三年四月十三日	部二三四	同上	
小学教材	小学教材研究	同上	1	1	朱翊新	世界书局	廿三年五月三日	部二三八	同上	
小学行政	开明师范教本小学行政	同上	1	1	蒋息岑	开明书店	十一年一月廿九日	部一二九	同上	
	新中华小学行政	同上	1	1	俞子夷	中华书局	十一年七月十一日	部一三四	同上	
	小学行政	同上	1	1	杜佐周	商务印书馆	十二年五月三十日	部一二四	同上	
音乐	新中华小学教师应用音乐	同上	1	1	朱苏典	中华书局	十二年八月十九日	部一七二	同上	
教育测验与统计	教育测验与统计	师范	1	1	常彦春	冯司直	廿四年四月			执照俟将修正刊行本送核后再发
	师范甲种教育测验与统计	同上	1	1	朱君毅	商务印书馆	廿四年八月六日	教七四	廿七年八月六日	
	教育测验与统计	同上	1	1	潘之赓	世界书局	廿四年七月廿六日	教七九	廿七年九月廿六日	
小学行政	师范甲种小学行政	同上	1	1	杜佐周	商务印书馆	廿四年七月四日	教六三	廿九年七月四日	
	新小学行政	同上	1	1	吴研因、吴增芥	儿童书局	廿四年七月十三日	教七〇	廿七年七月十三日	
教育概论	师范甲种教育概论	同上	1	1	孟宪承	商务印书馆	廿四年七月四日	教六四	廿七年七月四日	
	教育心理学	师范	1	1	沈有乾	正中书局	廿四年十一月廿一日	教九二	廿八年二月六日	廿五年二月六日发给执照
	简师简乡师物理学上册	简师、简乡师	1	1	常伯华	正中书局	廿四年十二月卅日			执照俟修正刊行本送核及下册审定后再发
	简师简乡师动物学上册	同上	1	1	缪端生	正中书局	廿四年十二月十三日			同上
	简师简乡师化学上册	同上	1	1	常伯华	正中书局	廿四年十二月卅日	审七六	卅年一月卅一日	廿五年九月十五日发给执照
	简师简乡师化学下册	同上	1	1	常伯华	正中书局	廿五年三月十六日			

续表

简师简乡师植物学上册	同上	1	1	童致棱、罗章苇	正中书局	廿五年三月廿一日			执照俟修正刊行本送核及下册审定后再发
师范乡师生物学	师范、乡师	1	1	胡步蟾	正中书局				执照俟刊行本送核后再发
简师简乡师教育概论	同上	1	1	赵廷为	大华书局	廿五年六月	审七七	卅年一月一日	廿五年九月廿一日发给执照
师范物理学上册	师范	1	1	张开圻	正中书局				执照俟修正刊行本送核及下册审定后再发
简师简乡师算学第一第二册	简师、简乡师	1	2	任诚	正中书局				执照俟修正刊行本送核及全书审定后再发
简乡师水利概要	简乡师	1	1	王伊曾	正中书局				执照俟修正刊行本送核后再发
师范乡师小学行政	师范、乡师	1	1	沈子善	正中书局	廿五年十一月廿六日	审八〇	廿九年一月卅一日	
简师简乡师音乐第二第三册	简师、简乡师	1	2	吴梦非	正中书局				执照俟修正刊行本送核及全书审定后再发
简师简乡师教育心理上册	同上	1	1	王书林	正中书局				执照俟刊行本送核及下册审定后再发
师范乡师论理学	师范乡师	1	1	沈有乾	正中书局		师七	廿九年七月卅一日	廿六年四月廿六日发给执照
师范乡师小学行政	同上	1	1	李清悚	中华书局				同上
简师小学行政	简师	1	1	徐佩业、江景双	正中书局	廿五年十二月二十二日	审八三	三十年一月三十一日	

附　录　·525·

续表

师范乡师教育概论	师范、乡师	1	1	吴俊升、王西征	正中书局	廿五年十二月二十二日	审八一	二十九年一月三十一日	
乡师师范乡村教育	同上	1	1	王衍康	正中书局	廿五年二月廿一日	审八二	廿九年一月卅一日	
简师简乡师算学第三册	简师、简乡师	1	1	任诚	正中书局				俟全书审定后再发
简师简乡师教育心理下册	同上	1	1	王书林	正中书局				执照俟连合上册修正刊行本送核后再发
简师简乡师历史第二册	同上	1	1	吴绳海	正中书局				执照俟将修正刊行本送核及全书审定后再发
简师家事	简师	1	1	吴琬	正中书局	廿六年一月卅日	师一	卅年一月卅一日	
师范教育心理学	师范	1	2	艾伟	商务印书馆				执照俟将修正刊行本送核后再发
师范论理学	同上	1	1	陈高佣	商务印书馆				同上
简师简乡师教育测验与统计	简师、简乡师	1	1	高君珊	正中书局				执照俟将修正刊行本送核后再发
简师简乡师植物学下册	同上	1	1	童致棱、罗章菁	正中书局				同上
师范乡师范教育测验与统计	师范、乡师	1	1	王书林	正中书局				同上
师范乡师教育心理学	同上	1	2	郭一岑、吴绍熙	中华书局		师六	廿九年七月卅一日	廿六年四月十九日发给执照
师范生物学	师范	1	2	周建人	商务印书馆				同上
简师小学行政	简师	1	1	杜佐周	商务印书馆	廿六年二月二十日	师二	卅年七月卅一日	
简师简乡师音乐第一册	简师、简乡师	1	1	吴梦非	正中书局				执照俟将修正刊行本送核及全书审定后再发

续表

书名	适用			作者	出版者	审定日期				备注
简师教育测验与统计	简师	1	1	朱君毅	商务印书馆					执照俟修正刊行本送核后再发
师范卫生	师范	1	1	赖斗岩、苏德隆	商务印书馆					同上
师范美术	同上	1	2	汪亚尘	商务印书馆	廿六年四月六日	师五	廿九年七月卅一日		
简师简乡师历史第四册	简师、简乡师	1	1	吴绳海	正中书局					执照俟全书修正刊行本送核后再发
简师简乡师卫生第一册	同上	1	1	陈雨苍	正中书局					执照俟刊行本送核及全书审定后再发
师范乡师幼师公民第三册（第二次修正本）	师范、乡师、幼师	1	1	寿勉成	正中书局	廿六年五月十八日				
师范乡师卫生（第二次修正本）	师范、乡师	1	1	陈雨苍	正中书局	廿六年六月一日				
简师简乡师算学第四册（第二次修正本）	简师、简乡师	1	1	任诚	正中书局	廿六年五月十一日				
简师家事	简师	1	1	何静安	商务印书馆	廿六年五月廿一日				
师范国文	师范	1	6	何炳松、孙俍工	商务印书馆	廿年六月五日				
简师简乡师公民第一册（第三次修正本）	简师、简乡师	1	1	朱元懋	正中书局	廿六年五月十八日				
师范物理学下册	师范	1	1	张开圻	正中书局					执照俟全书刊行本送核后再发。

续表

	师范教育测验与统计	师范	1	1	常彦春	山西教育厅	廿六年五月十四日	师八	廿九年七月卅一日	
	简师简乡师国文第二册	简师、简乡师	1	1	叶楚伧	正中书局			执照俟全书审定刊行本送核后再发。	
	师范物理学	师范	1	1		正中书局	廿七年五月	师一八		
	师范及乡师适用小学行政	师范、乡师	1	1		中华书局	廿七年五月	师一七		
	师范及乡师适用卫生	同上	1	1		中华书局	廿七年五月	师一六		
	简师公民第七册	简师	1	1		正中书局	廿九年四月			
	教育心理	简易师范	1	1		商务印书馆	廿九年八月			
合计			77	88						
金融经济	新学制高级商业学校教科书金融经济概论	高中商科商业学校	1	1	周佛海	商务印书馆	十七年六月十三日	院四七	至该科课程标准正式公布时止	
统计学	新学制高级商业学校教科书统计学	同上	1	1	陈其鹿	商务印书馆	十八年十一月廿二日	部二六	同上	
审计学	新学制审计学	同上	1	1	吴应图	商务印书馆	十九年三月廿七日	部四四	同上	
商业簿计	新学制高级商业学校教科书商业簿计	同上	1	1	杨端六	商务印书馆	十九年四月十九日	部四五	同上	
财政学	新学制高级商业学校教科书财政学	同上	1	1	寿景伟	商务印书馆	十九年四月十九日	部四八	同上	
商业史	新学制高级商业学校教科书中国商业史	同上	1	1	陈燦	商务印书馆	十九年六月十四日	部五二	同上	
经济概论	经济概论	高中商科商业学校	1	1	朱通九	世界书局	廿三年七月卅一日	部二四七	至该科课程标准正式公布时止	

续表

商业概论	新中华商业概论	同上	1	1	同宪文	中华书局	廿二年九月十九日	部一八九	同上		
簿记	高级商业簿记教科书	同上	1	1	潘序伦	商务印书馆	廿年七月廿五日	部一一〇	同上		
商业道德	商业道德	同上	1	1	盛在珣	商务印书馆	十九年一月廿九日	部三七	同上		
银行概论	银行学	同上	1	1	陈其鹿	商务印书馆	廿年七月二日	部一〇三	同上		
商法	商业要论	同上	1	1	郝立舆等	商务印书馆	廿年六月廿二日	部九九	同上		
合作事业	合作事业	同上	1	1	焦雨亭等	世界书局	廿二年九月廿一日	部一九二	同上		
农业通论	新学制农业教科书中等农业通论	高中农科农业学校	1	1	陆费逵、陈赓扬	中华书局	十七年六月七日	院二五	二十年六月七日		
	新学制农业教科书中等植物育种学	高中农科农业学校	1	1	徐正铿	中华书局	十七年六月七日	院二三	同上		
	新学制农业教科书中等棉作学	同上	1	1	冯泽芳	中华书局	十七年九月八日	院九〇	二十年九月八日		
农艺学	新学制农业教科书中等作物学	同上	1	1	周汝元	中华书局	十九年九月十八日	院九三	廿年九月十八日		
	新学制初级农校教科书作物学	同上	1	1	凌昌焕	商务印书馆	同上	院九六	同上		
	新学制初级农校教科书稻作学	同上	1	1	汤惠荪	商务印书馆	同上	院九七	同上		
	新学制高级农校教科书作物学通论	同上	1	1	黄绍绪	商务印书馆	同上	院九八	同上		
	作物学各论	同上	1	1	顾复	商务印书馆	廿年七月廿九日	部一一二	廿三年七月廿九日		

续表

农政学	新学制农业教科书中等农业经济学	同上	1	1	颜纶泽	中华书局	十七年六月七日	院三二	廿年六月七日		
	新学制高级农校教科书农业经济学	同上	1	1	龚厥民	商务印书馆	同上	院三四	同上		
农具学	新学制农业教科书中等农具学	同上	1	1	颜纶泽	中华书局	十七年六月七日	院三〇	二十年六月七日		
	新学制高级农校教科书农具学	同上	1	1	顾复	商务印书馆	同上	院三八	同上		
农业化学	新学制农业教科书中等农艺化学	同上	1	1	蒋继尹	中华书局	同上	院二四	同上		
	新学制农业教科书中等农产制造学	同上	1	1	包容	中华书局	同上	院二六	同上		
	新学制农业教科书中等土壤学	同上	1	1	杨炳勋	中华书局	同上	院二九	同上		
	新学制农业教科书中等肥料学	同上	1	1	蒋继尹	中华书局	同上	院三一	同上		
	新学制初级农校教科书肥料学	同上	1	1	陆旋	商务印书馆	同上	院三五	同上		
	新学制初级农校教科书农产制造学	同上	1	1	邹德谨	商务印书馆	同上	院三九	同上		
森林学	新学制农业教科书中等林学大意	同上	1	1	邹良弼	中华书局	十七年六月七日	院二八	二十年六月七日		
	新学制高级农校教科书造林学各论	同上	1	1	李蓉	商务印书馆	同上	院三六	同上		
蚕桑学	新学制农业教科书中等养蚕法	同上	1	1	王历农	中华书局	十七年九月八日	院八九	二十年九月八日		
	桑树栽培教科书	同上	1	1	郑辟疆	商务印书馆	同上	院九一	同上		
	制丝教科书	同上	1	1	郑辟疆	商务印书馆	十七年九月十八日	院一〇〇	廿年九月十八日		
	养蚕法教科书	同上	1	1	郑辟疆	商务印书馆	同上	院一〇一	同上		
	蚕体病理教科书	同上	1	1	郑辟疆	商务印书馆	同上	院一〇二	同上		

续表

昆虫学	蚕体解剖教科书	同上	1	1	郑辟疆	商务印书馆	十七年九月八日	院九二	廿年九月八日	
	蚕体生理教科书	同上	1	1	郑辟疆	商务印书馆	十七年九月十八日	院九九	廿年九月十八日	
园艺学	新学制农业教科书中等蔬菜园艺学	同上	1	1	顾华孙	中华书局	同上	院九四	同上	
	新学制初级农校教科书园艺学	同上	1	1	刘大绅	商务印书馆	同上	院九五	同上	
农业气象	中等农业气象学	同上	1	1	倪慰农	中华书局	廿年六月廿三日	部一〇〇	廿三年六月廿三日	
病害学	新学制初级农校教科书农作物病害学	同上	1	1	陆旋	商务印书馆	十七年六月七日	院三三	二十年六月七日	
漂染	染色学纲要	高中工科工业学校	1	1	李文（译）	商务印书馆	十九年一月十四日	部三三	廿二年一月十四日	
合计			45	45						
	初中女子模范文读本		1	3		世界书局			3	全书皆文言，艰深不合实用，注释标点均有差误，所选材料欠充实，且多陈腐，不合时代性，不予审定，并禁止发行。
	评注国文读本		1	3		世界书局			3	该书与寻常古文选本无异，又书只三册，不合高中教本之用。所选材料不合时代性，注释大体伤烦，并有谬说。又纸质有碍目力，印刷装订亦欠佳。不审定并禁止发行。
	张氏通文		1	2		世界书局			2	书中谬误之点甚多，不予审定并禁止发行。

续表

书名			出版社						审定意见
共和国教科书中国文学史	1	1	商务印书馆					1	全书材料陈腐，违反时代性，并忽视民间的一般的文学，不予审定并禁止发行。
师范学校新教科书中国文学史	1	1	商务印书馆					1	该书不能将历代文体兴废及其变迁及著作名家代表作品，详加叙述，使读者提纲挈领，洞见本源，而支离破碎，所言多与文学毫无关系，不予审定并禁止发行。
教育学	1	1	商务印书馆					1	该书内容既不充实，材料又嫌陈旧，不予审定并禁止发行。
师范学校新教科书教育学	1	1	商务印书馆					1	该书材料陈腐，内容又欠充实，不予审定。
新学制新法理科教科书	1	1	商务印书馆					1	该书内容欠充实，详略不适宜，新发明上事物缺乏，又不合儿童学习心理，不予审定并禁止发行。
新学制新撰自然科教科书	1	1						1	该书用文言，不合小学教科之用，图解均模糊不明，标题亦不能唤起儿童学习动机与兴味，不予审定并禁止发行。
新中学教科书高级生物学	1	1	中华书局					1	此书用于高中，内容嫌简，如生物感应现象，至为重要，书中全付阙如，至章节排列，亦未尽合，而内容舛误甚，解释尤欠明白，且多不完备之处，不宜作为教科书之用，不予审定。
新小学教科书自然课本	1	1	中华书局					1	全书文豪图画均嫌艰深，各课前后少联络，教材组织不适于学习，不予审定或禁止发行。

续表

新中学教科书生理卫生学	1	1		中华书局			1	该书内容不准确，论内分泌及皮肤之疾病各节谬误尤多，不予审定并禁止发行。
师范学校新教科书学校管理法	1	1		商务印书馆			1	该书内容既不充实，材料又嫌陈旧，不予审定并禁止发行。
新学制初中模范文读本	1	3		世界书局			3	该书与党义、国情、时代性均不合，所选语体文不但分量少，又欠抉择，文言文深浅亦不合度，又注释不甚完备，标点有错，误字亦多，不予审定并禁止发行。
共和国民英文读本	1	6		商务印书馆			6	该书编法太旧，分量亦不适当，不合新学制中学教科书之用，不予审定。
新法算术教科书	1	8		商务印书馆			8	该书材料太旧，不合实用，插图与教材往往不合，编制方法亦不及学习心理，不予审定。
共和国教科书新算术	1	8		商务印书馆			8	该书材料陈腐，插图呆板，且系文言，不切实用，不予审定。
新法算术教科书珠算	1	2		商务印书馆			2	以教授书全部组织运算法与口诀，不合学习心理，不予审定。
笔算教科书、笔算教授法	2	2		刘秉…			2	该书内容及文字组织根本不合教育原理，不予审定。
平民教育用书珠算课本	1	2		世界书局			2	该书文字嫌艰深，材料太复杂，不能使平民获得纯熟技能，排版及习题均不合学习心理，纸质有碍目力，不予审定。
共和国教科书国文读本	1	4		商务印书馆			4	该书编制既不适用，取材亦近陈腐，且违背党义及不合时代性，文字极多，不予审定。

续表

共和国教科书国文读本评注	1	4	商务印书馆				4	同上。
师范学校新教科书教育史	1	1	商务印书馆				1	该书内容简陋，叙述欠详，对于现代教育之学说设施及趋势均少论列，不予审定。
师范学校新教科书哲学发凡	1	1	商务印书馆				1	该书内容欠充实，非特对于哲学之地位形态未能确切阐明，而哲学领域内诸重要问题亦均未能作有系统之叙述，不予审定。
天地新学说	1	1	张毓祥				1	具呈人不明近代学说，妄加非难，更袭我国阴阳五行之说而将之著为天地新学说，其所论列毫无根据，碍难予以审定。
珠算笔算合参新法	1	1	李鏄				1	该书内容质量均欠适当，编制方法尤与小学不合，且文字多文言而欠流畅，不予审定。
新学制小学教科书高级算术课本	1	4	世界书局				4	该书编制方法不合，取材亦不合儿童生活，无味之文字说明太多，练习问题亦嫌太少，不予审定。
新主义教科书算术课本	1	4	世界书局				4	该书与新学制小学教科书高级算术课本具同样缺点，不合高级小学校之用，不予审定。
初学小文集	1	1	徐温如				1	该书编者未能根据小学教育原理，取材庞杂，内容谬误过多，用语缀成三字，不顾反复，不适于小学教科书之用，应不予审定并禁止发行。
初学小诗集	1	1	徐温如				1	该书内容形式均不合教科之用，应不予审定并禁止发行。

续表

常识辞汇	1	1	徐温如				1	该书不合教育原理，不予审定并禁止发行。
常识辞汇解义	1	1	徐温如				1	同上。
初中适用世界地理	1	1	王郁文				1	该书编制取材俱太陈旧，且作者思想不高，平铺直叙，毫无特殊见解，所列问题亦属疏浅，不予审定。
师范学校新教科书历史	1	4	商务印书馆				4	该书材料太旧，思想陈腐，文字难深，编制失当，叙事忽视人类社会之生活，注重国家朝廷之兴衰，并不能解释因果关系，徒启示录繁琐事故，论调既陷空疏，兴味亦觉枯寂，不适现代教科之用，应不予审定。
共和国教科书文法要略	1	2	商务印书馆				2	该书谬误甚多，下编更失之简陋，应不予审定并禁止发行。
共和国教科书文字源流	1	2	商务印书馆				2	该书作者于文字之认识未曾了然，故取材与编制殆无一，而错误之处甚多，应不予审定并禁止发行。
新国民国语教科书	1	8	国民书局				8	该书取材庞杂，文字艰深，印刷纸张均不适宜，不予审定。
新法笔算教科书	1	4	商务印书馆				4	该书取材陈腐不切实用，又多抽象文字，极少简易实例，教材组织未根据学习心理，难易颠倒，不能使儿童循序渐进。再该书只注重算术公式之记忆，而忽于各公式之功用，不易培养儿童解决日常生活中数量问题之实际能力，应不予审定。

续表

新撰算术教科书	1	4	商务印书馆				4	该书编制全用文言，不适合小学教科之用，不予审定。
新法地理教科书	1	4	商务印书馆				4	该书编制已久，取材多与现状不合，不重要之文字嫌多，而小学地理应注意之要点反少叙述，对于党义亦未顾及，不予审定。
音乐入门	1	1	开明书店				1	该书事理不正确，说理不明白，印刷不清楚，校对不精细，不适合教科之用，不予审定。
新中华教科书代数教本	1	2	中华书局				2	该书详略失宜，文字说明更多晦涩，与算术联络各点，亦嫌牵强不合初中之用，应不予审定。
新中华教科书算术教本	1	1	中华书局				1	该书内容错误过多，应不予审定。
新时代国语教科书	1	6	商务印书馆				6	该书材料过少，不敷初中三年之用，而书中注释，又多错误，应不予审定。
中学师范适用代数学	1	1	易冠九				1	该书体裁太旧，文字既欠通顺，理亦不透辟。立式举例，错误更多，此外一无可采之处，应不予审定。
初中算术教科书	1	1	湖南省教育厅				1	该书体裁太旧，速算一门，语焉不详，其后又未将省算时附入。求积一编，竟未举例，均属不合，应不予审定。
初中代数教科书	1	1	湖南省教育厅				1	该书编制方法，不便学习，选材繁简不适当，说明文字，亦欠流畅，亦不予审定。
平面几何	1	1	商务印书馆				1	该书原系供旧制中学教课之用，体裁陈旧，方法笨拙，应不予审定。

续表

人文地理	1	1		商务印书馆				1	该书材料太旧，颇多不妥之处，应不予审定。
立体几何	1	1		商务印书馆				1	该书取材编制均嫌陈旧，不合高中教科之用，应不予审定。
商业经济	1	1		商务印书馆				1	该书仅将普通经济学摘录其要点，实不足以当商业经济之名，即于普通经济学，取材亦详略不等，而于本国经济情形，毫不顾及，应不予审定。
新著各科教学法	1	1		商务印书馆				1	该书取材陈旧，不合实际应用，应不予审定，并不得发行。
师范学校新教科书教授法	1	1		商务印书馆				1	同上。
三民主义纲要	1	1		中华书局				1	该书纲目之分别，标题之语句，率多未妥，而摘录原文，任意割裂，尤引起读者误解，应不予审定，并禁止发行。
新中学教科书初级混合法算学	1	6		中华书局				6	该书编法杂乱，文字异常晦涩，缺少说明，应不予审定。
标准英语读本	1	3		世界书局				3	该书有抄袭冒效《开明英文读本》之处，应不予审定，并禁止发行。
现代师范教科书教育心理学	1	1		商务印书馆				1	该书忽视学习心理，材料已极陈旧，分量亦太简略，不合高中师范之用，应不予审定。
商业学概论	1	1		商务印书馆				1	该书内容简单，论事不当，文字欠妥，应不予审定。
师范学校新教科书商业	1	1		商务印书馆				1	现在高中师范科并无商业之课程，应不予审定。
共和国教科书平三角大意	1	1		商务印书馆				1	该书形式陈旧，编制取材诸多未当，所用名词亦少通行，不合教科书之用，应不予审定。

续表

新中华教科书音乐课本	1	1	中华书局				1	该书材料编制均嫌不合，不能作为初小教科书之用，应不予审定。
新中华教科书外国地理	1	1	中华书局				1	查该局十九年七月出版之初中语体新中华外国地理，全由本书改编而成，本书自应毋庸再付审查，并应停止发行。
共和国教科书经济大要	1	1	商务印书馆				1	该书内容太简，取材陈旧，事理欠正确，并多不合党义之处，应不予审定。
小学校习字帖	1	2	符拔群				2	该帖不合小学校习字帖之用，应不予审定。
新中学教科书经济学大意	1	1	中华书局				1	该书内容欠充实，取材嫌陈腐，而未能根据党义立论尤为最大之缺点，不合教科之用，应不予审定。
音乐挂图	1	4	张光钊				4	该图缺点太多，不适教学之用，应不予审定。
图画故事牧羊童	1	1	商务印书馆				1	该书内容过分违背自然法则，应禁止发行。
图画故事大老鼠	1	1	商务印书馆				1	该书过分神怪，应禁止发行。
图画故事海公子	1	1	商务印书馆				1	该书内容不合时代性，应禁止发行。
共和国教科书本国史	1	1	商务印书馆				1	该书编制及用文均与现制不合，应不予审定。
短篇故事哥哥	1	1	中华书局				1	该书内容全属暴露恶社会的情形，对于儿童文学上甚少价值，是足以使儿童习惯上发生不良之影响，应禁止发行。

续表

儿童文学丛书儿童剧本第四第五册	1	2	商务印书馆				2	不准发行。
小小画家	1	1	中华书局				1	不准发行。
神仙妹妹	1	1	中华书局				1	不准发行。
春天的快乐	1	1	中华书局				1	不准发行。
七姊妹游花园	1	1	中华书局				1	不准发行。
图画故事哥哥弟弟	1	1	商务印书馆				1	该书不合时代性，禁止发行。
图画故事十兄弟	1	1	商务印书馆				1	该书太觉神怪，不宜于低年生阅读，应禁止发行。
怪家庭	1	1	中华书局				1	该书内容陋劣，不合儿童阅读之用，应不准发行。
学校新唱歌集	1	1	世界书局				1	该书曲谱全属简谱，词句又多系艰深之言，不适于小学及初中之用，应不予审定。
新中华几何学教本	1	2	中华书局				2	该书所篇章嫌太复杂，内容冗滥颇多不合，应不予审定。
共和国教科书西洋史	1	2	商务印书馆				2	该书编制、取材、程度、文体均与现制不合，不予审定。
共和国教科书外国地理	1	2	商务印书馆				2	同上。
共和国教科书本国地理	1	2	商务印书馆				2	同上。
新时代初中党义教科书五权宪法	1	1	商务印书馆				1	该书议论庞杂，对党义认识不清，殊属不合党义教科用书，应即停止发行。

续表

现代师范教科书伦理学	1	1	商务印书馆				1	该书内容简略，文理欠顺，论证亦多不合，应不予审定。
中等教科平面三角法	1	1	商务印书馆				1	该书体裁陈旧，错误亦多，应不予审定。
知难行易与教育	1	1	华通书局				1	该书编者以一己之见解与立场，评判总理遗训之是非，实属逾越党义著述范围，应不予审定。
新中华教科书三民主义	1	4	中华书局				4	该书不合党义教材之用，应即停止发行。
初中写景文教学本	1	1	商务印书馆				1	该书举例多系文言，不合初中程度，语多胶瑟可笑，不足启发学者，应不予审定。
初中记事文教学本	1	1	商务印书馆				1	该书内容宠杂不清，举例说明大率牵强附会，评论字句又多迂腐可笑，非但不能阐明作法，转足疑误学者，应不予审定。
中等教育几何学教科书（立体之部）	1	1	商务印书馆				1	该书体裁陈旧，内容复多错误，不合现时教科之用，应不予审定。
新法国语唱歌集	1	4	商务印书馆				4	该书材料陈旧，歌词多与现代潮流不合，应不予审定。
简易自然地理	1	1	郑定谟				1	该书内容错误过多，文字亦欠通顺，不合教科之用，应不予审定。
童子军课程纲要	1	1	孙移新				1	该书不适合儿童天性，应不予审定。
幼童军课程大纲	1	1	孙移新				1	该书与中国童子军现行法规多有未合，应不予审定。
新学制历史教科书	1	2	商务印书馆				2	该书编制不合课程标准，事实亦多错误，不合教科之用，应不予审定。

续表

	无线电工程概要	1	1	商务印书馆				1	该书内容不合时代性，应不予审定。
	简易自然地理学修正本	1	1	郑定谟				1	该书错误过多，不合教科之用，应不予审定。
	体育讲义	1	1	黄天池				1	该书内容徒见其变化之无穷，而不见其对于体育上用意之何在，分量方面亦无适当之分配，纸张印刷过于恶劣，应不予审定。
	新中华算术	1	2	中华书局				2	该书编制不合，不适于教科书之用，应不予审定。
国语	儿童南部国语	1	8	儿童书局				8	
植物	新标准初中植物学	1	1	理科丛刊社				1	
本国史	高中本国史	1	3	开明书店				3	
自然	高小自然课本	1	4	青光书局				4	
社会	高小社会课本地理编	1	4	青光书局				4	
公民	初中公民	1	5	青光书局				5	
植物	初中植物学	1	1	理科丛刊社				1	
算术	高小新编算术教科书	1	4	刘曾佑				4	
卫生	初中实用生理卫生学	1	1	曹非				1	
代数	解高次方程新法	1	1	徐士桐				1	
外国地理	高中外国地理	1	1	孙嘉会				1	
国语	大众高小国语读本	1	4	大众书局				4	
植物	初中实用植物学	1	1	曹非				1	

续表

本国史	初中本国史	1	2	北平文化学社				2		
外国史	外国史表解	1	1	刘鸿咏				1		
外国地理	王氏初中世界地理	1	2	世界书局				2		
民众教育	六百字民众教育课本	1	4	董景安				4		
	六百字儿童速成教育课本	1	4	董景安				4		
	六百字书信课本	1	1	董景安				1		
	六百字算学课本	1	4	董景安				4		
卫生	新生活初小卫生	1	8	大东书局				8		
社会	高小历史教科书	1	4	张豁然				4		
算术	初中算术	1	1	中国科学图书仪器公司				1		
几何	初中几何学	1	1	钟山书局				1		
合计		126	263					263		
总计		721	1922					263		

说明：1. 本表资料来源于国民政府《教育部公报》、《申报》，以及国民政府单独发行的审定教科书目录等相关资料。

2. 在原始资料中如果没有清楚标明教科书所属科目，本表就在科目栏中留以空白，即便根据教科书名称很容易推知其所属科目。

3. 表中以"…"代替的地方，是表明因印刷字迹脱落而无法辨认；"不予审定"是指教科书没有通过审定。

4. 特别需要说明的是，由于战争或其他一些原因，一方面《教育部公报》未能保存完整，例如抗日战争时期就有许多缺失；另一方面《教育部公报》也未能刊录所有送审教科书审定的详细情况，对于不予审定的教科书刊录很少，对于审定的教科书也没有刊录相关审定批示。这给研究这个时期教科书的审定带来了一些不便。此外，广州国民政府时期具体审定教科书的相关资料也几乎找不到。因此，这个统计表只能反映这个时期教科书审定的大概情况。

表6　　　袁世凯时期小学、中学与师范学校修身教授要目

学年/学时		德目的分配	教授的要领	实习礼仪	教育训令与偶发事项
初等小学	第一学年 每周2时	第一学年所授当注重学校、家庭之实践，外而社会，内而身心，亦应就儿童实力所及者，择呈教授，以培养其道德之基础。其德目列如左： 　　关于学校之德如：入学（入学之礼节）、课室（课室之礼节及规则）、敬师（对于师长之礼节）、爱同学（对于学友之礼节）、洒扫、应对、进退、守规则、守时间等； 　　关于家庭之德如：亲恩、孝亲（可作数课，应就寻常日用、儿童力所能为者，及事父母之礼节等授之）、友爱（可作数课，就兄弟姊妹之事实，及各应尽之道授之）、家庭之乐等； 　　关于社会之德如：交友、守信、见客、敬老、爱物、公德等； 　　关于身心之德如：早起、饮食、仪容、言语、诚实等； 　　关于国家之德目：第一年儿童未易了解，但就国旗或国庆日等，略与以国家之观念而已。 　　总括：法孔孟。 　　以上所列德目，不过略具大要，不必泥定。 　　运用以上各教材，宜多援例话，至童话、寓言等均可用，惟应择积极之事，且取其普通而雅驯者，或假设人物亦可。 　　本年各课除标题外，全用图画。	讲解 　　宜用普通口语讲解，不宜掺用文言或土语，要以引起学生之兴味，锻炼学生之意志，而导以实践为主；凡偏宕之说、诡激之谈，皆不宜用，讲解时最当留意。 问答 　　讲授时宜多用启发式，以增儿童之自动力，并就各课中重要之处，时常设问以验学生之心得。 复讲 　　各课已经讲授之事，理宜令学生复讲，以验其体会与否。	如容体、言语、饮食、动作、洒扫、应对、进退、问讯、接见宾客、位置、器物等礼节，均应按照课中所有要项令学生注意实习，课外相类者并可推及实习时，由教员指示其不合者矫正之。 　　以上各事，有学生实地为之者，如洒扫等，有假设其事令学生模拟者，如接见宾客等，由教员分配。	凡关于教育各项训令，每学期内应与学生特别讲演一二次，使知教育之趋向。 偶发事项就发见之事，切实指示。关于训练极为重要，但此不能预定，由教员随时体察之。
	第二学年 每周2时	第二学年所授渐注重对于社会之道德。身心为道德之根本，故并宜注重。而对于家庭、学校之道德，亦不宜从略，并使略知人民与国家之关系。其德目分配如左： 　　关于学校之德目如：勤学、好问、温课、专心、休息、游戏（操场之规则）等； 　　关于家庭之德目如：孝亲、敬兄、爱弟、兄嫂、娣姒、姊妹、祖父母等； 　　关于社会之德目如：合群、爱众、不拾遗、勿争贪、济急、择友、公益、公德等； 　　关于身心之德目如：卫生、清洁、职业、储蓄、礼貌、自治、勇敢、正直、崇实等； 　　关于国家之德目如：国家（人民与国家之关系，以浅理说明之）、御侮、尚武、报国等。 　　总括：法孔孟。 　　自本年以后，每课用短文，由二三句以次渐进，并间选经训格言，及历史上事迹，与德目相合者授之。但偏激之行，如割股疗亲、杀身报友等有违中道者，不宜选入。	讲解 问答 复讲 　并同前。	同前。惟前学年所未备者，如酬酢、会聚、投赠、辞受等礼节，应并习之。	同前。

续表

	第三学年 每周2时	第三学年以后注重对于社会、对于国家之道德，及身心之锻炼。而家庭为道德之源，学校为闻道之地，亦不宜略焉。其德目分列如左： 关于学校之德目如：苦学、惜时、有恒、重规律等； 关于家庭之德目如：孝道、敬祖、亲族、爱仆役等； 关于社会之德目如：友谊、睦邻、礼让、慈善、宽容、公义、公益、公德等； 关于身心之德目如：卫生、言行、改过、祛惑、崇实、坚忍、自治、习勤、尚俭、戒躁进、戒嗜好等； 关于国家之德目如：中华民国、大总统、爱国、守法、纳税、尚武、充兵等。 总括：法孔孟。	同前。	同前。	同前。
	第四学年 每周2时	关于学校之德目如：爱学校、好学生（统括以前各德目）等； 关于家庭之德目如：义务、家庭之道德（统括以前各德目）等； 关于社会之德目如：博爱、尚公、信实、爱物、报恩、重人名誉、戒贪争、公益、公德等； 关于身心之德目如：立志、人格、自治、自立、重廉耻、戒躁进、尚节义、尽责任、敦品、崇实、重阅历等； 关于国家之德目如：守法律、服兵役、纳赋税、爱教育、慎选举、对外人、急国难、忠义、爱国等。 总括：法孔孟、中华国民之资格。	同前。	同前。	同前。
高等小学	第一学年 每周2小时	第一学年当先注意身心之陶冶，更由对家庭、对学校之事项，及对社会、对国家之道德，以养成高尚之格。其德目之分配略如左： 关于身心之德目如：立志、崇实、自治、自省、清洁、节用、习勤等； 关于家庭之德目如：孝亲、爱敬、友爱、家族、姻戚、仆役等； 关于学校之德目如：敬师、爱同学等； 关于社会之德目如：公德、慈善、博爱、爱物、交际、报德、重信、尚义、戒贪争等； 关于国家之德目如：爱国、奉公、守法、忠义、尚武、急国难、重国权、勿歧视外人等。 总括：法孔孟。 以上所列德目，不过略具大要，不必拘定。 运用以上诸德，或援例话，或用训辞均可。惟须择近事理、儿童易于实行者，其偏激之事、高远之论，不宜采入。 经训格言之合于上列德目者，宜酌量采入，以为言行之标准。 每课文字宜简赅明了，以说明意义为主，不可铺张辞藻，致失本科主旨。	讲解 　宜就原文解释其大义，惟须注意内容之要项，使能实践。 问答 　讲授时宜多用启发式，使儿童自悟讲授之后，并就内容各要项反复问答，使深究其意义。 复述 　已经讲授之事理，宜令学生轮流演述，以验其心得。	高等生之实习较初等当更加切实，如讲清洁后，宜令扫除教室；讲勤劳后，宜令灌培花木；讲节俭后，宜令各自计算其用度及纸墨之消耗等。均由教员随处指示，使全归实践。	教育训令为教授本科之标准，故学期中宜择相当时日（如国庆日、纪念日等）授以训令全文之大意及读法，并宜择重要语句，使时常记诵，以为言行之指归。 偶发事项之重要，已于初等要目中略言之。惟采取之际，须择其能矫正时弊，及切于实际生活者。

续表

高等小学	第二学年 每周2小时	自本学年起，于前项德目外更加授法制大意，而关于身心之陶冶，及对于家庭、社会、国家之责任，仍宜并重，以养成国民之资格。 　　关于身心之德目如：崇实、缜密、廉耻、习惯、坚忍、名节、重自治、戒躁进等； 　　关于家庭之德目如：孝道、友爱、敬祖、爱族、睦邻等。 　　关于学校之德目如：勉学等； 　　关于社会之德目如：正直、公益、好义、择交、谦逊、社会道德等； 　　关于国家之德目如：爱国、尚武、服兵、纳税等。 　　关于国家法制大意如：国家、国体、政体、国民、国籍、宪法、统治权、国会、选举、议员等。 　　总括：法孔孟。	讲解 问答 复述 并同前。	同前。	同前。
	第三学年 每周2小时	本学年之训练宜就前年引申之，更注重法律知识，使具有国家观念，以养成爱国之精神。 　　关于身心之德目如：重阅历、智识、道德、卫生、礼仪、名誉、人格等； 　　关于家庭之德目如：家庭教育、家庭道德等（以上二目皆可分两课）； 　　关于学校之德目如：爱学校等； 　　关于社会之德目如：职业、公德、忠恕、交友、守信、公众卫生等； 　　关于国家之德目如：爱国、国民道德等。 　　关于国家法制大意如：国民之权利、国民之义务、大总统、行政官厅、诉讼、法律、命令、警察、租税、国有财产及国家营业、国债、预算决算等。 　　总括：法孔孟、中华国民之资格。	同前。	同前。	同前。
中学与师范学校	师范预科中学第一学年	持躬处世待人之道。应酌学生身份，择取切于实践之经训及嘉言善行，并现时需要之道德授之。其目次如左： 　　（一）卫生如：勤运动、节饮食、爱清洁等； 　　（二）修业如：崇实学、尚精勤、忍困难、坚志操、戒躁进等； 　　（三）进德如：主敬、存诚、惩忿、窒欲、重自治等； 　　（四）起居动作事件如：惜时日、整秩序、正仪容等； 　　（五）对于学校事件如：如遵守校规、亲敬师长、友爱同学等； 　　（六）对于家庭事件如：明孝友之道、敦族党之谊等； 　　（七）对于朋友事件如：慎交际、重信义、尚亲爱、砺修行等； 　　（八）对于国家事件如：尚武、爱国、尊崇国体、恪守国法、勉尽国民义务等； 　　（九）对于社会事件如：敬老、慈幼、爱众、亲仁、尚公德、戒贪争、尽责务等； 　　（十）总括：法孔孟。 　　以上德目，中学第一年与师范预科同。惟师范预科教授时间既倍于中学，所列德目得依类加多，或内容加详，且尤宜注重训练，以养成师范之资格。			

续表

师范本科第一学年 中学第二学年	对国家之责务任 　　国体、国宪、国法、爱国、兵役（尚武）、租税、教育、公务、国际。 对于社会之责务 　　（甲）关于个人者：他人之人格、他人之身体、他人之财产、他人之名誉、他人之秘密、他人之恩谊、长幼尊卑之名分、朋友之交际； 　　（乙）关于公众者：协同之利益（戒贪争）、团体之联合、社会之秩序、社会之进步。
师范本科第二学年 中学第三学年	对自己之责务 　　身体如：保康健、慎生命等； 　　精神如：发达正当之知识、情意等； 　　自立如：尚实用、重阅历、勤职业、理财产等； 　　人格如：敦品谊、正行为、重自治、戒躁进等； 对家族之责务 　　父母、兄弟姊妹、夫妇、子女、祖先、婢仆、家范。 对人类之责务 　　博爱、人道。 对万有之责务 　　爱物、美感。 师范本科第二学年并授以演习礼仪法。
师范本科第三、四学年 中学第四学年	伦理学大要 　　伦理学之意义、行为、良心、至善、本务、德、伦理学之实践。 本国道德之特色 　　礼教伦常　如忠孝、节义、礼信、仁恕、廉耻等。 道德之标准以孔孟为宗，王阳明、孙夏峰、颜习斋、李刚主诸家学说并择要叙述，以归重于身体力行之道。 　　（一）中学第四学年内，将伦理学大要及本国道德之特色授毕。惟时间较少，内容应求简要。 　　（二）师范本科第三学年内授伦理学大要，第四学年内续授完备，再授本国道德之特色，合两年教授时间。既倍于中学，除演习礼仪及授以修身教授方法稍占时间外，仍按所有时间将各目之内容酌量加详。 　　（三）师范本科第三学年内，并授以演习礼仪方法，及修身教授方法。 　　关于小学修身教授方法之要点，应确加指示，并就小学修身教科书示以实际之应用。 教授上之注意 　　（一）引用经训格言例话，应选其切合时势及学生之境遇者，不贵繁琐，至一切诡激之谈，均宜切避。 　　（二）学生将来之地位、职业各不相同，讲授责务时亟宜注意使其触类旁通，适于应用。 　　（三）学生当身体精神渐起变动时，最易陷内外之诱惑，宜注意养其坚固之志操，及善良之习惯。 　　（四）伦理学不可务为高深，或偏主一学派之论，应按普通要旨解说，使学生有确实正当之观念。 　　（五）凡有偶发事项可资教训者，又或举行仪式及纪念日等，均可集全校或一部分之生徒，行临时训诲。 附识 　　女子中学及女子师范课程标准同此，惟应注重女子道德以贞淑贤良为主。

说明：1.本表资料来源于国民政府《教育部公报》第二年第一期（民国四年六月）附录中的三个草案：《初等小学修身教授要目草案》、《高等小学修身科教授要目草案》和《中学师范修身教授要目草案》。

2.表中内容只是根据草案具体内容稍做分类后，原文抄录，基本未做任何改动。

表7 袁世凯时期小学修身教科书编纂纲要

		教材	文字及图画	教授书	女子教科书和教授书
总纲	课数与时间之分配				
初等小学	四、本部所定小学课程表颁定修身科每周教授2小时，其周数与时间之分配如左： 第一学期 定16周 共32小时 第二学期 定10周 共20小时 第二学期 定11周 共22小时 五、每课平均教授2小时以上或同，此外宜留余假，以便教员遇有偶发事项之教训，及儿童实习礼仪，复习旧课等，约计每学年目课数不过32课，少不下28课，册数则每年分2册或成分3册均可。	六、第一学年之教材当注重学校、家庭之实践，第二学年以后应广其范围，授以国民所应恪守道德。其德目分量略表如左（表中假定30分总数）： 　　　　　第一年分数 第二年分数 第三年分数 第四年分数 对于学校德目　9　　6　　4　　2 对于家庭德目　9　　6　　4　　2 对于社会德目　9　　7　　8　　8 对于身心德目　5　　7　　8　　8 对于国家德目　1　　4　　6　　10 以上所列分数不过示大要，编纂时可酌量损益。 德目不宜过多，可用周法，以同一德目逐渐加深（如第一学年用孝亲，第二学年仍用孝亲，而理解有深），更兼用阶段法，后授充兵等（如先授尚武，后授充兵等）。 七、第一学年以后采用例话、惟童话、寓言等，领择其普通而易行之事实，易于模仿者为主，人物亦可。 八、第二、第三学年之例话以自然物合为主，不可牵强附会，致失事实，其不甚显著之人物事迹不宜采入。 九、书中所用例话必择积极之事，尤以儿童能力所及，外国人可为国民楷模者亦可采入。 十、历史之例话，须采上人物之四学年目不宜过多。 十一、第二三四学年可兼用训词，使儿童常常记诵，惟须择中文义浅显而切实用者，所采经训一以孔子之言为主，训词及格言则加格言，中之义名篇以补之。 十二、训仪为旨，第三四学年采名言名篇之说，以为之辅。 十三、训仪为旨，书中宜兼采男女同校，女子道德适用之教材，女子教材以女适用之教材为主，兼使知自立之道。	十五、第一学年每课教授时除课外，全纲列出，使儿童略标目画。 二学年后始用之文字，其简句渐进，其他令稍节略，用图画示之。 十六、书未、酒扫、酬酌、集会、问讯等，与本课令相关及时令相关，教授应按实事实及时令相关应。 十七、学二年应备彩色挂图，另制彩色挂图，以便教员教授时指示之用。	十八、教授书应与教科书同时编纂。 十九、教授书应一学年编出，但不必拘定教授阶段，以便教员用之。 二十、凡关于仪礼仪（例如容体、颜色、辞令、饮食、出入、起居、进退等），教授书应按照本课教材及教授法，择要列入，以备教员教授指示学生全其应用。 二十一、教授书设问主要设问及教员教授采用。 二十二、教授参考一项，教材之须证考者，均应列入。凡教授书编之证者，均详细编载入。

续表

高等小学	一、谨遵大总统颁定教育要旨及本部小学校教则第二条编纂。 二、兼重实习礼仪及训练。 三、采用附段编法，参用圆周法。 四、程度宜与初等小学相接。 五、课数及教授时间分配，与初等小学相同。 六、高等小学自第二学年起，兼授民国法制大意（表中假定30分为总分数）。今将每年德目之分量略表如左：	八、教科书字体或用楷书石印，或用铅字排印均可。惟排印字之号数宜以普通铅字三号字为准，不得再小，以消耗生之目力。 九、教科书中插图，凡像宜插入。惟古今名人之肖像宜插入，必须有依据，不可任意造。其他图画均宜择其重要者插入，宜明确及美观，然不宜过于颂密，使学生不易识别。

对于自身心德目　第一年分数 6　第二年分数 6　第三年分数 5
对于家庭德目　6　5　4
对于学校德目　2　1　1
对于社会德目　8　6　6
对于国家德目　8　2　2
对于法制大意　　10　12

以上所列分数，不过略示大要，编纂时可酌量损益。

七、教材之选择及排列者宜多采相同，惟将特重之点揭明如左：
（一）训辞及格言宜采经训，但所采各贤名说学说，不必采入。
（二）宜取本国历史上名人传记以为国民模范，兼采世界伟人事略，文明显而切于实用者为主，不宜采以意点入。
（三）民国法制大要以现行法制为主，并补我国之所缺制，转学者不易领悟。

十、教授书编纂法与初等小学相同，惟将特重之点揭明如左：
（一）书中所采经训，宜择后儒注解之精当者，详细列入，以备教员讲授。
（二）书中教材，凡字句文理均宜解释说明。其事迹始末宜详细载入（如过多者，可列入参考项内），以备教员参酌。

十一、女子高等小学及教授书编纂法与前所述相同，惟将特重之点揭明如左：
（一）注重女子贞淑之道德，兼使知立之道。
（二）采女子教材。

说明：1. 本表资料来源于国民政府《教育部公报》第二年第一期（民国四年六月）附录中的两个草案：《初等小学校修身教科书编纂纲要草案》和《高等小学修身教科书编纂纲要草案》。
2. 表中内容只是根据草案具体内容稍做分类后，原文抄录，基本未做任何改动。

附录 · 547 ·

表8 壬戌学制小学和初中公民课程纲要

学年/阶段		内容	目的	方法	毕业最低限度的标准
小	第一学年	1、家庭生活概况——例如父、母、子、女的服务责任、以及与自己相互的关系等。 2、学校所定规约的原由和遵守方法等。 3、自己对于家庭、学校的行为和责任。	使学生了解自己和社会（家庭、学校、市乡、县、省、国家、国际）的关系，启发改良社会的常识和思想，养成适于现代生活的习惯。	1、以讲述、表演等为公民修养的教学方法，调查、讨论等为社会组织的教学方法，以学校自治服务、集会、选举、提案等关于地方自治训练为公民自治的具体方法，均须注重。 2、前四学年与历史、地理、卫生、国语等科教材为社会科教学方法。第五、六年仍须与各科联络。	初级： 1、明了个人与家庭、学校、职业的关系，和服务的责任。 2、明了市、乡、县、省的组织，和大概的公共事业性质。 3、有投票、选举、集会、提案等关于地方自治的常识。 高级： 1、明了国家的组织、经济、地位，以及国际的情势。 2、明了公民对于国家、国际的重要责任。 3、能述做良好公民的重要条件。
	第二学年	1、学校生活的性质、事业、经费的由来，以及教师、学生的责任。 2、邻居相互的关系及其公共事业。 3、邻近职业状况的观察。 4、凭自己对于家庭、学校家庭的行为和责任。			
	第三学年	1、市乡生活概况——例如市乡的性质、经济、事业，以及市乡与自己和一般居民的关系等。 2、县组织的概况——例如县各省机关的性质、事业。 3、学校自治服务的初步。 4、自己对于家庭、学校、地方团体的责任。			
	第四学年	1、参与县省公务的直接和间接的方法。 2、国家组织的概况——例如国家的宪法大要和利权能、与国民的关系。 3、公民对于地方、国家的责任（例如选举、赋税、兵役等）。 4、时事研究（与历史、国语等科联络）。			
	第五学年	1、学校的组织、和公民与教育的关系。 2、地方自治事业与公民的关系，并改良方法。 3、团体的组织研究。 4、公民的责任和娱乐。 5、各种服务公众的方法。 6、时事研究（与历史、国语等科联络）。			

续表

学段	段目	内容	说明	学分	目标
小学	第六学年	1、县、省、国的组织、事业。同第四学年而扩充其范围。 2、国内的家庭、妇女、劳动等特殊问题。 3、职业的种类和择业的方法。 4、本省中等学校的种类，和选校、应试等的升学方法。 5、时事研究。续前学年。 6、完成一个公民的条件。			1、具有卫生、法制、经济及社会常识而能应用。 2、能明了人己关系而实践公众生活的规律。
初级中学	第一段：社会及其组织	1、家庭及组织。 2、学校生活。 3、同业组合（业团）。（包括同业团体组织的原则，同业公共利益及互助的精神，个人对于同业的义务等项。） 4、地方自治团体。 5、国家。 6、个人的习惯。（包括公正、诚信、名誉心、尚秩序的精神、自制力、礼节、清洁诸德，为做良好公民，必要的条件者。） 7、维持社会组织的原则。（例如尊重他人自由、多数取决主义、服从法律、服公务、互助等。）	1、了解人类社会的生活。 2、了解宪法的精神。 3、培养的法律的常识。 4、略知经济学原理。 5、略明国际的关系。 6、养成公民的道德。	本课程定为6学分，今为便利起见，分为六个段落，每段约占1学分。	
	第二段：宪政原则	1、国家的性质。（包括国家的要素、种类、目的、职务诸项。） 2、政治组织。（包含政体、立宪政治、宪法、民主政治、代议政治等项。） 3、代议制度的运用。（包含选举权、代议政治、政党诸项。） 4、政府组织。（包含政府的意义、立法、及行政、司法各部之职权分别。） 5、中央政府与地方政府。 6、人民权利自由。 7、人民对国家的义务。（例如纳税、服兵役、服名誉职、投票诸项。） 8、法律。（包括法律的性质及分类等项。） 9、公共治安。（包含警察、军队等。）			
	第三段：中华民国的组织	1、中华民国的起源。 2、民国政府的组织。 3、地方政府的组织。 4、国宪与省宪。			

续表

初级中学	第四段：经济问题	1、生产原则。（包含钱币、纸币、银行、公司、商业、国际贸易诸项。） 2、交易制度。（包含现有的分配方法、社会主义的分配方法、财产诸项。） 3、分配制度。（包含储蓄。） 4、消费。（包含预算、租税、公债、匿金、关税等项。） 5、财政。	1、了解人类社会的生活。 2、了解宪法的精神。 3、培养法律的常识。 4、略知经济学原理。 5、略明国际的关系。 6、养成公民的道德。	本课程定为6学分，今为便利起见，分为六个段落，每段约占1学分。	1、具有卫生、法制、经济及社会常识而能应用。 2、能明了人已关系而实践公众生活的规律。
	第五段：社会问题	1、教育。 2、职业。 3、卫生。 4、劳动问题。 5、禁酒禁烟问题。 6、救济及其他慈善设备。 7、救荒问题。			
	第六段：国际关系	1、对外关系。 2、外交。（包含外交机关。） 3、国际关系的维持。（包含国际道义、国际法诸项。） 4、不平等的国际关系。（包含领事裁判权、租界、租借地、势力范围、外交、驻兵等项。） 5、国际组织。（包含海牙仲裁法庭、万国联盟、常任国际裁判法院等项。）			

说明：1.本表根据《小学公民课程纲要》和《初级中学公民学课程纲要》编制，具体参见全国教育联合会新学制课程标准起草委员会编：《新学制课程标准纲要》，上海，商务印书馆，1925年，第12—15、41—45页，基本原文抄录，未做改动。

2.表中内容只是稍做了分类。

表9　南京政府时期（1933年2月）小学公民训练标准

目标	愿词	训练要目	规律	条目 第一二学年起	条目 第三四学年起	条目 第五六学年起	实施方案要点
发扬中国民族固有的道德，以忠孝仁爱信义和平为中心，并采取其他各民族的美德，制定下列目标，训练儿童，以养成健全公民。 （一）关于公民的体格训练：养成整洁卫生的习惯，快乐劳动的精神； （二）关于公民的德性训练：养成礼义廉耻兼有的观念，亲爱精诚的德性； （三）关于公民的经济训练：养成节俭劳动的习惯，生产的正当知能； （四）关于公民的政治训练：养成公守法的观念，爱国爱群的思想。	我愿遵守中国公民的规律，使我身体强健，道德完全，做一个中国的好公民，准备为社会国家服务。	关于体格的	强健	（1）中国公民是健康的，我的全身各部分，都要锻炼强健。			一、公民训练，应分两方面实施： （1）公共的训练 （甲）在各科教学时间，由各教员儿童根据纲要的指导，或直接根据条目，指导儿童。 （乙）在随时注意儿童的各种活动，直接间接引用规律和条目遵守。 （丙）在某一时期，随儿童公共的需要，或发现的缺点，择定适当时期，为训练的中心，用种种方法作公共的训练，时期以一周至二周为度。
				(1)我不把不能吃的东西，放在嘴里。 (2)我不用手指挖鼻孔、挖耳朵、擦眼睛。 (3)我吃东西分量不过多。 (4)我吃东西细细地嚼碎了才咽下去。 (5)我在应当吃东西的时间吃东西。 (6)我不吃不容易消化的食物。 (7)我不多吃糖食。 (8)我除饭食外，不多吃零食。 (9)我穿衣服不太多。 (10)我穿天太冷或太大长的衣服。 (11)我每天大便不一定的时候。 (12)我每天早睡早起，睡起都有一定的时间。 (13)我睡觉的时候，头要露在被窝外面。 (14)我用鼻子呼吸，嘴常常要闭着。 (15)我坐立和走路的时候，都留着暖和育的正直。 (16)我在下课的时候，做适当的游戏。	(17)我在屋子里，要留心开关窗户，调换空气。 (18)我要常常留心天气的寒暖而增减衣服。 (19)我在食前或者食后，都不作剧烈的运动。 (20)我每天要有适当的运动。 (21)我在天气好的时候，常常住户外散步游戏。 (22)我在光线不足或光线过强的地方看书。	(23)我每天要练习一种体操或国术。 (24)我要用冷水洗脸。 (25)我要听医生的指导种牛痘打预防疫针。 (26)我生病时听医生的说话。 (27)我努力扑灭蚊蝇等害人的东西。	

续表

清洁	(2) 中国公民是清洁的。我的自体、衣服、饮食，以及我所在的地方，都要保持清洁。	(1) 我身边要常常带手帕。 (2) 我咳嗽或喷嚏的时候要用手帕掩住口鼻。 (3) 我不用衣袖抹嘴脸。 (4) 我要常常洗指甲剪指甲。 (5) 我的手和脸要常常保持清洁。 (6) 我不吃不清洁的东西。 (7) 我饭后一定要漱口。 (8) 我常常留心使头发清洁。 (9) 我要多洗澡。 (10) 我每天早晚一定要刷牙。 (11) 我洗脸一定用自己的手巾。 (12) 我的图书用品，要安放得整齐。 (13) 我的帽鞋衣服，不用时要收拾好。 (14) 我的服装要常常保持清洁雅观。 (15) 我的屋子要常常保持清洁。 (16) 我要留心保持公共地方的清洁。 (17) 我不随地吐痰。 (18) 我在便所里大便小便并且留心保持用具的清洁。 (19) 我不随地抛弃纸屑果壳。	(丁) 在每星期间，愿诵念周时，全体宣读；或将词意编成歌曲吟唱。又每星期也可择定一个适当的德目，择加注意，作为公共道德的训练。但切不可流于叫口号贴标语的形式。 (戊) 在每周六十分钟特定时间，把六十分钟分作三次，每次特定时间，同日指导，或分作二次，逐日指导。在由教员将偶发事项引用条目，加以申说，就应注训练周，和中心德目有关的条目。

续表

	(3) 中国公民是快乐的。我要有快乐精神，遇到了困难，也不灰心。	(1) 我喜欢听笑话，说笑话。 (2) 我对人家要常常面带笑容。 (3) 大家快乐的时候，我也要快乐。 (4) 我做事要很高兴，很有乐趣。 (5) 我要利用空闲时间，做正当的娱乐。	(6) 我喜欢种植花卉，布置庭园。 (7) 我喜欢欣赏山水风景和美术品。 (8) 我喜欢欣赏音乐戏剧。 (9) 我遇到困难，不垂头丧气。 (10) 我不随便生气。 (11) 我要从日常生活中找到乐趣。
	(4) 中国公民是活泼的。我要有活泼的精神，饱满的精神，活泼的态度。	(1) 我遇见了生人，要不畏缩，不羞涩。 (2) 我在没有事的时候，要活泼地去游息。	(3) 我在大庭广众之间，要有失平时活泼的态度。 (4) 我做事要留意练习，使各种官能活泼而不呆钝。
关于德性自制性的	(5) 中国公民是自制的。我要自己管束自己，摒绝恶习惯，养成好习惯。	(1) 我不轻易向人家借东西。 (2) 我不向人家借钱。 (3) 我不到不正当的场所去玩。 (4) 我没有得到允许，不动别人的东西。	(5) 我不作不正当的娱乐。 (6) 我不唱单夸的歌曲。 (7) 我自己不高兴的时候，不拿别人出气。 (8) 我要控制我的脾气。 (9) 我要摒除不良的嗜好。 (10) 我不因羡慕人家长的东西而强求长辈购置。 (11) 我要遏止不正当的欲望。 (12) 我在危险的时候，要力持镇静。

(2) 个别的训练

可酌量全校师生的多寡，分组或者每一教员负责一团或者一团的个别训练实践的责任。对本团的儿童，用种种方法督导其他实践条目，自行检察，并注意考查。

二、各校应设公民训练委员会，共同设定公民训练的组织系统和公民训练的具体方法。全体教员须参加。

三、各校每期开会时，应将训练条目，分别阶段，印成小册或者活页，由各组或团分发儿童，使儿童明了本学期内应注意的事项，并得反省的机会。

· 554 · 臣民还是公民？

续表

勤勉精神	（6）中国公民是勤勉的。我读书，要有饱满的精神，活泼的态度。	（1）我要自己穿衣服、脱衣服。 （2）我自己能作的事，一定要自己做。 （3）我要收拾保管我自己的一切东西。	（4）我做事的时候，要专心。 （5）我要用功修习一切功课。 （6）我要尽力做轮值的事情。 （7）我没有特别事故，一定不请假。 （8）我缺了课要赶快补习。	四、各阶段训练条目，由各校依次序，分成四个小阶段，平均支配于各年级儿童，实行各年训练，作为四学期之用。 五、儿童到的训练条目，以后仍须继续训练和考查。 六、各校教员，各地方主管教育行政机关辅导做得各种事实的需要，酌量增减或更改阶段。 七、各校应利用机会，根据基本标准，用暗示的方法，和儿童共同拟定各种条目，实现各种条目的方法，以避免强制的方式。
敏捷	（7）中国公民是敏捷的。我读书、做事，一切举动，都要迅速。		（6）我在应对的时候，也要敏捷。 （7）我阅读图书，力求迅速。	
精细	（8）中国公民是精细的。我对于一切事物，要仔细地鉴别善恶，精密地判断是非。		（5）我做事不草率。 （6）我在做事之前，先要预定计划。	
诚实	（9）中国公民是诚实的。我说真话、干实事，能信托自己，也可以受别人的信托。对待朋友、尊长以及团体、国家都要忠实不贰。		（6）我做事要切实。 （7）我和人家的约定准时中践约。 （8）我不要掩饰自己的过失。	

续表

	（10）中国公民是公正的。我要主张公道，正义，绝对不自私自利，也不因别人的地位势力而有所阿附。	（2）我不讲私情，不做假见证。 （3）有人被人家欺侮，我要主张公道。 （4）我看见别人失败，一定不讥笑他。 （5）我对于和自己不同的意见，也要尊重。 （6）我对于别人正当的建议，要栖牲个人的成见。 （7）我参加各种比赛，要保持公正的态度。	八、公民训练考查法。除各教师平时视察记载外，各组织或各团，应每星期举行考查，每月定期反省，并使儿童自己反省，或共同批评，把训练条目利用比赛及名誉奖励等，以增进训练的效率。 九、考查成绩。应编制公民训练记载表、教师观察记载表，一组或一团比较表和报告家长用表等，使家长老年幼对于公民训练的成绩，可以一目了然。
谦和	（11）中国公民是谦和的。我态度要和蔼，尊敬和知识能力高出于我的人，对于无论什么人都要和气。	（3）别人和我争论，我心平气和地回答他。 （4）我对于人家的指导或责备要乐于接受。 （5）我要宽恕恩人无心的错处。 （6）我受了师长等的奖誉，要不骄傲。	
亲爱和	（12）中国公民是亲爱的。我要孝爱父母，敬长兄爱兄弟姊妹以及国内的同胞，国外的朋友。	（3）我在拥挤的地方，一定要让年老年幼的先走。 （4）我爱护老弱对于同学。 （5）我要帮助残弱和贫苦的人。	

		十、公民训练，专重实践，不用教科书。 十一、注意人格感化，教师须以身作则。
	(3) 我要救护有疾病的人。 (4) 我每天要做一件有益于人的事。 (5) 我有过失，我能懿言规劝他。 (6) 我和同学朋友，常常互相勉励。 (7) 别人有困难的时候，我要设法救济。	十二、学校环境应根据中国公民规律加以适当的布置和设备，例如合于健康原则的设备等，能使儿童不知不觉中，受到良好的环境训练。
	(18) 我进别人的屋子，要轻轻地敲门，没有允许，不随便进去。 (19) 我私自开看人家的信件，包裹或抽屉。 (20) 我尊敬社会上有劳绩的人。 (21) 我和别人并行的时候，要让年老或年幼的人，靠里边走。 (22) 我和别人并行的时候，常常留心步伐。	十三、公民训练，应多用积极的活动，使儿童潜移默化，养成种种良好的习惯，切忌用消极的压制方法，造成儿童有所畏而不敢有的虚伪态度。
仁慈	(13) 中国公民是仁慈的。我是人类的同胞，物类的朋友。我要同情并力助年幼的和贫困的以及劳动的和努力的人；原谅无心伤害我的人；爱护无辜的动物。	
互助	(14) 中国公民是互助的。我和我的朋友以及全国同胞，要守望相助，患难相扶救，疾病相救济，遇事都要与人合作。	
礼貌	(15) 中国公民是有礼貌的。我对人家——尤其是弱者、残疾、困苦的人，都要有礼貌。举止行动，力求合于礼节。	

续表

服从	（16）中国公民是服从的。我要服从父母师长的指导，和团体的决议。	（3）我服从领袖的指导。 （4）我服从团体多数人的决议。 （5）我尊重大多数人的意见。 （6）我受了训诫不愐恨，要反省并且改正过失。
负责	（17）中国公民是负责的。我应当做的事情，一定要做好，并且要做得好，决不推诿敷衍，即使遇到了困难，也不放弃责任。	（1）我答应的，一定做到。 （2）我说要做的，要尽力去做。 （3）我应当做的事，一定要做得好。 （4）我做事遇到了困难，不推诿，不敷衍。
坚忍	（18）中国公民是坚忍的。我的意志要坚定，不顾一切的阻碍，努力求贯彻自己的计划；无论如何吃苦，也能忍耐。	（1）我做事有毅力坚持到底，非成功不丢下。 （2）我受了屈辱，要忍耐地设法伸雪。 （3）我受了降级等的处分，要不灰心，坚忍地用功。 （4）我遇到痛苦或困难，不畏缩，不懊悔。 （5）我要意志坚定，贯彻自己的计划。

十四、个别的训练比公共的训练尤为重要，所以儿童个性及其能力体力，社会环境，家庭状况，与公民训练有关系的，都须精密检验和调查。

十五、公民训练须使家长常把子女学校的特性报告家长，也定期把考查成绩互相合作。

十六、团体组织有关的训练，如关于自治组织及其他学术、交际等集团活动，应随时予以充分的训练的机会。

续表

(19) 中国公民是知耻的。我要洗雪自己和国家的耻辱。临财毋苟得，临难毋苟免。	(3) 我不取非分的钱财，不受非分的奖誉，不贪非分的便宜。 (4) 别人无理侮辱我，要和他讲理，不随便忍受。 (5) 我受了耻辱，要努力洗雪。 (6) 我要爱惜名誉，不做不名誉的事。 (7) 我要知道国家的耻辱的话。 (8) 我要牢记国耻事实，时时准备雪耻。 (9) 我遇到了患难，要挺身而出，不规避，不苟且。 (10) 人家有不名誉的事实，我不取笑他。 (11) 我要自修以止谤，力行以雪耻。	十七，应酌量各年级儿童的能力，随时使儿童参加社会活动，以帮助社会事业的进行。例如举行灭蝇运动、户口调查等。 十八，应随时训练较高年级儿童调查并判断自己及社会环境各种团体组织各种事业的优点和劣点，并计划如何改进。
(20) 中国公民是勇敢的。我应该做的事情，要大胆去做，不要怕一切困难、危险。我敢做，失败，拒绝朋友的诱谄媚，敌人的讥讽恐吓。	(4) 我做事勇往直前。 (5) 我不怕一切困苦。 (6) 我受了不正当的攻击，不灰心，不屈服。 (7) 我不受强暴别人家的威胁。 (8) 我拒绝别人的谄谀。	

续表

	（1）别人有急难的时候，我要竭力帮助。 （2）我扶助别人要牺牲自己。 （3）我帮助别人，不受酬谢，也不希冀自己的功劳。 （4）国家社会有大难的时候，我要尽力扶持，并且有牺牲的决心。 （5）我要使我的知识能力，和我的年龄同时增进。	
义侠	（21）中国公民是义侠的。我要时时准备帮助别人，济困扶危。在必要的时候，我不惜牺牲自己。	
	（22）中国公民是进取的。我的学问，事业，行为，都要向前猛进，不愿落后。我充满着进步的希望。	
守规	（23）中国公民是守规律的。我要遵守学校以及团体的各种规则和秩序。	

续表

关于公益的	（24）中国公民是重公益的。我要尊重公共的利益，决不因害自己的便利而损害公众，糟蹋公地、公物，妨碍公众。		
关于经济的	（25）中国公民是节俭的。我要节省钱财，在不必用的时候，决不浪费，但是我不吝啬，也不贪得。		
	（26）中国公民是劳动的。我要做劳动工作，求得做工的技能，将来因劳动而生活，不愿意劳而获。	（4）我不规避校内的各项操作。 （5）我不轻视劳动的工作。 （6）我不轻视或侮慢做劳动工作的人。	（6）我对于损坏的用具，常常设法自己修理。 （7）可以利用的废物，我尽量利用它。
	（27）中国公民是生产的。我要学习生产的智能，增进社会生产的效率，为大众谋福利。	（1）我尽量力帮助父母做生产的工作。 （2）玩具用品，能够自制的，我一定想法自己去做。 （3）我喜欢养家禽家畜和蜂蚕等物。 （4）我要利用空地，栽种花草蔬菜。	

续表

关于政治的	合作	(28) 中国公民是合作的。我要与大众共有、共治、共享；生产、消费、贩卖，都要合作化，以求生活的圆满。	(3) 我热心参加社会的合作运动。 (4) 我与人合作的时候，要牺牲自己的成见。
	奉公	(29) 中国公民是奉公的。我要尽国民应尽的义务，享我国民应享的权利，决不假公济私。	(4) 社会团体委托我做的事，我一定热心去做。
	守法	(30) 中国公民是守法的。我要遵守国家的法律，决不违法玩法。	(2) 我爱护法律与公民的自由和权利。 (3) 我遵守国家的法律。 (4) 我对于国家应尽的义务不推诿，法定的权利不放弃。
	爱国爱群	(31) 中国公民是爱国爱群的。我要爱护我的团体，尊敬我的国家，准备和同胞团结，为国族奋斗。	(6) 我不做损害学校团体或社会国家的事情。 (7) 我爱护自己的学校和团体。 (8) 我愿意牺牲自己，爱护国家。 (9) 我常看报，留心公众的事情。

续表

拥护公理	(32) 中国公民是拥护公理的。我要主持公道，同情弱小，准备为公理而抵抗横暴。	(1) 我用全力拥护公理。 (2) 我同情于受强暴压迫的人们或国家。 (3) 我厌恶一切违反公理的事件。 (4) 我对任何人任何国都依着公理平等看待。

说明：1.本表根据1933年2月中华民国政府教育部公布的《小学公民训练标准》编制。详见《小学公民训练标准》，《教育部公报》第5卷，第7、8期（1933年2月），附载，第19—25页；第9、10期（1933年3月），附载，第31—34页；第11—12期（1933年3月），附载，第47—62页。
2.表中内容只是稍做了分类，原文抄录，基本未做改动。

表10　　　　　　　　　　　　　　　　南京政府时期中学公民课程标准

课程标准名称	目标	时间支配	教材大纲/讲习纲要或教材			实施方法概要
^	^	^	第一学年	第二学年	第三学年	^
初级中学《初级中学公民课程标准》(1934年8月)	（壹）使学生由实际生活，体验群己之关系，养成修己待人之善良品性。（贰）使学生明了三民主义之要旨，及政治经济法律与地方自治之基本知识，培养健全之公民资格。（叁）使学生了解我固有道德之意义，确立复兴民族之道德的基础。	第一二学年每学期每周2小时，第三学年每周1小时。	公民生活与公民道德（一）学校生活：1、课业活动与善良品性之培养，2、体育活动与善良品性之培养，3、劳作活动与善良品性之培养，4、课外活动与善良品性之培养，5、休闲时间之运用，6、童子军训练之德目，7、新生活运动与善良习惯之养成，8、学生自治团体之组织，9、民权初步与集会之演习；（二）家庭生活：1、亲子及兄弟姊妹夫妻之关系，2、孝与友爱之意义，3、依赖家庭之弊与个人自立，4、家族与国族；（三）社会生活：1、群己之关系，2、共同生活与道德，3、中国民族固有之弱点与优点，4、发扬民族精神。公民与政治生活（一）国家：1、民族与国家，2、国家之独立与自由，3、侵害我国独立自由之不平等条约，4、国家组织与国际组织；（二）公民与政府——中山先生之民权主义，1、公民之政权：（甲）选举，（乙）罢免，（丙）创制，（丁）复决，2、政府之治权：（甲）行政，（乙）立法，（丙）司法，（丁）监察，（戊）考试；（三）革命建设之程序：1、军政时期，2、训政时期，3、宪政时期。	地方自治（一）地方自治与训政及宪政关系；（二）地方自治之组织：1、县自治组织；2、市自治组织；（三）地方自治之实施：1、清查户口，2、设立机关，3、规定地价，4、修筑道路，5、垦辟荒地，6、普及教育，7、公共卫生，8、保甲与警卫，9、兴办各种合作事业，10、举办各种救济事业。法律大意（一）法律与公共公共生活；（二）权利主体与客体：1、权利之意义，2、权利之种类，3、自然人与法人；（三）财产与财产继承：1、财产之意义，2、中国民法上之财产继承制；（四）契约与损害赔偿：1、法律行为与侵权行为，合法行为与不法行为，2、法律行为与契约，3、侵权行为与损害赔偿；（五）犯罪与刑事制裁：1、犯罪之意义，2、刑事制裁之类型；（六）法院：1、司法权及其独立，2、法院组织之大要。	公民与经济生活（一）经济生活之意义；（二）消费：1、欲望之发生，2、财货之效用，3、衣食往行人需要，4、使用与储蓄；（三）生产：1、生产之意义，2、生产要素与组织，3、机器与分工，4、生产合作，5、民主主义与生产；（四）交换：1、交换之意义，2、价值与价格，3、钱币与信用制度，4、交通机关，5、商业与消费合作，6、国际贸易；（五）分配：1、分配之意义，2、工资，3、利息与利润，4、节制资本与平均地权；（六）财政：1、岁入，2、岁出；（七）中国经济之现状与将来：1、列强经济侵略与中国经济现况，2、中山先生实业计划大意。附注：编辑教科书时，应多采用具体而与实际问题有关之教材，力避空泛之议论。	（壹）作业要项（一）学校训育及管理应与公民教学密切联络。学生自治团体为实践公民生活良好组织，应指导其进行。（二）于可能范围内令学生参加实际公民活动，如社会调查及经济调查等项。（三）学生于集会时应充分运用民权初步。（四）学校应与学生家庭切实联络，以收学校教育与家庭教育合作之效。（贰）教法要点（一）为正确青年思想起见，教材内容应取既定之理论为叙述时以说明式之编订，其偏激性材料应从略。（二）学校环境应有适当之布置及设备，使学生观感接触，能获得良好之公民训练。（三）公民训练应采用积极的诱导，非不得已，不宜骤施消极的制裁。（四）除于团体生活中施行公民训练外，宜考察学生个性应以适当之个别训练，以培植其人格修养。（五）教材节目系指示教学事项，各目内容繁简应酌量每学期教学总时间，平均支配，使勿陷于不能教学完毕之弊。（六）解释教材时，应注重实际社会调查材料，及最近发现之事实。

续表

《初级中学公民课程标准》(1936年)	（一）使学生由实际生活，体验群己之关系，养成立己合群之善良品性。（二）使学生明了三民主义之要旨，及地方自治之基本知识，培养其健全之公民资格。（三）使学生了解我国固有道德之意义及实践新生活运动之规律，确定复兴民族之道德的基础。	每学期每周1小时，共3学年。	（一）公民之意义 （1）群己之关系（从家族至国族）。 （2）国民与公民。 （3）公民道德与新生活运动。 （二）学生生活与公民道德之培养 （1）课内外各种活动。 （2）童子军训练。 （3）学生自治组织（附述民权初步大意） （4）学校生活与新生活。 （三）家庭生活 （1）家庭之组织与家庭道德。 （2）亲属关系之要义。 （3）家庭经济与财产。 （4）家庭生活与新生活。 （四）社会生活 （1）共同生活与社会生活。 （2）社会服务与劳动服务。 （3）社会秩序与违警法刑法要义。 （4）社会财富与民生主义。	（五）公民与国家 （1）民族与国家。 （2）中华民族与中华民国。 （3）吾国之独立自由与不平等条约。 （4）国民经济建设与国际贸易。 （六）公民与政治 （1）公民之权利与义务。 （2）中国国民党党德与史略。 （3）中央政府及地方政府。 （4）国民大会。 （5）国家财政。	（七）地方自治 （1）公民与地方自治。 （2）地方自治之组织。 （甲）县以下之自治组织。 （乙）县自治组织。 （丙）市自治组织。 （3）地方自治之工作。 （甲）清查户口。 （乙）设立机关。 （丙）清丈土地及规定地价。 （丁）修筑道路。 （戊）垦殖荒地。 （己）普及教育。 （庚）公共卫生。 （辛）保甲与警卫。 （壬）兴办各种合作事业。 （癸）举办各种救济事业。 （子）地方劳动服役之组织与训练。 （八）地方财政 （九）**农村繁荣与公共幸福。** 附注：编辑教科书时，应多采用具体而与实际问题有关之教材，力避空泛之议论。	一、作业要项 （一）学校训育及管理应与公民教学密切联络。学生自治团体为实践公民生活良好组织，应指导其进行。 （二）于可能范围内应令学生参加实际公民活动，如社会调查及经济调查等项。 （三）培养学生组织能力与治事方法，于学生集会时并应充分运用民权初步。 （四）学校应与学生家庭切实联络，以收学校教育与家庭教育合作之效。 （五）酌授于公民科应有之特殊教材（例如社会服务之特殊训练）。 二、教法要点 （一）为正确青年思想起见，教材内容应取既定之理论为叙述式及说明式之编订，其偏激性材料应从略。 （二）学校环境对于普通及特殊训练应有适当之布置与设备，使学生观感接触，能获良好之公民训练。 （三）公民训练应采用积极的诱导；不得已，不宜骤施消极的制裁。 （四）除于团体生活中施行公民训练外，宜考察学生个性，施以适当之个别训练，以培植其人格修养。 （五）教材节目系指示教学事项，各目内容繁简应酌量每学期教学总时间，平均支配，使勿陷于不能教学完毕之弊。 （六）讲解教材时，应注重实际社会调查材料与事实。
《修正初级中学公民课程标准》(1940年7月)	（一）使学生由实际生活，体验群己之关系，了解我国固有道德之意义，以养成己善群之品性。（二）使学生	每学期每周1小时，共1学年，甲组第二三学年各学期每周选习1小时。	（一）公民之意义及其信守 （1）公民之意义——国民与公民 （2）公民共同之信仰——三民主义 （3）我国固有之道德 （4）新生活规律 （5）国民精神总动员纲领 （二）学校生活 （1）共通——礼义廉耻——校训之义 （2）青年守则 （3）课内外各种活动 （甲）课业活动 （乙）健康活动 （丙）劳动服务 （丁）自治活动（附述民权初步大意）	（四）社会生活 （1）群己关系 （2）共同生活与社会道德 （3）社会秩序（附述违警罚法刑法要义） （4）社会财富与国民经济 （5）会社组织 （6）宗教认识与宗教信仰 （7）职业选择与职业道德 （五）地方自治事业 （1）编查户口 （2）清丈土地及规定地价	（六）地方自治制度 （1）地方自治之意义 （2）地方自治之组织 （七）公民与政治 （1）国民之权利与义务 （2）政权与治权 （3）中央政府与地方政府 （4）中央财政与地方财政 （八）公民与国家 （1）中华民族与中华民国 （2）中国国民党与	一、作业要项 （一）公民教学应以道德训练为起点，渐次扩展至政治训练，尤应注意地方自治基本智能之培养。 （二）公民教育应与学校训育密切联系，并注重日常生活之实践。 （三）公民教学应与童子军训练取得联系，以收即知即行之效。 （四）学生自治组织为实践公民生活之良好训练，切宜实加以指导。 （五）培养学生组织能力与治事方法，于学生

续表

明了三民主义之要旨，国家民族之意义，以正确其思想，坚定其信仰。 （三）使学生认识政治之组织与运用，及研究地方自治之基本智能，以陶铸其健全之公民品格，而培植其服务地方自治之能力。	（戊）生产活动 （己）休闲活动 （4）师长与同学 （三）**家庭生活** （1）家庭组织 （2）亲属关系（附述民法亲属部分之要义） （3）家庭道德 （4）家庭服务 （5）家庭经济——节约储蓄与治产 （6）家族与国族之关系	（3）开辟交通 （4）推广农业及发展工矿 （5）推行合作 （6）普及教育 （7）训练民众 （8）推行公共卫生 （9）办理警卫 （10）兵役与工役 （11）实施救恤	建国大纲 （3）国民经济建设 （4）国防建设 （5）国家与领袖 （九）**公民与世界** （1）对于国际 （甲）我国与世界各国之关系 （乙）我国对世界所负之使命 （丙）大同之意义 （2）对于人类 （甲）人生之意义与目的 （乙）人类之互助 （3）对于万物 （甲）征服自然 （乙）利用万物 （附注一）甲组选习部分之教材大纲，待订后增补。 （附注二）编辑教科书时，应多采用具体而与实际问题有关之教材，力避空泛之议论。	集会时，并应充分运用民权初步。 （六）学校应与学生家庭密切联络，以收学校教育与家庭教育合作之效。 （七）酌授关于公民科应有之特殊教材，并训练其从事实际工作（例如参加劳动服务等）。 （八）于可能范围内，应令学生参加实际公民活动（例如社会调查，经济调查等）。 二、教法要点： （一）为正确青年思想起见，教材内容应本三民主义、总理遗教及总裁训示，作有系统之编订，不得采用偏激性教材。 （二）一切教材应以适合本国国情政治信仰者为主，国外学说介绍时，须详释慎解，融会贯通，而以三民主义为依归。 （三）学校环境对于普通及特殊训练应有适当之布置与设备，使学生观感接触能获得良好之公民训练。 （四）公民训练应采用积极的诱导，非不得已，不宜骤施消极的制裁。 （五）除于团体教学及共同生活中施行公民训练外，宜考察学生个性，施以适当之个别训练，以培植其人格。 （六）教材节目系指示教学事项之重要纲领，其详细内容，除教科用书教材外，应就每学期教学总时间，酌加适应环境之补充教材。 （七）讲解教材时，应注重实际社会调查材料与事实。

续表

| 《六年制中学公民课程标准草案（初中部分）》（1941年9月） | （一）使学生由实际生活，体念群己之关系，以养成良好之生活习惯及修己善群之善良品性。（二）使学生对三民主义有真切之了解，以正确其思想，坚定其信仰。（三）使学生认识中华民族之构成因素及其固有道德，与国际之关系，以养成其伟大之民族意识。（四）使学生明了政治制度，宪法运用，法律常识，以及中国国民党之政纲政策，以培养其使用民权之能力。（五）使学生习得国民经济之常识，本国农工商业及资源之情形，以启发其正确之民生观念。 | 第一学年每周2小时，第二三学年每周1小时。 | **第一学期**
第一学年第一学期注重基本训导及团体训练，由校长各主任级任导师，导师及童子军教练员担任之，另订指导历，不用课本，参酌下列各项，实施指导：
（一）校史章则
（1）本校校史、校风、环境及设备
（2）本校组织及教职员
（3）本校章则
（二）团体训练
（1）童子军训练及管理
（2）级会组织及工作
（三）个性考察
（1）调查及测验
（2）个别谈话及小组讨论
（四）修学指导
（1）各科目之性质及目的及其相互关系
（2）各科目之研究态度与方法
（五）道德修养
依照部分训育纲要及青年训练大纲有关各点，实施指导。
第二学期
（一）公民之意义及其信守
（1）公民之意义——国民与公民
（2）国民共同之信仰——三民主义
（3）我国固有之道德
（4）新生活规律
（5）国民精神总动员纲领
（二）学校生活
（1）校训之意义——礼义廉耻
（2）青年守则
（3）课内外各种活动
　（甲）课业活动
　（乙）健康活动
　（丙）劳动服务
　（丁）自治活动
　（戊）生产活动
　（己）休闲活动
（4）师长与同学
（三）家庭生活
（1）家庭组织
（2）亲属关系
（3）家庭道德
（4）家庭服务
（5）家庭经济——节约储蓄与治产
（6）家族与民族之关系 | **（四）社会生活**
（1）群己关系
（2）共同生活与社会道德
（3）社会秩序
（4）社会财富与国民经济
（5）会社组织
（6）宗教认识与宗教信仰
（7）职业选择与职业道德
（五）公民与国家
（1）民族与国家
（2）国家与领袖
（3）我国建国之原则
　（甲）三民主义
　（乙）建国方略
　（丙）建国大纲
　（丁）抗战建国纲领
（六）公民与世界
（1）对于国际
　（甲）我国与世界各国之关系
　（乙）我国对世界所负之使命
　（丙）大同之意义
（2）对于人类
　（甲）人生意义与目的
　（乙）人类之互助
（3）对于万物
　（甲）征服自然
　（乙）利用万物 | **（七）公民与三民主义**
（1）三民主义之涵义及其理论体系
（2）三民主义之演进与完成
（3）三民主义之国家学说
（4）三民主义与全国国民
（八）公民与民族主义
（1）民族主义之要义
（2）民族构成及其组织
　（甲）民族之构成
　（乙）民族之组织
（3）民族精神与公民道德
　（甲）我国民族与民族精神
　（乙）我国伦理思想之特点（兼述　总理及　总裁之伦理思想）
　（丙）西洋伦理思想之比较研究
　（丁）青年人生观与道德之培养
（4）民族与人口问题
　（甲）民族兴衰与人口之关系
　（乙）我国人口实况
　（丙）人口发展与拓殖
　（丁）婚姻指导与优生
　（戊）我国应有之人口政策
（5）民族与国际关系
　（甲）民族国家与国际关系
　（乙）国际法与际道德
　（丙）国际公约与国联盟
　（丁）中华民族在国际之地位及情况
　（戊）国防建设与外交政策 | **（一）作业要项：**
（1）公民教育应与学校训育密切联络，并注重日常生活之实践。
（2）公民教学应与童子军训练、军事训练及学校训育取得联系。
（3）学生自治团体及课外活动，应由学校指导进行，以实践公民训练。
（4）培养学生组织能力与治事方法并于可能范围内令参加实际公民训练。
（5）社会各种组织（包括政治、法律、经济、农、工、商业等）应令学生于可能范围内前往参观，俾从教育内之公民教学获得社会生活印证，以养成其视察及评判之能力。
（6）学校应与学生家庭密切联络，以收学校教育与家庭教育合作之效。
（7）学校应设备适于学生阅读有关公民教学之良好社会科学及青年修养书籍。遇有关公民教学之题材，并应举行讲演研究等集会。
（8）酌授关于公民科应有之特殊教材（例如非常时期社会救济问题，社会金融之调剂以及工商业管理等）。
（二）教法要点：
（1）为矫正青年思想起见，教材内容应本三民主义，总理遗教及总裁训示，作有系统之编订，不得采用偏激性教材。
（2）一切教材应以适合本国国情政治信仰者为主，国外学说介绍时，须详释慎解，融会贯通，而以三民主义为依归。
（3）学校环境对于普通及特殊训练，应有适当之布置及设备，使学生观感接触，获得良好之公民训练。
（4）公民训练应采用积极的诱导，非不得已，不宜骤施消极的制裁。
（5）教员应考察学生个性施以适当之个别训练，以培植其人格；并指导其课外阅读有关之优良书籍，以满足其兴趣而善导其思想。
（6）教材节目系指示教学事项之重要纲领，其详细内容，除教科用书外，应就每学期教学总时间，酌加适应环境之补充教材。
（7）讲解教材，应注重实际社会调查材料及事实。 |

续表

			项目	规条	训育主旨	讲习纲要	一、公民科之使命除教学公民知识以外，尤须注意公民品格之陶冶及公民行为之训练。 二、教学"讲习纲要"时仍应注意与训育规条之实践配合。 三、讲习纲要中"妇女与家庭"一节传供女生教学之用，教材内容应详细阐述妇女在家庭组织中之重要与责任，以光大女子之天性与美德。 四、应多利用各种纪念仪式及学生集会讲授有关公民之知识，以补公民科教学之不足。 五、学生自治组织为实现公民生活之良好训练，应切实加以指导。 六、培养学生组织能力与治事方法，于学生集会并应用民权初步。 七、应指导学生参加实际公民活动，例如地方自治工作社会调查经济调查等。 八、学校环境对于普通及特殊训应有适当之布置与设备，使学生观感接触能获得良好之公民训练。 九、除团体教学及共同生活中施行公民训练外，宜考察学生之个性施以适当之个别指导，以培养其公民道德。
《修订初级中学公民课程标准》（1948年）	一、训练履践四维八德各项具体条款使逐渐成为习惯。 二、养成对于家庭他人学校社会国家及世界之正当关系与态度，以确定其正确之人生观。 三、灌输一般公民应有之政治经济法律道德与社会生活各项常识。 四、启发人民权责之由来，鼓舞服务社会效忠国家致力人类之志愿与精神。	讲习纲要每周教学1小时共三学年，训练规条着重平日之实践，实践之指导与检讨于朝会或周会中行之。				第一学年	第二学年	第三学年
			忠勇	一、尊敬国旗 二、爱护学校与团体 三、尊敬有功于国家的人 四、使用国货 五、有过失毅然承认力求改悔	爱国	1、公民与学校 （1）师长与同学 （2）青年守则 （3）	3、公民与社会 （1）团体生活与社会道德 （2）社会秩序与社会制裁 （3）社	5、公民与国家 （1）中华民国与中华民族 （2）中华

续表

						共同校训（4）学生自治 2、公民与家庭（1）亲属关系（2）家庭道德（3）家庭经济（4）互助与独立（5）妇女与家庭	会繁荣与国民经济（4）职业选择与职业道德 4、公民与地方（1）地方自治之意义（2）地方自治之组织（3）地方自治之工作（4）公民与地方自治之责任	民国宪法要点（3）政权之行使（4）民法刑法之大要（5）各级政府之组织（6）经济建设与国防建设 6、公民与世界（1）我国与世界各国之关系（2）联合国之组织（3）民族精神与世界和平（4）我国对世界所负之使命	
			孝顺	一、敬爱父母恭敬尊长 二、友爱兄弟姊妹 三、协助家长料理家事 四、出外常写信 五、任何事对父母不隐秘	齐家				
			仁爱	一、待人和爱平等 二、随时随地扶持老弱 三、爱惜公物不无故伤害生灵 四、不泄己忿不夺人所好 五、不作昧心事不嫉人之能	接物				
			信义	一、确守时间 二、对人对事诚信不欺 三、考试或竞赛不取巧不作弊 四、不矜己长不议人短 五、己所不欲勿施于人	立业				
			和平	一、言语态度谦恭有礼 二、喜怒哀乐合乎节度 三、不欺侮弱小 四、不意气用事 五、遭遇不如意事须以合法方法解决之	处世				
			礼节	一、遵守学校一切规则 二、遵守社会一切秩序 三、对人对事敬而有礼 四、不侵犯他人自由 五、随时随地注意自己礼貌	治事				
			服从	一、接受师长指导 二、接受他人忠告 三、遵守合法团体正当约束 四、合理之事虽不利于己亦须奉行 五、不阳奉阴违不诿卸责任	负责				
			勤俭	一、早起早睡严守作息程序 二、爱惜物力利用废物 三、摒绝不良嗜好 四、努力劳动服务 五、有储蓄习惯	服务				

续表

			整洁	一、注意服装整洁 二、注意饮食清洁 三、保持环境清洁 四、有勤于洗澡之习惯 五、有洗晒保藏衣物之习惯	强身			
			助人	一、尽力协助新到同学 二、作有利于人的事视如作自己的事 三、赞助慈善救济之团体与事业 四、时时检讨自己助人的能力并发挥之 五、助人不问亲疏施予不求报答	快乐			
			学问	一、立定求学计划并切实力行 二、所学必力求熟谙确能应用无误 三、爱好实验、研究、搜求、观察事物 四、热心参加学术集会 五、崇敬古今中外学术界伟人	济世			
			有恒	一、读任何书须终篇 二、习字不潦草 三、作日记不间断 四、做一事作一物必求其有成 五、对于自己所定的计划必坚持到底	成功			

说明：（一）本规条系提要性质，必使学生躬行实践，各地各校如因需要可另增规条，但须符合公民科目标。
（二）本规条之规定按青年十二守则排列，各地各校因实际需要及学生年龄身心情形在各年级中可变更次序实施之。
（三）实施时须注意本规条与小学及高中之连续性，小学阶段如有未完成训练事项，应继续训练之。
（四）操行考查须依据本规条项目实施情形作合理之评断。

续表

			教材大纲/讲习纲要或教材			
			第一学年	第二学年	第三学年	
高级中学	《高级中学公民课程标准》（1934年8月）	（壹）使学生习得社会生活必要之知识，为服务社会之准备。 （贰）使学生认识中国国民党之主义政纲政策，为建国及解决社会问题唯一之途径。 （叁）使学生明了人生之意义，启发其自觉心，以确定其人生观，并养成其对于复兴民族之责任心。	每学期每周2小时。	**社会问题** （一）社会问题之意义与范围； （二）家庭问题： 　1、起源， 　2、体制及其变迁， 　3、婚姻与贞操问题； （三）人口问题： 　1、人口增减之原因与结果， 　2、乡村人口与都市人口， 　3、移民， 　4、生育限制与优生学。 （四）劳动问题： 　1、童工与女工， 　2、工资与工时， 　3、失业， 　4、劳工法规。 （五）农村问题： 　1、农村衰落之原因与结果， 　2、农民生活之状况， 　3、农村之救济方法（土地合作、农业改良、农村教育等）； （六）妇女问题： 　1、妇女在社会上应有之地位， 　2、妇女之职业能力与经济独立之必要； （七）贫穷与生计问题： 　1、贫穷之原因与结果， 　2、职业指导与职业选择， 　3、职业训练与职业道德， 　4、贫穷之救济方法。 （八）犯罪问题： 　1、犯罪之原因， 　2、犯罪之救济方法。 **政治概要** （一）国家之意义与种类； （二）我国现行政治制度； （三）各国政治制度之比较： 　1、英国式之政治制度， 　2、美国式之政治制度， 　3、瑞士之委员制度， 　4、苏维埃式之政治制度， 　5、法西斯蒂主义之政治制度； （四）宪法： 　1、宪法之意义与种类， 　2、宪法之内容， 　3、宪法产生之方式， 　4、宪法修改之手续， 　5、中国制宪运动之经过； （五）政党： 　1、政党之意义与种类， 　2、政党在政治上之作用， 　3、一般政党与中国国民党； （六）国际关系与国际组织： 　1、国家与国家关系， 　2、国际关系与国际公法， 　3、不平等条约及撤废运动， 　4、国际联盟与国际法庭， 　5、国际会议。	**经济概要** （一）经济与经济学； （二）消费： 　1、消费之意义， 　2、消费与经济行为， 　3、食衣住行之消费， 　4、消费与人类生活之程度， 　5、使用与储蓄； （三）生产： 　1、生产之意义， 　2、生产之要素， 　3、机械与生产力， 　4、分工之效用， 　5、生产之管理， 　6、生产合作之功用， 　7、国营生产与私营生产， 　8、资本主义生产与民主主义生产； （四）交换： 　1、交换之意义， 　2、交换之发生与发达， 　3、价值与价格， 　4、钱币， 　5、运输与市场， 　6、商业与消费合作社， 　7、信用制度与信用合作， 　8、国际贸易； （五）分配： 　1、分配之意义， 　2、土地与地租， 　3、平均地权， 　4、劳动与工资， 　5、资本与利息， 　6、企业与利润， 　7、节制资本； （六）国家财政： 　1、岁出与岁入， 　2、租税， 　3、公债， 　4、财务行政； （七）中国经济状况： 　1、中国所受列强经济之侵略， 　2、中国农工商经济现状； （八）中山先生实业计划。	**法律大意** （一）法律之意义与渊源： 　1、法律之意义， 　2、法律之种类（注重民刑法之差别）， 　3、中国法系与世界法系； （二）权利能力与行为能力； （三）法律行为与意思表示； （四）动产与不动产所有权： 　1、所有权之本质及其内容， 　2、所有权取丧及其变更， 　3、所有权与限制物权， 　4、不动产所有权； （五）婚姻父母子女与亲属： 　1、婚姻之社会的意义， 　2、订婚结婚与离婚， 　3、父母子女之类别， 　4、父母子女间之权利义务， 　5、亲属与亲亲等， 　6、扶养义务与亲属会议； （六）法定继承与遗嘱遗赠： 　1、继承之承认限定及抛弃， 　2、遗嘱之类别与要件， 　3、遗嘱之无效与撤销， 　4、遗赠之成立与效力， 　5、遗嘱与特留分； （七）各种犯罪制裁与监狱： 　1、各种犯罪制裁， 　2、监狱之社会的与教育的功用， 　3、监狱之组织（新监旧监并附述看守所）及管辖； （八）法院组织与民刑诉讼： 　1、普通法院与特别法院， 　2、外国在华领事法庭（领带裁判权）， 　3、律师制度与陪审制度， 　4、民诉之调解再审与强制执行， 　5、刑诉之告诉侦查与非常上诉。 注：以上法律各目，应以阐明我国现行法制为主。 **伦理大意** （一）伦理之意义； （二）伦理学说： 　1、中国之伦理思想， 　2、西洋之伦理思想， 　3、中山先生之伦理思想； （三）中国青年之责任与义务： 　1、对于家庭之责任与义务， 　2、对于社会之责任与义务， 　3、对于国家民族之责任与义务， 　4、对于全人类之责任与义务。 附注：编辑教科书时，应多采用具体而与实际问题有关之材料，力避空泛之议论。	（壹）作业要项 （一）学生自治团体及学校商店或合作社等组织，应由学校指导其进行，实践公民训练。 （二）社会各种组织（包括政治、经济及农、工、商业等），应令学生于可能范围内前往参观，俾从教室内之公民教学而获得社会生活之印证，以养成其视察及评判之能力。 （三）学校应设备适于高中生阅读有关公民教学之良好社会科学及青年修养书籍，遇有关公民教学之题材，并应举行讲演研究等集会。 （贰）教法要点 （一）为正确青年思想起见，教材内容取既定之理论为叙述时及说明式之编订，其尚待研究之问题与政策之实际运用尚从略。 （二）学校环境应有适当之布置与设备，使本科教学获得充分之效率。 （三）教员应考察学生个性，指导其所喜阅读之良好社会科学及青年修养书籍，以满足其兴趣而善导其思想。 （四）解释教材时，应注重实际社会调查材料，及最近发现之事实。

续表

			一、第一学年第一学期 社会问题、政治概要： **社会问题** （一）人口问题 　（1）人口概论 　（2）吾国人口问题 （二）农村问题 　（1）农村经济 　（2）中国农村衰落与复兴问题 （三）劳动问题 　（1）劳资与生产 　（2）劳资协作 　（3）中国劳动问题 （四）职业问题 　（1）职业训练 　（2）职业选择 　（3）职业道德 　（4）失业救济 （五）婚姻问题 　（1）婚姻之社会的意义 　（2）订婚、结婚与离婚 　（3）夫妻间之权义关系 **政治概要** （一）政治制度 　（1）民主政治 　（2）独裁政治 　（3）吾国现行政治制度 　（4）政党 （二）宪法 　（1）宪法之意义与种类 　（2）宪法之内容（注重五权宪法） 　（3）宪法之产生与修改 （三）国际关系与国际组织 　（1）国家与国际组织 　（2）国际会议与国际公约 　（3）国际联合会与国际法庭 　（4）中国与国际组织之关系 二、第一学年第二学期 **经济概要** （一）中国经济社会之特质 　（1）自然环境 　（2）文化背景 （二）中国之农业 　（1）农地与农产 　（2）农业技术及组织 　（3）农业经济 　（4）中国现行土地法要义 （三）中国之工业 　（1）工业种类 　（2）工业技术及组织 　（3）工业原料 　（4）工业投资及管理 （四）中国之商业 　（1）价值与价格 　（2）市场与运输 　（3）商业组织 　（4）商业金融 　（5）国际贸易与关税 （五）中国之金融 　（1）金融制度之沿革 　（2）金融机关之组织与业务 　（3）钱币革命论与币制改革 （六）中国之财政 　（1）预算与决算 　（2）公共支出与收入 　（3）公债 　（4）主计与审计 （七）中国经济之改进 　（1）中山先生实业计划 　（2）合作运动 　（3）计划经济	三、第二学年第一二学期 **法律大意** （一）法律之意义 （二）组成法律之各种资料 （三）权利主体与客体 　（1）权利之意义及种类 　（2）自然人与法人 　（3）物与物权 （四）法律行为 （五）债 　（1）债之发生 　（2）债之消灭 　（3）债之种类 （六）财产继承与遗嘱 （七）刑事制裁与监狱 　（1）犯罪之意义与其原因 　（2）刑事制裁 　（3）监狱之功用与中国监狱之改革 （八）诉讼手续 　（1）法院之组织 　（2）民事诉讼 　（3）刑事诉讼 　（4）律师制度 　（5）行政诉讼 　（6）领事裁判权	第三学年第一学期 **伦理大意** （一）伦理之意义 （二）中国伦理思想之特点 （三）西洋伦理思想之特点 （四）中山先生之伦理思想 （五）中国青年之责任与义务 （六）中国公民与民族复兴 **附注** 编辑教科书时，应多采用具体而与实际问题有关之材料，力避空泛之议论。	一、作业要项： （一）学生自治团体及学校商店或合作社等组织，应由学校指导其进行，以实践公民训练。 （二）社会各种组织（包括政治、法律、经济及农、工、商业等），应令学生于可能范围内前往参观，俾从教室内之公民教学而获得实际社会生活之印证，以养成其视察及评判之能力。 （三）学校应设备适于高中生阅读有关公民教学之良好社会科学及青年修养书籍。遇有关公民教学之题材，并应举行讲演研究等集会。 （四）培养学生组织能力与治事能力方法。 （五）酌授关于公民科应有之特殊教材（例如特殊时期社会各项救济问题，社会金融之调剂以及工商业管理等）。 二、教学要点： （一）为了正确青年思想起见，教材内容应取平正之理论为叙述式及说明式之编订。 （二）学校环境对于普通及特殊训练，应有适当之布置及设备，使教学获得充分效率。 （三）教员应考察学生个性，指导其所喜阅读之良好社会科学及青年修养书籍，以满足其兴趣而善导其思想。 （四）讲解教材时，应重实际社会调查材料及事实。
《高级中学公民课程标准》（1936年）	（一）使学生习得社会生活必要之知识以及组织能力治事方法，为服务社会之准备。 （二）使学生认识中国国民党之主义政纲政策，为建国及解决社会问题唯一之途径。 （三）使学生明了人生之意义，启发其自觉心，以确定其人生观，并养成其对于复兴民族之责任心。		第一学年每学期每周2小时，第二学年及第三学年第一学期每周1小时。			

续表

课程	目标	时间	内容（一）	内容（二）	内容（三）（四）	教学要点
《修正高级中学公民课程标准》（1940年7月）	（一）使学生认识中华民族之构成因素及其固有道德与国际之关系，以养成其伟大之民族意识。（二）使学生明了政治制度、宪法运用、法律常识以及中国国民党之政纲、政策，以培养其使用民权之能力。（三）使学生习得国民经济之常识，本国农、工、商业及资源之情形，以启发其正确之民生观念。	每学期每周1小时，共三学年。	（一）公民与三民主义 (1) 三民主义之涵养及其理论体系 (2) 三民主义之演进与完成 (3) 三民主义之国家学说 (4) 三民主义与建国 (5) 三民主义与全国国民 （二）公民与民族主义 (1) 民族主义之要义 (2) 民族之构成及其组织 （甲）民族之构成 （乙）民族与家庭 （丙）民族与社会 （丁）民族与国家 (3) 民族精神与公民道德 （甲）我国民族与民族精神 （乙）我国固有伦理思想与固有道德（兼述 总理及 总裁之伦理思想） （丙）西洋伦理思想之比较研究 （丁）青年人生观与道德之培养 （戊）新生活纪律与青年守则 (4) 民族与人口问题 （甲）民族复兴与人口之关系 （乙）我国人口实况 （丙）人口发展与拓殖 （丁）婚姻指导与优生 （戊）我国应有之人口政策 (5) 民族与国际关系 （甲）民族、国家与国际关系 （乙）国际法与国际道德 （丙）国际公约与国际联合会 （丁）中华民族在国际之地位及情况 （戊）国防建设与外交政策	（三）公民与民权主义 (1) 民权主义之要义 (2) 政治 （甲）我国现行制度 （乙）各国政制之比较 （丙）总理之政治思想 （丁）总裁之政治思想 (3) 政党 （甲）中国国民党之历史与组织 （乙）中国国民党之政策政纲 （丙）中国国民党今后之使命 (4) 宪法 （甲）宪法之意义 （乙）五权宪法 （丙）各国宪法之比较 (5) 现行法律 （甲）法律之种类及组织之资料 （乙）权利之主体与客体 （丙）法律行为 （丁）债与财产继承 （戊）法院与监狱之组织 （己）诉讼（民事诉讼、刑事诉讼、行政诉讼）	（四）公民与民生主义 (1) 民生主义之要义 (2) 中国经济社会之特质 （甲）自然环境 （乙）文化背景 (3) 中国之农业 （甲）我国农业概况 （乙）农业技术及组织 （丙）农村经济 （丁）农村建设与复兴 （戊）现行土地法要义 (4) 中国之工业 （甲）我国工业概况 （乙）工业技术及组织（机器工业之介绍及手工业之改进） （丙）资源开发 （丁）工业投资及管理 （戊）劳资协作与劳动问题 (5) 中国之商业 （甲）中国商业概况 （乙）商业组织 （丙）内外与运输 （丁）职业训练与职业道德 （戊）国际贸易与关税 (6) 中国之金融及财政 （甲）金融制度之沿革 （乙）金融机关之组织与业务 （丙）币制改革 （丁）财政政策 （戊）财政行政——主计与审计 (7) 中国经济之改进 （甲）平均地权与节制资本 （乙）总理实业计划 （丙）总裁国民经济建设运动 （丁）合作运动 （戊）计划经济 附注：编辑教科书时，应多采用具体而与我国实际问题有关之材料，力避空泛之议论。	一、作业要项： （一）公民教育应与学校训育密切联络，并注重日常生活之实践。 （二）公民教材应与训育要取得联络。 （三）学生自治团体及课外活动应由学校指导进行，以实践公民训练。 （四）社会各种组织（包括政治、法律、经济、农、工、商业等），应令学生于可能范围内前往参观，俾从教室内公民教学获得社会生活之印证，以养成其视察及评判之能力。 （五）学校应设备适于高中学生阅读有关公民教学之良好社会科学及青年修养书籍。遇有关公民教学之题材，并应举行讲演、研究等集会。 （六）培养学生组织能力与自治方法。 （七）酌授关于公民科应有之特殊教材（例如非常时期政治、经济问题、社会金融之调剂以及工、商业管理等）。 二、教学要点： （一）为正确青年思想起见，教材内容应本三民主义、总理遗教及总裁训示，作有系统之编订，不得采用偏激性教材。 （二）一切教材应以适合本国国情政治信仰者为主。国外学说介绍时，须详爲慎解，融会贯通，而以三民主义为依归。 （三）学校环境对于普通及特殊训练，应有适当之布置与设备，使学生观感接触，能获得良好之公民训练。 （四）教员应考察学生个性，指导其课外阅读有关之优良书籍，以满足其兴趣而善导其思想。 （五）讲解教材时，应注意实际社会调查材料及事实。

			（九）公民与民权主义 （1）民权主义之要义 （2）政治 　（甲）国民之权利与义务 　（乙）我国现行政制 　①中央府 　②地方政府 　③地方自治 　　（a）地方自治之意义 　　（b）地方自治之组织 　　（c）地方自治之事业 　　（子）编查户口 　　（丑）清丈土地及规定地价 　　（寅）开辟交通 　　（卯）推广农业及发展工业 　　（辰）推行合作 　　（巳）普及教育 　　（午）训练民众 　　（未）推行公共卫生 　　（申）办理警卫 　　（酉）兵役与工役 　　（戌）实施救恤 （3）政党 　（甲）中国国民党 　①中国国民党之历史及组织 　②中国国民党之政纲政策 　③中国国民党今后之使命 　④中国国民党领导其他各党 　（乙）各国政党概述	（4）宪法 　（甲）宪法之意义 　（乙）五权宪法 　（丙）各国宪法之比较 （5）法律 　（甲）法律之意义与种类 　（乙）组成法律之各种资料 　（丙）权利之主体与客体 　①权利之意义及种类 　②自然人与法人 　③物与物权 　（丁）法律行为 　（戊）债 　①债之发生 　②债之消灭 　③债之种类 　（己）财产继承 　（庚）刑事制裁与监狱 　①犯罪之意义与其原因 　②刑事制裁 　③监狱之功用与我国监狱之改革 　（辛）诉讼手续 　①法院之组织 　②民事诉讼 　③刑事诉讼 　④律师制度 　⑤行政诉讼	（十）公民与民生主义 （1）民生主义之要义 （2）中国经济社会之特质 　（甲）自然环境 　（乙）文化背景 （3）中国之农业 　（甲）我国农业概况 　（乙）农业技术及组织 　（丙）农村经济 　（丁）农村建设与复兴 　（戊）现行土地法要义 （4）中国之工业 　（甲）我国工业概况 　（乙）工业技术及组织（机器工业之介绍及手工业之改进） 　（丙）资源开发 　（丁）工业投资与管理 　（戊）劳资协作与劳动问题 （5）中国之商业 　（甲）我国商业概况 　（乙）商业组织 　（丙）市场与运输 　（丁）国际贸易与关税 （6）中国之金融及财政 　（甲）金融制度之沿革 　（乙）金融机关之组织与业务 　（丙）币制改革 　（丁）中央及地方财政概况 　（戊）财政政策 　（己）财务行政——主计与审计 （7）中国经济之改进 　（甲）平均地权与节制资本 　（乙）总理实业计划 　（丙）总裁国民经济建设运动 　（丁）合作运动 　（戊）计划经济	同《六年制中学公民课程标准草案》初中部分。
《六年制中学公民课程标准草案（高中部分）》（1941年9月）	同《六年制中学公民课程标准草案》初中部分。	每学年每周1小时。				

续表

		项目	规条	训练主旨	讲习教材
《修订高级中学公民课程标准》（1948年）	一、明确认体我国固有道德并继续笃实履践。二、获得社会政治经济法律道德文化等项重要知识之基本概念。三、认识本国社会政治经济法律道德文化的特质与时代精神，树立大国民之风范。四、体验实际生活增强一个公民知能上与品性上之修养，确立对民族国家世界人类的责任。	训育规条每周列一中心实施，讲习教材列在第三学年两学期，均每周2小时。			一、公民教学须使道德履践与知识同等重要一并实施，每周周会提示一训育规条作本周训育中心，多方利用校内活动或校外机会引导学生活动。二、讲习教材充分利用自学辅导及共同讨论方式解释及分析其意义，使学生确切了解公民正确观念。三、凡遇可以发挥之教材，教师应旁征博引作有系统之讲演，鼓舞学生作良好公民之严整态度与精神。四、指导学生从事自治活动，训练其组织领导之能力及守法服从公意之习惯。五、鼓励学生参加各级政府推行政令各项自治事业，用为公民实践之训练。六、指导学生经常阅读报纸，凡关于社会政治经济法律新闻详加研究与训育规条及公民知识互相印证，以增进其公民之修养。附注：社会章内妇女问题一节，对女子中学或中学设女生班，特别阐述女子独具之天性与美德，并揭示现代妇女合理之家庭生活与社会生活，以养成女青年正确生活态度。

			第一学年	第二学年	第三学年
	忠勇	一、拥护并力行国家政策 二、临难无惧知耻图强 三、克尽对国家应尽之义务 四、维护弱小抵御强暴	爱国		（一）社会 1、个人与社会 2、家庭问题 3、婚姻问题 4、职业问题 5、劳动问题 6、农村问题 7、社会福利与救济 8、妇女问题 （二）政治 1、民主政治 2、国父之政治思想 3、我国现行政治制度 4、政党
	孝顺	一、时时增进家庭和乐情趣 二、和睦亲族邻里 三、随顺父母正当意旨并能委婉改变父母不正当之意见 四、保持及造成家庭荣誉	齐家		

续表

			仁爱	一、就己可能周济贫困 二、人类一家无种族之视歧 三、克己利群劝善规过 四、随时随地为他人谋幸福	接物		（三）法律 1、中华民国宪法大纲 2、民法与刑法总则 3、法院组织 4、民刑诉讼之程序 5、法治精神
			信义	一、重然诺决不失信于人 二、认清是非辨别义利 三、不阿所好不私所亲 四、为公服务决不营私舞弊	立业		（四）经济 1、我国经济社会之特质 2、我国之农工商业 3、我国之金融与财政 4、我国经济之建设
			和平	一、尊重他人之言论见解 二、不因他人地位高下蔑视其人格 三、随时随地能排难解纷 四、遭遇拂逆三思而后行	处世		（五）伦理 1、我国固有道德及伦理思想之特点 2、青年之人生观与道德修养
			礼节	一、绝对遵守国家法律 二、平等态度对待外国人民 三、不谄上骄下 四、随时随地反省自己之礼貌	治事		（六）文化 1、文化之演进 2、我国文化之特点 3、科学艺术与人生 4、文化交流与世界和平
			服从	一、遵守社会制裁 二、维护法律尊严 三、服膺有利于国家的言论和实际行动 四、追求真理并服膺之	负责		
			勤俭	一、服装器物力求简朴 二、金钱使用力求合理 三、应作事立刻工作不使留积 四、尊重劳动人民	服务		
			整洁	一、注意仪容整齐 二、行坐立姿态端正 三、定时锻炼身体 四、保持思想纯洁能以理制欲	强身		
			助人	一、助人为善劝人改过 二、努力赞助有利于大众之改革 三、热心一切公益事业 四、确信小我依存于大我之真理	快乐		
			学问	一、喜欢搜集问题并寻求答案 二、爱好制作和发表 三、对学术技术具有创造发明之企图 四、时时将所学归纳成概念	济世		

续表

			有恒	一、不怕困难不怕失败 二、求学作事必有计划必求实现 三、不见异思迁 四、对于任何事物坚持不懈怠的精神	成功			
			说明：一、本规条系提要性质，必使学生躬行实践。各地各校如因需要可另增两条，但须符合公民科目标。 二、本规条之规定按青年十二守则排列，各地各校因实际需要及学生年龄身心情形在各年级中可变更次序实施之。 三、实施时须注意本规条与初中之连续性，初中阶段如有未完成训练事项，应继续训练之。 四、操行考查须依据本规条项目实施情形作合理之评断。				

说明：1.本表资料来源分别为：《初级中学公民课程标准》，教育部秘书处：《教育部公报》第6卷，第37、38期（1934年9月），附载，第22—31页；《高级中学公民课程标准》，《教育部公报》第6卷，第35、36期（1934年9月），附载，第44—55页；《初级中学公民课程标准》、《高级中学公民课程标准》、《修正初级中学公民课程标准》、《修正高级中学公民课程标准》、《六年制中学公民课程标准草案》、《修订初级中学公民课程标准》、《修订高级中学公民课程标准》，课程教材研究所编：《20世纪中国中小学课程标准·教学大纲汇编：思想政治卷》，北京：人民教育出版社1999年版，第160—162、163—167、168—171、172—176、177—184、185—189、190—193页。

2.《六年制中学公民课程标准草案》系教育部根据第三次全国教育会议作出的关于"设六年制中学，不分初高中。并为奖励清寒优秀子弟获得人才起见，六年制中学应多设奖学金额"之决议，于1941年9月公布，同时"指定国立中学数校及令川渝等11省市教育厅局指定成绩优良之公私立中学一二校"开始实验。其要旨如下：（一）目标专为升学准备，选择学生，宜从严格。（二）各种学科平均发展，始终不予分组，为进行高等教育培植一良好之基础。（三）各科全部课程，均采直径一贯之编配。（四）对于基本学科（国文、数学、外国语）之程度，应予提高，并求熟练，其余各科应以切实达到高中课程标准规定之程度。本表将其内容分为了初中部和高中部分。

3.表中内容只是稍做了分类，原文抄录，基本未做改动。

表11　　南京国民政府时期小学社会科课程标准中有关公民知识的内容规定

社会课程标准	作业类别	第五、六学年作业要项/教材大纲及要目
小学课程标准社会（1932年）	（一）儿童所应具的公民知识道德和习惯的研究、设计、练习。	作业要项 一、总理遗嘱的意义的讲述研究。 二、中国国民党党治及军政训政宪政等意义的讲述研究。 三、继续第三四学年第三项（三、三民主义大要的讲述研究）。 四、继续第三四学年第六项（六、民权初步的演习）。 五、继续第三四学年第七项（七、选举、罢免、创制、复决四种民权的设计练习）。 六、继续第三四学年第九项（九、继续第一二学年第五项[五、忠孝仁爱信义和平等道德故事的讲述（注重实践）]）。 七、平等与自由的真义的研究。 八、地方风俗习惯的观察调查和改善方法的研究。 九、地方自治的观察、调查、研究。 十、市政的观察研究。 十一、社会生活和社会服务的观察研究和实际参加。 十二、家庭、贫乏等社会问题的观察、调查、讨论、研究。 十三、生产、消费等社会经济状况的观察、调查、讨论、研究。 十四、人民的权利义务的研究。 十五、我国政治制度和五权宪法的研究。 十六、我国现行重要法制的大概研究。 十七、职业种类、择业方法和职业上必需的品性行为的讨论研究。 十八、有教育价值的本地新闻和重要时事的讲述研究。 以上关于公民知识的
小学高年级社会课程标准（1936年）	（一）关于公民的本地社会情形、公民知能等的观察、调查、记载、研究和设计练习等。	一、三民主义大要的讲述研究。 二、新生活运动的研究。 三、团体活动的训练和民权初步的演习。 四、选举、罢免、创制、复决四权的演习。 五、社会服务的研究和实际参加。 六、本地公共机关和公共事业公共建设的观察研究。 七、本地风俗、习惯的观察、调查和改善方法的研究。 八、本地各种农工商业状况，农工商人生活状况等的观察、调查、研究。 九、家庭、农村、土地、贫穷、失业等问题的大概研究。 十、职业种类、择业方法和职业上必需的品性、行为的研究。 十一、地方自治、自卫、保甲制等的研究。 十二、我国政治组织和宪法要点的大概研究。 十三、个人和社会国家的关系（侧重人民对于国家和地方的权利义务）的研究。 十四、我国民事刑事诉讼手续的研究。 十五、我国兵制的研究。 十六、有教育价值的本地新闻和重要时事的研究。

·578· 臣民还是公民？

续表

	类别	教材大纲	要目 第五学年	第六学年
小学高级社会科课程标准（1942年4月）	个人和社会	一、个人和家庭	1、个人的修养 2、家庭的组织和经济 3、个人在家庭中的地位和责任	
		二、新生活运动和改良风俗	1、新生活的意义和目的 2、新生活的实践 3、本地风俗习惯的调查 4、本地风俗习惯的设计改良	
		三、个人和社会团体	1、团体的构成 2、参加团体生活——集会结社 3、会议的种类和程序 4、社会的成因和进展 5、个人对于社会的义务和责任	
		四、职业		1、职业的种类和选择 2、职业的道德
	政治	一、县各级组织和地方自治	1、保甲的编制 2、乡（镇）公所的组织和职权 3、地方自治的意义和工作 4、县（市）政府的组织和职权	
		二、中央政府和省（市）政府		1、省（市）政府的组织和职权 2、中央政府的组织和职权 3、中央政府和省（市）政府的关系
		三、国家		1、国家的起源和演进 2、国家的组织 3、团体和政体 4、人民和国家的关系
		四、中国国民党		1、中国国民党的党史和组织 2、中国国民党的主义和政策
		五、三民主义	1、民族主义的要义 2、发扬民族主义的方法 3、民权主义的要义 4、直接民权和间接民权 5、政权和治权 6、民生主义的要义 7、平均地权和节制资本 8、发展国营产业	

续表

		六、兵制		1、我国的兵役 2、我国的兵役
		七、国民精神总动员		1、国民精神总动员的意义 2、国民公约
	法律	一、宪法		1、宪法的性质和作用 2、中华民国的宪法
		二、民法刑法和诉讼程序		1、民法和民事诉讼程序 2、刑法和刑事诉讼程序
	经济	一、国家的经济财政		1、经济建设和经济统制 2、粮食管理 3、租税和公债
		二、国民经济建设		1、国民经济建设的意义和实施 2、合作社的组织和经营

	类别	要项	纲要	
			第五学年	第六学年
高年级社会课程标准（1948年）	个人和社会	个人和社会团体的关系	1、参加团体生活和社会组织 2、个人对于社会的义务和责任 3、地方自治	
		新生活运动和风俗改良	1、新生活运动 2、本地风俗习惯的调查和设计改良	
		职业问题		职业的种类和选择
	政治和经济	政府的组织和职权	1、县（市）政府的组织和职权 2、省（市）政府的组织和职权 3、中央政府的组织和职权	
		人民的权利义务	1、人民的权利 2、人民的义务	
		三民主义大要	1、民权的初步 2、神权和君权 3、基本民权和民权主义大要	1、民族主义大要 2、民生主义大要
		宪法和国民大会		1、中华民国的宪法 2、国民大会的组织和职权
		国家经济建设		1、合作社的组织和经营 2、我国资源的开发
		世界政治、经济的现状		1、资本主义的政治、经济 2、社会主义的政治、经济

说明：1.本表根据中华民国政府教育部公布的一系列小学社会科课程标准编制。详见《小学课程标准社会（1932年）》、《小学高年级社会课程标准（1936年）》、《小学高级社会科课程标准》、《高年级社会课程标准》，课程教材研究所编：《20世纪中国中小学课程标准·教学大纲汇编：自然·社会·常识·卫生卷》，北京：人民教育出版社1999年版，第145—149、150—153、154—165、166—170页。

2.表中内容只是稍做了分类，原文抄录，基本未做改动。

主要参考文献

一 报纸、期刊

《申报》
《广州民国日报》
上海《民国日报》
《学部官报》
《教育公报》
《大学院公报》
《教育部公报》
《教育部编纂处月刊》
《教育部行政纪要》
《临时政府公报》
《中华民国国民政府公报》
《广东教育公报》
《广西教育公报》
《中华教育界》
《教育季刊》
《教育丛刊》
《京师学务公报》
《教育杂志》
《直隶教育旬刊》
《东方杂志》
《察哈尔教育公报》

二 档案和资料汇编：

中国第二历史档案馆藏：民国政府教育部档案全宗（全宗号五）。
广东省档案馆藏：民国广东省教育厅档案全宗（全宗号五）。

中国第二历史档案馆编：《中华民国史史料长编》，南京：南京大学出版社，1993年。

中国第二历史档案馆编：《中华民国史档案资料汇编》第1—5辑，南京：江苏古籍出版社，1991—2000年。

全国图书馆文献缩微复制中心编：《教育部文牍政令汇编》第1—6册，北京：全国图书馆文献缩微复制中心，2004年。

中华民国大学院编：《全国教育会议报告》，上海：商务印书馆，1928年。

邰爽秋编：《历届教育会议议决案汇编》，上海：教育编译馆，1935年。

舒新城编：《中国近代教育史资料》，北京：人民教育出版社，1981年。

多贺秋五郎编：《近代中国教育史资料》，台北：文海出版社，1976年。

朱有瓛编：《中国近代学制史料》第1—4辑，上海：华东师范大学出版社，1983—1993年。

陈学恂编：《中国近代教育史教学参考资料》，北京：人民教育出版社，1987年。

李桂林编：《中国现代教育史教学参考资料》，北京：人民教育出版社，1987年。

璩鑫圭、唐良炎编：《中国近代教育史资料汇编·学制演变》，上海：上海教育出版社，1991年。

璩鑫圭、童富勇编：《中国近代教育史资料汇编·教育思想》，上海：上海教育出版社，1987年。

中国蔡元培研究会编：《蔡元培全集》，杭州：浙江教育出版社，1997—1998年。

欧阳哲生编：《胡适文集》，北京：北京大学出版社，1998年。

三 相关著述

教育部：《第一次中国教育年鉴》，上海：开明书店，1934年。

教育部教育年鉴编撰委员会：《第二次中国教育年鉴》，上海：商务印书馆，1948年。

教育部教育年鉴编撰委员会：《第三次中国教育年鉴》，台北：正中书局，1957年。

教育部教育年鉴编撰委员会：《第四次中国教育年鉴》，台北：正中书局，1974年。

郭齐家：《中国古代学校》，北京：商务印书馆，1998年。

毛礼锐、沈灌群：《中国教育通史》（1—5卷），济南：山东教育出版社，2005年。

丁致聘：《中国近七十年来教育记事》，南京：国立编译馆，1934年。

庄俞、贺圣罗：《最近三十五年之中国教育》，上海：商务印书馆，1931年。

郭秉文：《中国教育制度沿革史》，上海：商务印书馆，1922年。

陈宝泉：《中国近代学制变迁史》，北平：北平文化学社，1928年。

陈翊林：《最近三十年中国教育史》，上海：太平洋书店，1930年。

周予同：《中国学校制度》，上海：商务印书馆，1931年。

周予同：《中国现代教育史》，上海：良友图书印刷公司，1934年。

姜书阁：《中国近代教育制度》，上海：商务印书馆，1934年。

黎锦熙：《国语运动史纲》，上海：商务印书馆，1934年。

陈青之：《中国教育史》，北平：商务印书馆，1936年。

陈启天：《近代中国教育史》，台北：中华书局，1969年。

张元济：《张元济日记》，北京：商务印书馆，1981年。

董守义：《日本与中国近代教育》，沈阳：辽宁教育出版社，1993年。

郑登云：《中国近代教育史》，上海：华东师范大学出版社，1994年。

桑兵：《清末新知识界的社团与活动》，北京：生活读书·新知三联书店，1995年。

王建军：《中国近代教科书发展研究》，广州：广东教育出版社，1996年。

田正平：《留学生与中国教育近代化》，广州：广东教育出版社，1996年。

钱曼倩：《中国近代学制比较研究》，广州：广东教育出版社，1996年。

佩珀：《20世纪中国的激进主义与教育改革》，纽约：剑桥大学出版社，1996年。

李华兴：《民国教育史》，上海：上海教育出版社，1997年。

关晓红：《晚清学部研究》，广州：广东教育出版社，2000年。

李杏保、顾黄初：《中国现代语文教育史》，成都：四川教育出版社，2003年。

郑逸梅：《书报话旧》，北京：中华书局，2005年。

袁征：《学校志》（中华文化通志），上海：上海人民出版社，1998年。

袁征：《孔子·蔡元培·西南联大——中国教育的发展和转折》，北京：人民日报出版社，2007年。